CATALOGUE

MÉTHODIQUE

DE LA

BIBLIOTHÈQUE COMMUNALE

DE LA

VILLE D'AMIENS.

HISTOIRE.

DEUXIÈME PARTIE.

AMIENS.

E. HERMENT, IMPRIMEUR-ÉDITEUR, PLACE PÉRIGORD, 3.

1857.

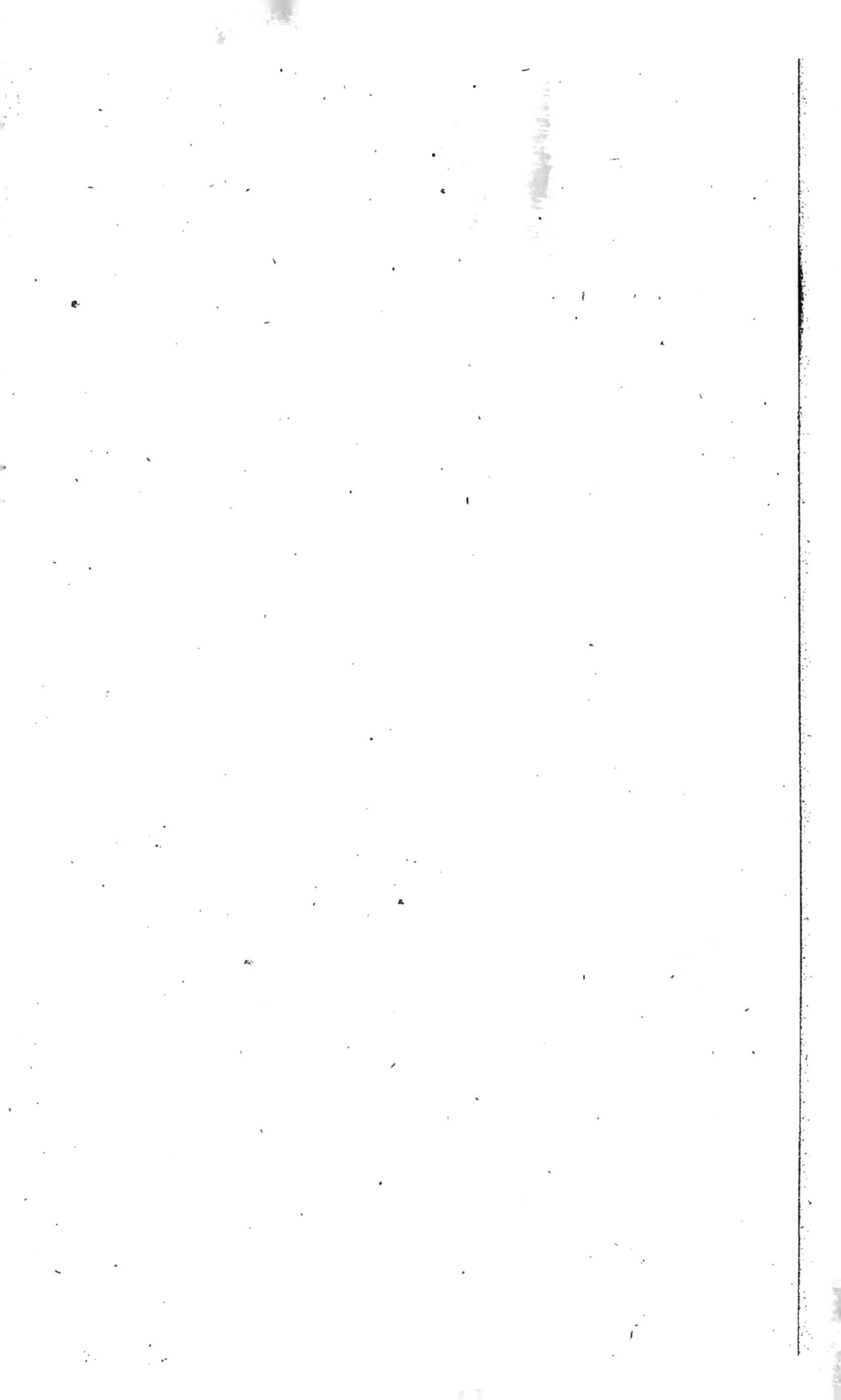

CATALOGUE

MÉTHODIQUE

DE LA

BIBLIOTHÈQUE COMMUNALE

DE LA

VILLE D'AMIENS.

—◦❀❦◦—

HISTOIRE.

DEUXIÈME PARTIE.

CATALOGUE

MÉTHODIQUE

DE LA

BIBLIOTHÈQUE COMMUNALE

DE LA

VILLE D'AMIENS.

HISTOIRE.

DEUXIÈME PARTIE.

AMIENS.

—

E. HERMENT, IMPRIMEUR-ÉDITEUR, PLACE PÉRIGORD, 3.

1857.

CATALOGUE

DE LA

BIBLIOTHÈQUE COMMUNALE

D'AMIENS.

HISTOIRE.

(SUITE.)

ι. — *Histoire généalogique des Rois de France.*

3006. — Histoire genealogique de la maison de France, reveue et augmentée en cette édition des deux precedentes maisons royales. Avec les illustres familles qui sortent des Roynes et Princesses du sang. Divisée en deux tomes. Par *Scevole* et *Louis* DE SAINCTE-MARTHE.
> Paris 1628. Seb. Cramoisy. 2 vol. in-fol.

3007. — Même ouvrage. 3.º édit.
> Paris 1647. Seb. et Gab. Cramoisy. 2 vol. in-fol.

3008. — Tableaux genealogiques de la maison royale de France, et des six pairies laïques; Bourgogne, Normandie, Guyenne, Tolose, Flandre, Champagne. Par le R. Pere *Philippe* LABBE. 2.º édit.
> Paris 1664. Meturas. 1 vol. in-12.

3009. — Histoire de la maison royale de France, et des grands officiers de la couronne. Par le R. P. ANSELME. (*Pierre* DE GUIBOURS).
> Paris 1674. Loyson. 2 vol in-4º.

5010.—Histoire genealogique et chronologique de la maison royale de France, des grands officiers de la couronne et de la maison du Roi. Avec les qualitez, l'origine, et les progrés de leurs familles. Ensemble les statuts et le catalogue des chevaliers, commandeurs, et officiers de l'ordre du Saint-Esprit. Par le P. ANSELME.

Paris 1712, H. Foucault. 2 vol. in-fol.

5011.—Histoire généalogique et chronologique de la maison royale de France, des pairs, grands officiers de la couronne et de la maison du Roy: et des anciens barons du Royaume: etc. Par le P. ANSELME; continuée par M. DU FOURNY. 3.ᵉ édit. rev., corrig. et augm. par les soins du P. ANGE (Fr. VAFFARD) et du P. SIMPLICIEN (P. LUCAS).

Paris 1726-33. La Compagnie des libraires. 9 vol. in-fol.

⁑ — De tribus Dagobertis. N.º 2413.

5012.—La véritable origine de la seconde et troisiesme lignée de la maison royale de France, justifiée par plusieurs chroniques et histoires anciennes d'auteurs contemporains, etc. Par le Sieur DU BOUCHET.

Paris 1646. Mat. Du Puis, 1 vol. in-fol. Fig.

5013.—Discours historique, concernant le mariage d'Ansbert et de Blithilde, prétendue fille du Roy Clothaire I ou II. Par M.ᵉ *Louis* CHANTEREAU LE FEBVRE.

Paris 1647. Ant. Vitré. 1 vol. in-4º.

5014.—Ansberti familia rediviva, sive superior, et inferior stemmatis beati Arnulfi linea : contra Lud. Cantarelli Fabri, nec-non Joannis Jacobi Chiffletii objectiones vindicata. Auctore *Marco Antonio* DOMINICY.

Parisiis 1648. Seb. et Gab. Cramoisy. 1 vol. in-4º.

⁑ — Voyez aussi les n.ᵒˢ 1467, 1468, 1469, 2700, 2779.

5015.—Le vray Childebrand, ou response au traitté injurieux de M. Chifflet. Contre le Duc Childebrand, frere du Prince Charles Martel; et duquel descend la maison du Roy Hugues, dit Capet. Par un bon François (*Charles* COMBAULT, Baron d'AUTEUIL).

Paris 1659. Lamy. 1 vol. in-4º.

3016.—La critique de l'origine de l'auguste maison de France. A
S. A. S. Mgr. le Prince. Par le R. P. *Adrien* JOURDAN.
Paris 1683. Seb. Cramoisy. 1 vol. in-12.

u. — *Histoire politique de la France.*

3017.—*Francisci* HOTOMANI Francogallia : nunc quartùm ab authore recognita, et præter alias accessiones, sex novis
capitibus aucta.
Francofurti 1586. And. Wechelus. 1 vol. in-8°.

Ad Franc. Hotomani Franco-galliam *Antonii* MATHARELLI
responsio. In qua agitur de initio Regni Franciæ, suc-
cessione Regum, publicis negotiis, et politia, ex fide an-
nalium nostrorum, Germaniæque, et aliarum gentium,
græcisque et latinis scriptoribus.
Lutetiæ 1575. F. Morel. in-8°.

3018.—Histoire de l'ancien gouvernement de France. Avec XIV
lettres historiques sur les Parlemens ou Etats-généraux.
Par feu M. le C. DE BOULAINVILLIERS.
La Haye 1727. La Compagnie. 2 vol. in-8°.

3019.—De la souveraineté du Roy. Par M.e *Car.* LE BRET.
Paris 1632. Jac. Quesnel. 1 vol. in-4°.

3020.—Traité historique de la souveraineté du Roi, et des droits
en dépendans, à commencer à l'établissement de la monarchie. Par F. D. P. L. (*François de Paule* DE LAGARDE).
Paris 1754. Durand. 2 vol. in-4°.

3021.—Traité historique des droits du souverain en France, et
principalement des droits utiles et domaniaux, à commencer à l'établissement de la monarchie.
Paris 1767. Rozet. 2 vol. in-4°.

Même ouvrage que le précédent dont on a changé le titre.

3022.—Veritas vindicata adversus Joan. Jac. Chifletii vindicias
Hispanicas, Lumina nova, et Lampades historicas. Qua;
retectis variis arcanis, salicis, historicis, genealogicis:

38.

christianissimorum Regum jura, dignitas, prærogativæ
demonstrantur. Operâ et studio *Jac. Alex.* Tenneurii.

Parisiis 1651. Billaine. 1 vol. in-fol.

3023.— Traité de la majorité de nos Rois, et des regences du
Royaume, avec les preuves tirées, tant du tresor des
chartes du Roi, que des registres du Parlement, et autres
lieux. Avec un traité des preéminences du Parlement de
Paris. (Recueilli par *P.* Du Puy et publié par *J.* Du Puy).

Amsterdam 1722. Jansons à Waesberge. 2 vol. in-8°.

3024.— Recherches historiques sur les municipalités, pour servir
à éclairer sur leurs droits, leur juridiction et leur organisation. Suivies de l'Esprit de *Grotius*, ou du gouvernement *harmonique.*

Paris 1789. Hôtel Bouthillier 1 vol. in-8°.

3025.— Histoire du droit municipal en France, sous la domination
romaine et sous les trois dynasties. Par M. Raynouard.

Paris 1829. Sautelet et C.e 2 vol. in-8°.

3026.— Lettres provinciales, ou examen impartial de l'origine,
de la constitution, et des révolutions de la monarchie
françoise. Par un avocat de province (P. Bouquet), à un
avocat de Paris.

La Haye 1772. Le Neutre. Paris. Merlin 1 vol. in-12.

3027.— Système d'un nouveau gouvernement en France. Par M.
de la Jonchère. 2.e édit.

Amsterdam 1720. F. Le Bon. 4 vol. in-12.

3028.— Les vrais principes du gouvernement françois, démon-
trés par la raison et par les faits, par un François (P. L.
Cl. Gin). Nouv. édit.

Genève-Paris 1782. Servière. 1 vol. in-8.° Pl.

3029.— OEuvres de M. Necker, contenant Compte rendu au Roi.
Mémoire sur l'établissement des administrations provinciales. De l'administration des finances de la France.

Londres 1785. Hookham. 1 vol. in-4°.

3030.— Les intérêts de la France mal entendus, dans les branches
de l'agriculture, de la population, des finances, du

commerce, de la marine, et de l'industrie. Par un citoyen (*Ange* GOUDAR).

Amsterdam 1757. Schreuder. 2 vol. in-8°.

3031.—Nouvelle France ou France commerçante. Par Mr F. X. T. juge de la V. de C.

Londres 1765. 1 vol. in-12.

** — Considérations sur la France, par J. DE MAISTRE.—Voyez *OEuvres*.

** — Voyez OEuvres de M. DE PRADT, *passim*.

———

v. — *Des Etats-généraux et provinciaux.*

———

3052.—Des estats de France, et de leur puissance. Traduict de l'italien du sieur *Matthieu* ZAMPINI. (Par J. D. MATTHIEU).

Paris 1588. R. Thierry. 1 vol. in-8°.   N.° 3017.

3033.—Histoire de la constitution de l'Empire françois, ou histoire des Etats-généraux, pour servir d'introduction à notre droit public. Par M. l'*Abbé* ROBIN.

Paris 1789. Godefroy. 2 vol. in-8°.

3034.—Mémoires sur les Etats-généraux, leurs droits, et la manière de les convoquer. Par M. le Cte D'ANT. (ANTRAIGUES).

S. n. n. l. 1788. 1 vol. in-8°.

Second mémoire sur les Etats-généraux, sur les pouvoirs que doivent donner les Bailliages à leurs représentans, sur la constitution des Etats de la province de Languedoc; par le Cte d'ANTRAIGUES. 3.e édit.

S. n. n. l. 1789. in-8°.

Supplément à la première et seconde édition du mémoire sur les Etats du Languedoc; contenant quelques observations sur les pouvoirs que doivent donner les Bailliages à leurs Représentans. Par le Comte d'ANTRAIGUES.

S. n. n. l. 1789. in-8°.

3035.—Mémoire sur les Etats-généraux, leurs droits, et la manière de les convoquer, par M. le Comte d'A. N.T.R.A.I. G.U.E.S. (d'ANTRAIGUES). Nouv. édit.

1789. 1 vol. in-8°.

Second mémoire sur les Etats-généraux, par M. le Comte d'ANTRAIGUES.

1789. 1 vol. in-8°.

5036.—De la convocation des prochains Etats-généraux en France, par M. LA CRETELLE. Nouv. édit.

1788. 1 vol. in-8°.

5037.—Recueil de pièces historiques sur la convocation des Etats-généraux, et sur l'élection de leurs députés. Par M. le Comte DE LAURAGUAIS.

Paris. 20 sept. 1788. 1 vol. in-8°.

5038.—Forme générale et particulière de la convocation et de la tenue des assemblées nationales ou Etats-généraux de France, justifiée par pièces authentiques. (Par LA-LOURCÉ et DUVAL fils).

Paris 1789. Barrois aîné. 2 vol. in-8°.

5039.—Recueil général des Estats tenus en France, sous les Rois Charles VI, Charles VIII, Charles IX, Henry III et Louis XIII. (Par TOUSSAINT-QUINET).

Paris 1651. Au Palais. 1 vol. in-4°.

** — Journal des Etats-généraux tenus à Tours en 1484. N.° 2352-10.

** — Procès-verbal des Etats-généraux de 1593. N.° 2352-24.

5040.—Listes des Notables qui ont assisté aux assemblées tenues en 1596, 1626 et 1627, précédées du tableau chronologique de toutes les Assemblées nationales, convoquées depuis l'an 422 jusqu'à l'année 1627.

Paris 1787. Imp. polytype. 1 vol. in-8°.

5041.—L'Euphemè des François, et leur Homonœé, c'est-à-dire, leur renommée, et concorde, en l'observation de l'édict du 1 d'octobre 1614, faict par le tres-chrestien Roy de France et de Navarre Louis XIII du nom. Par *Jean* DE LOYAC.

Bourdeaus 1615. Millanges. 1 vol. in-4°.

5042.—Procès-verbal de ce qui s'est passé à l'Assemblée des Notables, tenue au Palais des Tuileries, en l'année 1626, sous le règne de Louis XIII. Extrait du Mercure françois

de la même année. Suivi de la harangue du Roi Henri
IV, à l'Assemblée qu'il convoqua à Rouen en l'année 1596.
Paris 1787. Imp. polytype. 1 vol. in-8°.

3043.—Recueil très-exact et curieux de tout ce qui s'est fait et
passé de singulier et memorable en l'Assemblée generale
des Estats tenus à Paris en l'année 1614, et particulierement en chacune seance du tiers Ordre. Avec le cahier
dudit ordre, et autres pieces. Par M.° *Florimond* RAPINE.
Paris 1651. Au Palais. 1 vol. in-4.°

3044.—Mémoire sur les Etats provinciaux. (Par le Marquis DE
MIRABEAU.
S. n. n. l. n. d. (1755). 1 vol. in-12.

** — Recueil de monuments inédits de l'hist. du Tiers-état. N.° 2352-25.

x. — *Histoire administrative.*

3045.—Histoire de l'administration en France et des progrès du
pouvoir royal, depuis le règne de Philippe-Auguste jusqu'à la mort de Louis XIV. Par M. C. DARESTE DE LA
CHAVANNE.
Paris 1848. Guillaumin. 2 vol. in-8°.

3046.—Le veritable estat du gouvernement de la France, en la
présente année. Où a esté adjousté plusieurs recherches
curieuses pour l'intelligence de l'histoire jusqu'à présent. (Par le Sieur DU VERDIER).
Paris 1657. David. 1 vol. in-12.

3047.—L'estat nouveau de la France, dans sa perfection. Contenant toutes les particularitez de l'histoire, et le rang
que tiennent les Princes, Ducs et Pairs, et Officiers de
la couronne, etc. (Par *Nicolas* BESONGNE).
Paris 1661. Guignard. 1 vol. in-12.

3048.—L'Etat de la France, où l'on voit tous les Princes, Ducs
et Pairs, Marêchaux de France, et autres Officiers de la
Couronne: les Evêques, les Gouverneurs des Provinces,

les Chevaliers des ordres, les Cours souveraines, etc.
Par M. N. Besongne.

Paris 1665. J. Ribout. 2 vol. in-12.

5049.—Même ouvrage.

Paris 1678. A. Besoigne. 2 vol. in-12.

5050.—Même ouvrage.

Paris 1680. J. Guignard. 2 vol. in-12.

5051.—Même ouvrage.

Paris 1692. A. Besongne. 2 vol. in-12.

5052.—Même ouvrage.

Paris 1698. Ch. Osmont. 3 vol. in-12.

5053.—L'Etat de la France. Par *Louis* Trabouillet).

Paris 1699. G. Cavelier. 3 vol. in-12.

5054.—Même ouvrage.

Paris 1702. J. et M. Guignard. 3 vol. in-12.

5055.—Même ouvrage.

Paris 1708. Cl. Prudhomme. 3 vol. in-12.

5056.—Même ouvrage.

Paris 1712. Ch. Osmont. 3 vol. in-12.

5057.—L'Etat de la France. (Revu par le Frère Ange).

Paris 1722. Ch. David. 5 vol. in-12.

5058.—L'Etat de la France. (Revu par le Frère Simplicien).

Paris 1727. Ch. Osmont. 5 vol. in-12.

5059.—Almanach royal. 1700-1792. — Almanach national de France. An I à XII. — Almanach impérial an XIII-1813. —Almanach royal. 1814-1830. — Almanach royal et national. 1831-1847. — Almanach national annuaire de la République française. 1848-1849-1850.

Paris 1700-1850. D'Houry, Testu, P. Guyot et Scribe. 121 vol. in-8°. — Incomplet.

Cet almanach fut publié par L. d'*Houry* de 1699 à 1725 ; par sa veuve de 1725 à 1744; par *Le Breton*, son petit-fils, de 1744 à 1779; par L. Ch. d'*Houry* de 1779 à 1786; par F. J. N. *Debure* de 1786 à 1790; par la veuve d'*Houry* en 1791, par *Testu* de 1792 à 1819; par P. *Guyot* de 1820 à 1823; les années suivantes l'ont été par A. *Guyot* et *Scribe*.

y. — *Histoire diplomatique. Mémoires d'Etat, dépêches, négociations.*

** — Pour les 3 premières races consultez le Recueil des historiens de France n.º 2343, le *Spicilegium* de d'Acnbay, le *Thesaurus anecd.* de D. Martene.

5060.—Du traité d'Andelot, considéré sous les points de vue historique et politique, par M. *Jules* Belin de Launay.
Paris 1843. L. Hachette. 1 vol. in-8º.
** — Lettres du Roi Louis XII. N.º 2574.

5061.—Lettres et mémoires d'Estat, des Rois, Princes, Ambassadeurs, et autres Ministres, sous les regnes de François I, Henry II et François II. Contenans les intelligences de ces Roys, avec les Princes de l'Europe, contre les menées de Charles-Quint; principalement à Constantinople auprés du Grand-Seigneur; en Angleterre, avec Henri VIII; en Allemagne, avec les Princes de l'Empire; en Italie, avec le Pape et les Venitiens, etc. Ouvrage composé de pieces originales... rangées selon l'ordre des temps, et formant comme un corps d'Histoire. Par Messire *Guillaume* Ribier.
Paris 1666. Clouzier. Blois. Hotot. 2 vol. in-fol.
** — Négociations relatives au règne de François II. N.º 2352-17.
** — Négociations entre la France et l'Autriche. N.º 2352-18.
** — Lettres de *Jacques* Bongars. — *Belles-Lettres.* 2951.
** — Lettres du Cardinal d'Ossat. — *Ibid.* 2980.

5062.—Lettres et ambassade de Messire *Philippe* Canaye Seigneur de Fresne. Avec un sommaire de sa vie. Et un recit particulier du procés criminel fait au Mareschal de Biron, composé par M. de la Gueste, lors procureur-general. (Publié par le P. Regnoult).
Paris 1635-1636. Est. Richer. 3 vol. in-fol.

5063.—Les negotiations de Monsieur le Président Jeannin.
Paris 1656. P. Le Petit. 1 vol. in-fol.

5064.— *Caroli* Paschalii legatio Rhætica.
Parisiis 1620. Chevalier. 1 vol. in-8º.

5065. — Les ambassades et negotiations de l'illustriss. et reverend. Cardinal DU PERRON, archevesque de Sens. Ensemble les relations envoyées au Roi Henry le Grand, des particularitez des Conclaves, où il s'est trouvé à Rome, pour la creation de divers Papes. Recueillies, et accompagnées des sommaires et advertissements par *César* DE LIGNY. 3.ᵉ éd.

Paris 1633. Chaudiere. 1 vol. in-fol.

✱✱ — Lettres de *Nicolas* PASQUIER. — Voyez *OEuvres d'Et.* PASQUIER.

✱✱ — Lettres de *Etienne* PASQUIER. — Voyez *Belles-Lettres.* 2979.

5066. — Lettres et négociations du Marquis de FEUQUIÈRES, ambassadeur extraordinaire du Roi en Allemagne, en 1633 et 1634. (Publiées par l'*Abbé* PÉRAU).

Amsterdam 1753. Jean Neaulme. 3 vol. in-12.

✱✱ — Lettres inédites des FEUQUIÈRES. — *Belles-Lettres.* 3008.

5067. — Exemplum litterarum ad Serenissimum Daniæ et Norvegiæ regem à gallico per Germaniam Legato scriptarum circa tractatus pacis. (Per *Claudium* DE MESME, comitem d'AVAUX).

Parisiis 1642. De mandato regis. 1 vol. in-fol.

✱✱ — Correspondance de H. DE SOURDIS. N.º 2352-8.

✱✱ — Négociations du maréchal de BASSOMPIERRE. N.º 2683.

✱✱ — Lettres du Card. de RICHELIEU. N.º 2352-3.

5068. — Mémoires du Chevalier de TERLON, pour rendre compte au Roy, de ses negociations, depuis l'année 1656 jusqu'en 1661.

Paris 1681. V.ᵉ Louis Billaine. 2 vol. in-12.

✱✱ — Lettres du Cardinal MAZARIN. — Voyez *Belles-Lettres.* 2982.

✱✱ — Négociations de la France dans le Levant. N.º 2352-15.

✱✱ — Lettres de M. ARNAULD D'ANDILLY. — *Belles-Lettres.* 2984, 2986.

✱✱ — Mémoires de REYNAUD D'ESTE. N.º 2742.

5069. — Mémoires des Commissaires du Roi et de ceux de Sa Majesté Britannique, sur les possessions et les droits respectifs des deux couronnes en Amérique; avec les actes publics et pièces justificatives. (Par DE SILHOUETTE, DE LA GALISSONNIÈRE et l'*Abbé* DE LA VILLE).

Paris 1755-1757. Imp. royale. 4 vol. in-4º. Cart.

✱✱ — Consultez aussi les n.ᵒˢ 1189 à 1207.

z. — *Traités et histoire des Offices.*

5070. — Origines des dignitez et magistrats de France. Recueillies
par *Claude* FAUCHET.

Paris 1600. Perier. 1 vol. in-8°.

Origines des chevaliers, armoiries, et heraux. Ensemble
de l'ordonnance, armes et instruments desquels les François ont anciennement usé en leurs guerres. Recueillies
par *Claude* FAUCHET.

Paris 1600. J. Perrier. in-8°.

** — Recueil des rengs des grands de France, par J. DU TILLET. N.° 2244.

5071. — Le thresor des histoires de France. Contenant sommairement les origines, dignitez des magistrats et offices de
France. Par *Gilles* CORROZET.

Paris 1613. J. Corrozet. 1 vol. in-8°.

5072. — Trois livres des offices de France. Le premier traitte des
Parlemens, et officiers d'iceux. Le second, des Chanceliers,
Gardes des seaux, des Officiers des Chancelleries, et des
Conseils du Roy. Le troisiesme, des Baillifs, Seneschaux,
Prevost, Juges presidiaux, et autres Officiers de justice.
Par M.e E. GIRARD. Avec plusieurs additions enfin d'i-
ceux, etc. Le tout vérifié par edicts et ordonnances des
Rois, etc. Par M.e *Jacques* JOLY.

Paris 1638. E. Richer. 3 en 2 vol. in-fol.

5073. — Histoire de la Pairie de France et du Parlement de Paris.
Où l'on traite aussi des Electeurs de l'Empire, et du
Cardinalat. Par M. D. B. On y a joint des traités touchant les Pairies d'Angleterre, et l'origine des Grands
d'Espagne. (Attribuée à *Jean* LE LABOUREUR).

Londres 1740. Harding. 1 vol. in-8°.

5074. — Traictez des premiers officiers de la Couronne de France,
soubz noz Rois de la premiere, seconde et troisiesme lignée. Par *André* FAVYN.

Paris 1613. Fleury Bourriquant. 1 vol. in-8°.

5075.—Les noms, qualitez, armes et blazons de Nosseigneurs les Ducs-Pairs de France et autres Ducs vivans en 1704 selon la datte de verification des duchez au Parlement. Par *Jacques* CHEVILLARD.

Paris 1701. Chevillard. 10 feuilles in-fol.

5076.—L'establissement des estats et offices de la maison et couronne de France. Recherché dans les anciens manuscripts des abbayes royalles de S. Denis en France, S. Germain des prez, et S. Victor lez Paris. Par M. MATHIEU.

Paris 1616. Rousset. 1 vol. in-8.º

5077.—Estat général des officiers domestiques et commançaux de la maison du Roy. Ensemble l'ordre et reiglement qui doit estre tenu et observé en la maison de Sa Majesté. (Par *Jean* PINSSON DE LA MARINIÈRE).

Paris 1657. Marin le Chè. 1 vol. in-8º.

5078.—Catalogue des tres illustres Ducz et Connestables de France, depuis le Roy Clotaire premier du nom.

Paris 1555. M. de Vascosan. in-fol.

Catalogue des tres illustres Chanceliers de France.

Paris 1555. M. de Vascosan. in-fol.

Catalogue des tres illustres Grands-Maistres de France.

Paris 1555. M. de Vascosan. in-fol.

Catalogue des nobles Admiraux de France, depuis le Roy Philippe de Valois.

Paris 1555. M. de Vascosan. in-fol.

Catalogue des illustres Mareschaulx de France, depuis le Roy Clovis deuxieme du nom.

Paris 1555. M. de Vascosan. in-fol.

Catalogue des Prevostz de Paris, depuis le Roy S. Loys jusques à trespuissant, tresmagnanime et tresvictorieux Roy de France, Henry deuxieme. (Par *Jean* LE FÉRON).

Paris 1555. M. de Vascosan. 1 vol. in-fol. Blasons peints.

5079.—Catalogue des noms, surnoms, faits et vies, des Connestables, Chanceliers, Grands Maistres, Admiraux et Mareschaux de France : Ensemble les Prevosts de Paris, depuis leur premier establissement, jusques à tres-hault, tres-puissant, et tres-chretien Roy de France et de Navarre, Henry IIII. OEuvre premierement composé et mis en lumiere par *Jean* LE FERON et depuis rev. corr. et aug. **Paris 1599. Morel. 1 vol. in-fol.**

5080.—Histoire chronologique de plusieurs grands Capitaines, Princes, Seigneurs, Magistrats, Officiers de la Couronne, et autres hommes illustres qui ont paru en France depuis 175 ans jusques à present. Sous les regnes des Roys tres-chrestiens, Louys XI, Charles VIII, Louys XII, François I, Henry II, François II, Charles IX, Henry III, Henry IIII et Louys XIII à present regnant.
Paris 1617. Arras. Bauduin. 1 vol. in-8°.

5081.—Recherche des Connestables, Mareschaux, et Admiraux de France. Contenant les choses plus remarquables advenuës soubs la conduitte de chacun, et soubs quels Roys ils ont esté employez. Par M. A. MATHAS.
Paris 1623. Julliot. 1 vol. in-8°.

5082.—Des anciennes enseignes et estendarts de France. De la chappe de St.-Martin. De l'office et dignité du grand Seneschal, dit Dapifer, qui portoit ceste chappe aux batailles. De l'oriflamme ou estendart de S. Denys. De la banniere de France: et cornette blanche. (Par *A.* GALLAND).
Paris 1637. Richer. 1 vol. in-4°.

5083. — Les noms, qualitez, armes et blazons des grands Senechaux et Connestables de France, depuis le regne du Roy Hugues-Capet, jusques au mois de janvier 1627 que la charge de Connestable fut supprimée par le Roy Louis XIII. Par J. CHEVILLARD.
Paris 1627. J. Chevillard. 1 feuille in-fol.

5084.—Les noms, qualitez, armes et blazons de nos Seigneurs les Marechaux de France depuis le regne du Roy Philippe Auguste jusqu'en 1707. Par J. CHEVILLARD.
Paris 1707. J. Chevillard. 1 feuille in-fol.

5085.—Les noms, qualitez, armes et blazons, de nosseigneurs Grands-Amiraux et Generaux des galeres de France depuis le regne de S. Louis jusques à present. Par J. CHE-VILLARD.

Paris 1694. J. Chevillard. 1 feuille in-fol.

5086.—Histoire chronologique de la grande chancellerie de France, contenant son origine, l'estat de ses officiers, un recueil exact de leurs noms depuis le commencement de la monarchie jusqu'à present, leurs fonctions, privileges, prerogatives, etc. Par *Abraham* TESSEREAU.

Paris 1676. P. Le Petit. 1 vol. in-fol.

5087.—Histoire des Chanceliers et Gardes des sceaux de France distingués par les regnes de nos monarques; depuis Clovis, jusques à Louis le Grand XIV.e du nom. Enrichie de leurs armes, blasons et genealogies. Par *François* DU CHESNE.

Paris 1680. 1 vol. in-fol.

5088.—Les noms et armes des Chanceliers et Gardes des sceaux de France, depuis le regne de S. Louis jusqu'à celui du Roy Louis le Grand. Par J. CHEVILLARD.

Paris 1685. Chevillard. 1 feuille in-fol.

5089.—Histoire des Ministres d'Estat, qui ont servi sous les Roys de France de la troisiesme lignée. Avec le sommaire des regnes ausquels ils ont vescu. Le tout justifié par les chroniques etc. (Par *Ch.* COMBAULT, Baron d'AUTEUIL).

Paris 1642. Ant. de Sommaville. 1 vol. in-fol.

5090.—De l'origine et du progrès des charges de Secretaires d'Etat. (Par BRIQUET).

La Haye 1747. Paupie. 1 vol. in-8°.

5091.—Les genealogies des Maistres des requestes ordinaires de l'hostel du Roy. (Par *Fr.* BLANCHART).

Paris 1670. Jac. Legras. 1 vol. in-fol.

aa. — *Offices de Finances et Finances.*

5092.—Traité de la Cour des monnoyes, et de l'estendue de sa juridiction. Divisé en cinq parties. Le tout justifié par

chartes, edits, ordonnances, et declarations de nos Rois,
et arrests de leur Conseil, recueillis et redigez en ordre
chronologique; ensemble la liste des officiers de ladite
Cour. Par Maistre *Germain* CONSTANS.
Paris 1658. Seb. Cramoisy. 1 vol. in-fol.

5093.—Les noms, qualités, armes et blasons de nos Seigneurs
de la Cour des monnoyes. Par *Jacques* CHEVILLARD.
Paris 1729. Chevillard. 1 feuille in-fol.

5094.—Le trésorier de France, ou mémoire contenant un précis
historique de ce qui concerne cet office, une réfutation
des écrits intitulés : *Traité sur la juridiction des Trésoriers de France* 1777, 2 vol. in-12; *Etat véritable des
Trésorier de France* 1779, in-4.° ; et des réponses aux
rcitiques anciennes et modernes que ces Magistrats ont
essuyées.
Genève 1780. 1 vol. in-12.

5095.—Le secret des finances de France, descouvert, et departi
en trois livres par N. FROUMENTEAU, et maintenant publié, pour ouvrir les moyens legitimes et necessaires de
payer les dettes du Roy, descharger ses sujets des subsides imposez depuis trente un ans, et recouvrer tous les
deniers prins à Sa Majesté.
Paris 1581. 1 vol. in-8°.

5096.—Le guydon general des financiers. Contenant la conservation et interprétation des droicts sacrés et inalienables
du domaine du Roy et couronne de France. Divisé en
cinq parties. Par *Jean* HENNEQUIN.
Paris 1593. A. L'Angelier. 1 vol. in-8°.

5097.—Mémoires présentés à Mgr. le Duc d'Orléans, régent de
France. Contenant les moyens de rendre ce royaume
très puissant, et d'augmenter considérablement les revenus du Roi et du Peuple. Par le C. DE BOULAINVILLIERS.
La Haye et Amsterdam 1727. La Comp. 2 en 1 v. in-12.

5098.—Recherches et considérations sur les finances de France,
depuis 1595 jusqu'en 1721. (Par Fr. VÉRON DE FORBONNAIS).
Liège 1758. 6 vol. in-12.

5099.—L'anti-financier, ou relevé de quelques-unes des mal-versations dont se rendent journellement coupables les Fermiers-généraux, et des vexations qu'ils commettent dans les provinces : servant de réfutation d'un écrit in-titulé : *Lettre servant de réponse aux Remontrances du Parlement de Bordeaux ; précédée d'une épitre au Parle-ment de France, accompagnée de notes historiques* (Par DARIGRAND).

Amsterdam 1763. 1 vol. in-8°. Pl.

5100.—Mémoires pour servir à l'histoire générale des finances. Par M. DÉON DE BEAUMONT.

Londres 1758. P. Mortier. 2 en 1 vol. in-12.

** — Histoire du système des finances sous la minorité de Louis XV. 2831.

5101.—Etat nominatif des pensions sur le trésor royal, imprimé par ordre de l'Assemblée nationale.

Paris 1789. Imp. nat. 3 en 2 vol. in-8°.

Etat nominatif des pensions, traitemens conservés, dons, gratifications, qui se payent sur d'autres caisses que celle du trésor royal. Imprimé par ordre de l'Assemblée nat.

Paris 1790. Imp. nat. in-8°.

5102.—Budgets et comptes rendus des recettes et des dépenses.

Paris 1838-1850. Imp. roy. et impér. 82 vol. in-4°.

Contenant :

1. — Propositions de lois concernant la fixation des budgets de dépenses et de recettes de l'exercice 1836. Discours du Ministre des finances à la Chambre des Députés. Projets de lois. Session de 1838.

Paris 1838. Imp. roy.

2. — Budget de l'exercice 1846. Projet de lois pour la fixation des re-cettes et des dépenses de l'exercice 1846.

Paris 1844. Imp. roy.

3. — Projet de loi pour le règlement définitif du budget de l'exercice 1846.

Paris 1848. Imp. nat.

4. — — de l'exercice 1847.

Paris 1849. Imp. nat.

5. — — de l'exercice 1848.

Paris 1850. Imp. nat.

6. — — de l'exercice 1849.

Paris 1851. Imp. nat.

7. — Projet de décret sur les crédits supplémentaires et extraordinaires. (Exercice 1847 et exercices clos).

Paris 1848. Imp. nat.

8. — Ministère de la justice. (Justice. — Cultes. — Légion d'honneur. — Imp. nationale). Compte définitif des dépenses de l'exercice 1846.

Paris 1848. Imp. nat.

9. — — de l'exercice 1847.

Paris 1849. Imp. nat.

10. — — de l'exercice 1848.

Paris 1850. Imp. nat.

11. — — de l'exercice 1849.

Paris 1851. Imp. nat.

12. — Ministère des affaires étrangères. — Compte définitif des dépenses de l'exercice 1846.

Paris 1848. Imp. nat.

13. — — de l'exercice 1847.

Paris 1849. Imp. nat.

14. — — de l'exercice 1848.

Paris 1850. Imp. nat.

15. — — de l'exercice 1849.

Paris 1851. Impr. nat.

16. — Comptes généraux présentés par le ministère de la guerre pour l'exercice 1846.

Paris 1848. Impr. nat.

17. — — pour l'exercice 1847.

Paris 1849. Imprim. nat.

18. — — pour l'exercice 1848.

Paris 1850. Imprim. nat.

19. — — pour l'exercice 1849.

Paris 1851. Imprim. nat.

20. — Compte général du matériel de la guerre, pour l'année 1848.

Paris 1850. Imp. nat.

21. — Idem pour l'année 1849.

Paris 1851. Imp. nat.

22. — Compte du crédit affecté, pour l'année 1846, à l'inscription des pensions militaires au trésor public, suivi de l'état des changements survenus, pendant la même année, dans les soldes et traitements de réforme.

Paris 1848. Imprim. nat.

23. — — pour l'année 1847.

Paris 1849. Imprim. nat.

24. — — pour l'année 1848.

Paris 1850. Imprim. nat.

39.

25. — — pour l'année 1849.
   Paris 1850, Imprim. nat.

26. — — pour l'année 1850.
   Paris 1851. Imprim. nat.

27. — Ministère de la marine et des colonies. — Service marine. Compte définitif des dépenses de l'exercice 1846.
   Paris 1848. Imprim. nat.

28. — — de l'exercice 1848.
   Paris 1850. Imprim. nat.

29. — — de l'exercice 1849.
   Paris 1851. Imprim. nat.

30. — Service colonial.— Compte définitif des dépenses de l'exercice 1845, 1845, et situation provisoire de l'exercice 1846.
   Paris 1848. Imprim. nat.

31. — — de l'exercice 1847, et situation provisoire de l'exercice 1848.
   Paris 1850. Imprim. nat.

32. — — de l'exercice 1848 et situation provisoire de l'exercice 1849.
   Paris 1851. Imprim. nat.

33. — Marine et colonies. — Compte général du matériel du département de la marine et des colonies, pour l'année 1845.
   Paris 1849. Imprim. nat. 1 vol. in-fol.

34. — — pour l'année 1846.
   Paris 1849. Imprim. nat. 1 vol. in-fol.

35. — — pour l'année 1847.
   Paris 1850. Imprim. nat. 1 vol. in-fol.

36. — — pour l'année 1848.
   Paris 1851. Imprim. nat. 1 vol. in-fol.

37. — Compte rendu par le Ministre de l'intérieur pour l'exercice 1848.
   Paris 1850. Imp. nat.

38. — Ministère des travaux publics. — Compte définitif des dépenses de l'exercice 1846.
   Paris 1848. Imp. nat.

39. — — de l'exercice 1847.
   Paris 1849. Imp. nat.

40. — — de l'exercice 1848.
   Paris 1850. Imp. nat.

41. — — de l'exercice 1849.
   Paris 1851. Imp. nat.

42. — Tableaux analytiques présentant la situation et le montant des dépenses des travaux des ponts et chaussées et des batiments civils exécutés pendant l'exercice 1850.
   Paris 1851. Imp. nat.

43. — Compte rendu par le Ministre de l'agriculture et du commerce. — Compte définitif des dépenses du ministère de l'agriculture et du commerce. Exercice 1846.
   Paris 1848. Imp. nat.

44. — — Exercice 1847.
   Paris 1849. Imp. nat.

45. — — Exercice 1848.
   Paris 1850. Imp. nat.

46. — — Exercice 1849.
   Paris 1851. Imp. nat.

47. — Ministère de l'instruction publique et des cultes. — Compte défi nitif des dépenses de l'exercice 1846.
   Paris 1848. Imp. nat.

48. — — de l'exercice 1847.
   Paris 1849. Imp. nat.

49. — — de l'exercice 1848.
   Paris 1850. Imp. nat.

50. — — de l'exercice 1849.
   Paris 1851. Imp. nat.

51. — Compte définitif des dépenses des cultes pour l'exercice 1847.
   Paris 1849. Imp. nat.

52. — Compte général de l'administration des finances rendu pour l'année 1847 par le Ministre des finances.
   Paris 1848. Imp. nat.

53. — — pour l'année 1848.
   Paris 1849. Imp. nat.

54. — — pour l'année 1850.
   Paris 1851. Imp. nat.

55. — Compte définitif des recettes de l'exercice 1846.
   Paris 1848. imp. nat.

56. — — de l'exercice 1847.
   Paris 1849. Imp. nat.

57. — — de l'exercice 1848.
   Paris 1850. Imp. nat.

58. — Compte définitif des dépenses de l'exercice 1846.
   Paris 1848. Imp. nat.

59. — — de l'exercice 1847.
   Paris 1849. Imp. nat.

60. — — de l'exercice 1848.
   Paris 1850. Imp. nat.

61. — — de l'exercice 1849.
   Paris 1851. Imp. nat.

62. — Rapport au Gouvernement et déclaration générale de la Cour des comptes, sur les comptes de l'année 1846.

Paris 1848. Imp. nat.

63. — — sur les comptes de l'année 1847.

Paris 1849. Imp. nat.

64. — — sur les comptes de l'année 1848.

Paris 1850. Imp. nat.

65. — — sur les comptes de l'année 1849.

Paris 1851. Imp. nat.

66. — Rapport et procès-verbal de la Commission de vérification des comptes des Ministres pour l'exercice 1846 et l'année 1847.

Paris 1848. Imp. nat.

67. — — pour l'exercice 1848 et l'année 1849.

Paris 1850. Imp. nat.

68. — Eclaircissements publiés par les Ministres en réponse aux observations faites par la Cour des comptes dans le rapport au Gouvernement et la déclaration générale sur les comptes de l'année 1847-1848.

Paris 1850. Imp. nat.

69. — Documents divers publiés par les Ministres, pour l'année 1849, en exécution de différentes lois.

Paris 1850. Imp. nat.

70. — — pour l'année 1850.

Paris 1851. Imp, nat.

71. — Suppléments et modifications, pour l'année 1849, au tableau général des propriétés de l'Etat dressé en 1836.

Paris 1850. Imp. nat.

72. — — pour l'année 1850.

Paris 1851. Imp. nat.

73. — Compte du produit de la fabrication et de la vente exclusive du tabac pour l'année 1846.

Paris 1848. Imp. nat.

74. — Compte du produit de la fabrication et de la vente exclusives du tabac, et de la vente exclusive des poudres à feu pour l'année 1847.

Paris 1849. Imp. nat.

75. — — pour l'année 1848.

Paris 1850. Imp. nat.

76. — — pour l'année 1849.

Paris 1851. Imp. nat.

77. — — pour l'année 1850.

Paris 1851. Imp. nat.

78. — Administration des douanes.— Tableau général du commerce de la

France avec les colonies et les puissances étrangères pendant l'année 1848.

Paris 1849. Imp. nat. 1 vol. in-fol.

79. — — pendant l'année 1849.

Paris 1850. Imp. nat. 1 vol. in-fol.

80. — — pendant l'année 1850.

Paris 1851. 1 vol. in-fol.

81. — Rapport au Président de la République sur les caisses d'épargne. Année 1847.

Paris 1851. Imp. nat.

5103.—Recueil de pièces.

1 vol. in-4°. — Contenant :

1. — Rapport fait au nom du Comité des finances, sur le projet de décret relatif au règlement des comptes de l'exercice 1846, par le cit. *Félix* LECLER.

Paris. 29 sept. 1848. Henri.

2. — Rapport fait au nom de la Commission des crédits supplémentaires et extraordinaires de la marine, en 1848 et 1849, et sur la proposition d'une enquête parlementaire ; par M. *Jules* DE LASTEYRIE.

Paris. 13 oct. 1849. H. et C. Noblet.

3. — Rapport sur le projet de loi relatif à l'ouverture des crédits supplémentaires et extraordinaires (dette publique et ministère des finances, exercice 1850-1851 clos et périmés). Par M. ETIENNE.

Paris. 7 fév. 1851. H. et C. Noblet.

4. — Projet de loi portant demande d'un crédit extraordinaire de 3,218,501 fr. pour le surcroit de dépenses résultant de l'entretien, sur pied de guerre, de la division d'occupation en Italie, pendant l'année 1850, et les six premiers mois de 1851, précédé de l'exposé des motifs, présenté par le général SCHRAMM.

Paris. 14 déc. 1850. H. et C. Noblet.

5. — Propositions ayant pour objet l'abolition des impôts du sel et des boissons, sans perte pour le trésor, présentées le 20 octobre 1846, par le cit. MAUGUIN.

6. — Rapport fait à l'Assemblée nationale par la Commission de surveillance de la caisse d'amortissement et de la caisse des dépôts et consignations, sur la situation de ces deux établissements au 31 décembre 1849.

Paris 1850. H. et C. Noblet.

7. — — au 31 décembre 1850.

Paris 1851. H. et C. Noblet.

bb. — *Des Offices judiciaires et des Parlements.*

5104.—De Ducibus, et Comitibus provincialibus Galliæ, libri tres: in quibus eorum origines, incrementa, et cum his Regalium usurpatio, et casus illustrantur. Accessit de origine et statu feudorum, pro moribus Galliæ liber singularis. Autore *Ant. Dadino* ALTESERRA.

    Tolosæ 1643. Colomerius. 1 vol. in-4º.

5105.—Les memoires de *Pierre* DE MIRAULMONT; sur l'origine et institution des Cours souveraines, et justices royalles estans dans l'enclos du Palais Royal de Paris.

    Paris 1612. Claud. La Tour. 1 vol. in-8º.

5106.—Treize livres des Parlemens de France. Esquels est amplement traicté de leur origine et institution, et des presidents, conseillers, gens du Roy, greffiers, secretaires, huissiers et autres officiers. Par M. *Bernard* DE LA ROCHE FLAVIN.

    Géneve 1621. Berjon. 1 vol. in-4º.

5107.—Lettres historiques, sur les fonctions essentielles du Parlement; sur le droit des Pairs, et sur les loix fondamentales du royaume. (Par *L. Adr.* LE PAIGE).

    Amsterdam 1753. La Compagnie. 2 vol. in-12.

5108.—Dissertation sur l'origine et les fonctions essentielles du Parlement; sur la Pairie, et le droit des Pairs, et sur les loix fondamentales de la monarchie française. Par *Michel* DE CANTELAUZE, Sieur DE LA GARDE).

    Amsterdam 1764. La Compagnie. 1 vol. in-12.

5109.—Eloge historique du Parlement, traduit du latin du P. *Jacques* DE LA BAUNE; prononcé au collège de Louis le Grand au mois d'octobre 1684. Avec des notes, et une suite chronologique et historique des premiers Présidens, depuis Hugues de Courcy, jusqu'à M. de Maupeou. (Par DREUX DU RADIER).

    S. n. n. l. 1753. 1 vol. in-12. Fig.

3110.—Histoire du Parlement de Paris. Par M. l'*Abbé* Bigore. (Voltaire). 4.ᵉ édit. rev., corr., et augm. par l'auteur.
Francfort 1769. Pontet. 1 vol. in-8°.

3111.—Histoire du Parlement de Paris par J. A. Aubenas.
Paris 1847. L'Auteur. 1 vol. in-8°. Tom. 1.ᵉʳ

3112.—Les Presidens au mortier du Parlement de Paris, leurs emplois, charges, qualitez, armes, blasons et genealogies: depuis l'an 1531 jusques à present. Ensemble un catalogue de tous les Conseillers selon l'ordre des temps et de leurs réceptions: enrichy du blason de leurs armes, etc. Par *François* Blanchard.
Paris 1647. Cardin Besongne. 1 vol. in-fol.

Les eloges de tous les premiers Presidens du Parlement de Paris, depuis qu'il a esté rendu sedentaire jusques à present. Ensemble leurs généalogies, épitaphes, armes et blazons. Par *Jean-Baptiste* de l'Hermite-Souliers et *François* Blanchard.
Paris 1640. Cardin Besongne. 1 vol. in-fol.

3113.—Les noms, qualitez, armes et blasons de nos Seigneurs de la cour du Parlement de Paris en l'année 1693. Par *Jáque* Chevillard.
Paris 1693. L'Auteur. 1 feuille in-fol.

** — Voyez les n.ᵒˢ 2709, 2710 et 2713.

3114.—Recueil des écrits qui ont esté faits sur le differend d'entre Messieurs les Pairs de France, et Messieurs les Presidens au mortier du Parlement de Paris, pour la maniere d'opérer aux Lits de justice. Avec l'arrest donné par le Roy en son Conseil en faveur de MM. les Pairs.
Paris 1664. 1 vol. in-4°.

3115.—Les ouvertures des Parlements. Par *Loys* d'Orléans. Ausquelles sont adjoustées cinq Remonstrances, autrefois faictes en iceluy.
Paris 1607. Guill. Des Rues. 1 vol. in-4°.

3116.—Histoire du Parlement de Normandie par A. Floquet.
Rouen 1840-1842. E. Frère. 7 vol. in-8.

cc. — *Histoire et organisation militaire de la France.*

3117.—La France guerriere, ou moyens asseurez pour trouver aysément, et avec une tres-grande facilité, autant et plus de gens de guerre que le Roy n'en desirera soudoyer et entretenir, sans augmentation de solde, ny d'appointemens. Par *Jean* Douet.

Paris 1643. Brunet. 1 vol. in-4°.

** — Les mémorables journées des Français. N.° 2278.

3118.— Histoire de la milice françoise, et des changemens qui s'y sont faits depuis l'établissement de la monarchie françoise dans les Gaules, jusqu'à la fin du règne de Louis le Grand. Par le R. P. G. Daniel.

Paris 1721. Mariette. 2 vol. in-4°. Pl.

3119.— L'école de Mars, ou mémoires instructifs sur toutes les parties qui composent le Corps militaire en France, avec leurs origines, et les différentes maneuvres ausquelles elles sont employées. Par M. de Guignard.

Paris 1725. Simart. 2 vol. in-4°. Fig.

3120.—Chronologie historique-militaire, contenant l'histoire de la création de toutes les charges, dignités et grades militaires, etc. Des troupes de la maison du Roi, etc. De tous les régimens, et autres troupes, etc. Des états d'armées par chaque année, etc. Enfin une table raisonnée des ordonnances militaires, etc. Par M. Pinard.

Paris 1760-1764. Hérissant. 7 vol. in-4°.

3121.— Carte générale de la monarchie françoise, contenant l'histoire militaire depuis Clovis premier roi chrétien, jusqu'à la quinziéme année accomplie du règne de Louis XV. Par le S.ʳ Lemau de la Jaisse.

Paris 1733. 1 vol. in-fol.

3122.—Abrégé de la carte générale du militaire de France, depuis l'établissement de la monarchie jusqu'au 20 février 1734, etc. Par P. Lemau de la Jaisse.

Paris 1734. Giffart. 1 vol. in-12.

3123.—Second abrégé de la carte générale du militaire de la France, en forme de supplément, depuis l'établissement de la monarchie jusqu'au 1.ᵉʳ mars 1735, etc. La suite du journal historique des fastes de Louis XV, etc. Par P. LEMAU DE LA JAISSE.

Paris 1735. Didot. 1 vol. in-12.

3124.—Abrégé de la carte générale du militaire de la France, sur terre et sur mer, jusqu'en décembre 1737. Avec la suite du journal historique des fastes de Louis XV. Par LEMAU DE LA JAISSE.

Paris 1738. Gandouin. 1 vol. in-12.

3125.—Cinquième abrégé de la carte générale du militaire de France, depuis novembre 1737 jusqu'en décembre 1738. Par LEMAU DE LA JAISSE.

Paris 1739. Gandouin. 1 vol. in-12.

3126.—Sixième abrégé de la carte générale du militaire de France, jusqu'en décembre 1739. Par LEMAU DE LA JAISSE.

Paris 1740. Gandouin. 1 vol. in-12.

3127.—Septième abrégé de la carte générale du militaire de France, jusqu'en décembre 1740. Par LEMAU DE LA JAISSE.

Paris 1741. Prault. 1 vol. in-12.

3128.—Etat militaire de France pour les années 1759, 60, 63, 64, 65, 66, 67, 69, 70, 72, 73, 74, 75, 76, 77, 78, 79, 80, 81, 82, 83, 84, 85, 86, 87, 88, 89, 91. (Par les Sieurs DE MONTANDRE - LONCHAMPS, le chevalier DE MONTANDRE et DE ROUSSEL).

Paris 1759. Guillyn et Onfroy. 28 vol. in-18.

3129.— Tableau statistique abrégé de l'Empire français par divisions militaires et cohortes, contenant le détail des ressources, en toutes productions, (vu sous le rapport militaire) pour les besoins respectifs des divisions et des places entr'elles, etc. (Par M. H. WIART).

Amiens 1811. Caron-Vitet. 1 feuille in-fol.

3130.—Ministère de la Guerre. — Compte rendu sur le recrutement de l'armée pendant l'année 1848. — Pendant l'année 1849.

Paris 1850-1851. Imp. nat. 2 vol. in-4°.

3131.—Recueil de pièces.

1 vol. in-8°. — Contenant :

1. — Projet de loi concernant diverses nominations faites dans l'armée, du 1.er mai au 11 novembre 1848, précédé de l'exposé des motifs, présenté par le cit. DE LAMORICIÈRE. — 14 décembre 1848.

2. — Rapport fait au nom de la Commission chargée d'examiner le projet de modification au budget de 1850, présenté par M. le Ministre de la guerre, le 8 janvier, par M. PISCATORY. — 29 janv. 1850.

3. — Projet de loi portant demande d'un crédit extraordinaire de 8,460,000 fr. pour dépenses non prévues au budget de 1850 et 1851, précédé de l'exposé des motifs, présenté par M. le général SCHRAMM. 19 nov. 1850.

4. — Rapport fait au nom de la Commission chargé d'examiner le projet de loi portant demande d'un crédit extraordinaire de 8,460,000 fr. pour dépenses non prévues au budget de 1850 et 1851, par M. DE RÉMUSAT. — 30 nov. 1850.

5. — De l'armée et de la nécessité de créer un conseil supérieur consultatif et permanent de la guerre. Par le général de division FABVIER. **Paris 1849. Garnier.**

6. — Constitution de l'armée et organisation de l'administration militaire. **Strasbourg 1850. V.e Berger Levrault.**

7. — Considérations faisant suite à l'opuscule publié en avril 1849, sous l'intitulé des retraites dites d'office dans l'armée de terre. Mai 1850. (Par WEYLER DE NAVAS). **Clermont-Ferrand 1850. Perol.**

3152.—Fastes de la nation française. Ouvrage présenté au Roi. Par TERNISIEN D'HAUDRICOURT.

Paris 1803-1805. Decrouan. 3 vol. in-fol. Pl.

3153.—Dictionnaire historique des batailles, sièges, et combats de terre et de mer, qui ont eu lieu pendant la révolution française ; avec une table chronologique des événemens. Par une société de militaires et de marins. (A. P. F. MÉNÉGAULT, A. ANTOINE, P. COLAU et MENUT-DESSABLES).

Paris 1818. Menard et Desenne. 4 vol. in-8°.

3154.—Victoires, conquêtes, désastres, revers et guerres civiles des Français, de 1792 à 1815, par une société de militaires et de gens de lettres. (Par le général *Ch. Th.* Beauvais, pour la plus grande partie).

Paris 1818-1821. Panckoucke. 31 vol. in-8°. Port. Cart.

3135.—Résumé des victoires, conquêtes, désastres et revers des armées françaises de 1792 à 1823. Par le Ch.^{er} Isnard de Ste Lorette.

Paris 1824. Corbet. 1 vol. in-12.

3136.—France militaire. Histoire des armées françaises de terre et de mer de 1792 à 1833. Ouvrage rédigé par une société de militaires et de gens de lettres. Revu et publié par A. Hugo.

Paris 1835-1838. Delloye. 5 vol. gr. in-8°.

3137.—Premier tableau des campagnes des Français, depuis le 8 sept. 1793, répondant au 22 fructidor de l'an 1.er de la République française, jusqu'au 15 pluviôse, an 3. Imprimé en exécution de la loi du 30 brumaire an 5 de la Répub.

Paris an 5. Gratiot. 1 feuille in-fol.

3138.—Second tableau des campagnes des Français, du 15 pluviôse, an 3, au 15 pluviôse, an 5 de la République française; imprimé en exécution de la loi du 30 brum. an 5.

Paris an 5. Gratiot. 1 feuille in-fol.

3139.—Même tableau.

Paris an 5. J. Gratiot. 1 vol. in-18.

3140.—Histoire critique et militaire des guerres de la Révolution. Nouvelle édition rédigée sur de nouveaux documens, et augmentée d'un grand nombre de cartes et de plans; par le lieutenant-général Jomini.

Paris 1820-1824. Anselin et Pochard. 15 v. in-8° et Atl.

3141.—Histoire de l'expédition française en Egypte, pendant les années 1798, 1799, 1800 et 1801. Par P. Martin.

Paris 1815. Eberhart. 2 vol. in-8°. Cart.

3142.—Mémoires du général Berthier, prince de Neufchatel et de Wagram. Campagne d'Egypte, 1.re partie.

Paris 1827. Baudouin fr. 1 vol. in-8° Fig.

3143.—Mémoires du Comte Reynier, général de division. Campagne d'Egypte. 2.ᵉ partie.

Paris 1827. Baudouin fr. 1 vol. in-8°. Fig.

3144.—Guerre d'Orient. — Campagnes d'Egypte et de Syrie. 1798-1799. — Mémoires pour servir à l'histoire de Napoléon dictés par lui-même à Sainte-Hélène, et publiés par le général Bertrand. Avec un Atlas de 18 planches gravées par M. Moisy.

Paris 1827. Comptoir des imp. unis. 2 vol. in-8°. Atlas.

** — Voyez aussi l'histoire de l'Egypte.

3145.—Mémoires du général Hugo.

Paris 1823. Ladvocat. 3 vol. in-8°.

On trouve dans le premier volume :

Mémoires inédits sur la guerre de la Vendée, en 1793 et 1794 ; par l'adjudant-général Aubertin.

Et en tête du second :

Précis historique des évènemens qui ont conduit Joseph Napoléon sur le trône d'Espagne. (Par Abel Hugo).

3146.—Mémoires du Maréchal Suchet, duc d'Albuféra, sur ses campagnes en Espagne, depuis 1808 jusqu'en 1814. Ecrits par lui-même. (Par le Baron Saint-Cyr Nuguès).

Paris 1828. Bossange. 2 vol. in-8°.

3147.—Relation des opérations de l'armée aux ordres du prince Joseph Poniatowski, pendant la campagne de 1809 en Pologne contre les Autrichiens ; précédée d'une notice sur la vie du Prince ; par Roman Soltyk.

Paris 1841. Gaultier Laguionie. 1 vol. in-8°. Cart. Port.

3148.—Histoire de Napoléon et de la grande armée pendant 1812 ; par M. le général Comte de Ségur. 8.ᵉ édit.

Paris 1826. Baudouin fr. 2 vol. in--8°. Pl.

3149.—Même ouvrage. 9.ᵉ édit.

Paris 1826. Baudouin fr. 2 vol. in-8°. Pl.

3150.—Relation circonstanciée de la campagne de Russie ; par Eugène Labaume.

Paris 1814. Panckoucke. 1 vol. in-8°. Pl.

3151.—Lettres sur l'incendie de Moscou, écrites de cette ville, au R. P. Bouvet, par l'*Abbé* SURRUGUES, témoin oculaire, et curé de l'église de Saint-Louis, à Moscou. 2.ᵉ édit.

Paris 1823. Plancher. 1 vol. in-8°.

A la suite :

La vérité sur l'incendie de Moscou, par FÉDOR, comte ROSTOPSCHINE.

Paris 1823. Ponthieu. in-8°.

3152.—Précis historique, militaire et critique des batailles de Fleurus et de Waterloo, dans la campagne de Flandres, en juin 1815 : de leurs manœuvres caractéristiques, et des mouvemens qui les ont précédés et suivis. Avec une carte pour l'intelligence des marches. Par le maréchal-de-camp BERTON.

Paris 1818. Delaunay. 1 vol. in-8°. Cart.

3153.—L'Empereur et la garde impériale, par CHARLET. Avec un précis historique sur la garde et une notice sur les officiers généraux et supérieurs qui en ont fait partie, par M. *Adrien* PASCAL. Dédié à S. M. Napoléon III.

Paris 1849. Perrotin. 1 vol. in-fol. En publ.

3154.—Faits d'armes de l'armée française en Espagne ; dédiés à l'armée des Pyrénées sous les ordres de S. A. R. Mgr. le duc d'Angulême.

Paris 1824. Cordier. 1 vol. in-fol.

3155.—Siége de Rome en 1849, par l'armée française.— Journal des opérations de l'artillerie et du génie, publié avec l'autorisation du Ministre de la guerre. (Par MM. VAILLANT et THIRY).

Paris 1850. Imp. nat. 1 vol. in-4°. Cart.

3156.—Fastes des gardes nationales de France, par MM. ALBOIZE et *Charles* ELIE. 2.ᵉ édit.

Paris 1849. A. Goubaut. 2 vol. gr. in-8°. Pl.

3157.—Histoire populaire de la garde nationale de Paris. Juillet 1789. — Juin 1832. Par M. *Horace* RAISSON.

Paris 1832. Treuttel et Wurtz. 1 vol. in-8°. Pl.

dd. — *Histoire de la Marine.*

3158.—Histoire de la marine française, par *Eugène* SUE.
> **Paris 1835-1837. F. Bonnaire. 5 vol. in-8.º Fig.**

3159.—Histoire de la marine française, par M. le Comte DE LA-
PEYROUSE BONFILS.
> **Paris 1845. Dentu. 3 vol. in-8º.**

3160.—Choniques de la marine française, 1789 à 1830, d'après
les documens officiels, les archives des ports et les notes
et communications des hommes de mer contemporains.
Par *Jules* LECOMTE et *Fulgence* GIRARD.
> **Paris 1836. H. Souverain. 2 vol. in-8.º**

3161.—La France maritime, fondée et rédigée par *Amédée* GRÉHAN,
sous le patronage du Ministre de la marine et de toutes
les sommités spéciales, scientifiques et littéraires.
> **Paris 1837. Postel. 3 vol. in-8.º Pl.**

3162.—Les marins Français, depuis le commencement de la monarchie française jusqu'à nos jours.
> **Paris 1817. Ledentu. 1 vol. in-18. Fig.**

** — San Juan de Ulua ou relation de l'expédition française au Mexique
(en 1838). Voyez *Hist. du Mexique.*

3163.—L'école de l'administration maritime ou le matelot politique. (Par DE CHATEAUVERON).
> **La Haye 1765. 1 vol. in-8º.**

** — Notice sur l'état de la marine en France, au commencement du
XIV.e siècle, par LEGRAND D'AUSSY.—*Mém. de l'Instit. sc. pol. t. II.*

** — Considérations navales, Par M. DE PRADT. — Voyez *OEuvres.*

3164.—Études sur l'état actuel de la marine et des colonies françaises, par *Louis* ESTANCELIN.
> **Paris 1849. V.e Le Normant. 1 vol. in-8º.**

ee. — *Cérémonial et Solennités.*

3165.—Le ceremonial de France, ou description des ceremonies,
rangs, et seances observées aux couronnemens, entrées,

et enterremens des Rois et Roynes de France, et autres
actes et assemblées solemneles. Par *Theodore* Godefroy.

Paris 1619. Pacard. 1 vol. in-4°.

3166.—Le ceremonial françois, contenant les ceremonies observées en France aux sacres et aux couronnemens de Roys,
et Reynes, et de quelques anciens Ducs de Normandie,
d'Aquitaine, et de Bretagne: comme aussi à leurs entrées
solennelles: et à celles d'aucuns Dauphins, Gouverneurs
de provinces, et autres Seigneurs, dans diverses villes
du Royaume. — Les ceremonies observées aux mariages
et festins: naissances, et baptesmes: majoritez de Roys;
estats generaux et particuliers: assemblées des notables:
licts de justice: hommages, sermens de fidelité: recep-
tions et entreveuës: sermens pour l'observation des
traitez: processions et *Te Deum*. Recueilly par *Theodore*
Godferoy. Et mis en lumière par *Denys* Godefroy.

Paris 1649. Seb. et Gab. Cramoisy. 2 vol. in-fol.

3167.—Cérémonial de l'Empire Français, contenant 1.° Les honneurs civils et militaires à rendre aux autorités militaires,
civiles et ecclésiastiques de l'Empire; et aux différentes
personnes occupant des places à qui il en est dû d'après
le décret impérial; 2.° Les grands et petits costumes et
uniformes des autorités civiles et militaires de l'Empire;
3.° Les fonctions et attributions de ces mêmes autorités;
4.° Ce qui a rapport aux cérémonies publiques en général, etc. Par L. I. P.

Paris 1805. Librairie économ. 1 vol. in-8°. Fig.

3168.—De sacris unctionibus libri tres. In quibus de sancta
Ampulla et Francorum Regum consecratione diffusè tractatur. Authore H. Moro.

Parisiis 1593. Guill. Bichonius. 1 vol. in-8.°

3169.—De ampulla Remensi nova et accurata disquisitio, ad
dirimendam litem de prærogativa ordinis inter Reges.
Accessit Parergon de unctione Regum, contra Jacobum

Alexandrum Tenneurium, fucatæ veritatis alterum vindicem. Auctore *Joa. Jacobo* CHIFLETIO.

Antuerpiæ 1651. Off. Plantiniana. 1 vol. in-4º.

** — De mirabili strumas sanandi vi solis Galliæ Regibus divinitus con-
-cessa. Authore LAURENTIO. — *Médecine* n.º 1170.

3170. — Traité historique et chronologique du sacre et couronnement des Rois et des Reines de France. Depuis Clovis I jusqu'à présent. Et de tous les Princes souverains de l'Europe. Augmenté de la relation exacte de la cérémonie du sacre de Louis XV. Par M. MENIN.

Paris 1723. Bauche. 1 vol. in-12.

ff. — *Mœurs et usages des Français.*

3171. — De l'état civil des personnes et de la condition des terres dans les Gaules, dès les temps celtiques, jusqu'à la rédaction des coutumes. (Par *Cl. J.* PERRECIOT).

En Suisse. 1786. La Société. 2 vol. in-4º.

3172. — Quel fut l'état des personnes en France, sous la première et la seconde race de nos rois? Par M. l'*Abbé* DE GOURCY.

Paris 1769. Desaint. 1 vol. in-12.

3173. — Polyptyque de l'Abbé Irminon ou dénombrement des manses, des serfs et des revenus de l'abbaye de Saint-Germain-des-Prés sous le règne de Charlemagne, publié d'après le manuscrit de la bibliothèque du roi, avec des prolégomènes pour servir à l'histoire de la condition des personnes et des terres depuis les invasions des barbares jusqu'à l'institution des communes, par M. B. GUÉRARD.

Paris 1844. Imp. royale. 2 vol. in-4º.

3174. — Mœurs et coutumes des François dans les différens tems de la monarchie. Par M. *Loüis* LE GENDRE.

Paris 1712. Collombat. 1 vol. in-12.

3175. — Histoire de la vie privée des Français, depuis l'origine de la nation jusqu'à nos jours. Par M. LE GRAND D'AUSSY.

Paris 1782. Pierres. 3 vol. in-8º.

** — Précis d'une histoire générale de la vie privée des François dans tous les temps et dans toutes les provinces de la monarchie.

Voyez *Mélanges tirés d'une grande Bibliothèque*. Tom. III.

** — Lettres sur les Anglois et les François. — Voyez *Bell.-Lett.* 3018.

3176.—Tristan le voyageur, ou la France au XIV.e siècle. Par M. DE MARCHANGY. 2.e édit.

Paris 1825-1826. Urb. Canel. 6 vol. in-8°.

3177.—Histoire des Français des divers états aux cinq derniers siècles. Par *Amans-Alexis* MONTEIL. (XIV-XV-XVIe siècle).

Paris 1828-1833. Janet et Cotelle. 6 vol. in-8°.

3178.—Histoire des Français des divers états, ou histoire de France aux cinq derniers siècles, par *Amans-Alexis* MONTEIL. (XIV-XV-XVI-XVII et XVIII.e siècle). 3.e édit.

Paris 1847-1848. Coquebert et Lecou. 5 vol. in-8°.

3179.—La Gaule poétique, ou l'histoire de France considérée dans ses rapports avec la poésie, l'éloquence et les beaux-arts. Par M. DE MARCHANGY. 2.e édit.

Paris 1817-1819. Patris et Chaumerot. 8 vol. in-8°.

3180.—La Gaule poétique par M. DE MARCHANGY. 4.e édit.

Paris 1824-1825. Baudouin fr. 6 vol. in-8°. Port.

3181.—Histoire des modes françaises, ou révolutions du costume en France, depuis l'établissement de la monarchie jusqu'à nos jours. Contenant tout ce qui concerne la tête des Français, avec des recherches sur l'usage des chevelures artificielles chez les anciens. (Par G. F. R. MOLÉ).

Amsterdam-Paris. 1773. Costard. 1 vol. in-12.

3182.—Costumes français, depuis Clovis jusqu'à nos jours, extraits des monumens les plus authentiques de sculpture et de peinture, avec un texte historique et descriptif, enrichi de notes sur l'origine des modes, les mœurs et usages des Français aux diverses époques de la monarchie.

Paris 1834. Massard. 2 vol. in-8°. Incomplet.

3183.—Recueil complet des costumes des autorités constituées, civiles, militaires, et de la marine. Dont les dessins ont été confiés au citoyen S.-Sauveur par le Ministre de l'In-

térieur. Un historique accompagne et explique chaque
planche. Par J. GRASSET S.-SAUVEUR.
Paris 1796. Deroy. 1 vol. in-4°. Pl.

gg. — *Monuments de la France.*

5184.—Les monumens de la monarchie françoise, qui comprennent l'histoire de France, avec les figures de chaque
règne que l'injure des tems a épargnées. Par le R. P.
Dom *Bernard* DE MONTFAUCON.
Paris 1729-1733. Gandouin et Giffart. 5 vol. in-fol.

5185.—Même ouvrage. Exemplaire en grand papier auquel le
tom. 1.er manque.

5186.—Antiquités nationales, ou recueil de monumens pour
servir à l'histoire générale et particulière de l'Empire
françois, tels que tombeaux, inscriptions, statues, vi-
traux, fresques, etc.; tirés des abbayes, monastères, châteaux et autres lieux devenus domaines nationaux. Par
Aubin-Louis MILLIN.
Paris 1790-An VII. Drouhin. 5 vol. in-4°. Pl.

5187.—Les monumens de la France classés chronologiquement
et considérés sous le rapport des faits historiques et de
l'étude des arts, par le C.te *Alexandre* DE LABORDE.
Paris 1816. P. Didot. 2 vol. in-fol. Pl.

✱✱ — Musée des monuments français, par *Alex.* LENOIR. — *Archéologie.*

✱✱ — Monuments français inédits, par WILLEMIN.   *Ibid.*

✱✱ — France historique et monumentale. N.° 2321.

hh. — *Histoire des Provinces et des Villes.*

(La numismatique, l'histoire des familles et des hommes illustres,
les coutumes, la liturgie des provinces et les découvertes d'objets
antiques ne se trouvent point compris dans cette division).

Alsace.

✱✱ — Utriusque Alsatiæ, superioris ac inferioris, tabula. N.° 1592.

✱✱ — Carte d'Alsace, par *Guillaume* SANSON. N.° 187.

✱✱ — Promenade dans l'Alsace, par CHASSEROT. N.° 2210.

5188.—Histoire de la province d'Alsace, depuis Jules César jusqu'au mariage de Louis XV, Roy de France et de Navarre, avec des figures en taille douce, des plans, des cartes géographiques et un Recueil de pièces, qui peuvent servir de preuves aux faits importants. Par le R. P. *Louis* LAGUILLE.

Strasbourg 1727. R. Doulssecker. 3 part. en 1 vol. in-fol.

5189.—L'Alsace illustrée ou recherches sur l'Alsace pendant la domination des Celtes, des Romains, des Francs, des Allemands et des Français, par J. D. SCHŒPFLIN. Traduction de L. W. RAVENEZ.

Mulhouse 1849-1854. F. Perrin. 5 vol. in-8°. Pl.

** — Argentoratensis agri descriptio, ex tabula D. SPEKEL. N.° 1592.

** — Statistique du département du Bas-Rhin, par LAUMOND. N.° 2211.

** — Essai sur l'histoire municipale de la ville de Strasbourg, par M. B. BERNHARD. *Bibl. de l'école des chartes.* 1.re série. I.

5190.—Mémoire de M. DE KLINGLIN, préteur royal de la ville de Strasbourg.

Grenoble 1753. And. Giroud. 1 vol. in-12.

5191.—Description nouvelle de la cathédrale de Strasbourg, et de sa fameuse tour; contenant ce qui s'y est passé depuis sa construction, avec tout ce qu'il y a de remarquable au dedans et au dehors de cet édifice. Avec figures en taille douce : traduite de l'allemand par *François Joseph* BÖHM.

Strasbourg 1733. Sim. Kursner. 1 vol. in-8°. Fig.

Angoumois, Aunis et Saintonge.

** — Statistique du département de la Charente, par DELAISTRE. N.° 2211.

5192.—Statistique du département de la Charente-Inférieure, par M. A. GAUTIER, révisée par une Commission composée de MM. *Fleuriau de Bellevue, Bargignac, Michel, Dor, Massiou, Dubeugnon, Delayant, G. Mareschal, Dières-Monplaisir, Chesnet*, et publiée sous les auspices de M. E. de Pelet, préfet.

La Rochelle 1839. Gus. Mareschal. 1 vol. in-4°. Cart.

On y a joint une carte de la Charente inférieure tirée du nouvel

40.*

atlas communal de la France dressé par CHARLE et imprimé à Paris chez L. Letronne.

** — Siège et prise de La Rochelle. N.° 2684 à 2689.

Anjou et Saumurois.

3193.—Edom, ou les colonies Idumeanes. Par *Pierre* LE LOYER.
     Paris 1620. N. Buon. 1 vol. in-8°.

** — Histoire sommaire des comtes et ducs d'Anjou, depuis Geoffroy Grisegonnelle jusques à Monseig. Henry, fils et frère de Rois de France, et duc d'Anjou, de Bourbonnois et d'Auvergne. Par *Bernard* DE GIRARD Seigneur DU HAILLAN.
     Paris 1570. L'Huillier, 1 vol. in-8°. — N.° 2247.

** — Même histoire, jusques à Mgr. François, fils et frère de Rois de France et duc d'Anjou, Alençon, Berry, Touraine et Evreux.
     Paris 1580. L'Huillier. 1 vol. in-8°. — N.° 2248.

** — Mémoires historiques sur l'Anjou et ses monuments, par J. F. BODIN.   Voyez *Mém. de la soc. des Antiq. de Fr.* T. III.

** — Historiæ Andegavensis fragmenta, FULCONE authore.—*Spicileg.* 3.

** — Gesta consulum Andegavensium.   *Ibid.*

** — Breve chronicon Andegavense — *Thes. nov. anecd.* T. 3.

3194.—Piéces pour servir à l'histoire d'Anjou.
     Liasse in-fol. — Contenant :

1. — Arrest du privé conseil du 26 juillet 1680, qui ordonne que les abbé et religieux de S. Serge d'Angers jouiront du droit de committimus.

2. — Mémoire pour les religieux, prieur et convent de l'abbaye de St. Nicolas d'Angers, contre Messire Ch. M. Du Bouzet de Roquepine, abbé de la même abbaye. 1708. (Scellé sur le chartrier).

3. — Mémoire pour les religieux, prieur et convent de l'abbaye St. Aubin, contre M. Ch. M. Le Pelletier, abbé commendataire de l'abbaye de St. Aubin. 1708.

4. — Moyens des religieux de St. Aubin, contre le même.

5. — Mémoire pour les mêmes, contre le même abbé, appelans de sentence rendue en la sénéchaussée d'Angers, le 10 janvier 1709.

6. — Mémoire pour D. Gilles Jourdain, religieux conventuel de l'abbaye de St. Aubin d'Angers, pourvu du prieuré de Lyon, dépendant de la mesme abbaye, contre le S.ʳ Léger, indultaire du Parlement de Paris, prétendant au mesme bénéfice. 1709.

7. — Factum pour les religieux, prieur claustral et convent du prieuré

de l'Eviere d'Angers, et les religieux de la mesme abbaye, contre Fr. Pierre de Chevernë, prieur commendataire du mesme prieuré de l'Eviere.

8. — Mémoire pour D. Gilles Jourdain, prieur titulaire du prieuré de S. Martin du Lyon d'Angers, contre M. Ch. René Le Vayer, prétendant droit au même prieuré. 1710.

9. — Mémoire sommaire pour D. G. Jourdain, pourvu du prieuré de Lyon d'Angers, demandeur en cassation d'arrêt du grand Conseil. 1711.

10. — Factum pour D. Cél. L. Barriller, prieur du prieuré de S. Mclaine au diocèse d'Angers, contre Fr. G. Drouet, M. Ant Briolay son resignataire, et Fr. Julien Amirault, prétendants droict audit bénéfice. 1648.

11. — Factum pour les religieux, prieur et couvent de l'abbaye royale de S. Pierre de Bourgueil, diocèse d'Angers, prouvant que leur baronnie de Vouzailles ne doit point être imposée aux décimes dans le diocèse de Poictiers, contre M. le syndic du clergé de Poictiers.

12. — Factum pour les religieux, prieur et couvent du prieuré conventuel de S. Clément de Craon, contre M. de la Forest d'Armaillé, baron de Craon. (Droit d'affouage dans la forêt de Craon).

13. — Factum pour les mêmes, contre les chapelains soy-disans chanoines de S. Nicolas de Craon.

14. — Factum pour les religieux, prieur et convent de S. Florent le Vieil contre Etienne et François Ferrand.

15. — Mémoire signifié pour les prieur et chanoine régulier de l'abbaye de S. Pierre de Rillé, contre M. Ch. de la Haye de St.-Hilaire.

16. — Mémoire signifié pour les prieur, religieux et communauté de l'abbaye royale de S. Pierre de Bourgueil en Vallée. 1750. (Au sujet des dixmes de la paroisse de Jaunais).

Artois.

** — Artesiæ descriptio, *Joh. Surhonio* autore. N.° 1727.

3195.—Almanach historique et géographique d'Artois. Années 1755-1756-1757-1759-1760-1761-1763-1768-1769-1770-1771-1772-1773-1775-1776-1777-1778-1779-1780-1781-1782-1783-1784-1787-1789.

Amiens 1755. V.ᵉ Godart. Arras 1768-89. Nicolas. in-18.

Les almanachs des années 1755-1756-1757-1760-1763-1768-1769-1770-1771-1773-1780-1781 et 1782 se trouvent reliés avec les almanachs de Picardie des mêmes années.

5196.—*Jacobi* MALBRANCQ *Audomariensis* de Morinis ab anno ante Christum CCCIX ad annum ejusdem MDLIII.

> **Tornaci 1639-1654. Vidua Quinqué. 3 vol. in-4°. Pl.**

5197.—Discours abregé de l'Artois, membre ancien de la couronne de France et de ses possesseurs, depuis le commencement de la monarchie. (Par *Charles* DE COMBAULT, baron D'AUTEUIL).

> **S. n. n. l. 1640. 1 vol. in-4°.**

** — Chronologie historique des souverains de la province d'Artois, par *Ad.* MAILLART.   Voyez *Coutumes d'Artois.*

5198.—Mémoires pour servir à l'histoire de la province d'Artois, et principalement de la ville d'Arras, pendant une partie du quinzième siècle, précédés d'une notice chronologique des comtes d'Artois, lus en différentes séances de la Société littéraire d'Arras, par M. HARDUIN.

> **Arras 1763. M. Nicolas. 1 vol. in-12.**

5199.—Le patriote Artésien. Dédié à Monseigneur le Comte d'Artois. Par M. DE NEUVE-EGLISE.

> **Paris 1761. Despilly. 1 vol. in-8°.**

5200.—Pièces inédites en prose et en vers concernant l'histoire d'Artois, et autres ouvrages inédits publiés par l'Académie d'Arras.

> N.° 1. Journal de *Gérard* ROBERT, religieux de l'abbaye Saint Vaast d'Arras. Contenant plusieurs faits arrivés de de son temps, principalement en la ville d'Arras, et en particulier dans ladite abbaye.

> **Arras 1852. V.ᵉ Degeorge. 1 vol. in-8°.**

5201.—Troubles d'Arras, 1577-1578.—Tom. II. —Relations de *Pontus* PAYEN, de *Nicolas* LEDÉ, et autres documents inédits. Par *Achmet* D'HÉRICOURT. (1).

> **Paris 1850. Dumoulin. 1 vol. in-8°.**

---

(1) *Marie-Achmet*, comte de SERVINS D'HÉRICOURT, est né à Hébecourt, commune de Vers-Hébecourt (Somme), le 19 août 1819.

3202.—Les sièges d'Arras, histoire des expéditions militaires dont cette ville et son territoire ont été le théâtre, par *Achmet* D'HÉRICOURT.

> **Arras 1844. Topino. 1 vol. in-8°.**

** — Relation du siège et de la reddition d'Arras en 1610. N.° 1247.

** — Chronicon Atrèbatense. — Voyez *Flandre.*

** — Gesta de restitutione episcopatus Atrebatensis.—BALUZII *Miscel.* 5.

** — Cartulaire de l'abbaye de Saint-Bertin. N.° 2352-6.

** — Chronicon sive historia monasterii S. Bertini, ab anno 590 ad annum 1294. Auctore J. IPERIO.   MARTENNE. *Thes. nov. anecd.* 3.

** — Annales de Saint-Bertin. N.° 1107 et 2418.

3203.—Carenci et ses seigneurs, par *Achmet* D'HÉRICOURT.

> **Saint-Pol 1849. Warmé. 1 vol. in-8°.**

3204.—Dissertation historique et critique, sur l'origine et l'ancienneté de l'abbaye de S. Bertin : et sur la supériorité qu'elle avoit autrefois sur l'église de S. Omer. Où l'on répond à la Critique publiée depuis quelque tems contre les titres de cette abbaye. Par un Religieux de l'abbaye de S. Bertin. (DOM DE CLÉTY).

> A la suite :

Lettre à M. l'Abbé D..... (Debonnaire) sur un écrit intitulé, *Dissertation sur la prétendue sécularisation de l'Eglise de Saint Omer*, *et la prétendue fixation du nombre des Chanoines à trente :* imprimé à la suite du Mémoire du Chapitre de Saint Omer, contre M. Foüard de Grandcourt, chanoine de la même église.

> **Paris 1737. Guerin. 1 vol. in-12.**

3205.—Affaire de l'agrégation des abbayes de S. Bertin et de S. Vast.

> **1 vol. in-4°. — Contenant :**

1. — Mémoire à consulter, et consultation, pour les abbayes et autres maisons religieuses de la province d'Artois, au sujet des édits du mois de mars 1768, et du mois de février 1773, concernant les réguliers.

   > **Paris 1773. Brunet.**

2. — Mémoire à consulter pour les abbayes de Saint-Bertin, Saint-Wast,

Saint-Amand, réunies en congrégation, et connues sous le titre de Congrégation des Exempts de Flandres.

Paris 1773. Knapen.

3. — Mémoire pour les abbés, grands prieurs et religieux des abbayes de Saint-Vaast d'Arras, et de Saint-Bertin de Saint-Omer, contre M. l'évéque d'Arras et contre M. l'évéque de Saint-Omer.

Paris 1778. V.ᵉ Ballard.

4. — Précis pour les abbayes de Saint-Vaast et de Saint-Bertin, contre MM. les Evêques d'Arras et de Saint-Omer.

Paris 1778. V.ᵛ Ballard.

5206.—Mémoire à consulter. (Pour l'abbaye du Mont St.-Eloy, contre le S.ʳ Théry, curé de Camblin).

Arras 1768. Guy de la Sablonnière. 1 vol. in-4°.

5207.—Notice sur le chateau, l'église et les anciens seigneurs de Renansart. Par H. DUSEVEL. (1).

Amiens 1848. Alfred Caron. 1 vol. in-8°.

M. de FLAVIGNY y a joint 26 pages de notes et 5 plans manuscrits du château de Renansart; les notes concernent les revenus de Renansart, Surfontaine, Cugny, Brissay, Girondelle et la Cerleau.

5208.—Histoire chronographique des comtes, pays et villes de S. Paul en Ternois. Par M. FERRY DE LOCRE.

Douay 1613. L. Kellam. 1 vol. in-4°.

5209.—Comitum Tervanensium seu Ternensium, modo S. Pauli ad Thenam, à primo ad postremum, Annales historici : ubi eorum genealogica series, natalitia, genus, ditiones, jura, dignitates, præclara facinora, obitus et encomia succinctè recensentur. Collectore R. P. *Thoma* TURPIN.

Duaci 1731. Derbaix. 1 vol. in-8°.

5210.— Histoire de Saint-Pol, par G. E. SAUVAGE.

Arras 1834. Degeorge. 1 vol. in-8°.

5211.—Le vieil et le nouvel Hesdin, ou histoire de ces deux villes; par S. MONDELOT.

Abbeville 1823. Devérité. 1 vol. in-8°. Pl.

5212.—Histoire civile, politique, militaire, religieuse, morale et physique de la ville de Saint-Omer, chef-lieu judiciaire

(1) DUSEVEL (*Hyacinthe*), né à Doullens le 12 septembre 1796.

du département du Pas-de-Calais, ou annales historiques, statistiques et biographiques de cette ville, depuis son origine jusqu'à nos jours; par *Jean* DERHEIMS.
Saint-Omer 1843. Lemaire. 1 vol. in-8°. Fig.

5213.—Guide descriptif et statistique dans l'arrondissement de
Saint-Omer, principalement dans les villes de Saint-Omer
et d'Aire, par VUATINÉ; contenant une notice descriptive
sur chaque commune de l'arrondissement, par J. DER-
HEIMS; et toutes les matières d'un annuaire pour 1846.
Saint-Omer 1846. Vuatiné. 1 vol. in-12. Pl.

5214.—*Julii* CHIFFLETII Audomarum obsessum et liberatum anno
MDCXXXVIII.
Antuerpiœ 1640. Balt. Moretus. 1 vol. in-16.

** — Voyage du Roi au camp de St.-Omer. N.° 2986.

5215.—Petites histoires des communes de l'arrondissement de
St.-Omer, par H. PIERS. Cantons nord et sud de St.-Omer.
Lille 1840. Libert-Petitot. Pièce in-8°.

5216.—Lettre d'un habitant de Thérouanne (M. DUFAITELLE),
adressée à M. l'éditeur de *l'Industriel Calaisien*, à l'occasion de la fête historique de Saint-Omer.
Calais 1840. A. Leleux. Pièce in-8°.

5217.—Mémoires pour les doyen, chanoines et chapitre de l'é-
glise cathédrale de Saint-Omer, parties intervenantes
dans l'instance pendante au Conseil entre Messire Joseph-
Alphonse de Valbelle, évêque de Saint-Omer, et les
abbé, prieur et religieux de l'abbaye de Saint-Bertin.
(Question de préséance).
Paris (1736). Lottin. 1 vol. in-4°.

5218.—Histoire des Flamands du Haut-Pont et de Lyzel. — Iles
flottantes. — Portus Itius. — Histoire des abbayes de
Watten et de Clairmarais, etc., etc. Par H. PIERS.
Saint-Omer 1836. Lemaire. 1 vol. in-8°.

5219.—Notices historiques sur diverses localités du département
du Pas-de-Calais, par A. GUILMETH.
Amiens 1852. Alfred Caron. 1 vol. gr. in-8°.
Cette publication qui n'a point été continuée, comprend seulement les bourgs de Campagne et de Marquise.

** — Prise de Lillers, S. Venant et autres places d'Artois. N.° 1247.

5220.—Pièces pour servir à l'histoire d'Artois.

Liasse in-fol. — Contenant :

1. — Mémoire pour M. l'Evesque d'Arras, contre les officiers du Conseil provincial d'Artois. (Révélation de la confession).
   Arras 1708. Duchamps.

2. — Réponse pour les officiers du Conseil d'Artois au mémoire donné contre eux par M. l'Evêque d'Arras. 1708.

3. — Factum pour M. Louis-François de Cardevaque, prêtre, chanoine de l'église d'Arras, appelant d'une sentence rendue au Conseil d'Artois le 22 novembre 1704, contre M. Denys Alain de Pienne, prétendant droit au bénéfice.

4. — Factum pour M. Nicolas le François, curé de Saint-Aubert d'Arras. Contre les sieurs doyen, prevost, chanoines et chapitre de Notre-Dame d'Arras. (Sépulture).

5. — Factum pour les religieux, prieur et convent de l'abbaye de Samer, contre M. Jacques-Auguste de Thou, abbé commendataire de la dite abbaye. 1680. (Partition de revenus).

6. — Mémoire pour les religieux, prieur et convent de l'abbaye de Saint-Vaast d'Arras. Contre J. Grata Lefevre, tuteur des prince de Bouillon et duc de Château-Thiéry, neveux et légataires universels de M. le cardinal de Bouillon. 1701. (Provision).

7. — Mémoire pour les mayeur et échevins de la ville et banlieue de Saint-Omer. Contre le substitut du procureur général au bailliage de la même ville. (Juridiction de la ville).
   Paris 1738. Thiboust.

8. — Mémoires pour les Etats d'Artois, servant de réplique aux réponses, fournies par les fermiers généraux, à la requête contenant les très-humbles représentations des états d'Artois sur la déclaration du 9 avril 1743. (Contrebande).

9. — Réplique pour les habitans du village de Campagne et du hameau de la Neuville en Artois, poursuivans l'érection de leur succursale en cure; contre les abbé, prieur et religieux de l'abbaye royale de Marmoutiers-les-Tours, le S.ʳ Barbier, receveur-général du prieuré de S. Martin de Beaurainville, et M. Violette, curé de la paroisse de Riquebourg.
   Amiens 1777. V.ᵉ Godart.

10. — Vengeance de Joseph Lebon, représentant du peuple. (Requête de L. Beugnet, J. Boistel, A. Boistel, N., H., J., A. Blanchet à la Convention nationale).

11. — Persécution du tribunal révolutionnaire d'Arras, contre la famille des Lallart.

12. — Violation de toutes les formes voulues par les loix, pour appliquer iniquement la peine de mort. (Thérèse Payen à la Convention nat.)

13. — Exécution par le tribunal révolutionnaire d'Arras, du projet annoncé par Joseph Lebon, d'envoyer à l'échafaud les fermiers cultivateurs du département du Pas-de-Calais. (C. Pigache, V.e Savary à la Convention).

14. — Amis et patriotes sacrifiés par jugement rendu par le tribunal révolutionnaire de Cambray. (V.e Payen, V.e Goubet à la Convention).

15. — Mauvaise application de la peine de mort prononcée par les juges du tribunal révolutionnaire d'Arras. (H. Payen, V.o Merlin à la Convention).

16. — Condamnation à mort prononcée par le tribunal révolutionnaire d'Arras, contre un militaire (Benoit Carault) inculpé d'un délit qui n'emportait pas cette peine.

17. — Victimes du système de sang longtemps à l'ordre du jour au tribunal révolutionnaire d'Arras. (Le Sergeant et Daix à la Convention).

18. — Machination employée par Joseph Lebon, représentant du peuple, et ses complices, pour conduire à l'échafaud 23 personnes sur 24 qu'il a fait traduire au tribunal révolutionnaire d'Arras, le 25 germinal dernier (an 3).

19. — Imprimeur traduit au tribunal révolutionnaire d'Arras, par l'envie de métier, et condamné à mort par l'un des auteurs du fait qu'on lui imputoit. (Am. Lallart, V.e Vicogne à la Convention).

20. — Encore un crime de Joseph Lebon. (V.e Lallart à la Convention).

21. — Développement des formes acerbes de Joseph Lebon. (Théodore Herpin, marchand à Frévent, à la Convention).

22. — Accusateur public, juges et jurés du tribunal révolutionnaire d'Arras, imposteurs et prévaricateurs.

Les pièces n.o 10 à 22 furent impr. à Paris, en l'an 3, par Guffroy.

Aunis. — Voyez **Angoumois.**

Auvergne.

5221. — La France. Description géographique, statistique et topographique, présentant l'état physique, politique, moral, industriel, des départements de la France et de ses colonies ; avec une carte et un dictionnaire topographique, biographique et bibliographique de chaque département, publiée sous les auspices de S. A. R. Mgr. le duc d'Orléans, par M. Loriol.— Puy-de-Dôme. Par M. B. Gonod.

Paris 1834. Verdière. 1 vol. in-8°. Cart.

5222.—Tableau de la ci-devant province d'Auvergne, suivi d'un précis historique sur les révolutions qu'elle a éprouvées, depuis le temps où elle a commencé d'être connue, jusqu'à nos jours; par A. Rabani-Beauregard; avec l'explication des monumens et antiquités qui se trouvent dans ce même département. Par M. P. Gault.

Paris 1802. Pernier. 1 vol. in-8°. Sans planche.

5223.—Voyage fait en 1787 et 1788, dans la ci-devant Haute et Basse Auvergne, aujourd'hui départemens du Puy-de-Dôme, du Cantal et partie de celui de la Haute-Loire. Par le cit. Legrand (P. Le Grand d'Aussy).

Paris an III. Imp. des sc. et arts. 3 vol. in-8°.

** — Voyages pittoresques et romantiques dans l'ancienne France. — Auvergne. — 2 vol. in-fol. N.° 2170.

5224.—Notes d'un voyage en Auvergne. Par *Prosper* Mérimée. Extrait d'un rapport adressé à M. le Ministre de l'intérieur.

Paris 1838. Fournier. 1 vol. in-8°.

5225.—Observations sur les travaux qui doivent être faits pour la recherche des objets d'antiquité, dans le département du Puy-de-Dôme; suivies de notes; par M. l'*Abbé* Lacoste.

Clermont 1824. Thibaut Landriot. 1 vol. in-8°.

5226.—Résumé de l'histoire d'Auvergne, par un Auvergnat. (M. Taillandier).

Paris 1826. Lecointe et Durey. 1 vol. in-18.

5227.—Les origines de la ville de Clairmont. Par feu M. le President Savaron. Augmentées des remarques, nottes et recherches curieuses des choses advenuës avant et après la première edition. Ensemble des genealogies de l'ancienne et illustre maison de Senectere, et autres. Justifiées par chartres, tiltres, privileges des Rois, et autres preuves authentiques : et enrichies de plusieurs portraits. Par *Pierre* Durand.

Paris 1662. F. Muguet. 1 vol. in-fol.

On trouve à la suite :

De sanctis ecclesiis, et monasteriis Claramontii libri duo, auctoris anonymi, cum notis J. Savaroni.

Privileges, chartres, concessions et exemptions accordés par nos Rois, Reines, et par les anciens comtes d'Auvergne à la ville et cité de Clairmont.

** — Recherches sur Gergovia, par Lancelot.—*Mém. de l'Ac. des Ins.* vi.

** — Antiquités d'Auvergne, par Lebeuf. *Ibid.* xxv.

** — Voyage agronomique en Auvergne, par Yvart.— Voyez *Agricult.*

Béarn et Navarre.

5228.—Histoire de Bearn, contenant l'origine des rois de Navarre, des ducs de Gascogne, marquis de Gothie, princes de Bearn, comtes de Carcassone, de Foix, et de Bigorre. Avec diverses observations geographiques et historiques, concernant principalement lesdits Païs. Par M.e *Pierre* de Marca.

Paris 1640. V.e Jean Camusat. 1 vol. in-fol.

5229.—Résumé de l'histoire du Béarn, de la Gascogne supérieure et des Basques ; par M. Ader.

Paris 1826. Lecointe et Durey. 1 vol. in-18.

5230.—Le chateau de Pau (souvenirs historiques), son histoire et sa description. Par G. Bascle de Lagrèze.

Paris 1854. Didier. 1 vol. in-8º.

5231.—L'Heptameron de la Navarride, ou histoire entiere du Royaume de Navarre depuis le commencement du monde. Tirée de l'espagnol de Dom Charles, infant de Navarre. Continuée de l'Histoire de Pampalonne de N. l'Evesque, jusques au Roy Henri d'Albret, et depuis par l'histoire de France jusques au Roy tres-chrestien Henri IIII, Roy de France et de Navarre. Le tout fait et traduit par le Sieur de la Palme. (P. V. Palma Cayet). (En vers).

Paris 1602. Portier. 1 vol. in-12.

5232.—Histoire de Navarre, contenant l'origine, les vies et conquestes de ses Roys, depuis leur commencement jusques à present. Ensemble ce qui s'est passé de plus remarquable durant leurs regnes en France, Espagne, et ailleurs. Par *André* Favyn.

> **Paris 1612. Sonnius. 1 vol. in-fol.**

×× — Mémoires pour l'histoire de Navarre et de Flandre. N.° 2771.

×× — Mémoires pour servir à l'hist. de Charles II, par Secousse. — 2430.

Berry.

×× — Description du département du Cher, par Luçay. — N.° 2211.

×× — Mémoire statistique du départ. de l'Indre, par Dalphonse.— 2212.

5233.—Procès-verbal des séances de l'Assemblée provinciale du Berri, tenue à Bourges dans les mois d'octobre et novembre 1780. Précédé du projet de règlement proposé pour cette administration, et des détails relatifs aux principaux objets qui ont occupé les assemblées de 1778 et 1779.

> **Bourges 1781. B. Cristo. 1 vol. in-4°.**

5234.—Procès-verbal de la session de Conseil du département du Cher. Tenue à Bourges le 15 novembre 1791, et jours suivans. Précédé de la Table des matières, et suivi du Compte rendu par le Directoire.

> **Bourges (1791). B. Cristo. 1 vol. in-4°.**

5235.—Mémoire sur la navigation intérieure du Berri, par un des membres de l'administration provinciale de cette généralité, lu à l'Assemblée de 1780, et inséré au procès-verbal de ses séances.

> **S. n. n. l. 1781. 1 vol. in-4°. Cart.**

5236.—Opuscules de *Nicolas* Catherinot. — Recueil factice de pièces concernant l'histoire du Berry.

> **Bourges 1672-1689. 1 vol. in-4°. — Contenant :**

1. — Dissertation que le parquet de Bourges est du corps de l'Université.
> **Bourges 1672. J. Toubeau.**

2. — *Nicolai* Catharini scholarum Bituricarum inscriptio.
> **Avarici Biturigum 1672. J. Toubeau.**

3. — Manifeste de l'hopital général de Bourges. — 1674.

4. — Génealogie de Messieurs Dorsannes. — 1673.

5. — Tombeau généalogique. — 1674.

6. — Les Avocats du Roy, Conseillers. — 1674.

7. — L'avantage sans avantage. — 1679.

8. — Le prest gratuit.

       Bourges 1679. J. Cristo.

9. — Le sanctuaire de Berry.

       Bourges 1680. J. Toubeau.

10. — L'appel sans grief. — 1678.

11. — Manifeste pour le Seigneur de Coulons sur Oron. — 1677.

12. — Escu d'alliance. — 1 Pl.

13. — Le patriarcat de Bourges.

       Bourges 1681. J. Cristo.

14. — *Nicolai* Catharini castigationes ad hymnos ecclesiæ. — 1681.

15. — Le nobiliaire de Berry. — 30 juin 1681.

16. — L'abonnement de Poincy. — 1681.

17. — Le mal assigné. — 1681.

18. — Le necrologe de Berry. — 1 juin 1682.

19. — Le droit de Berry. — 15 juin 1682.

20. — La main de Scevola. — 8 juillet 1682.

21. — Antiquités romaines de Berry. — 28 juillet 1682.

22. — Les illustres de Berry. — 12 septembre 1682.

23. — La prévention. — 28 novembre 1682

24. — Le décret de Maron. — 7 décembre 1682.

25. — La chronographie de Berry. — 18 décembre 1682.

26. — Les tribunaux de Bourges. — 7 janvier 1683.

27. — La rente de Seris. — 20 janvier 1683.

28. — Les patronages de Berry. — 1 mars 1683.

29. — Les églises de Bourges. — 15 mars 1683.

30. — Les archeveques de Bourges. — 27 mars 1683.

31. — Les recherches de Berry. — 1 juillet 1683.

32. — Annales typographiques de Bourges. — 23 juillet 1683.

33. — Question d'une rente amortie. — 1678.

34. — Le diocèse de Bourges. — 1 septembre 1683.

35. — Le Bullaire de Berry. — 4 septembre 1683.

36. — Les doublets de la langue. — 15 septembre 1683.

37. — Le diplomataire de Berry. — 20 septembre 1683.

38. — La regale universelle. — 13 novembre 1683.

39. — Le pouillé de Bourges. — 5 août 1683.

40. — Les axiomes du droit françois. — 14 août 1683.

41. — Le vray Avaric. — 17 août 1683.

42. — Annales themistiques de Berry. — 9 août 1684.

43. — Annales ecclesiastiques de Berry. — 3 septembre 1684.

44. — Annales académiques de Bourges. — 3 septembre 1684.

45. — Les fastes consulaires de Bourges. — 27 septembre 1684.

46. — Le siege de Bourges. — 13 octobre 1684.

47. — Le calvinisme de Berry. — 15 novembre 1684.

48. — Les dominateurs de Berry. — 25 novembre 1684.

49. — La vie de Mademoiselle Cujas. — 10 décembre 1684.

50. — Les alliances de Berry. — 16 décembre 1684.

51. — Remarques sur le testament de Monsieur Cujas. — 1 janvier 1685.

52. — Les Romains Berruyers. — 25 janvier 1685.

53. — Traité de l'artillerie. — 25 mars 1685.

54. — Bourges souterrain. — 18 juin 1685.

55. — Le journal du Parlement à Monsieur de Gueret. — 1 août 1685.

56. — Traitté de la marine. — 20 octobre 1685.

57. — Les fondateurs de Berry. — 2 janvier 1686.

58. — *Nicolai* Catharini antedeluviani. — 13 novembre 1686.

59. — La plaideuse.

60. — Traité des martyrologes. — 2 août 1687.

61. — Traité de la peinture. — 18 octobre 1687.

62. — Que les coutumes ne sont pas de droit étroit.

63. — Tombeaux domestiques.

64. — L'art d'imprimer. — 10 mars 1685.

65. — La Gaule grecque. — 23 août 1683.

66. — Commission. — 4 juillet 1685.

67. — *Nicolai* Catharini Gratianus recensitus. — 2 septembre 1686.

68. — *Nicolai* Catharini chronicon juris sacri. — 9 septembre 1686.

69. — *Nicolai* Catharini imperium Romanum. — 25 septembre 1686.

70. — Codex testamentorum. — 4 octobre 1686.

71. — Jurisconsulti exotici. — 4 février 1687.

72. — Les Philippes de Berry. — 26 février 1687.

73. — Traité de l'architecture. — 10 mars 1688.

74. — La religion unique. — 12 février 1688.

75. — Les paralelles de la noblesse. — 2 janvier 1688.

76. — Les ducs et duchesses de Berry. — 9 septembre 1686.

77. — Animadversiones ad Basilica.

78. — Premier et deuxieme factum de noblesse pour Denis Catherinot, Sieur de Champroy, receveur general des decimes en la generalité de Bourges.

5237. — Recueil des antiquitez et privileges de la ville de Bourges, et de plusieurs autres villes capitales du Royaume. Divisé en trois parties. Par *Jean* Chenu.

Paris 1621. R. Fouet. 1 vol. in-4°.

5238.—Chronologia historica Patriarcharum, Archiepiscoporum Bituricensium et Aquitaniarum Primatum. Anno MDCIII primo edita: nunc verò editioni secundæ accessit catalogus Decanorum Ecclesiæ Bituricensis. Cum notitia Archiepiscopatuum, Episcopatuum provinciæ Bituricensis, simul et Abbatiarum, aliorumque Beneficiorum diœcesis Bituricensis. Auctore *Joanne* Chenu.

Parisiis 1621. Nic. Buon. 1 vol. in-4°.

** — Recherches sur les peuples Cambiovicenses. N.° 2152.

** — Des croix miraculeuses apparues en la ville de Bourges le jour et le lendemain de la fête de l'Ascension, 1591. N.° 2648-3.

5239.—Pièces concernant l'abbaye de Chezal-Benoit.

1 vol. in-4°. — Contenant :

1. — Lettres patentes du Roy Louis XIV pour la confirmation de l'union des abbayes et monastères de la congrégation de Chesal-Benoit à la congrégation de S. Maur, (du 5 sept. 1650).

2. — Mémoire qui justifie le droict de nomination du Roy aux abbayes de Chesalbenoist, de S. Vincent du Mans, de S. Alire de Clermont, de S. Martin de Sées, et de S. Sulpice de Bourges. Contre le supérieur général de la congrégation de S. Maur. Pour servir en l'instance qui est à juger devant Sa Majesté. 1660.

3. — La réalité de l'abbé de régime, pour terminer les differens des cinq abbayes. 1683. (Par F. F. Chappe. M. B.)

4. — Mémoire pour M. l'Archevesque de Lyon, M. l'Evesque d'Orléans, M. l'abbé Le Noir, le S.ʳ abbé de Véry, et le S.ʳ abbé de Foy, nommés par le Roi aux abbayes de S. Alire de Clermont, de S. Vincent du Mans, de S. Sulpice de Bourges, de S. Augustin de Limoges, et de S. Martin de Séez.

   Paris 1764. Chardon.

5. — Observations dans la cause des abbayes de Chésal-Benoit, sur les nominations royales.

   Paris 1764. Lambert.

6. — Suite des observations dans la cause des abbayes de Chésal-Benoit.

   Paris 1764. Lambert.

7. — Réponse sommaire au mémoire des brévetaires nommés aux abbayes de S. Sulpice de Bourges.

Paris 1764. Lambert.

3240.—Pièces pour l'histoire du Berry.

Liasse in-fol. — Contenant :

1. — Factum pour les abbé, religieux, prieur et convent de Saint Sulpice de Bourges, contre M. le prince de Condé, seigneur de Boumiers, et Cl. Soullet son fermier. 1702. (Prieuré du Musnet.)

2. — Mémoire pour les mêmes contre Fr. Fuzil. (Taille du grand et du petit Germagne. 1699).

3. — Factum pour les mêmes contre le même. Même sujet. 1707.

4. — Autre factum pour le même sujet. 1707.

5. — Factum pour les mêmes contre Pierre Fontenel, bourgeois de Moulins. 1675. (Dixmes.)

6. — Veritez decisives de la contestation touchant l'élection triennale des cinq abbayes de Chesal-Benoist, Saint Sulpice de Bourges, S. Alire de Clermont, S. Vincent du Mans, et S. Martin de Sées, prouvées par les pieces que le supérieur général de la congrégation de S. Maur a remises entre les mains de M. de Bezons, conseiller d'état.

7. — Extraits des pièces produites dans l'affaire des cinq abbayes de la congrégation de Chezalbenoist par le supérieur général de la congrégation de S. Maur.

8. — Response à l'escrit intitulé mémoire pour montrer par le simple recit du fait, que le Roy a droit de nommer aux abbayes de Chezal-Benoist, S. Sulpice de Bourges, S. Alire de Clermont, S. Vincent du Mans, et S. Martin de Séez.

9. — Premiere démonstration par pièces produites au nom du supérieur général de la congrégation de S. Maur. 1.° Que la congrégation de Chezal benoist étoit établie avant le concordat du 19 décembre 1516, fait entre Léon X et François I. 2.° Que nos Rois avoient approuvé l'institution des abbés triennaux de titre et de regime, suivant les statuts de D. Pierre du Mas, etc.

10. — Au Roy. (Le supérieur général de la congrégation de S. Maur soutient que les chapitres généraux de la congrégation sont fondés de procéder aux élections triennales des cinq abbés de Chezalbenoist).

11. — Au Roy. (Le même en réponse au plaidoyer du Sieur Richer contestant son droit). 1682.

12. — Au Roy. (Le même).

Bourbonnais.

** — Tableau de situation du départ. de l'Allier, par Huguet. N.° 2211.

** — Recherches sur l'ancienne ville de Néris et les monumens d'Huriel et de Montluçon. N.º 2152.

5241. — Société en faveur des pauvres-honteux et non mandians : ou mémoire instructif à l'usage des assemblées de charité de la paroisse de S. Pierre de Moulins. Par M. *Charles* L'HERONDET.

> **Moulins 1732. Faure. 1 vol. in-8º.**

5242. — Histoire des sires et des ducs de Bourbon, 812-1831. Par J. B. BÉRAUD.

> **Paris 1835. Chabert. 2 vol. in-8º.**

Bourgogne.

5243. — Historicorum Burgundiæ conspectus. Ex bibliotheca *Philiberti* DE LA MARE.

> **Divione 1689. Joan. Ressayre. 1 vol. in-4º.**

5244. — De antiquo statu Burgundiæ liber. Per *Gulielmum* PARADINUM.

> **Lugduni 1542. Steph. Doletus. 1 vol. in-4º.**

5245. — Idem opus. Unà cum aliis.

> **Basileæ. 1 vol. in-8º.**
>
> Les pièces à la suite de l'Etat de la Bourgogne sont :
>
> Philiberti à Chalon ill. Avrengiorum principis rerum gestarum commentariolus , *Dominico* MELGUITIO autore. — In ejusdem obitu oratio funebris, per *Ludovicum* PELTATANUM. — Petri Tenalii Bayardi vita, unà cum panegyricis, epitaphiis, et aliis. — D. *Nicolai* PERRENOTI à GRANVILLA oratio. — *Christophori* PANNONII ad eundem elegia. — Oratio funebris in exequiis ill. Margaritæ Austriæ principis Broaci sepultæ , *Ant.* SAXANO autore.

5246. — Annales de Bourgongne, par *Guillaume* PARADIN de *Cuyseaulx*. Avec une table des choses memorables contenues en ce present livre.

> **Lyon 1566. A. Gryphius. 1 vol. in-fol.**

5247. — Rerum Burgundionum chronicon : in quo etiam rerum Gallicarum tempora accuratè demonstrantur : permulta autem pro utriusque historiæ, necnon etiam Germanicæ notitia, dubia confirmantur, obscura illustrantur, et ab

41.*

aliis aut non animadversa , aut non comperta enucleantur: etc. Ex bibliotheca historica *Nicolai* VIGNIERII.

Basileæ 1575. Guarinus. 1 vol. in-4°.

5248.—De l'origine des Bourgongnons , et antiquitez des Estats de Bourgongne, deux livres. Plus, des antiquitez d'Autun, livre 1, de Chalon, 2, de Mascon, 5, de l'abbaye et ville de Tournus, 1. Par *Pierre* DE SAINCT-JULIEN, de la maison de BALLEURRE.

Paris 1581 Chesneau. 1 vol. in-fol. Pl.

** — Mémoires d'OLIVIER DE LA MARCHE. N.° 1748.

** — Chronique des ducs de Bourgogne , par G. CHASTELLAIN.
Voyez *Panthéon littéraire.*

** — Chronique de Bourgogne, par *Rob.* MACQUEREAU. *Ibid.*

5249.—Rerum Burgundicarum libri sex, in quibus describuntur res gestæ Regum, Ducum, Comitumque utriusque Burgundiæ; ac in primis Philippi Audacis, Joannis Intrepidi, Philippi Boni, Imperii Belgici conditoris; Caroli Pugnacis; qui e Valesia Regum familia apud Burgundos imperarunt. Autore *Ponto* HEUTERO *Delphio.*

Hagæ-Comitis 1639. Maire. 1 vol. in-8°.

A la suite:

Genealogiæ præcipuarum aliquot e Gallia Francica , ac Belgica familiarum , de quibus in præcedenti historia maxime agitur, ad ejus intelligentiam plurimum conducentes, liber sextus , auctore *Ponto* HEUTERO.

Hagæ-Comitis 1640. Maire. in-8°.

** — P. HEUTERI Burgundica, Austriaca, Belgica. N.° 1747.

5250.—Histoire générale et particulière de Bourgogne, avec des notes, des dissertations et les preuves justificatives. Par un religieux Bénédictin de l'abbaie de S. Benigne de Dijon. (Dom *Urbain* PLANCHER).

Dijon 1739. Ant. de Fay. 1 vol. in-fol. Tom. I.er

** — Chartes bourguignonnes inédites recueillies et expliquées par M. J. GARNIER. *Mém. de l'Inst. Antiq. de la France.* 1.

5251.—Histoire genealogique des ducs de Bourgongne de la maison de France. A laquelle sont adjoustez les seigneurs de

Montagu, de Sombernon, et de Couches, issus des mesmes
ducs: et plusieurs autres princes et princesses du sang
royal incognus jusques à present. Le tout justifié par
tiltres, histoires et autres bonnes preuves, etc. Par *André*
du Chesne.

Paris 1628. Seb. Cramoisy. 1 vol. in-4°.

Le faux titre porte : Histoire des Ducs de Bourgongne, des Daufins de Viennois et des Comtes de Valentinois. — L'ouvrage comprend
en effet trois parties. La première porte le titre donné ci-dessus.
La seconde : Histoire des Comtes d'Albon , et Daufins de Viennois.
La troisième : Histoire genealogique des Comtes de Valentinois et
de Diois , Seigneurs de Saint-Valier , de Vadans et de la Ferté ,
de la maison de Poitiers.

3252.—Histoire des ducs de Bourgogne de la maison de Valois,
1364-1477 ; par M. de Barante.

Paris 1824-1826. Ladvocat. 13 vol. in-8°. Fig.

3253.—Même ouvrage. 3.° édit.

Paris 1825-1826. Ladvocat. 13 vol. in-8°. Fig.

3254.—Histoire de l'église abbatiale et collegiale de Saint Estienne de Dijon. Avec les preuves et le pouillé des bénéfices dépendans de cette abbaie. (Par l'*Abbé* Fyot).

Dijon 1696. Jean Ressayre. 1 vol. in-fol. Cart.

** — La sédition arrivée en la ville de Dijon le 26 fév. 1630. N.° 2705-6.

3255.—Mémoires concernant l'histoire ecclésiastique et civile
d'Auxerre. Par M. l'*Abbé* Lebeuf.

Paris 1743. Durand. 2 vol. in-4°.

3256.—Histoire de la ville de Beaune et de ses antiquités, par
M. l'*Abbé* Gandelot.

Dijon 1772. Frantin, 1 vol. in-4°. Fig.

** — Remonstrance sur la réduction de la ville de Macon. N.° 2648-5.

3257.—Relation des ceremonies faites dans la ville de Mascon,
à l'occasion de la canonisation de Saint François de Sales
Evesque et Prince de Geneve, fondateur de l'ordre de
la visitation Sainte Marie.

Mascon 1666. S. Bonard. 1 vol. in-8°.

** — Discours de la défaite des Bourguignons à Villefranche. N.° 2648-6.

5258.—Historia Septifontana celeberrimi monasterii canonico-
rum regularium S. P. Augustini in Sylva Soniaca ins-
tituti, propagati, perfecti, et trino hinc sæculo, in
descriptione insignium virorum suorum jubilantis. Accedit historia monasterii ejusdem ordinis dicti à Sylva
Domini Isaac. Authore R. D. *Joanne Baptista* WIAERT.

Bruxellis 1688. H. Frieux. 1 vol. in-8º.

On trouve à la suite :

Lettre du R. P. *Abbé* de Sept-Fonts (*Eustache* DE BEAU-
FORT), sur l'Histoire de la Réforme de l'abbaye de Sept-
Fonts, par le S.ʳ Drouet.

Sept-Fonts 14 may 1702. in-8º.

5259.—L'illustre Orbandale, ou l'histoire ancienne et moderne
de la ville et cité de Chalon sur Saône, enrichie de plusieurs recherches curieuses, et divisée en éloges. (Par
Léonard BERTAUD et *Pierre* CUSSET).

Chalon sur Saône 1662. Cusset. 2 vol. in-4º.

On trouve à la suite du tom. 1.ᵉʳ :

1. — Abbregé des choses plus memorables, arrivées pendant les guerres
civiles, soubs les regnes de François II, Charles IX, Henry III et
Henry IV et particulierement de célles qui regardent Chalon, et
quelques autres villes de la province de Bourgongne. Tirées des
mémoires de M. de *Tavanes*, d'*Avilla*, et de plusieurs manuscripts.

2. — Estat moderne de la ville de Chalon, de sa situation, de ses rivières,
de l'estenduë et ressort de son bailliage et de ses justices.

3. — Privileges octroyez aux maires, eschevins, bourgeois et habitans de
la ville et cité de Chalon sur Saone, par les anciens Roys de France
et Ducs de Bourgongne, confirmez par leurs successeurs, et veri-
fiez és cours souveraines. Conferez avec plusieurs privileges des
autres villes du pays et duché de Bourgongne, et enrichis de notes
et remarques, etc. Par feu M. *Bernard* DURAND.

Lyon. Chalon 1660. P. Cusset.

4. — Defence pour la preseance de la ville et cité de Chalon sur la Saone,
en l'Assemblée des Estats du duché de Bourgongne, et comtés adjacentes. Contenant un sommaire discours, de l'antiquité des estats
et villes dudit Duché. Par M. *Bernard* DURAND.

5. — Eloge historique et funebre de tres haut et tres puissant seigneur

Louys Chalon du Blé, marquis d'Huxelles, gouverneur de la ville et citadelle de Chalon, etc. Composé par le R. P. Guerin.

Lyon. Chalon 1661. P. Cusset.

6. — Eloge de M. Estienne Bernard conseiller du Roy et lieutenant general au bailliage de Chalon.

7. — Eloge de M. de Germigny, baron de Germoles, conseiller du Roy et son ambassadeur en la Porte.

8. — Testament de Messire Jacques de Germigny, natif de la ville et cité de Châlon.

9. — Recueil de pieces choisies, extraites sur les originaux de la negotiation de M. de Germigny, de Chalon sur Saone, baron de Germoles.

Lyon. Chalon 1661. P. Cusset.

A la suite du second volume:

Statuts de Messieurs les venerables Doyen, Chanoines et Chapitre S. Vincent de Chalon; homologuez par la Cour le 26 mai 1578.

3260. — L'ordre prescript et observé par Monseigneur de Chaalons en la solemnisation du jubilé. MDCXXVIII.

Chaalons 1628. Charpentier. 1 vol. in-4°.

3261. — Histoire de l'abbaye royale et de la ville de Tournus, avec les preuves, enrichies de plusieurs pieces d'histoire tres rares: et les tables necessaires pour en faciliter l'usage. Par le P. *Pierre François* Chifflet.

Dijon 1664. Chavance. 1 vol. in-4°.

** — Hist. du monastère de Vezelay, par Hugues de Poitiers. N.°2345-7.

** — Recherches sur Dittatium, par M. Girault.—*Mém. des ant. de Fr.* 1.

** — Conjectures sur Mediolanum, par Bonamy.—*Mém. de l'Ac. des Ins.* 28.

3262. — Rapport contenant les détails principaux de la gestion du Directoire du département de l'Ain, jusqu'au 1.er novembre 1790. Fait à l'Assemblée générale des Administrateurs de ce département, les 11 et 12 du même mois, par M. Riboud.

Bourg 1790. Philipon. 1 vol. in-4°.

3263. — Pièces pour l'histoire de Bourgogne.

Liasse in-fol. — Contenant:

1. — Mémoire en forme d'inventaire, pour les doyen, chanoines et chapitre de l'église de Veselay, contre M. Armand Foucquet, héritier de M. l'Evesque d'Agde, vivant abbé de Veselay, et encore contre M. Pierre Guérin de Tencin, à présent abbé dudit Veselay. 1708.

2. — L'Evêque de Macon au Roy. (Contre Dom Toussaint Chatelus, prieur et archidiacre de l'abbaye de Cluny, qui avait admis aux ordres sacrés un S.ʳ Goyer).

Paris 1739. P. Simon.

3. — Mémoire pour M. le Cardinal d'Auvergne, abbé de Cluny, contre M. l'Evêque de Macon; au sujet de la juridiction épiscopale sur la ville et les bans de Cluny.

Paris 1739. P. Simon.

4. — Requeste présentée au Roy par M. l'Evesque d'Autun, au sujet de la juridiction immédiate, tant volontaire que contentieuse sur les doyen, chanoines et chapitre; bénéficiers, ecclésiastiques et autres officiers de l'église cathédrale d'Autun; pour faire voir que le chapitre de l'église cathédrale d'Autun n'a aucuns titres constitutifs, ni possession valable, pour établir une exemption.

Paris 1742. Osmont.

Bretagne.

** — Statistique du département d'Ile-et-Vilaine, par Borie. N.º 2211.

** — Statistique du départ. de la Loire-Inférieure par Huet. N.º 2211.

** — Voyages pittoresques et romantiques dans l'ancienne France. — Bretagne. N.º 2170.

** — Petit traité de l'antiquité et singularitez de Bretagne Armorique, par *Roch* le Baillif. *Médecine* n.º 3631.

3264. — Traicté de l'ancien estat de la Petite Bretagne, et du droict de la Couronne de France sur icelle: contre les faussetez et calomnies de deux Histoires de Bretagne, composées par feu le S.ʳ *Bertrand d'Argentré*. Par feu M.ᵉ *Nicolas* Vignier.

Paris 1619. A. Perier. 1 vol. in-4º.

3265. — Histoire de Bretagne, composée sur les titres et les auteurs originaux, par Dom *Gui Alexis* Lobineau. Enrichie de plusieurs portraits et tombeaux en taille douce; avec les preuves et pièces justificatives, accompagnées d'un grand nombre de sceaux.

Paris 1707. Robustel. 2 vol. in-fol.

3266. — Histoire critique de l'établissement des Bretons dans les Gaules, et de leur dépendance des Rois de France, et des Ducs de Normandie. Par M. l'*Abbé* de Vertot.

Paris 1720. Barois. 2 vol. in-12.

5267.—Histoire ecclésiastique et civile de Bretagne, composée sur les auteurs et les titres originaux, ornée de divers monumens, et enrichie d'une dissertation sur l'établisment des Bretons dans l'Armorique, et de plusieurs notes critiques. Par Dom *Pierre-Hyacinthe* Morice.

Paris 1750. Delaguette. 1 vol. in-fol. Tom. 1.er

5268.—Mémoires pour servir de preuves à l'histoire ecclésiastique et civile de Bretagne, tirés des archives de cette province, de celles de France et d'Angleterre, des recueils de plusieurs antiquaires, et mis en ordre, par Dom *Hyacinthe* Morice.

Paris 1742-46. Ch. Osmont. 2 vol. in-fol. Tom. 1.er et 3.e

5269.—Histoire de Bretagne. Par M. Daru.

Paris 1826. Didot. 3 vol. in-8°.

5270.—Résumé de l'histoire de Bretagne, jusqu'à nos jours, par M. B.*** avocat. (M. L. R. D. Bernard ou M. Legoreg).

Paris 1826. Lecointe et Durey. 1 vol. in-18.

5271.—Traité historique de la mouvance de la Bretagne, dans lequel on justifie que cette province, dès le commencement de la monarchie, a toujours relevé, ou immédiatement ou en arrière fief de la couronne de France. Pour servir de réponse à ce qu'en a écrit le R. P. Lobineau, dans son Histoire moderne de la Bretagne. (Par Vertot).

Paris 1710. Pierre Cot. 1 vol. in-12.

5272.—Dissertations sur la mouvance de la Bretagne, par rapport au droit que les Ducs de Normandie y prétendoient, et sur quelques autres sujets historiques. (Par l'*Abbé Claude* du Moulinet, sieur des Thuilleries).

Paris 1711. F. Fournier. 1 vol. in-12.

5273.—Histoire de la réunion de la Bretagne à la France. Où l'on trouve des anecdotes sur la princesse Anne, fille de François II, dernier Duc de Bretagne, femme des Rois Charles VIII et Louis XII. Par M. l'*Abbé* Irail.

Paris 1764. Durand. 2 en 1 vol. in-12.

3274.— Histoire des ducs de Bretagne, et des différentes révolutions arrivées dans cette province. (Par GUYOT DESFONTAINES, DE ROSNIVINEN et l'*Abbé* J. GALET).

> **Paris 1739. Rollin fils. 6 vol. in-12.**
>
> Ce titre est celui des deux premiers volumes. Celui des deux suivants est :

Histoire particulière de la ligue en Bretagne. (Par DE ROSNIVINEN, marquis de PIRÉ.

> Celui des deux autres :

Dissertation historique sur l'origine des Bretons, sur leur établissement dans l'Armorique, et sur leurs premiers Rois. (Par l'*Abbé Jac.* GALET).

3275.— Histoire des rois et des ducs de Bretagne, par M. DE ROUJOUX.

> **Paris 1828-1829. Ladvocat et Dufey. 4 vol. in-8°.**

** — Histoire d'Artus III, duc de Bretagne, par *Th.* GODEFROY.

> Voyez *Biographies.*

** — Essai sur l'histoire municipale de Rennes depuis le xıv.ᵉ siècle, par A. DARESTE. *Bibl. de l'École des chartes* 2.ᵉ sér. ı.

3276.— Mémoire sur les voies romaines de la Bretagne, et en particulier de celles du Morbihan ; par M. BISEUL.

> **Caen 1843. Hardel. 1 vol. in-8°.**

3277.— Mémoire à consulter et consultation. A qui du Roi ou de M. le Prince de Guémené appartient la mouvance de la ville et du port de l'Orient ?

> **Paris 1784. Simon et Nyon. 1 vol. in 4°.**

3278.— Pièces pour l'amirauté de la Bretagne.

> **1 vol. in-fol. — Contenant :**

1. — Mémoires instructifs présentez au Roy par les Commissaires deputez des Etats de Bretagne. Pour servir à l'éclaircissement desiré par sa Majesté touchant l'affaire concernant les droits de la charge d'Amiral de France, et celle de Gouverneur de Bretagne sur le fait de l'Amirauté dans cette province.

2. — Réponses des Commissaires deputez des Etats de Bretagne ; aux notes et apostilles de M. le Secretaire-général de la marine qui leur ont été communiquées.

> **Paris 1699. A. Lambin.**

3. — Requeste au Roy, pour servir de réponse au mémoire des sieurs Commissaires deputez des Estats de Bretagne, touchant les droits d'Amirauté de cette province.
Paris 1699. Muguet.

4. — Sommaire de toute la question concernant l'Amirauté de Bretagne.

5. — Inventaire, par ordre de dattes, des titres qui ont esté citez par le Secretaire-général de la marine dans sa requeste, et ses notes servans de réponses aux mémoires de MM. les Commissaires deputez des Etats de Bretagne, touchant les droits d'Amirauté de cette province.

6. — Continuation des mémoires présentez au Roy par les Commissaires deputez des Estats de Bretagne, touchant l'Amirauté de cette province, pour servir de répliques aux mémoires du Secretaire-général de la marine, sur le mesme sujet. Avec les remarques du Secretaire-général de la marine, pour y servir de réponse.
Paris 1699. Muguet.

7. — Brèves observations des Commissaires deputez des Etat de Bretagne, sur le dernier mémoire de M. le Secretaire-général de la marine, intitulé Sommaire de toute la question concernant l'Amirauté de Bretagne.
Vannes 1699. De Heuqueville.

5279.—Pièces pour servir à l'histoire de Bretagne.

Liasse in-fol. — Contenant :

1. — Mémoire sommaire pour les religieux, prieur et convent de l'abbaye de Blanche-couronne, contre M. J. J. Regnault de Barres, abbé commendataire de ladite abbaye. 1705. (Partage).

2. — Mémoire pour les religieux de S. Gildas de Rhuys, contre les prestres de la congrégation de la mission, establis dans le séminaire de Vannes.
Paris 1717. Vincent.

3. — A Nosseigneurs du grand Conseil (les religieux de l'abbaye de S. Gildas de Rhuys, contre les prêtres de la mission du séminaire de Vannes). (Prieuré du Hezo, salines, droits de justice).
Paris 1717. Vincent.

4. — Mémoire pour les mêmes, contre les mêmes et contre M. le Procureur-général, intervenant. 1717.

5. — Arrêt du grand Conseil portant règlement sur le partage des manses, les charges, les réparations, les droits honorifiques, etc. Pour M. J. J. de Villeneuve, abbé commendataire de l'abbaye de S. Gildas de Rhuis, contre les prieur, religieux et convent de ladite abbaye, et contre les héritiers de feu M. H. Emanuel de Roquette, précédent abbé.
Paris 1740. Montalant.

6. — Factum pour Dom Julien Bourgonniere, pourvu de la cure de N. D. de Vitré et de S. Martin son annexe, contre M. P. Bidault, se disant pourvu de la même cure. 1692.

7. — Au Roy. (Les maire et eschevins de la ville de Brest et les marguilliers de l'église paroissiale des Sept-Saints, contre les empiètements des Jésuites). 1700.

8. — Certificat donné par le P. Provincial des Jésuites contre les maire et echevins de Brest. — Réflexions sur le certificat du R. P. Provincial des RR. PP. Jésuites, et la réponse des maire et echevins de Brest audit certificat.

9. — Mémoire pour les généraux des paroisses de Rhedon et de Bains, contre les révérends pères prieur et religieux de l'abbaye de S. Sauveur de Rhedon.
Paris 1753. J. Vatar.

10. — Factum pour Dom J. B. Linard, prieur titulaire du prieuré de Sainte-Croix de Nantes, contre M. Prevost, vicaire-perpétuel de la paroisse de Sainte-Croix de ladite ville. 1700.

11. — Mémoire pour Dom Gab. Ph. d'Orville, prieur du prieuré régulier de S. Jouin de Maesdon, contre M. R. Howard de Nortfolk, clerc du diocèse de Londres, prétendant droit au même prieuré. 1706.

12. — Mémoire pour M. Ch. P. de Robien, contre l'inspecteur général du domaine; M. le duc d'Orléans et M.e la comtesse de Toulouse, tuteurs honoraires de M. le duc de Penthièvre, engagiste du domaine d'Auray, et le sieur Le Reboullet, son tuteur onéraire; M. de la Grandville, les abbé et religieux de Lanvaux, etc.
Paris 1742. Lottin.

13. — Requête des religieux de l'abbaye de St.-Mélaine à Nosseigneurs les Etats de Bretagne. 1779. (Pour conserver leur monastère).

Champagne.

** — Voyages pittoresques et romantiques dans l'ancienne France. — Champagne. N.° 2710.

** — Tableau statistique du départ. de l'Aube, par BRUSLÉ. N.° 2211.

** — Description topographique du départ. de la Marne. N.° 2211.

5280. — Mémoires historiques de la province de Champagne, contenant son état avant et depuis l'établissement de la monarchie françoise; les vies des Ducs qui l'ont gouvernée, des Comtes qui ont été souverains et héréditaires, et des personnes illustres qui y sont nées; la description des villes, châteaux, et terres titrées; des églises dis-

tinguées ; des abbaïes, convents, communautez, et hôpitaux ; des domaines du Roy, du commerce de cette
province, et des différens tribunaux, etc. Par M. BAUGIER
seigneur de BREUVERY.

Paris 1721. Cailleau. 2 vol. in-8°. Port.

5281.—FLODOARDI presbyteri ecclesiæ Remensis canonici historiarum ejusdem ecclesiæ libri IV. Nunc primum latine , ac multò quàm Gallica versio exhibebat auctiores,
cum appendice, et aliis opusculis ad eandem ecclesiam,
historiamque spectantibus editi. Cura et studio *Jacobi*
SIRMONDI.

Parisiis 1611. Seb. Cramoisy. 1 vol. in-8°.

5282.—Historiæ Remensis ecclesiæ libri IIII. Auctore FLODOARDO
presbytero, ante annos DCL conscripti. Nunc primum cum
scholiis in lucem editi opera et studio *Georgii* COLVENERII.
Addita est appendix, et catalogus omnium Archiepiscoporum Remensium.

Duaci 1617. Bogardus. 1 vol. in-8°.

5283. — Metropolis Remensis historia, à FRODOARDO primum arc-
tius digesta, nunc demum aliunde accersitis plurimum
aucta, et illustrata, et ad nostrum hoc sæculum fideliter
deducta. Studio, et labore Dom. *Guilelmi* MARLOT.

Insulis 1666. de Rache. Remis 1679. Lelorain. 2 v. in-f.

** — Histoire de l'église de Reims, par FRODOARD. N.° 2345-5.

5284.—Recueil de différentes pièces pour l'établissement de deux
séminaires fait dans le diocèse de Reims, l'un à Reims,
l'autre à Sédan , par Mgr. *Charles-Maurice* LE TELLIER,
Archevesque, duc de Reims, etc.

Paris 1700. Fr. Muguet. 1 vol. in-4°.

** — Archives législatives et administratives de la ville de Reims. 2352-1.

5285.—Archives législatives et administratives de la ville de
Reims.— Prolégomènes historiques et bibliographiques,
par *Pierre* VARIN.

Paris 1839. Crapelet. 1 vol. in-4°.

** — Fêtes données à Reims à l'occasion du mariage de Louis XIV et de
la conclusion de la paix. N.° 2813.

3286.—Précis de l'histoire de Langres, par S. Migneret.

Langres 1835. Dejussieu. 1 vol. in-8°. Cart.

** — Carte de l'évêché de Troyes. N.° 187.

3287.—Promptuarium sacrarum antiquitatum Tricassinæ diœcesis. In quo præter seriem historicam Tricassinorum præsulum, origines præcipuarum ecclesiarum, vitæ etiam Sanctorum qui in eadem diœcesi floruerunt, promiscue continentur. Auctore seu collectore *Nicolao* Camuzat.

Augustæ-Trecarum 1610. Moreau. 1 vol. in-8°.

3288.—Ephémérides de P. J. Grosley: ouvrage historique mis dans un nouvel ordre, corrigé sur les manuscrits de l'auteur, et augmenté de plusieurs morceaux inédits, avec un précis de sa vie et de ses écrits, et des notes; par L. M. Patris-Debreuil.

Paris 1811. Durand. 2 vol. in-12.

** — La prise et capitulation de Mery sur Seyne. N.° 2705-2.

** — Discours touchant la prise de Chasteau Porcien. N.° 2705-4.

3289.— Notice historique et descriptive sur le chateau de Brugny en Champagne.

Paris 1852. Plon. 1 vol. in-4°. Pl.

3290.—De vera Senonum origine christiana, adversus Johannis De Launoy theologi quondam Parisiensis criticas observationes etc. dissertatio. Adjecta est appendix adversus duas propositiones recentioris in eadem Parisiensi facultate theologi. Auctore R. P. D. *Hugone* Mathoud.

Parisiis 1687. Langronne. 1 vol. in-4°.

A la suite:

Catalogus Archiepiscoporum Senonensium, ad fontes historiæ noviter accuratus. Auctore R. P. D. *Hug.* Mathoud.

Parisiis 1688. Sim. Langronne. in-4°.

** — Histoire miraculeuse des eaux rouges comme sang tombées dans la ville de Sens en 1617. N.° 2705-4.

3291.—Pièces pour l'histoire de la Champagne.

Liasse in-fol. — Contenant:

1. — Très-humbles remontrances faites à Mgr. l'Archevesque duc de Reims, par les paroissiens de S. Jean, contre la suppression et

l'union que M. le Promoteur demande à Son Excellence de leur paroisse à celle de S. Julien.

2. — Factum pour les religieux, prieur et couvent de l'abbaye de Sainct Remy de Reims, contre les lieutenant, gens du conseil de ladite ville de Reims, etc. (Les habitans prétendent que l'aumonerie de l'abbaye doit être unie à leur maison de charité).

3. — Factum pour les mêmes, contre Noel et Bon du Pire, et les habitans du village d'Irle, et contre M. L. Charles d'Albert, duc de Luynes. (Droit de terrage).

4. — Mémoire sommaire pour les religieux de l'abbaye S. Remy de Reims, contre M. P. P. Belotte, lieutenant criminel au bailliage de Laon; M. L. Marquet et consors, et partie des habitans de la paroisse de Craonne. 1696. (Dixmes).

5. — Factum pour les religieux de S. Remy de Reims, contre M. le Mareschal de Joyeuse. 1690. (Cense de Rouvroy).

6. — Mémoire pour les religieux, prieur et convent de l'abbaye royale de S. Remy de Reims, seigneurs de la paroisse de Chesnay, contre J. Guerlot et la communauté des habitans de la même paroisse de Chesnay. 1714. (Banalité de pressoirs).

7. — Mémoire important sur une question d'estat pour M. Benigne Mol, contre B. D. Mol, son fils aîné, novice Bénédictin à l'abbaye de S. Remy de Reims, et les religieux de la même abbaye. 1721.

8. — Mémoire pour les abbé, prieur et religieux de l'abbaye royale de S. Remi de Reims, contre le S.ᵣ Quentin Gallois, receveur des tailles à S. Quentin, seigneur de Fins en partie. 1757. (Fief de Fins).

9. — Réponse des mêmes à un mémoire du S.ᵣ Gallois. 1737.

10. — Arrêt qui maintient les religieux de S. Remy de Reims dans la possession de percevoir la dixme du vin sur les terroirs de Coulommes, Vrigny et Pargny. 1738.

11. — Mémoire signifié pour les religieux, prieur et couvent de l'abbaye et archi-monastère de S. Remi de Reims, contre les habitans de Coulomes, Vrigny et Pargny, et les sieurs Bidet, Bourgogne et Turpin, bourgeois de la ville de Reims.

Paris 1738, Knapen.

12. — Réponses signifiées aux réflexions importantes des sieurs Bidet et consorts, pour les religieux de S. Remi de Reims. 1738.

13. — Sentence et requestes du Palais, et arrest de Nosseigneurs du Parlement, confirmatif d'icelle, qui ordonne l'exécution des précédentes sentences et arrêts, portant règlement pour le payement de la dixme en vin, sur les terroirs de Trois-Puits, Mombré et Cham-

fleury, en conséquence, condamne les habitans de Reims et autres forains propriétaires des vignes dans ces trois villages, à payer aux religieux de l'abbaye royale de S. Remy de Reims, trois pots de vin par chacun trentain ou tonneau plein de vendanges, etc. 1740.

14. — Factum pour les religieux, prieur et convent de l'abbaye de S. Thierry, contre M. L. Marquis de Mailly. (Garenne d'Athies).

15. — Autre factum pour les mêmes, contre le même.

16. — Arrêt qui assigne tous les propriétaires et possesseurs des terres et des bois situés dans la baronnie d'Athies. 1682. (Demandes des religieux de l'abbaye de S. Thierry de Reims, contre L. de Mailly, afin de détruire les clapiers et terriers qui sont dans les bois appartenans aux religieux et dépendants de la ferme d'Athies).

17. — Arrest célèbre des eaux et forets au souverain ; confirmant une sentence, qui condamnoit le marquis de Mailly à dépeupler entierement dans un mois, tous les lapins qui estoient dans les bois de l'abbaye de S. Thierry dépendans de la ferme d'Athies, ruiner et combler tous les clapiers et terriers, etc. 1683.

18. — Pour les abbés et religieux de S. Thierry. (Terre d'Athies).

19. — Extrait des principaux titres produits par les abbé, et religieux de S. Thierry, pour justifier que les terres qu'ils possèdent dans Athies et paroisses voisines, ne relévent pas de la baronnie d'Athies.

20. — Mémoire pour servir au jugement du procès pour les abbés et religieux de l'abbaye de S. Thierry, contre le marquis de Mailly.

21. — Addition à ce mémoire.

22. — Mémoire signifié pour les prieur et religieux de S. Thiery de Reims, contre M. l'Archevêque de Reims. 1760. (Réparation de la manse abbatiale).

23. — Mémoire en réponse pour les prieur et religieux de l'abbaye S. Nicaise de la ville de Reims, contre le S.ʳ Hédouin et sa femme, anciens marchands au banc S. Remy de Reims. (Fuite de Dom Cartier). **Paris 1778. Simon.**

24. — Factum pour les religieux de l'abbaye S. Pharon de la ville de Meaux, contre Marie Landon, veuve N. Le Clerc. 1680. (Rivière du Brasset).

25. — Mémoire sommaire pour les religieux de S. Faron de Meaux, contre M. l'abbé de Lorraine, abbé de ladite abbaye. (Prix du bois).

26. — Factum pour les religieux de S. Fiacre en Brie, contre M. Nicolas de Lormelé, curé de S. Siméon. (Dixme de S. Siméon).

27. — Factum pour les mêmes, contre M. Jean Boullé, curé de S. Siméon.

28. — Factum des religieux, prieur et convent de S. Fiacre en Brie, pour servir au procès qu'ils ont pendant à l'ancien Chastelet de Paris, contre le S.ʳ de Bragélonne. (Fief de la Cloche).

29. — Extrait des registres du greffe de l'officialité de Sens. 1659. (Arrêt contre l'archidiacre Jossey s'attribuant des droits épiscopaux).

30. — Factum pour les religieux, prieur et couvent de l'abbaïe royale de Sainte Colombe de Sens, contre le S.ʳ le Rhayer. 1690. (Prieuré de S. Loup).

31. — Mémoire pour les officiers de la maîtrise des eaux et forêts de Sens, contre les officiers de l'élection de la même ville. 1754. (Préséance).

32. — Mémoire signifié pour les prieur et chanoines réguliers de l'abbaye de S. Martin-ès-Aires de la ville de Troyes, contre D.ᴵˡᵉ M. A. Denisy, veuve de M. J. Forest. 1741. (Censive sur une maison sise à Troyes).

33. — Mémoire pour les recteur, doyen, docteurs et suppots de l'Université de Reims, contre les pères Jésuites du collège de Reims.

34. — Arrêt du Parlement qui confirme les habitans de la terre commune à Reims, les chanoines, bénéficiers de la congrégation de Notre-Dame, francs sergens, bourgeois à chanoine, et autres aggrégés de la congrégation, et les bourgeois de l'échevinage, dans l'affranchissement du droit de stellage reconnu par la transaction de 1522. (1739).
Paris 1739. V.ᵉ Delormel.

35. — Preuves de la non-allodialité de la coutume de Vitry, tirées du texte de cette coutume. Pour A. Al. le Vaillant, contre les syndic, habitans et communauté de Damery.
Paris 1743. Lamesle.

36. — Factum pour les religieux, prieur et convent de l'abbaye royale de Nostre-Dame de Molesme, contre M. Al. de la Rochefoucault, abbé commendataire de ladite abbaye. 1695. (Demande en partage).

37. — Addition au factum des religieux, servant de réponse à celui de M. leur abbé. 1694.

38. — Factum pour M. de la Rochefoucault, abbé commendataire de l'abbaye de Molesme et pour D. Fran. du Clerc, prieur de N. D. de Cohem, contre le syndic des R. P. Jésuites du collège de S. Omer. 1717. (Union du collège au prieuré de Cohem).

39. — Mémoire pour M. A. de la Rochefoucault, abbé de Molesme, contre les syndic et communauté de la paroisse de Nitry. 1669. (Triage).

40. — Mémoire signifié pour les habitans et communauté d'Acy près Rethel, contre les directeurs et créanciers des successions de M. Claude Le Vergeur et la dame son épouse, vivans, seigneurs d'Acy. 1714. (Terrage).

41. — Raisons des religieux de Rebetz pour demander partage à M. leur abbé. 1661.

42.

42. — Mémoire sommaire pour M. E. Saintot, abbé de l'abbaye de Ferrière, contre M. J. Culot, curé de S. Eloy de la ville de Ferrière.

43. — Addition au mémoire pour les religieux de l'abbaye de S. Pierre-le-Vif, contre Dame Mag. Oulry. 1712. (Rente à payer).

44. — Factum pour frère J. Richer, prieur curé de S. Saturnin et de N. D. de Chauconin son annexe, contre frère P. Morlon, soy-disant prieur curé de S. Saturnin et de N. D. de Chauconin.

45. — Au Roy et à nosseigneurs les Commissaires généraux députez par sa Majestez, par arrêt du 30 avril 1757. (L'Evêque de Langres contre les Pères de l'Oratoire se prétendant propriétaires du séminaire).
Paris 1740. Knapen.

46. — Mémoire signifié servant de réponse à la requête des Pères de l'Oratoire, signifiée le 8 mars 1742. Pour M. l'Evéque de Langres, contre les Pères de l'Oratoire.
Paris 1742. Knapen.

Comtat Venaissin et Comtat d'Avignon.

5292.—Lettres historiques sur le Comtat Venaissin et sur la seigneurie d'Avignon. (Par Jac. Nic. MOREAU).
Amsterdam 1768. 1 vol. in-8°.

** — Mémoire sur quelques anciens monumens du Comtat Venaissin, par M. MÉNARD. —Voyez Mém. de l'Acad. des Inscript. XXXII.

Comté de Foix.

5293.—Résumé de l'histoire du Roussillon, (Pyrénées orientales), du comte de Foix, (Arriège), du Bigorre, (Hautes-Pyrénées) et autres provinces, par Joseph LÉONARD.
Paris 1825. Lecointe et Durey. 1 vol. in-18.

** — Histoire critique de la Gaule Narbonnaise. N.° 2155.

5294.—Historia Fuxensium comitum, Bertrandi HELIE Appamiensis in quatuor libros distincta. Ejusdem de regni Navarræ origine, et regibus qui in ea ad hæc usque tempora regnarunt, circa finem.
Tolosæ 1540. Vieillardus. 1 vol. in-4°.

5295.—Histoire des Comtes de Foix de la première race, par M. H.te GAUCHERAUD. Gaston III dit Phœbus.
Paris 1834. Levavasseur. 1 vol. in-8c.

Corse.

** — Insulæ Corsicæ nova descriptio. N.° 1248.

** — Voyage en Corse, par M. VALERY. N.° 1281.

3296.—Notes d'un voyage en Corse par M. *Prosper* Mérimée.
Paris 1840. Fournier. 1 vol in-8°.

** — Voyages pittoresques et romantiques dans l'ancienne France. — Dauphiné. N.° 2170. (En publication).

3297.—Résumé de l'histoire du Dauphiné, par P. M. Laurent.
Paris 1825. Lecointe et Durey. 1 vol. in-18.

3298.—Mémoires pour servir à l'histoire de Dauphiné sous les Dauphins de la maison de la Tour du Pin, où l'on trouve tous les actes du transport de cette province à la couronne de France; avec plusieurs observations sur les usages anciens, et sur les familles. (Par J. P. de Bourchenu de Valbonnais).
Paris 1711. Imberts de Bats. 1 vol. in-fol. Cart.

3299.—Histoire des Dauphins François, et des princesses qui ont porté en France la qualité de Dauphines. Avec un extrait de la donation que le dernier Dauphin de la maison de la Tour du Pin fit du Dauphiné et pays en dépendans au prince Charles, petit-fils du Roy Philippe de Valois; et l'édit de la majorité des Rois. (Par M. l'*Abbé Anthelme* de Tricaud).
Paris 1713. Huet. 1 vol. in-12.

3300.—Histoire des Dauphins de Viennois, d'Auvergne et de France. Ouvrage posthume de feu M. Le Quien de la Neufville. Mis au jour par M. Le Quien de la Neufville, petit fils de l'Auteur. Augmenté par un homme de lettres (E. C. Fréron) de l'histoire de Louis IX du nom xxv Dauphin de France.
Paris 1760. Desprez. 2 vol. in-12.

** — Eloges de nos Rois et des enfans de France qui ont esté Daufins. 2328.
** — Histoire des Comtes d'Albon et Dauphins Viennois. N.° 3251.
** — Galliæ Delphinatusque panegyricus à R. P. *Claudio* Lyonnard.
Voyez *Belles-Lettres*. 888.

3301.—Defense des advocats consistoriaux du Parlement de Dauphiné, pour la noblesse et priviléges de leur profession.

42.*

Sur l'assignation qui leur a esté donnée en conséquence de la déclaration de sa Majesté du 25 mars 1666 contre les usurpateurs de noblesse.

Paris 1668. 1 vol. in-fol.

** — Notice historique sur l'ancienne université de Grenoble, par M. BERRIAT SAINT-PRIX. *Mém. de la Soc. des Antiq. de Fr.* 5.

5502. — Voyage à la Grande Chartreuse.

S. n. n. l. 1776. 1 vol. in-8°.

5503. — Voyage pittoresque à la grande Chartreuse de Grenoble, suivi de quelques vues des environs de cette ville. Par C.ᵗ BOURGEOIS.

Paris 1824. Delpech. 1 vol. in-fol.

5504. — La Grande-Chartreuse, ou tableau historique et descriptif de ce monastère, précédé d'une vie abrégée de de Saint Bruno, fondateur de l'ordre des Chartreux. Par *Albert* DU BOYS.

Grenoble 1845. Baratier fr. 1 vol. in-8°. Pl.

5505. — L'histoire de la sainte Eglise de Vienne, contenant la vie et les actions remarquables des cent six Archevêques qui en ont tenu le siège depuis l'an 62 de Jésus-Christ, qu'elle fut fondée par saint Crescent, disciple de S. Paul, jusqu'à la présente année 1708. Par M. DE MAUPERTUY.

Lyon 1708. J. Certé. 1 vol. in-4°.

5506. — Histoire de la ville de Vienne, durant l'époque gauloise, et la domination romaine dans l'Allobrogie, contenant une notice sur l'Allobrogie; la traduction d'une histoire inédite de Vienne, sous les douze Césars, par TREBONIUS RUFINUS, sénateur, et ancien duumvir de ladite ville; et une chronique des Gaules jusqu'en l'an 458 de l'ère chrétienne. Par M. MERMET aîné.

Paris 1828. F. Didot. 1 vol. in-8°.

5507. — Histoire de la ville de Vienne, de l'an 458 à l'an 1039, contenant un précis historique sur les Bourguignons, une chronique de Vienne sous les rois Francs, et l'histoire du second royaume de Bourgogne, par M. MERMET.

Lyon 1833. L. Perrin. 1 vol. in-8°.

3508. — Histoire de la ville de Vienne de l'an 1040 à 1801, contenant l'histoire de Vienne sous ses archevêques seigneurs
suzerains, sous les rois de France et la république, par M.
Mermet aîné. Ouvrage posthume publié par Mlles Mermet.
Vienne 1854. Timon frères. 1 vol. in-8°. Port.

3509. — Statistique du département de la Drôme, par M. Delacroix. Nouvelle édition.
Valence 1835. Borel. 1 vol. in-4°. Pl.

3510. — *Joannis* Columbi, *Manuascensis*, libri quatuor de rebus
gestis Valentinorum, et Diensium Episcoporum. Editio
secunda auctior præcedente.
Lugduni 1652. J. Canier. 1 vol. in-4°.

3511. — Histoire, topographie, antiquités, usages, dialectes des
Hautes-Alpes, avec un atlas. 2.ᵉ édition revue et consi-
dérablement augmentée par J. C. F. Ladoucette.
Paris 1834. Carilhan Gœury. 1 vol. in-8°. et Atlas.

3512. — Almanach de l'arrondissement d'Orange, pour 1810. Publié par *Joseph* Bouchony.
Orange 1810. Bouchony. 1 vol. in-12.

3513. — Tableau de l'histoire des princes et principauté d'Orange.
Divisée en quatre parties selon les quatre races qui y ont
regné souverainement depuis l'an 793, commençant à
Guillaume au Cornet prèmier prince d'Orange, jusques
à Frederich Henry de Nassau à present regnant. Par *Joseph* de la Pise, Seigneur de Maucoil.
La Haye 1640. Maire. 1 vol. in-fol. Fig.

Flandre.

** — Celeberrimi Flandriæ comitatus typus. N.° 1727.

** — Flandria. — *Ibid.*

3514. — Programme des principales recherches à faire sur l'his-
toire et les antiquités du département du Nord. Par A.
Le Glay.
Cambrai 1831. Hurez. 1 vol. in-8°.

** — La legende des Flamens. N.° 1800.

** — Recueil des chroniques de Flandre. N.° 1736.

** — Consultez aussi les n.ᵒˢ 1727-1728.

** — Mémoires pour servir à l'histoire de Navarre et de Flandre. 2771.

5315.—Petites histoires des pays de Flandre et d'Artois, par H. R. Duthillœul.

Douai 1835. Foucart. 1 vol. in-8°.

5316.—Les chastelains de Lille, leur ancien estat, office et famille. Ensemble l'estat des anciens Comtes de la Republique et Empire romain, des Goths, Lombards, Bourguignons, François, et au regne d'iceux des Forestiers et Comtes anciens de Flandre : avec une particuliere description de l'ancien estat de la ville de Lille en Flandre, les trois changements signalez tant d'icelle ville que du pays. Par *Floris* Vander Haer.

Lille 1611. Chr. Beys. 1 vol. in-4°.

5317.—Nouveau conducteur ou guide des étrangers dans Lille et dans ses environs.

Lille 1826. Castiaux. 1 vol. in-12. Fig.

5318.—Notice sur l'ancienne collégiale de Saint-Pierre de Lille, dans ses rapports avec les institutions féodales et communales. Par M. Tailliar.

Lille 1850. L. Danel. 1 vol. in-8.°

** — Notice statistique, historique et médicale sur l'asile public d'aliénés de Lille, par de Smyttere. *Médecine.* 3299.

5319.—Table chronologique et analytique des archives de la mairie de Douai, depuis le onzième siècle jusqu'au dix-huitième, d'après les travaux de feu M. Guilmot, par M. Pilate-Prévost.

Douai 1842. Adam d'Aubers. 1 vol. in-8°.

5320.—Notes historiques sur les hôpitaux et établissemens de charité de la ville de Douai, par M. Brassart.

Douai 1842. Adam d'Aubers. 1 vol. in-8°. Pl.

5321.—Chronicon Cameracense et Atrebatense, sive historia utriusque ecclesiæ, III libris ab hinc DC. ferè annis conscripta à Balderico *Noviomensi* et *Tornacensi episcopo* Nunc primùm in lucem edita, et notis illustrata per *Georgium* Colvenerium.

Duaci 1615. Bogardus. 1 vol. in-8°.

5322. — Histoire genealogique des Païs-Bas, ou histoire de Cambray, et du Cambresis, contenant ce qui s'y est passé sous les Empereurs, et les Rois de France et d'Espagne; enrichie des genealogies, eloges, et armes des comtes, ducs, evesques, et archevesques, et presque de quatre mille familles nobles, tant des xvii provinces que de France, qui y ont possedé des terres, des benefices et des charges, etc. Par *Jean* LE CARPENTIER.

Leyde 1664. L'Autheur. 2 vol. in-4º.

5323. — L'indicateur cambrésien ou exposé alphabétique des objets les plus dignes de fixer l'attention et de piquer la curiosité des étrangers à Cambrai et dans le Cambrésis.

Cambray 1815. S. Berthoud. 1 vol. in-8º.

5324. — Memoire présenté au Roy, au mois de janvier MDCXCV, par Messire *Charles Maurice* LE TELLIER, archevesque duc de Reims, etc., contre l'érection de l'église de Cambray en Archevesché.

Paris 1695. Imp. royale. 1 vol. in-4º.

5325. — Recherches sur l'église métropolitaine de Cambrai, par A. LE GLAY.

Paris 1825. F. Didot. 1 vol. in-4º. Pl.

5326. — Notice sur le monument élevé à Fénélon dans l'église cathédrale de Cambrai; précedé de quelques documens sur la mort de ce prélat, sur les honneurs funèbres qui lui ont été rendus et sur les projets antérieurs de monument.

Cambrai 1826. Berthoud. 1 vol. in-8º. Pl.

5327. — Ordre de la procession solemnelle, qui se fera à Cambrai le 15 août 1787.

Combrai 1787. S. Berthoud. Pièce in-4º.

5328. — Programme de la fête communale de Cambrai. — 15 août 1826.

Cambrai 1826. S. Berthoud. Pièce in 4º.

5329. — Abbregé de l'histoire de Valenciennes. (Par DEPRÈS).

Lille 1688. Le Francq. 1 vol. in-4º.

3330.—Relation du siége et du bombardement de Valenciennes, en mai, juin et juillet 1793, dédiée à l'armée française, par A. Texier de la Pommeraye. Pour servir à l'histoire.

Douai 1839. Adam. 1 vol. in-8°. Pl.

3331.—Topographie historique, physique, statistique et médicale de la ville et des environs de Cassel. (Département du Nord). Avec cartes géographiques en taille douce et vues lithographiées. Par P. J. E. de Smyttere. 2.e édit.

Lille 1833. Vanackere. 1 vol. in-8°.

3332.—Promenades dans l'arrondissement d'Avesnes, par M.e Clément-Hémery.

Valenciennes 1829. A. Prignet. 2 vol. in-12.

** — Prise de la ville de Dunkerque. N.° 1247.
** — Histoire du siège de Dunkerque. N.° 2770.
** — Discours de Dunkerque. N.° 2785.
** — Prosopopée de Graveline à Dunkerque. N.° 2718-1.

3333.—Ville de Dunkerque. Inauguration du chemin de fer. Notice sur Dunkerque.

Dunkerque 1848. C. Drouillard. Pièce in-12.

3334.—Pièces pour l'histoire de Flandre.

Liasse in-fol. — Contenant:

1. — Mémoire pour M. Robert Fitz Maurice, chanoine, ci-devant grand archidiacre de l'église métropolitaine de Cambray, et pourvu de la prévôté de cette église, par bulles obtenues du S. Siège le 6 mars 1744. Demandeur en enregistrement desdites bulles, par la requête du 20 juin suivant, et défendeur sur l'appel comme d'abus. Contre M. G. A. François de la Verdure, chanoine et élu prévôt de la même église, par acte capitulaire du 28 janvier de la même année, joint à lui et intervenant les chanoines et chapitre de ladite église, opposans à l'enregistrement desdites bulles. 1744.

2. — Au Roy et à nosseigneurs de son Conseil, les maire et eschevins de la ville de Hesdin. (Qu'il soit défendu aux brasseurs, blanchisseurs, savonniers, briquetiers et chaufourniers de se servir de bois sous peine de 2000 livres d'amende). 1723.

3. — Contredits de production nouvelle faite par requeste du 4 août 1797, que met et baille M. Jean de Guisellin, seigneur de Chipilly, contre les abbé et religieux d'Anchin. 1708. (Terre de Nouvion).

4. — Factum pour M. Gerard Quimopré, contre les RR. PP. Jésuites du collège de Valenciennes. (Captation de testament de la demoiselle de Fauquemont. 1710).

5. — Mémoire pour Antoine de Vis, contre les Jésuites de Valenciennes et contre les Jésuites d'Arras. (Même affaire).

6. — 11.ᵉ mémoire pour les héritiers de la demoiselle de Fauquemont, contre les Jésuites de Valenciennes, pour servir de réponse au mé-moire des Jésuites. 1710.

7. — Arrest de la Cour de Parlement qui juge que dans le comté de Guines-gouvernement d'Ardres, l'on ne peut par donation entre vifs, même en contrat de mariage, non plus que par testament, dis-poser que du quint de ses propres, suivant l'article 34 de la cou-tume de Montreuil-sur-Mer.

8. — Réflexions pour le père recteur du collège de la Compagnie de Jésus de la ville de Douay, contre Dom Antoine Lancry, président du collège d'Anchin, joints à lui les grand-prieur et religieux de l'ab-baye d'Anchin, appelans de la sentence rendue par les officiers de la gouvernance de Douay, le 8 août 1747. (Propriété des écoles).

9. — Récapitulation pour les grand-prieur, religieux et communauté de l'abbaye de S. Amand en Flandres, contre M. le Cardinal de Gesvres, abbé commendataire de la même abbaye. (Partage).
Paris 1737. Knapen.

3335. — Pièces concernant la Flandre.

Liasse in-4°. — Contenant :

1. — Mémoire signifié pour les abbé, prieur et religieux de l'abbaye de Vaucelles, contre les abbé, prieur et religieux de l'abbaye d'Hon-necourt. (Dixmes de Venduille).
Paris 1773. Lambert.

2. — Mémoire pour l'abbé de Siougeat, abbé commendataire de l'abbaye d'Honnecourt ; et les prieur et religieux de la même abbaye ; contre les abbé, prieur et religieux de l'abbaye de Vaucelles.
Paris 1773. Lambert.

3. — Mémoire en réponse ; avec pièces justificatives, pour l'abbaye de Vau-celles, contre l'abbaye d'Honnecourt.
Paris 1773. Lambert.

4. — Mémoire pour Dom Amb. Ochin, religieux de l'abbaye d'Anchin, prieur du prieuré ou prévôté de S. Georges, et pour M. le Cardinal d'Yorck, abbé commendataire de l'abbaye de S. Sauveur d'Anchin, et les grand-prieur et religieux de ladite abbaye, intervenans, contre le S.ʳ G. de Guilhem de Saint-Marc, se disant pourvu en régale dudit

prieuré, et contre le S.ʳ A. G. de Tasle, prétendant droit au même prieuré.

Paris 1779. V.ᵉ Ballard.

5. — Réponses à quelques objections pour Dom Ochin, contre les S.ʳˢ de Saint-Marc et de Tasle.

Paris 1779. V.ᵉ Ballard.

6. — Mémoire pour les asséeurs, habitans, corps et communauté du village de Gondecourt, chatellenie de Lille en Flandres; contre le S.ʳ Fr. Robert, seigneur vicomtier de Gondecourt. (Prop. de marais).

Paris 1677. Simon.

7. — Notions sur l'affaire du prieuré d'Hapres. 1789. (Séquestre).

Franche - Comté.

** — Voyages pittoresques et romantiques dans l'ancienne France. — Franche-Comté. N.° 2170.

** — Mémoire statistique du départ. du Doubs, par J. Debry. N.° 2212.

3336. — Résumé de l'histoire de la Franche-Comté. (Doubs, Jura, Haute-Saône.) Par M. Lefebure.

Paris 1825. Lecointe et Durey. 1 vol. in-18.

3337. — *Joan. Jac.* Chiffletii Vesontio civitas imperialis libera, Sequanorum metropolis, plurimis, nec vulgaribus sacræ, prophanæque historiæ monumentis illustrata, et in duas partes distincta.

Lugduni 1618. Cayne. 1 vol. in-4°. Pl.

3338. — Idem opus. Editio novissima.

Lugduni 1650. Duhan. 1 vol. in-4°. Pl.

3339. — La découverte entière de la ville d'Antre en Franche-Comté, qui fait changer de face à l'histoire ancienne, civile et ecclésiastique de la même province, et des provinces voisines. (Par le P. *Joseph* Dunod).

La seconde partie a pour titre:

Les méprises des auteurs de la critique d'Antre, avec la notice de la province des Sequanois rétablie par la découverte de la ville d'Antre.

Amsterdam 1709. Lombrail. 2 part. en 1 vol. in-12.

3340. — Compte rendu au conseil de l'administration du département du Jura, par le Directoire, le 15 novembre 1791.

S. n. n. l. n. d. 1 vol. in-4°.

5341.—Les Annalles Dacquitaine. Faictz et gestes en sommaire des Roys de France et Dangleterre, pays de Naples et de Milan, reveues et corrigees par Lacteur mesme jusques en lan Mil cinq cens trente sept, et de nouvel jusques en lan Mil cinq cens quarante. (Par *Jean* BOUCHET).

Paris 1540. Fr. Regnault. 1 vol. in-4°.

5342.—Les Annales d'Aquitaine. Faicts et gestes en sommaire des Roys de France et d'Angleterre, pays de Naples et de Milan. Par *Jean* BOUCHET. Augmentées de plusieurs pieces rares et historiques extraites des Bibliothecques, et recueillies par A. MOUNIN. Nouv. édit.

Poictiers 1644. Mounin. 1 vol. in-fol.

On trouve à la suite :

Les memoires et recherche de France, et de la Gaule Aquitanique, du Sieur *Jean* DE LA HAYE, baron DES COUTAUX. Contenant l'origine des Poictevins et les faicts, et gestes des premiers Roys, Princes, Comtes, et Ducs, leurs genealogies, alliances, armoiries, et devises, et constitutions escrites, comme elles ont esté trouvées, choses tres rares, et remarquables. Ensemble l'estat de l'église, et religion de la France, depuis l'an quatre cent trente-six jusques à ce jourd'huy.

Poictiers 1643. Mounin. in-fol.

De l'Université de la ville de Poictiers, du temps de son érection, du recteur, et officiers et privileges de la dite Université. Extraict d'un ancien manuscrit latin, gardé en la bibliotecque de M.ᵉ Jean Filleau.

Poictiers 1643. A. Mounin. in-fol.

5343.—Notitia utriusque Vasconiæ, tum Ibericæ, tum Aquitanicæ, qua, præter situm regionis et alia scitû digna, Navarræ regum, Gasconiæ principum, cæterarumque, in iis, insignium vetustate et dignitate familiarum stemmata ex probatis authoribus et vetustis monumentis exhibentur.

Accedunt catalogi Pontificum Vasconiæ Aquitanicæ, hactenus editis pleniores. Authore *Arnoldo* OIHENARTO.

Parisiis 1656. Seb. et Gab. Cramoisy. 1 vol. in-4°.

** — Chronici ADEMARI *Engolismensis*. N.° 2282.

5344.—Résumé de l'histoire de Guyenne par *Amédée* THIERRY.

Paris 1825. Lecointe et Durey. 1 vol. in-18.

** — Discours véritable des victoires obtenues en Gascogne. N.° 2648-1.

** — La révolte du pays de Gascogne. N.° 2705-2.

5345.—Collection des procès-verbaux des séances de l'assemblée provinciale de Haute-Guienne, tenues à Villefranche, ès années 1779, 1780, 1782, 1784 et 1786; avec la permission du Roi.

Paris 1787. Crapart. 2 vol. in-4°.

5346.—Choix de vues pittoresques, chateaux, monuments et lieux célèbres recueillis dans le département de la Gironde et dans les départements voisins, par C. THIENON. Avec des notes explicatives.

Paris 1820. Delpech. 1 vol. in-4°. oblong.

5347.—Compte rendu des travaux de la Commission des monuments et documents historiques et des batiments civils du département de la Gironde. —Rapports présentés au Préfet de la Gironde par MM. RABANIS président, et LAMOTHE secrétaire, pour les années 1841 à 1852.

Bordeaux-Paris 1842-1853. Didron. 1 vol. in-8°. Pl.

** — La prinse de Sainte Foy en Guyenne. N.° 2613-2.

** — Discours véritable de ce qui s'est passé à Bordeaux sur les fiançailles et épousailles de Madame sœur du Roy avec le prince juré d'Espagne. N.° 2705-2.

5348.—La royalle reception de leurs Majestez tres-chrestiennes en la ville de Bourdeaus, ou le siecle d'or ramené par les alliances de France et d'Espaigne. Recueilli par le commandement du Roy.

Bourdeaus 1615. Millanges. 1 vol. in-8°.

** — La sortie du Roy de sa ville de Bordeaux. N.° 2705-2.

5349.—Instruction pour les Confraires de la Confrairie du S. Sacrement de l'autel, establie à Bourdeaux, avec les articles qui doivent estre gardez par tous ceux qui sont de ladite Confrairie.

Bourdeaux 1577. Millanges. 1 vol. in-12.

** — Tableau statistique du départ. du Gers, par BALGUERIE. N.º 2211.

5350. — Procès-verbal des séances de l'assemblée provinciale de la généralité d'Auch, tenue à Auch dans les mois de novembre et décembre 1787.

Auch 1788. J. P. Duprat. 1 vol. in-4º.

** — Statistique du départ. de Lot-et-Garonne, par PIEYRE. N.º 2211.

5351. — Nouvelles recherches sur la ville gauloise d'Uxellodunum, assiégée et prise par J. César; rédigées d'après l'examen des lieux et des fouilles récentes, et accompagnées de plans topographiques et de planches d'antiquités; par M. CHAMPOLLION-FIGEAC.

Paris 1820. Imp. royale. 1 vol. in-4º. Pl.

5352. — Description du département de l'Aveiron, par *Amans-Alexis* MONTEIL. (En 2 parties).

Rodez an X. Carrere. 1 vol. in-8º.

5353. — Un mois de séjour dans les Pyrénées. Par H. AZAÏS.

Paris 1809. Garnery. 1 vol. in-8º. Pl.

** — Voyages dans les Hautes-Pyrénées, par le Cte DE MARCELLUS. 2207.

** — Précis d'un voyage à Barèges-les-Bains. N.º 2206.

5354. — Pièces pour l'histoire de la Guyenne et de la Gascogne.

Liasse in-fol. — Contenant:

1. — Mémoire pour M. J. Pastech, pourvu par M. l'Evêque d'Agen du prieuré séculier de Saint Martin de Caille, et de Sainte Foy son annexe, deffendeur, contre M. Fr. Faurie, demandeur en régale. 1703.

2. — Mémoire pour M. le Cardinal de Polignac, archevêque d'Auch, contre M. de Maupeou et contre Barthelemy, sculpteur en bois, curateur à la succession vacante de M. Desmarets, archevêque d'Auch, 1755. (Réparations à l'évêché et à l'église).

Paris 1736. Paulus du Mesnil.

3. — Mémoire pour frère Yves F. Fr. Toudoux, pourvu du prieuré simple de Sainte Geneviève, diocèse de Rhodez, contre M. Prunier de Lems, prétendant droit au même bénéfice.

Paris 1749. Paulus du Mesnil.

4. — Mémoire pour L. Emerite du Bailleul, grand vicaire du diocèse de

Rhodez , abbé commendataire de l'abbaye royale N. D. de Barzelle, contre les prieur et religieux de ladite abbaye. 1752. (Enlèvement du chartrier).

Paris 1752. Simon.

5. — Mémoire pour M. L. Lancellot de Lalane, prieur de Mons, diocèse de Bazas, contre M. Armand de Gourgues, prétendant droit au même bénéfice.

6. — Factum pour M. Cyrus de Villers la Faye, évesque de Périgueux, contre les syndics du chapitre de l'église cathédrale S. Estienne de Périgueux. (Prétention à s'affranchir de la juridiction épiscopale).

7. — Mémoire signifié pour le chapitre des chanoines réguliers de S. Antonin en Rouergue, contre les semi-prébendez de la même église. — Suite du mémoire.

Paris 1741. Knapen.

8. — Factum pour M. J. de Vezy du Martret, prestre, pourvu de la cure de S. Genest de Sarazac, contre M. H. de Briqueville de la Luserne, évesque de Cahors, et contre M. Fr. Rossignol, prétendant droit au même bénéfice, et encore contre M. Fr. Sapientis, prétendant droit à cette cure.

Paris 1710. J. Le Febvre.

Ile de France.

3355. — Carte des environs de Paris, qui comprend les élections de Paris, de Pontoise, de Senlis, de Mante, de Montfort, de Melun, et de Rosoi. Dressée sur les opérations astronomiques, et observations géométriques, par J. B. Nolin.

Paris 1756. Daumont. 1 feuille in-fol. collée sur toile.

3356. — Paris et ses environs, dédié à M. de Pompone, par *Albert* Jouvin. Gravé par La Pointe.

Paris 1776. De Richesource. in-fol. collé sur toile.

3357. — Les environs de Paris, ou sont la prevosté, vicomté, et le présidial de Paris, divisé en ses dix balliages et chastellenies, nommées vulgairement filles du Châtelet. Le présidial de Meaux divisé en ses balliages, avec le balliage de Coulommiers indépandant du présidial de Meaux, etc. — La province de l'Isle de France, et partie des provinces de Picardie, de Brie, de Champagne, du Gastinois, de la Bauce, et de la Normandie. Divisées en plusieurs

pays. Dressez sur les mémoires du S.ʳ TILLEMON par le
S.ʳ J. B. NOLIN.

Paris 1789. Mondhare et Jean. 4 feuilles in-fol.

3558. — Nouvelle carte routière des environs de Paris, dressée
par ACHIN, indiquant dans une étendue de 44 lieues sur
68, les chefs-lieux de canton, communes, relais de poste
et bureaux de poste aux lettres, compris dans les départemens qui avoisinent la capitale.

Paris 1828. Guillaume. 1 feuille in-fol.

3559. — Plan de Paris, commencé l'année 1734, dessiné et gravé
sous les ordres de Messire M. E. Turgot, etc., achevé de
graver en 1739. Levé et dessiné par BRETEZ, gravé par
Claude LUCAS, écrit par AUBIN.

Plan en 24 feuilles gr. in-fol. collé sur toile.

3560. — Nouveau plan itinéraire de la ville de Paris, divisé en
12 arr. avec tous les édifices publics par M..... Gravé
par PERRIER et GALET. Ecrit par LALÉ. N.ᵉ édit.

Paris 1834. Andriveau-Goujon. plié dans un étui in-12.

3561. — Nouveau plan routier de la ville de Paris, divisé en 12
arrondissemens et 48 quartiers. Publié par BLAISOT.

Paris 1834. Blaisot. 1 feuille plié in-12.

3562. — Plan de Paris par *Th.*ʳᵉ JACOUBET, réduction faite d'a-
près la minute de l'Atlas général de Paris en 54 feuilles.

Paris 1839. L'Auteur. in-fol. collé sur toile in-4º.

3563. — Les antiquitez, histoires, croniques et singularitez de
la grande et excellente cité de Paris, ville capitale et
chef du Royaume de France : avec les fondations et bastimens des lieux : les sepulchres et epitaphes des princes,
princesses et autres personnes illustres. Auteur en partie,
Gilles CORROZET Parisien, mais beaucoup plus augmentées, par N. B. (*Nicolas* BONFONS) Parisien..

Paris 1577. N. Bonfons. 1 vol. in-16.

3564. — Le theatre des antiquitez de Paris. Où il est traicté de la
fondation des Eglises et Chapelles de la Cité, Université,
Ville, et Diocese de Paris : comme aussi de l'institution

du Parlement, fondation de l'Université et Colleges, et autres choses remarquables. Divisé en quatre livres. Par le R. P. F. *Jacques* DU BREUL.

Paris 1612. De la Tour. 1 vol. in-4º.

3365.—Supplement des antiquitez de Paris. Avec tout ce qui s'est fait et passé de plus remarquable depuis l'année 1610 jusques à present. Par D. H. I.

Paris 1639. Soc. des impr. 1 vol. in-4º.

3366.—Les antiquitez de la ville de Paris. Contenans la recherche nouvelle des fondations et establissemens des eglises, chapelles, monasteres, hospitaux, hostels, maisons remarquables, fontaines, regards, quais, ponts, et autres ouvrages curieux, etc. (Par *Claude* MALINGRE).

Paris 1640. P. Rocolet. 1 vol. in-fol.

3367.—La ville de Paris, contenant le nom de ses ruës, de ses fauxbourgs, eglises, monasteres et chapelles; colleges, le temps de leur fondation, et autres particularitez historiques; ses places, ponts, portes, fontaines, palais et hôtels, avec leurs aboutissans. Par le S.ʳ COLLÈTET.

Paris 1692. Rafflé. 1 vol. in-8º.

3368.—Description de la ville de Paris, et de tout ce qu'elle contient de plus remarquable, par *Germain* BRICE. 7.ᵉ éd.

Paris 1717. Fournier. 2 vol. in-12. Fig.

3369.—Nouvelle description de la ville de Paris, et de tout ce qu'elle contient de plus remarquable. Par *G.* BRICE. 8ᵉ éd.

Paris 1725. Gandouin. 4 vol. in-12. Le tom. 1.ᵉʳ manque.

3370.—Histoire de la ville de Paris, composée par D. *Michel* FELIBIEN, rev. augm. et mise au jour par D. *Guy-Alexis* LOBINEAU. Justifiée par des preuves autentiques, et enrichie de plans, de figures, et d'une carte topographique.

Paris 1725. Guill. Desprez. 5 vol. in-fol.

3371.—Histoire de la ville de Paris, contenant ce qui s'est passé de plus remarquable depuis le commencement de la monarchie, jusqu'à Louis XV, à présent regnant. (Par l'*Abbé*

Guyot Desfontaines, *Jean* du Castre d'Auvigny et L. F. J. De la Barre).

Paris 1735. Giffart. 5 vol. in-12.

5372. — Recherches critiques, historiques et topographiques sur la ville de Paris, depuis ses commencements connus, jusqu'à présent; avec le plan de chaque quartier; par le Sieur Jaillot.

Paris 1772-1774. Lottin. 5 vol. in-8°. Plans.

5373. — Voyage pittoresque de Paris, ou description de tout ce qu'il y a de plus beau dans cette grande ville, en peinture, sculpture et architecture: Par M. D. (Dezallier d'Argenville fils). 5.e édit.

Paris 1770. De Bure père. 1 vol. in-12. Fig.

5374. — Dictionnaire topographique, étymologique et historique des rues de Paris, contenant les noms anciens et nouveaux des rues, ruelles, culs-de-sacs, passages, places, quais, ports, ponts, avenues, boulevarts, etc., et la désignation des arrondissemens dans lesquels ils sont situés; accompagné d'un plan de Paris. Par J. de la Tynna.

Paris 1812. De la Tynna. 1 vol. in-12.

5375. — Dictionnaire historique de Paris, contenant la description circonstanciée de ses places, rues, quais, promenades, monumens et édifices publics, etc. Par A. Béraud et P. Dufey.

Paris 1825. Libr. nat. et étrang. 2 vol. in-8°.

5376. — Le nouveau conducteur de l'étranger dans Paris en 1822. Par F. M. Marchant. 10.e édit.

Paris 1822. Moronval. 1 vol. in-18. Cart. et Fig.

** — Essais historiques sur Paris, par Saint-Foix. — Voyez *OEuvres*.

5377. — Tableau de Paris. (Par Mercier). Nouv. édit.

Amsterdam 1783. 8 vol. in-8°. Tom. 6-7-8.

5378. — Mémorial Parisien, ou Paris tel qu'il fut, tel qu'il est; par P. J. S. Dufey (de l'Yonne).

Paris 1821. Dalibon. 1 vol. in-12.

5379. — Tableau historique et pittoresque de Paris, depuis les

43.

Gaulois jusqu'à nos jours. Dédié au Roi, par J. B. DE SAINT-VICTOR. 2.e édit.

Paris 1822-1824. Gosselin. 6 vol. in-8.º et Atlas in-4º.

5580.—Histoire civile, physique et morale de Paris. Par J. A. DULAURE. 3.e édit.

Paris 1825. Baudouin fr. 10 vol. in-12 et Atlas in-4º.

5581.—Résumé de l'histoire physique, civile et morale de Paris; par M. LUCAS.

Paris 1825. Ledoyen. 1 vol. in-18.

5582.—Beautés historiques, chronologiques, politiques et critiques de la ville de Paris, depuis le commencement de la monarchie jusqu'au 1.er novembre 1821; par M. le Chevalier de PROPIAC.

Paris 1822. Eymery. 2 vol. in-12. Fig.

** — Statistique monumentale de Paris. Cartes, plans et dessins par *Albert* LENOIR. — N.º 2352.

** — Siège de Paris, par ABBON. N.º 2345-6.

** — Paris sous Philippe-le-Bel. — N.º 2352-21.

** — Les priviléges donnés par le Roi aux bourgeois de Paris. N.º 2705-2.

5583.—Eloges et discours sur la triomphante reception du Roy en sa ville de Paris, apres la reduction de la Rochelle: accompagnez des figures, tant des arcs de triomphe, que des autres preparatifs. (Par le P. J. B. DE MACHAULT).

Paris 1629. Rocolet. 1 vol. in-fol. Fig.

** — Fétes à l'occasion du mariage de Louis XIII. N.º 2705-1.

** — Registres de l'hôtel-de-ville de Paris sous la Fronde. N.º 2715.

** — Fétes données à Paris pour le mariage du Roy Louis XIV et l'entrée du Roy et de la Reyne. N.º 2813.

** — Confédération nationale à Paris. N.º 2910.

** — Fétes à l'occasion du mariage de Napoléon I. N.º 2960.

** — Fétes à l'occasion de la naissance du duc de Bordeaux. N.º 2985.

5584.—Nouveau tableau de Paris au XIX.e siècle.

Paris 1834-1835. M.e Charles Béchet. 6 vol. in-8º.

5585.—Paris pittoresque, rédigé par une société d'hommes de lettres, sous la direction de G. SARRUT et B. SAINT-EDME.

Paris 1837. D'Urtubie, Worms et C.e 2 vol. in-8º. Fig.

3386.— Paris révolutionnaire. (Par *Louis* Desnoyers).

Paris 1838. Pagnerre. 4 vol. in-8°.

3387.—Résumé statistique des recettes et des dépenses de la ville de Paris, pendant une période de trente-quatre ans, de 1797 à 1830 inclusivement; par F. L. Martin St.-Léon.

Paris 1833. Delaunay. 1 vol. in-4°.

** — Traité de la police, par De la Mare. — Voyez *Jurisprudence.*

3388.—Histoire de l'administration de la police de Paris depuis Philippe-Auguste jusqu'aux Etats-généraux de 1789, ou tableau moral et politique de la ville de Paris durant cette période, considéré dans ses rapports avec l'action de la police. Par M. Frégier.

Paris 1850. Guillaumin et C.e 2 vol. in-8°.

** — Règlemens sur les arts et métiers de Paris. N.° 2352-27.

3389.—Etat ou tableau de la ville de Paris, considérée relativement au nécessaire, à l'utile, à l'agréable, et à l'administration. (Par de Jéze; préface par Pesselier).

Paris 1760. Prault père. 1 vol. in-8°.

3390.—Almanach de Paris, contenant la demeure, les noms et qualités des personnes de condition. Pour l'année 1780.

Paris 1780. Lesclapart. 1 vol. in-18.

3391.—Almanach des 25,000 adresses des principaux habitans de Paris, pour l'année 1819. Par M. *Henri* Dulac.

Paris 1819. Panckoucke. 1 vol. in-12.

3392.—Affiches, annonces, et avis divers de la ville de Paris. (Par l'*Abbé* de Fontenay).

Paris 1762. 1 vol. in-8°.

** — Description des catacombes de Paris.— Voyez *Hist. naturelle.*

** — Les ceintures ou barrières de Paris. — Voyez *Beaux-arts.*

3393.—Hôtel de Ville de Paris, mesuré, dessiné, gravé et publié par *Victor* Calliat, architecte. Avec une histoire de ce monument et des recherches sur le gouvernement municipal de Paris, par Le Roux de Lincy.

Paris 1844. Carilian-Gœury. 1 vol. in-fol. Pl.

5394.—Le palais du Luxembourg, fondé par Marie de Médicis, régente, considérablement agrandi sous le règne de Louis-Philippe I.er—Origine et description de cet édifice; principaux évènements dont il a été le théâtre depuis sa fondation 1605 jusqu'en 1845, etc. Par M. *Alphonse* DE GISORS.

Paris 1847. Plon. 1 vol. in-4º. Pl.

** — Palais Royal, par J. VATOUT. — N.º 2188.

** — Essai historique sur l'Hôtel-Dieu de Paris, par RONDONNEAU.
Voyez *Médecine* n.º 2486.

5395.—L'Hospital general charitable.

Paris 1657. Savreux. 1 vol. in-4º.

A la suite :

Avis au public sur l'estat present de l'Hospital de la charité.

Instruction au public sur l'estat present de l'Hospital general et de ses besoins.

Paris 1661. Martin le Prest. in-4º.

5396.—Estat au vray du bien et du revenu tant ordinaire que casuel de l'Hostel dieu de Paris, et de sa dépense journalière. Comme aussi les necessitez des Hospitaux de S. Louïs et de Sainte-Anne, qui en dépendent.

Paris 1663. 1 vol. in-fol.

** — Mémoires sur les hopitaux de Paris. Par TENON.—*Médec.* n.º 2487.

** — Voyez aussi *Ibid.* les n.ºˢ 2485-2488 et suiv. et 3737.

5397.—Statuts et reglemens des petites ecoles de grammaire de la ville, cité, université, fauxbourgs, et banlieuë de Paris: Avec quelques arrests de la Cour de Parlement, touchant lesdites écoles; ensemble, les quartiers reglez et assignez aux maitres et maitresses d'écoles. Imprimez par l'ordre et authorité de M. Messire Claude Joly, prestre, directeur desdites écoles. Et par les soins de M.re *Martin* SONNET, prestre, promoteur desdites écoles.

Paris 1672. 1 vol. in-16.

5398.—L'inquisition françoise ou l'histoire de la Bastille, par M. *Constantin* DE RENNEVILLE.

Amsterdam 1724. Lakeman. 4 vol. in-12.

5399.—Description des curiosités des églises de Paris et des environs. Contenant 1.º L'année de leur fondation, leurs architectures, sculptures, peintures, etc. 2.º Leurs trésors, chasses, reliquaires, etc. 3.º Les sépultures, tombeaux, épitaphes remarquables. 4.º Les personnes illustres qui ont honoré ces églises par leur piété, leur érudition, ou qui les ont enrichies de leurs bienfaits. Le tout par ordre alphabétique. Par *Antoine-Martial* LE FEVRE.
> **Paris 1759. Gueffier. 1 vol. in-12.**

5400.—Dissertations sur l'histoire ecclésiastique et civile de Paris, suivies de plusieurs éclaircissemens sur l'histoire de France. Par M. l'*Abbé* LEBEUF.
> **Paris 1739-43. Lambert et Durand. 2 v. in-12. T. 1 et 3.**

5401.—Eloges historiques des Evesques et Archevesque de Paris, qui ont gouverné cette église depuis environ un siécle, jusques au décès de M. François de Harlay-Chanvalon, nommé par le Roi au cardinalat. (Par *Estienne* ALGAY, Sieur DE MARTIGNAC).
> **Paris 1698. F. Muguet. 1 vol. in-4º. Fig.**

5402.—L'histoire ecclesiastique de la Cour, ou les antiquitez et recherches de la chapelle, et oratoire du Roy de France, depuis Clovis I jusques à notre temps. Par G. DU PEYRAT.
> **Paris 1645. Henry Sara. 1 vol. in-fol.**

5403.—Histoire ecclésiastique de la chapelle des Rois de France, dédiée au Roy par M. l'*Abbé* ARCHON.
> **Paris 1711. A. Le Mercier. 1 vol. in-4º, Tom. 2.º**

** — Cartulaire de l'église N. D. de Paris. N.º 2352-6.

5404.—Cérémonies de la dédicace et consécration de l'église de Saint Sulpice.
> **Paris 1745. Le Mercier. 1 vol. in-4º.**

5405.—Mémoire général des fondations de l'église paroissiale de Saint Sulpice, et de ce que l'œuvre et fabrique de ladite église doit payer, tant à Monsieur le Curé, qu'à la communauté des prêtres desservans la paroisse.
> **Paris 1744. Thiboust. 1 vol. in-4º.**

5406.—Remarques historiques sur l'église et la paroisse de S. Sulpice. Extraites des instructions et prières à l'usage de ladite paroisse.

Paris 1773. Crapart. 1 vol. in-12.

5407.—Naive representation d'une partie des faussetez et suppositions contenuës dans les factums publiés soubs le nom des curé et marguilliers de S. Estienne, contre les justes droicts des religieux, abbé et convent de Saincte Geneviefve.

—Response pour les curés, marguilliers et paroissiens de l'eglise de S. Estienne du Mont à Paris, au factum des religieux et abbé coadjuteur de Saincte Genevieve.

—Sommaire du procez pendant au Conseil du Roy, pour raison de la procession du S. Sacrement et autres droicts episcopaux et parochiaux de l'eglise de S. Estienne du Mont, pretendus par les abbé et nouveaux religieux reformez de Saincte Geneviefve : au prejudice de M. l'Archevesque de Paris, et du curé, ausquels ils appartiennent de droict divin et canonique ; et dont ils ont tiltres, etc.

S. n. l. n. d. (1641). 1 vol. in-4°.

5408.—Consultation pour les prêtres séculiers, pourvus des cures de S. Etienne, du Mont de Paris ; et de S. Médard, au fauxbourg S. Marcel-les-Paris, dépendantes de l'abbaye royale de Sainte Geneviève de la même ville. Sur la question de savoir : 1.° Si les religieux de Sainte Geneviève sont, ou ne sont point Chanoines réguliers ? 2.° S'ils sont, ou ne sont pas capables de posséder des cures ? 3.° Par qui doivent être possédées les cures des maisons qui forment leur congrégation ? (Par PIALES). N.ᵉ édit.

Paris 1772. Pierres. 1 vol. in-4°.

5409.—Histoire de l'abbaye de Saint Germain des Prez. Contenant la vie des abbez qui l'ont gouvernez depuis sa fondation : les hommes illustres qu'elle a donnez à l'église et à l'Etat, les privilèges accordez par les souverains Pontifes et par les Evêques : les dons des Rois, des Princes et des autres bienfaicteurs. Avec la description de l'église, des tombeaux et de tout ce qu'elle contient de plus remarquable. Par Dom *Jacques* BOUILLART.

Paris 1724. G. Dupuis. 1 vol. in-fol. Fig.

5410. — Monasterii regalis S. Martini de Campis Paris. ordinis Cluniacensis, historia, libris sex partita. Per Domnum *Martinum* MARRIER.

Parisiis 1637. Seb. Cramoisy. 1 vol. in-4°.

5411. — Factum pour les religieux Jacobins reformez de la ruë Saint-Honoré. Pour servir de réponse au libelle diffamatoire des Prestres de la prétenduë Congrégation du Calvaire et des Hermites du Mont-Valerien, qui a pour titre ; Factum pour les Prestres de la Congrégation du Calvaire, et les Hermites du Mont-Valérien, etc.

S. n. n. l. d. (1666). 1 vol. in-4°.

5412. — Histoire de l'abbaye de S. Denis en France. Contenant les antiquitez d'icelle, les fondations, prerogatives et privileges. Ensemble les tombeaux et epitaphes des Roys, Reynes, enfans de France, et autres signalez personnages qui s'y treuvent jusques à present. Le tout recueilly de plusieurs histoires, bulles des Papes, et chartres des Roys, Princes, et autres documens autentiques. Par F. *Jacques* DOUBLET.

Paris 1625. De Heuqueville. 1 vol. in-4°.

5413. — Histoire de l'abbaye royale de Saint-Denis en France, contenant la vie des abbez qui l'ont gouvernée depuis onze cens ans : les hommes illustres qu'elle a donnez à l'église et à l'Etat : les privilèges accordez par les souverains Pontifes et les Evêques : les dons des Rois, des Princes et des autres bienfacteurs. Avec la description de l'église et de tout ce qu'elle contient de remarquable. Par Dom *Michel* FELIBIEN.

Paris 1706. F. Leonard. 1 vol. in-fol. Fig.

3414.—Le tresor sacré, ou inventaire des sainctes Reliques, et autres précieux joyaux qui se voyent en l'église, et au thresor de l'abbaye royale de S. Denys en France. Ensemble les tombeaux des Rois et Reines ensepulturez en icelle depuis le Roy Dagobert, jusques au Roy Henry le Grand. Avec un abbregé des choses plus notables arrivées durant leurs Regnes. Par Dom *Germain* MILLET. 5.ᵉ édition, reveue par l'Autheur.

Paris 1640. Billaine. 1 vol. in-12.

3415.—Actes concernans l'union de l'abbaye de S. Denys à la maison royale de Saint Louis à Saint Cyr.

Paris 1694. F. Muguet. Pièce in-4°.

** — Cérémonies observées en la conversion du Roy en la grande église S. Denys. N.° 2648-4.

3416.—Recueil de diverses pieces concernant le monastère de Charonne. Et le Proces-verbal de l'Assemblée extraordinaire de Messeigneurs les Archevéques et Evéques, tenue à l'archeveché de Paris, aux mois de mars et mai, 1681.

Cologne 1681. Schoutten. 1 vol. in-16.

** — Description du département de Seine-et-Oise, par GARNIER. 2211.

3417.—Histoire physique, civile et morale des environs de Paris, depuis les premiers temps historiques jusqu'à nos jours. Par J. A. DULAURE.

Paris 1825-1828. Guillaume. 7 vol. in-8°. Fig.

3418.—Même ouvrage.

Paris 1829. Levavasseur. 7 vol. in-8°. Fig.

3419.—Manuel du voyageur aux environs de Paris, ou tableau actuel des environs de cette capitale. Par M. *Isid.* DE PATY.

Paris 1826. Roret. 1 vol. in-18. Fig.

3420.—Nouvelle description des châteaux et parcs de Versailles et de Marly, contenant une explication historique de toutes les peintures, tableaux, statues, vases et ornemens qui s'y voient; leurs dimensions, et les noms des peintres, des sculpteurs et des graveurs qui les ont faits. Par M. PIGANIOL DE LA FORCE. 2.e édit.

Paris 1707. V.e Delaulne. 1 vol. in-12. Fig.

5421.—Même ouvrage. 7.e édit.

Paris 1724. Delaulne. 2 vol. in-12. Fig.

** — Palais de Versailles, par J. VATOUT. N.° 2188.

5422.—Recherches historiques et biographiques sur Versailles ; biographie sommaire des personnes illustres, célèbres, remarquables, etc., nées dans cette ville. 2.e édit. revue, augm. et suivie de quelques autres écrits. Par M. ECKARD.

Versailles 1836. Dufaure. 1 vol. in-8°. Port.

5423.—Etats, au vrai, de toutes les sommes employées par Louis XIV, 1.° aux créations de Versailles, Marly et de leurs dépendances, 2.° aux augmentations du Louvre, des Tuileries et d'autres résidences royales, aux constructions de monumens et d'établissemens publics à Paris et dans les provinces, au canal du Languedoc, en secours aux manufactures, en pensions, ou gratifications aux gens de lettres, depuis 1661 jusqu'en 1740 : le tout extrait d'un travail fait sous les ordres de Colbert, et dont le manuscrit, *inédit*, est à la Bibliothèque du Roi. —Supplément aux recherches historiques sur Versailles. Par M. ECKARD.

Versailles 1836. Dufaure. 1 vol. in-8°.

5424.—A Monsieur Jules Taschereau, directeur de la Revue rétrospective ; au sujet des dépenses de Louis XIV, à Versailles. Par l'Auteur des recherches historiques sur cette ville. (M. ECKARD).

Versailles 1836. Dufaure. 1 vol. in-8°.

5425.—Nouveau guide aux musées et chateau de Versailles, ainsi qu'aux palais des deux Trianons.

Versailles 1846. Klefer. 1 vol. in-18.

** — Galeries historiques de Versailles. — Voyez *Beaux-Arts*.

** — Palais de St.-Cloud, par J. VATOUT. — N.° 2188.

** — La reprise de la ville de Ponthoise. N.° 2648-1.

** — La trahison découverte en la ville de Ponthoise. N.° 2648-5.

5426.—Les antiquitez de la ville, comté et chatelenie de Corbeil. De la recherche de M.ᵉ *Jean* DE LA BARRE.

Paris 1647. N. et J. de la Coste. 1 vol. in-4°.

5427.—Description historique du château royal de Melun, figuré sur un sceau du xv.ᵉ siècle, par M. *Eug.* GRÉSY.

Paris 1852. Boucquin. broch. in-8°.

5428.—Factum pour les religieuses de Sainte Catherine lès Provins. Contre les Pères Cordeliers.

S. n. n. l. n. d. 1 vol. in-4°.

5429.—Histoire de l'église de Meaux, avec des notes ou dissertations; et les pièces justificatives. Par Dom *Toussaints* DU PLESSIS.

Paris 1731. Gandouin et Giffard. 2 vol. in-4°.

5430.—Le tresor des merveilles de la maison royale de Fontainebleau, contenant la description de son antiquité, de sa fondation, de ses bastimens, de ses rares peintures, tableaux, emblemes, et devises: de ses jardins, de ses fontaines, et autres singularitez qui s'y voyent. Par le R. P. F. *Pierre* DAN.

Paris 1642. Seb. Cramoisy. 1 vol. in-fol. Fig.

5431.— Mémoire instructif sur le différent qui est à juger touchant la cure d'Avon et de Fontainebleau. Pour le Père Général de tout l'ordre de la Sainte Trinité, et Rédemption des captifs, le Père Promoteur du mesme ordre, et le Père Ministre ou Supérieur, et les Religieux du convent royal de Fontainebleau. Contre le Supérieur général, et les autres prestres de la Congrégation de la mission establie à Paris.

S. n. n. l. n. d. 1 vol. in-4°.

5432.—Pièces pour l'histoire de Paris et des environs.

Liasse in-4°. — Contenant :

1. — Nouveau reglement general faict par Messieurs les Prevost des marchands et Eschevins de la ville de Paris, pour le payement des rentes de la dite ville fait au profit des rentiers, etc.

Paris 1645. H. Frain.

2. — Reglement fait par Messieurs les Prevost des marchands et Eschevins de la ville de Paris, sur la police du bois et charbon, le 23
octobre 1648.

Paris 1648. Rocolet.

3. — Ordonnnance des mémes : pour le pain de munition des gens de
guerre : autre-pour la munition des chevaux... du 12 janvier 1649.

Paris 1649. Rocolet.

4. — Mémoire pour la communauté des Procureurs au Parlement contre
les prévot et eschevins de la ville de Paris, les conseillers et quar-
tiniers, les six corps des marchands, et autres intervenans. (Demande d'admission aux offices),

Amiens 1774. L. C. Caron.

5. — Factum pour les chantre, chanoines et chapitre de la Sainte Chappelle royalle du palais, à Paris, contre M. P. Blaise chappellain de
la chappelle de S. Clément fondée en la Sainte Chappelle 1656.

6. — Acte de l'assemblée de MM. les vénerables trésorier, chantre et
chanoines de la Sainte Chapelle royale du palais à Paris (à l'occasion de l'appel interjeté au futur concile).

Paris 1688. G. Martin.

7. — Memoire pour le R. P. J. Chaubert, abbé de Ste.-Genevieve de
Paris, contre P. L. G. Jean, soy-disant curé de Ste.-Geneviévé de
Dissay et contre M. de La Vergne, évêque du Mans, et M. Bouton
de Chamilly, abbé de l'abbaye de Beaulieu du Mans. 1703. (Droit
de présentation).

8. — Factum pour les abbé et chanoines reguliers de Ste.-Genevieve, au
Mont de Paris, contre les marguilliers de la fabrique de St.-Estienne.
1695. (Reglement de comptes).

9. — Lettres-patentes pour l'establissement et confirmation de la Congrégation des prestres du Calvaire, sur le Mont-Valérien. 1650.

10. — Contrat de communauté entre G. Froger, curé de St-Nicolas du Char-
donnet de Paris, G. Compaing, vicaire, J. Lejuge, A. Bourdoise,
P. Vuyart, N. Raisin, M. Courtois et S. Cerné prestres habituez
de cette église. 1632.

11. — Regalis ecclesiæ S. Germani de pratis, ad sedem apostolicam im-
mediate pertinentis, jura brevi compendio propugnata. Auctore D.
Roberto QUATREMARIO.

Lutetiæ-Paris. 1668. L. Billaine.

12. — Arrest du Conseil d'Etat du Roy concernant les différens d'entre les
sieurs doyen, chanoines et chapitre de l'église et paroisse royale
de St.-Germain-l'Auxerrois, et le sieur vicaire perpétuel, les
prestres, clercs et marguilliers de la dite église et paroisse. 1718.

13. — Arrêt de la Cour du Parlement rendu au profit des chanoines, et chapitre de l'église royale et collégiale de St.-Cloud, contre les prétendus chapelains de ladite église. 1713.

14. — Factum pour les grand-maistre, proviseur, etc. du college de Navarre, contre les abbé, religieux, et convent du Mont St.-Eloy et M. Blampignon, soy disant pourvú de la principauté du collége de Boncourt.

15. — Extrait des registres du Conseil d'Etat (reglant les droits respectifs entre le chapitre de St.-Germain-l'Auxerrois, et les chapelains.1576).

16. — Statuts de MM. de Nostre-Dame de l'an 1219. — De reformatione status ecclesiæ S. Mederici.

17. — Acte contenant la protestation de M. Duhamel, ancien chefcier curé de fondation de S. Mederic. 1649.

18. — Extrait du compte-rendu par Cl. Aubry, un des marguilliers de l'œuvre et fabrique de S. Mederic, le 24 février 1576.

19. — Sentence rendue (de transaction entre les chanoines de l'église S. Mederic et les chanoines semi-prebendez de la dite église). 1597.

20. — Factum pour M. Guy Houisier et J. Fanuel curez chefcier de l'église S. Mederic. (1615. Oblations).

21. — Mémoire pour les religieux, proviseur, procureur et écoliers du college des Bernardins de Paris, et le sieur abbé de la Charité, contre les vénérables religieux, abbé et convent de l'abbaye de Clairvaux. (Reglement de comptes. 1689).

22. — Factum pour les curez de Paris, contre M. Cl. Joly, chantre et chanoine de N. D. de Paris, touchant les écoles de charité. 1681.

23. — Les antiquitez et ceremonies qui s'observent avant et au jour de la descente et procession de la chasse sainte Geneviève, avec le jour et les années qu'elle a été portée depuis 1206 jusqu'en 1725. **Paris 1725. V.ᵉ Mergé.**

24. — Factum pour les doyen et chapitre de l'église métropolitaine de Paris, contre M. P. Marlin, curé de S. Eustache, et les curez de la ville et faux-bourgs de Paris. (1661. Droit de sépulture).

25. — Pour M. N. Mazure, curé de l'église parrochiale de St.-Paul, contre les religieux Minimes de la Place royale de Paris. (Sépultures.) 1624.

26. — Arrest du grand Conseil portant promulgation de la transaction passée entre le prieur commandataire et les religieux du prieuré de S. Martin-des-Champs, pour la partition de tout le revenu dudit prieuré. 1648.

27. — Arrest du grand Conseil au profit de l'abbaye de S. Martin-des-Champs, contre E. Vignerot du Pont, prieur commendataire. (Confirmation de la transaction de 1648.) 1656.

28. — Mémoire des curés et marguilliers de la paroisse S. Nicolas des Champs, à Paris, contre le prieur Claustal, couvent et religieux de S. Martin-des-champs, sur le procès qui est entr'eux. (Les religieux ne sont pas curez). — Réflexions sur ce mémoire.

29. — Factum pour M. P. Cagnié, curé de S. Germain-en-Laye, contre J. P. Lefebure, prieur du prieuré simple dudit S. Germain-en-Laye. (Prétention d'être curé primitif).

30. — Mémoire signifié pour les prieur et religieux de l'abbaye royale de S. Germain-des-Prez à Paris, contre les habitans, corps et communauté du village de Suresne. (1768. Banalité du four, voirie, droit d'assises).

31. — A Messieurs les doyen, chanoines et chapitre de Paris, les religieuses de l'Hôtel-Dieu. (Remontrances au sujet des élections. 1769).

32. — Arrest de la Cour du Parlement, rendu au profit des doyen, chanoines et chapitre de l'église royale et collégiale de St.-Cloud.
Paris 1711. Mergé.

33. — Acte d'assemblée tenue en la ville de Nemours, le 23 février 1652, servant de factum pour Anne Hedelin, S.ʳ De Chauffour. (Justification de sa conduite pour sauver la ville du désordre).

34. — Précis pour M. le cardinal de Luynes, archevesque de Sens; contre les marguilliers de la paroisse de S. Loup de Montereau. (Suppression du chapitre. 1774).
Paris 1774. Simon.

5455. — Pièces pour l'histoire de Paris et des environs.

Liasse in-fol. Contenant :

1. — Des droits de chaussée baillez à ferme. Ordonnance faite par le Roy sur le fait des chaussées de la ville de Paris et autres bonnes villes du royaume.

2. — Remonstrances des maistres et gardes du corps des marchands de vin de la ville, fauxbourgs et banlieue de Paris, à Messieurs tenans les assemblées de police au Chastelet et Hostel-de-ville de cette ville, et notables bourgeois y appellez. 1650. (Fixation des droits).

3. — Motifs et utilité de l'establissement des vendeurs de vollailles, gibbier, œufs, beurres et fromages, ordonnez estre establis en la ville de Paris par lettres-patentes de Sa Majesté du 17 mars 1660.

4. — Mémoire signifié pour les jurez en charge de la communauté des maîtres pâtissiers de Paris, contre N. Fr. de la Rochebrochard, commandeur de S. Jean de Latran et contre R. Farou et P. Mosselin. 1742. (Franchise de la rue de l'Oursine).

5. — Factum signifié pour les religieux de l'hôpital de la Charité de Paris, contre M. J. Marquis de la Cour. 1708.

6. — Sommaire du procez d'entre les doyen, chanoines et chapitre de l'église de Paris, contre M. P. Marlin, curé de S. Eustache, et les curez de la ville et des fauxbourgs de Paris. (Sépultures).

7. — Titre de 1607 pour la décision du différend d'entre le curé de S. Nicolas-des-Champs et les confrères du S. Sacrement de la dite paroisse. (Nomination du chapelain de la confrerie).

8. — Estat vérifié sur les pieces produites es mains de MM. les Commissaires nommez par le Roy, justificatives des abus et malversations qui ont esté commises dans l'administration des biens de l'eglise et fabrique de la paroisse de S. Sulpice. 1690.

9. — Memoire signifié pour les chefcier, chanoines et chapitre de l'église collégiale de S. Estienne-des-Grès; les chanoines et chapitre de l'eglise collégiale de S. Benoît; les chefcier, chanoines et chapitre de l'eglise collégiale de S. Merry; les chanoines et chapitre de l'eglise collégiale du S. Sepulchre; contre les doyen, chanoines et chapitre de l'église cathédrale de N. D. de Paris. 1761. (Contestation du titre de chapitre).

10. — Mémoire sur le chapitre de l'église de Paris, contre l'Université; les curé, vicaire-perpétuel, chanoines et marguilliers de S. Germain-l'Auxerrois, et encore contre les religieux de S. Victor. 1741. (Union du chapitre de S. Germain-l'Auxerrois à l'église de Paris).
   Paris 1741, Prault.

11. — Mémoire pour les doyen, chanoines et chapitre de l'église royale, collégiale et paroisssiale de S. Germain-l'Auxerrois, appelans comme d'abus contre les doyen, chanoines et chapitre de l'église métropolitaine de Paris.

12. — Au Roy. Requête de l'archevêque de Cambray, prieur commendataire du prieuré de S. Martin-des-Champs à Paris, et les prieur claustral, religieux et couvent du même prieuré, curés primitifs de l'église et paroisse de S. Jacques de la Boucherie, contre le sieur de Lauzy, curé-vicaire-perpétuel de ladite paroisse, et les sieurs marguilliers et paroissiens. (Demande en maintien de la qualité de curés primitifs).

13. — Mémoire pour Ant. de Lauzy, curé de S. Jacques de la Boucherie, contre M. l'archevêque de Cambray, en présence des marguilliers et paroissiens de la dite église.
   Paris 1742. Prault.

14. — Factum pour les curez de Paris, contre M.e Cl. Joly, chantre et chanoine de N. D. de Paris, touchant les écoles de charité.

15. — Réponse des curez de Paris au second factum de M. Cl. Joly.

16. — Arrest de la Cour de Parlement pour les écoles, en faveur des curez.

17. — Réponse des curez de Paris au troisième factum de M. Cl. Joly.

18. — Mémoire instructif pour l'Université de Paris, contre les Jésuites.

19. — Mémoire pour le supérieur général et les religieux de la congrégation de S. Maur, contre les doyen et professeurs de la Faculté de droit de l'Université de Paris. 1706. (Testament Dartis).

20. — Factum pour les religieux, grand-prieur et convent de l'abbaye royale de S. Denys en France, contre les religieux, prieur et convent ¦de l'abbaye de N. D. de Livry. (Dixmes de Tremblay et de Villepinte).

21. — Mémoire pour les mêmes, contre dame Louise de Louvancourt, veuve de G. Dannets de Melun. 1707. (Rivière de Croust).

22. — Arrest du grand Conseil rendu entre les abbé, religieux, grand-prieur et convent de S. Denys en France, contre Ad. Davy, sieur de Muneville. 1559. (Maintien en possession de la terre et seigneurie du Muneville le Bingard).

23. — Sommaire pour les religieux de S. Denys, et leur présenté, contre M.ᵉ la Marechalle de Crequy, et son presenté. (Patronage de l'église de Chars. 1681).

24. — Mémoire pour les religieux de S. Denys, contre S. Delamarre, M. A. Le Vasseur et autres. (Mouvance de Chevrieres).

25. — Mémoire pour les mêmes, contre le S.ʳ La Mothe-Houdancourt, seigneur de Chevrieres.

26. — Mémoire pour les mêmes, contre Benoist Chavray. 1694. (Fief de Montigny).

27. — Mémoire pour les religieux, prieur et convent du monastère des Blancmanteaux, contre dame C. Malon de Bercy, veuve de M. Potier, marquis de Novion.

28. — Mémoire pour les religieux Jacobins du convent de la rue S. Jacques, contre M. R. Drouet. (Dépendances de l'ancienne clôture de Paris).

29. — Factum pour M. L. A. cardinal de Noailles, archev. de Paris, prenant fait et cause de sœur J. Gallois, supérieure de la communauté des religieuses du S. Sacrement, contre quelques religieuses de la même communauté. 1706. (Droit d'élection).

30. — Factum pour l'abbé de Sainte-Geneviève de Paris, contre les abbés et religieux de Chancelade et de Sablonceaux, et le syndic de l'abbaye de Bourg. 1675. (Pretention à s'ériger en congrégation).

31. — Reponse à une requeste imprimée, presentée au Roy par deux religieux de l'abbaye de Chancelade, contre la congrégation des Chanoines reguliers de France. 1675.

32. — Arrest du Conseil d'Etat du Roy qui maintient l'abbé de Sainte Genevieve dans le droit de révoquer ses religieux bénéficiers. 1688.

33. — Mémoire signifié pour les abbé, prieur, chanoines réguliers et chapitre de l'abbaye de Sainte Geneviève du Mont, seigneur de Borest, contre dame R. Amiot, veuve du S. Daveine. (Seigneurie de Borest).
Paris 1738. Knapen.

34. — Transaction entre Mgr. l'Archevesque de Paris, Mgr. le duc de Verneuil, abbé de S. Germain des prez, et les religieux, prieur et convent de ladite abbaye, sur leurs procès et differens, pour raison de la juridiction spirituelle dans l'étendue du fauxbourg et territoire dudit S. Germain des prez. 1638.

35. — Mémoire du fonds, pour les religieux, prieur et convent de l'abbaye de S. Germain des Prez, contre M. le duc de Grandmont. 1720. (Justice et voirie de Suresne).

36. — Mémoire pour la prévision, pour les mêmes, contre M. le duc de Grammont, la prétendue communauté de la paroisse de Puteaux, et quelques particuliers habitans de Suresne. 1720.

37. — Mémoire signifié pour les dames abbesse, grande-prieure, et religieuses de l'abbaye royale de Chelles, contre les administrateurs de l'Hôtel-Dieu de Mitry. 1738. (Seigneurie de Maurepas).

38. — Factum pour Dom Fr. de Nangis, prieur de S. Jean de Houdan, contre M. Ch. Restou, curé de Goussainville.1701. (Dixme de Forest).

39. — Mémoire pour les religieux de S. Pourçain, contre les prêtres de la maison de S. Lazare les Paris. (Réclamation des titres du prieuré).

40. — Mémoire signifié pour P. A. Squel, marguillier de l'église S. Maurice de Charenton, contre le sieur Le Blond, curé de Charenton. L. Sedaine, ci-devant marguillier. 1738. (Comptes de la fabrique).

41. — Mémoire pour M. L. A. d'Albert d'Ailly, contre M. A., duc de Grammont, la communauté des habitans de Puteaux et quelques particuliers de la paroisse de Suresne. 1721. (Voirie).

42. — Mémoire pour Fr. Germain Grasset, recteur et administrateur de l'hôpital et Hôtel-Dieu de S. Nicolas et S. Germain de Chatillon, contre les maire, échevins et habitans de la ville de Chatillon-sur-Seine. 1738. (Minage).

43. — Mémoire signifié pour les prieur et chanoines réguliers de l'abbaye de Chatillon, contre les prêtres Mépartistes de S. Nicolas et les prêtres habitués de S. Vorle de Chatillon. 1738. (Préséance).
Paris 1750. Le Mercier.

Languedoc.

** — Voyages pittoresques et romantiques dans l'ancienne France — Languedoc. N.° 2270.

3434.—Memoires de l'histoire du Languedoc, curieusement et fidelement recueillis de divers autheurs grecs, latins, français et espagnols; et de plusieurs titres et chartes tires des archifs des villes et communautez de la mesme province, et autres circonvoisines, par M. *Guillaume* DE CATEL.

Tolose 1633. **Pierre Bosc.** 1 vol. in-fol.

3435.—Histoire du Languedoc, avec l'estat des provinces voisines. Par M. *Pierre* ANDOQUE.

Beziers 1648. **H. Martel.** 1 vol. in-fol.

3436.—Histoire générale de Languedoc, avec des notes et les pièces justificatives : composée sur les auteurs et les titres originaux, et enrichie de divers monuments. Par deux religieux Bénédictins de la congrégation de S. Maur. (*Claude* DE VIC et *Joseph* VAISSETE).

Paris 1730-1745. **Vincent.** 5 vol. in-fol. **Fig.**

3437.—Résumé de l'histoire du Languedoc ; Haute-Garonne, Tarn, Aude, Hérault, Gard, etc. Par M. *Léon* VIDAL.

Paris 1825. **Lecointe et Durey.** 1 vol. in-18.

3438.—Essai historique sur les Etats-généraux de la province de Languedoc. Par le B.on TROUVÉ.

Paris 1818. **Firmin Didot.** 1 vol. in-4°. **Cart.**

** — Histoire critique de la Gaule Narbonnaise. N.° 2153.

** — Réduction des villes de Montpellier. Ensemble celle de Nisme, Castres, Uzès, Puylaurens et de tout le Bas-Languedoc. N.° 2705-5.

3439.—Histoire des comtes de Tolose. Par M. *Guillaume* CATEL. Avec quelques traitez, et chroniques anciennes, concernans la mesme histoire.

Tolose 1623. **Bosc.** 1 vol. in-fol.

On trouve à la suite :

1. — Comites Tolosani fratris *Bernardi* GUIDONIS ord. Prædic.
2. — Chronicon magistri GUILLELMI *de Podio-Laurentii*.
3. — Præclara Francorum facinora, seu chronicon ab anno Domini MCCII ad annum ejusdem Domini MCCCXI. Incerto autore.
4. — Aliud chronicon Autoris anonymi.
5. — Chronicon ex veteri martyrologio manuscripto ecclesiæ S. Pauli Narbonensis.

44.

3440.—Histoire de la congrégation des filles de l'enfance de Notre-Seigneur J. C., établie à Toulouse en 1662, et supprimée par ordre de la Cour en 1686. (Par M. Reboulet).

Amsterdam 1734. Girardi. 2 vol. in-12.

3441.—Archives historiques de l'Albigeois et du pays Castrais, publiées par P. Roger.

Albi 1840. Rodière. 1 vol. in-8°. Fig.

3442.—Etudes historiques et documents inédits sur l'Albigeois, le Castrais et l'ancien diocèse de Lavaur; par M. Cl. Compayré.

Albi 1844. Maur. Papailhiau. 1 vol. in-4°. Fig.

** — Guerre des Albigeois. N.° 2420-2421-2422.

** — Défaite des Huguenots Albigeois dans la ville de Lautrech. 2648-3.

** — Surprise par force des villes de Brissac et Castelnau. N.° 2705-6.

** — Observations sur les états de situation du département de l'Aude, par C. J. de Barante. N.° 2211.

3443.—Description générale et statistique du département de l'Aude. Par le B.on Trouvé.

Paris 1818. F. Didot. 1 vol. in-4°. Pl.

3444.—Histoire des comtes de Carcassone, par G. Besse.

Beziers 1645. A. Estradier. 1 vol. in-4°.

3445.—Histoire ecclésiastique et civile de la ville et du diocèse de Carcassone, avec les pièces justificatives, et une notice ancienne et moderne de ce diocèse. Par le R. P. Bouges.

Paris 1741. P. Gandouin. 1 vol. in-4°.

3446.—Histoire des ducs, marquis et comtes de Narbonne, autrement appelez Princes des Goths, ducs de Septimanie, et marquis de Gothie. Par le sieur Besse.

Paris 1660. Ant. de Sommaville. 1 vol. in-4°.

3447.—Eclaircissemens des antiquités de la ville de Nismes, par M.... avocat de la même ville.

Nismes-Tarascon 1771. Fuzier. 1 vol. in-8°. Fig.

3448.—Même ouvrage. Dernière édition.

Nismes 1790. Belle. 1 vol. in-8°. Fig.

** — Statistique du département de la Lozère, par Jerphanion. N.° 2211.

5449.—Publications de la société archéologique de Montpellier.
Montpellier 1840-1848. Martel. 3 vol. in-4°. Pl.

٭٭ — Breve chronicon Lemovicense. — *Thes. nov. aned.* 3.

٭٭ — Fluviorum Rheni, Mosæ et Mosellæ novissima exhibitio. N.° 1592.

5450.—Discours des histoires de Lorraine et de Flandres. Au
Roy treschrestien Henry II. (Par *Charles* ESTIENNE).
Paris 1552. Charles Estienne. 1 vol. in-4°.

5451.—Stemmatum Lotharingiæ ac Barri ducum tomi septem. Ab
Antenore, Trojanarum reliquiarum ad paludes Mæotidas
Rege, ad hæc usque illust. Caroli Tertii, ducis Lotharin-
giæ tempora. Authore *Francisco* DE ROSIERES.
Parisiis 1580. Guil. Chaudiere 1 vol. in-fol.

5452.—La Lorraine ancienne et moderne, ou l'ancien duché de
Mosellane, véritable origine de la maison royale, et du
duché moderne de Lorraine, avec un abrégé de l'histoire
de chacun de ses souverains. Par M.ᵉ *Jean* MUSSEY.
(Nancy) 1712. 1 vol. in-8°.

5453.—Histoire ecclésiastique et civile de Lorraine, qui comprend ce qui s'est passé de plus mémorable dans l'archevêché de Trèves, et dans les évêchés de Metz, Toul
et Verdun, depuis l'entrée de Jules César dans les Gaules,
jusqu'à la mort de Charles V, duc de Lorraine, arrivée
en 1690. Avec les pièces justificatives. Par le R. P. Dom
Augustin CALMET.
Nancy 1728. Cusson. 4 vol. in-fol. Fig.

5454.—Même ouvrage, depuis l'entrée de Jules César dans les
Gaules jusqu'à la cession de la Lorraine, arrivée en 1737,
inclusivement. Avec les pièces justificatives. Nouv. édit.
Nancy 1745-1757. Leseure 7 vol. in-fol. Fig.

5455.—Abrégé chronologique de l'histoire de Lorraine, contenant les principaux évènemens de cette histoire, depuis
Clovis jusqu'à Gérard d'Alsace, premier duc héréditaire,

44.٭

et depuis ce prince jusqu'à François III, etc. P. M. H. C.
R.D.L'O.D.S.A.A.D.S.A.R.M.L.D.C.D.L. (Henriquez).

Paris 1775. Moutard. 2 vol. in-8°.

5456. — Discours des choses advenues en Lorraine, depuis le decez
du duc Nicolas, jusques à celui du duc René. (Par M.
Nicolas Remy).

Pont à Mousson 1605. Bernard. 1 vol. in-4°.

5457. — Summa defensionis capita, illustriss. sereniss. potentiss.
principissæ Dominæ Nicolaæ Dei gratia Lotharingiæ et
Barri Ducissæ. In illustriss. Ducem à Lotharingia ma-
ritum ejus et autorem.

Parisiis 1647. 1 vol. in-4°.

5458. — Memoires du Marquis de Beauvau, pour servir à l'histoire de Charles IV, duc de Lorraine et de Bar.

Cologne 1688. Pierre Marteau. 1 vol. in-12.

A la suite :

Histoire de l'emprisonnement de Charles IV, duc de Lorraine, detenu par les Espagnols dans le chateau de To-
léde. Avec ce qui s'est passé dans les négociations faites
pour sa liberté par M. le Marquis du Châtelet, Maréchal
de Lorraine, et M. du Bois, conseiller d'Estat et ambassadeur en Cour d'Espagne. (Par du Bois de Ryocourt).

Cologne 1688. Marteau. 1 vol. in-12.

5459. — La vie de Charles V, duc de Lorraine et de Bar, et ge-
neralissime des troupes imperiales. Divisée en v livres.
(Par *Jean* de la Brune).

Amsterdam 1691. Garrel. 1 vol. in-12.

5460. — Testament politique de Charles, duc de Lorraine et de
Bar. Déposé entre les mains de l'Empereur Leopold à
Presbourg, le 29 novembre 1687, en faveur du Roy de
Hongrie et ses successeurs arrivans à l'Empire. (Par *Henri*
de Straatman).

Lipsic 1696. George Weitman. 1 vol. in-12.

5461. — Même ouvrage.

Lipsic 1697. Weitman. 1 vol. in-12.

** — Mémoire statistique du départ. de la Meurthe, par MARQUIS. 2212.

** — Rapport sur les monuments historiques des arrondissements de Nancy et de Toul (département de la Meurthe) accompagné de cartes, plans et dessins, par E. GRILLE DE BEUZELIN. — N.° 2352.

3462. — Règlemens de la confrairie des agonisans, érigée dans l'église de Saint Amant de Toul, le 25 novembre 1736, sous l'invocation de Notre-Dame de Pitié.

Toul 1736. Sim. Vincent. 1 vol. in-12.

** — Voyage du Roi dans les départemens de l'Est. N.° 2910.

** — Mémoire statistique du départ. de la Moselle, par COLCHEN. 2212.

3463. — L'auguste basilique de l'abbaye royale de Sainct Arnoul de Mets, de l'ordre de Sainct Benoict, pour le recouvrement, restablissement, et maintien de son ancienne piété, exemption, immunité, et gloire. Par *André* VALLADIER.

Paris 1615. Chevalier. 1 vol. in-4°.

3464. — Histoire des Evesques de l'eglise de Metz. Par le R. P. MEURISSE.

Metz 1634. Anthoine. 1 vol. in-fol.

3465. — Histoire de la naissance, du progres et de la decadence de l'heresie dans la ville de Metz et dans le pays Messin. Par le R. P. MEURISSE. Dedié à Messieurs de la Religion pretenduë reformée de la ville de Metz.

Metz 1642. J. Antoine. 1 vol. in-4°.

** — Siège de Metz par Charles V. Voyez *Panthéon littéraire*.

** — Prise de Thionville. *Ibid.*

** — Prise des Châteaux de Sancy et de Fléville. N.° 1247.

** — Tableau statistique du départ. des Vosges, par DESGOUTTES. 2211.

3466. — Lettre de Dom *Jean* MABILLON à un de ses amis, touchant le premier institut de l'abbaye de Remiremont.

Paris 1687. Coignard. 1 vol. in-4°.

A la suite :

Factum pour Madame Dorothée, princesse de Salm, abbesse de l'église collégiale de S. Pierre de Remiremont, immédiatement soumise au Saint Siege, et les Dames chanoinesses de son chapitre. Contre la Dame doyenne, et autres Dames du même chapitre.

S. n. n. l. n. d. (1690 ?) in-4°.

3467.—Requête présentée au Roy par les doyen, chanoines et chapitre de l'église collégiale de S. Euchaire de Lyverdun, diocèse de Toul, et les habitans et communauté de la même ville. (Contre les entreprises des évêques de Toul). Par M. Hussenot.

> **Paris (1716). Huguier. 1 vol. in-fol.**

** — Description physique et politique du département du Rhône; par Verninac. N.° 2211.

3468.—Almanach astronomique et historique de la ville de Lyon et des provinces de Lyonnois, Forez et Beaujolois. (Pour les années 1754-1755-1778).

> **Lyon 1754-1755-1778. Delaroche. 3 vol. in-8°.**

3469.—Chronologia historica successionis hierarchicæ illustrissimorum archiantistitum Lugdunensis archiepiscopatus, Galliarum primatus, necnon latior illustrissimæ ecclesiæ cathedralis, et cæterarum diœceseos Lugdunensis historia. Secunda editio. Authore *Jacobo* Severtio. Addita seorsum brevior chronologia, at generalissima reliquorum pene omnium antistitum Galliæ Celticæ, seu integerrimi primatus Lugdunensis. (Eodem authore).

> **Lugduni 1628. Simon Rigaud. 1 vol. in-fol.**

3470.—Assertio pro unico S. Eucherio Lugdunensi Episcopo. Auctore *Jos.* Antelmio P. A. F. Can. Opus posthumum. Accedit Concilium Regiense sub Rostagno metrop. Aquensi, anni MCCLXXXV. Nunc primò prodit integrum, et notis illustratum operâ *Car.* Antelmii designati. Epis. Grass.

> **Parisiis 1726. Briasson. 1 vol. in-4°.**

** — Cartulaire de l'abbaye de Savigny et petit cartulaire d'Ainay. 3252.

3471.—Pièces du procès entre l'archevêque de Lyon et l'archevêque de Rouen touchant la primatie.

> **1 vol. in-fol.** — Contenant :

1. — Requeste au Roy, et à Nosseigneurs les Commissaires nommez par Sa Majesté pour la primatie de Lyon. Pour Messire Claude de Saint

George, archevêque comte de Lyon, primat des Gaules. Contre Messire Jacques Nicolas Colbert, archevêque de Roüen.
>   **Paris 1698. Anisson.**

2. — Requeste au Roy... pour Messire J. N. Colbert. Contre Messire Cl. de Saint George.
>   **Paris 1698. Muguet.**

3. — Seconde requeste... servant de réponse à la Requeste de M. l'Archevêque de Roüen, du 22 décembre 1698. Pour M. Cl. de Saint George. Contre M. J. N. Colbert.
>   **Paris 1699. Anisson.**

4. — Seconde requeste... servant de réponse à la seconde requeste de M. l'Archesveque de Lyon. — A la suite: Recueil de quelques-unes des principales pièces produites au procès.
>   **Paris 1701. Muguet.**

5. — Troisième requeste au Roy... servant de réponse à la seconde requeste de M. l'Archevêque de Roüen.
>   **Paris 1702. V.ᶜ A. Lambin.**

6. — Requeste au Roy... servant de réponse aux moyens d'abus contre les bulles de Grégoire VII alléguées par le S.ʳ Archevêque de Roüen dans la requeste du 29 août 1701. Pour Messire Cl. de Saint George. Contre Messire Nicolas Colbert.
>   **Paris 1702. Guillery.**

7. — Causes et moyens d'appel comme d'abus, que met et baille par devers le Roy et nosseigneurs de son Conseil, Cl. de Saint-George, archevêque et comte de Lyon, primat des Gaules, appelant comme d'abus de la sentence du Cardinal de Sainte Croix, du 12 novembre 1455, de toute la procédure faite pour y parvenir; ensemble de l'impétration des bulles de Calixte III des 22 may 1457 et 11 juillet 1458, et de tout ce qui s'en est ensuivy. Contre M. J. N. Colbert, archevêque de Roüen. Pour satisfaire à l'arrest du Conseil d'Etat privé du Roy, du 19 décembre 1701.

8. — Recueil de quelques pièces nouvellement produites au procès.

>   (Un arrêt du Conseil d'Etat du 12 mai 1702 a maintenu l'archevêché de Rouen dans son ancienne possession de relever immédiatement du S. Siège).

3472. — Mémoires de l'histoire de Lyon, par *Guillaume* PARADIN DE CUYSEAULX, doyen de Beaujeu.
>   **Lyon 1573. Gryphius. 1 vol. in-fol.**

3473. — Histoire veritable de la ville de Lyon, contenant ce qui a esté obmis par Maistres Symphorien Champier, Paradin,

et autres, qui cy devant ont escript sur ce subject. Ensemble un petit discours de l'ancienne noblesse de la
maison illustre des Medici de Florence. Le tout recueilly,
et ramené à l'ordre des temps, par Maistre *Cl.* DE RUBYS.

Lyon 1604. B. Nugo. 1 vol. in-fol.

3474.—Le guide du voyageur et de l'amateur à Lyon, par M.
N. F. COCHARD.

Lyon 1826. Pezieux. 1 vol. in-18. Cart.

3475.—Discours sur l'espouvantable et merveilleux desborde-
ment du Rosne dans et à l'entour de la ville de Lyon, et
sur les miseres et calamitez qui y sont advenues.

Paris 1571. Au Pelican. Pièce in-8°.

** — Discours véritables des traysons découvertes de la ville de Lyon et de
Monbrison en Forest. N.° 2648-3.

** — Le Soleil au signe du Lyon. (Entrée de Louis XIII en 1622). 2681.

** — Discours véritable de ce qui s'est passé à Lion à la mort de MM. Le
Grand et de Thou. N.° 2705-6.

3476.—Histoire de la révolution de Lyon, servant de développement et de preuve à une conjuration formée en France
contre tous les gouvernemens, et contre tout ordre social. Suivie de la collection de pièces justificatives. (Par
GUERRE).

Lyon 1793. Regnault. 1 vol. in-8°. Sans titre.

** — Mémoires pour servir à l'histoire de la ville de Lyon pendant la ré-
volution, par l'*Abbé* GUILLON. N.° 2890.

** — Les Sires de Beaujeu ou mémoires historiques sur le monastère de
l'Ile Barbe.   Voyez *Belles-Lettres.* 2713.

3477.—Institution de l'aumosne generale de Lyon, ensemble l'œ-
conomie et reiglement qui s'observe dans l'hospital de
nostre Dame de la Charité, où sont les pauvres renfer-
mez de ladite Ausmone. 3.ᵉ édit.

Lyon 1632. Jullieron. 1 vol. in-4°.

3478.—Journal de l'Hôtel-Dieu de Lyon. (Par PRIN).15 sept.1762.

Lyon 1762. Delaroche. 1 vol. in-16.

3479.—Liste des pensionnaires ou rentiers à vie de la ville de
Lyon, vivans, connus jusques à ce jour 15 aoust 1677.

Contenant la datte des contrats de constitution, les noms et qualitez desdits pensionnaires conformes ausdits contrats, etc. etc.

Lyon 1677. Jullieron. 1 vol. in-fol.

3480.—Analyse de projet présenté par le Sieur Perrache, approuvé par l'administration municipale de la ville de Lyon, pour des objets de nécessité, d'utilité et d'agréments publics, et autorisé par arrêt du Conseil et lettres patentes du Roy, du 13 octobre 1770.

Lyon 1770. De la Roche. 1 vol. in-4°. Pl.

A la suite:

Lettre anonyme écrite au sieur Perrache sur son entreprise (et réponse de Perrache).

Lyon 1770. De la Roche. in-4°.

Réponse de M. Perrache aux questions d'un financier de de Paris, sur son entreprise.

Lyon 1771. Chavance. in-4°.

** — Voyage au Mont Pilat. N.° 2209.

3481.—Essais historiques sur les antiquités du département de de la Haute-Loire ; par M. Mangon de la Lande.

St.-Quentin 1826. Tilloy. 1 vol. in-8°.

3482.—Histoire universelle, civile et ecclésiastique du pays de Forez. Dressée sur des autoritez et des preuves authentiques, par Messire *Jean-Marie* de la Mure.

Lyon 1674. Compagnon et Taillandier 1 vol. in-4°.

Maine.

** — Statistique du départ. de la Sarthe, par Auvray. N.° 2211.

3483.—Histoire des Evesques du Mans, et de ce qui s'est passé de plus memorable dans le diocèse pendant leur pontificat. (Par *Antoine* Le Corvaisier de Courteilles).

Paris 1648. Seb. et Gab. Cramoisy. 1 vol. in-4°.

3484.—Les vies des Evesques du Mans restituées et corrigées, avec plusieurs belles remarques sur la chronologie. Par Dom *Jean* Bondonnet.

Paris 1651. Martin. 1 vol. in-4°.

** — Recherches sur la ville celtique de Toull, dép. de la Creuze. 2152.

Navarre. — Voyez Béarn.

Nivernais.

3485.—Histoire du pays et duché de Nivernois. Par M.ᵉ *Guy* Coquille, sieur de Romenay.

Paris 1612. Abel Langelier. 1 vol. in-4º.

3486.— Mémoires pour servir à l'histoire civile, politique et littéraire, à la géographie et à la statistique du département de la Nièvre, et des petites contrées qui en dépendent ; commencés par *Jean* Née de la Rochelle ; continués par *Pierre* Gillet ; corrigés, augmentés et mis en nouvel ordre par *J. Fr.* Née de la Rochelle.

Bourges 1827. Souchois. 3 vol. in-8º.

3487.— Fondation faite par Messeigneur et Dame les Duc, et Duchesse de Nivernois : Princes de Mantouë, Comtes de Rethelois et d'Auxerre, etc., Pairs de France. Pour marier doresnavant par chacun an à perpetuité, en leurs terres et seigneuries, jusques au nombre de soixante pauvres filles, destituées de toutes facultez et moyens.

1663. 1 vol. in-4º.

Normandie.

** — Voyages pittoresques et romantiques dans l'ancienne France. — Normandie. N.º 2170.

3488.—Etat géographique de la province de Normandie. Par le S.ʳ de Masseville.

Rouen 1722. Besongne. 2 vol. in-12.

3489.—Description géographique et historique de la haute Normandie, divisée en deux parties. La première comprenant le pays de Caux ; et la seconde le Vexin. (Par Dom *Toussaint* Du Plesssis).

Paris 1740. Nyon. 2 vol. in-4º. Cart.

5490.—Historiæ Normannorum scriptores antiqui, res ab illis per Galliam, Angliam, Apuliam, Capuæ principatum, Siciliam, et Orientem gestas explicantes, ab anno Christi DCCCXXXVIII ad annum MCCXX. Insertæ sunt monasteriorum fundationes variæ, series episcoporum ac abbatum : genealogiæ Regum, Ducum, Comitum, et Nobilium : etc. Ex mss. codd. omnia ferè nunc primum edidit *Andreas* DUCHESNIUS.

Paris.-Lut. 1619. Fouet, Buon, Cramoisy. 1 vol. in-fol.

5491.—Mémoires de la Société des Antiquaires de Normandie. 1824-1836.

Caen 1824-1838. Mancel, Hardel. 10 v. in-8°. Atlas.

5492.—Rollo Northmanno-Britannicus. Auctore V. N. *Roberto* DENYALDO.

Rothomagi 1660. J. Le Boullenger. 1 vol. in-fol.

5493.—L'histoire et cronique de Normendie. Revuë et augmentée outre les precedentes impressions : finissant au Roy tres chrestien Henry troisième de ce nom, Roy de France, et de Polongne à present regnant. (Par LE MESGISSIER).

Rouen 1578. Lé Mesgissier. 1 vol. in-8°.

A la suite :

Description du pays et duché de Normendie, appellée anciennement Neustrie, de son origine, et des limittes d'iceluy. Extrait de la cronique de Normendie, non encore imprimée, faicte par feu Maistre *Jean* NAGEREL.

Rouen 1578. Le Mesgissier. 1 vol. in-8°.

5494.—Histoire generale de la Normandie. Contenant les choses memorables advenuës depuis les premieres courses des Normands payens., tant en France qu'aux autres pays, de ceux qui s'emparerent du pays de Neustrie sous Charles le Simple. Avec l'histoire de leurs Ducs, leur genealogie, et leurs conquestes, tant en France, Italie, Angleterre, qu'en Orient, jusques à la reünion de la Normandie à la couronne de France. Par M. *Gabriel* DU MOULIN.

Rouen 1631. J. Osmont. 1 vol. in-fol.

3495.—Abbregé de l'histoire de Normandie. (Par EUSTACHE, Sieur D'ANNEVILLE).

Rouen 1665. Jacq et Jean Lucas. 1 vol. in-8⁰.

3496.—Histoire sommaire de Normandie. Par le S.ʳ DE MASSEVILLE.

Rouen 1698-1704. Ferrand et Maurry. 6 vol. in-12.

3497.—Les beautez de la Normandie, ou l'origine de la ville de Rouen. Contenant tout ce qui est de plus ancien et de plus considérable dans ladite ville, et dans toutes les autres de la province, etc. Par *Jean* OURSEL.

Rouen 1700. V.ᵉ Oursel. 1 vol. in-12.

3498.—Essai sur l'histoire de Normandie, depuis l'établissement du premier duc Rollon ou Robert I, jusqu'à la bataille d'Hasting inclusivement. Précédé d'un discours préliminaire sur les exploits des anciens Normands avant Rollon. Par un Page du Roi. (TOUSTAINT DE RICHEBOURG).

Amsterdam 1766. Markus et Arkstée. 1 vol. in-12.

3499.—Résumé de l'histoire du duché de Normandie, par *Léon* THIESSÉ.

Paris 1825. Lecointe et Durey. 1 vol. in-18.

** — Chronique des ducs de Normandie. N.º 2352.

** — Le Roman du Rou et des Ducs de Normandie. — *Bell.-Lett.* 1015.

** — Histoire de la conquête d'Angleterre par les Normands. N. 2050.

** — Les conquêtes et les trophées des Normans-François. N.º 1331.

** — Consultez aussi l'histoire d'Angleterre. N.º 2009, 2052, etc.

** — Histoire du Parlement de Normandie par FLOQUÊT. N.º 3116.

3500.—Etudes sur la condition de la classe agricole et l'état de l'agriculture en Normandie, au moyen-âge ; par *Léopold* DELISLE.

Evreux 1851. Hérissey. 1 vol. in-8⁰.

3501.—Neustria pia, seu de omnibus et singulis abbatiis, et prioratibus totius Normaniæ ; quibus extruendis, fundandis, dotandisque, pietas Neustriaca magnificentissime eluxit, et commendatur. Deque sanctarum illarum domorum, rectoribus, privilegiis, et aliis ad ipsas quoquomodo spectantibus. Auctore R. Patre *Arturo* DU MONSTIER.

Rothomagi 1663. J. Berthelin. 1 vol. in-fol.

3502. — La Normandie chrestienne, ou l'histoire des archevesques de Rouen qui sont au catalogue des Saints. Contenant une agréable diversité des antiquitez de Roüen non encor veuës, et plusieurs autres recherches curieuses. Avec un ample discours du privilege de sainct Romain, et de plusieurs choses remarquables qui se sont passées dans la pratique de ses ceremonies. (Par *François* FAZIN). *R/*
> Rouen 1659. L. Du Mesnil. 1 vol. in-4°.

3503. — Histoire politique et religieuse de l'église métropolitaine et du diocèse de Rouen, par L. FALLUE.
> Rouen 1850-1851. Lebrument. 4 vol. in-8°. Fig.

3504. — Chronologie historiale des archevesques de Rouen. Par feu Maistre *Jean* DADRÉ. Livre posthume.
> Rouen 1618. Crevel. 1 vol. in-8°.

3505. — Histoire des Archevesques de Roüen; dans laquelle il est traité de leur vie et de leur mort, de leurs differens emplois, des affaires qu'ils ont negotiées avant et depuis leur promotion. Avec plusieurs lettres des Papes, des Roys de France, des Ducs de Normandie, et des Roys d'Angleterre, et diverses particularitez qui regardent l'estat de la religion catholique durant leur administration. Le tout recueilly de plusieurs livres, tant imprimés que manuscrits, et des archives et registres de l'eglise cathedrale, des abbayes et autres lieux de la province de Normandie. Par un Religieux Benedictin de la congregation de S. Maur. (*François* POMMERAYE).
> Rouen 1667. Laurens Maurry. 1 vol. in-fol.

3506. — Pièces pour le débat entre Mgr. le Cardinal de Joyeuse, archevêque de Rouen, et le chapitre.
> 1 vol. in-8°. — Contenant :

1. — De l'authorité des chapitres, où sont confutées plusieurs responses aux moyens de nullitez, proposez par le chapitre de l'église métropolitaine de Roüen, contre les pretendus statuts de Monseigneur le Cardinal de Joyeuse, archevesque. Par les doyen et chanoines de ladite église.
> Rouen 1610.

2. — Moyens de nullité, que proposent les doyens et chanoynes de l'église métropolitaine de Roüen. Contre les prétendus statuts à eux envoyez par Monseigneur le reverendissime Cardinal de Joyeuse, archevesque dudit lieu. 1610.

3. — Response aux moyens de nullité publiez par le chapitre de Roüen, contre les statuts de Mgr. le Cardinal de Joyeuse leur archevesque.
Paris 1610. Seb. Cramoisy.

4. — Response apologetique aux prétendus moyens de nullité, proposez par les doyen et chanoines de l'église de Roüen. Sur le restablissement de la discipline ecclésiastique.

5. — Defensio sacræ Episcoporum authoritatis contra Acephalos, et libellum ementito capituli Rothomagensis ecclesiæ nomine nuper editum. Authore *Michaele* ROGUERIO. 1610.

6. — Response au livre intitulé de l'authorité des chapitres, publié souz le nom des doyen, chanoines et chapitre de l'église de Roüen. Ensemble l'arrest donné contre ledit chapitre, au profit de Monseigneur le Cardinal de Joyeuse leur archevesque.
Paris 1610. Seb. Cramoisy.

5507. — Procès-verbal des séances de l'assemblée provinciale de la généralité de Rouen, tenue aux Cordeliers de cette ville, aux mois de novembre et décembre 1787.
Rouen 1788. P. Seyer. 1 vol. in-4º.

5508. — Procès-verbal des séances de l'assemblée administrative du département de la Seine-Inférieure, tenue à Rouen aux mois de novembre et décembre 1790.
Rouen 1791. Oursel. 1 vol. in-4º.

5509. — Rapport des travaux de la commission intermédiaire de haute Normandie, depuis le 20 décembre 1787, jusqu'au 27 juillet 1790.
Rouen 1790. Oursel. 1 vol. in-4º.

** — Voyage fait par le premier Consul dans les départements de l'Eure et de la Seine-Inférieure. N.º 2955.

5510. — Rouen, le Havre, Dieppe; promenade descriptive, historique et statistique dans ces trois villes et le pays intermédiaire. Par M. *Placide* JUSTIN. 2.e édit.
Paris 1829. A. Mesnier. 1 vol. in-18. Cart.

5511. — Rouen; précis de son histoire, son commerce, son industrie, ses manufactures, ses monumens : guide nécessaire

pour bien connaître cette capitalé de la Normandie ; suivis de notices sur Dieppe , Bolbec , le Havre , Elbeuf et les endroits les plus remarquables du département de la Seine-Inférieure. Par *Théodore* LICQUET.
Rouen 1827. Frère. 1 vol. in-12. Cart.

5512.—Recueil des antiquitez et singularitez de la ville de Rouen. Avec un progrez des choses memorables y advenues depuis sa fondation jusques à present. Par F. N. TAILLEPIED.
Rouen 1589. Le Mesgissier. 1 vol. in-8°.

5513.—Histoire de la ville de Rouen, contenant son antiquité, sa sa fondation, ses différens accroisssemens ; l'histoire abrégée de ses ducs ; ses compagnies, seś juridictions , ses différents corps, etc. (Par Fr. FARIN). Nouv. édit. augm. (par J. LE LORRAIN et J. AMIOT).
Rouen 1710. Herault. 3 vol. in-12.

5514.—Abrégé de l'histoire ecclésiastique, civile et politique de la ville de Rouen, avec son origine et ses accroissemens jusqu'à nos jours. Par M... (P. LE COQ DE VILLERAY).
Rouen 1759. Oursel. 1 vol. in-12.

** — Le siège de Rouen et du Hâvre, par CASTELNEAU. — *Panthéon litt.*

** — Discours de l'ordre tenu par les habitans de la ville de Rouen , à l'entrée du Roy. (1588). N.° 2613-1.

5515. — Discours du siege de la ville de Rouen ; au mois de novembre, mil cinq cens quatre vingts onze. Avec le pourtraict du vieil et nouveau fort. (Par *Guillaume* VALDORY).
Rouen 1592. Ric. L'Allemant. 1 vol. in-8°.

5516.—Description historique des maisons de Rouen , les plus remarquables par leur décoration extérieure et par leur ancienneté ; dans laquelle on a fait entrer les édifices civils et religieux devenus propriétés particulières. Par E. DELAQUÉRIÈRE.
Paris 1821 F. Didot. Rouen 1841 Periaux. 2 v. in-8°. Fig.

5517.—Rouen. Revue monumentale, historique et critique, par E. D. (E. DELAQUÉRIÈRE).
Rouen 1835. Brière. 1 vol. in-8.°

3518.—Notices sur les vues de Rouen, dessinées et gravées par *Jacques Bacheley*, par M. DE LA QUÉRIÈRE.
Rouen 1827. Baudry. pièce in-8°.

3519.—Notice sur l'incendie de l'église cathédrale de Rouen, du 15 septembre 1822, par l'auteur de la description historique des maisons de Rouen. (M. E. DE LA QUÉRIÈRE).
Rouen 1822. Marie. pièce in-8°.

3520.—Tombeaux de la cathédrale de Rouen, par A. DEVILLE.
Rouen 1833. Periaux. 1 vol. in-8°. Pl.

3521.—Histoire de l'abbaye royale de S. Ouen de Rouen. Divisée en cinq livres. Par un Religieux Benedictin de la congregation de S. Maur. (*François* POMMERAYE).
Rouen 1662. Lallemant et Du Mesnil. 1 vol. in-fol. Fig.
A la suite :
Histoire de l'abbaye de la tres-sainte Trinité, dite depuis de Sainte Catherine du Mont de Rouen. Par le même.
Rouen 1662. Lallemant et Du Mesnil. in-fol.
Histoire de l'abbaye de Saint Amand de Rouen. Par le même
Rouen 1662. Lallemant et Du Mesnil. in-fol.

3522.—Défense des titres et des droits de l'abbaïe de S. Ouen, contre le mémoire de M. Terrisse, abbé commandataire de S. Victor en Caux, où l'on discute plusieurs points d'histoire et de critique. Avec la réfutation de l'écrit d'un anonyme, intitulé : Défense d'un acte qui fait foi qu'un moine de S. Médard de Soissons, nommé Guernon, fabriqua de faux privilèges au nom du Saint Siège, en faveur de plusieurs églises, vers le commencement du XII.° siècle.
S. n. n. l. 1743. 1 vol. in-4°.

** — Cartularium monasterii S. Trinitatis de monte Rothomagi. N.° 2352.

3523.—Défense de l'exemption et de la jurisdiction de l'abbaye de Fescamp, pour servir de réponse à la requeste et au mémoire de M. l'Archevèque de Roüen, et de M. l'Archevèque de Carthage son coadjuteur. 1735.

Au Roy, et à nosseigneurs de son Conseil (les prieur, religieux et convent de l'abbaye de Fescamp. 1733.

S. n. n. l. n. d. 1 vol. in-fol.

5524.—Notice sur Dieppe, Arques et quelques monumens circonvoisins; par P. J. FERET.

Dieppe 1824. Marais. 1 vol. in-8°. Fig.

5525.—La ville d'Eu, par *Désiré* LE BEUF.

Eu 1844. Houdbert-Cordier. 1 vol. in-8°. Pl.

5526.—Le chateau d'Eu. Notices historiques par M. J. VATOUT.

Paris 1836. F. Malteste. 5 vol. in-8°.

** — Souvenirs des résidences royales. — Eu. N.º 2188.

5527.—Règlement du pensionnat établi dans le collége de la ville d'Eu, le 1.ᵉʳ octobre 1779, sous les auspices de S. A. S. M. le duc de Penthièvre, comte d'Eu.

Dieppe 1780. Dubuc. 1 vol. in-12.

** — Dépenses de la construction du château de Gaillon. N.º 2352.

5528.—Notice historique et descriptive sur l'église collégiale de St.-Hildevert de Gournay-en-Bray, par M. l'*Abbé* COCHET.

Rouen 1851. Péron. Pièce in-8.º

5529.—Notice historique et descriptive sur l'église prieuriale de Sigy (arrond. de Neufchatel), par M. l'*Abbé* COCHET.

Rouen 1852. Péron. Pièce in-8°.

5530.—Mémoires sur le port, la navigation, et le commerce du Havre de Grace; et sur quelques singularités de l'histoire naturelle des environs. Par M. (DU BOCAGE DE BLÉVILLE).

Au Havre 1753. Faure. 1 vol. in-8°.

5531.—Essais historiques sur la ville de Caen et son arrondissement, par M. l'*Abbé* DE LA RUE.

Caen 1820. Poisson fr. 2 vol. in-8°. Pl.

5532.—Histoire du diocèse de Bayeux. Première partie. Contenant l'histoire des Evêques. Avec celle des Saints, des Doyens, et des hommes illustres de l'église cathedrale ou du diocése. Par M. HERMANT.

Caen 1705. Doublet. 1 vol in-4°.

45.

5533.—Examen de quelques passages du mémoire de M. Mangon de Lalande, sur l'antiquité des peuples de Bayeux, par M. DE CAYROL.

Louviers 1835. Achaintre. 1 vol. in-8°.

5534.— Histoire de Lisieux (ville, diocèse et arrondissement) par M. *Louis* DU BOIS.

Lisieux 1845. Durand. 2 vol. in-8°. Plan et Pl.

5535.—Histoire pittoresque du Mont-Saint-Michel, et de Tombelène, par *Maximilien* RAOUL; orné de quatorze gravures à l'eau forte, par *Boisselat*, et suivie d'un fragment inédit sur Tombelène, extrait du roman du Brut. Transcrit et annoté par LEROUX DE LINCY.

Paris 1833. Abel Ledoux. 1 vol. in-8°. Gr.

5536.—Essai archéologique et artistique sur l'ancien monastère du Mont Saint-Michel, par M. de CLINCHAMP.

Avranches 1839. Tostain. Pièce in-8°.

** — Reddition de Carantan. (1574). N.° 2613-1.

** — La prise de la ville et château de Pont-Audemer. N.° 2648-1.

** — Description abrégée du département de l'Orne. N.° 2211.

5537.—Histoire des pays et comté du Perche et duché d'Alençon. Où est traité des anciens seigneurs de Bellesme, comtes du Perche, Alençon, Damfront, Sonnois, Sées, et Ponthieu: et des Rotrous vicomtes de Chasteaudun, et comtes de Mortagne et dudit Perche. Ensemble des princes de la maison royale, qui ont tenu lesdites provinces depuis S. Louys jusques à present. Par M. *Gilles* BRY, Sieur DE LA CLERGERY.

Paris 1620. Pierre Le Mur. 1 vol. in-4°.

Additions aux recherches d'Alençon et du Perche. Esquelles sont inserées plusieurs lettres et declarations du Roy pour Jean et René Ducs d'Alençon, et desdits Jean et René au Roy: le proces criminel fait audit René, contenant ses interrogatoire et declinatoire par luy proposé, et l'arrest de la Cour de Parlement sur ledit declinatoire et procès. Ensemble quelques tiltres servans aux fondations des abbayes de Thiron et d'Arcisses, et maison-Dieu de Nogent le Rotrou, et delivrance du comté de Biscaye et seigneurie de Laire. Le tout recueilly par *Gilles* Bay.

Paris 1621. Pierre Le Mur. in-4º.

3538. — Pièces pour l'histoire de la Normandie.

Liasse in-4º. — Contenant :

1. — Au Roy et à nosseigneurs de son Conseil commissaires députés par Sa Majesté pour examiner les titres de l'exemption de l'abbaie de Fécamp. (Requête des religieux de Fécamp. 1689).

2. — Pour M.ᵉ J. du Chevreul, antique recteur, procureur syndic de l'Université de Paris, pourvu de la prébende de Feuguerolles en l'église de Bayeux, et pour l'Université de Paris, contre MM. J. Gueroult et Ch. Bihoreau. 1657. (Droit à la prébende).

3. — Mémoire pour Fr.Ch.A. de Montbriseuil, pourvu, comme indultaire, du prieuré de Dammartin, contre Fr. C. Le Blanc, prétendant droit, les Pères Jésuites de Roüen poursuivans l'union de ce bénéfice à leur collège, M. Delespine aussi indultaire, M.ᵉ Al. Priscal vicaire perpétuel, etc. 1702.

4. — Factum pour les religieux, prieur et convent de l'abbaye de S. Pierre de Jumieges, contre M. Jean du Fay, comte de Monlevrier. 1656. (Cure et dixmes d'Yainville et de S. Nicolas du Traict).

5. — Arrêt du Parlement de Rouen, qui maintient les abbé et religieux de N. D. de Bernay en la possession de la qualité de curés primitifs de l'église paroissiale de Sainte Croix. 21 février 1718.

6. — Arrêt notable de la Cour de Rouen, qui décharge les religieux Bénédictins de Séez des condamnations prononcées contre eux par l'arrêt du 13 août 1765. (Aumones. 10 juillet 1766).

7. — Mémoire pour la dame de Conty-Hargicourt, abbesse de l'abbaye royale de Montivilliers, diocèse de Rouen, servant de réponse au mémoire imprimé fait pour les parens de quatre religieuses éloignées de ladite abbaye, par les ordres du Roi, etc. 1773.

8. — Requête pour M. le Cardinal de Luynes, abbé de Cerisy, et les prieur et religieux de cette abbaye, contre M. l'inspecteur général du domaine. 1776. (Forêt de Bar-le-Roi ou des Biards).
Paris 1776. Quillau.

9. — Consultation pour l'abbé de Monbourg, sur le prieuré de Vauville.
Paris 1782. Simon.

10. — Mémoire signifié pour M. H. L. d'Imbleval de Montalais, pourvu par le Roi de la cure de Braqueteuil, diocèse de Rouen, contre L. Lebas, prétendant droit à la même cure. 1782.
Paris 1782. Knapen.

45.*

11. — Arrêt de la Cour de Parlement de Rouen, du 26 mars 1653, en faveur des religieux Minimes, contre le curé de la paroisse de S. Vivian. (Sépultures).

12. — Factum pour les supérieure, religieuses, et convent des Ursulines d'Andely, contre Dame Charlotte de Joigny, V.ᵉ de M. H. Du Roussel. 1657. (Arrérages de rentes).

5539. — Pièces pour l'histoire de Normandie.

Liasse in-fol. — Contenant :

1. — Requeste servant de factum, pour les religieux, prieur et convent de l'abbaye du Bec. Contre Messire Roger de la Rochefoucault, abbé commandataire. 1710. (Réglement de pension).

2. — Questions à décider entre M. Roger de la Rochefoucaud, abbé commandataire de l'abbaye du Bec, et les religieux de la même abbaye. 1711. (Offices claustraux).

3. — Salvations aux contredits de production que fournissent et mettent les religieux, contre M. de la Rochefoucaud, abbé commandataire. 1710.

4. — Réplique des religieux de l'abbaye du Bec, à la réponse faite à leur factum, signifiée le 6 octobre 1710.

5. — Réponse et salvations de M. Roger de la Rochefoucaud, contre les religieux. 29 août 1710.

6. — Factum pour les religieux de l'abbaye du Bec, demandeurs en exécution d'arrest rendu au Conseil entre les parties, le 8 juin 1711.

7. — Addition au factum des religieux. 1713.

8. — Arrest du Conseil d'Etat privé du Roy, du 10 juillet 1713, entre M. Roger de la Rochefoucauld, abbé de Bec, et les religieux. Au sujet du partage des biens. (10 juillet 1713).

9. — Addition au mémoire signifié pour M. le comte de Clermont, abbé du Bec, et les religieux de la même abbaye, contre M. L. Mathon, curé de Blargies. 1732. (Dixmes).

10. — Factum pour les religieux du prieuré de Notre-Dame de Bonne-Nouvelle de Roüen. Contre M. Alex. de la Rochefoucauld, prieur commandataire dudit prieuré. 1713. (Partage).

11. — Mémoire sommaire pour les religieux, prieur et convent de l'abbaye de Jumieges, contre les abbesse et religieuses de l'abbaye de S. Jean d'Andely. 1695. (Dixmes sur le moulin de Thorel).

12. — Sommaire de l'instance à juger. Pour les religieux, prieur et convent de N. D. de Lire, contre M. le duc de Bouillon. 1696. (Dixmes sur les forets de Breteuil, Merey, Bois-Petit et Pacy).

13. — Factum pour les mêmes, patrons et curés primitifs de la paroisse

S. Denis de Ducler, contre M. J. F. Enault, vicaire perpétuel, et les syndic, marguilliers et habitans de ladite paroisse.

14. — Mémoire pour servir au jugement d'un procès. Pour B. Ch. Nepveu, prieur du prieuré de N. D. de Beu-la-Vieville, et les religieux, prieur et convent de l'abbaye de Jumiege, contre M. Ch. Hurault de l'Hospital, seigneur de Beu-le-Chastel. 1700. (Exempt. de vasselage).

15. — Factum pour les religieux de l'abbaye de Jumiéges, et leurs pourvus aux bénéfices de ladite abbaye, pendant la vacance du siège abbatial, contre M. l'Archevêque de Rouen.

16. — Réponse pour les prieur et chanoines réguliers de l'abbaye de la ville d'Eu, au mémoire signifié par M. M. de Canillac de Monboissier, abbé commandataire de l'abbaye royale de N.D.de la ville d'Eu.1722.

17. — Factum pour les religieux, prieur et convent de S. Etienne de Caën, tant en leur nom que comme prenant le fait et cause de M. G. Dupont, curé de S. Philbert, contre J. de Vassy, seigneur de Forest, et M. Fr. de Benjamin, prétendant à la même cure.

18. — Factum pour les religieux, prieur et convent de l'abbaye N. D. de Lonlay, contre M. L. Berryer, abbé commandataire, et contre M. d'Albret, abbé commandataire d'Espernon, et du Tronchet, ci-devant abbé. 1679. (Question de lieux).

19. — Factum pour les abbez, prieurs, religieux, convents, et autres bénéficiers réguliers, faisans et composans le clergé régulier du diocèse de Séez, contre M. N. Savary, évèque de Séez. 1695. (Si un évêque peut nommer de son autorité privée un député régulier aux décimes).

20. — Mémoire signifié pour les syndic et habitans de la paroisse du Mage, contre M. G. Simon, curé gros décimateur.

21. — Factum du procès pendant entre M. J. Souvré, abbé commandataire de l'abbaye du Mont S. Michel, et les religieux appelans comme d'abus du statut synodal du 2 mai 1647, de M. l'Evesque d'Avranches, par lequel il déclare nulles les confessions faites aux religieux de ladite abbaye et aux capucins d'Avranches.

22. — Arrest du Conseil d'Etat rétablissant J. d'Estrades en possession des biens ci-devant possédés par l'ordre de S. Lazare et dépendans du prieuré de S. Thomas-le-Martyr, au mont des Malades près Rouen. 23 janvier 1699.

23. — Factum pour les religieux de l'abbaye de S. Michel du Tréport, contre M. le duc du Maine, 1701. (Fief de Limemart).

Orléanais.

5540.—Histoire et antiquitez de la ville et duché d'Orléans, avec les vies des Roys, Ducs, Comtes, Vicomtes, Gouverneurs, Baillifs, Lieutenans generaux, Prevosts, Maires, Eschevins, et autres Officiers, erection de l'Université, etc. Plus les genealogies des nobles, illustres, et doctes Orleanois, etc.— Ensemble le tome ecclesiastique contenant la fondation et nombres des églises et monasteres, histoires et vies des Evesques d'Orléans. Par Maistre *François* LE MAIRE. 2.ᵉ édit.

Orléans 1648. Maria Paris. 2 en 1 vol. in-fol.

3541.— Extrait de l'Indicateur Orléanais.

Orléans 1827. Rouzeau Montaut. 1 vol. in-12. Cart.

3542.—Histoire architecturale de la ville d'Orléans, par M. DE BUZONNIÈRE.

Paris 1849. V. Didron. 2 vol. in-8°.

3543.—Annales ecclesiæ Aurelianensis sæculis et libris sexdecim. Addito tractatu accuratissimo de veritate translationis corporis S. Benedicti ex Italia in Gallias ad monasterium Floriacense diœcesis Aurelianensis. Auctore *Carolo* SAUSSEYO.

Parisiis 1615. Drouart. 1 vol. in-4°.

3544.—Histoire de l'église et diocèse, ville, et université d'Orléans. Par M. *Symphorien* GUYON.

Orléans 1647. M. Paris. 1650. Borde. 2 en 1 vol. in-fol.

3545.—L'establissement de l'aumosne générale d'Orléans, avec les privileges attribuez à la dite aumosne.

Orléans 1650. G. Fremont. Pièce in-4°.

3546.—Délibérations de l'assemblée générale de la ville d'Orléans, tenue le 1 décembre 1788, concernant plusieurs objets relatifs à la convocation des Etats-généraux.

Orléans 1788. Rouzeau-Montaut. Pièce in-4°.

3547.—Mémoire sur le siège de Montargis en 1427, par M. F. DUPUIS.

Orléans 1853. A. Jacob. 1 vol. in-8°. Pl.

3548 —Parthenie, ou histoire de la tres-auguste et tres-devote eglise de Chartres; dédiée par les vieux Druides, en l'honneur de la Vierge qni enfanteroit: avec ce qui s'est passé de plus memorable, au faict de la seigneurie, tant spirituelle que temporelle, de ladicte eglise, ville, et païs chartrain. Par M.ᵉ *Sebastian* ROULLIARD de Melun.

Paris 1609. Thierry et Chevalier. 1 vol. in-8°.

5549.—Histoire de l'auguste et vénérable église de Chartres, dédiée par les anciens Druides à une Vierge qui devoit enfanter. Tirée des manuscrits et originaux de ladite église. (Par *Vincent* SABLON). Dernière édition.

Chartres 1780. Deshayes. 1 vol. in-12.

** — Monographie de la cathédrale de Chartres. N.° 2352.

** — Cartulaire de Saint-Père de Chartres.   *Ibid.*

5550.—Requeste présentée au Roi par M. l'Evesque de Chartres, à l'occasion du refus qu'ont fait Messieurs les doyen, chanoines et chapitre de son église, d'accepter l'union de certaines maladreries à l'Hotel-Dieu de Chartres, ordonnée par sa Majesté. Pour faire voir qu'ils n'ont aucuns titres constitutifs ny possession valable, pour établir leur prétenduë exemption, territoire et jurisdiction, qui ont néanmoins été le prétexte du refus qu'ils ont fait d'accepter ladite union.

Paris 1699. J. Moreau. 1 vol. in-fol.

Requeste présentée au Roi par les chanoines et chapitre de l'église cathédrale Nôtre-Dame de Chartres. Pour établir leur exemption et jurisdiction quasi-épiscopale immédiate au saint Siège, sur tous les lieux et toutes les personnes de leur dépendance, et spécialement sur leur Hôtel-Dieu. Et pour répondre en partie à la Requête que M. l'Evêque de Chartres leur a fait signifier le 11 d'août 1699.

Paris 1699. Simon Langlois. in-fol.

Condamnation par Nosseigneurs de l'Assemblée du clergé, des propositions extraites de la Requeste signifiée au nom du chapitre de Chartres à Mgr. l'Evêque de Chartres, le 15 mai 1700, en l'instance pendante au Conseil, et depuis désavoüée par le corps dudit chapitre.

S. n. n. l. n. d. (1700). in-fol.

3551.—Histoire generale des pays de Gastinois, Senonois et Hurepois. Contenant la description des antiquitez des villes, bourgs, chasteaux, abbayes, églises, et maisons nobles desdits pays, avec les genealogies des seigneurs et familles qui en despendent. Composée par feu R. P. Dom G. Morin.

Paris 1630. Chevalier. 1 vol. in-4°.

3552.—Essais historiques sur la ville d'Etampes (Seine-et-Oise), avec des planches, des notes, des pièces justificatives et une statistique historique des villes, bourgs et châteaux de l'arrondissement. Par *Maxime* de Mont-Rond.

Etampes 1836-1837. Fortin. 2 vol. in-8°.

3553.—Description historique et pittoresque du château de Chambord offert par la France à S. A. R. Mgr. le duc de Bordeaux. Dédiée aux communes par MM. Merle et Perié.

Paris 1821. P. Didot. 1 vol. in-fol.

3554.—Première visite de S. A. R. Madame à Chambord. 18 juin 1828.

Paris 1828. Trouvé et Compagnie. 1 vol. in-4°.

Ce volume dont le faux-titre porte: *Les Echos de Chambord*, contient: 1.° Rapport du comte *Adrien* de Calonne à la commission d'exécution de Chambord, en sa séance du samedi 5 juillet 1828.—2.° Notice historique sur le domaine de Chambord, présentée par l'auteur (M. de la Saussaye), le 18 juin 1828, à S. A. R. Madame la duchesse de Berri. — 3.° Les échos de Chambord. (Inscriptions et vers par MM. de Pradel, A. de Calonne et le général Fririon).

** — Les cruautés commises contre les catholiques de la ville de Vendosme par le Roy de Navarre. N.° 2648-1.

3555.—Pièces pour l'histoire de l'Orléanais.

Liasse in-fol. — Contenant :

1. — Mémoire pour le Sieur abbé de Chepy, abbé de S. Mesmin, diocèse d'Orléans, contre le sieur Muret, syndic du clergé du même diocèse. 1741. (Plainte en surtaxe).

Paris 1741. Le Mercier.

2. — A nosseigneurs du grand Conseil. (Le grand prieur de l'abbaye de S. Benoist-sur-Loire, contre le prieur commendataire de S. Benoist du Sault. 1689. (Droit de visite).

3. — Factum pour les religieux, prieur et couvent de l'abbaye de S. Be-

noist-sur-Loire , seigneurs de Villiers S. Benoist , contre les habitans de Villiers S. Benoist. (1681. Banalité des fours et moulins).

4. — Factum pour les religieux de S. Benoist-sur-Loire, et ceux du
prieuré de S. Benoist du Sault , contre M. Th. de Choisy, ci-devant
prieur dudit prieuré. (1689. Demande en réglement de juges).

5. — Factum pour les religieux, prieur et convent de S. Lomer de Blois,
contre le tuteur de Mlle de Riants. (1701. Dixmes de Reymalard).

6. — Factum pour les mêmes, contre les sieurs et damoiselle de Thissard
du Coudray. 1646. (Rente du moulin de Vaupereux).

7. — Mémoire pour les mêmes, contre la dame de Vievy. (1698. Mouvance).

8. — Factum servant de réponses à salvations pour les religieux, prieur
et convent de la Trinité de Vendôme, contre Ch. Feugray, tuteur
des enfans de M. Hotman. (1706. Moulin de Bagniaux).

9. — Mémoire pour le sieur Moreau, pourvu du prieuré de Morée, contre
le sieur Sure, dans laquelle instance est partie S. A. S. M. le comte
de Clermont pour soutenir les collations qu'il a faites du prieuré de
Morée aux sieurs Desforges et Moreau, en qualité d'abbé commendataire de Marmoutiers.
Paris 1730. Mariette.

10. — Mémoire pour les religieux de l'abbaye de S. Florentin de Bonneval,
contre J. de Mailly, seigneur de la terre du Mémillon. (1723. Droit
de pêche dans le Loir).

11. — Mémoire pour J. Terré, prieur-curé de Marchenoir et du Plessis-
d'Echelle, contre Me J. Septant, curé de la paroisse de Briou,
contre les prétendus syndic, gagiers, marguilliers et habitans du
lieu du Plessis-d'Echelle, et contre M. Al. P. de la Brosse, seigneur
de Briou et du Plessis-d'Echelle. (1740. Si l'église du Plessis-d'E-
chelle est paroisse ou annexe de la cure de Marchenoir).
Paris 1740. Knapen.

12. — Mémoire servant de réplique au factum du Sr de Lommoye, pour
les religieux, prieur et convent de l'abbaye de N. D. de Coulombs,
contre M. R. de Buc-Richard, seigneur de Lommoye. 1701. (Champart de Lommoye et fief du Geriel).

13. — Factum pour les mêmes, contre le même 1701.

14. — Factum pour dame A. de Bullion, abbesse, et les religieuses de
l'abbaye royale de S. Corentin, contre M. de Lesseville, seigneur
de la terre de Rosey, et M. G. Robert, seigneur de la terre de Sep-
teuil. (Usurpation de domaine).

15. — A nosseigneurs de Parlement. (Les religieux, prieur et convent de

l'abbaye de la Sainte-Trinité de Tiron, contre M. Castel de Saint Pierre, abbé. Demande en partage).

16. — Mémoire sommaire pour les mêmes, contre S. Boismorel et L. Bezard. 1695. (Dixmes de Confranseul et Boisallé).

17. — Pour les mêmes, contre M. P. Le Fort, curé de Bouffry, et M. F. Renouard, archidiacre et chanoine d'Orléans. (Dixmes de Fouteaux).

18. — Mémoire pour Dom Julien Lemoine, pourvu du prieuré de Sainte Marie-Magdelaine de Davron, diocèse de Chartres, contre les RR. PP. Jésuites du collège de Louis-le-Grand de Paris (qui préten-daient l'union à leur collège).
    Paris 1760. Knapen.

19. — Arrest de la Cour de Parlement, qui déclare vraie et authentique une charte du 12.e siècle produite par D. Boniface, titulaire du prieuré de la Brosse, membre dépendant de l'abbaye de Josaphat lès-Chartres, contre laquelle S. Desfeux, curé de la paroisse de Neauflette, s'étoit inscrit en faux, etc. 1715.

20. — Mémoire pour les religieux, prieur et convent de l'abbaye de S. Père en Vallée de Chartres, contre R. et Ch. Hallot. (1710. Seigneuries de Juziers et Fontenay).

Picardie.

5556. — Carte de la Picardie divisée en ses différentes juridic-dictions, dressée sur plusieurs observations géométriques et assujettie à celle de M.rs de l'Académie des sciences. Par M. DE VAUCHELLE.
    Amiens 1778. Agnes. 1 feuille.

5557. — Carte routière des provinces de la Flandre, de l'Artois et de la Picardie, divisée en trois départemens, subdi-visée en leurs arrondissemens communaux et compre-nant les chefs-lieux de préfectures, de sous-préfectures et de cantons, ainsi que l'indication des relais de poste et des distances qui les séparent exprimées en postes de de 2 lieues chacune de 28 1/2 au degré, par HÉRISSON.
    Paris 1836. Jean. 1 feuille.

5558. — Carte historique et ecclésiastique de la Picardie et de l'Artois, publiée sous les auspices de MM. le M.is de Cler-mont-Tonnerre, membre du conseil général de la Somme; le C.te d'Allonville, conseiller d'Etat, ancien préfet de la

Somme, le B.ᵒⁿ de Hauteclocque, ancien maire d'Arras, sous la direction de M. P. Roger. (Dessinée par *Emm. Woillez*, gravée par *Lacoste* et *Porret*).

Paris (1843). Schneider et Lengrand. 1 feuille in-fol.

** — Voyages pittoresques et romantiques dans l'ancienne France. — Picardie. N.º 2170.

3559.—Avis aux naturalistes et aux antiquaires de la province de Picardie. (Par Dom Grenier). (1).

Paris 1767. Valleyre. Pièce in-4º.

Prospectus de la notice historique de Picardie. (Par Dom Grenier).

Paris 1786. Pierres. Pièce in-4º.

3560.—Pouillé des manuscrits, composant la collection de Dom Grenier, sur la Picardie, à la bibliothèque du Roi, par *Ch.* Dufour. (2).

Amiens 1839. Ledien fils. 1 vol. in-8º.

3561.—Notices et extraits des documents manuscrits conservés dans les dépôts publics de Paris, et relatifs à l'histoire de la Picardie, par M. H. Cocheris.

Amiens 1854. Duval et Herment. 1 vol. in-8º. Tom. I.ᵉʳ

** — Essai bibliographique sur la Picardie. — Voyez n.º 3376 tom. x.

3562.—Almanach historique et géographique de la Picardie pour l'année 1753-1754-1755-1756-1757-1758-1759-1760-1761-1762-1763-1764-1765-1766-1767-1768-1769-1770-1771-1773-1776-1777-1778-1779-1780-1781-1782-1783-1784-1785-1786-1787-1788-1789-1790.

Amiens 1753-1790. V.ᵉ Godart et J.B. Caron. 30 v. in-32.

L'almanach n'a point paru en 1772, ni en 1774, ni en 1775, comme on le voit par les avertissements de 1773 et de 1776. — La publication en a été commencée par le P. Daire; il a été imprimé de 1753 à 1787 chez la V.ᵉ Godart, et chez J. B. Caron à partir de 1788.

(1) Grenier (*Pierre-Nicolas*), né à Corbie le 10 novembre 1725, mort à Paris le 2 mai 1789.

(2) Dufour (*Charles-François-Marie-Médard*), né à Amiens le 2 février 1816.

5563.—Almanach historique et géographique contenant les particularités les plus intéressantes et les noms des personnes qui composent l'état ecclésiastique, militaire et civil, des villes des élections d'Abbeville, Saint-Quentin, Péronne, Mondidier, et du pays conquis et reconquis. Année 1754.

> **Amiens 1754. V.ᵉ Godart. 1 vol. in-18.**
>
> C'est la 2.ᵉ partie de l'almanach de 1754.

5564.—Essai sur l'histoire générale de Picardie, les mœurs, les usages, le commerce et l'esprit de ses habitans, jusqu'au règne de Louis XIV. (Par DEVÉRITÉ). (1).

> **Abbeville 1770. Devérité. 2 vol. in-12.**

5565.—Supplément à l'essai sur l'histoire de Picardie, les mœurs, les usages, le commerce, et l'esprit de ses habitants. (Par DEVÉRITÉ).

> **Londres-Abbeville 1774. V.ᵉ Devérité. 1 vol. in-12.**

5566.—Résumé de l'histoire de Picardie, (Somme, Oise, Aisne, et partie du Pas-de-Calais). Par P. LAMI.

> **Paris 1825. Lecointe et Durey. 1 vol. in-18.**

5567.—Archives historiques et ecclésiastiques de la Picardie et de l'Artois, publiées par P. ROGER.

> **Amiens 1842. Duval et Herment. 2 vol. in-8º. Pl.**

5568.—Essai sur l'origine des villes de Picardie, précédé de recherches historiques sur le nom et l'étendue successive de cette ancienne province, par L. A. LABOURT.

> **Amiens 1840. Alfr. Caron. 1 vol. in-8º.**

5569 —Chorographie de l'ancienne Picardie.—Mélanges archéologiques. (Par J. B. A. LEDIEU). (2).

> **Amiens 1832. R. Machart. 1 vol. in-4.º**
>
> L'ouvrage se compose de quatre notices ou livraisons.

5570.—Eglises, châteaux, beffrois et hôtels-de-ville, les plus remarquables de la Picardie et de l'Artois. Texte par MM.

---

(1) DEVÉRITÉ (*Louis-Alexandre*), né à Abbeville le 26 novembre 1743, y mourut le 31 mai 1818.

(1) LEDIEU (*Jean-Baptiste-Alexandre*), né à Amiens le 26 juillet 1774, y mourut le 12 août 1842.

H. Dusevel, A. Goze (1), De la Fons baron de Mélicocq, M. A. *Gabriel* Rembault (2). Dessins de MM. *Duthoit, Letellier, Hugot, Lebel, Beaudouin, Pinsard, Alfred Graux, etc.*

Amiens 1846-1849. Alfred Caron. 2 vol. in-8°. Pl.

Cet ouvrage se compose de 30 notices avec des paginations particulières, qui ont été publiées séparément et réunies ensuite sous ce titre commun, par une introduction et une table.

3571.—Tableau historique des sciences, des belles-lettres, et des arts, dans la province de Picardie, depuis le commencement de la monarchie, jusqu'en 1752. Par le P. Daire. (3).

Paris 1768. Hérissant. 1 vol. in-12.

3572.—Monumens inédits de l'histoire de France. 1400-1600. Mémoires originaux concernant principalement les villes d'Amiens, de Beauvais, de Clermont (Oise), de Compiègne, de Crépy, de Noyon, de Senlis et leurs environs, publiés pour la première fois, d'après les manuscrits, par *Adhelm* Bernier.

Senlis 1835. Regnier. 1 vol. in-8°.

3573.—Bibliothèque picarde. — La Bête canteraine, légende picarde. Par M. A. Labourt.

Amiens (1854). Alfred Caron. 1 vol. in-8°. Pl.

3574.— Archives de Picardie. (Histoire, Littérature et Beaux-arts). (Recueil publié par MM. H. Dusevel et De la Fons de Mélicocq).

Amiens 1841. Yvert. 1842. Caron-Vitet. 2 v. in-8°. Fig.

3575.—Bibliothèque historique, monumentale, ecclésiastique et littéraire de la Picardie et de l'Artois, publiée par M. P. Roger, avec la collaboration de M. le C.te d'Allonville, de M. le B.on de Hauteclocque et de M. H. Dusevel.

Amiens 1844. Duval et Herment. 1 vol. in-8°.

---

(1) Goze (*Antoine-Michel*), né à Amiens le 9 prairial an XIII. (29 mai 1805).

(2) Rembault (*Marie-André-Gabriel*), né à Amiens le 7 novembre 1817.

(3) Daire (*Louis-François*), né à Amiens le 6 juillet 1713, mourut à Chartres le 18 mars 1792.

5576.—Mémoires de la Société des Antiquaires de Picardie.

Amiens 1838-1854. 13 vol. in-8°. Pl. lith. et grav.

La Société, lors de sa création par arrêté du Ministre de l'intérieur du 9 avril 1836, prit le titre de *Société d'Archéologie du département de la Somme*, qu'elle remplaça, avec l'autorisation du Ministre de l'instruction publique du 5 février 1839, par celui de *Société des Antiquaires de Picardie*. — Le premier volume des mémoires parut seul sous le titre de *Mémoires de la Société d'Archéologie du département de la Somme*. — Les deux premiers volumes furent imprimés chez Ledien fils. 1838-1839.—Les deux autres 1840-1841, chez Alfred Caron; les suivants, 1842-1854, chez Duval et Herment. — Le supplément au tom. IV a été publié sur format un peu plus grand; il est ici relié avec le 4.e volume.

5577.— Bulletin de la Société des Antiquaires de Picardie.

Amiens 1844-1855. Duval et Herment. 5 vol. in-8°. Pl.

5578.—Mémoires de la Société des Antiquaires de Picardie. Documents inédits concernant la province.

Amiens 1845-1856. Duval et Herment. 4 vol. in-4°.

Cette collection comprend: 1.° Coutumes locales du bailliage d'Amiens, rédigées en 1507, publiées par M. Bouthors. — 2.° Introduction à l'histoire générale de la Picardie, par Dom Grenier.— 3.° Recherches historiques et critiques sur les anciens comtes de Beaumont-sur-Oise, par L. Douet-d'Arcq.

5579.— Hypothèses étymologiques sur les noms de lieux de Picardie; par l'*Abbé Jules* Corblet. (1).

St.-Germain-en-Laye 1851. Beau. 1 vol. in-8°.

5580.—Des dictons historiques et populaires de Picardie, par l'*Abbé Jules* Corblet. Mémoire lu à la séance publique de la Société des Antiquaires de Picardie, le 18 août 1850.

Amiens 1850. Alfred Caron. 1 vol. in-8°.

5581.—Mémoire sur la question suivante, proposée par l'Académie des sciences, agriculture, commerce, belles-lettres et arts du département de la Somme, pour sujet de l'un des prix qu'elle devoit distribuer dans sa séance publique du 16 août 1809. — « Donner la description des voies

---

(1) Corblet (*Achille-Louis-Jules*), né à Roye le 16 juin 1819.

romaines, vulgairement appelées *Chaussées Brunehaut*, qui traversent la Picardie, et particulièrement de celle qu'Agrippa conduisit depuis Lyon jusqu'à Boulogne, et qui passe par Soissons, Noyon et Amiens, etc. Indiquer leurs anciennes directions, les changemens qui y ont été faits, leur proximité ou leur éloignement de quelques-uns des *Camps de César*; leur largeur et leur épaisseur; si elles sont formées de différens lits de pierre, de caillou, de sable, d'aréne, etc.; les comparer avec nos routes modernes sous le rapport de la solidité, des frais de construction et d'entretien.» Par L. A. J. *Gregoire* d'Essigny (1).

S. n. n. l. n. d. 1 vol. in-8°.

Cet ouvrage qui obtient une mention honorable se trouve à la suite du mémoire sur la langue picarde du même auteur.

Voyez *Belles-Lettres* n.° 620.

5582.—Procès-verbal de l'assemblée provinciale de Picardie, tenue à Amiens au mois d'août 1787.

Amiens 1787. J. B. Caron. 1 vol. in-4°.

5583.—Procès-verbal des séances de l'assemblée provinciale de Picardie, tenue à Amiens en novembre et décemb. 1787.

Amiens 1788. J. B. Caron. 1 vol. in-4°.

5584.—Mémoire sur la Picardie, contenant les doléances de la généralité d'Amiens, divisé en 11 parties, suivi d'un état des capitaux de rentes perpétuelles dûes par le Roi, et qui se payent à l'hôtel-de-ville de Paris; d'un mémoire sur la formation du conseil du Roi; d'un mémoire sur la formation de pays d'Etat; d'un mémoire sur la justice; d'une analyse relative au domaine réel; d'un tableau de l'impôt territorial calculé, etc.; d'un tableau de l'impôt à supporter par tous les propriétaires de maisons, etc.; d'un mémoire sur la nécessité de rendre un compte annuel, et de la forme dans laquelle il doit être rendu; d'un

---

(1) *Grégoire* d'Essigny (*Louis-Antoine-Joseph*), né à Roye le 30 novembre 1787, est mort le 23 juillet 1822.

mémoire sur la ferme du tabac; enfin, d'un mémoire de la dépense de la nouvelle administration. Par M. S.*** (TARTAS) de Romainville.

Au Cap de Bonne-Espérance 1789. Aux dépens de la Société philantropique.

(Amiens 1789. Caron l'aîné). 1 vol. in-4°.

3585.—Notice sur les anciennes corporations d'archers, d'arbalétriers, de couleuvriniers et d'arquebusiers des villes de Picardie, par A.ᵗᵉ JANVIER.

Amiens 1855. Duval et Herment. 1 vol. in-8°. Pl.

3586.—Instruction générale pour les intéressés au canal de Picardie.

Edit du Roy, portant permission de faire une navigation en Picardie par les rivières de Somme et d'Oise; et canal de communication desdites deux rivières. Donné à Fontainebleau au mois de septembre 1724. Registré au Parlement le 7 septembre 1725. — Arrest du Conseil d'Etat du Roy, qui nomme les commissaires pour l'exécution de l'Edit. — Id. qui nomme les ingénieurs. (27 déc. 1727).

Paris 1728. Simon. 1 vol. in-4°.

3587.—Mémoire sur un objet intéressant pour la province de Picardie: ou projet d'un canal et d'un port sur ses côtes, avec un parallèle du commerce et de l'activité des François, avec celle des Hollandois. (Par S. N. H. LINGUET).

Amsterdam-Abbeville 1764. De Vérité. 1 vol. in-8°.

3588.—Canaux navigables, ou développement des avantages qui résulteraient de l'exécution de plusieurs projets en ce genre pour la Picardie, l'Artois, la Bourgogne, la Champagne, la Bretagne, et toute la France en général. Avec l'examen de quelques unes des raisons qui s'y opposent, etc. Par S. N. H. LINGUET.

Amsterdam-Paris 1769. L. Cellot. 1 vol. in-12.

** — Mémoire sur le canal de Picardie, par CONDORCET. — OEuv. XI.

3589.—Lettre du S.ʳ ...., ancien négociant d'Amiens, à M. le Comte d'Agay, intendant de Picardie. (Au sujet des travaux ordonnés pour améliorer la navigation de la rivière de Somme, depuis son embouchure jusqu'à Amiens). (Par MM. DURAND et JANVIER).

Amiens 1785. 1 vol. in-12,

5590.—Navigation intérieure de la République. Communications par eau, de la mer à Paris, par Amiens et Beauvais ; de la mer aux départemens du Nord et de l'Est, par Amiens et S. Quentin.—Observations des commerçans de la commune d'Amiens, sur les moyens de donner la plus grande extension au commerce intérieur et extérieur de la République, par l'amélioration de la navigation de la Somme, et par sa jonction aux rivières qui lui sont adjacentes ; suivies du projet d'un canal de la mer à Paris, par Amiens et Beauvais, au moyen de la jonction des rivières de Selle et du Terrein, confluentes aux rivières de Somme et d'Oise ; par le citoyen ADVYNÉ

Amiens (1796). Patin. 1 vol. in-4°. Pl.

5591.—Notes sur les canaux de Picardie, relatives à différens projets de jonction des rivières du nord de la France avec celles de l'intérieur. (Par BOSQUILLON DE FRESCHEVILLE).

Paris an X. Delance et Lesueur. 1 vol. in-4°.

5592.—Les côtes françaises de la Manche. Par *Florentin* LEFILS.

Paris 1854. Ad. Delcambre. 1 vol. in-4°. Pl.

5595.—Annnoncès, affiches et avis divers de Picardie, Artois, Soissonnois et Pays-Bas François.

Amiens 1770-1797. Godart et Caren. 23 vol. in-4°.

Ce journal qu'un prospectus annonçait en 1768, commença de paraître le 6 janvier 1770. En 1778 on retrancha du titre les mots *Pays-Bas François*, et le 6 décembre 1788, le mot *Artois*. Le titre demeura : *Annonces et avis divers de Picardie et Soissonnois*, jusqu'au 17 juillet 1790; alors il fut changé en celui de : *Affiches du département de la Somme*, qu'il conservait encore en 1797. — Ce journal hebdomadaire, format petit in-4.°, fut imprimé d'abord par Godard, et à partir du 4 août 1777 par J. B. Caron. — Notre collection incomplète commence au 30 mars 1770, n.° 49, et s'arrête au 20 novembre 1797.

46.

3594.—Pièces pour l'histoire de Picardie.

Liasse in-fol. — Contenant :

1. — Ordonnance du Roy portant réglement pour les troupes qui seront en quartier d'hyver ès frontières de Picardie, Isle de France, Champagne et Eveschez. 10 nov. 1654.

2. — Arrest du Conseil d'Estat du Roy, portant qu'il sera imposé sur la généralité d'Amiens au marc la livre de la taille de l'année 1731, la somme de 200,159 liv. 15 s. 11 d. pour subvenir tant à la dépense des troupes pendant le quartier d'hyver de 1730 à 1731, et au logement desdites troupes, que pour la solde des soldats de milice, les frais d'assemblée et l'entretien des cadets, qu'autres dépenses, pour raison de ce pendant ladite année 1731. Du 5 septembre 1730.

3. — Déclaration du Roy pour les mouvemens de troupes. 1715.

4. — Arrêté de E. Maynon d'Invau, intendant de Picardie, pour la levée des milices de septembre 1758.

5. — Instruction pour les subdélégués de l'intendance de Picardie, relativement aux opérations des recrues. 1764-1765.

6. — Extrait de l'ordonnance du Roi, du 1 décembre 1774, concernant les régimens provinciaux, (et arrêtés de M. d'Agay, intendant de Picardie pour 1775 et 1777.

7. — Commission de l'impôt du sel, dans la généralité d'Amiens, pour les années 1781-1782-1783-1784-1786.

8. — Instruction pour les commis des vivres sur les réceptions et envoys de grains et farines. (Signée de Bernage, intendant de Picardie, et Laborde, garde magasin de Boulogne).

9. — Mémoire pour le clergé séculier et régulier de la province de Picardie et pour le corps de la noblesse de la même province. — Addition au premier mémoire. — Abrégé des trois mémoires présentez au Conseil du Roy par le clergé et la noblesse de Picardie. (Au sujet des réparations ou constructions des nefs des églises et des presbytères de la campagne.)

10. — Arrest du Conseil d'Estat du Roy par lequel Sa Majesté ordonne l'exécution des arrêts du Conseil cy-devant rendus les 17 juin 1717 et 17 octobre 1714, à l'occasion des fermiers et occupeurs des terres dans la généralité d'Amiens, qui jouissent sans baux, cèdent, partagent et disposent de l'exploitation desdites terres sans la participation des propriétaires, etc. (25 mars 1724).

11. — Arrest du Conseil d'Estat du Roy portant qu'il sera imposé sur la généralité d'Amiens la somme de 19,853 liv. pendant l'année 1724,

au marc la livre de la taille de ladite année , pour la dépense de la première année des pépinières royales. 30 nov. 1724.

12. — Arrêtés de M. Chauvelin, intendant de Picardie, concernant les pepinières royales. 1724. — Les plantations des routes. 1723-1729-1730. — Les ormes coupés et remplacés par les communes. 1731.

13. — Arrest du Conseil d'Estat du Roy, portant règlement pour les toiles batistes et linons, qui se fabriquent dans les provinces de Picardie, d'Artois, du Hainault, de la Flandre et du Cambrésis. 12 sept. 1729.

14. — Arrest de l'intendant de Picardie, B. Chauvelin, portant défense de vendre le blé ailleurs qu'aux marchés des villes. 1740. (Manuscrit).

15. — Arrêt du Conseil d'Etat qui rétablit la perception des droits sur les grains appartenans aux villes et à Sa Majesté dans les généralités de Flandres, Hainaut et Picardie, qui avait été suspendue par les arrêts des 21 mai et 3 juin 1775.

16. — Arrêt du Conseil d'Etat qui fixe le prix de la mouture de toutes espèces de grains, en argent, dans la province de Picardie, à raison de 8 sols du quintal poids de marc. 28 nov. 1789.

17. — Délibération, arrest du Conseil, lettres-patentes, arrest du Parlement, et de la Chambre des Comptes, et procuration, au sujet de l'emprunt de 500,000 liv. que la ville d'Amiens a fait à constitution de rente, pour employer en achapts de bleds, et d'autres grains. Du 26 sept. 1740.

18. — Mémoire pour les meusniers de la ville d'Amiens et banlieue, appellants de la sentence du S. de Bernage, intendant de Picardie, contre P. Renard, munitionnaire général des vivres de Flandres et d'Allemagne, et N. Le Sot de la Panneterie, son commis. (Droit de mouture).

19. — Arrêt (du 27 juin 1742 réglant un débat entre les tailleurs, les fripiers et les marchands de draps, relativement à la vente des étoffes et à la façon des habits).

20. — Mémoire pour les manufacturiers d'Amiens. (1695. Contre les marchands d'étoffes forains).

21. — Réplique des marchands en gros, et gros détailleurs de toutes les villes et généralités d'Amiens, à la response faite à leur requête par Philippe Serrant, fermier des aydes des généralités d'Amiens et de Soissons. (Vente de l'eau-de-vie).

22. — Factum pour L. de Gomer, châtelain de Dours, etc. prenant le fait et cause des habitans de Dours, contre les habitans de Bussy. (Pature.)

23. — Arrêt du 20 juin 1764 réglant un différend entre les communes de Dours, Vecquemont et Bussy et P. A. Vacquette de Frechancourt, seigneur de Dours et Vecquemont.

24. — Mémoire en forme de factum, pour Cl. Fr. de Mons, seigneur d'Hédicourt-Saint-Sauveur, contre M. le duc de Chaulnes. Au sujet de la qualité de seigneur du village d'Hédicourt Saint-Sauveur, et les droits honorifiques de ce village.

25. — Mémoire pour P. Dorion, meunier au village de Soues, contre A. Le Moitié, seigneur de Bichecourt. (Moulin banal).

26. — Mémoire important pour le sieur Sourdon, contre le s.ᵣ Marquis d'Esclainvillers. (Transmission d'un fief).

27. — Mémoire signifié pour L. Pingré, seigneur de Sourdon, contre les dames religieuses de l'Hostel-Dieu de la ville d'Amiens, et contre le Marquis d'Eclainvillers. (Aliénation de fief.) — Addition.

28. — Factum pour le S. Marquis d'Esclainvillers, contre le S.ᵣ Marquis de Mézière. — Addition. — Mémoire abrégé.

29. — Sommaire du procez qui est entre Messieurs les Marquis d'Hautefort et de Mézières, et Ant. Petrée, acquéreur du moulin de Diancourt. (Droit de fief. 1710).

30. — Mémoire servant de réponse au mémoire de M. d'Aguesseau, pour Fl. De Sachy, seigneur de Marcellet, Ignaucourt, Duquesnoy et autres lieux, contre M. d'Aguesseau. (Seigneurie et fief d'Ignaucourt).

31. — Arrest du Conseil d'Etat du Roy portant confirmation du droit de péage sur le pont de Metz. 8 mars 1746.

32. — Mémoire signifié pour M. P. Blin, seigneur de Bourdon, contre les syndics, manans et habitans, corps et communauté de Bourdon. (Droit sur les marais. 1743).

33. — Mémoire pour M.ᵉ la duchesse de Richelieu, princesse de Poix, contre le S.ᵣ Roussel, sieur de Belloy S. Léonard, et contre les sieurs et demoiselles Cornet, seigneurs de Warlus. 1726. (Fief de Poix, sis à Belloy).

34. — Mémoire pour Nicolas de Villers, seigneur de Rousseville et de Famechon, contre M.ᵉ la duchesse de Richelieu, dame de Poix, et encore contre le S.ᵣ de Court, seigneur d'Hallivillers. 1700. (Mouvance d'Hallivillers).

35. — Mémoire signifié pour M. A. A. Le Moictier, seigneur de Bichecourt, Hangest et autres lieux, contre les syndic, manans, habitans, corps et communauté du village d'Hangest. 1737. (Marais d'Hangest, carrières, corps de garde des gabelles).

36. — Au Roy. (Les mayeur, eschevins et habitans de Péronne demandent que la garde bourgeoise demeure sous le commandement des mayeur et eschevins. 1727).

37. — Demande de Jacques de Monceaux d'Auxy d'homologation du contrat

de vente à lui faite par Madame de Monchy d'Hocquincourt , veuve de A. de Pas, marquis de Feuquiéres etc. des terres et des seigneuries de Plainville, Sarvilliers et Broye. 1715.

38. — Arrest de la Court du Parlement de Paris en faveur de M. L. Feydeau de Vaugien , commandeur de la commanderie de S. Mauvy, contre Ch. de Biancourt, seigneur de Poitrincourt, concernant les droits honorifiques et la qualité de seigneur en partie du bourg et paroisse dudit S. Mauvy. 1700.

39. — Mémoire pour Damoiselle M. Th. M. Michault, veuve de F. Le Sergeant, les maire et échevins de la ville d'Amiens, et les mayeur, échevins et habitans de la ville d'Abbeville, contre H. Ch. de Buissy, seigneur de Long. (Tourbage. 1736).—Addition au mémoire.

40. — Mémoire pour les maire , échevins et commune de la ville et banlieue de Doullens , contre M. le Procureur général du Roi ; contre les sieurs présidens-trésoriers de France de la généralité d'Amiens. 1751. (Droit de voierie).

    Amiens 1751. V.ᵉ Godart.

41. — Mémoire pour les curez de la ville de Montreuil-sur-Mer , contre le sieur Enlart , curé de Verton, doyen rural. (Droit de visite).

42. — Mémoire précis pour les prieur et religieux de l'abbaye de S. Sauve de Montreuil-sur-Mer , contre P. Fouque , sieur de Bonval. 1740. (Bois de Vironchaux).

43. — Observations de la communauté des notaires royaux de la ville de Boulogne-sur-Mer, sur le dessin formé par le Conseil. 1.º D'assurer l'existence des minutes des notaires. 2.º De supprimer ou créer des offices de notaire, suivant les besoins de chaque canton. 3.º D'assigner aux notaires des arrondissemens fixes et certains. 1750.

5595.—Pièces pour l'histoire de la Picardie.

    1 vol. in-fol. — Contenant :

1. — Ordonnance du Roi concernant les désordres et abus qui se sont introduits dans la généralité de Picardie, surtout du côté de Roye , Péronne et S. Quentin, parmi les fermiers qui se perpétuent dans la jouissance des terres. 17 juin 1707. (Placard).

2. — Ordonnance de MM. les lieutenant général de police, maire et échevins de la ville d'Amiens. (21 oct. 1712. Irrévérences dans les églises).

3. — — 21 janvier 1723. (Respect dû à Dieu).

4. — — 12 mai 1727. (Procession générale).

5. — Mémoire justificatif de la conduite que les maire et échevins d'Amiens, ont tenue envers le sieur J. B. Morgan , l'un d'eux, et leur député à Paris, sous les conditions par lui promises et avérées, à

l'effet principalement de leur envoyer quelques professeurs qui leur manquoient pour la tenue du nouveau collège d'Amiens....

Amiens 1763. V.e Caron.

6. — Factum pour les cinq chanoines de l'ancienne église royale et collégiale de S. Leger dans l'ancien château de la ville de Péronne, tous prêtres incorporés, unis et associés dans l'église royale et collégiale de S. Furcy. Contre M. J. Choquel, soudiacre et lesdits chanoines et chapitre dudit S. Furcy. 1707. (Spoliation de leur rang).

7. — Lettre circulaire du syndic du clergé de Noyon, à Messieurs les bénéficiers et communautés du diocèse. Du 10 novembre 1728. (Concernant la déclaration de leurs biens et revenus).

8. — Réponse signifiée pour les vénérables doyen, chanoines et chapitre de S. Furcy de Péronne, contre J. Lebrethon. 1752. (Bornage de terres à Mons-en-Chaussée et Athies). — Addition de réponse.

Noyon 1754. Rocher.

9. — Mémoire pour Thomas Navier, M.d à Péronne, M. M. Hutelier, avocat,.... contre M. F. Rabache, vicaire perpétuel de la paroisse N. D. de Péronne et contre les doyen, chanoines et chapitre de l'église royale et collégiale de S. Furcy (Dixmes). — Addition.

Paris 1756. Knapen.

10. — Mémoire pour les mayeur et échevins de la ville de Péronne, contre le major de la place. (Garde bourgeoise). — Ordonnance du Roi Louis XIII, du 17 mars 1619. (Au sujet du major de la place de Péronne.) — Ordonnance de Louis XIV du 20 janvier 1661. (Même objet). — Requête au Roi pour demander que le règlement du 13 août 1721, soit suivi et que la garde bourgeoise continue de demeurer sous le commandement des mayeur et échevins.

11. — Style et usage des procédures pour le baillage de Péronne.

12. — Copie de la requête présentée le 18 septembre 1737 à Mgr. le comte de Saint Florentin. (En faveur de Laffillé, prêtre et chanoine de l'église de Péronne, condamné par le chapitre pour conduite irrégulière).

13. — Sur le mariage de M. Charles Louis Tattegrain, échevin de la ville de Péronne, et de Mademoiselle Hélène Le Grand, fille de M. le Procureur du Roi de ladite ville. (Sonnet présenté par le voisinage le 26 d'avril 1729).

14. — Au Roi. Les doyen, chanoines et chapitre de l'église royale de S. Quentin. (Contre la déclaration de septembre 1703, étendant la juridiction de l'évêque de Noyon). 1703.

15. — Mémoire. Droits réservez à M. l'Evêque de Noyon dans l'église de S. Quentin. — Droits d'exemption et de juridiction appartenant au chapitre de S. Quentin. 1675.

16. — Mémoire pour le chapitre de S. Quentin, contre M. l'Evêque de Noyon. 1675.

17. — Au Roy. Les doyen, chanoines et chapitre de l'église royale et proépiscopale de S. Quentin. (Contre l'Evêque de Noyon). 1699.

18. — Au Roy et à nosseigneurs de son Conseil. Les mêmes. 1700.

19. — Au Roy. Les maire et échevins de la ville de S. Quentin. (Contre l'extension de juridiction de l'Evêque de Noyon). 1699.

20. — Au Roy. F. de Clermont, évêque et comte de Noyon. (Contre les entreprises du chapitre de S. Quentin). 1699.

21. — Extrait signifié des moyens, servant de réfutation au mémoire du chapitre intitulé : Réponse, etc. Pour les mayeur et échevins de la ville de S. Quentin. Contre le chapitre de la même ville. 1743. (Redevance au bureau des pauvres). — Addition de mémoire signifié.— Mémoire signifié.
Paris 1742-1743. Moreau.

22. — Mémoire pour les habitans et communauté de Villeray, contre M. R. F. comte de Messey, les doyen, chanoines et chapitre de S. Quentin et M. J. H. Boquet. 1728. (Seigneurie de Villeray).

23. — Mémoire signifié pour M. A. de Chevrières, abbé commendataire de S. Eloy-Fontaine ; les doyen, chanoines et chapitre de l'église N. D. de Noyon; les prieur, religieux de l'abbaye de S. Eloy de Noyon; les correcteur et religieux Minimes du convent de Chaulny, tous gros décimateurs de la paroisse de Candor, appelans de la sentence du bailliage de Chaulny du 27 novembre 1730. Contre M. P. Cardon, curé de Candor. 1753. (Dixmes).

24. — Mémoire dans lequel M. L. C. Ducandas, chanoine de l'église de Noyon, expose les articles qu'il a dénoncé à son chapitre comme abusifs, et la conduite qu'il a tenue pour en obtenir la réforme. 1741. (Ignorance des statuts).
Paris 1761. Lamesle.

25. — Mémoire sur une question importante en matière de dixme. Pour le chapitre de l'église cathédrale de Noyon: et M. J. Mannier, curé de Magny-Guiscard, contre M. C. Poitevin de Guny. 1750.

26. — Mémoire pour le chapitre de l'église cathédrale de Noyon, le chapitre de l'église royale de S. Quentin, le chapitre de l'église royale de S. Furcy de Péronne, le chapitre de la collégiale de Néelle; les prieur et religieux de l'abbaye S. Eloy de Noyon ; les prieur et religieux de l'abbaye d'Ourcamp ; les prieur et religieux de l'abbaye du Mont S. Quentin ; les prieur et religieux de l'abbaye de S. Quentin en l'Isle ; les prieur et religieux de l'abbaye de Genlis; les dames abbesse et religieuses de l'abbaye royale de Fervaques établie à S.

Quentin; la communauté des chapelains de l'église cathédrale de Noyon, la communauté des chapelains de l'église royale de S. Quentin, la communauté des chapelains du chateau de Néelle, et autres. Contre le prétendu syndic et les députés de la chambre ecclésiastique du diocèse de Noyon. (Vexations contre les bénéficiers).
Paris 1748. P. Du Mesnil.

27. — Second mémoire servant de réponse pour les syndic et députés de la chambre ecclésiastique du diocèse de Noyon. 1748.

28. — Mémoire pour les sieurs doyen, chanoines et chapitre de l'église cathédrale de Noyon, contre les sieurs de Richonfs, Lesgnevin et Marcotte, prêtres; Saint Massens, L. C. d'Estourmel, et Vinchon, diacres; Crochet, J. C. d'Estourmel, Cordelier, et de Chilly, sous-diacres, et tous chanoines de ladite église. 1730. (Régie des biens).

29. — Extrait des registres du Conseil privé du Roy. (Arrêt du 11 juillet 1675 pour le réglement des créances de M. de Lyonne, abbé commendataire de Chaalis).

30. — Mémoire pour les abbé et religieux de S. Nicolas-au-Bois, contre le Sieur de Recour. 1715. (Seigneurie d'Anguilcour).

31. — Mémoire sommaire pour les religieux de l'abbaye de S. Germair, contre M. Angot, curé de Flavacourt. 1703. (Dixmes de Flavacourt).

32. — Factum pour les prieur et chanoines réguliers de l'abbaye de S. Quentin de Beauvais et Fr. J. Genoud, prestre, chanoine régulier commis à la desserte de la chanoinie ou prébende de l'église cathédrale de S. Pierre de ladite ville appartenante à ladite abbaye, contre les sieurs doyen et chanoines de ladite église. — Arrêt du Parlement du 26 janvier 1703, qui règle les droits des canonicats et prébendes de l'église cathédrale de Beauvais, appartenant à l'abbaye de S. Quentin et aux églises collégiales de S. Michel, de S. Barthélemy, et de S. Nicolas.

33. — Arrêt du 30 avril 1718, en faveur du chapitre de Beauvais, sur les terrages d'Haudivillers.

34. — Arrêt du 27 juin 1721, pour les terrages de Velennes et d'Orouer.

35. — Mémoire pour M. P. de Lionne, abbé commendataire de l'abbaye de N. D. de Chaalis, contre les doyen, chanoines et chapitre de l'église S. Pierre de Gerberoy. 1712. (Redevance sur les fermes de Laby-Rotangis). — Addition de mémoire.

36. — Mémoire signifié pour E. Cousin, laboureur, les religieux de l'abbaye de S. Jean de Laon, l'abbé et les chanoines réguliers de Prémontrez, et les habitans de Cessières, contre J. de Laleu, seigneur de Cessières. 1726. (Dommages causés par les garennes de Cessières).

37. — Requête de la paroisse de Plomion. (Question forestière. 1760).

38. — Mémoire signifié pour les maire, syndic et habitans du comté d'A-
nisy, prenant le fait et cause de Mathieu Desmont, contre M. E.
J. de la Fare, évêque de Laon. 1758. (Droit de lods et vente). —
Mémoire sur les questions qui doivent être jugées *consultis classibus.*
(Pour les mêmes). — Réplique signifiée au second mémoire, pour
M. de la Fare, contre les maire, syndic et habitans du comté
d'Anisy. — Mémoire signifié pour le même. 1739.

39. — Requeste de contredits de M. Cl. de Bourlon, abbé régulier et curé
de S. Leger de Soissons, contre M. F. Brulard de Sillery, évêque
de Soissons, et les paroissiens de S. Leger audit Soissons. 1698.
(Droit à la cure de S. Leger).

40. — Factum pour les religieux, prieur et convent de l'abbaye de S. Médard de Soissons, contre M. Leguay, veuve de N. Murguet, jardi-
dinier. (1683. Moulin sur le ru de Crouy).

41. — Requeste pour M. J. Lions, curé de Morianval, contre les dames
religieuses de Morianval. 1737. (Droits curiaux).

42. — Mémoire pour les Bénédictins de S. Médard de Soissons, contre M.
le prince de Carignan. (1711. Mouvance du fief des Boulets).

43. — Mémoire pour les mêmes, contre M. J. Hebert, lieutenant-général
de la police de la ville de Soissons. (1740. Seigneurie de Crouy).

44. — Mémoire pour les dames abbesse et religieuses de l'abbaye royale du
Val-de-Grace à Paris, à laquelle est unie la mense abbatiale de
l'abbaye royale de S. Corneil de Compiègne; et les prieur, religieux
et convent de la même abbaye de S. Corneil, contre M. l'Evêque de
Soissons. (1725. Juridiction spirituelle).—Etat des pièces remises au
greffe de la commission du conseil, établie par l'arrêt du 19 août 1723.
Paris 1725. Vᵉ. Garnier.

45. — Mémoire pour M. l'Evesque de Soissons, contre les dames abbesse
et religieuses de l'abbaye royale du Val-de-Grace, et les RR. PP.
prieur et religieux Bénédictins de l'abbaye de S. Corneil de Compiègne, pour servir de réponse aux bulles, chartes, et titres produits
par les RR. PP. Bénédictins, dans la cause pendante. 1725.

46. — Mémoire pour les dames abbesse et religieuses de l'abbaye du Val-
de-Grace, et les prieur, religieux et convent de l'abbaye de S. Corneille
de Compiègne, contre M. l'Evêque de Soissons, pour servir de réponse à son mémoire. 1726.

47. — Mémoire pour les mêmes, pour servir de réponse au second mémoire de M. de Soissons. 1727.

3596.—Pièces pour l'histoire de Picardie.
Liasse in-fol. — Contenant :

1. — Mémoire pour M. Menjot, prieur-curé primitif de d'Avenecourt et

du Chaussoy, contre le seigneur du Chaussoy, et contre le vicaire perpétuel de d'Avenecourt. (1705. Dixmes).

2. — Mémoire servant de factum pour le même, contre les mêmes.

3. — Mémoire pour les dames abbesse et religieuses de la maison royale de Berthaucourt, contre le s.ᵣ de Raucourt et la damoiselle Fleury, veuve Taleman. (1710. Collocation).

4. — Arrêt de la Cour de Parlement confirmant les droits de haute, moyenne et basse justice du prieuré de Boves. 12 avril 1661.

5. — Mémoire sommaire pour M. Ch. Moreau, prieur de S. Ausbert de Boves, contre M. de Turmenies. (1715. Droit de chasse).

6. — Mémoire pour M. J. de Turmenyes, contre M. Moreau.

7. — Mémoire pour M. Ch. Moreau, contre M. J. de Turmenies.

8. — Factum pour le même, contre les dames abbesse et religieuses du Paraclet. (1730. Rente de blé).

9. — Décret de l'Evêque d'Amiens, supprimant la congrégation des Célestins d'Amiens. (5 fév. 1781.)

Paris 1783. Lambert et Baudouin.

10. — 1.ᵉʳ, 2.ᵉ, 3.ᵉ mémoire pour M. l'abbé Bauldry, contre M. J. Le Sure, dévolutaire du prieuré de Conty. (1730. Prieuré de Conty).

Paris 1730 Knapen.

11. — Requête au Roy du S.ᵣ Bauldry, (contre l'arrêt du Parlement qui le condamne. 1731).

12. — Sentences de nosseigneurs des requestes ordinaires de l'hostel du Roy, qui ordonne le partage des biens et revenus de l'abbaye du Gard, ordre de Cisteaux. Du 4 août 1699.

13. — Mémoire pour M. J. Ozenne, prieur commandataire du prieuré de Lihons en Sangterre, contre Marguerite Frion. (Si un résignataire est tenu d'entretenir un bail fait par le résignant). 1732.

14. — Sommaire de la cause pour l'abbé Ozenne, prieur de Lihons.

15. — Mémoire pour les religieux, prieur et couvent de Lihons, contre M. le duc de Chaulnes. (1751. Censives).

16. — Arrest du Conseil d'Estat qui déboute le sieur abbé commendataire de l'abbaye royale du mont S. Quentin, les prieur et religieux tant de l'appel que de l'opposition par eux formée concernant les réparations au presbitaire de la paroisse d'Allaines. Du 9 août 1725.

17. — Arrest du grand Conseil en faveur des prieur, religieux et convent de l'abbaye de S. Vaast de Moreuil. (1676. Réparations de l'église).

18. — Réponse au factum et libelle diffamatoire fait par J. de Meaux, nommé à l'abbaye de Moreuil, par les sieurs curé, marguilliers et paroissiens dudit lieu. 1679.

19. — Jugement rendu par Mgr. l'Evesque d'Amiens, sur les différens d'entre le sieur abbé de l'abbaye de Moreuil et les religieux. 1679.

20. — Mémoire instructif pour les abbez et religieux de l'abbaye de S. Wast de Moreuil, contre Madame la Maréchalle de Créquy. (1707. Opposition contre l'union à la congrégation de S. Maur).

21. — Factum pour Dom H. d'Ogérdias, abbé régulier de S. Wast de Moreuil, contre Madame de Créquy. 1710. — Autre factum.— Supplément au factum.

22. — Requête des mêmes au Parlement. 1710.

23. — Factum pour dame Eléonor de Matignon, abbesse, et les dames religieuses de l'abbaye du Paraclet, contre M. J. Thierry, sieur de Genouville. (1695. Revendication de propriété.)

24. — Factum pour les mêmes, contre S. Maressel, P. Vasseur et consors. (1705. Redevance sur les fiefs de Potonville et Gonnet).

25. — Sommaire du procès des mêmes, contre Vignon, leur fermier. 1750.

26. — Mémoire pour Fr. A. Robart, seigneur de S. Martin de Pas-lez-Montdidier, contre le S. Le Clerc de Berthoval, seigneur de Dompierre, et le S.ʳ A. de Goussancourt, seigneur de Grivesne. (1755. Justice).

27. — Mémoire pour les religieux, prieur et convent de la Charité de la ville de Roye, contre les doyen, chanoines et chapitre de l'église collégiale de S. Florent de la même ville. (1709. Juridiction).

28. — Factum pour les religieux, prieur et convent de l'abbaye de S. Fuscien-au-Bois, contre Dom H. de Machy, curé de Longpré, et contre le sieur abbé de S. Fuscien. (1706. Fief de S. Leger).

29. — Réponse au factum en forme de plaidoyer sur la cotte-morte des religieux bénéficiers, pour les prieur et chanoines de l'abbaye de S. Jean d'Amiens, contre les marguilliers de la paroisse de S. Firmin au Val, dit à la Pierre, de ladite ville ; et contre les marguilliers de la paroisse de S. Germain, aussi de ladite ville. Prononcé au bailliage d'Amiens, durant les audiences des 14 et 19 nov. 1709, par M.ᵉ J. d'Esmery.

30. — Observations pour Fr. A. E. Brunel, chanoine de l'abbaye de S. Jean d'Amiens, pourvu de la cure de saint Marcel-cave, contre M. A. Cardot, prétendant droit à la même cure. 1712.—Autre factum. 1713.

31. — Mémoire pour M. G. Fleuriau d'Armenonville, abbé de S. Jean, d'Amiens et pour les religieux, prieur et convent de la même abbaye, contre M. L. de Clermont, comte de Thoury, seigneur de Bertangles. (1725. Bois de Savières).

32. — Mémoire pour Nic. de Paris, abbé de S. Jean, contre le même. 1734.

33. — Mémoire pour M. L. A. d'Albert d'Ailly, contre M. N. de Paris,

abbé de S. Jean ; les héritiers de J. Crignier et P. Jourdain, meu-
niers, et autres. (1736. Pêche dans la rivière de Selle).

34. — Arrest du grand Conseil, contre les habitans du petit S. Jean-lez-
Amiens, et les sieurs Moreaux et consors, (qui les condamne à construire un presbytère. 13 oct. 1741).

35. — Mémoire signifié par les abbé, prieur, religieux et chanoines de
l'abbaye de S. Jean, contre les abbés et religieux de Corbie; Fr. Z.
Juge, prieur de N. D. de Bagneux, et encore contre les dames supérieure et religieuses de Moreaucourt. (Dixmes d'Outrebois. 1755).

36. — Mémoire pour Z. Juge.

37. — Mémoire à consulter (pour les chanoines de l'abbaye de S. Jean.)
(1775. Déposition du Procureur).
Amiens 1775. L. C. Caron.

38. — Factum pour les religieux, abbé et convent de S. Josse-au-Bois,
contre M. L. de Brossart. 1696. (Seigneurie du Nouveau-lieu lés
Prouville).

39. — Réponses pour les religieux de S. Riquier, à un mémoire intitulé,
Réponses particulières de quelques uns des tenanciers de l'abbaye.

40. — Factum pour les mêmes, contre D. E. Nattin, ci-devant procureur
et cellerier. 1668. — Mémoire instructif. — Accusations formées par
les religieux de S. Riquier contre Nattin. (Malversations).

41. — Factum pour les mêmes, contre les religieux de l'abbaye de Nostre
Dame de Livry; Hugues Duval, procureur de la Sénéchaussée de
Ponthieu ; le S.r de Senonville et autres. (1700. Droit de quint et de
relief à mercy). — Mémoire pour les mêmes, servant de réponses
aux nouvelles objections des religieux de Livry.

42. — Factum pour M. C. F. de Cacheleu, chev. seigneur de Bussuel,
seigneur de Bussu en partie, contre J. Vaillant, sieur de Romai-
ville, et les sieurs prieur et religieux de l'abbaye de S. Riquier. 1705.
(Haute justice de Bussu).

43. — Mémoire pour les prieur et convent de l'abbaye de S. Riquier, et
pour MM. du chapitre de S. Nicolas d'Amiens et le sieur curé d'Y-
vran, contre les habitans d'Yvrancheux. (1750. Réparation d'une
chapelle castrale).

44. — Factum pour les religieux de l'abbaye de S. Valery, contre M. le
duc du Mayne. (1700. Moulins de Pont).

45. — Mémoire pour les abbé, prieur, religieux et couvent de l'abbaye royale
de S. Valery-sur-Somme, contre le sieur L. Ponthieu, seigneur de
Popincourt. (1754. Fiefs de Bousseville, Tillyoau et Nibat). —
Addition au mémoire signifié.

46. — Factum pour M. F. Durieux, prieur curé de la paroisse N. D. de Selincourt, et M. F. de Croy, abbé commendataire, contre L. de Gresolier, seigneur d'Hervelois et Selincourt. (1700. Dixmes).

47. — Arrêté qui maintien P. Tascher, abbé de Selincourt, en possession des champarts de Thieulloy, du Fay, etc. (21 août 1778.)

48. — Mémoire pour les sieurs abbé, prieur et religieux de l'abbaye de Valoire, contre le sieur F. Godart, seigneur de Beaulieu et Argoulle. 1745. (Moulin d'Argoule).
    Amiens. 1745. V.e Godart.

49. — Mémoire pour les doyen, chanoines et chapitre de l'église collégiale-paroissiale de Vinacourt, contre M. J. Thuillier, chanoine-curé annexé de ladite église. 174..

50. — Factum pour les religieux, prieur et convent de l'abbaye de S. Fuscien aux bois, contre Dom H. de Machy, curé de Longpré et le sieur abbé de S. Fuscien. (Fief de S. Leger de Longpré. 1705).

5597.—Pièces pour l'histoire de la Picardie.

Liasse in-4°. — Contenant :

1. — Arrests de nosseigneurs du grand Conseil, entre le receveur général des finances d'Amiens et les trésoriers de France en ladite généralité, leurs huissiers, sergens et archers, contenant les réparations, despens, dommages et intérests adjugez audit receveur général, contre lesdits trésoriers de France, et lesdits huissiers, sergens et archers. Prononcé à Mante le 21 oct. 1652.
    Paris 1652. Langlois.

2. — Arrests du Parlement des 9 mai 1678 et 23 mars 1689, qui maintiennent et gardent les présidens-trésoriers de France de la généralité d'Amiens dans la juridiction et connaissance de la voirie.

3. — Arrest contre ceux qui empêchent de renouveller les fermes, qui bruslent les maisons et tuent les bestiaux des nouveaux fermiers, particulièrement du côté de Roye, Péronne et S. Quentin. 17 oct.1714.

4. — Copie de la lettre écrite par S. A. R. Mgr. le duc d'Orléans, régent du roiaume, à M. de Bernage, intendant de Picardie et d'Artois, le 3 oct. 1715. (Concernant les collecteurs).

5. — Arrest du Conseil d'Estat du Roy, portant réglement pour les étoffes qui se fabriquent à Aumalle, Grandvilliers, Feuquières, Crévecœur, Blicourt, Tricot, Beaucamp le Vieil et autres lieux des environs. Du 17 mars 1717.
    Paris 1717. Imp. royale.

6. — Arrest du Conseil d'Etat du Roy par lequel Sa Majesté ordonne l'exécution des arrêts du Conseil ci-devant rendus les 17 juin 1707

et 17 octobre 1714 , à l'occasion des fermiers et occupeurs des terres dans la généralité d'Amiens, qui jouissent sans beaux. 25 mars 1724.

Amiens 1724. L. Godart.

7. — Edit du Roi, portant réglement pour l'arrondissement des greniers à sel de la direction d'Amiens. Suppression des greniers de Ruë et Forest-Moûtier, et des officiers créés dans lesdits greniers. Et établissement de nouveaux greniers dans la ville d'Albert et les bourgs de Nampont-Saint-Martin et Breteuil, et création d'officiers pour connoître des contraventions aux ordonnances et réglemens pour les gabelles. Donné à Marly au mois de mars 1725.

Paris 1725. La veuve et M. G. Jouvenel.

8. — Arrest du Conseil d'Estat du Roy, qui permet le transport des grains de Picardie, Artois et Flandre, à l'estranger, par les ports de Calais et de Dunkerque. Du 6 décembre 1735.

9. — Arrest.. qui permet la sortie des grains de Picardie, pour l'estranger, par le port de Saint Valery. Du 10 janvier 1756.

Paris 1736. Imp. royale.

10. — Arrest... concernant le tourbage. Du 5 mai 1736.

11. — Arrest... et lettres patentes sur icelui, portant réglement pour l'imposition, levée , perception et régie des différens droits des fermes dans les paroisses, villages, hameaux, fermes et censes réunis à la province de Picardie, par arrêt et lettres patentes du 13 avril 1743. Du 24 juin 1743.

Paris 1743. Imp. roy.

12. — Arrêt... qui attribue au Sieur intendant et commissaire départi en Picardie et Artois la connoissance des plaintes qui seront portées pardevant lui par les seigneurs et propriétaires, ou leurs fermiers, et receveurs, à l'occasion des dommages... qui seroient faits dans leurs plantations et exploitations, etc. Du 10 oct. 1747.

Arras 1748. V.e Duchamp.

13. — Edit du Roy, portant suppression de la juridiction des prevôtés d'Amiens, Beauquesne et de Beauvoisis, et réunion à celle du présidial d'Amiens. Du mois de sept. 1748.

Paris 1749. Simon.

14. — Ordonnance pour les fermiers des carosses et messageries, contre les rouliers , voituriers, maîtres d'auberge, loueurs de chaises et de chevaux. (Faite par Mgr. d'Aligre, suivant la requête de J. J. Osmont, fermier des carosses et messageries de Paris, pour les provinces de Flandres, Picardie, Boulonnois, et traverse desd. provinces).

Amiens 1752. V.e Caron.

15. — Arrest... concernant les tourbes dérogeant en un point à celui du 3 avril 1753. Du 27 nov. 1753.
Amiens 1753. L. C. Caron.

16. — Ordonnance de Et. Maynon d'Invau, intendant de Picardie, concernant les ventes et achats de blé en dehors des marchés. 1.er juin 1757.
Amiens 1757. V.e Godart.

17. — Lettre de l'intendant de Picardie aux subdélégués sur cet objet. 10 janvier 1758.

18. — Réglement pour le service de la garde-côte en la province de Picardie. Du 30 mars 1758.
Paris 1758. Imp. royale.

19. — Ordonnance du Roi, portant que la cense Saint Vaast fera partie de l'arondissement de la compagnie détachée de Verton, et que la ferme du Val sera de l'arondissement de la compagnie de l'Epine, dans la capitainerie garde-côte de Verton. Du 22 avril 1758.

20. — Du tarif des droits que le Roi, étant en Conseil, a ordonné et ordonne être levés et perçus pendant le temps de six années consécutives, à compter du premier février 1759. (Dans les villes, fauxbourgs et dépendances d'Amiens, S. Valery, Abbeville, Calais, Arras, Doullens, Mondidier, Montreuil-sur-Mer, Péronne, S. Quentin et Boulogne-sur-Mer. 3 Janvier 1759.
Amiens 1759. V.e Godart.

21. — Ordre aux changeurs dans les villes ou bourgs de la généralité d'Amiens. 21 nov. 1759.

22. — Ordonnance (de l'intendant de Picardie) concernant les chevaux de selle et de trait et les voitures nécessaires au train pour les convois d'artillerie et les munitions de guerre. 10 mars 1761.
Amiens 1761. V.e Godart.

23. — Ordonnance (pour le même sujet, relative à l'arrondissement de Poix). 13 mars 1761.

24. — Ordonnance (concernant la taille et la capitation de 1762.)
Amiens 1761. V.c Godart.

25. — Ordonnance des maire et échevins de la ville de Calais. (Pour prévenir les inconvéniens qui pourraient résulter du bombardement). 14 juin 1762.

26. — Lettres-patentes du Roi, portant établissement d'un corps d'administration, pour la régie de l'octroi et des autres affaires communes du comté et gouvernement de Boulonnois. Du 6 mai 1766.
Paris 1767. Simon.

27. — De par le Roi et nosseigneurs les présidens-trésoriers de France, généraux des finances, chevaliers, conseillers du Roi, grands voyers, juges et directeurs du domaine en la généralité d'Amiens, Boulon-

nois, Pays conquis et reconquis. Du 18 mars 1769. (Réglement pour la grande et petite voierie dans l'intérieur des bourgs, villes et villages de la généralité).

Amiens 1769. V.° Godart.

28. — Lettres-patentes du Roi, qui attribuent aux baillis et sénéchaux des généralités de Soissons, Amiens et Châlons, la connoissance en première instance, de tous délits concernant l'exploitation des terres, même des incendies. 3 juillet 1769.

29. — Arrest... contenant réglement sur les péages et bacs dans l'étendue de la généralité d'Amiens. Du 10 mars 1771.

Amiens 1771. V.° Godart.

30. — Arrest du Conseil d'Etat du Roi concernant le collége royal de la ville de Compiègne. 18 août 1771.

Compiègne 1771. L. Bertrand.

31. — Arrest... qui exempte des sous pour livre de nouvelle perception, ordonnés par l'édit de nov. 1771; le droit du quatrième à la vente en détail des boissons, ainsi que les droits de cinquante-quatre livres et de vingt-sept livres, ou octroi de Picardie sur les eaux-de-vie entrant dans la généralité d'Amiens. Du 29 déc. 1771.

32. — Edit du Roi portant suppression des hôtels des monnoies de Caen, Tours, Poitiers, Toulouse, Riom, Dijon, Reims, Troies, Amiens, Bourges, Grenoble, Rennes et Besançon. Fév. 1772.

33. — Lettres-patentes du Roi, qui ordonnent que la surséance portée par sa déclaration du 20 fév. 1725, soit levée et otée, en ce qui concerne l'abbaye du Gard. 8 avril 1772.

34. — Arrest du Conseil d'Etat, concernant l'imposition de 800,000 livres destinée aux dépenses, tant des travaux des canaux de Picardie et de Bourgogne, et de la navigation de la rivière de la Charente, que des autres ouvrages de cette nature, relatifs au progrès de la navigation. Du 22 juillet 1777.

35. — Ordonnance de M. l'Intendant (de Picardie) concernant les épizooties. Du 15 sept. 1779.

Amiens 1779. J. B. Caron.

36. — Arrêt du Conseil d'Etat, portant nouveau réglement sur le roulage. (Du 28 déc. 1783 et ordonnance de l'intendant de Picardie y relative, du 12 janvier 1784).

Amiens 1784. J. B. Caron.

37. — Réglement fait par le Roi, sur la formation et la composition des assemblées qui auront lieu dans la généralité d'Amiens, en vertu de l'édit portant création des assemblées provinciales. 8 juill. 1787.

Amiens 1787. J. B. Caron.

38. — Arrêt du Conseil d'Etat du Roi, qui rend commun à la Picardie celui du 8 août 1761, portant défense, relativement à la Champagne, la Flandre et le Hainault, d'établir aucunes clouteries dans les deux lieues frontières de l'étranger. Du 19 sept. 1787.

39. — Arrêt... qui ordonne la suppression du bureau de fabrique establi dans la ville de Roye, et l'establissement d'un bureau de fabrique dans la ville de Montdidier. Fixe l'étendue des bureaux de Tricot et de Montdidier, pour la visite et la marque des serges qui s'y fabriquent. Et porte réglement pour la fabrication des serges qui se font dans l'étendue du bureau de Montdidier. Du 26 mai 1736.

40. — Traité de contributions, conclu et arresté entre les députez généraux des Provinces-unies, et ceux de l'élection de Doullens. Du 23 juillet 1711. — Du 6 juillet 1712.

41. — Délibération de la ville de Doullens, pour supplier Sa Majesté de daigner accorder les états provinciaux à la province de Picardie. 15 mai 1789.

Amiens 1789. J. B. Caron.

42. — Extrait du registre aux délibérations de la commune de Doullens. (Nomination de M. Gorjon de Verville, maire). 1 août 1790.

Amiens 1790. J. B. Caron.

43. — Un mot de réplique pour plusieurs électeurs du district de Doullens, à la réponse imprimée au nom du Conseil général de la commune de cette ville.

Abbeville (1790). Devérité.

44. — Procès-verbal de la fête funéraire, célébrée dans le canton de Doullens, département de la Somme, le 20 prairial, an sept, en mémoire des citoyens Bonnier et Roberjeot, conformement à la loi du 22 floréal précédent.

Doullens an VII. Quinquenpoix.

45. — Accord entre les maire et eschevins d'Abbeville et les majeurs de bannière relativement aux élections. (Mai 1310).

46. — Extrait des registres du Conseil d'Etat. Ordonnance du Roi confirmant les habitans d'Abbeville dans leurs privilèges. 25 avril 1719. — 26 septembre 1730.

47. — Lettres-patentes du Roi, pour la réformation de la coutume de Ponthieu. Du 1 juillet 1769.

48. — Lettres-patentes du Roi, concernant la vérification des coutumes locales et particulières du comté de Ponthieu et de la ville d'Abbeville. Du 17 février 1770.

49. — Edit du Roi, portant réduction des offices de procureurs en la sénéchaussée et présidial d'Abbeville. Décembre 1771.

47.

50. — Déclaration du Roi concernant la vérification et rédaction nouvelle de la coutume du comté de Ponthieu. 23 juillet 1777.

51. — Arrêt du Conseil de Mgr. le comte d'Artois et lettres-patentes sur icelui. (Concernant les foi - hommages, déclarations, aveux et dénombremens qui lui sont dus dans la province et comté de Ponthieu). 16 nov. 1777.

52. — Lettres - patentes du Roi, portant nomination du sieur Lefebvre d'Ammécourt, pour, en la place du sieur Blondeau, procéder, avec le sieur Pasquier, à la vérification et rédaction nouvelle de la coutume du comté de Ponthieu. 6 décembre 1777.

53. — Mémoire pour les maïeur et échevins de la ville d'Abbeville, contre le receveur général des domaines et bois de la généralité de Picardie. (Droits d'aide à cause de la chevalerie de Mgr. le Dauphin et du mariage de feue Madame première avec l'infant Dom Philippe).
.Amiens 1776. L. C. Caron.

54. — Ordonnance de l'intendant de Picardie. (13 décembre 1764. Nomination des asséeurs et collecteurs des impositions royales).
Amiens 1764. V.e Godart.

55. — Mémoire pour le cit. P. F. Souard, garde général à cheval des forêts nationales, arrond. d'Abbeville... aux administrateurs généraux des bois et forests de la République. (11 ventôse an 2. Demande de conservation d'emplois).
Paris an 2. Guerbart.

56. — Mémoire pour le marquis de Lameth, contre Ph. Briet de Saint-Elier, seigneur de Voincourt, en présence des maire et échevins d'Abbeville et du marquis de Gamaches. (Droit de relief et de chambellage).
Paris 1761. Chardon.

57. — Mémoire sommaire pour J. Delattre, ancien consul des marchands et ancien marguillier de la paroisse de la Chapelle (à Abbeville), contre M. P. F. Daullé, curé de ladite paroisse. 1778.
Abbeville 1778. Devérité.

58. — Mémoire pour M. Brocot, maître-particulier des eaux et forêts d'Abbeville; contre M. de Wassigni, grand-maître au département de Picardie, et contre les officiers de la maîtrise-particulière d'Abbeville. (Question forestière).
Abbeville 1786. Devérité.

59. — Extrait du registre du Conseil d'Etat privé du Roy. Du 24 décembre 1747. (Sur les moulins de Sallenelle, près S. Valery-sur-Somme).

60. — Mémoire pour les officiers du bailliage d'Amiens, établi à Montreuil-

sur-mer, contre le sieur de Saint-Just, seul officier du siège de la justice d'Ardres.

Paris 1762. Didot.

61. — Extrait du registre aux arrêtés de la mairie de Boulogne-sur-Mer. (Couplets au Préfet, par DUPRÉ et DELAUNAY. 1 fructidor an 8).

62. — Extrait des registres du Conseil d'Etat. (Créances de la ville d'Abbeville. 7 juillet 1703).

63. — Arrests du Conseil d'Etat, des 22 juillet et 24 sept. 1774. Le premier, casse et annule l'arrêt rendu au Conseil supérieur d'Arras, le 28 juin : déclare nulles et de nul effet les demandes du lieutenant-général de Montreuil-sur-mer, lui fait défenses et aux officiers dudit bailliage, d'apposer les scellés sur les archives de l'abbaye de Valloires.— Le second, fait défense auxdits officiers de suivre les procédures qu'ils avoient faites lors de l'apposition de leurs scellés à l'abbaye...

64. — Arrest... qui ordonne la répartition, en 1775, au marc la livre, de la capitation sur les généralités de pays d'élection et sur les Pays conquis, d'une somme de 419,873 liv. 8 s. 5 d., y compris les taxations, pour la seconde des dix années de l'imposition annuelle de 400,000 liv. ordonnée par l'arrêt du 7 sept. 1773, pour la dépense de la construction des canaux de Bourgogne et de Picardie. Du 9 août 1774.

65. — Arrêt... contenant de nouvelles dispositions relatives à l'exploitation des mines du Boulonois, Pays conquis et reconquis, et comté d'Ardres. Du 31 juillet 1784.

66. — Arrêt.. portant réglement pour l'exploitation des mines de charbon de terre du Boulonois. Du 14 août 1784.

67. — Copie de la lettre de M. le duc de Villequier à M. Patras de Campaigno, sénéchal du Boulonnois. (Pérone 31 mars 1789. Relativement à sa nomination de député de la noblesse).

68. — Lettre de M. Rollin, curé de Verton, député à l'Assemblée nationale, du bailliage de Montreuil-sur-Mer, pour l'ordre du clergé, à M. l'Evêque d'Amiens. (5 janvier 1791. Serment).

69. — Extrait des registres des délibérations de la Commission intermédiaire provinciale de Picardie. Du 1 août 1788.

70. — Arrêt du Conseil d'Etat du Roi, qui fait défense aux juges du bailliage (d'Amiens) de prononcer : *toutes choses demeurantes en état*, lorsqu'ils recevront l'appel des jugements de police ; casse et annule une ordonnance du bailliage du 2 août 1788. (10 janvier 1789).

Amiens 1789. L. C. Caron.

71. — Réglement provisoire pour les cantonniers de la généralité d'Amiens.
Amiens 1789. J. B. Caron.

72. — Adresse de l'Assemblée nationale à ses commettans. Du 3 oct. 1789.
    Amiens 1789. J. B. Caron.

73. — Proclamation de la Commission intermédiaire provinciale de Picardie, Du 12 oct. 1789.
    Amiens 1789. J. B. Caron.

74. — Les députés du bailliage d'Amiens à l'Assemblée nationale, à leurs commettans. 17 fév. 1790.
    Amiens 1790. J. B. Caron.

75. — Circulaire des députés composant la Commission intermédiaire provinciale de Picardie. (Signé Berville, secrétaire provincial). Du 1.er mars 1790, et relative au paiement des subsides.

76. — Extrait du procès-verbal de l'assemblée du tiers-état des bailliages d'Amiens et de Ham. (29 mars 1789).
    Amiens 1789. J. B. Caron.

77. — Arrest du Parlement qui maintient les officiers du marquisat d'Albert dans le droit d'apposer les scellez chez les ecclésiastiques, les nobles et autres domiciliez dans l'étendue dudit marquisat, avec défenses au commissaire aux inventaires du bailliage de Péronne de les y troubler... Du 17 janvier 1708.

78. — (Extrait) de l'estat arrêté au Conseil, contenant les droits d'ayde qui doivent être perçeus sur les vins et autres boissons dans les villes, bourgs, et paroisses de la généralité d'Amiens.

79. — Mémoire pour les officiers municipaux de la ville de Doullens, contre le nommé Magnein et autres (employés des fermes. 1776).

80. — Précis pour les officiers municipaux de la ville de Doullens, contre le sieur F. Noel, régisseur des droits réservés. (Mesurage et aunage. 1777).

5598. — Pièces concernant l'histoire de la Picardie.

1 vol. in-4°. — Contenant :

1. — Edict du Roy, portant création d'un siége présidial en la ville de Saint-Quentin en Vermandois. (Nov. 1644). — Avec plusieurs arrests du Conseil privé de S. Majesté, donnez en conséquence dudit Edict.
   Paris 1645. Dugast.

2. — Arrest du Conseil privé du Roy, contradictoirement rendu entre les archers de la mareschaussée de S. Quentin, et les majeur, eschevins et jurats dudit lieu... par lequel les archers des mareschaussées de France sont maintenus dans l'exemption de logement des gens de guerre... (17 janvier 1651).

3. — Factum pour les doyen, chanoines et chapitre de l'église royale et proépiscopale de Saint-Quentin, contre Samuel Mestayer, ministre

de la R. P. R.; Elizabeth Bossu, veuve de Jacques Leger ; et Pierre de Noyelle, de la même religion. (25 juillet 1681. Interdiction du temple de Lhaucourt). — Autre factum du 10 décembre 1683.

4. — Preuves sommaires du droit de propriété des abbé et religieux de S. Quentin en Isle sur tous les marais de leurs étangs. 1705.

5. — Mémoire pour les prieurs et religieux de l'abbaye de S. Quentin en Isle, contre les fermiers de la blanchisserie d'Isle.
Paris 1774. Simon.

6. — Mémoire pour les abbé, prieur et religieux de l'abbaye d'Isle et S. Quentin, contre les doyen, chanoines et chapitre de la collégiale-royale de la même ville, les syndics, manans et habitans de Rouvroy et de Harly ; et encore contre le nommé Cuvillier, garde chasse du chapitre... (1778).

7. — Extrait des pièces justificatives des prieur et religieux de l'abbaye de S. Quentin en l'Isle, produit au procès pendant en la Cour, contre les doyen, chanoines et chapitre de l'église royale de S. Quentin, et contre les manans et habitans des villages de Rouvroy et de Harly.
Paris 1778. Simon.

8. — Arrêt du Conseil d'Etat du Roi, qui, en renouvelant les dispositions, tant du titre des droits de marque sur l'or et l'argent, de l'ordonnance du mois de juillet 1681, que de la déclaration du 26 janvier 1749, casse une sentence de l'élection de Noyon du 17 mai 1769, par laquelle les orfèvres de cette ville auraient été affranchis de la marque et du contrôle des menus ouvrages, tels que cœurs d'or et d'argent, etc. 20 juin 1769.

9. — Arrest de la Cour de Parlement, qui ordonne la réformation d'actes de baptême sur les registres de baptêmes, mariages et sépultures des paroisses d'Hargicourt, Jeancourt, Nauroy et Ronsoy, diocèse de Noyon, par devant les lieutenans généraux des bailliages de S. Quentin et de Péronne, attendu les irrégularités et vices qui se trouvent dans lesdits actes de baptêmes. 7 mars 1778.

10. — Réfutation d'un mémoire imprimé, intitulé : Mémoire pour le chapitre de l'église cathédrale de Noyon, contre les sieurs Brismontier, Sezille, Lesquevin et de Richouftz, chanoines de ladite église. (Archives du chapitre).
Noyon 1772. Tondu.

11. — Précis signifié de l'affaire des enregistremens pour le chapitre de l'église cathédrale de Noyon, — de l'église royale de S. Quentin,— de S. Furcy de Peronne, — de la collégiale de Néelle ; les prieur et religieux de l'abbaye de S. Eloy de Noyon, — d'Ourcamp, — du Mont S. Quentin, — de S. Quentin en l'Isle, — de Genlis ; les

dames abbesse et religieuses de Fervaques établies à S. Quentin; la communauté des chapelains de l'église cathédrale de Noyon ,— de l'église royale de S. Quentin, — du château de Néelle, et autres. Contre les députés de la chambre ecclésiastique du diocèse de Noyon. (Exactions contre les bénéficiers).

  Paris 1750. Quillau.

12. — Mémoire justificatif du mandement de M. de Grimaldi, des princes de Monaco, évêque de Noyon ; contre son chapitre , au sujet de la suppression des fêtes. 1782.

13. — Mandement de Mgr. l'Evêque - comte de Noyon (*Ch.* DE BROGLIE), pour la visite générale de son diocèse. 15 avril 1774.

14. — Lettre du même, au clergé séculier et régulier et à tous les fidèles de son diosèse. (20 août 1777. Pour l'intérêt porté à sa santé).

15. — Mandement de MM. les vénérables doyen, chanoines et chapitre de l'église cathédrale de Noyon, le siège vacant. Pour publier les noms des vicaires généraux choisis pour gouverner le diocèse pendant la vacance du siège, et des autres officiers nommés par le chapitre, et pour ordonner des prières pour le repos de l'âme de feu Mgr. Ch. de Broglie, évêque-comte de Noyon. 20 sept. 1777.

  Noyon 1777. Devin.

16. — Mandement des mêmes , pour permettre l'usage du lait, du beurre et du fromage pendant le temps du carême de l'année 1778.

17. — Ordre que les curés et autres ecclésiastiques doivent garder pour recevoir Mgr. l'Evêque de Noyon , faisant sa visite ordinaire dans leurs églises.

  Noyon. S. d. Cabut.

18. — Sentence de suspence, prononcée par Mgr. l'Evêque, comte de Noyon, contre M. L. A. Poignet, chanoine de son église, pour avoir surpris l'ordination du soudiaconat par voye furtive, irrégulière, sacrilège, et contraire aux saints canons. 24 oct. 1691.

19. — Factum pour les chanoines réguliers, prieur, et chapitre de S. Louys de Royaulieu, transférez à S. Jean-au-Bois, contre Fr. de la Forrest, sieur d'Armaillé et de Boysselin. (1673. Réglement de compte).

20. — Mémoire pour Dom R. P. A. Blondin , prieur titulaire du prieuré simple de S. Jean du Vivier , (membre dépendant de l'abbaye de S. Germer), contre P. Philippes, clerc tonsuré du diocèse de Rouen, prétendant droit au même prieuré. — Précis pour le même.

  Paris 1773. V.e Hérissant.

21. — Factum pour M. L. Barrin , chapelain de la chapelle de la Magdelaine de Compiègne, contre M. le Procureur général et les dames abbesse et religieuses du Val-de-Grâce. (1693. Demande de mainlevée des fruits de la chapelle de la Magdelaine).

22. — Arrest de la Cour de Parlement, qui fait défense d'exécuter les mandemens et ordonnances de l'évêque de Beauvais par lesquels il avait interdit et révoqué les pouvoirs de confesser et de prêcher aux chanoines réguliers de S. Quentin-lez-Beauvais, et aux Bénédictins de l'abbaye S. Lucien de Beauvais, pour avoir appelé de la constitution Unigenitus, et ce à peine de mille livres d'amende. 11 déc. 1718.

23. — Arrest du Conseil d'Etat du Roy, concernant les longueurs et largeurs des différentes espèces d'étoffes des manufactures de Beauvais. Du 4 janvier 1729.

24. — Arrest... qui ordonne la suppression des bureaux de fabrique establis à Blicourt et à Luchy ; et fixe l'étendue des bureaux de Crévecœur, d'Hardivilliers et de Thillois, pour la visite et la marque des serges et autres étoffes qui s'y fabriquent, etc. Du 18 juin 1735.

25. — Arrest... qui en ordonnant l'exécution des articles xvi et xviii de l'arrest du Conseil du 16 avril 1726 portant réglement pour les étoffes qui se fabriquent dans la ville de Beauvais, fait deffenses tant aux drapiers drapans, qu'aux sergers de ladite ville, de fabriquer des serges façon de Mouy, autrement qu'en 60 portées... 20 déc. 1735.

26. — Arrest... qui ordonne que les serges de Crévecœur, d'Hardivillers, et des autres manufactures, qu'il a esté d'usage jusqu'à présent de vendre à la pièce, pourront à l'avenir être vendues à l'aune et sur le pied de l'aunage que contiendra chaque pièce desdites serges. — 22 janvier 1737.

27. — Extrait des registres du Parlement du 7 mai 1777 défendant aux aubergistes et cabaretiers de Grandvilliers de donner à boire après 8 heures du soir en hiver, et après 10 heures en été, et les dimanches et fêtes pendant le service divin.

28. — Lettres-patentes du Roi, concernant les communautés d'arts et métiers dans la ville de Beauvais. 19 mai 1778.

29. — Mémoire sur la progression des avantages réels qu'à procurés le sieur Vallot, natif de Beauvais, maître en pharmacie, par sa découverte du vitriol dans le Beauvoisis, en 1752.
  Paris 1779. Cellot.

30. — Récit véritable et sommaire du procédé tenu en la permutation faite par M. J. Obry, curé de S. Nicolas-des-Champs à Paris, avec M. Joly, trésorier de l'église cathédrale de Beauvais. — Extrait des pièces dont M. Joly se sert pour faire connoître que le revenu de la tresorerie de Beauvais est de plus de 5,200 livres par an.— Factum du procès entre M. Cl. Joly, contre J. Obry. 1653.

31. — Plainte des pauvres de l'Hostel-Dieu de Pontoise, et de la plus grande partie des religieuses hospitalières du même lieu.

32. — Déclaration du Roy, qui transfère le Parlement de Paris dans la ville de Pontoise. 21 juillet 1720.

33. — Mémoire signifié pour les prieur et religieux de S. Nicolas-aux-Bois, contre le Sieur de Saint-Didier, abbé commendataire de ladite abbaye. (Partage des biens).
    Paris 1776. Lambert.

34. — Factum pour M. Armand, cardinal de Richelieu, abbé de S. Lucien de Beauvais, contre M. d'Argile, habitant de la paroisse N. D. du Thil, et les marguilliers, manans et habitans de ladite paroisse. (Dixme sur les vins).

35. — Extrait des registres du Parlement. (Juridiction du comté et vidame de Gerberoy. (1422-1703).

36. — Arrest du Conseil d'Etat du Roy, qui ordonne la suppression d'un libelle intitulé, Copie de la lettre de M. de Laon à M. l'Evesque de..., du 1 sept. 1736. — (8 décembre 1736).

37. — Arrest de la Cour du Parlement qui ordonne la suppression d'un imprimé intitulé : Instruction pastorale de M. l'Evêque duc de Laon. Du 1 sept. 1740.

38. — Arrest du Conseil d'Etat du Roy, du 19 septembre 1740. (Concernant l'arrêt précédent).

39. — Arrest du grand Conseil, portant réglement en faveur de J. Guérin, prévost provincial en la maréchaussée de Soissons, contre les président, lieutenant criminel et conseillers au siège présidial dudit lieu, pour la fonction et exercice de leur charge. (30 sept. 1645).

40. — Arrest de la Cour de Parlement, qui déclare abusifs le mandement de M. l'Evêque de Soissons, du 8 déc. 1718, et un avis du même évêque, du 30 mars 1719, et qui ordonne la supppession de deux lettres dudit évêque. (7 juin 1719).

41. — Factum pour F. L. Germain, prieur curé de Vendières, M. de Lorraine, abbé commendataire, les chanoines réguliers et chapitre de S. Jean-des-Vignes, et M. Ch. de Bourlon, évesque de Soissons, contre F. Humbelot, soi-disant pourvu comme gradué nommé sur ledit prieuré-cure de Vendières, et les recteur, doyens et suppots de l'Université de Paris.

42. — Lettre sur la mort de la rev. mère Marguerite Le Boulenger, décédée le 14 février 1690, au convent des religieuses Minimes de la ville de Soissons.

43. — Arrest de la Cour de Parlement, qui juge que la cotte-morte d'un abbé régulier n'est point sujète à l'économat ; et qui ordonne que la cotte-morte ou pécule de l'abbé régulier de S. Léger de Soissons appartiendra aux chanoines réguliers de ladite abbaye, à l'exclusion des

pauvres, et qui déboute avec dépens-les administrateurs de l'Hôtel-Dieu et de l'hôpital général de Soissons... 11 fév. 1706.

44. — Mémoire pour M. l'Evêque de Soissons, et pour les paroissiens de l'église S. Léger, contre F. Cl. de Bourlon, abbé régulier de l'abbaye de S. Léger de Soissons. 1687. (Vicariat perpétuel).

5599.—Recueil de pièces concernant le chemin de fer du Nord et de Boulogne, et leur passage par la Picardie.

    Liasse in-4°. — Contenant :

1. — Route en fer dite du Nord, de Paris à Lille, desservant Calais. — Avant-projet. Août 1831.
    Paris 1834. Pinard. in-4°. Pl.

2. — Ville d'Arras. — Séance du Conseil municipal, en date du 4 janjanvier 1834. — Rapport de la commission dite des chemins de fer, pour obtenir que celui de Paris à Bruxelles, passe par la ville d'Arras.
    Arras 1834. J. Degeorges. in-4°.

3. — Chambre de commerce de Boulogne-sur-mer. — Projet d'un chemin de fer de Boulogne à Amiens. — Projet d'un chemin de fer de Boulogne à Guines. — Rapports de MM. Gibbs et *Emile* Wissocq.
    Boulogne-sur-Mer. Nov. 1835. Le Roy Mabille. in-4°. Cart.

4. — Ville d'Amiens. — Projet d'un chemin de fer de Paris à Lille et Boulogne passant par Amiens.
    Amiens 1835. Boudon-Caron. in-4°. Carte.
    (Ce sont les procès-verbaux du Conseil municipal du 13 décembre 1833 et du 14 octobre 1835).

5. — Chambre de commerce d'Amiens. — Projets de chemin de fer de Paris à Lille, avec embranchemens sur Valenciennes. 20 déc. 1835.
    Amiens 1835. Caron-Vitet. in-4°.

6. — Académie des sciences, agriculture, commerce, belles-lettres et arts du département de la Somme. (Séance du 26 décembre 1835). Rapport fait au nom d'une commission composée de MM. Decaïeu, Duroyer, Coquerel, Caresme et Delorme, sur les projets de chemins de fer entre Paris et Lille. (Par M. F. Dunoyer).
    Amiens 1835. R. Machart. in-4°.

7. — Rapport fait à la commission d'enquête du département de la Somme, sur les projets de chemin de fer, entre Paris et Lille, avec embranchemens sur Valenciennes, Boulogne, Calais et Dunkerque, au nom de la sous-commission chargée de préparer l'avis motivé qu'elle doit émettre pour satisfaire à l'ordonnance royale du 18 février 1834.
    Amiens 1836. R. Machart. in-4°.

8. — Ville d'Amiens. — Chemin de fer.
    Amiens (1336). R. Machart. in-8°.
    (C'est le procès-verbal d'une réunion tenue à l'Hôtel-de-Ville le

6 janvier 1836, pour communiquer la pétition à adresser au Ministre par la ville d'Amiens).

9. — Extrait du registre aux délibérations du Conseil municipal de la ville d'Amiens. (Séance du 14 janvier 1836. Rapport sur le projet de chemin de fer de Paris à Lille).

Amiens 1836. Boudon-Caron. in-4°.

10. — Chambre des députés. — Session de 1837. — Exposé des motifs et projet de loi relatifs à un chemin de fer de Paris à la frontière de Belgique, présenté par M. le Ministre des travaux publics, de l'agriculture et du commerce. Séance du 8 mai 1837.

Paris 1837. Henri. in-4°.

11. — Chambre des Députés. — Session 1857. — Rapport fait au nom de la Commission chargée d'examiner le projet de loi relatif au chemin de fer de Paris à la frontière de Belgique, par M. DE REMUSAT. Séance du 27 mai 1837.

Paris 1837. Henri. in-4°. Pl.

12. — Extrait du registre aux délibérations du Conseil municipal de la ville d'Amiens. (Séance du mardi 16 mai 1837. Chemin de fer de Paris à Lille, par Amiens, avec embranchement sur Boulogne, par Abbeville. — Rapport du Maire, M. LE MERCHIER).

Amiens 1837. Ledien fils. in-4°.

13. — Concession des chemins de fer de Paris en Belgique; par L. L. VALLÉE. — N.° 4, faisant suite à l'écrit intitulé : Des voies de communication, considérées sous le point de vue de l'intérêt public.

Paris. Mai 1837. Carilian-Gœury. in-8°.

14. — Chambre de commerce de Dunkerque. — Enquête relative aux embranchements du chemin de fer de Paris aux ports du littoral et à la frontière de Belgique. — Rapport rédigé par M. DUPOUY aîné.

Dunkerque. Août 1837. Drouillard. in-4°.

15. — Département de la Somme. — Commission d'enquête du chemin de fer, de Paris à la frontière de Belgique, avec embranchemens sur les ports du littoral de la Manche. (Rapport par M. DAVELUY fils.

Amiens 1837. R. Machart. in-4°.

16. — Chambre de commerce de Lille. — Rapports sur les chemins de fer du Nord. — Ligne principale de Paris à Lille. — Embranchements de la Belgique et des ports du littoral. — Stationnement à Lille. (Par M. KUHLMANN).

Lille. Janvier 1838. Parvillez-Rouselle. in-4°. Pl.

17. — Chambre des Députés. — Session 1838. — Exposé des motifs et projet de loi relatifs : 1.° au chemin de fer de Paris en Belgique; 2.° de Paris au Hâvre (1.re partie); 3.° de Paris à Bordeaux (1.re partie); 4.° de Marseille à Lyon (1.re partie). Présenté par M. le Ministre

des travaux publics, de l'agriculture et du commerce. Séance du 15 février 1838.

Paris 1838. Henri. in-4°. Cart.

18. — Chemin de fer du Nord. — Paris, Londres, Bruxelles.

Paris. 6 mai 1838. Vinchon. Cart.

19. — Chambre des députés.— Opinion de M. CAUMARTIN, député de la Somme, sur le projet de loi relatif aux chemins de fer, exprimée dans la séance de la Chambre des Députés, du 9 mai 1838.

Amiens 1838. R. Machart. in-8°.

20. — Extrait du registre aux délibérations du Conseil municipal de la ville d'Amiens. Séance du 18 mai 1838. Rapport de M. Le Merchier, Maire.

Amiens 1838. Ledien. in-4°.

21. — Ville d'Amiens. — Chemin de fer de Paris à Lille par Amiens. — Assemblée générale du mercredi 23 mai 1838.

Amiens 1838. Ledien fils. in-4°.

22. — Mémoire des délégués de la ligne de Saint-Quentin. Première partie. Statistique. — Deuxième partie. Politique.

Paris 1838. Everat et C.e in-4°.

23. — Rapport fait au Conseil d'arrondissement d'Amiens, par M. GAULTHIER DE RUMILLY, député de la Somme, sur la direction du chemin de fer de Paris à la frontière de Belgique et à l'Angleterre.

Amiens 1838. Boudon-Caron. in-8°.

24. — Département de la Somme. — Commission d'enquête du chemin de fer, de Paris à la frontière de Belgique. — Tracé de Pontoise à Amiens par Beauvais. (Par M. JOURDAIN-LECOCQ).

Amiens 1838. Duval et Herment. in-4°.

25. — Chemin de fer de Paris à la Belgique. — Observations sur la préférence que la ligne de Paris à Lille par Pontoise, Beauvais, Amiens, Arras et Douai, doit obtenir sur celle par Saint-Quentin, par la commission des délégués des villes de Pontoise, Méru, Beauvais, Amiens, Arras, Lille, Calais, Boulogne et Abbeville.

Amiens (1838). Ledien fils. in-4°.

26. — Mémoire pour servir à l'appui des demandes de la C.e John Cockerill, tendantes à obtenir la concession des chemins de fer ciaprès : 1.° celui de Paris à la frontière de la Belgique, passant par Amiens, Douai et Lille ; 2.° celui de Domfront, près Montdidier, à la Belgique par St.-Quentin, Cambrai et Valenciennes ; 3.° celui de transit de l'Angleterre à la Belgique, de Calais et Dunkerque, par Watten sur Lille, avec embranchement d'Aire sur Arras. Par MM. A. BOURLA et E. RENAUD.

Paris 1838. M.e Poussin. in-4°. Cart.

27. — Note sur la convention provisoire passée avec M. John Cockerill, pour l'établissement d'un chemin de fer de Paris à la frontière de Belgique.
Paris. S. d. Guiraudet et Jouaust. in-4°.

28. — A Messieurs les Membres de la Chambre des Députés. — Chemin de fer. — Des embranchemens de la ligne de Paris à Lille, par Amiens, aux ports de la Manche.
Paris (1838). Locquin. in-4°. Cart.

29. — Chambre de commerce de Boulogne-sur-Mer. — Chemins de fer. — Ligne du Nord. — De la nécessité de l'intervention absolue du Gouvernement dans le tracé des grandes lignes. — De la supériorité du tracé d'Amiens sur celui de St.-Quentin.—De la préférence à donner, pour l'union de Paris à Londres, à la ligne directe d'Amiens à Boulogne, Calais et Dunkerque, sur toute autre qui ne réunirait pas au même degré les deux conditions essentielles d'assurer le parcours d'une capitale à l'autre en un seul jour et de servir l'intérêt maritime. — Lettre à M. le Ministre des travaux publics. 8 déc. 1841.
Boulogne-sur-Mer 1841. Le Roy-Mabille. in-8°.

30. — Chemin de fer d'Angleterre. — Réponse au *National*. — Extrait de l'*Annotateur de Boulogne* du 20 janvier 1843. (Par M. *Al.* ADAM).
Boulogne 1842. F. Birlé. in-4°.

31. — Chemin de fer du Nord de la France. — Chemin de fer anglo-belge de Paris à Londres et en Belgique, de Londres à Malines par la France. — Réponse à la lettre de M. Adam, maire de Boulogne, du 14 janvier 1842, insérée au *National*. (Par la Chambre de commerce de Calais. 22 janvier 1842).
Paris 1842. Vinchon. in-4°. Cart.

32. — Chambre des députés. — Projet de loi relatif à l'établissement de grandes lignes des chemins de fer. Précédé de l'exposé des motifs présenté par M. le Ministre des travaux publics. — Séance du 7 février 1842.
Paris 1842. Henri. in-4°.

33. — Chambre de commerce de Boulogne-sur-Mer. — Chemin de fer du Nord de la France. — Ligne de Paris à Londres. — Réfutation 1.º du Mémoire publié sous la date du 12 janvier (*connu à Boulogne seulement le 6 février*), par MM. les délégués d'Arras, de Béthune, d'Aire, de Saint-Omer et de Calais. 2.º De la réponse publiée le 22 janvier (*connue à Boulogne seulement le 12 février*), par MM. les membres de la Chambre de commerce de Calais, à la lettre de M. le Maire de Boulogne, imprimée au *National* du 17 janvier 1842. Avec le texte de ces écrits en regard : Suivie d'un appendice renfermant les pièces justificatives.
Boulogne-sur-Mer. 25 février 1843. Le Roy-Mabille. in-4°.

34. — Chambre de commerce de Boulogne-sur-Mer.—Intérêts généraux.—
Transit. — Chemin de fer du Nord de la France. — Note sur la direction qu'il convient de donner à ces chemins pour les mettre en
rapport utile avec les autres grandes lignes commerciales françaises
et pour conserver à la France les bénéfices du transit.— Critique du
système proposé par la ville de Calais qui, incliné en entier sur la
Belgique, donne tout le transit à ce royaume et à l'Allemagne au
détriment des lignes françaises. Avec cartes indiquant les tracés de
chemins de fer français, allemands et belges, et le chemin de Douvres
à Londres.

> Paris, Février 1842. P. Dupont et C.e in-4°. Cart.

35. — Chemin de fer. — Ligne du Nord. — Mémoire adressé à MM. les
les députés par le Conseil municipal, les membres du tribunal de
commerce, et les délégués de la ville de Cambray, sur le meilleur
moyen de servir les communications entre la France, la Belgique
et l'Angleterre d'une part, la Belgique et l'Angleterre par la France
d'une autre part.

> Paris. (Avril 1842). Béthune et Plon. in-4°.

36. — Chemin de fer du nord de la France.— Ligne française anglo-belge,
par Watten, de Lille à la mer sur Calais et sur Dunkerque, et de
Paris à Londres par Arras, Béthune, Aire, Saint-Omer et Calais.

> Paris 1842. Vinchon. in-4°. Cart.

37. — Considérations militaires et commerciales sur les chemins de fer de
Paris à la frontière de Belgique et de Paris à Strasbourg, par M. DE
BUSSIÈRES.

> Châlons 1842. Boniez-Lambert. in-8°.

38. — Chemin de fer de Paris à la frontière belge et à la mer. — Note des
délégués du tracé par Compiègne et Saint-Quentin.

> Paris 1842. P. Dupont. in-4°. Cart.

39. — Notes sur les derniers mémoires publiés par les délégués de Saint-
Quentin, (par les délégués des villes de Lille, Calais, Arras, Boulogne,
St.-Valery, Abbeville, Amiens, Beauvais, Méru et Crèvecœur).

> Amiens (1842). Ledien fils. in-4°.

40. — Académie des sciences, belles-lettres et arts du département de la
Somme. — Chemin de fer. — Embranchement d'Amiens à Boulogne. — Evaluation de la dépense et des produits de l'exploitation. — Rapport présenté par une commission spéciale à la séance
extraordinaire du 9 avril 1843, président M. Marotte, M. Duroyer
secrétaire perpétuel, membres de la commission MM. Le Merchier,
Lebreton, Machart et HARDOUIN rapporteur.

> - Amiens 1843. Duval et Herment. in-8°.

41. — Les habitans d'Amiens à MM. les membres de la Chambre des-Députés. 8 avril 1843.

42. — Ville d'Amiens. — Extrait du registre des délibérations du Conseil municipal. (Séance du lundi 10 avril 1843). Rapport sur le chemin de fer de Boulogne.

Amiens 1843. Lenoel-Hérouart. in-4°.

43. — Mairie d'Amiens. — Chemin de fer. — Lettre du maire (M. F. Duroyer), du 11 avril 1843, annonçant que, la veille, le Conseil municipal a décidé que la ville prendra, dans l'entreprise qui exploitera l'embranchement de Boulogne, un million d'actions, et garantira aux souscripteurs Amiénois, pendant 15 ans, 4 p. 0/0 sur les deux premiers millions d'actions souscrites.

44. — Ville et Chambre de commerce de Boulogne-sur-mer. — Chemin de fer de l'Angleterre. — Ligne d'Amiens à Boulogne par Abbeville. — Compagnie d'exploitation de cette ligne, au capital de 15 millions.

Boulogne. (Avril 1843). Leroy-Mabille. in-8°.

45. — Chemin de fer d'Amiens à Boulogne. — Statuts projetés de la compagnie d'exploitation.

Paris 1843. Paul Dupont. in-4°.

46. — Ville d'Amiens. — Boulevard du Mail et bastion de Longueville. — (Projet de tunnel, par J. Herbault, architecte). 15 décembre 1845.

Amiens 1845. A. Caron. in-4°.

47. — Ville d'Amiens. — Boulevard du Mail et bastion de Longueville. — Projet de tunnel. — Résumé des propositions et observations de J. Herbault. 15 janvier 1846.

Amiens 1846. A. Caron. in-4°.

48. — Ville d'Amiens. — Chemin de fer d'Amiens à Boulogne. — Tunnel dans le fossé du boulevard du Mail. — Extrait des délibérations du Conseil municipal. (Séance du samedi 17 janvier 1846).

Amiens 1846. Duval et Herment. in-4°.

49. — Chemin de fer d'Amiens à Boulogne. — Ville d'Amiens. — Observations sur le projet de voûter le chemin de fer dans le fossé du boulevard du Mail et sur les opinions émises à l'occasion de ce projet. (Par M. Bazaine).

Amiens 1846. Duval et Herment.

5600. — Carte du département d'Amiens. Anno. MDCCLXXXVII.

1 feuille collée sur toile. (Manuscrite).

5601. — Carte du département de la Somme divisé en ses cinq districts dont Amiens est le chef-lieu, Abbeville, Doul-

lens., Péronne, Montdidier., et autres limitrophes, suivant les décrets de l'Asssemblée nationale.

Paris 179.. Mondhare et Jean. 1 feuille in-fol.

5602.—Département de la Somme décrété le 26 janvier 1790
par l'Assemblée nationale, divisé en 5 arrondissemens
et 41 cantons. (Carte de l'Atlas national de France par
P. G. Chanlaire).

Paris 18... Chanlaire. 1 feuille in-fol collée sur toile.

5603.—Carte routière et administrative du département de la
Somme, par A. Fournier, agent-voyer en chef. (1).

Paris 1844. Gratia. 1 feuille in-fol.

5604.—Tableau alphabétique des cinq arrondissemens composant
le département de la Somme, divisés par cantons ou justices de paix, avec la population de chaque commune,
d'après le dernier recensement (31 décembre 1820).

Amiens 1821. Caron-Vitet. 1 feuille in-fol.

5605.—Département de la Somme. — Tableau des distances, en
myriamètres et kilomètres, de chaque commune aux
chefs-lieux du canton, de l'arrondissement et du département, dressé en exécution de l'article 95 du réglement
du 18 juin 1811. (Par A. Fournier).

Amiens 1850. Duval et Herment. 1 vol. in-fol.

5606.—Département de la Somme. Noms des communes.

Amiens 1828. Boudon-Caron. 1 vol. in-fol.

5607.—Almanach historique et géographique du département
de la Somme, pour l'année bissextile 1792.

Amiens 1792. J. B. Caron. 1 vol. in-32.

5608.—Annuaire statistique et administratif du département de
la Somme, pour l'année 1806 ; par *Maurice* Rivoire.

Amiens 1806. Maisnel fils. 1 vol. in-8º.

5609.—Annuaire du département de la Somme, pour 1815 et
1816, faisant suite à l'ancien almanach de Picardie.

Amiens 1816. Caron-Vitet. 1 vol. in-18. 2.e année.

---

(1) Fournier *(Pierre-François-Achille)*, né à Abbeville le 18 déc. 1802.

5610.—Annuaire statistique du département de la Somme, pour l'année 1826, publié, par souscription, par M. BINET fils (1).

Amiens 1826. Caron-Duquesne. 1 vol. in-8.º

On trouve à la suite, après la table :

Table de comparaison entre les anciennes mesures agraires du département et les nouvelles. Pag. 261-266.

Tableau par ordre alphabétique des communes et annexes qui composent le département, avec indication des communes dont ressortissent les annexes, des cantons et arrondissemens, et des maires et adjoints de chaque commune. Pag. i à lxiij.

Amiens 1825. Caron-Duquesne. in-8º.

Annuaire du commerce du département de la Somme, pour 1826, publié par M. BINET fils aîné.

Amiens. S. d. Caron-Isnard. in-8º.

5611.—Annuaire statistique du département de la Somme, pour l'année 1827. Publié par M. BINET fils aîné.

Paris 1827. Gaultier-Laguionie. 1 vol. in-8.º

5612.—Annuaire statistique du département de la Somme, pour l'année 1857, par A. VAST. (2).

Amiens 1837. R. Machart. 1 vol. in-8ª.

5613.—Almanach du Franc-Picard, petit annuaire de la ville d'Amiens et du département de la Somme. 1852.

Amiens 1852. Alf. Caron. 1 vol. in-16.

5614.—Annuaire administratif et historique de la Somme, pour les années 1852 et 1853, publié sous les auspices du Conseil général du département, par la Société des Antiquaires de Picardie. (Par MM. *Ch.* DUFOUR et J. GARNIER).

Amiens 1852. Duval et Herment. 1 vol. in-8º.

5615.—Plan de la statistique agricole, industrielle et commer-

---

(1) BINET *(François-Désiré)*, né à Amiens le 7 août 1791, décédé le 19 février 1840.

(2) VAST *(Amédée-Félix)*, né à Amiens le 13 avril 1802.

ciale du département de la Somme, arrêté par la Chambre de commerce d'Amiens.

Amiens 1835. R. Machart. 1 vol. in-8°.

5616.—Rapport à l'Académie d'Amiens, dans sa séance du 15 décembre 1832. — Table analytique des matières qui doivent composer la statistique du département de la Somme. (Par M. CRÉTON).

Questions adressées à MM. les Agriculteurs du départ. de la Somme, pour servir à la rédaction de la statistique.

Amiens 1833. R. Machart. Pièce in-4°.

5617.—Esquisse d'un projet de cadastre par masses de culture, considéré sous les seuls rapports, 1.º De l'arpentage général du sol du département de la Somme, suivant un procédé convenable à l'abolissement définitif des mesures locales anciennes. 2.º Des conditions indispensables de l'expertise des revenus territoriaux des communes, pour asseoir les bases d'une plus juste répartition de la contribution foncière entre elles et les arrondissemens, d'après des règles propres à une définition de la moyenne tenue, afin d'arriver en même temps à des termes de comparaison et de rappel à l'égalité proportionnelle avec les départemens voisins moins imposés. (Par M. LEDIEU).

Amiens 1824. Ledien-Canda. 1 vol. in-4°. Pl.

5618.—Rapport sur la division de la surface du département de la Somme, par M. RIQUIER. (1).

Amiens 1835. Raoul Machart. Pièce in-8°. Pl.

5619.—Voyage dans les départemens de la France, par une société d'artistes et de gens de lettres; enrichi de tableaux géographiques et d'estampes. (Par J. LAVALLÉE, L. BRION et L. BRION père). Département de la Somme.

Paris 1792. Brion. 1 vol. in-8°. Pl.

---

(1) RIQUIER *(Jean-Baptiste-Guillaume)*, né à Amiens le 12 mars 1768, y mourut le 27 avril 1842.

5620.—Géographie historique et statistique du département de la Somme, renfermant de glorieux souvenirs et d'intéressants détails sur les 831 communes qui le composent, avec leur distance aux chefs-lieux de cantons, d'arrondissements et de département, par Pringuez.

Amiens s. d. Caron et Lambert. 1 vol. in-18. Cart.

5621.—Lettres sur le département de la Somme, par M. H. Dusevel.

Amiens 1827. Allo-Poiré. 1 vol. in-12. Port.

5721bis.—Même ouvrage imprimé sur papier jaune. M. A. Le Prince, auquel il appartenait, y a joint 7 dessins de monuments lithographiés par lui, et une carte par Daligny, du département de la Somme.

5622.—Même ouvrage. 3.e édit. revue et augmentée.

Amiens 1840. Caron-Vitet. 1 vol. in-8°.

5623.—Description historique et pittoresque du département de la Somme, ornée de lithographies et suivie d'une biographie des hommes célèbres de ce département, par MM. H. Dusevel et P. A. Scribe. (1).

Amiens 1836. Ledien fils. 2 vol. in-8°. Fig.

5624.—Le département de la Somme, ses monuments anciens et modernes, ses grands hommes, et ses souvenirs historiques. Ouvrage illustré de dessins par M. L. Duthoit (2). Texte par M. H. Dusevel.

Amiens 1849-1855. Caron et Lambert. 1 vol. in-8°.

Les livraisons parues comprennent : Mailly. — Rambures. – Feuquières. — Fay. — Ham. — Doullens. — Péronne.

^{**} — Biographie du département de la Somme. — Voyez *Biographies*.

5625.—Dissertation sur les camps romains du département de la Somme, avec leur description; suivie d'éclaircissemens sur la situation des villes gauloises de Samarobrive et Bratuspance, et sur l'époque de la construction des quatre camps romains de la Somme. Par le Comte *Louis* d'Allonville.

Clermont-Ferrand 1828. Thibaut Landriot. 1 v. in-4°. Pl.

---

(1) Scribe *(Pierre-Alexandre-Adolphe)*, né à Albert le 7 avril 1799.

(2) Duthoit *(Louis-Jean-Baptiste-Joseph)*, né à Amiens le 15 avril 1807.

5626.—Rapport à M. le Ministre de la justice et des cultes, sur les principales églises du département de la Somme; par M. H. Dusevel.

Amiens 1837. Caron-Vitet. 1 vol. in-8°.

5627.—Mémoire sur les monumens religieux et historiques du département de la Somme, (en réponse à une circulaire de M. le Ministre de la justice et des cultes). Par M. J. Garnier (1).

Amiens 1839. Duval et Herment. 1 vol. in-8°.

5628.—Relation du voyage de Son Altesse Royale Mgr. le duc d'Angoulême, dans le département de la Somme.

Amiens 1817. Caron-Vitet. in-8°.

5629.—Notice du cérémonial et des fêtes qui ont eu lieu à l'occasion de l'arrivée de S. M. Charles X et de Mgr. le Dauphin dans le département de la Somme, à laquelle on a ajouté le récit de ce qui s'est passé lors de l'entrée de Henri IV dans la ville d'Amiens, en 1594.

Amiens 1827. R. Machart. 1 vol. in-8°.

5630.—Procès-verbal de l'Assemblée du département de la Somme, tenue à Amiens, en novembre et décembre 1790.

Amiens 1791. J. B. Caron. 1 vol. in-4°.

5631.—Procès-verbal des séances du Conseil général du département de la Somme, en sa session de 1791.

Amiens 1792. (An IV). Caron-Berquier 1 vol. in-4°.

Compte de l'administration du Directoire, rendu au Conseil général du département de la Somme, en la 5.e séance, le 16 novembre 1791.

Amiens (1792). Caron Berquier. in-4°.

5632.—Extrait des votes, demandes et délibérations du Conseil général du département de la Somme, pendant la session de 1831.

Amiens 1832. Boudon-Caron. Pièce in-4°.

---

(1) Garnier (*Jacques-Jean-Baptiste-Adolphe*), né à Amiens le 28 février 1808

5633.—Analyse des délibérations prises par le Conseil général du département de la Somme, pendant le cours de la session de 1835-1836-1837-1838-1839-1840.

> **Amiens 1836-1840. R. Machart. Duval et Herment. 6 v.**
> Le volume de 1840 est in-8.° et les autres in-4°.

5634.—Procès-verbal des délibérations prises par le Conseil général du département de la Somme.

> **Amiens 1841-1855. Duval et Herment. 15 vol. in-8°.**
> Ces procès-verbaux comprennent les sessions ordinaires de 1841 à 1855, et les sessions extraordinaires de 1848-1849.

5635.—Département de la Somme. — Budjets départementaux de l'exercice 1836-1837-1838 et états d'emploi des sommes mises en réserve au budget de 1835-1856-1857, publiés en exécution de l'article 6 de la loi des finances du 17 août 1828.

> **Amiens 1836-1838. R. Machart. 3 cahiers in-4°.**

5636.— Département de la Somme.— Budget départemental des dépenses et des recettes ordinaires, facultatives, extraordinaires, spéciales, de l'instruction primaire et du cadastre. — Exercice 1839-1850.

> **Amiens 1839-1850. Duval et Herment. 12 cahiers in-4°.**

5637.—Département de la Somme. — Budgets de reports sur 1844-1845-1846-1847-1848-1849 de recettes et dépenses départementales ordinaires, facultatives, extraordinaires, spéciales et de l'instruction primaire, de l'exercice 1845-1844-1845-1846-1847-1848.

> **Amiens 1844-1849. Duval et Herment. 6 cahiers in-4°.**

5638.—Département de la Somme.—Comptes des recettes et dépenses départementales,—fixes, variables et facultatives de l'exercice 1827-1829-1851 ;— communes, variables et facultatives de l'exercice 1854 ;—variables, facultatives et cadastrales de l'exercice 1835 ; — variables, facultatives, cadastrales et de l'instruction primaire de l'exercice 1836 ; — de l'exercice 1857-1358; — variables, facultatives, extraordinaires, spéciales, cadastrales et de

· l'instruction primaire de l'exercice 1839; — variables; facultatives, extraordinaires, spéciales et de l'instruction primaire de l'exercice 1840-1841-1842-1843-1844-1845-1846-1847.

Amiens 1829-1849. 17 cahiers in-4°.

3639.—Recueil d'actes administratifs du département de la Somme.— (Circulaires, avis, arrêtés, en feuilles et en placards, de tous formats, de 1790 à 1815).

Amiens. 1790-1815. 6 vol. in-4°.

3640.—Mémorial administratif du département de la Somme, pour l'année 1816-1855.

Amiens 1816-1855. 7 vol. in-4°. et 32 vol. in-8°.

Cette collection commença en 1816; les 7 premiers volumes furent imprimés dans le format in 4.°; les autres, dans le format in-8°. Caron l'aîné l'imprima en 1816 et 1817; Maisnel fils en 1818-1820-1822; Caron-Duquenne en 1819-1821-1823-1824; Ledien-Canda en 1825-1826-1827-1828; Ledien fils de 1829 à 1834; R. Machart de 1835 à 1837; et Duval et Herment depuis 1838.

3641. — Etat du produit et de l'emploi des quêtes faites en faveur des incendiés du départ. de la Somme, pour l'année 1791.

Amiens 1792. Caron-Berquier. 1 cahier in-4°.

Département de la Somme. — Caisse des incendiés. — compte géneral rendu par le bureau central des incendiés, pour l'année 1820-1822-1834-1835-1836-1837-1840-1841-1845-1846-1847-1849-1850-1851-1853-1854. Art. 28 et 29 du réglement du Préfet, du 14 septembre 1819, approuvé par le Ministre de l'intérieur, le 21 du même mois. (N.° 29 du Mémorial administratif. 1819).

Amiens 1811-1855. Caron, Boudon, Yvert. 1 cah. in-4°.

3642.—Listes des citoyens qui doivent composer les jurés spéciaux d'accusation et de jugement pour le département de la Somme, (pour les années 1792 à 1811).

Amiens 1792-1811. J.B.Caron, Patin et Maisnel. 1 v.in-4°.

3643.—Recueil de pièces relatives aux élections.

Liasse in-4°. — Contenant :

1. — Liste des membres composant le collège électoral du département de la Somme. Elections de l'an **XIII.**

Amiens an 13. Maisnel.

2. — Discours prononcé par M. Duval, président du collège électoral de l'arrond. d'Amiens, à l'ouverture de la session, le 12 floréal an 13.
Amiens an 13. Maisnel.

3. — Discours prononcé dans le collège électoral du département de la Somme, par M. le Baron de Nervo, à la suite de la proclamation de la nomination de M. le Comte de Ségur, président de ce collège, comme premier candidat au Sénat-conservateur.
Amiens (1813). Maisnel.

4. — Discours prononcé par M. le Baron Morgan (1), maire d'Amiens, président du collège électoral de l'arrondissement d'Amiens, à l'ouverture de la session le 14 août 1815.
Amiens 1815. Caron-Berquier.

5. — Département de la Somme. — Liste alphabétique des électeurs.
Amiens 1819. Maisnel.

6. — Discours prononcé à l'ouverture du collège électoral du 2.e arrondissement du département de la Somme, le 5 novembre 1820, par M. Morgan de Belloy, président le collège.
Amiens 1820. Caron-Duquenne.

7. — Discours prononcé à l'ouverture du collège électoral du 3.e arrondissement du département de la Somme, le 4 novembre 1820, par M. Cornet d'Incourt. (2).
Amiens 1820. Caron-Vitet. in-8°.

8. — Discours prononcé par M. le Chevalier Le Marchant de Gomicourt, député sortant, président du collège électoral du 4.e arrondissement du département de la Somme.
Amiens 1820. Caron-Duquenne.

9. — Discours de M. le duc de Levis, président du collège du département de la Somme.
Amiens 1820. Caron-Duquenne.

10. — Formation de nouvelles listes électorales. Publication au 16 janvier 1824, clôture au 19 février suivant. — Lois des 5 février 1817 et 29 juin 1820. — Circulaire du Préfet du 26 décembre 1823.
Amiens 1823. Caron-Duquenne.

11. — Circulaire du secrétaire-général de la préfecture, du 19 janvier 1824, relative aux élections. — Envoi des cartes d'électeurs.

12. — Liste générale des électeurs du deuxième collège, séant à Amiens. Collège intra-muros. Novembre 1827.

---

(1) Morgan *(Adrien-Jean-Baptiste-Joseph-Rose)*, né à Amiens le 30 janvier 1766, y mourut le 9 novembre 1834.

(2) Cornet d'Incourt *(Charles-Marie)*, né à Amiens le 18 janvier 1776, mort à Fréchencourt (Somme), le 10 décembre 1852.

13. — Couplets au sujet de la candidature de M. Ternaux opposée à celle de M. Daveluy. — *En vain la secte libérale*, etc.

14. — Discours prononcé le 17 novembre 1827, par M. Daveluy-Bellencourt (1), maire de la ville d'Amiens, président du collège du 2.ᵉ arrondissement électoral (intra-muros).
   Amiens 1827. Caron-Isnard.

15. — Reponse de M. Mallet (2), à ses détracteurs. Octobre 1830.
   Amiens 1830. J. Boudon-Caron. in-8°.

16. — Adresse de la Chambre des Députés au Roi.
   Amiens 1830. Boudon-Caron. in-8°.

17. — Discours prononcé le 23 juin 1830, par M. Daveluy-Bellencourt, président du collège du 2.ᵉ arrondissement électoral.
   Amiens 1830. Caron-Vitet.

18. — Discours prononcé par M. Caumartin (3), président provisoire de la première section du collège électoral, intra-muros, de l'arrondissement d'Amiens, le 5 juillet 1831.
   Amiens 1831. Boudon-Caron. in-8°.

19. — Discours prononcé le 11 décembre 1833, au collège électoral de la ville d'Amiens, par M. Caumartin réélu député après sa nomination à la place de président de chambre à la Cour impériale d'Amiens.
   Amiens 1833. R. Machart. in-8°.

20. — Aux électeurs de l'arrondissement extra-muros, d'Amiens. — Gaulthier de Rumilly, député sortant. 20 février 1839.
   Amiens 1839. Boudon-Caron.

21. — Réponse de M. Gaulthier de Rumilly à tous les pamphlets anonymes et à tous les colporteurs de calomnies, adressée aux électeurs du collège d'Amiens (extra-muros). 25 février 1839.
   Amiens 1839. Boudon-Caron.

22. — Réponse de plusieurs électeurs extra-muros à M. Gaulthier de Rumilly. (Par M. *Joseph* Mancel). (4).
   Amiens 1839. Seblon et C.ᵉ

23. — Aux électeurs. — (Circulaire signée plusieurs électeurs du collège extra-muros, par M. J. Mancel).
   Amiens (1839). Alf. Caron.

24. — M. Caumartin, député sortant, à ses concitoyens. 26 fév. 1839.
   Amiens 1839. Boudon-Caron.

---

(1) Daveluy *(Nicolas)*, né à Amiens le 17 septembre 1756, y mourut le 21 mai 1840.

(2) Mallet *(Noël)*, né à Amiens le 25 décembre 1776, y mourut le 21 février 1853.

(3) Caumartin *(Jean-Baptiste-Marie-Bernard)*, né à Amiens le 15 octobre 1775, mort à Paris le 23 mai 1842.

(4) Mancel *(Joseph)*, né à Amiens le 5 janvier 1807.

25. — Aux électeurs. (Plusieurs électeurs du collège extra-muros).
     Amiens 1839. Seblon et Ce

26. — Electeurs de Sains et de Conty. (Adresse, par M. J. MANCEL).
     Amiens 1839. Alf. Caron.

27. — Electeurs. (Circulaire en faveur de M. Alfred Morgan).
     Amiens (1839). Alf. Caron.

28. — Aux électeurs du collège électoral de l'arrondissement d'Amiens (extra-muros).—(Circulaire signée D'WELLES, agriculteur à Contre).
     Amiens (1839). Boudon-Caron.

29. — Aux électeurs des cantons de Sains et de Conty. Le lieutenant-général de RUMIGNY.
     Amiens 1840. Alf. Caron.

3644.—Tableaux de taxation des denrées et marchandises de première nécessité dans le district d'Amiens.

Amiens an II. Caron-Berquier. 1 vol. in-4°.—Contenant :

Arrêté du Conseil général du district d'Amiens, en permanence, séance publique du 21.e jour du 1 mois de la 2.e année de la République Françoise (fixant le prix des marchandises et denrées de première nécessité pour toute l'étendue du district d'Amiens).

Amiens (an 2). Caron Berquier.

N.º 1. — Viande fraiche et salée, poissons secs et salés.

2. — Légumes secs.

3. — Tableau des productions d'animaux vivans.

4. — Tableau des boissons.

5. — Tableau de l'épicerie et droguerie.

6. — Tableau du prix des laines et draperies. — Suite du tableau n.° 6.— Supplément aux marchandises d'Amiens, omises dans le *Maximum général* et dans le tableau du district d'Amiens, n.° 6, concernant laine et draperies, ainsi que teintures et apprêts omis sur divers articles. Suivi du tableau du prix des tabacs.

8. — Tableau des fils et rubans de fil.

9. — Tableau des toiles.

10. — Tableau des cotons, fils de coton et cotonades. — Tableau du prix des velours et autres étoffes fabriquées en cotons. — Omission au n.° 10.

11. — Tableau du maximum de la bonneterie.

13. — Tableau des cuirs et peaux. — Addition à ce tableau.

14. — Tableau de la chapellerie.

16. — Tableau des prix des fers en 1790, augmenté d'un tiers, auquel on a joint les prix de transports et les bénéfices pour les marchands en gros et en détail.

17. — Tableau de la quincaillerie.

19. — Tableau des bois à bruler.

5645.—Notice sur le canal du duc d'Angoulême, par N. Bélu, ingénieur, (avec le plan et profil des pentes).

Paris 1828. Langlumé. 2 feuilles lithographiées.

5646.—Inauguration du canal du duc d'Angoulême, à Amiens, faite le 51 août 1825, par Son Altesse Royale, Madame, Duchesse de Berry.

Amiens 1825. Caron-Vitet. 1 vol. in-fol. 2 pl.

On y a joint le fac simile de l'inscription placée à l'entrée de l'écluse.

5647.—Notice sur la fondation de l'écluse dite de Froissy, au-dessous de Bray-sur-Somme. (Extrait du *Journal de la Somme* du 19 novembre 1825).

Amiens 1825. Caron-Vitet. Pièce in-8°.

5648.—Canal de la Somme. — Observations de la Chambre de commerce d'Amiens, à l'occasion d'une note remise à M. le Ministre du commerce, le 51 août, par M. Estancelin, député de l'arrondissement d'Abbeville. 9 oct. 1833.

Amiens 1833. Caron-Vitet. Pièce in-4°.

5649.—Les côtes de Normandie. Par J. J. Baude.

Paris 1845. Gerdès. 1 vol. in-8°.

Cette première partie du travail que M. Baude publia dans la Revue des deux Mondes (15 juin 1849) est toute entière relative à la baie de Somme.

5650.—La vérité sur la baie de Somme, par *Florentin* Lefils.

Paris 1853. Martinet. Pièce in-4°. 2 cartes.

5651.—Les côtes de la Somme.

1 vol. in-8°. — Contenant :

1. — Les côtes de la Somme. — Les bains de mer. — Le chemin de fer de Boulogne. — La vallée. (Par M. *Jos.* Mancel).

Amiens (18..). Duval et Herment. in-8.°

L'auteur y a joint une lettre manuscrite, datée du 4 avril 1853, relative au même sujet.

2. — La baie de Somme et ses ports. — Discussions sur l'utilité de conserver cette baie et sur les travaux projetés sur la rive gauche ; influences hydrographiques et anémographiques sur le gisement et la profondeur des passes ; utilité du jusant démontrée par l'expérience; prolongement incessant de la pointe du Hourdel ; nécessité de conserver le Crotoy comme port de refuge. Dédié aux riverains de la baie de Somme , par M. L.*** (*Florentin* Lefils).

Abbeville 1846. Jeunet. in-8°. Le titre manque.

3. — Chemin de fer de Noyelle à Saint-Valery. — Question de la baie de Somme. — Saint-Valery et le Crotoy. — Réponse de M. J. Mancel à M. Boulanger, de Saint-Valery. (4 lettres).

Amiens 1853. Alf. Caron. in-8°.

4. — Du bassin des dunes. Par *Florentin* Lefils. (Extrait de l'*Impartial de Boulogne*, du 20 juillet 1854.

Boulogne 1854. Ch. Aigre. in-8°.

5. — Observations sur la brochure de M. Florentin Lefils, intitulée : Les côtes françaises de la Manche , par M. Mary.

Amiens 1854. E. Yvert. in-8°.

6. — A propos du bassin des dunes. Réponse à M. Mary , inspecteur divisionnaire des ponts et chaussées. Par M. *Florentin* Lefils. (Extrait du journal le *Commerce de la Somme*).

Amiens 1854. Alf. Caron. in-12.

7. — Les ports de la Somme. Par J. Mancel. (Extrait du journal le *Commerce de la Somme*).

Amiens 1854. Alf. Caron. in-12.

8. — Plan général de la baie de Somme indiquant les divers projets d'embranchements de chemin de fer vers la mer afin d'en faire apprécier les avantages et les inconvéniens.

Paris 1854. 1 feuille in-plano.

3652.—Expositions des produits des manufactures, des arts industriels, des beaux-arts et de l'horticulture du département de la Somme.

1 vol. in-8°. — Contenant :

1. — Exposition des produits de l'industrie et des arts dans la ville d'Amiens. 1835. (Catalogue).

Amiens 1835. Boudon-Caron.

2. — Catalogue des plantes présentées par MM. les amateurs et jardiniers fleuristes d'Amiens, lors de l'exposition des produits de l'industrie, des arts et de l'horticulture en 1835.

Amiens 1835. R. Machart.

3. — Exposition des produits des manufactures, des arts industriels, des beaux arts, et de l'horticulture. (Compte-rendu).
     Amiens 1835. Boudon-Caron.

   Cette brochure renferme : Discours du maire, M. Le Merchier(1), à l'ouverture de la séance du 29 juillet 1835.—Rapport de la section des fils et tissus, par M. Jourdain-Lecocq (2),—de la section des arts industriels, par M. Delamorlière (3),—de la section des beaux-arts, par M. Rigollot (4),— de la section des plantes, par M. Pauquy (5). — Distribution des médailles.

4. — Ville d'Amiens. — Exposition des produits de l'industrie, des arts libéraux et de l'horticulture. — Arrêté du Maire, du 14 novembre 1835, annonçant une exposition pour 1836.
     Amiens 1835. Boudon-Caron.

5. — Autre édition.

6. — Exposition des produits de l'industrie et des arts de la ville d'Amiens. 1836. (Catalogue).
     Amiens. Juin 1836. Boudon-Caron.

7. — Département de la Somme. — Exposition des produits des manufactures, des arts industriels, des beaux-arts et de l'horticulture. (Compte-rendu).
     Amiens 1836. Boudon Caron.

   Cette brochure comprend le procès-verbal de la séance du 4 sept. 1836, et les rapports des sections, comme dans le n.º 3.

8. — Ville d'Amiens. — Exposition des produits de l'industrie manufacturière et de ceux des arts et métiers du département de la Somme. — (Arrêté du Maire, du 12 février 1840, annonçant l'ouverture d'une exposition le 24 juin suivant).
     Amiens 1840. E. Yvert.

9. — Exposition des produits de l'industrie du département de la Somme, ouverte à Amiens, le 24 juin, et close le 20 juillet 1840. — Rapport du Jury. (Par M. Jourdain-Lecocq).
     Amiens 1840. Caron-Vitet.

---

(1) Le Merchier *(Charles-Gabriel)*, né à Péronne le 13 août 1769, mort à Amiens le 7 mai 1853.

(2) Jourdain *(Alexandre-Auguste)*, né à Amiens le 21 mars 1773, y mourut le 11 novembre 1845.

(3) Delamorlière *(Jean-Baptiste-Noël)*, né à Amiens le 22 décembre 1769, y mourut le 4 décembre 1842.

(4) Rigollot *(Marcel-Jérôme)*, né à Doullens le 30 septembre 1786, mort à Amiens, le 29 décembre 1854.

(5) Pauquy-*(Charles-Louis-Constant)*, né à Amiens le 27 septembre 1800, y mourut le 12 février 1854.

10. — Exposition des produits de l'industrie du département de la Somme, en 1845. (Catalogue).

    Amiens 1845. E. Yvert.

11. — Exposition des produits de l'industrie du département de la Somme, en 1845. — Rapport du Jury. (Par M. *Vulfran* MOLLET). (1).

    Amiens 1846. E. Yvert. Avec un Tableau.

5653. — Statuts de la Société industrielle du département de la Somme.

    Amiens 1838. Ledien fils. in-8°.

Ville d'Amiens. — Actes de dévoument. — Société industrielle du département de la Somme. — Distribution de médailles et de prix. (29 juillet 1838).

    Amiens 1838. Ledien fils. in-4°.

Cette brochure comprend : 1.° Discours de M. LEMERCHIER, maire, en distribuant des récompenses pour les actes de dévouement. 2.° Séance publique de la Société industrielle. — Discours de M. de SAINT-AIGNAN, préfet, — de M. LEMERCHIER, maire, président. — Rapport de M. JOURDAIN-LECOCQ, secrétaire. — Rapport de M. DELAHAYE-MARTIN (2), au nom de la Commission administrative de la Société, sur le concours ouvert pour la filature, par mécanique, du poil de chèvre. — Le prix fut donné à M. Crignon, filateur à Amiens.

5654. — Compte-rendu des travaux de la Chambre de commerce d'Amiens à la séance d'installation des nouveaux membres, le 14 février 1849. (Par M. DAVELUY). (3).

    Amiens 1849. E. Yvert. Pièce in-8°.

5655. — Compte-rendu des travaux de la Chambre de commerce d'Amiens, pendant les années 1853 et 1854, lu par M. *Isid. N.* DAVELUY, président, dans la séance du 10 août 1855.

    Amiens 1855. E. Yvert. Pièce in-8°.

5656. — Exposition universelle. — Rapport à la Chambre de commerce d'Amiens, sur les produits exposés par les filateurs et les fabricants de tissus de sa circonscription, lu

---

(1) MOLLET *(Pierre-Vulfran)*, né à Amiens le 24 janvier 1816.

(2) DELAHAYE *(Pierre-Jean-Baptiste-François)*, né à Amiens le 5 février 1772, y mourut le 6 mars 1846.

(3) DAVELUY *(Marie-Pierre-Isidore-Nicolas)*, né à Amiens le 2 fév. 1787.

par M. *Jules* LAMY (1), son secrétaire. Séance du 26 septembre 1855.

Amiens 1855. Alf. Caron. Pièce in-8°.

5657.—Exposition agricole départementale de la Somme, ouverte à Amiens, du 28 au 30 septembre 1853. Catalogue des produits agricoles et instruments aratoires admis à l'exposition.

Amiens 1853. E. Yvert. Pièce in-8°.

** — Rapport sur le dessèchement des marais de la Somme. N.° 2924-10.

** — Le Cultivateur de la Somme, bulletin des comices agricoles.

Voyez *Agriculture*.

** — Journal des agriculteurs du département de la Somme. — *Ibid*.

** — Bulletin de la Société d'horticulture. — *Ibid*.

** — Statistique botanique ou flore du département de la Somme.

Voyez *Histoire naturelle*.

** — Esquisse géologique du departement de la Somme. — *Ibid*.

** — Mémoire de la Société linnéenne du nord de la France. — *Ibid*.

** — Comparaison des poids et mesures du département de la Somme avec les mesures et poids métriques. Voyez *Mathématiques*.

5658.—Organisation judiciaire du territoire du tribunal d'appel d'Amiens, comprenant les justices de paix, les tribunaux de première instance et ceux de commerce de son ressort; indiquant les changemens divers que ce territoire a éprouvés par l'effet des divisions opérées depuis 1790; et contenant une table alphabétique des cantons de ce ressort, servant à faire connaître le district, le tribunal correctionnel auquel ils ont successivement appartenu, et enfin l'arrondissement communal où maintenant chacun d'eux se trouve placé; avec la carte générale de l'arrondissement de ce tribunal d'appel, etc. Par P. G. CHANLAIRE.

Amiens an X. Caron-Berquier. 1 vol. in-8°.

On y a joint:

1. — Arrêté portant réduction des justices de paix du département de l'Aisne. Du 3 vendémiaire an X. *Bull. des Lois* n.° 106.

_____

(1) LAMY *(Charles-Alexandre-Jules)*, né à Amiens le 21 septembre 1811.

2. — Arrêté portant réduction des justices de paix du département de l'Oise. Du 23 vendémiaire an X. *Bull. des Lois* n.° 117.

3. — Arrêté portant réduction des justice de paix du département de la Somme. Du 15 brumaire an X. *Bull. des Lois* n.° 144.

4. — Table alphabétique des communes du département de la Somme. *Manuscrite.*

5. — Procès-verbal d'installation du tribunal d'appel séant à Amiens. (Du 25 thermidor an 8).
Amiens an 8. Caron-Berquier.

6. — Règlement du tribunal d'appel séant à Amiens. Du 9 fructidor an 8. Rendu provisoirement exécutoire le 5 vendémiaire an 9 par le Ministre de la justice.
Amiens an IX. Caron-Berquier.

7. — Règlement du tribunal civil de première instance séant à Amiens. Du 2.e jour complémentaire de l'an 8. Rendu provisoirement exécutoire, le 18 brumaire, an 9, par le Ministre de la justice.
Amiens an IX. Patin et C.o

8. — Tribunal d'appel. Extrait du plumitif des audiences du 25 frimaire an 9, (concernant le nombre des huissiers et la nomination des huissiers-audienciers).
Amiens an 9. Caron-Berquier.

9. — Règlement du tribunal criminel du département de la Somme, séant à Amiens. Du 8 nivôse an 9.
Amiens an IX. Patin et C.c

10. — Supplément au règlement du tribunal d'appel séant à Amiens. Du 14 floréal, an 10.
Amiens an 10. Caron-Berquier.

11. — Règlement provisoire de la Cour impériale séante à Amiens. Du 20 avril 1811.
Amiens 1811. Caron-Berquier.

5659.—Recueil de pièces pour servir à l'histoire du tribunal d'Amiens.

1 vol. in-4°. — Contenant :

1. — Ordonnance du tribunal du district d'Amiens, du 2 août 1791, (concernant les attroupements de la paroisse Saint-Jacques d'Amiens).

2. — A l'Assemblée nationale. (Lettre justificative des juges du tribunal d'Amiens, du 12 janvier 1792, relativement aux troubles de Conty).

3. — Extrait des registres du tribunal criminel du département de la Somme, du 27 janvier 1792. (Lecture d'une lettre écrite au nom du Roi, le 10 janvier, relativement aux troubles religieux).

4. — Ordonnance du tribunal criminel du département de la Somme, touchant les formes à observer par tous les juges des districts, directeurs de jurés, et les officiers de police de sûreté du département, relativement à la population de la ville d'Amiens, chef-lieu et siège du tribunal. Du 31 mars 1792.

5. — Ordonnance, etc. — relativement à l'enregistrement des lois nouvelles, aux fonctions du commissaire près le tribunal, et au serment de la liberté et de l'égalité. Du 30 août 1792.

6. — Pièces et actes, servant à la dénonciation contre le tribunal du district d'Amiens, par le Conseil général du département de la Somme; les dites pièces déposées sur le bureau de la Convention nationale, dans la séance du 25 février (1793).

Paris 1793. Valade.

7. — Ordonnance du tribunal du district d'Amiens, relativement à la fixation des jours d'audiences et autres actes de jurisdiction, en conformité de l'ère républicaine. Du 1.er du 2.e mois de l'an 2.e

8. — Ordonnance... et adresse de félicitation à la Convention nationale, pour avoir sauvé la patrie. Du 8 prairial an 3.

9. — Extrait des arrêtés du tribunal civil du département de la Somme, les deux sections réunies. Du 21 frimaire an 4. (Insuffisance du palais de justice, demande de l'ancien couvent des Célestins).

10. — Extrait... Séance du 16 germinal an 4. (Fixant les jours d'audience).

11. — Calendrier à l'usage des tribunaux d'Amiens. An 5.

12. — Tribunal civil séant à Amiens. Liste des nouveaux huissiers créés près le tribunal civil de l'arrondissement d'Amiens, par arrêté du premier Consul, en date du 4 brumaire an 9.

13. — Le Commissaire du gouvernement près les tribunaux criminel et spécial du département de la Somme, aux directeurs du juré, commissaires près les tribunaux, etc. (Circulaire du 15 vendémiaire an 2, relative à la fréquence des incendies).

14. — Discours prononcé par le citoyen Petit, à l'audience solennelle de rentrée, le mardi 16 brumaire an 12.

15. — Discours prononcé par M. le procureur-général (Morgan de Béthune) (1), à la rentrée de la Cour royale, séante à Amiens. (8 novembre 1815).

16. — Installation de la Cour royale d'Amiens, (le 14 décembre 1818).

17. — Cour royale d'Amiens. — Procès-verbal de l'inauguration du portrait en pied du Roi, (le 25 août 1812).—Discours de M. Avoyne de

(1) Morgan *(Louis-Alexandre)*, né à Amiens le 20 août 1759, y mourut le 24 sept. 1830.

CHANTEREYNE, premier président et de M. MORGAN DE BÉTHUNE, procureur-général.

18. — Discours prononcé par M. le procureur-général (MORGAN), le 4 nov. 1822, commençant la nouvelle année judiciaire de la Cour royale.

19. — Discours prononcés à la rentrée de la Cour le 4 novembre 1824, — le 5 novembre 1825, — le 6 novembre 1826, — le 5 novembre 1827, — le 5 novembre 1828, — le 5 novembre 1829, par M. MORGAN.

20. — Installation de M. Pascalis, procureur-général, le 16 mai 1831. Discours de M. SOUËF, premier avocat-général, et de M. PASCALIS.

21. — A l'Assemblée nationale. — Ville d'Amiens. — Mémoire et délibération du Conseil municipal pour la conservation de la Cour d'appel. Du 29 juillet 1848.

    Amiens 1848. Duval et Herment.

On y trouve aussi un grand nombre de jugements rendus par ce tribunal, entre autres celui qui fut rendu contre Joseph Lebon.

5660. — Statuts et réglement de la compagnie des notaires de l'arrondissement d'Amiens.

    Amiens 1852. Eug. Yvert. 1 vol. in-8°.

5661. — Réglementation des écoles.

    Recueil in-4°. — Contenant :

1. — Délibération du Conseil municipal de la commune d'Amiens ; portant règlement pour les écoles de charité. (Du 9 août 1790).

    Amiens 1790. Caron-Berquier.

2. — Extrait du registre aux délibérations du directoire du district d'Amiens, sur l'établissement des écoles primaires. (Du 13 ventôse an 3).

    Amiens, an III. Caron-Berquier.

3. — Règlement de Mgr. l'Évêque d'Amiens, pour l'exécution de l'ordonnance du 8 avril 1824, concernant les maîtres d'école.

    Amiens (1824). Caron-Duquenne.

4. — Circulaire du Recteur de l'Académie d'Amiens (M. J. SOULACROIX). Du 1.er oct. 1832, concernant l'instruction primaire.

    Amiens (1832). Caron-Vitet.

5. — Extrait du règlement pour les écoles primaires de l'arrondissement d'Amiens. (Du 5 décembre 1843).

    Amiens (1844.) Lenoel-Hérouart. Placard.

5662. — Ecoles d'enseignement mutuel.

    Recueil in-4°. — Contenant :

1. — Extrait du procès-verbal de l'assemblée de MM. les Fonctionnaires publics, de la ville d'Amiens, réunis sur l'invitation de M. le comte Lezay-Marnésia, préfet du département de la Somme, en la salle

des séances du Conseil général du département, le 15 mars 1817. (Relativement à l'établissement de l'enseignement mutuel.)

—Règlement de la Société établie à Amiens, pour l'encouragement dans le département de la Somme, de l'instruction élémentaire par la méthode d'enseignement mutuel, arrêté dans l'assemblée générale de la Société, du 27 mars 1817.

—Arrêté de M. le comte Lezay-Marnésia, préfet, portant règlement pour l'établissement dans le département de la Somme, des écoles d'enseignement mutuel, les conditions à remplir par les maîtres, et le régime intérieur desdites écoles.

Amiens 1817. Maisnel. in-4°.

2. — Assemblée générale de la Société d'encouragement de l'instruction élémentaire, par la méthode d'enseignement mutuel, dans le département de la Somme. (Séance du 30 août 1817).

Amiens 1817. Maisnel. in-4°.

3. — Société pour l'encouragement dans le département de la Somme de l'instruction élémentaire, par la méthode d'enseignement mutuel. Rapport et discours imprimés par ordre du Conseil d'administration. (Par Warmé fils (1) et Rigollot fils.

Amiens 1828. Boudon-Caron. in-8°.

4. — Société de l'enseignement mutuel gratuit à Amiens, département de la Somme. Extrait du registre aux délibérations du Conseil d'administration. Séance du 31 janvier 1838. (Règlement.)

Amiens 1838. Boudon-Caron. in-8°.

3663.—Règlement de la Société libre d'agriculture du département de la Somme, créée le 25 floréal an 7.

Amiens an 7. Caron-Berquier. Pièce in-8°.

3664.—Règlement de l'Académie des sciences, agriculture, commerce, belles-lettres et arts du département de la Somme. (25 germinal an XI).

Amiens an XI. Caron-Berquier. Pièce in-8°.

3665.—Règlement de l'Académie du département de la Somme. (10 juillet 1831).

Amiens 1831. R. Machart. Pièce in-8°.

3666.—Règlement de l'Académie des sciences, agriculture, com-

---

(1) Warmé (*Vulfran-Joseph-Florimond*), né à Amiens le 13 juillet 1797, y mourut le 11 mars 1835.

merce, belles-lettres et arts du département de la Somme.
(1.er septembre 1842).

Amiens 1842. Duval et Herment. Pièce in-8°.

3667.—Société des Amis des Arts du département de la Somme.

1 vol. in-8°. — Contenant :

1. — Statuts de la Société des Amis des Arts du départ. de la Somme.
   Amiens 1837. Ledien fils.
2. — Statuts etc.... (modifiés le 9 février 1845).
   Amiens 1845. E. Yvert.
3. — Exposition des produits de l'industrie et des arts dans la ville d'Amiens. 1835. (Catalogue).
   Amiens 1835. Boudon-Caron.
4. — Exposition etc.... 1836.
   Amiens 1836, Boudon Caron.
5. — Exposition des produits des beaux-arts dans la ville d'Amiens. 1837-1853 — (Il n'y a pas eu d'exposition en 1848-1849--1852).
   Amiens 1837-1840. Ledien fils. 1841-1853. E. Yvert.
6. — Extrait du procès-verbal de la séance générale tenue le 18 octobre 1846 , — 20 octobre 1850 , — 12 octobre 1851 , — 13 novembre 1853, pour le tirage des lots acquis par la commission administrative.
   Amiens 1846-51. Duval et Herment. 1853. E. Yvert.

3668.—Recueil de pièces pour l'histoire du département de la Somme.

1 vol. in-8°. — Contenant :

1. — Réflexions d'un curé sur la démarcation et la division du département d'Amiens.
2. — Réflexions d'un citoyen sur l'adresse envoyée à MM. les Curés d'Amiens, de la part du département de la Somme , pour être lue au prône de la messe paroissiale.
3. — Fidelissimæ Picardorum genti.
   — **Tu dors Picard et Louis est dans les fers.**
   A Amiens dans le palais épiscopal. S. n, n. d.
4. — Le correspondant Picard, et le rédacteur des cahiers de la seconde législature, journal dédié aux habitans des cantons , villes , bourgs, villages , hameaux, et municipalités du département de la Somme, qui comprend les districts d'Amiens , d'Abbeville, de Doulens, de Mondidier et de Péronne ; du département de l'Aisne, qui renferme les districts de Château-Thierry, Chauny, St.-Quentin, Vervins, Laon , et Soissons ; et du département de l'Oise, composé des

districts de Beauvais , Breteuil , Chaumont, Clermont, Compiègne , Crépy, Granvilliers , Noyon et Senlis; par F. N. Babeuf.

Noyon 1790. Devin.

5. — Annales picardes et belgiques. (Prospectus).

Abbeville 1790. Devérité.

6. — Réplique à la lettre du district d'Amiens. (Par De Ville.)

7. — Copie du mémoire adressé au Conseil général de la commune d'A-miens pour demander la publicité de ses séances , par la Société des Amis de la Constitution. Du 4 oct. 1790.

Amiens 1790. Caron-Berquier.

8. — Discours de M. le Président des Amis de la Constitution , en la séance du 28 août 1791 , à MM. les électeurs, invités par arrêté de la Société. (Par Bellegueule.)

Amiens 1791. Caron-Berquier.

9. — Couplets faits impromptu, en apprenant la nouvelle de la paix ; par un Habitué du café Crépin d'Amiens.

10. — Lettre de la municipalité d'Abbeville au Roi. (Au sujet de l'atten-tat.) Du 22 juin 1792.

11. — Discours de M. Levrier , commissaire du Roi près le tribunal cri-minel du département de la Somme , lors de la prestation de son serment, le lundi 16 janvier 1792, jour de l'installation du tribunal, en présence de la municipalité, du directoire du département , de celui du district , et autres corps qui avoient été invités.

Amiens 1792. J.-B. Caron.

12. — Opinion de M. Pucelle, député du département de la Somme , sur la dénonciation faite à l'Assemblée le 26 juin 1792, séance du soir, par M. Bazire, de l'arrêté pris par le directoire du départ. de la Somme le 22 juin 1792, au sujet des évènemens qui se sont passés au château des Tuileries le 20 du même mois.

13. — Exposé de la conduite des administrateurs du département de la Somme , à la Convention nationale.

Paris 1793. Pain.

14. — Règlement de l'assemblée populaire d'Amiens.

Amiens an II. Caron-Berquier.

15. — Pensées civiques prononcées le 20 pluviôse en la commune d'Amiens par *Florimond* Dewailly, l'un de ses membres.

Amiens an 2. Caron-Berquier.

16. — Tableau des membres du Conseil-général de la commune d'Amiens, de ceux qui composent le bureau municipal , les comités , le bureau de surveillance , le nom des chefs de chacun de ces bureaux et co-

49.*

mités, et les officiers publics pour les actes civils, dressé le 7 brumaire de l'an 3.

Amiens an 3. Caron-Berquier.

17. — Au Corps législatif, les membres comprenant le tribunal civil du département de la Somme, séant à Amiens. 30 frim. an 5.

Amiens an 5. Patin et Cᵉ.

18. — Observations de la commune d'Amiens, sur le placement des établissemens administratifs et judiciaires qui vont être faits en vertu de la constitution de l'an 8.

Paris. S. d. Baudouin.

19. — Barbier-Jenty, aux citoyens réunis dans l'église de la Providence, se disant l'assemblée primaire de la première section de la commune d'Amiens. 7 vend. an 4.

Amiens an 4. Caron-Berquier.

20. — Adresse aux électeurs. L'amour-propre de Phaëton, fable en vers libres. (Par *Adrien* Lescouvé.)

21. — Les administrateurs du département de la Somme promulgant la loi relative à la répartition de la contribution foncière du 3 frim. an 7.

Amiens an 7. Caron-Berquier.

22. — Règlement de la Société d'agriculture du département de la Somme, créée le 25 floréal an 7.

Amiens an VII. Caron-Berquier.

23. — Considérations sur la proposition d'établir un tribunal d'appel dans la ville d'Amiens. (Par Laurendeau).

Paris an 8. Baudouin.

24. — Discours prononcé le 27 thermidor, 15 août, par le citoyen Quinette, préfet du département de la Somme, en présence de toutes les autorités civiles et militaires réunies dans les salles de l'Hôtel-de-ville d'Amiens, dites du Congrès, pour assister à la publication des sénatus-consultes des 14 et 16 thermidor an 10.

Amiens an 10. Maisnel.

25. — Hospices civils. — Distribution des prix aux élèves des cours de médecine, chirurgie et de pharmacie, qui se fera dans l'amphithéâtre de l'Hôtel-Dieu d'Amiens, le 18 octobre 1809.

Amiens 1809. Caron-Berquier.

26. — Précis de la vie de Mgr. de Bombelles, évêque d'Amiens. Par Alissan de Chazet. (Extrait du *Journal des Débats*).

Amiens 1822. Caron-Vitet.

27. — Assassinat de Caroline Caudron. — Jugement des Ringard.

Amiens 1824. Caron-Vitet.

28. — Discours de M. Caumartin, député de la Somme, dans la discus-

sion sur le budjet du ministère de l'intérieur, section de la direction générale des haras et de l'agriculture.
> Paris 1828. Henri.

29. — Discours prononcé par M. Caumartin, député, nommé président de la 2.ᵉ section du Collége électoral du département de la Somme, le 29 août 1830.
> Amiens 1830. Boudon-Caron.

30. — Ecole secondaire de médecine d'Amiens. Discours prononcé le 22 décembre 1831, par M. Barbier, directeur de l'école, lors de l'inhumation de M. Lapostolle, professeur de physique et de chimie.
> Amiens 1832. R. Machart.

31. — Du choléra-morbus. Intendance sanitaire du départ. de la Somme.
> Amiens 1832. Boudon-Caron.

32. — Extrait du registre aux délibérations du comité central des souscripteurs pour les salles d'asyle, en faveur de l'enfance. 27 mai 1835.
> Amiens 1834 (1835). Boudon-Caron.

33. — Rapport sur l'état actuel de la culture du murier blanc et sur l'éducation des vers à soie dans le département de la Somme, par M. Riquier. (Séance de l'Académie du 9 juillet 1836).
> Amiens 1837. R. Machart.

34. — Réponse du Conseil des Prud'hommes d'Amiens au rapport fait au Conseil général du commerce sur la révision de la législation relative aux Conseils des Prud'hommes.
> Amiens 1838. Duval et Herment.

35. — Règlement pour les écoles primaires (de l'arrrondissement d'Amiens. 5. décembre 1843.)
> Amiens 1844. Lenoel-Hérouart.

36. — Société protectrice des animaux du département de la Somme. (Circulaire et Réglement). 12 février 1853.
> Amiens 1853. E. Yvert.

37. — Nouveaux statuts de la société protectrice des animaux domestiques pour le département de la Somme. 24 février 1854.
> Amiens 1854. Lenoel-Hérouart.

5669.—Pièces pour procès où interviennent des communes du département de la Somme.

> 1 vol. in-4". — Contenant :

1. — Précis signifié, servant de réponse au mémoire des seigneurs de Belloi-sur-Somme, pour les habitans dudit Belloi-sur-Somme. (Possession de tourber).
> Paris 1762. Knapen.

2. — Factum pour les habitans, corps et communautez du village de Dours, contre les habitans de Bussy. (1693. Pature).

3. — Factum pour M. J. de Longueval, chatelain de Dours, etc. contre les habitans de Bussy. (1693. Pature).

4. — Mémoire sur délibéré, pour les habitans de la commune de S. Ouin; contre les habitans de la commune de Bethencourt. (Marais).
Amiens an VIII. Patin.

5. — Dénonciation à M. l'accusateur public du tribunal de Mondidier, et réfutation d'un libelle infâme, intitulé : Affaire de la commune de Davesnecourt, contre Philippine Cardevac, veuve de Gabriel de la Myre, et ci-devant dame de Davesnecourt.
Amiens 1791. J. B. Caron.

6. — Précis pour Fr. Frère, laboureur à Estrées, contre J. F. Ducroquet, seigneur de Guyencourt, Estrées, et autres lieux. (Banalité de moulin).
Amiens 1787. J. B. Caron.

7. — Précis justificatif, pour les citoyens Moreau et Joly, agent et adjoint municipaux de la commune de Long. (Accusés de participation à une rebellion contre la gendarmerie).
Amiens an V. J. B. Caron.

8. — Mémoire pour M. J. B. Cochepin, seigneur de Métigny, contre F. Sagnier, syndic au village de Métigny. (Moulin à eau de Laleu).
Amiens 1777. V.ᶜ Godart. Pl.

9. — Mémoire pour F. Sannier *(sic)*, contre M. Cochepin de Métigny.
Amiens 1777. J. B. Caron. Pl.

10. — Précis pour M. Cochepin de Métigny, contre F. Sagnier.
Amiens 1777. L. C. Caron. Pl.

11. — Mémoire pour J. B. Morgan, seigneur de Frucourt, etc. contre le sieur Sanson Leprince, en présence de M. l'Evêque d'Amiens. (Moulin à bâtir sur la Selle, à Montières). 1775.
S. n. n. l. n. d. 1 Plan.

12. — Précis pour le sieur Morgan de Frucourt.
Paris 1784. Simon et Nyon.

13. — Mémoire signifié pour le sieur Sanson Leprince, contre le sieur J. B. Morgan de Frucourt.
Amiens 1776. V.ᶜ Godart. Pl.

14. — Réplique du S. Morgan de Frucourt au mémoire du sieur Leprince.
Amiens 1776. V.ᶜ Godart.

15. — Réfutation pour le sieur Le Prince.
Amiens 1776. V.ᶜ Godart.

16. — Mémoire pour D. H. G. Baschy, veuve de F. Ch. Monestay-Chazeron, contre la commune d'Offoy. (Revendication).
Amiens an VIII. J. B. Caron.

17. — Mémoire signifié par M. L. J. Gaillard, seigneur de Boencourt et de Prouselles, contre Ph. Rayés, meunier du moulin de Plachy. (Point d'eau). 1778.

18. — Mémoire pour le comte de Noailles, contre J. Maillard et sa femme. (Droits seigneuriaux sur la terre de Renancourt).
Paris 1767. Desprez.

19. — Conseil de Préfecture. Mémoire pour Lambert Dubois, propriétaire des moulins de Sailli-Laurette, contre Démarquet, dit Galbi, meunier à Sailli-Laurette, et contre le Conseil municipal de ladite commune. (Propriété d'une digue).
Amiens 1810. J B. Caron.

20. — Mémoire pour la commune de Sourdon, contre le citoyen Tassart, notaire public à Breteuil. (Plantations).
Amiens an 9. J. B. Caron.

21. — Mémoire pour le citoyen Tassart.
Amiens an 9. Caron-Berquier.

22. — Précis pour les habitans de Vignacourt, contre Ph. Duboisle, et contre le S. de Famechon, seigneur de Canteleu, Etouvi et autres lieux. (Place publique revendiquée).
Paris 1779. D'Houry.

23. — Sentence des requêtes du Palais, contre M. de Villers-Bocage, laquelle ordonne que la dime sera perçue avant le champart. Du 14 juin 1745.
Amiens 1746. V.ᶜ Godart.

3670.—La Décade du département de la Somme, et Bulletin de la Somme. 1800-1809..
Amiens an 8-1809. Patin et Maisnel. 10 vol. in-4°.

Commencée le 10 pluviôse an 8, cette feuille, qui paraissait chaque décade, fut d'abord imprimée par Patin et signée par Demanché; au 10 thermidor an 9 elle fut imprimée et signée par Maisnel fils; le 20 prairial an 10 elle prit le titre de *Bulletin de la Somme* sans changer son format, qu'elle grandit seulement en 1807, en devenant hebdomadaire; Maisnel continua de l'imprimer et de la signer. — Cet exemplaire incomplet finit le 27 juin 1809.

3671.—Journal du département de la Somme. 1810-1813.
Amiens 1810-11. J.B. Caron. 1812-13. Maisnel. 4 v. in-4°.

Cette feuille commença le 6 janvier 1810, imprimée et signée par J. B. Caron; Maisnel l'imprima et la signa du 1 janvier au 4 mars 1812; elle fut, du 11 mars 1812 au 29 décembre 1813, imprimée par Maisnel et signée B.

3672.—Feuilles d'affiches, annonces et avis divers de la ville d'Amiens, chef-lieu du département de la Somme.

Amiens 1814-1829. 6 vol. in-8.° et 2 in-4°.

Feuille hebdomadaire qui date de 1810, l'année 1827 portant 17.ᵉ année. La bibliothèque possède les années 1814-1815-1816-1817, imprimées et signées par Caron l'aîné, et les années 1827-1828-1829; le format grandit alors et le titre est : *Feuille d'Affiches, Annonces judiciaires et Avis divers de la ville d'Amiens et du département de la Somme; Actes administratifs, Commerce, Agriculture, Industrie, Lettres et Arts* ; Caron-Duquenne imprime et signe jusqu'au 31 mai 1828; à partir de cette époque, il signe seulement et Boudon-Caron imprime. Ce journal cessa le 7 février 1829, pour faire place à la *Sentinelle picarde*.

3673.—Journal d'agriculture et de commerce du département de la Somme. 1817-1829. (Hebdomadaire),

Amiens 1817-1829. Caron-Vitet. 12 vol. in-8°.

Le premier numéro a paru le 7 juin 1817, le dernier le 26 décembre 1829. Jourdain-Lecocq, secrétaire de la Chambre de commerce, en fut le rédacteur. En 1820 le titre devint *Journal de la Somme* ; le sous-titre fut plusieurs fois modifié.

Il manque les 30 premiers numéros, 7 juin 1817 à 3 janvier 1818.

3674.— Le Glaneur. 1820-1850.

Amiens 1826-1850. 3 vol. in-4.° et 23 in-fol.

Cette collection commence le 11 février 1826, 7.ᵉ année. Les trois premières années sont du format in-4°. *Raoul* Machart imprima et signa cette feuille jusqu'au 23 juin 1838; depuis lors elle fut signée *Eugène* Herment ; à partir du 15 septembre 1838, elle fut imprimée par MM. Duval et Herment. Elle cessa de paraître le 27 juin 1852, après avoir paru hebdomadairement d'abord et deux fois par semaine à dater du 11 octobre 1845. Le format in-folio fut adopté en 1829, il grandit encore le 16 juin 1838.

3675.—Le Miroir de la Somme, journal des spectacles, des mœurs et des arts.

1822-1823. 1 vol. in-4°.

Ce journal parut le jeudi de chaque semaine ; le premier numéro le 2 mai 1822, et le dernier, le 52.ᵉ, le 24 avril 1823. Les n.ᵒˢ 1 et 2 ont été imprimés à Amiens par Caron-Berquier; les n.ᵒˢ 4 à 6, à Paris, par Moreau; les n.ᵒˢ 27 à 52, à Abbeville, par Devérité; les suppléments des n.ᵒˢ 6 et 7, à Amiens chez Ledien-Canda. Le rédacteur était M. De Neuve-Eglise.

5676. — L'Indicateur du département de la Somme. 1824-1828.

Amiens 1824-1825. Caron-Berquier. 2 vol. in-4°.

Cette feuille hebdomadaire fut imprimée et signée par Caron-Berquier. Elle commença le 8 janvier 1824 avec 5 numéros in-8.°, les suivants in-4°. Notre collection s'arrête au 29 décembre 1825.

5677. — L'Abeille picarde, journal consacré aux nouvelles du département de la Somme, à celles administratives, commerciales ou agricoles, à la littérature et aux avis et annonces judiciaires ou particuliers.

Amiens 1828-31. Ledien-Canda. 4 vol.

Notre collection incomplète comprend l'année 1828, in-8.°, 1829-1830, in-4.°, 1831, petit in-folio. Binet fils aîné rédigeait cette feuille qui commença en 1829 et finit en 1837. En 1829 elle prit le titre de l'*Abeille Picarde* seulement, et en 1831 celui de l'*Abeille Picarde, journal d'Amiens et du département de la Somme.*

5678. — La Sentinelle Picarde.

Amiens 1829-1840. 6 vol. in-fol.

Collection incomplète. — Cette feuille politique commença le 15 février 1829, imprimée et signée par Boudon-Caron jusqu'au 14 août 1831; *E.* Cassagnaux en fut alors le rédacteur jusqu'au 14 mars 1840, que le journal cessa pour devenir le *Journal de la Somme.* Boudon-Caron continua de l'imprimer jusqu'au 10 août 1839, que M. E. Yvert lui succéda. Ce journal fut d'abord hebdomadaire; il parut deux fois par semaine du 31 décembre 1831 au 15 février 1833, et redevint hebdomadaire.

5679. — La Gazette de Picardie.

Amiens 1831-39. Caron-Vitet. 39-48. E. Yvert. 9 v. in-fol.

Collection incomplète. — Ce journal politique commença le 30 septembre 1831 et finit le 1 novembre 1848. M. *E.* Yvert qui en fut constamment le rédacteur, en devint l'imprimeur le 13 août 1839; jusque-là le journal avait été imprimé par Caron-Vitet.

5680. — Le Franc-Picard. 1834-1835.

Amiens 1834-1835. 1 vol. in-fol.

Feuille hebdomadaire imprimée et signée par Ledien fils; elle a commencé le 31 décembre 1834 et fini le 30 décembre 1835.

5681. — Journal de la Somme. (Sentinelle Picarde et Eveil d'Abville réunis). 1840-1845.

Amiens 1840-1845. E. Yvert. 5 vol. in-fol.

Journal politique, paraissant trois fois par semaine, signé E. Cassagnaux. Il commença le 19 mars 1840 et finit le 28 mars 1845, pour paraître sous le titre suivant. — Incomplet.

3682.—Journal de la Somme, politique, littéraire, judiciaire, industriel et agricole. 1845-1848.

> **Amiens 1845-1848. E. Yvert. 4 vol. in-fol.**
>
> Journal qui parut tous les jours, le lundi excepté, du 1.er avril 1845 au 31 août 1848; il eut pour rédacteurs et signataires MM. MONTALBERT, à dater du 1 avril 1845, J. DEGEORGE, 31 octobre 1845, P. DÉSIR, 2 juin 1846, DÉGOUVE-DENUNCQUES, 26 avril 1848, et *Al.* GRESSE, , 31 mai 1848.

3683.—La Publicité, petites affiches de la ville d'Amiens et du département de la Somme.

> **Amiens 1846-1847. Alf. Caron. 1 vol. in-8°.**
>
> Feuille hebdomadaire qui parut signée DUCROQUET, du 14 mars 1846 au 6 mars 1847, et dont M. D. LEBEL était l'éditeur.— Les articles de fonds étaient rédigés par M. GOZE et M. REMBAULT qui signait Baron de C.

3684.—Courrier de la Somme, politique, industriel, agricole et littéraire.

> **Amiens 1848-1851. Alf. Caron. 4 vol. in-fol.**
>
> Ce journal, qui paraissait tous les jours, le lundi excepté, commença le 15 mars 1848, et fut supprimé le 3 décembre 1851; il eut pour signataire M. L. CHALLIER et pour rédacteur en chef M. *Victor* DE NOUVION.

3685.—L'Ami de l'Ordre.

> **Amiens 1848-1856. E. Yvert. 7 vol. in-fol.**
>
> Ce journal qui continue de paraître tous les jours, le lundi excepté, a pour rédacteur depuis son origine, 8 novembre 1848, M. E. YVERT; il a remplacé la Gazette de Picardie.

3686.—Le Démocrate, journal de l'atelier.

> **Amiens 1848. E. Yvert. 1 vol. in-fol.**
>
> Ce journal, qui paraissait le lundi, eut seulement huit numéros, le 1.er est du 30 mai, le 8.e du 17 juillet 1848. Le premier numéro fut signé J. B. RONFLEUR, ouvrier, et les autres N. MERCIER.

3687.—L'Impartial de la Somme.

> **Amiens 1848-1849. Lenoel-Hérouart. 1 vol. in-fol.**
>
> Cette feuille qui paraissait tous les jours, le lundi excepté, commença le 12 novembre 1848 et finit le 25 novembre 1849. Les signataires furent J. GRAMAIN, jusqu'au 10 décembre; BENOIST-PARISET, jusqu'au 18 janvier; *Ed.* LUCET, à partir de cette époque.

3688. — Mémorial d'Amiens et du département de la Somme.

Amiens 1851-1856. L. Chalier. 4 vol. in-fol.

Ce journal, qui continue de paraître tous les jours, le lundi excepté, a commencé le 25 octobre 1851, sous la direction de M. L. Challier ; il fut imprimé jusqu'au 18 avril 1852 par Alfred Caron, ensuite par L. Challier.

3689. — Le Commerce de la Somme, annales de la ville d'Amiens.

Amiens 1852-1856. Alfred Caron. 3 vol. in-fol.

Ce journal hebdomadaire, qui continue, a commencé le 12 septembre 1852; il est signé par l'imprimeur-éditeur M. *Alf.* Caron.

3690. — Le Publicateur du département de la Somme, journal d'Amiens.

Amiens 1851-56. Caron et Lambert. 4 vol. in-fol.

Ce journal hebdomadaire a commencé de paraître le 12 avril 1851. Les éditeurs gérants sont MM. Caron et Lambert. — Il continue.

3691. — L'Authie, journal des intérêts divers de l'arrondissement de Doullens et des cantons voisins.

Doullens 1848-1856. 6 vol. in-fol.

Ce journal a commencé en 1844. Notre collection est complète à partir de 1848. M. Vion le signa comme éditeur jusqu'au 8 avril 1849 et l'imprima jusqu'au 8 juillet. Il fut remplacé comme éditeur d'abord et comme imprimeur ensuite par M. A. Grousilliat, qui continue de le faire paraître tous les dimanches.

** — Consultez sur ces journaux l'*Essai bibliographique sur la Picardie,* par M. *Ch.* Dufour. — *Mém. de la Soc. des Antiq. de Picardie.* x.

3692. — Plan de la ville et citadelle d'Amiens. Dédié à M. Feideau de Brou, Evesque d'Amiens, par M. *C. R Cornet de Coupel.* Dessiné par *Charles* Desbordes et gravé à Paris par *Ertinger* l'an 1700.

Paris 1700. N. Defer. Amiens. Odon. 4 f. collé sur toile.

La ville d'Amiens qui possède les 4 planches de cuivre sur lesquelles ce plan a été gravé, en a fait faire un nouveau tirage en 1851.

3693. — Le même plan. Tirage de 1851.

3694. — Nouveau plan d'Amiens, chef-lieu du département de la Somme. Dressé en 1822 et 1823, d'après celui gravé à Paris en 1700, auquel il a été fait toutes les corrections nécessaires, et rapporté tous les objets d'amélioration et d'embellissement exécutés dans la ville et ses environs, par les sieurs LIMOZIN père (1) et fils (2), architectes de cette ville. Dédié à Mgr. de Chabons, évêque d'Amiens.

Paris 1823. Lith. de Prieur. 4 feuilles in-fol.

3695.—Plan de la ville d'Amiens, par PINSARD (3), conducteur des ponts-et-chaussées. 1845. Gravé par *Schwaerzlé*, lithographié par *Rigo*.

Amiens 1845. Alfred Caron. 1 feuille.

3696.—Délibération du Conseil-général de la commune d'Amiens, sur la situation actuelle des finances de la ville. (12 novembre 1791).

Amiens 1791. Caron-Berquier. Pièce in-fol.

—— Délibération du Conseil-général de la commune d'Amiens, portant arrêté des états et du tableau général de la situation actuelle des affaires et finances de la commune. Avec le tableau général à la suite. (12 janv. 1793).

Amiens 1793. Caron-Berquier.

— Tableau de situation des finances de la commune d'Amiens. An VI. (Fait et arrêté le 3 brum. an VII).

3697.—Département de la Somme. — Ville d'Amiens. Budget ou état des recettes et dépenses de la ville d'Amiens, pour 1817-1829.

Amiens 1818-1830. Maisnel, Caron-Duquenne. Pièce in-f.

3698.—Département de la Somme.— Ville d'Amiens.— Compte des recettes et dépenses de l'exercice 1827-1853. Budget de l'exercice 1830-1855.

Amiens 1830-1855. 5 vol. in-4°.

---

(1) LIMOZIN (*Jean-Baptiste-Gabriel*), né à Amiens le 8 juin 1759, mort à Saint-Quentin le 2 novembre 1825.

(2) LIMOZIN (*Jean-Baptiste-Amand*), né à Amiens le 12 mai 1786, y mourut le 8 mars 1834.

(3) PINSARD (*Charles-Joseph*), né à Amiens le 21 mai 1819.

5699.—Dissertation sur Samarobriva, ancienne ville de la Gaule; par M. Mangon de la Lande.

> St.-Quentin 1825. Tilloy. 1 vol. in-8°.

— Mémoire sur l'ancienne ville des Gaules, qui a porté le nom de Samarobriva, par M. J. Rigollot fils.

> Amiens 1827. Caron-Duquenne. in-8°.

— Second mémoire sur l'ancienne ville des Gaules qui a porté le nom de Samarobriva, suivi d'éclaircissemens sur Vermand, capitale des Veromandui, par *le même*.

> Amiens 1828. Boudon-Caron. in-8°.

—Mémoire en réponse à celui de M. Rigollot, sur l'ancienne ville des Gaules, qui a porté le nom de Samarobriva; présenté à la Société académique de Saint Quentin, par M. Mangon de la Lande.

> St.-Quentin 1827. Tilloy. in-8°.

—Samarobriva ou examen d'une question de géographie ancienne, par M. de C. (de Cayrol).

> Amiens 1832. R. Machart. 1 vol. in-8°.

5700 —Bref estat des antiquitez et choses plus remarquables de la ville d'Amiens, poëtiquement traictées. Par M. *Adrian* de la Morliere (1). 2.° édit.

> Amiens 1622. Jacques Hubault. 1 vol. in-8°.

—Catalogue des évesques d'Amiens, par *le même*.

> Amiens (1622). Jacques Hubault. in-8°.

5701.—Le premier, le second et le troisiesme livre des antiquitez, histoires et choses plus remarquables de la ville d'Amiens, poëtiquement traicté. Par M. *Ad.* de la Morliere. 3.° éd.

> Paris 1627. D. Moreau. 1 vol. in-4°.

5702.—Les antiquitez, histoires, et choses plus remarquables de la ville d'Amiens. Par M. *Ad.* de la Morliere. 3.° éd.

> Paris 1642. Seb. Cramoisy. 1 vol. in-fol.

—Recueil de plusieurs nobles et illustres maisons vi-

---

(1) De la Morlière (*Adrian*), né à Montdidier, mourut à Amiens le 19 octobre 1639.

vantes et esteintes en l'estenduë du diocese d'Amiens.
Et à l'environ, des alliances et vertueux actes des seigneurs, et des abbayes, prieurez, et églises collégiales
par eux fondées. Par Maître *Adrian* DE LA MORLIERE.

Paris 1642. Seb. Cramoisy. in-fol.

5703.—Histoire de l'état de la ville d'Amiens et de ses Comtes,
avec un recueil de plusieurs titres concernant l'histoire
de cette ville, qui n'ont pas encore esté publiez; par
Charles DU FRESNE, sieur DU CANGE, ouvrage inédit,
publié d'après le texte du manuscrit original de la bibliothèque royale, (Sup. fr. n.º 1209). Précédé d'une notice sur la vie et les principaux ouvrages de Du Cange,
ainsi que d'une introduction, avec notes et éclaircissemens. (Par H. HARDOUIN).

Amiens 1840. Duval et Herment. 1 vol. in-8º.

5704.—Publication des manuscrits de PAGÈS (1) déposés à la bi-
bliothèque communale d'Amiens.—Prospectus spécimen.
—Sommaire des matières contenues dans les manuscrits.
Première liste des souscripteurs.

Amiens 1855. Alf. Caron. in-18.

5705.—Histoire de la ville d'Amiens, depuis son origine jusqu'à
présent. Ouvrage enrichi de cartes, de plans et de différentes gravures. Par le Rév. Père DAIRE, Célestin.

Paris 1757. Delaguette. 2 vol. in-4º. Pl.

5706.—Même ouvrage. Rev. et corr. pour une 2.e édit.

Les notes manuscrites du P. Daire qui chargent les marges de cet
exemplaire, sont généralement peu importantes.

5707.—Histoire littéraire de la ville d'Amiens, à laquelle on a
joint, dans l'ordre chronologique, les hommes célèbres
dans les arts, et les personnes qui se sont distinguées
par la pratique constante des plus hautes vertus. Par
l'*Abbé* DAIRE.

Paris 1782. P. Fr. Didot. 1 vol. in-4º.

_____

(1) PAGÈS (*Jean*), né à Amiens le 24 mars 1655, y mourut le 6 nov. 1725.

3708. — Voyage pittoresque, ou notice exacte de tout ce qu'il y a d'intéressant à voir dans la ville d'Amiens, capitale de Picardie, et dans une partie de ses alentours, faite en l'anné 1785. Par M. D. V. L. d'A. (De Vermont l'aîné (1) d'Amiens).

Amiens 1787. J. B. Caron l'aîné. 1 vol. in-12·

3709. — Histoire de la ville d'Amiens, depuis les Gaulois, jusqu'en 1830, ornée de 12 lithographies, par M. H. Dusevel.

Amiens 1832. R. Machart. 2 vol. in-8°. Lith.

3710. — Histoire de la ville d'Amiens, depuis les Gaulois jusqu'à nos jours, par M. H. Dusevel. 2.ᵉ édit.

Amiens 1848. Caron et Lambert. 1 vol. in-8°. Pl.

3711. — Amiens en 1832, ou guide de l'étranger dans cette ville, présentant 1.° Un aperçu général sur l'état statistique d'Amiens ; 2.° la description complète de tous ses monumens, ses établissemens publics ; 3.° l'indication des principaux monumens et établissemens qui n'existent plus ; 4.° les adresses des tous les fonctionnaires, négocians, artisans, etc. qui y résident, et généralement tout ce qui peut intéresser l'étranger et l'habitant de cette cité. Par M. C. A. N. Caron (2), d'Amiens.

Amiens 1832. Caron-Vitet. 1 vol. in-18.

3712. — Amiens en 1833. Même ouvrage. 2.ᵉ édit.

Amiens 1833. Caron-Vitet. 1 vol. in-18.

3713. — Amiens en 1836, ou guide de l'étranger dans cette ville, présentant : 1.° Un apercu général sur l'état statistique d'Amiens ; 2.° la description complète de tous ses monuments, ses établissements, etc.; 3.° l'indication des principaux monuments et établissements qui n'existent plus ; 4.° une petite biographie d'Amiens ; 5.° les adresses de tous les fonctionnaires publics, négociants, marchands,

---

(1) De Vermont (*Louis-Auguste*), né à Amiens le 10 février 1746, mort à ?

(2) Caron (*Charles-Alexis-Nicolas*), né à Amiens le 19 décembre 1811, y mourut le 12 février 1857.

artisans, etc. qui y résident, et généralement tout ce qui peut intéresser l'étranger et l'habitant de cette cité; par M. C. A. N. CARON. 3.ᵉ édit.

Amiens 1836. Caron-Vitet. 1 vol. in-18.

5714.— Notice sur la ville d'Amiens, ou description sommaire des rues, places, édifices et monumens les plus remarquables de cette ville, accompagnée d'un précis des événemens qui s'y rattachent, par MM. H. D.*** et R. M.*** (*Hyacinthe* DUSEVEL et *Raoul* MACHART) (1).

Amiens 1825. R. Machart. 1 vol. in-8°.

5715.— Les enceintes successives d'Amiens. Par M. A. GOZE.

Amiens 1854. Alf. Caron. 1 vol. in-12.

5716.— Histoire des rues d'Amiens, par M. A. GOZE, D. M. P. Tom 1.ᵉʳ Amiens Gaulois.

Amiens 1854. Alfred Caron. 1 vol. in-18.

5717.— Monuments anciens et modernes de la ville d'Amiens, dessinés par MM. DUTHOIT frères (2), et décrits par M. H. DUSEVEL.

Amiens 1831-1843. Duval et Herment. 1 vol. in-4°.

Cette collection comprend 76 planches. Elle se divise en 2 séries, la 1.ʳᵉ de 50 pl., la 2.ᵉ de 26 seulement, les 63 premières seules ont un texte. Cette publication, dont l'idée première est due à M. Le Prince, se fit par le journal le *Glaneur*, de 1831 à 1843. Les articles furent ensuite tirées à part. Les dessins sont de MM. *Duthoit* frères, *J. Moncourt* et *Narlet*; les lithographies de MM. *Le Prince*, pour le plus grand nombre, *Laroche*, *Delaporte* et *Duval et Herment.*

5718.— Description des monuments les plus curieux, anciens et modernes, de la Picardie; par F. LOMBART.

Amiens 1838. Caron-Vitet. in-8°.

Trois livraisons seulement ont paru, notre exemplaire n'en contient que deux. Malgré son titre, il n'est question dans l'ouvrage que du département de la Somme, et ici d'Amiens seulement.

(1) MACHART (*Charles-Marie-Augustin-Raoul*), né à Amiens le 26 prairial an VIII (15 juin 1800), y mourut le 16 juin 1838.

(2) DUTHOIT (*Aimé-Adrien*), né à Amiens le 5 frimaire an XII. (25 novembre 1803.

3719.—Nouveau guide de l'étranger dans Amiens. Description complète de ses monuments anciens et modernes. Orné d'un plan d'Amiens, de plusieurs gravures et de la carte illustrée du chemin de fer d'Amiens à Abbeville. Dessins de M. *Duthoit*. (Par M. *Alexandre* Gresse).

Amiens 1848. Alf. Caron. 1 vol. in-18. Pl.

A la suite:

Notice historique sur les villages, églises et châteaux disséminés sur le parcours du chemin de fer d'Amiens à Abbeville. Par M. A. Goze. Avec une carte illustrée de 40 dessins, par M. *Duthoit*.

Amiens. S. d. Alfred Caron. in-18. (La carte manque).

3720.—Guide du voyageur à Amiens. Description de ses monuments anciens et modernes, suivie d'une biographie des hommes remarquables qui sont nés dans cette cité, par H. Calland (1).

Amiens 1855. Caron et Lambert. 1 vol. in-18. Fig.

3721.—Guide du voyageur dans Amiens. Description historique de la cathédrale et des principaux monuments de cette ville.— Voyage en chemin de fer de Paris à Boulogne et à la frontière du Nord. — Arras.—Douai.—Lille.—Valenciennes. (Par E. Cassagnaux).

Amiens (1855). Lenoel-Herouart. 1 vol. in-8°. Fig.

Le vrai titre de cet ouvrage, qui en a changé plusieurs fois, devrait être: *Voyage en chemin de fer de Paris à Boulogne et à la frontière du Nord.*

3722.—Almanach du commerce et des arts et métiers de la ville d'Amiens, pour l'année 1839, précédé d'une notice sur cette ville et contenant la liste de toutes les administrations civiles, religieuses, judiciaires et militaires, les noms et adresses par ordre alphabétique des négocians, fabricans, marchands, propriétaires, électeurs municipaux, etc.

Amiens 1839. Duval et Herment. 1 vol. in-12.

(1) Calland (*Emmanuel-Henri*), né à Amiens le 7 avril 1812.

3723.—Annuaire de la ville d'Amiens, contenant l'adresse de tous les membres des administrations civiles, religieuses, judiciaires et militaires, les noms et adresses des négociants, fabricants, marchands, propriétaires et rentiers. Suivi du tableau des communes du département de la Somme. Année 1843.

Amiens 1843. Alfred Caron. 1 vol. in-12.

3724.—Annuaire de la ville d'Amiens, divisé en quatre parties : 1.° Les administrations. 2.° La liste des habitants classés par rues et n.°ˢ de maisons. 3.° La liste des marchands fabricants par corps d'état. 4.° La liste générale par ordre alphabétique de noms. Année 1855.

Amiens 1855. Alf. Caron. 1 vol. in-18.

3725.—Recueil des dernières et principales ordonnances, qui concernent principalement l'honneur de Dieu, la garde et seureté de la ville d'Amiens, et le gouvernement et police d'icelle, tirées de plusieurs édicts du Roy, ordonnances et publications des registres de l'hostel commun de ladite ville d'Amiens, mises par ordre et par chapitres separez, suivant les matières au long declarées en la table estant à la fin du present recueil, qui a esté fait en l'année 1586 de l'ordonnance de Messieurs les Majeur, Prevost, et Eschevins d'icelle, Juges Royaux, ordinaires et politiques, ayans souz le Roy, la garde, force, gouvernement, et super-intendance de ladite ville. A ce temps sire Philippes du Beguin sieur des Alleux, majeur, et M. Nicolas Delessau, greffier d'icelle.

Amiens 1653. R. Hubault. 1 vol. in-4°. Sans titre.

3726.—Plan de municipalité pour la ville d'Amiens. Par un citoyen.

Amiens. S. d. J. B. Caron. 1 vol. in-8°.

3727.—Réglement et tarif de l'octroi de la commune d'Amiens, approuvé par ordonnance royale du 30 décembre 1832.

Amiens 1833. Boudon-Caron. 1 vol. in-8°.

3728.—Réglement et tarif de l'octroi de la commune d'Amiens, département de la Somme, suivis du règlement de l'abattoir, et d'autres documents.

Amiens 1850. Lenoel-Herouart. 1 vol. in-8º.

3729.—Affaire du commissaire de police Creteil.

1 vol. in-8º. Contenant :

1 — Ville d'Amiens.— M. F. Boistel-Duroyer (1), maire suspendu par ordonnance royale du 1.ᵉʳ février 1835, à ses concitoyens.
Amiens 1835. Boudon-Caron.

2. — Réponse au mémoire de M. Boistel-Duroyer, touchant l'affaire du commissaire de police. (Par M. Dunoyer, préfet. 28 février 1835).
Amiens 1835. R. Machart.

3. — Correspondance qui a précédé la suspension de M. Massey, premier adjoint à la mairie d'Amiens. — Arrêté de suspension.
Amiens 1835. R. Machart.

4. — Préfecture de la Somme. — Exposé des faits relatifs à la nomination du commissaire de police qui a remplacé M. Monmert, à Amiens.— Pièces justificatives.
Amiens 1835. R. Machart.

3750.—Police municipale d'Amiens. — Organisation et règlement des sergents-de-ville et gardes de nuit.(27 déc.1848).
Amiens 1849. Duval et Herment. Pièce in-18.

3751.—Règlements de police de la ville d'Amiens.

Liasse in-8º. — Contenant :

1. — Règlement pour l'abattoir de la ville d'Amiens. 5 juin 1855.

2. — Police des cabarets et autres lieux publics. 20 octobre 1854.

3. — Police du théâtre. — Débuts des artistes. —Arrêté du 25 sept. 1854.

4. — Rivières et cours d'eau non navigables. — Exécution de la loi du 14 floréal an XI. — Règlement relatif au curage, faucardement, entretien ordinaire et amélioration de la rivière de Selle et de ses affluents.

5. — Boulangerie. — Arrêtés du 27 mars 1816, — 11 novembre 1824, — 23 octobre 1848.

6. — Boulangerie. — Vente du pain au poids. 21 juillet 1853.

7. — Subsistances. — Taxe du pain. — Arrêté du 25 septembre 1854.

8. — Grand marché aux bestiaux. — Arrêté du 1.ᵉʳ octobre 1850.

9. — Marché aux bestiaux. — Arrêté du 14 février 1855.

---

(1) Boistel-Duroyer (*Frédéric*), né à Amiens le 1.ᵉʳ janvier 1790.

10. — Service des mercuriales. — Marchés aux bestiaux. — Arrêté du 25 janvier 1856.

11. — Subsistances. — Taxe de la viande de boucherie. — Arrêté du 22 février 1856.

12. — Même objet. — Arrêté du 26 mars 1856.

″* — Cahiers des charges pour les travaux de la ville d'Amiens.
Voyez *Architecture*.

** — Resiouissance sur la reduction de la ville d'Amiens. N.° 2648-5.

3732.—Histoire de la surprise de la ville d'Amiens, par les Espagnols, le onze mars 1597, et de la reprise de cette ville par Henri IV, le 25 septembre de la même année, avec les pièces justificatives. (Par Damiens de Gomicourt).
S. n. n. l. n. d. 1 vol. in-12.

3733.—Précis historique de la surprise d'Amiens par les Espagnols, le 11 mars 1597. Et de la reprise par Henri IV, le 25 septembre suivant; précédé d'un coup d'œil militaire sur le départ. de la Somme. Par *Maurice* Rivoire.
Amiens 1806. Maisnel fils. 1 vol. in-8°.

** — Remonstrances tres humbles presentées au Roy par ses subjects de la province de Picardie, sur le faict de la citadelle d'Amyens.—2705-3.

3734.—Recherches curieuses des principales cérémonies de l'hôtel de ville d'Amiens.
Amiens 1730. Caron-Hubault. Pièce in-4°.

3735.—L'entrée superbe et magnifique, faite à la Royne de la grande Bretagne, dans la ville d'Amiens, le samedi septième de juin 1625. Sur les fideles relations et missives d'un Seigneur de qualité, envoyées à un sien serviteur et amy; avec ce qui a esté imprimé dans ladite ville d'Amiens.
Paris 1625. Fleury-Bourriquant. Pièce in-8°.

3736.—Relation des réjouissances faites dans la ville d'Amiens pour l'heureuse naissance de Monseigneur le Dauphin. (Les 4, 24 et 25 sept. 1729).
Amiens 1729. Caron-Hubault. Pièce in-4°.

3737.—Relation de ce qui s'est passé à Amiens à l'entrée du très-haut et très-puissant seigneur M. le duc de Chaulnes, gouverneur général de la province de Picardie. (12 août 1753).
Amiens 1753. Caron-Hubault. 1 vol. in-4°.

3738.—Procés-verbal des honneurs funèbres civiques rendus à la mémoire de Lepelletier St.-Fargeau, par la commune d'Amiens, le dimanche 17 février 1793, l'an second de la République, en exécution de la délibération du Conseil-géneral du 23 janvier, avec le discours prononcé à cette occasion par le citoyen Brandicourt, notable.

Amiens (1793). Caron-Berquier. Pièce in-4°.

3739.—Notice historique sur le congrès d'Amiens, par M. *Ch.* Dufour.

Amiens 1853. Duval et Herment. Pièce in-8°.

3740.—Relation de ce qui a eu lieu à Amiens lors du passage du Roi Louis XVIII, dédiée à Son Altesse Royale, Madame, Duchesse d'Angoulême, qui a bien voulu en agréer la dédicace. Nouv. édit.

Amiens 1814. Caron-Vitet. 1 vol. in-8°.

Cette relation est précédée d'une notice sur les membres de la famille royale, et de quelques réflexions sur les Bourbons.

3741.—Société des Antiquaires de Picardie. — Notice sur Dufresne Du Cange et sa statue, précédée du programme des fêtes qui seront célébrées à Amiens les 19 et 20 août 1849 pour l'inauguration de son monument.

Amiens 1849. Alf. Caron. Pièce in-8°.

3742.—Inauguration de la statue de Dufresne Du Cange, érigée à Amiens, le 19 août 1849, par les soins de la Société des Antiquaires de Picardie.

Amiens 1849. Duval et Herment. Pièce in-8°.

3743.—Ville d'Amiens. —Procès-verbal d'inauguration du marché de Lanselles. (27 octobre 1850).

Amiens 1850. Duval et Herment. Pièce in-8°.

3744.—Académie des sciences, agriculture, commerce, belles-lettres et arts du département de la Somme. — Inauguration de la statue de Gresset. 21 juillet 1851.

Amiens 1851. Duval et Herment. Pièce in-8°.

3745.—Même pièce, exemplaire sur papier bleu.

3746.—Translation des reliques de Sainte Theudosie dans la ville d'Amiens. (Par *Charles* SALMON) (1).

Amiens 1853. E. Yvert. 1 vol. Pièce in-8°.

3747.—Le livre de Sainte Theudosie. Recueil complet des documents publiés sur cette Sainte, cérémonies et processions qui ont eu lieu pour la translation de ses reliques de Rome à Amiens. Avec une Introduction et un Epilogue par Mgr. GERBET, évêque nommé de Perpignan. Publié sous les auspices de Mgr. de Salinis, évêque d'Amiens.

Amiens 1854. Alf. Caron. 1 vol. gr. in-8°. Pl.

3748.—Société des Antiquaires de Picardie. — Séance publique du 29 juin 1854 et inauguration de la statue de Pierre l'Ermite, à Amiens.

Amiens 1854. Duval et Herment. Pièce in-8°.

3749.—Même pièce, exemplaire sur papier bleu.

3750.—Cérémonies du sacre de Mgr. Gerbet et de l'inauguration de la statue de Pierre l'Hermite. Extrait de l'*Ami de l'Ordre*, des 1 et 2 juillet 1854. (Par *Charles* SALMON).

Amiens 1854. E. Yvert. Pièce in-8°.

3751.—Ville d'Amiens. — Récompenses municipales pour belles actions. — Procès-verbal de la distribution solennelle du 24 décembre 1854.

Amiens 1855. E. Yvert. Pièce in-8°.

3752.—Mémoire sur l'établissement des fontaines publiques, dans la ville d'Amiens. Par le Père FERY, religieux Minime.

Amiens 1749. V.e Caron-Hubault. 1 vol. in-4°.

—Projet pour l'établissement des fontaines dans la ville d'Amiens, par ***.

Paris 1750. V.e Delormel. Pièce in-fol.

—Ville d'Amiens.—Extrait du registre des délibérations du Conseil municipal.—Projet d'établissement d'un nouveau système hydraulique, de reconstruction du pont Saint-Michel, et de substitution d'une galerie voûtée à

---

(1) SALMON *(Charles)*, né à Amiens le 3 avril 1832.

la partie du bras de la Somme, comprise entre les ponts Saint-Michel et de Croix.—Propositions du Maire ; rapport de la Commission, et délibération du Conseil municipal. (4 février 1843).

Amiens 1843. E. Yvert. Pièce in-4°.

5753.— Ville d'Amiens.— Conseil municipal.—Construction du musée Napoléon. (Séance du samedi 4 nov. 1854. Rapport de M. Allou (1) et observations de M. Porion) (2).

Amiens 1854. E. Yvert. Pièce in-4°.

5754.— Socité des Antiquaires de Picardie.—Musée Napoléon.— Pose de la première pierre, au nom de l'Empereur, par M. le Comte de Beaumont, sénateur, délégué de S. M.— Procès-verbal.

Amiens 1855. Duval et Herment. Pièce in-4°.

5755.—L'hôtel-de-ville d'Amiens. — Projet d'agrandissement et de dégagement.—Observations soumises au corps municipal par *Edouard* Paris (3). Extrait du journal le *Commerce de la Somme*, janvier et février 1855.

Amiens. Avril 1855. A. Caron. Pièce in-8°. Pl.

A la suite :

— Simple appel à l'attention du Conseil municipal d'Amiens. — Pourquoi démolir la halle foraine ? Par J. Herbault.

Amiens. (25 avril 1856). Alf. Caron. Placard.

5756.—Ville d'Amiens.— Concours pour la construction de trois églises. — Programme. — Complément de programme.

Amiens 1855. Alfred Caron. Pièce in.8°. Pl.

5757.—Ville d'Amiens. — Résultat du concours d'architecture pour la construction de trois églises.

Amiens. Mars 1856. Alfred Caron. Pièce in-8°.

---

(1) Allou (*Jean-Baptiste-Ferdinand*), né à Amiens le 23 avril 1805.

(2) Porion (*Louis-Réné-Désiré*), né à Amiens le 1.er août 1805.

(1) Paris-(*Edouard-Henri*), né à Amiens le 4 décembre 1814.

3758. — Le Quartier St.-Leu. — Son passé. — Son avenir. — Par *Louis* Fée (1).

Amiens 1856. E. Yvert. 1 vol. in-8°.

3759 — Promenades au cimetière de la Madeleine, précédées d'un précis historique sur l'origine de cet établissement, sa première destination, et les diverses transformations qu'il a subies depuis sa fondation jusqu'à nos jours, par M. *Stéphane* C... (Conte).

Amiens 1847. Duval et Herment. 1 vol. in-12. Pl.

3760. — Mémoire lu à la séance du 2 juillet 1854, des assises scientifiques de l'Institut des provinces, en réponse à cette question : Quelle est l'histoire chronologique des jardins et des plantations d'agrément qui ont existé dans la circonscription ? N'est-il pas regrettable de voir substituer des jardins modernes, dits à l'anglaise, aux avenues et aux anciennes plantations qui entourent les châteaux des XVI.e et XVIII.e siècles ? (Par A. Blanchet).

Amiens 1854. E. Yvert. Pièce in-8°.

Il s'agit dans ce travail de la Hotoie et de quelques jardins du département de la Somme.

3761. — La Hotoie. (Par J. Mancel). (Extrait du journal le *Commerce de la Somme*).

— Les deux Selle. (Extrait du journal le *Commerce de la Somme*). (Par J. Mancel).

— Barrage de St.-Maurice. (Par J. Mancel).

Amiens 1855. Alf. Caron. Pièces in-18.

3762. — Notice historique sur la milice Amiénoise. — Milice communale, Garde bourgeoise et Compagnies privilégiées. Par A.te Janvier, officier de la garde nationale d'Amiens.

Amiens 1851. Duval et Herment. 1 vol. in 8°.

(1) Fée (*Louis-Etienne-Isidore*), né à Thésy-Glimont, le 12 juillet 1826.

5765.—Recueil de pièces concernant la milice bourgeoise d'Amiens.

Liasse in-4°. — Contenant :

1. — Ordonnance du Roi, concernant la discipline et la jurisdiction de la garde bourgeoise de la ville d'Amiens. Du 11 janvier 1773.
   Amiens. S. d. L. C. Caron.

2. — Réglement provisoire pour la milice citoyenne d'Amiens, en cas d'allarme ou de générale battue à l'improviste.
   Amiens. (24 août 1789). L. C. Caron.

3. — Lettres-patentes du Roi, et réglement pour la milice citoyenne d'A-miens. (Du 14 déc. 1789).
   Amiens 1789. Caron-Berquier.

4. — Réglement provisoire des compagnies auxiliaires de la milice ci-toyenne d'Amiens. (12 septembre 1789).
   Amiens 1789. L. C. Caron.

5. — Exposé de la conduite des membres composant le comité de la mi-lice citoyenne d'Amiens. (22 nov. 1789).
   Abbeville 1789. Devérité.

6. — Réflexions sur l'arrêté des officiers-municipaux et conseil permanent de la ville d'Amiens, du 11 décembre, pour servir de suite à l'Ex-posé de la conduite des membres composans ci-devant le Comité-mi-litaire de ladite ville.
   Abbeville 1789. Devérité.

7. — Copie de la lettre des représentans de la Milice citoyenne, écrite le 16 octobre 1789, à MM. les officiers municipaux, et remise par MM. Danglas, Desmoulins, Deflesselles et Lamon, leurs députés, à M. Poujol, lieutenant de Maire. (16 octobre 1789).

8. — (Lettre de Saladin en réponse à l'Exposé du comité de la Milice citoyenne).
   Abbeville. S. d. (Déc. 1789). Devérité.

9. — Discours prononcé au Bureau de correspondance de la garde na-tionale d'Amiens, le mercredi 12 octobre 1791, par M. Laurendeau, membre de l'Assemblée nationale constituante, en présence de M. Leroux, aussi membre de l'Assemblée nationale constituante. — Réponse de M. Mercier, major de la garde nationale d'Amiens.
   Amiens 1791. J. B. Caron.

10. — Extrait du registre aux délibérations des officiers municipaux de la ville d'Amiens. Du 6 mars 1792. (Concernant les empéchemens au service de la garde nationale).
    Amiens 1792. Caron-Berquier.

11. — Invitation des officiers municipaux d'Amiens, à tous les citoyens inscrits sur les registres de la garde nationale, et à ceux en état de

porter les armes, qui doivent se rassembler dimanche prochain, 18 de ce mois (mars 1792), en exécution de l'article 11 de la loi du 25 janvier 1792, sur le recrutement de l'armée françoise.

Amiens 1792. Caron-Berquier.

12. — Le conseil permanent de la commune d'Amiens, au commandant en chef de la légion, pour qu'il ait à assembler les compagnies pour désigner ceux qui doivent se porter à la défense des frontières. 17 septembre 1792.

Amiens 1792. Caron-Berquier.

13. — Le Conseil municipal à la garde nationale d'Amiens. (Adresse du 30 avril 1792, au sujet des demandes d'armes).

Amiens 1792. Caron-Berquier.

14. — Les Maire et Officiers municipaux de la ville d'Amiens, à la garde nationale d'Amiens. (Blâme de l'inexactitude du service. 1792).

Amiens 1792. Caron-Berquier.

15. — Règlement concernant le service de la garde nationale, délibéré par le Conseil municipal de la ville d'Amiens, en sa séance du 29 pluviôse an 9, proposé et adressé par le Maire au Préfet du département qui l'a approuvé le 29 germinal suivant.

Amiens an 9. Patin.

16. — Règlement pour les membres composant la musique de la garde nationale d'Amiens. (20 août 1816).

Amiens 1816. Caron l'aîné.

17. — Articles supplémentaires au règlement de MM. les musiciens de la garde nationale d'Amiens. 3 septembre 1817.

Amiens 1817. Caron l'aîné.

18. — Règlement pour les Officiers de la garde nationale d'Amiens. 30 avril 1818.

Amiens 1818. Caron l'aîné.

19. — Discours de M. le Maire aux gardes nationaux d'Amiens, (à l'occasion de la distribution des croix par le général Lebreton, le 15 oct. 1848, en récompense des services rendus dans les journées de juin).

Amiens 1848. Lenoel-Herouart.

20. — Aux gardes nationaux, sur le choix d'un colonel. (Par J. Mancel).

Amiens. S. d. Alf. Caron.

3764.—Règlement de service et de police à l'usage de la garde nationale d'Amiens, publié par l'état-major. 23 fév.1792.

Amiens 1792. Caron-Berquier. Pièce in-8°.

3765.—Légion d'Amiens. — Règlement relatif au service ordinaire, fait conformément aux dispositions de l'art. 73 de la loi du 22 mars 1831. (26 juin 1832).

Amiens 1832. Boudon-Caron. 1 vol. in-8°.

Règlement discuté et adopté par MM. les Officiers de la légion d'Amiens. (Réunion du 23 décembre 1832).

Amiens 1833. Boudon-Caron.

Garde nationale. — Légion d'Amiens. — Règlement relatif au service ordinaire, dressé en exécution de l'article 73 de la loi du 22 mars 1831. (6 nov. 1835).

Amiens 1835. Boudon-Caron.

Règlement du 2 avril 1841.

Amiens 1841. E. Yvert.

Règlement du 28 avril 1849).

Amiens 1849. E. Yvert.

3766.—Réglement pour le service de la compagnie des sapeurs-pompiers de la ville d'Amiens. (24 août 1829).

Amiens 1829. Caron-Vitet. Pièce in-8°.

3767.—Règlement pour le service et la discipline de la compagnie de sapeurs-pompiers de la ville d'Amiens. (8 nov. 1837).

Amiens 1837. Boudon-Caron. Pièce in-8°.

3768.—Garde nationale d'Amiens. — Compagnie des sapeurs-pompiers volontaires. — Règlement de 1847.

Amiens 1847. Duval et Herment. 1 vol. in-16.

3769.—Garde nationale d'Amiens. — Corps des sapeurs-pompiers. — Ordres du jour des 4 juillet et 5 août 1852. — Règlement de 1852.

Amiens 1852. Alf. Caron. 1 vol. in-16.

3770.—Ville d'Amiens.—Corps municipal des sapeurs-pompiers volontaires. — Règlement. 1853. (6 juin).

Amiens 1853. Alf. Caron. Pièce in-16.

3771.—Ville d'Amiens.—Corps municipal des sapeurs-pompiers volontaires. — Règlement. 1855. — Service. — Administration. — Discipline. (1 septembre 1855).

Amiens 1855. Alf. Caron. Pièce in-16.

3772. —Edit, lettres-patentes et arrêt du Parlement, concernant les collèges qui ne dépendent pas des universités, et portant règlement définitif pour le collège de la ville d'Amiens.

Amiens (1768). V.ᵉ Godart. 1 vol. in-8º.

Arrêt de la Cour de Parlement, pour l'alternation entre les Régens de sixième, cinquième et quatrième, et augmentation d'honoraires de 100 liv. par an pour les Régens de sixième et cinquième. Du 11 mars 1782.

Arrêt de la Cour de Parlement, qui homologue les délibérations, qui fixent les professeurs de philosophie chacun dans sa classe. Du 16 février 1784.

Arrêt de la Cour de Parlement, qui homologue les délibérations pour les pensions d'émérite. Du 16 fév. 1784.

Amiens 1784. J. B. Caron.

3773. — Ville d'Amiens. — Cours publics. — Ecoles communales.

Liasse in-8ᵛ. — Contenant :

1. — Programme des cours communaux. — Réorganisation et séance publique d'inauguration. 13 janvier 1850.
Amiens 1840. E. Yvert.

2. — Cours publics de sciences appliquées aux arts.—Ecoles communales des faubourgs et des sections rurales. — Distribution solennelle des prix. 24 août 1851,— 29 août 1852,— 28 août 1853,—27 août 1854.
Amiens 1851-1854. Les Imprimeurs.

3. — Concours entre les élèves des écoles communales des faubourgs et des sections rurales. — Année scolaire 1852-1853. = 1853-1854. = 1854-1855. — Rapports de la Commission.
Amiens 1853-1855. Lebel et Boileau. Alf. Caron.

3774.—Lettres-patentes et règlemens de l'Académie des sciences, belles-lettres et arts d'Amiens, avec la liste des Académiciens.

Amiens 1751. V.ᶜ Godart. Pièce in-12.

3775.—Lettres-patentes, statuts et règlemens généraux et particuliers de l'Académie des sciences, belles-lettres et arts d'Amiens; avec la liste des Académiciens.

Amiens 1785. J. B. Caron. Pièce in-12.

5776.— Statuts de la Société philharmonique de la ville d'Amiens.

Amiens 1836. Boudon-Caron. Pièce in-8°.

5777.—Statuts et règlemens faits et dressés en la communauté des Procureurs du bailliage d'Amiens, pour y être gardés et observés. (26 janvier 1744).

Amiens 1744. V.ᵉ Godart. I vol. in-4°.

—Extrait du registre aux délibérations de la communauté des Procureurs du Bailliage d'Amiens. (Du 27 octobre 1750, relativement au mode des significations).

Amiens 1750. V.ᶜ Godart.

—Arrêt de la Cour du Parlement, qui homologue la délibération faite par la communauté des Procureurs du Bailliage d'Amiens, le 6 décembre 1763, ensemble la sentence dudit Bailliage du 30 janvier 1764, concernant les présentations. Du 30 mai 1769.

Amiens. S. d. V.ᶜ Godart.

—Extrait d'une délibération de la communauté des Procureurs du Bailliage d'Amiens, du 24 décembre 1783, (concernant la bourse commune).

Amiens 1784. L. C. Caron.

5778.—Statuts et règlemens des marchands réunis de la ville d'Amiens.

Amiens 1750. V.ᵉ Ch. Caron-Hubault. 1 vol. in-4°.

5779.— Statuts et règlemens des marchands en gros de la ville d'Amiens.

Paris 1711. J. Fr. Knapen. 1 vol. in-4°.

5780.—Statuts, ordonnances et privilèges des syndics, jurés, bacheliers et maîtres serruriers de ladite ville, fauxbourgs et banlieuë d'Amiens.

Amiens 1741. Ch. Caron-Hubault. 1 vol. in-4°.

5781.—Lettres-patentes portant homologation de nouveaux statuts pour la communauté des maîtres tailleurs et frippiers d'habits en neuf et en vieux de la ville d'Amiens. Données à Versailles le 7 juillet 1787.

Amiens 1789. L. Ch. Caron. 1 vol. in-4°.

Arrest du Conseil d'Etat du Roy portant réunion de la communauté des maîtres tailleurs d'habits de la ville d'Amiens, à celle des maîtres viésiers ou fripiers de la même ville. Du 23 mai 1747. Placard in-fol.

3782. — Statuts de la communauté des marchands vinaigriers-moutardiers-verjutiers de la ville d'Amiens, arrêtés le 9 novembre 1702.

Amiens 1762. V.ᵉ Godart. 1 vol. in-4º.

3783. — Mémoire sur délibéré, pour les ci-devant stelliers et francs sergens du Vidamé d'Amiens, demandeurs. Contre le citoyen Deselle, propriétaire du ci-devant fief du Vidamé d'Amiens et Baronie de Picquigny, deffendeur.

Amiens an III. Libr. associés. 1 vol. in-4º.

Précis pour le sieur Deselle, contre les maîtres stelliers, francs-sergens du Vidamé d'Amiens.

Paris an III. Imprimerie de l'Union.

Mémoire sur délibéré pour Ch. François Deselle, demeurant au Mesnil-Saint-Denis; contre les maitres stelliers, francs-sergens du Vidamé d'Amiens, y demeurans.

Amiens an III. J. B. Caron.

3784. — Chambre syndicale des entrepreneurs de bâtiments de la ville d'Amiens, autorisée par décision de M. le Préfet de la Somme, en date du 25 fév. 1854. Statuts constitutifs.

Amiens 1854· Alf. Caron. Pièce gr. in-8º.

3785. — Société des courses d'Amiens.

Recueil in-8º. — Contenant :

1. — Société des courses d'Amiens. — Amélioration des races de chevaux. Règlement. (10 juillet 1854).

Amiens 1855. E. Yvert.

2. — Courses de chevaux au trop et au galop, qui auront lieu sur l'hippodrome d'Amiens, dans la prairie dite marais d'Amiens, le 21 juillet 1851, — le 25 juillet 1852, — les 17 et 18 juillet 1853, — les 16 et 17 juillet 1854, — les 15 et 16 juillet 1855, — le 21 juillet 1856.

Amiens 1851-56. E. Yvert.

3786. — Règlement de la Société Nautique d'Amiens.

Amiens 1853. Alf. Caron. Pièce in-8º.

5787.—Recueil de pièces concernant les établissements de bienfaisance.

Liasse in-4º. — Contenant :

1. — Factum apologétique, pour les maistre, mere, et religieuses de l'hostel Dieu d'Amiens, appellans comme d'abus de la permission d'informer, decernée par l'official d'Amiens, ou son vice-gérent, information si aucune se trouve avoir esté faite, et de tout ce qui s'en est ensuivy. Contre Messire Fr. Faure, Evesque d'Amiens. (Demande en maintien des statuts de 1233 et 1530). — 1658.

2. — Factum pour les maistre, mere et religieuses de l'hostel Dieu d'Amiens, demandeurs en complaincte et en requeste incidente par eux presentée le 15 jour de novembre 1658. Contre les sieurs Premier et Eschevins de ladite ville d'Amiens. (Differend au sujet d'une salle à démolir pour les materiaux être employés à la construction d'un dortoir).

3. — Extraict des registres de Parlement. (Arrest du 27 janvier 1659 qui appointe les parties au Conseil et ordonne par provision l'exécution des anciens reglements).

4. — Extrait des registres de Parlement. (Arrest du 23 juin 1662, concernant l'administration des revenus de l'hostel Dieu).

5. — Factum pour les sieurs chanoines et chapitre de l'église cathédrale de la ville d'Amiens, contre Anne de Sachy, Marie Sauvage et consors, les prieur, religieux et convent des Célestins, et contre les maistre, mere et sœur de l'hôtel Dieu dudit Amiens. (Dixmes des terres situées dans la vallée au-dessus d'Amiens. 1666).

6. — Reglements pour l'hostel Dieu d'Amiens faits par Fr. Faure, éveque, dans sa visite de l'an 1658, au mois de juillet.

7. — Extrait du registre aux chartres du bailliage d'Amiens. (Arrest du Parlement du 5 septembre 1667, qui ordonne que les seigneurs haut justiciers seront tenus de satisfaire à la dépense pour nourriture des enfants dont les pères et mères seront inconnus, et dont les hopitaux seront chargés).

8. — Transaction entre les directeurs de l'hospital général et le curé de la paroisse de Saint Remy. 20 septembre 1685.

9. — Autre édition de la même pièce.

10. — Factum pour les maitre, mère et religieuses de l'hôtel Dieu de la ville d'Amiens, contre les commissaires et syndic de l'hôpital général de ladite ville. Suivant leur requête du 5 janvier 1691. (Dont la conclusion est que l'hôpital général puisse vendre privativement à l'Hôtel-Dieu la viande qui se vend en cette ville pendant le carême.

11. — Extrait des registres du Conseil d'Etat du Roi, du 5 décembre 1786, approuvant le Règlement concernant les enfants trouvés reçus à l'hôpital St. Charles d'Amiens, et quelques autres objets relatifs à l'administration de cet hôpital.

Amiens 1785. L. C. Caron.

12. — Règlement pour l'Hôpital-général de la commune d'Amiens. Du 21 brumaire an 2.

Amiens an 2. Caron-Berquier.

13. — Hospices civils. — Etablissement d'une école-pratique de santé, dans l'Hôtel-Dieu, sous les auspices de l'administration. 1 germ. an 12.

Amiens an 12. Caron-Berquier.

14. — Etablissement d'une maison de charité, dans la paroisse de la cathédrale, formée sous la protection du gouvernement, et sous les auspices de Mgr. l'Evêque, (par M. l'*Abbé Duminy*).

Amiens 1807. Caron-Berquier.

15. — Discours pour l'inauguration de l'hôpital des Incurables, prononcé à l'église cathédrale, le 13 décembre 1829, par M. Léraillé (1).

Amiens 1829. Caron-Vitet. in-8°.

16. — Quelques observations au sujet de la maison de charité que M. le curé de St.-Leu (M. l'abbé Gaudissart) vient de faire construire entre la rue Azéronde et la rue du Gros-Navet.

Amiens 1846. Duval et Herment.

17. — Lettres-patentes pour l'établissement d'un bureau général des pauvres à Amiens, et règlement pour les bureaux de charité de la même ville.

Amiens 1789. L. C. Caron.

18. — Récapitulation des comptes du bureau général des pauvres d'Amiens, pendant l'année 1790. (4 février 1791).

Amiens 1791. J. B. Caron.

19. — Commune d'Amiens. — Compte rendu par la commission des secours à domicile, à ses concitoyens, de la recette et dépense pendant le courant de l'an VIII. (5 nivôse an 9).

Amiens an 9. Caron-Berquier.

20. — Aux habitans de la ville d'Amiens, les membres composant le conseil général de l'administration des secours publics, réunis d'après l'autorisation de M. le Préfet.

Amiens 1814. Maisnel.

21. — Extrait du compte rendu par l'administration des secours publics de la ville d'Amiens, pour l'année 1816. (Arrêté le 7 janvier 1818).

Amiens 1818. Maisnel.

---

(1) Léraillé *(Joseph-Remi)*, né à Hangest-sur-Somme le 27 mars 1790.

22. — Extrait des comptes rendus par le bureau de bienfaisance de la ville d'Amiens, pour les années 1821, 1822, 1823 et 1824.

Amiens 1827. R. Machart.

23. — Extrait... pour les années 1830, 1831, 1832 et 1833.

Amiens 1834. R. Machart.

24. — Ville d'Amiens. — Secours extraordinaires à la classe ouvrière et nécessiteuse. (Rapport fait au Conseil municipal le 2 novembre 1853, par M. Porion).

Amiens 1853. E. Yvert.

25. — Rapport fait au Conseil municipal le 11 oct. 1855. (Par M. Allou).

Amiens 1855. Caron et Lambert.

3788. — Hospices d'Amiens. — Règlement général du service intérieur. (Présenté le 23 décembre 1846 par les Administrateurs des hospices, approuvé le 22 mars 1848 par le Ministre de l'intérieur).

Amiens 1849. Duval et Herment. Pièce in-4°.

3789. — Hospices d'Amiens. — Compte moral et administratif rendu par l'ordonnateur général, dans la séance du 30 juin 1854, et approuvé par la Commission administrative qui en a voté l'impression.

Compte... rendu dans la séance du 29 février 1855... Exercice 1854.

Amiens 1855-56. Lenoel-Herouart. 2 pièces in-4°.

3790. — Société de charité maternelle d'Amiens. — Compte-rendu. 1844-1855.

Amiens 1845-56. Lenoel-Herouart. Pièces in-4°.

3791. — Société de Saint Vincent de Paul.

Liasse in-8°. — Contenant :

1. — Société de Saint Vincent de Paul. — Conférence d'Amiens. — Procès-verbal de l'Assemblée générale tenue à l'évêché le 15 mai 1844, suivi des rapports lus à cette assemblée.

Amiens 1844. Lenoel-Herouart.

2. — Conseil d'Amiens. — Compte-rendu de l'assemblée générale du 8 décembre 1850.

Amiens 1851. Caron et Lambert.

3. — Compte-rendu de l'assemblée générale du 22 mars 1853.

Amiens 1853. Lenoel-Herouart.

4. — Rapport sur l'œuvre du patronage des apprentis et des ouvriers établis dans la ville d'Amiens. (23 mars 1854).

Amiens 1854. Lenoel-Herouart.

5. — Rapport du 4 mars 1855.

Amiens 1855. Lenoel-Herouart.

6. — Rapport du 18 mars 1856.

Amiens 1856. Lenoel-Herouart.

3792.—Caisse d'épargne et de prévoyance d'Amiens. — Compte rendu des opérations de la caisse d'épargne d'Amiens, pendant l'année 1851.

Amiens 1852. Duval et Herment. Piéce in-4°.

** — Pièces relatives à l'histoire de la ville d'Amiens, depuis 1057 jusqu'au xv.e siècle. — N.° 2552-25.

3793.—Pièces pour l'histoire d'Amiens.

2 vol. in-4°. — Tom. I.er contenant:

1. — Extrait des registres du Parlement. Arrest du 22 décembre 1586, concernant l'exemption de la garde des portes d'Amiens.

2. — Edict du Roi sur l'établissement des échevins, justice et police de la ville d'Amiens. (25 nov. 1597, 20 mars 1601, 13 mars 1602).

3. — Requeste au Parlement (pour la préséance entre les eschevins). 1617.

4. — Les eschevins de la ville d'Amiens supplient tres humblement le Roy, la Reyne, et nos Seigneurs de leur Conseil de faire observer l'édit de l'an 1597, particulièrement en trois points. 1644.

5. — Arrest du Conseil d'Etat donné au profit des officiers du bailliage et siége présidial d'Amiens, sur le débat de leur préséance. Contre les officiers du bureau des finances dudit lieu. Du 11 janvier 1651.

6. — Arrest de la Cour de Parlement, portant réglement entre le lieutenant-général, civil, particulier, assesseur, et conseiller du bailliage et siége présidial d'Amiens, pour les fonctions et exercices de leur charge. (25 mai 1651).

Amiens 1654.

7. — Extrait des registres du Parlement. (Arrest sur le fait de la retenue et élections des eschevins d'Amiens, du 9 janvier 1651).

8. — Factum pour M. Guy-Fournier, conseiller du Roy, élu en l'eslection d'Amiens, et L. de Villers, eschevins esleus les 24 et 25 septembre 1651. Et les doyen, chanoines et chapitre de l'église cathédrale de N. D. d'Amiens: les gens tenant le siége présidial dudit lieu: les présidens et trésoriers de France en la généralité dudit Amiens: les présidens, lieutenans et eslus en l'eslection dudit lieu, etc. Contre M.

A. Lestocq, Gab. de Sachy et Ant. Goeudon.—Arrest du Parlement des 30 janvier 1652 qui destitue de l'échevinage Lestocq et Guedon.
Paris 1652. Julien.

9. — Procez-verbal des désordres, dégats et ruines causez par le débordement extraordinaire des eaux dans la ville et cité d'Amiens, le 25 février 1658.

10. — Plainte de la ville d'Amiens, contre une entreprise des Jésuites de la même ville. 1664.

11. — Factum pour les huit sergens à masse de la prevosté royalle, justice civile et police d'Amiens, contre P. Benoist, premier huissier audiencier en ladite justice civile d'Amiens, et les huit sergens à masse de l'eschevinage. (1680. Demande en maintien de leurs droits).

12. — Factum pour les officiers du Roi au bailliage et siége présidial d'Amiens, contre les trésoriers du bureau des finances de la même ville. (1680. Préséance).

13. — Arrest du Conseil d'Estat, portant que les premier et eschevins de la dite ville d'Amiens, pour le fait des manufactures et teintures, jugeront en dernier ressort, et sans appel, jusques à 150 livres, conformément au reglement de la manufacture de l'année 1669, avec défenses au Parlement de Paris d'en connoitre, et aux parties de s'y pourvoir, à peine de nullité, et de 500 liv. d'amende. 15 avril 1684.
Amiens 1684. G. Le Bel.

14. — Arrest du Conseil d'Etat du Roy pour la liquidation des dettes de l'hôtel-de-ville d'Amiens. Du 25 septembre 1687.
Amiens 1687. G. Le Bel.

15. — Explication du feu d'artifice dressé dans la grande place, par l'ordre de Messieurs les premier et eschevins de la ville d'Amiens, le 6 may 1691. Pour la réduction de la ville de Mons, capitale du Haynault.
Amiens 1691. V.e R. Hubault.

16. — Arrest du Conseil d'Etat, qui défend à tous les habitans de la ville d'Amiens de vendre ni faire vendre directement ni indirectement aucuns vins sur l'étape, tant en gros qu'en détail, pendant les foires de S. Martin et S. Nicolas, à peine de confiscation; et de 500 livres d'amende. 9 janvier 1712.

17. — Arrest du Conseil d'Estat du Roy, qui décharge les ecclésiastiques et les communautez religieuses de la ville d'Amiens, du nouvel octroy étably à l'entrée de la dite ville sur la boisson. Du 23 août 1712.

18. — Arrest... qui permet aux maire et échevins de la ville d'Amiens d'aliéner le gros octroy accordé à la dite ville en 1641 sur les vins, eaux-de-vie et tabac, au profit de ceux qui se chargeront de payer la somme de 126,900 livres, pour la supression des offices d'avocats

51.*

du Roy en la Mairie et Police, d'échevins alternatifs, lieutenant-général, procureur de Sa Majesté, greffier, commissaires et huissiers, receveur alternatif des octrois, pour l'affranchissement des droits de francs-fiefs et pour le don gratuit. Du 29 oct. 1712.

19. — Arrest... portant nouveau réglement pour la nomination des maires et échevins de la ville d'Amiens. Du 7 sept. 1726.

20. — Déclaration du Roy, qui fait deffenses à tous marchands et fabriquans de la ville d'Amiens, de vendre ou acheter aucunes marchandises ou étoffes par le ministère de courtiers ou courtières, ou autres gens sans qualitez. 20 fév. 1731.

21. — Droits et priviléges de fonctions des seize sergens à masse de la ville et prevosté royale d'Amiens. 25 juillet 1665. Avertissement de 1732.

22. — Ordonnance de l'intendant de Picardie du 6 mai 1733, pour le rétablissement du quay du port.

23. — Arrest du Conseil d'Estat du Roy, portant règlement pour les peluches qui se fabriquent dans la ville d'Amiens et autres lieux de la province de Picardie. Du 15 août 1736.

24. — Arrest... portant règlement pour differentes sortes de camelots et estamines qui se fabriquent à Amiens. Du 18 sept. 1736.

25. — Arrest... concernant le droit d'octroy de la ville d'Amiens. Du 18 février 1738.

26. — Arrest... qui assujettit les ecclésiastiques et officiers du bureau des finances de la ville d'Amiens au paiement du droit d'octroy. 1738.
Amiens 1738. Caron-Hubault.

27. — Arrest de la Cour de Parlement, qui ordonne que les maire et échevins de la ville d'Amiens, comme juges de police, seront et demeureront autorisez, pour la présente année seulement, de donner permission aux marchands forains d'étaler et vendre leurs marchandises en tous les lieux accoutumez pendant l'octave de la Saint Jean-Baptiste prochaine; fait défenses aux marchands merciers et à tous autres de troubler lesdits marchands forains, à peine de mille livres d'amende. Du 20 may 1740.

28. — Lettres-patentes portant confirmation de foire en la ville d'Amiens, pendant l'octave de S. Jean-Baptiste. Du 8 juin 1742.

29. — Arrest du Conseil d'Estat du Roy, qui renvoie pardevant M. l'Intendant d'Amiens toutes procédures et contestations nées et à naître au sujet de la recousse des titres et biens patrimoniaux de l'hôtel commun de la dite ville, pour les juger définitivement et en dernier ressort. Du 8 sept. 1742.

30. — Arrest... qui ordonne que les arrests du Conseil des 11 octobre 1740, et 3 mars 1744 seront exécutés et que sans s'arrêter à l'arrest de la

Chambre des comptes du 21 oct. 1740 que Sa Majesté a cassé et annulé, les maire et échevins de la ville d'Amiens ne seront tenus de rendre ni en la dite Chambre des Comptes, ni ailleurs, aucun compte de l'emprunt des 500,000 livres, tant des deniers en provenans que de ceux provenus de la vente des bleds et autres grains, que pardevant le sieur commissaire départy en la généralité d'Amiens. Du 7 avril 1744.

31. — Arrest... Du 4 avril 1746. — N.º 3795-6.

32. — Arrest... portant réunion aux villes et autres lieux de la généralité d'Amiens, des offices municipaux qui n'y ont pas été levés; et aliénation à cet effet des droits réservés aux hôpitaux, avec les augmentations desdits droits. Du 21 nov. 1747.

33. — Arrest... qui ordonne la retenue, chaque année, de trois échevins, dont un de chaque état, et qui règle quelques contestations nées ou à naître, tant sur la séance du Conseil de ville, les excuses, oppositions, etc. que sur la nomination ou rénomination des échevins. Du 24 déc. 1750.

34. — Ordonnance des lieutenant-général de police, maire et échevins de la ville d'Amiens, (du 18 oct. 1784), concernant les marchands de tourbes.

35. — Ordonnance des mêmes pour la police en général, et notament des ramparts, fortifications, travers d'eau, promenades, assemblées, jeux, cabarets, et tous autres lieux publics, lanternes, et batailles ou *mahonages*. 2 nov. 1754.

36. — Ordonnance des mêmes, à l'occasion des batêmes, mariage,, installations dans les charges de magistrature et autres. 25 avril 1755.

37. — Sentence des mêmes, qui défend l'emploi d'une matière étrangère, dite *poil de chèvre de l'Amérique*, dans les étoffes de manufactures de cette ville. 29 avril 1755.

Amiens 1755. Vᵉ. Caron.

38. — Sentence des mêmes, défendant les loteries. 30 juin 1755.

39. — Ordonnance des mêmes contre les malfaiteurs aux fontaines et bâtimens en dépendans. Du 5 juillet 1755. — Du 29 avril 1758.

40. — Sentence des mêmes, pour la tonte des peluches façonnées, dites *caffas*. 30 août 1755.

41. — Ordonnance des mêmes, pour la police des lanternes publiques. 22 oct. 1755.

42. — Ordonnance fixant l'emplacement des marchés. 12 juillet 1758.

43. — Ordonnance... concernant la levée de la milice. 15 sept. 1758.

44. — Monnoie d'Amiens. Etat de la vaisselle portée à la dite monnoie, à

compter du 8 nov. 1759, jusques et y compris le 25 janvier 1760, relativement aux lettres patentes de Sa Majesté.

Amiens 1760. V.° Godart.

45. — Arrest du Conseil d'État du Roy, portant établissement d'une Chambre de commerce en la ville d'Amiens. Du 6 août 1761.

46. — Requête au parlement des officiers du bailliage d'Amiens. (Imputation calomnieuse au sujet du collége.).

Paris 1762. Lamesle.

47. — Arrest de la Cour du Parlement qui supprime un mémoire imprimé, ayant pour titre : Mémoire justificatif de la conduite que les maires et échevins de la ville d'Amiens ont tenue envers le sieur J.-B.-F. Morgan, etc. comme injurieux à l'honneur et réputation des sieurs de Sachy de Carouge et Morgan. Du 15 octobre 1762. (Collége).

48. — Jugement définitif du 7 mars 1765, des lieutenant-général de police, juges de manufacture, maire et échevins de la ville d'Amiens. (Contravention aux règlement sur les pannes).

49. — Arrest du Conseil d'État du Roy, qui condamne les officiers municipaux de la ville d'Amiens, au payement des droits de contrôle des baux et adjudications de leurs biens et revenus, quoiqu'énoncés avoir été faits devant M. l'Intendant; et ce attendu qu'ils étaient reçus au greffe de l'hôtel-de-ville, et visés ensuite par M. l'Intendant. Du 24 sept. 1771.

50. — Arrest... qui accorde à la ville d'Amiens, à titre patrimonial, un octroi de 50 sols par muid de cidre entrant dans la ville, fauxbourgs et banlieue, pour subvenir d'autant à l'insuffisance des revenus ordinaires. Du 8 sept. 1772.

Amiens 1772. L.-C. Caron.

51. — Arrest... qui maintient les officiers municipaux de la ville d'Amiens, comme juges de police, dans le droit de mettre le taux à la petite bierre, tant bourgeoise que cabaretière, attendu qu'elle est boisson de première nécessité, et par cette raison non sujette au droit de huitième. Du 27 sept 1772.

Amiens 1772. L. C. Caron.

52. — Arrest... qui réunit au corps de la ville d'Amiens les offices municipaux, créés par édit de nov. 1771, moyennant 70,000 livres. — Qui permet à la dite ville d'emprunter la dite somme de 70,000 livres.— Qui lui permet en même temps de tourber 60 journaux de ses marais, pour subvenir au remboursement de la dite somme.— Qui la maintient dans tous ses droits, possessions, privilèges et exemptions, pour continuer d'en jouir comme elle a fait jusqu'à présent. — Et enfin qui ordonne que son administration municipale sera et de-

meurera réglée, conformément aux articles annexés au présent arrêt. 13 octobre 1772.

Amiens 1772. L. C. Caron.

53. — Ordonnance des officiers municipaux de la ville d'Amiens, portant nouveau règlement pour les revendeurs et revenderesses jurés. 11 mai 1773.

Amiens 1773. L. C. Caron.

54. — Arrest du Conseil d'Etat, qui autorise les officiers municipaux de la ville d'Amiens à restraindre la perception de leur gros octroy sur les eaux-de vie à la seule consommation de la ville et banlieue. Et qui permet auxdits officiers municipaux de lever pendant six ans un nouvel octroi de 8 sols par sac de cendres de tourbes sortant de la ville et banlieue. Du 18 janvier 1774.

Amiens 1774. L. C. Caron.

55. — Arrest... portant règlement pour l'administration municipale de la ville d'Amiens. Du 22 janvier 1774.

Amiens 1774. L. C. Caron.

56. — Arrêt... qui permet de transporter le champ de foire de S. Jean-Baptiste, des environs de la cathédrale, dans la nouvelle halle, et dans la place de l'hôtel-de-ville, si besoin est. Du 8 avril. 1777.

57. — Arrest relatif à un alignement rue des Capucins, du 21 mars 1777.

Amiens 1777. L. C. Caron.

58. — Arrêt... qui permet aux officiers municipaux de la ville d'Amiens, de lever pendant six ans sur tous les propriétaires des maisons de la ville, une contribution de 4 deniers pour livres, du montant du loyer de chaque maison, pour subvenir à la dépense de l'illumination publique, à laquelle contribution tous les exempts, ecclésiastiques, nobles et autres privilégiés sont assujettis, même les locataires personnellement, à proportion des bâtiments qu'ils occupent. Du 10 février 1778.

59. — Ordonnance des officiers municipaux de la ville d'Amiens. Qui renouvelle les règlemens concernant la police des cabarets. 8 juin 1779.

60. — Arrêt du Conseil d'État, qui maintient la ville d'Amiens dans la possession et jouissance de ses offices patrimoniaux de police, comme auparavant l'édit d'avril 1768 et la déclaration du 15 décembre 1770. Et qui ordonne que 8 sols pour livre seront perçus sur les émolumens des offices énoncés audit arrêt. Du 17 juin 1779.

Amiens 1779. L. C. Caron.

61. — Ordonnance des officiers municipaux de la ville d'Amiens, portant nouveau règlement sur la police de la navigation des hortillons de de la haute Somme. 14 août 1779.

Amiens 1779. L. C. Caron.

62. — Arrêt du Conseil d'État, qui autorise et approuve les plans d'allignemens et les élévations de façades de la place d'armes d'Amiens. Qui permet aux officiers municipaux de la dite ville d'acquérir les portions de maisons qui doivent entrer dans la dite place. Et qui attribue à M. l'Intendant, la connoissance des contestations relatives à l'exécution dudit arrêt. Du 20 juillet 1781.

Amiens 1781. L. C. Caron.

63. — Arrêt... qui approuve et autorise le règlement des officiers municipaux de la ville d'Amiens, pour les secours à accorder lors des incendies. Du 29 mars 1782.

64. — Ordonnance de police de MM. les Maire et Echevins de la ville, fauxbourgs et banlieue d'Amiens, concernant le massacre et l'abattis des porcs. Du 6 sept. 1783.

Amiens 1783. L. C. Caron.

65. — Ordonnance... concernant les boueurs et haquetiers, dits baroteurs. Du 18 octobre 1783.

66. — Ordonnance... concernant le poisson de mer. Du 20 nov. 1783.

67. — Arrest du Conseil d'État, qui proroge la taxe de l'illumination publique de la ville d'Amiens, à compter du 1.er janvier 1784 jusqu'au 1.er octobre 1796... Du 15 janvier 1784.

68. — Arrest... qui autorise les officiers municipaux d'Amiens, à laisser libre à l'avenir, pendant le carême, la vente de la viande de boucherie à tous les bouchers de la dite ville, aux conditions et charges portées au dit arrêt. Du 1.er février 1784.

69. — Arrest... qui ordonne qu'à compter du 1 juillet 1785, il sera perçu jusqu'au 30 juin 1787, 1.º un tiercement du gros octroi sur les vins et eaux-de-vie; 2.º un tiercement de l'aide patrimonial sur le cidre, lequel tiercement, ainsi que le droit principal, auront lieu sur les poirés comme sur les cidres; 3.º un tiercement de l'aide sur les grossses bierres seulement; pour être employés, d'abord à acquitter l'excédent des charges de la ville, suivant qu'elles seront réglées, et le surplus versé dans une caisse d'amortissement pour être employé sans divertissement à l'acquit des dettes de la ville. Du 14 juin 1785.

70. — Ordonnance des officiers municipaux de la ville d'Amiens concernant la police du marché aux volailles. 19 juin 1786.

71. — Ordonnance... portant règlement sur le paiement des ouvrières employées par les maîtres fabricans de la manufacture, à doubler les fils. 7 fév. 1786.

72. — Ordonnance... concernant le marché à volailles. 18 mars 1786.

73. — Instruction donnée par M. l'Intendant d'Amiens aux fabricans de cette généralité. (12 juillet 1786). (Origine des étoffes).

74. — Ordonnance des officiers municipaux, juges de police de la ville d'Amiens ; qui porte que tous compagnons, garçons de boutique et ouvriers travaillant actuellement dans la ville et banlieue, soit aux manufactures, soit des autres professions et métiers, tant libres qu'en jurande, seront tenus, de se faire registrer au greffe de l'hôtel-de-ville. 29 août 1786.

75. — Ordonnance... portant réglement pour le bois de corde, et établissement d'un membrure pour l'encordage d'icelui ; suivie d'une instruction sur tous les objets de la dite ordonnance. 24 oct. 1786.
Amiens 1786. L. G. Caron.

76. — Ordonnance... pour le curement du vieux quay et du nouveau port et pour l'ordre à garder par les gribanniers et bâteliers qui fréquentent ces deux ports. 6 fév. 1787.

77. — Ordonnance... portant réunion en un seul équipage de tous les porteurs attachés au service du vieux et nouveau port. 6 fév. 1787.

78. — Arrêt du Conseil d'Etat, qui proroge pour 10 ans à commencer du 1.er juillet 1787, la perception du tiercement du gros octroi, du tiercement de l'aide sur la grosse bierre et du tiercement de l'aide sur le cidre, et qui ordonne que le tiercement ainsi que l'aide patrimonial seront perçus sur le poiré. Du 26 juin 1787.

79. — Ordonnance des officiers municipaux de la ville d'Amiens ; portant nouvelle défense de passer en voiture, ou à cheval dans la promenade de la Hautoye, à l'exception des deux secondes contre-allées, et qui renouvelle les autres règlements. 28 juin 1787.

80. — Arrest du Conseil d'État, qui ordonne l'exécution de celui du 8 avril 1777, concernant la translation de la foire de St. Jean-Baptiste, dans la grande halle et sur la place de l'hôtel-de-ville ; et qui déclare bonnes et valables des saisies gageries faites en vertu de sentence de police des officiers municipaux du 4 juillet 1787, sur des forains qui refusoient de payer le loyer des emplacemens de leurs boutiques sur la place. Du 4 déc. 1787.

81. — Liste des trente-six députés du tiers-état en la ville d'Amiens, nommés publiquement à haute voix le 20 mars 1789, en la salle d'audience de l'hôtel-de-ville, à grands huis ouverts, pour porter le cahier de doléances, de ladite ville en l'assemblée du bailliage, le 23 du même mois.

82. — Copie de la lettre écrite à M. Necker, directeur général des finances, par les électeurs des trois ordres, officiers municipaux et conseil de la ville d'Amiens. 11 avril 1789,

83. — Arrêté des électeurs des trois ordres, officiers municipaux et conseil

de ville d'Amiens, pour le maintien de la liberté et de la sûreté dans les marchés aux grains de cette ville. 15 sept. 1789.

84. — Discours sur la nécessité de rappeller les ouvriers de la manufacture d'Amiens dans l'enceinte de la ville, prononcé par M. Patin, en l'assemblée du Tiers-état de ladite ville, tenue le 19 avril 1789, suivi d'un placet relatif à ce discours.

       Amiens 1789. J. B. Caron.

85. — Copie de la lettre de M. Stanislas de Clermont-Tonnere, président de l'assemblée nationale, aux électeurs, officiers municipaux et conseil de la ville d'Amiens. 28 avril 1789.

86. — Association civique pour procurer à la ville d'Amiens les comestibles nécessaires à la subsistance de ses habitans jusqu'au premier septembre 1789. (Du 15 juin 1789).

       Amiens 1789. L. C. Caron.

Tom. II. — Contenant :

1. — Tableau des officiers et notables de la ville d'Amiens, pour l'année 1790.

2. — Extrait du procés-verbal de prestation de serment des officiers municipaux de la ville d'Amiens devant la commune. Du 24 février 1790. (Discours de M. Saladin, procureur, et de M. Degand, maire).

       Amiens 1790. Caron-Berquier.

3. — Arrêté du Conseil municipal de la ville d'Amiens ; du 12 mars 1790.

4. — Proclamation des officiers municipaux de la ville d'Amiens, pour la confection du role des impositions de 1790.

5. — Ordonnance des officiers de la maîtrise d'Amiens, portant règlement provisoire sur la chasse. 26 mars 1790.

6. — Tableau des déclarations pour la contribution patriotique, des citoyens de la ville d'Amiens, dressé en exécution de l'article ix des lettres-patentes du Roi, du premier avril, sur le décret de l'Assemblée nationale du 2 mars. — Avec 4 suppléments.

7. — Ordre du 4 juillet 1790 (pour la garde bourgeoise).

8. — Discours de M. le Maire avant le serment. 14 juillet.

9. — Discours de M. le Président de l'Assemblée électorale du département de la Somme, prononcé au champ de la fédération de la ville d'Amiens, lors de la prestation du serment civique, le 14 juillet 1790.

10. — Proclamation du Conseil général de la commune d'Amiens, pour assurer l'exacte perception des droits et contributions, et pour réprimer la fraude. Du 24 août 1790.

11. — Invitation des amis de la constitution à assister aux services chantés le 23 sept. pour les soldats et soldats citoyens, qui ont péri dans la malheureuse affaire de Nancy.

12. — Réponse (de la Société des amis de la constitution d'Amiens) aux lettres des Sociétés patriotiques de Béthune et de Nantes, relatives à la contribution directe du marc d'argent, décrétée par l'Assemblée nationale le 22 déc. 1789. (Du 7 oct. 1790.)

13. — Projet d'établissement d'une caisse patriotique à Amiens.

14. — Tableau des officiers municipaux et notables de la ville d'Amiens, pour l'année 1790 et 1791.

15. — Extrait du registre aux délibérations de la Société des amis de la constitution, établie à Amiens. Séance du 17 janvier 1798.— Publication de la lettre de la Société des amis de la constitution de Paris, aux sociétés qui lui sont affiliées.

16. — Proclamation du Conseil municipal de la ville d'Amiens, pour rappeler aux citoyens ; 1.º que la vente, l'achat et la libre circulation des grains sont permis dans l'intérieur du royaume ; 2.º que cette liberté est nécessaire pour entretenir l'abondance des marché, et le bas prix des grains ; 5.º que ceux qui s'opposent à cette liberté, sont regardés par la loi comme coupables d'attentat contre la sureté et la sécurité du peuple, etc. 29 mai 1791.

17. — Proclamation... pour l'établissement d'une caisse patriotique d'échange d'assignats contre des billets de la caisse. 1 juin 1791.

18. — Avertissement des commissaires de la caisse patriotique d'Amiens. 5 juin 1791.

19. — Proclamation... pour rappeler aux citoyens, 1.º que nul ne doit être inquiété pour ses opinions même religieuses, etc. 13 juin 1791.

20. — Discours prononcé par M. LAURENDEAU. — N.º 3763-9.

21. — Discours prononcé par MM. POULLAIN, procureur de la commune, DEGAND, maire sortant, LEROUX, maire rentrant, lors du serment des officiers municipaux. Le 22 nov. 1791.

22. — Tableau des officiers municipaux et notables de la ville d'Amiens, pour l'année 1791 et 1792.

23. — Avertissement du Conseil général de la commune au peuple d'Amiens, sur les dangers auxquels il s'expose en exerçant des violences contre les personnes, et en attentant contre les propriétés. 25 janvier 1792.

24. — Pétition à l'assemblée nationale, par cent trente pères de famille dépouillés de leurs propriétés (offices) sans en avoir reçu la juste et préalable indemnité. 30 avril 1792.

25. — Discours prononcé par M. POULLAIN, procureur de la commune d'Amiens, le dimanche 20 mai 1792 après-midi, sur la place de la maison commune, à l'instant de la plantation de l'arbre de la liberté.

en présence de tous les corps administratifs, judiciaires, militaires de toute la garde nationale et du peuple.

26. — Avertissement du Conseil municipal d'Amiens, sur les démarches qu'il a faites de concert avec les corps administratifs, pour obtenir un secours du gouvernement, afin de remédier à la cherté des grains; sur la quantité de blé tirée de l'étranger, accordée pour être vendue au marché de cette ville, etc. Délibération du 7 juillet 1792.

27. — Avertissement... sur les veines terreurs qui agitent les citoyens, sur les véritables moyens de les dissiper et d'assurer la tranquillité publique. — 19 août 1792.

28. — Extrait du registre aux délibérations des officiers municipaux de la ville d'Amiens, (du 26 et 27 août 1792, au sujet d'une pétition des citoyens réunis à St.-Leu, calomnieuse à l'égard de MM. Laurendeau, officier municipal et Janvier greffier, et relative à la cherté des grains, et au service de la garde nationale.).

29. — Premier avertissement du Conseil général de la commune d'Amiens à ses concitoyens, sur les attroupemens qui ont eu lieu au-devant des maisons de plusieurs négocians à l'occasion du renchérissement du prix des denrées; et sur les dangers auxquels s'exposent les auteurs de ces troubles. 11 fév. 1793.

30. — Procès-verbal des honneurs funèbres civiques rendus à la mémoire de Lepelletier St.-Fargeau. — N.° 3738.

31. — Avertissement du Conseil municipal d'Amiens, sur l'exécution du décret de la Convention nationale, du 29 mars, publié à la municipalité le 26 avril, et affiché dans les places publiques; Qui enjoint à tout propriétaire, ou principal locataire, de faire afficher à l'extérieur de leurs maisons, les noms, prénoms, âges et professions de tous les individus résidants dans leurs maisons. Du 3 mai 1793.

32. — Adresse du Conseil général de la commune d'Amiens, à la convention nationale, sur le décret du 28 mars dernier, qui accorde des indemnités à la Société civique, à Jourdain l'Éloge, Daveluy et Morgan, et qui les met en la charge de la commune. 11 juin 1793.

33. — Discours prononcé par le cit. EVRARD, président de la Société populaire d'Amiens, en présence des Commissaires de la Convention nationale, des administrateurs de département et de district, des membres du Conseil-général de la commune, du général Dur, de l'état-major de la force armée, et d'une grande affluence de citoyens réunis en l'église cathédrale, le 29 juillet (1793).

34. — Pétition de la Société populaire d'Amiens, du 13 août 1793, et réponse du Conseil général de la commune. (Cherté des grains).

35. — Extrait des délibérations du Conseil général de la commune d'Amiens. 20 août 1793. (Compte-rendu par les députés des dix sections des assemblées primaires d'Amiens, chargés de porter le vœu de l'acceptation de l'Acte constitutionnel à la Convention.

36. — Extrait... 9 sept. 1793. (Réquisition).

37. — Règlement pour la distribution égale des subsistances, rédigé le 30 sept. 1793, par la Commission nommée par la Société populaire composée de trois membres pris dans son sein, et de deux officiers. Arrêté en la séance ordinaire publique du Conseil général de la commune, du 1 octobre 1793.

38. — Appel du Conseil général de la commune d'Amiens, à une assemblée où il sera délibéré sur les moyens de remédier à la cherté des subsistances.

39. — Inscriptions placées lors de la fête civique et républicaine donnée dans la commune d'Amiens. 3 brum. an 2.

40. — Les administrateurs révolutionnaires du district d'Amiens, aux aux officiers municipaux de... 28 brumaire. (Biens séquestrés).

41. — Les autorités constituées et la Société populaire de la commune d'Amiens réunies, aux membres de la Convention nationale. (26 brumaire. La cathédrale temple de la Raison).

42. — Marche de la fête civique et républicaine qui aura lieu le 30 brumaire.

43. — Règlement pour la réorganisation des sections de la commune d'Amiens. 1 nivôse an 2.

44. — Extrait du registre aux délibérations de la commune d'Amiens. Du 21 nivôse an 2. (Concernant les officiers de l'état civil).

45. — La commission révolutionnaire du département, l'administration du district, le Conseil général de la commune, le comité de surveillance du canton d'Amiens et l'Assemblée populaire de la même ville. A tous leurs concitoyens du département de la Somme. (Eloge d'*André Dumont*.) Pluviôse an 2.

46. — Invitation du Conseil général de la commune d'Amiens à tous les cœurs sensibles et compatissans de la même commune. 1 germ. an 2.

47. — Discours prononcé par le Président de la Société populaire d'Amiens, le 20 prairial. (Fête de l'Être Suprême).

48. — Discours prononcé au nom du Conseil général de la commune d'Amiens, le 20 prairial, jour de la fête célébrée en l'honneur de l'Être Suprême. — Couplets à l'Être Suprême. Par Anselin, père.

49. — Extrait du registre aux délibérations du Conseil général de la commune d'Amiens, du 24 vendémiaire an 3. — Police des billards.

50. — Discours prononcé au nom du Conseil général de la commune

d'Amiens, le 30 vend. an 3, jour de la fête de l'expulsion des esclaves hors du territoire de la Liberté.

51. — Avertissement paternel du Conseil général de la commune d'Amiens, à ses concitoyens, pour les prémunir contre les calomnies répandues contre la municipalité et le district au sujet des subsistances, avec le dessein d'exciter des troubles en cette commune. 2 brum. an 3.

52. — Délibération du Conseil général de la commune d'Amiens, pour l'exécution des lois relatives à la police intérieure et extérieure du théâtre. 16 nivôse an 3.

53. — Souscription paternelle, proposée par le Conseil général, à tous et chacun de ses concitoyens, pour tirer des grains de l'étranger, afin d'assurer nos subsistances jusqu'à la récolte. 19 nivôse.

54. — Le Conseil général de la commune d'Amiens, aux citoyens. (Circulaire pour assurer les subsistances). Nivôse.

55. — Troisième avertissement du Conseil général de la commune d'Amiens, à ses concitoyeus, sur la nécessité urgente de concourir de tous leurs moyens à l'approvisionnement de la commune en subsistances, pour jusqu'après l'entière et parfaite récolte future. 15 pluviôse an 3.

56. — Quatrième avertissement. 13 ventôse an 3.

57. — Arrêté du Représentant du peuple (*Fl. Guiot*), envoyé dans les départements du Nord, du Pas-de-Calais et de la Somme, qui compose le Conseil général de la commune d'Amiens, du 16 ventôse an 3.

58. — Discours prononcé par le cit. LAURENDEAU, agent national de la commune d'Amiens, le 21 ventôse an 3, jour de l'installation des citoyens nommés par arrêté du Représentant du peuple *Florent Guiot*, du 16 dudit mois, pour composer le nouveau Conseil général de la commune, en présence des anciens membres.

59. — Délibération du Conseil général de la commune d'Amiens, sur le prix auquel les grains tirés de l'étranger reviennent à la commune; sur le prix du pain; sur la police, régie et comptabilité des subsistances. Du 4 prairial an 3.

60. — L'administration municipale de la commune et canton d'Amiens, au Corps législatif. (6 germ. an 4. Placement des écoles centrales).

61. — Délibération de l'administration municipale d'Amiens, qui ordonne l'exécution des anciens règlements de police, relatifs à la salubrité, à la sûreté individuelle, à l'ordre et à la tranquillité publique, maintenus par les loix de la République. Du 20 prairial an 4.

62. — Délibération... qui ordonne l'exécution des anciens règlements rela-

tifs aux rivières, moulins et à la voirie des eaux de la commune et banlieue. 20 prairial an 4.

63. — Nouvelles réclamations de l'administration municipal d'Amiens, contre des soumissions et ventes de plusieurs biens patrimoniaux de la commune. 9, 19, 29 pluviôse an 5.

Toutes les pièces qui précèdent sont imprimées par **Caron-Berquier**.

64. — Discours prononcé dans la séance publique de l'installation de l'administration municipale d'Amiens, du 9 germinal an 5 , par le cit. Laurendeau, président de ladite administration.

Amiens an 5. Patin.

65. — Discours prononcé à la maison commune, le 7 vend. an 6. lors de l'installation de l'administration municipale, par le cit. Rigollot, président.—Par le cit. Barbier-Genty, commisssaire du directoire.

66. — Plan d'ordre et de marches pour la pompe funèbre qui aura lieu le 30 vendémiaire, dans la ci-devant cathédrale d'Amiens, en mémoire du général Hoche.

Amiens an 6. Patin.

67. — Au Ministre de la police générale, sur la dénonciation du citoyen Barbier-Genty, contre le citoyen Dargeavel. 1 brum. an 6.

68. — Lettre de Barbier-Genty, en réponse. 23 brumaire an 6.

Amiens an 6. Caron-Berquier.

69. — Invitation aux citoyens de la commune d'Amiens. (12 frim. an 6. (Fête de la paix).

70. — Procès-verbal de la fête et réjouissance de la paix, conclue entre la République française et l'Empereur, célébrée en la commune d'Amiens, par les soins de l'administration municipale, le 20 niv. an 6.

Amiens an 6. Patin.

71. — Discours prononcé par le cit. Bernaux fils, élève de l'école centrale et instituteur, rue S. Germain, en présence de ses concitoyens, le 20 niv. an 6, jour de la fête de la paix.

Amiens an 6. Les Libraires associés.

72. — Le cercle constitutionnel d'Amiens, aux Amis de la république et de la constitution de l'an III. 26 pluviôse an 6.

Amiens an 6. Caron-Berquier.

73. — Adresse aux citoyens, pour les informer que plusieurs demi-brigades d'infanterie de ligne, de l'armée d'Italie, doivent loger en cette commune, et qu'il doit même en rester en garnison. 29 pluv. an 6.

Amiens an 6. Patin.

74. — Délibération de l'administration municipale d'Amiens, pour l'observation uniforme du calendrier républicain. 13 messidor an 6.

Amiens an 6. Caron-Berquier.

75. — Invitation de l'administration municipale d'Amiens, à ses conci-
toyennes. (Dames de charité).

76. — Adresse de l'administration municipale d'Amiens à ses concitoyens,
sur l'impossibilité de subvenir, sans secours extraordinaire, à la dépense de l'illumination des rües; et sur la nécessité d'y contribuer,
volontairement, promptement et suffisamment, par chacun des citoyens. 6 brum. an 7.

77. — Délibération... pour le rétablissement de la police des bouchers et
boucheries. 26 brum. an 7.

Amiens an 7. Caron-Berquier.

78. — Avertissement... à ses concitoyens conscrits de toutes les classes, aux
réquisitionnaires et autres défenseurs de la patrie, qui auroient
abandonné leur poste. 13 therm.

79. — Avertissement... pour prémunir contre les manœuvres des ennemis
de la tranquillité et contre les rumeurs qu'ils répandent pour diviser
les citoyens, et troubler la commune. 24 therm.

80. — Avertissement... sur les dangers des écrits liberticides qui se dis-
tribuent clandestinement. 27 mess.

81. — Tableau des rues, places, culs-de-sacs, ports, fauxbourgs et ban-
lieues, composant la ville d'Amiens, divisée en 4 arrondissements.
1 mess. an 6.

82. — Avertissement du maire d'Amiens aux pères de famille et à tous ses
concitoyens, sur les dangers auxquels on expose les jeunes époux,
en procédant aux cérémonies du culte, avant la célébration civile du
mariage. 23 fruct. an 8.

83. — Avertissement... sur la néceesité indispensable d'acquitter, *sans re-
tard*, toutes les contributions arriérées des ans 7, et 8, et des années
antérieures. An 8.

84. — Règlement pour l'exercice du tir au blanc. 2 compl. an 8.

85. — Règlement... pour l'exercice de la bague à cheval. 2 compl. an 8.

Amiens an 7 et 8. Patin.

86. — Extrait du registre aux délibérations du Conseil municipal de la ville
d'Amiens. 6 vent. an 9. (Organisation du service dans la halle au blé).

Amiens an 9. J. B. Caron.

87. — Avertissement et invitation du maire d'Amiens, aux citoyens, pour
les engager à donner du travail aux détenus renfermés au dépôt. 23 oct.

88. — Publication de la paix. Cérémonie, marche. 5 germ. an 9.

89. — Avertissement du maire d'Amiens à ses concitoyens indigens, sur
les avantages de la vaccine, et sur la nécessité d'y faire participer
leurs enfans. 1 floréal an 9.

90. — Arrêté du maire, approuvé par le Préfet du département, pour le rétablissement du chemin de la voirie à l'Agrappin. Du 2 br. an 10.

91. — Avertissement du maire aux fabricans et négocians de la ville, sur l'exécution de l'arrêté des consuls, du 3 fruct. an 9, relatif à la marque et à l'estampage des basins, piqués, mousselinettes, toiles, draps et velours de coton, 3 pluv. an 10.

92. — Police des manufactures. Extrait du registre aux délibérations du maire d'Amiens. 19 frim. an 12.

93. — Souscription pour la distribution des soupes économiques, dites à la Rumfort. 8 pluv. an 12.

94. — Perception de droits d'octroi établis à Amiens. Réadjudication à la à la folle enchère du cit. Eloy, adjudicataire pour le restant du bail de la perception des droits d'octroi, passé à son profit, par adjudication du 6 fruct. an X, pour 2 années, qui ont commencé au 1 vendém. an XI.

95. — Le maire de la ville d'Amiens, aux jeunes gens de la conscription de l'an 14. — 3. vend. an 14.

96. — Ordonnance de police, concernant l'enlèvement des boues et des immondices. 26 déc. 1807.

97. — Règlement concernant le service de la halle aux grains. 9 fév 1810.

98. — Règlement concernant la police de la bourse. 21 mai 1810.

99. — Règlement concernant la police de la halle aux étoffes. 21 mai 1810.
Amiens 1810. Maisnel.

100. — Création d'un syndic et de deux adjoints pour la compagnie des commissionnaires ambulans pour la vente des étoffes. 7 mai 1817.
Amiens 1817. Caron Berquier.

101. — Discours prononcé par Mgr. J. P. GALLIEN DE CHABONS, évêque d'Amiens, le 19 août 1824, à l'occasion de la pose de la première pierre de l'édifice destiné à l'établissement des frères de la doctrine chrétienne, dans l'emplacement de l'ancien couvent des Moreaucourt.
Amiens 1824. Caron-Duquenne.

102. — Règlement pour les sépultures au cimetière de la Madeleine. Du 15 mai 1827.

103. — Observations sur l'extension de l'octroi aux faubourgs.
Amiens. Ledien fils.

104. — Réponse aux diverses observations faites contre l'extension de l'octroi aux faubourgs.

105. — Un mot sur le second écrit publié par la mairie d'Amiens, en faveur de l'octroi appliqué aux faubourgs.

106. — Réflexions sur l'écrit apologétique de l'octroi appliqué aux faubourgs de la ville d'Amiens.

107. — Consultation sur la réclamation présentée par les habitans des faubourgs d'Amiens, contre la taxe des portes et fenêtres. Du 18 Juin 1843. Signée Vivien.

Paris 1843. P. Dupont.

108. — Observations sur le même sujet, présentées par MM. Prince et Thuillier.

Amiens 1843. Alf. Caron.

109. — Ville d'Amiens. — Réception de l'empereur et de l'impératrice. — Programme du cérémonial. 12 oct. 1854.

Amiens 1854. Caron et Lambert.

110. — Ville d'Amiens. — Souscription patriotique en faveur de l'armée d'Orient. 5 janv. 1855.

Amiens 1855. Caron et Lambert.

3794. — Mémoire pour procès dans lesquels interviennent les maires, les officiers municipaux et les fonctionnaires d'Amiens.

1 vol. in-4°. — Contenant :

1. — Mémoire pour les maire, échevins et officiers municipaux de la ville d'Amiens, contre le sieur Le Séneschal, receveur général des domaines et bois de Picardie. Et contre M. Cl. Picquet, seigneur de Belloy-sur-Somme. (1771. Droits seigneuriaux).

Amiens 1771. L. Caron.

2. — Arrêt du Conseil d'Etat du Roi, du 10 novembre 1778. (Qui déboute le receveur des domaines, et fait droit aux officiers municipaux).

Amiens 1771. L. C. Caron.

3. — Mémoire sur délibéré, pour les maire et échevins de la ville d'Amiens. Contre le sieur Coquillard, marchand de grains de la même ville. (Question d'octroi).

Paris 1774. V.° Ballard.

4. — Mémoire pour la ville d'Amiens. (Possession d'offices de création royale. 1776).

5. — Mémoire sur la prétention du fermier des droits réservés, qui veut exiger des brasseurs d'Amiens, le paiement des octrois municipaux pour la petite bière, appelée *buvette*, ou boissons des pauvres.

Amiens 1778. J. B. Caron.

6. — Mémoire à consulter et consultation pour le sieur Jourdain d'Eloge, contre les maire et échevins de la ville d'Amiens. (Octroi sur les grains sortant de la ville).

Paris 1779. Knapen.

7. — Précis signifié pour les officiers municipaux de la ville d'Amiens, contre le sieur Jourdain de Leloge.

Paris 1780. Simon.

8. — Mémoire en réponse, pour le sieur Jourdain de Leloge, la dame V.ᵉ Poujol et le sieur Poujol fils, contre les officiers municipaux de la ville d'Amiens, demandeurs en cassation d'un arrêt de la Cour des Aides de Paris, du 29 mars 1779.

Paris 1850. Clousier.

9. — Réfutation du dernier mémoire signifié le 29 novembre 1780, par les officiers municipaux de la ville d'Amiens. (Même affaire).

Paris 1780. Clousier.

10. — Mémoire pour les officiers municipaux d'Amiens; contre le syndic du clergé d'Amiens. (Contribution pour l'éclairage public).

Paris 1780. Simon.

11. — Observations pour le syndic du clergé du diocèse d'Amiens, sur le mémoire imprimé des officiers municipaux de cette ville.

Paris 1789. D'Houry.

12. — Mémoire pour A. Jérome, marchand de bois au village de Saint; contre les officiers municip. de la ville d'Amiens.(Pré du gouverneur).

Paris 1788. Demonville.

13. — Réflexions d'un citoyen, sur la conduite du peuple envers M. Jourdain de Leloge, négociant à Amiens, (par MAILLART, avocat, sur le fait du commerce de grains).

Paris 1789. Delaguette.

14. — Mémoire pour le sieur J. B. Al. Leleu fils, négociant et consul en exercice de la ville d'Amiens. (Emprisonné pour commerce de grains. Signé LELEU).

Amiens 1789. J. B. Caron

15. — A mes concitoyens. Suite de ma justification. (Par DENRAY, accusé de commerce de grains).

Amiens 1789. J. B. Caron.

16. — Mémoire pour plusieurs négociants, marchands de toile de la ville d'Amiens. Contre J. J. Prevost, adjudicataire des fermes générales. (Droit de traite).

Paris 1766. Simon.

17. — Mémoire à consulter dans l'affaire de J. Fr. Dury. Contre les administrateurs du collège d'Amiens et autres. (Champart de S. Denys).

Amiens 1783. L. C. Caron.

18. — Mémoire pour les notaires d'Amiens; pour le maintien de la vénalité de leurs offices.

Amiens 1789. J. B. Caron.

52.*

19. — Mémoire à consulter et consultation pour M. Duval, contre les administrateurs de l'hôpital général d'Amiens. (Succession du sieur Pantaléon-Jean Pingré de Fricamp).

Amiens 1789. L. C. Caron.

20. — Mémoire pour M. Bussillot, négociant à Amiens ; suivi d'un mémoire pour les négociants d'Amiens ; accompagné de pièces justificatives. (Contre les négligences de l'administration des ports).

Amiens 1790. F. Caron-Berquier.

21. — Mémoire justificatif pour Fr. M. Delaporte, administrateur du district d'Amiens. (Compte de l'abbaye du Gard).

Amiens 1791. J. B. Caron.

22. — Mémoire pour les maîtres et compagnons fluqueurs, lieurs, chargeurs et déchargeurs de voitures ; les maîtres et compagnons dévaleurs de vins ; les maîtres et compagnons charbonniers ; les auneurs-jurés ; et les maîtres et porteurs au sac de la ville d'Amiens. (Conservation des offices).

Amiens 1790. J. B. Caron.

23. — Les prévarications des nouveaux fonctionnaires publics recommandées à la vigilance des bons citoyens ; ou mémoire de Pierre Flesselle, citoyen d'Amiens, contre Chambosse, receveur du district.

Paris an 4. Cercle social-

24. — Réponse des administrateurs composant le directoire du département de la Somme, à ce qui les concerne dans un mémoire de M. Flesselles, contre M. Chambosse. (Distribution d'assignats).

Paris 1792. Dupont.

25. — Précis pour le citoyen Collache. (Accusé de malversation comme commissaire aux subsistances).

Amiens 1794. Caron-Berquier.

26. — Aux Consuls de la République, les membres composant le Conseil d'administration de l'hôpital militaire d'Amiens. (Contre les malversations du S. Faudier, économe).

Amiens an XI. J. B. Caron.

5795.—Recueil de pièces concernant le procès entre la ville d'Amiens et le chapitre de la cathédrale, au sujet de la seigneurie des eaux de la Somme.

1 vol. in-4°. — Contenant :

1. — Factum sommaire du procès d'entre les doyen, chanoines et chapitre de l'église Notre-Dame d'Amiens, intimez, contre les égards, corps et communauté des brasseurs de ladite ville, appellans des sentences rendues au bailliage d'Amiens, les 7 mars 1661 et 21

juillet 1664. (Eboulement de terre provenant de la vergne des brasseurs; levée trop haute de leur vanne).

S. l. n. n. n. d. (1666).

2. — Extrait des registres du Conseil d'Etat. 14 juin 1707. (Confirmation du don fait au S.ʳ de Poissy d'un lieu sur la rivière de Somme pour pour y construire un moulin à blé, malgré l'opposition du chapitre).

Paris. D'Houry et Debure.

3. — Sommaire de l'affaire des chanoines d'Amiens, au sujet de leurs moulins. 1713. (Inondation du marais de Rivery, au-dessus d'Amiens).

S. l. n. n. n. d. in-fol.

4. — Mémoire pour servir de réponse au placet, que les maire et eschevins d'Amiens ont présenté au Roy contre les moulins des chanoines de l'église cathédrale.

5. — Mémoire, pour Messieurs les experts nommez pour la visite des lieux, qui ont donné occasion à l'instance formée au Conseil par les maire et eschevins de la ville d'Amiens, contre les doyen, chanoines et chapitre de l'église cathédrale de la même ville. (Eclaircissements donnés par le chapitre).

S. l. n. n. n. d. (1713).

6. — Arrest du Conseil d'Estat du Roy, par lequel Sa Majesté, sans avoir égard à une ordonnance du Sieur Intendant d'Amiens, rendue en matière d'eaux et forests, a remis les parties au même état qu'elles étoient avant ladite ordonnance, sauf à elles à se pourvoir devant juges compétens, et a supprimé la requête présentée par les maire et eschevins d'Amiens, sur laquelle avoit été rendue la dite ordonnance. Du 4 avril 1746. (Confirmation de la sentence de la maîtrise des eaux et forests contre des pécheurs qui avaient barré la rivière de Moreuil, et qu'avait absous l'intendant d'Amiens).

7. — Mémoire pour les doyen, chanoines et chapitre de l'église cathédrale d'Amiens, contre les maires et eschevins de de la ville d'Amiens, et contre J. B. Tilloloy, maître maçon, J. Guignon, maître serrurier, J. C. Sellier, maître menuisier, Ch. Delamarre, maître charpentier, et autres ouvriers de la ville d'Amiens; et encore contre le S.ʳ Clément, maître teinturier audit Amiens, et contre le S.ʳ Deville, ci-devant substitut de M. le Procureur général en la maîtrise des eaux et forests d'Amiens.

Paris 1783. Delaguette.

8. — Requête de production nouvelle pour le chapitre d'Amiens. A nosseigneurs de Parlement en la grande Chambre.

Paris (1783). Delaguette.

9. — Analyse des titres, pour le chapitre d'Amiens, contre les officiers municipaux de la même ville, et autres.

Paris (1783). Delaguette.

10. — Réponse signifiée au mémoire imprimé des officiers municipaux, servant de précis de l'affaire. Pour le chapitre de l'église d'Amiens, contre les dits officiers municipaux d'Amiens, le sieur Deville, le sieur Despréaux, et autres.

Paris 1783. Cellot.

11. — Titres décisifs produits par les officiers municipaux de la ville d'Amiens; contre le chapitre de la cathédrale de la même ville.

Paris 1783. Valleyre.

12. — Mémoire pour les maires et échevins de la ville d'Amiens; contre le chapitre de la même ville. Question de savoir : Si le chapitre a la propriété, seigneurie et justice des eaux de la rivière de Somme à Amiens; et s'il a pu s'opposer à l'accensement fait par le Roi, au profit de la ville, d'un moulin à foulon.

Paris 1783. Cellot.

13. — Mémoire et analyse des titres pour les officiers municipaux de la ville d'Amiens; contre le chapitre de la cathédrale de la même ville.

Paris 1783. Valleyre.

14. — Arrêt du Conseil d'Etat du Roi. Qui casse et annule les saisies qui avoient été faites des revenus de la ville d'Amiens, à la requête du chapitre de la cathédrale de la même ville. Fait défenses audit chapitre et à tous autres d'en faire de semblables à l'avenir, sans s'y être fait préalablement autoriser par M. l'Intendant. Et ordonne que l'arrêt sera affiché et imprimé. Du 2 décembre 1783.

Amiens 1783. Caron père.

15. — Résumé de l'affaire pour le chapitre de l'église d'Amiens; contre les officiers municipaux de la ville d'Amiens; le substitut de M. le Procureur général en la maîtrise (des eaux) d'Amiens, et autres.

Paris 1783. Delaguette.

16. — Arrêt de la Cour rejetant l'appel interjeté contre l'arrêt du 13 mars 1767, 16-23 sept. et 20 oct. 1775, 2 août et 22 nov. 1776 et ordonnant l'exécution de cet arrêt. 20 août 1783.

Paris 1783. Vᵉ. Ballard.

17. — Arrest du Conseil d'Etat du Roi, qui ordonne l'exécution de l'édit d'avril 1683, et des arrêts du Conseil du 7 mai et 2 déc. 1783. Qui casse et annule toutes les procédures faites au Parlement de Paris, par le chapitre d'Amiens, depuis l'arrêt du Conseil du 2 déc. 1783, tant contre les officiers municipaux en exercice, que contre les sieurs Morgan, Ogier, Baron, Gossart et Leleu, officiers municipaux de

l'exercice de 1776, et notamment les arrêts des 8, 20 et 31 mars 1783, ensemble tout ce qui pourrait s'en être ensuivi. Fait défense au chapitre de faire à l'avenir de semblables procédures à peine de toutes pertes, dépens, dommages et intérêts. — Condamne ledit chapitre à rendre et restituer les sommes que les officiers munîcipaux en exercice, et les sieurs Morgan, Ogier, Baron, Gossart et Leleu auroient pu être contraints de payer. Le condamne pareillement aux frais faits au Parlement et au coût du scel, contrôle et signification de l'arrêt. Du 22 juin 1784.

Amiens (1784). L. C. Caron père.

18. — Requête au Roi, et à nosseigneurs de son Conseil; pour les doyens, chanoine et chapitre de l'église cathédrale d'Amiens, contre les officiers municipaux de la dite ville, demandeurs en cassation des arrêts du parlement de Paris, des 18 juillet 1778, 29 janvier 1779 et 6 août 1783; au sujet de la propriété et seigneurie des eaux de la rivière de Somme, dans la ville et la banlieue d'Amiens.

Paris 1785. D'Houry.

19. — Au Roi et à nosseigneurs de son Conseil. (Requête des doyen, chanoine et chapitre de l'église cathédrale d'Amiens, contre le sieur Despréaux, procureur de Sa Majesté en la maîtrise particulière des eaux et forêts de Picardie, au bailliage d'Amiens).

Paris 1785. D'Houry.

20. — Réponse pour les officiers municipaux de la ville d'Amiens, à la requête du chapitre de l'église cathédrale de la même ville du 11 août, 1785, au sujet de la propriété et seigneurie de la rivière de Somme, dans la ville et banlieue d'Amiens.

Paris 1786. Simon et Nyon.

21. — Extrait des principaux titres et moyens des officiers municipaux de la ville d'Amiens. — Dans l'instance pendante entr'eux et le chapitre de la cathédrale de la même ville, au conseil des finances.

Paris 1787. Simon et Nyon.

22. — Observations des officiers municipaux de la ville d'Amiens, sur les principales pièces produites par le chapitre de l'église de la même ville, avec la requête signifiée le 12 août 1785.

Paris 1787. Simon et Nyon.

23. — Résumé pour les officiers municipaux de la ville d'Amiens. Contre le chapitre de l'église cathédrale de la même ville.

Paris 1787. Nyon.

24. — Mémoire pour le procureur du Roi, en la maîtrise des eaux et forêts d'Amiens; contre les doyen, chanoines et chapitre de l'église cathédrale de la même ville; en présence des officiers municipaux.

Paris 1787. Nyon.

25. — Extrait du registre du Conseil d'Etat. (Arrêt qui declare le chapitre non-recevable dans ses prétentions, et la propriété, seigneurie, et justice de la rivière de Somme être le domaine de la couronne, adjuge aux officiers municipaux les conclusions par eux prises et condamne le chapitre en tous dépens.) 15 janvier 1788.

> **Paris 1788. Vᵉ. D'Houry et Debure.**

5796. — Recueil de pièces pour le procès entre l'Evêque et la ville au sujet du droit de travers dans la ville d'Amiens.

> **Liasse in-4°.** — Contenant :

1. — Arrest de nosseigneurs de la Cour de Parlement de Paris, du 22 may 1665. Portant reglement pour le perception des droicts de travers tant par eaue, que par terre dans la ville d'Amiens.

> **Amiens 1665. Musnier.**

2. — Pancarte des droits de travers, tant par eaue que par terre de la ville d'Amiens, deub moitié au Roy, et l'autre moitié à M. l'Evesque.

3. — Conférence des pancartes des travers d'Amiens, pour servir au procez pendant à la cour, entre les premier, eschevins, syndic et communauté des marchands de ladite ville d'Amiens, les six corps des marchands de Paris, et encores les voituriers de plusieurs lieux, allencontre de Messire Fr. Faure, évesque dudit Amiens et la damoiselle Seraigne. (Titre primordial).

4. — Droicts de chaussées baillées à ferme. Ordonnances faites par le Roy, sur le faict des chaussées de la ville de Paris, et autres bonnes villes du Royaume. — Ordonnance du Bureau des finances de la généralité d'Amiens du 28 mai 1611.—Extrait pour la dame Croquoison, veuve de Ant. de Seraigne.

5. — Requête aux Commissaires députez par Sa Majesté en l'instance d'entre les premier et eschevins, et la communauté des marchands opposans à l'exécution de l'arrêt du Conseil du 17 mai, et M. l'Evesque d'Amiens et la damoiselle de Seraigne.

6. — Factum pour les premier et eschevins, scindic, corps et communauté des marchands de la ville d'Amiens, contre M. Faure evesque d'Amiens, et la damoiselle Marie Crocquoison, veuve du s.ʳ de Seraigne.

7. — Autre factum pour les mêmes.

8. — Extrait du registre de Parlement. (1 fév. 1661, qui joint les parties).

9. — Extrait du registre du Conseil d'Estat. (Arrêt du 17 fév. 1665 qui déboute les échevins de l'opposition formée à l'établissement des droits de travers par eau).

10. — Arrêt du Conseil d'Etat (du 5 mai 1665, confirmant la dame de Seraigne dans son droit de lever le travers).

11. — Factum pour M. Fr. Faure , évesque d'Amiens, contre les premier et eschevins, et communauté des marchands. 1656.

12. — Arrêt du Conseil d'Etat (maintenant le droit de l'évêque. 17 mai 1656).

13. — Transaction faite par MM. les premier, eschevins; et les syndics , corps et communauté des marchands de la ville d'Amiens, avec M. Faure, évesque d'Amiens, pour raison du travers. — 8 octobre 1657.

14. — Factum pour M. Fr. Faure , contre les premier et eschevins et la communauté des marchands. (Opposition à l'arrêt du 17 mai).

15. — Factum pour la communauté des marchands d'Amiens, contre M. F. Faure, et damoiselle Crocquoison. (Contre l'arrêt du 8 juin 1656).

16. — Arrêt du Conseil d'Etat du 30 octobre 1656, qui maintient l'évêque dans son droit.

17. — Factum pour les syndic, corps et communauté des marchands d'Amiens , appelant de l'ordonnance du 27 nov. 1656.

18. — Arrêt du subdélégué de l'intendance. (Du 27 nov. 1656).

19. — Factum pour M. l'Evéque d'Amiens.

20. — Mémoire pour M. l'Evesque d'Amiens et damoiselle de Seraigne.

21. — Arrest du Conseil d'Estat réglant le droit de travers. 22 août 1657.

22. — Lettre de M.gr l'Evesque d'Amiens aux curez de la ville d'Amiens , sur le sujet d'un procez qu'il a soutenu au Conseil privé du Roy , pour le restablissement d'un des plus anciens droits de son évesché. (Le droit de travers. 8 sept. 1657).

23. — Requête des syndic, corps et communautés des marchands d'Amiens, 19 décembre 1661.

24. — Arret du Parlement , du 7 janv. 1662. (Jonction de la cause).

25. — Factum pour damoiselle Marie Croquoison , contre les premier et eschevins et communauté des marchands. 1662.

26. — Mémoire sur l'affaire du travers par eau et par terre pendante au Conseil. Pour le sieur évesque d'Amiens, contre les eschevins et marchands d'Amiens.

27. — Arrêt du Conseil d'Etat , du 16 sept. 1666.

28. — Arrêt du bureau des finances et domaines de Picardie du 15 juin 1672, réglant les droits de travers.

29. — Mémoire pour M.me la marquise de Saissac , engagiste de la moitié des droits de péage et travers qui se lèvent dans la ville d'Amiens, sur l'arrêt du Conseil du 13 fév. 1731. (Vérification de titres).

Paris 1732. Paulin du Mesnil. in-fol.

3797.—Notice sur Notre-Dame de Saint-Acheul, ancienne cat
drale d'Amiens. A. M. D. G. (Par le R. P. A. Mallet) (
Amiens 1854. Caron et Lambert. 1 vol. in-18.

3798.—Remarques sur l'église cathédrale d'Amiens; avec
description de la proportion de ce bel édifice. Par le
toyen Caron-Berquier (2). Suivi d'un compliment
card, par l'*Abbé* G. (Gorin) (5).
Amiens 1801. Caron-Berquier. Pièce in-8°.

3799.—Description de l'église cathédrale d'Amiens, par *Maur*
Rivoire.
Amiens 1806. Marielle. 1 vol. in-8°. Pl.

A la suite:

Lettre à M. Rivoire, sur quelques passages de sa d
cription de la cathédrale d'Amiens. (Par M. Rigollot
Amiens (1806). Maisnel. Pièce in-8°.

5800.—Description historique de l'église cathédrale de Not
Dame d'Amiens, ornée de cinq planches, par A. P.
Gilbert.
Amiens 1833. Caron-Vitet. 1 vol. in-8°. Pl.

5801.— Notice historique et descriptive de l'église cathédrale
Notre-Dame d'Amiens. Par M. H. Dusevel.
Amiens 1830. Caron-Vitet. 1 vol. in-8°.

5802.—Même ouvrage. 5.ᵉ édit. rev. et augm.
Amiens 1853. Caron et Lambert. 1 vol. in-8°. Pl.

5805.—Une visite à la cathédrale d'Amiens, par M. E. D. (*E
gène* Dusevel) (4).
Amiens 1841. Lenoel-Herouart. 1 vol. in-12.

---

(1) Mallet (*Alexandre-Désiré*), né à Amiens le 22 septembre 1799,
mourut le 16 janvier 1856.

(2) Caron (*François*), né à Amiens le 10 octobre 1752, y mourut le
novembre 1825.

(3) Gorin (*Louis-Charles*), né à Amiens le 25 avril 1744, y mourut le
septembre 1830.

(4) Dusevel (*Charles-Albert-Théodose-Eugène*), né à Doullens le 8 ma
1800, y mourut le 19 juin 1848.

** — Nouvelle description de la cathédrale d'Amiens, par M. A Goze. — N.º 3570.

3804. — Visite à la cathédrale d'Amiens, nouvelle édition entièrement refondue et rédigée d'après les renseignements les plus authentiques. Par un membre de la Société des antiquaires de Picardie. (M. l'*Abbé* Roze) (1).
   Amiens 1856. Lenoel-Herouart. 1 vol. in-8º. Fig.

3805. — Vues pittoresques de la cathédrale d'Amiens, et détails remarquables de ce monument, dessinés, lithographiés et publiés par Chapuy; avec texte historique et descriptif par F. T. de Jolimont.
   Paris 1824. Leblanc. 1 vol. in-4º.

3806. — Observations sur un bas-relief de la cathédrale d'Amiens, par M. J. B. F. Obry (2). (Extrait des Mémoires de l'Académie du département de la Somme).
   Amiens 1839. Raoul Machart. 1 vol. in-8º.

3807. — Les stalles de la cathédrale d'Amiens, par MM. Jourdain (3) et Duval (4).
   Amiens 1843. Duval et Herment. 1 vol. in-8º. Pl.

3808. — Le portail Saint-Honoré dit de la Vierge dorée de la cathédrale d'Amiens, par MM. Jourdain et Duval. (D'après un rapport adressé à M. le Préfet de la Somme par la Société des Antiquaires de Picardie).
   Amiens 1844. Duval et Herment. 1 vol. in-8º. Pl.

3809. — Cathédrale d'Amiens. — Description de la chapelle de S.te Theudosie, par M. A. D. (*Adolphe* Dutilleux).
   Amiens 1854. Alf. Caron. Pièce in-8º.

3810. — Isolement de la cathédrale d'Amiens. — Observations présentées dans l'enquête, (par M. *Charles* Dufour, M.e

---

(1) Roze (*Jean-Baptiste-Marie*), né à Bourdon le 21 décembre 1810.

(2) Obry (*Jean-Baptiste-François*), né à Villers-Bretonneux le 17 septembre 1795.

(3) Jourdain (*Edouard-Louis*), né à Amiens le 21 mars 1804.

(4) Duval (*Antoine-Théophile*), né à Oisemont le 12 décembre 1808.

V.° Filliot et M. Baudelocque, juge de paix, magistrat
enquêteur; avec un plan lithographié par Bécu).

Amiens (1851). Alf. Caron. Pièce in-4°. Pl.

On y a joint :

— Cathédrale d'Amiens. — Projet de rectification et de
rélargissement des abords de ce monument, dressé sur
la demande de M. le comte V. Du Hamel, préfet de la
Somme, par J. Herbault, architecte de ce département.

Amiens 1855. L. Boileau. Plan lith. à 10 couleurs.

3811.—Société des Antiquaires de Picardie. — Délibération du
23 décembre 1852, concernant les travaux de la cathédrale d'Amiens.

Amiens 1853. Duval et Herment. Pièce in-8°.

3812.—Observations sur la délibération de la Société des Antiquaires de Picardie, en date du 23 décembre 1852, concernant les travaux de la cathédrale d'Amiens, par M.
A. Goze.

Amiens 1853. Alf. Caron. Pièce in-8°.

3813.—Travaux de la cathédrale d'Amiens. — Réponse à MM.
les Antiquaires, par M. *Charles* Berton (1).

Amiens 1853. Alf. Caron. Pièce in-8°.

** — Catalogue des évêques d'Amiens. N.° 3700.

3814.—Pièces pour l'histoire de l'église d'Amiens.

2 liasses in-4°. — Tom. I.er contenant :

1. — Arrêt qui égale les semi-prébendés de l'église d'Amiens aux chanoines pleins-gros. 31 mars 1643.

2. — Extrait des registres du Conseil privé du Roy, portant règlement des
droits respectifs de l'évêque et du chapitre, du 25 janv. 1644.

3. — Sommaire ou factum pour les syndics et députez du clergé du diocèse d'Amiens, contre M. L. Denis, ci-devant greffier des insinua-
tions ecclésiastiques. 1653.

4. — Arrest du parlement ordonnant exécution de l'acte capitulaire du
20 mars 1654.

(4) Berton (*Charles-Etienne*), né à Abbeville le 1.er octobre 1825.

5. — Arrest de la Cour de Parlement, en faveur des doyen, chanoines et chapitre de l'église d'Amiens. Contre l'université des chapelains de la même ville (pour les revêtus, les porte-chasses, etc.) 14 fév. 1656.

6. — Arrest…pour Mgr. l'Evesque d'Amiens, contre quelques particuliers qui denioient d'apporter leurs pastes au four banal de l'évesché. 7 sept. 1657.

7. — Arrest du Conseil privé, obtenu par M.gr l'Evesque d'Amiens, et concordat passé entre l'Evêque et le chapitre concernant la conduite et l'assistance, la translation de l'office et fête de S. Marc). 1654-57.

8. — Requeste des doyen, chanoines et chapitre de l'église d'Amiens, sur l'évocation que M. l'Evesque d'Amiens prétend avoir fait faire au Conseil privé du Roy, des appellations comme d'abus dont la Cour estoit saisie au préjudice de l'arrest et règlement du Conseil d'Estat du 11 janvier 1657. — (1658).

9. — Pour monstrer, par les doyen, chanoines et chapitre de l'église d'Amiens, que l'évocation ne se peut en aucune façon. — 1658.

10. — Sommaire du procez, d'entre les doyens, chanoines et chapitre de l'église d'Amiens, et E. Gorillon, soy disant pourveu d'une chanoinie et prébende en l'église collégiale de S. Nicolas au cloistre d'Amiens. 1663.

11 — Ensuivent les coppies des fausses sentences, arrests et reliefs produits par Sindelis contre les doyens, chanoines et chapitre d'Amyens, au procez concernant la qualité de seigneurs et les droits honorifiques de l'église de Vaulx-en-Amyennois.

12. — Déclaration faite par R. Grenet, curé de Vaux en Amiennois, fermier des droits que prennent MM. les doyen et chanoines de l'église N. D. d'Amiens, sur le terroir de Vaux. — 13 avril 1617.

13. — Coppie de la chartre de Thibault, XLI évesque d'Amiens, de l'an 1196. Par laquelle appert le chapitre avoir esté dès lors maintenu et gardé en la qualité de seul seigneur en toutes sortes de justices dans la terre et village de Vaulx.—Autres titres relatifs au même objet.

14. — Arrest du Roy qui annule une sentence du bailly d'Amiens, et remet au même état que devant le chapitre et le curé de Vaulx, du 13 mai 1656. — (Fourniture des choses nécessaires au service divin).

15. — Arrest confirmatif de la sentence du bailly d'Amiens, portant condamnation du droit de champart. Pour le chapitre d'Amiens, contre les habitants de Vaulx. (8 janvier 1661).

16. — Sentence du bailly d'Amiens, au profit du chapitre, contre la communauté des manans et habitans de Vaulx, pour le payement du droit de menues dixmes des laines. 31 mars 1663.

17. — Arrest de la Cour de Parlement, pour les doyen, chanoines et chapitre de l'église d'Amiens, contre Ch. de Sindelys, sieur d'Aubigny, par lequel le chapitre est maintenu et gardé en la possession de se tiltrer seul seigneur de Vaulx. — 13 août 1667.

18. — Arrest qui condamne les ortillons à payer au chapitre la dixme à raison de 7 bottes du cent et de treize bottes, poignées ou manées l'une et à proportions au-dessus et au-dessous des foings, pois, febves, lins, chanvre, verjus, oignons, oignonettes, ails, raves, oscilles, et toutes autres herbes et légumes, etc. — 27 août 1666.

19. — Factum pour les doyen, chanoines et chapitre de l'église d'Amiens, appellant de la sentence interlocutoire rendue par le bailly d'Amiens, le 15 fév. 1638, contre la communauté des marchands hortillons de la ville, fauxbourgs et banlieue du dit Amiens, et les eschevins de la même ville, joints avec les dits hortillons. (Droits de menues dixmes).

20. — Pour les mêmes intervenans par M. F. Nerlande, chanoine vicarial de Vaussoire, contre MM. Ad. et L. Picard. (Vicariat de Vaussoire).

21. — Fondation de la prébende vicariale du costé droit, dite de *Alliaco*, ou de Vaussoire, faite en 1389.

22. — Fondation de la prébende vicariale du costé gauche, dite de *Albello*, de l'année 1420.

23. — Pour le chapitre d'Amiens, au procès qu'il a contre le sieur Lucas. (Champart sur diverses terres et droits seigneuriaux à Ver. 1680.)

24. — Ordonnance de MM. les doyen, chanoines et chapitre, le siège épiscopal vacant. (3 oct. 1691. Discipline).

25. — Ordonnance de M.gr l'Evêque d'Amiens (H. Feydeau de Brou), au sujet d'un écrit publié dans son diocèse, intitulé: *Proposition du Père des Timbricux.* 29 avril 1697.

26. — Mémoire pour les doyen, chanoines et chapitre, contre M. Ant. Binet, chanoine pourvu de la prébende subdiaconale de la même église. (1698. Devoir du prébendé).

27. — Règlement de MM. les doyen, chanoines et chapitre d'Amiens, touchant les qualités que doivent avoir les parrains et marraines qui tiennent des enfans sur les fons de baptême. 26 sept. 1713.

28. — Règlemens des mêmes sur quelques points de discipline. 30 oct. 1713.

29. — Déclaration et raisons des chanoines de l'église cathédrale d'Amiens, qui ont refusé d'appeler comme d'abus du mandement de M.gr l'Evêque d'Amiens daté du 23 août 1718. — (27 août 1718).

30. — Abrégé du mémoire pour les mêmes, contre M. P. Sabatier, évêque d'Amiens. (1720. Si l'Evêque peut obliger l'aumônier qu'il a fait chanoine, de quitter au chœur sa place d'installation, pour s'asseoir

à ses pieds dans les chaires basses.) — Précis du mémoire de M. l'Evêque. — Observations sur quelques faits répandus dans le mémoire imprimé de M. l'Evêque.

31. — Précis pour le chapitre de l'église d'Amiens, contre la communauté des habitans de Camons. (1762. Seigneurie de Camons).
   Paris 1762. Grangé.

32. — Mémoire signifié pour les mêmes, contre les mêmes.
   Paris 1765. Knapen.

33. — Autre mémoire pour les mêmes, contre les mêmes.
   Paris 1779. Simon.

34. — Circulaire du chapitre d'Amiens aux chapitres de royaume, touchant le stage et les droits des chanoines clercs). (mars 1773.)

35. — Mémoire pour les mêmes, contre le sieur Ducandas, chanoine. (Stage.)
   Amiens (1773). L. C. Caron.

36. — Mémoire pour le sieur Ducandas, contre le chapitre. (1773).

37. — Mémoire pour le sieur I. P. Mimerel, chapelain de la chapelle de N.D., dite de l'*Aurore*, contre le sieur J. B. Asselin, vicaire de la paroisse de N. D. titulaire de la chapelle de S. Eloi, etc. (Cause bénéficiale).
   Amiens 1776. V.ᶜ Godart.

38. — Mémoire pour le chapitre de l'église d'Amiens, seigneur haut-justicier de Folie; et pour les officiers de la dite justice de Folie, contre la communauté des notaires royaux de Montdidier.
   Paris 1777. Simon.

39. — Mémoire signifié pour les doyen, chanoines et chapitre d'Amiens, seigneurs de Fontaine-sous-Catheux, contre J. L. et J. B. de Bonnaire. (Droit de Champart).
   Paris 1779. Simon.

40. — Précis pour le chapitre de l'église d'Amiens, contre le seigneur en partie, et les propriétaires et habitans du village de Salleux, et le principal et administrateur du collége de la ville d'Amiens; en présence des propriétaires et habitans du village de Sallouel. (Réparation de l'église de Saleux).
   Paris 1780. Delaguette.

41. — Mémoire pour le sieur J. B. Guidé, chanoine vicarial de l'église d'Amiens, et en cette qualité, seigneur de la terre et seigneurie de Vaussoire.... Contre M. L. A de Seiglière de Belleforiere, marquis de Soyecourt, seigneur de Tilloloi... (Champart de Vaussoire).
   Paris 1785. Vᶜ. Ballard et fils.

42. — Précis pour l'abbé Guidé, contre les sieurs Bondu et Masson, chanoines vicariaux. En présence de M. l'Evêque d'Amiens.
   Paris 1786. Cellot.

43. — Réponses signifiées pour les doyen, chanoines et chapitre de l'église d'Amiens, aux observations imprimées des notaires royaux du bailliage de Montdidier.

Paris 1785. D'Houry.

44. — Résumé signifié par les mêmes. (même cause).

Paris 1786. D'Houry.

45. — Déclaration du chapitre de l'église cathédrale d'Amiens, présentée le 13 décembre 1790, à MM. les Administrateurs du directoire du district de la même ville, pour être insérée en leur procès-verbal.

Amiens 1790. J. B. Caron. in-8°.

Tom. II. — Contenant :

1. — Mémoire pour Messieurs du clergé d'Amiens, contre le fermier des Aydes. (Droit d'octroi).

2. — Requeste des curez de la ville d'Amiens à Messieurs les grands vicaires du vénérable chapitre d'Amiens, le siège épiscopal vacant. (Contre un livre intitulé les privilèges et devoirs de la confrérie de N. D. du Mont-Carmel). 19 août 1687.

3. — Manifeste pour servir de défense au R. P. Mege, prestre, religieux de l'ordre des FF. Prescheurs, contre un libelle diffamatoire, intitulé, Requeste des curez d'Amiens.

4. — Lettre d'un ecclésiastique d'Amiens à Mgr. l'Evesque de... au sujet de la mission faite par les Capucins dans la ville d'Amiens, aux mois de novembre et décembre 1686.

Amiens 1687. V.ᵉ R. Hubault.

5. — Extrait des registres de Parlement (du 11 avril 1652, qui maintient J. Avisse en jouissance de la cure de S. Jacques d'Amiens).

6. — Factum pour M. Jean du Mesnil et A. Descamps, tous deux curés de la paroisse de S. Firmin le Confesseur à Amiens, contre les marguilliers de ladite paroisse. (1682. Perception des cires).

7. — Réponse au factum pour les marguilliers de S. Firmin le Confesseur, contre M. J. du Mesnil et A. Descamps, curés.

8. — Précis pour les prévost, chanoines et chapitre de l'église collégiale de S. Firmin le Confesseur de la ville d'Amiens, contre le S. Brandicourt, curé-vicaire perpétuel de la dite église. (Droits honorifiques).

Amiens 1789. J. B. Caron.

9. — Factum pour les marguilliers de la fabrique et paroisse de S. Firmin à la Pierre de la ville d'Amiens, et ceux de S. Germain de la même ville, contre les prieur, religieux et convent de l'abbaye de S. Jean d'Amiens. (1703. Succession des curés).

10. — Arrest du grand Conseil du 10 février 1710, au profit de M. l'abbé général de Prémontré et de frère L. Debonnaire, curé de S. Firmin-

le-Martyr de la ville d'Amiens, contre M. l'évêque d'Amiens et contre Fr. Durieux, curé de Selincourt, par lequel il est jugé qu'il y a abus dans la collation de la cure de S. Firmin, faite par M. l'évêque d'Amiens au frère Durieux.

11. — Mémoire instructif pour les curé et marguilliers de la paroisse de Saint.-Leu, contre M. L. A. Delacourt. (20 février 1760. Réparations au presbytère).

Amiens 1760. V.° Godart.

12. — Liste des paroisses dont les curés sont à remplacer. 1791.

13. — Formule du serment prononcé par les curés d... (Amiens, deux seuls exceptés). 16 janvier 1791.

14. — Lettre d'une religieuse de la Visitation Sainte-Marie d'Amiens, au sujet de la pompeuse et magnifique cérémonie de la béatification du bienheureux François de Sales, faite dans l'église et monastère des dites religieuses à Amiens, le 20 avril 1662.

15. — Lettre en forme de relation, simple et naïfve, sur les cérémonies de la canonisation de S. François de Sales, célébrée dans l'église cathédrale, et dans celle de la Visitation Sainte-Marie de la ville d'Amiens, et écrite par elles à leurs très chères sœurs des autres monastères de la Visitation.

Paris (1666). De Bresche.

16. — Lettres des religieuses de la communauté de la Visitation d'Amiens, sur la mort de quatre de leurs sœurs. 22 nov. 1679.

17. — Factum pour les chanoines de S. Nicolas de la ville d'Amiens, contre les prestres de la congrégation de la Mission, établis au séminaire de cette ville. (Servitudes imposées à leur église. 1684).

18. — Mémoire pour M. J. F. Dessole, syndic du clergé du diocèse d'Amiens, contre les frères Girardin, Boquet, Hénaut et Haire, religieux Célestins de la maison d'Amiens. (1783. Pension après suppression de la maison des Célestins).

Paris 1783. V.ᵉ Ballard.

19. — Raisons qui font cognoistre que la réforme du convent des révérends Pères Jacobins d'Amiens n'est point vrayement réforme.

20. — Factum pour frère Cl. Pierre, prestre religieux profex de l'abbaye de S. Achœul-lez-Amiens, cy-devant prieur du prieuré curat de Bacouël et ses secours au diocèse d'Amiens. Et Fr. J. de l'Espinoy, à présent pourveu dudit prieuré, contre Fr. Fr. Hanique, prieur du prieuré curat de S. Blaise des Chaizes au diocèse de Chartres, soy-disant religieux profex de ladite abbaye de S. Achœul, et pareillement pourveu dudit prieuré. (1638).

53.

21. — Arrest de la Cour de Parlement, qui maintient et garde le chapitre de l'église royale et collégiale de S. Vulfran d'Abbeville dans le droit et possession d'administrer les sacremens à tous les chanoines, chapelains, membres et officiers du chapitre en quelque paroisse qu'ils demeurent; ensemble de lever leurs corps et de les inhumer dans son église: fait défense au curé de S. Gilles de la même ville de les y troubler. Du 30 janvier 1731.
Paris 1731. Lottin.

22. — Mémoire servant de réponse, pour M. P. Acoulon, prêtre-sacristain de la paroisse du Saint-Sépulcre de la ville d'Abbeville, contre M. Joseph Petit, curé de la même paroisse. (Plainte en diffamation).
Paris 1769. V.ᶜ Regnard.

23. — Factum pour M. A. Durant, prieur commendataire du prieuré de S. Ausbert de Boves, contre M. Ch. de Moy, marquis de Riberpré, seigneur de la baronnie de Boves. — Addition au factum. — Arrest du Parlement du 12 avril 1661, (qui maintient le prieur en possession des droits de justice).

24. — Sommaire pour M.ᵉ Thibault, pourvu de la cure de Bovelles, contre M⁰. Laurent, se prétendant pourvu de la même cure, par grade.
Paris 1767. Knapen.

25. — Précis pour les prieur et religieux de l'abbaye du Gard; et Messire J. Fr. de Louvencourt, chatelain de Longpré-les-Corps-Saints, seigneur de Béthencourt, Rivière, Condé, Folie, Beaupré, du Rilleux et autre lieux... Contre les tenanciers dénommés en une délibération du 26 juin 1763 et les syndics et habitans du village de Thieuloy-l'Abbaye, et contre M. P. Tascher, abbé commendataire. (Champart et dixmes de Thieulloy).
Paris 1778. V.ᶜ Hérissant.

26. — Précis pour les mêmes. 1781.

27. — Factum pour les abbé et chanoines réguliers de l'abbaye de N. D. de Ham, et Messire Claude duc de S. Simon, contre A. Bouzier, chanoine de l'église de S. Quentin. (Droit de pêche dans la Somme).

28. — Précis pour A. B. Martin, laboureur en la paroisse de la Frenoye, contre M. L. de Bourbon, comte d'Eu, et M. P. de Bon, prieur titulaire de la Frenoye. (Dixme et Champart).
Paris 1767. D'Houry.

29. — Mémoire signifié, pour les seigneur, syndic, habitans, corps et communauté du village de l'Hortoy, contre M. A. Marminia, vicaire perpétuel à portion congrue de la Warde-Mauger, et curé seul gros décimateur de la paroisse de Lhortoy, et contre les soi-disant

fabriciens de l'église et fabrique de la Warde, en présence de M. le Procureur du Roi. (Réparation de l'église).

Amiens 1787. J. B. Caron.

30. — Mémoire signifié pour M. Ch. A. Magnier, curé de Lignières-Chatelain, contre le S. Guill. Cardon, prêtre du diocèse de Séez. (Prétention à la cure).

Amiens (1764). V.ᵉ Godard.

31. — Réponse au factum et libelle diffamatoire fait par Jean de Meaux, nommé à l'abbaye de Moreuil, par les sieurs curé, paroissiens et marguilliers dudit lieu.

32. — Jugement rendu par Mgr. l'Evesque d'Amiens, sur les différens d'entre le sieur abbé de l'abbaye de Moreuil et les religieux de ladite abbaye. 3 janvier 1679.

33. — Mémoire pour les doyen, chanoines et chapitre de l'église collégiale S. Martin de Picquigny, contre J. Godard, maître masson à Amiens, et contre M. Ch. H. d'Albert, duc de Chevreuse, baron de Picquigny. (9 janvier 1702). (Réparation de l'église).

34. — Mémoire pour les chanoines de Picquigny, contre le sieur de la Haye, (doyen). (Dixme de Condé. 10 juillet 1700).

35. — Arrest notable de la Cour de Parlement, touchant la résidence, pour les chanoines, doyen et chapitre de l'église royale de Roye, contre les chapelains de la même église. (8 août 1675).

Paris 1675. J. B. Coignard.

36. — Addition de mémoire pour les religieux de la Charité de Roye, contre les sieurs du chapitre de l'église collégiale de S. Florent de la même ville. (Canonisation de S. Jean de Dieu).

Paris 1692. A. Lambin.

37. — Mémoire pour M. Guerin, curé de Brueil, contre M. Le Blanc, curé de Sailly. (Union des biens du prieuré de Sailly aux cures de Sailly et de Breuil). — Addition au mémoire.

Paris 1786. Knapen.

38. — Factum pour la deffence des habitans du village de S. Fuscien, contre les poursuites du curé de Sains et des marguilliers de la paroisse. (Qui veulent assujétir les habitans de S. Fuscien à aller aux offices paroissiaux au village de Sains).

39. — Factum pour les religieux, prieur et convent de l'abbaye de S. Josse; contre les curés, marguilliers et habitans d'Estappes. (Réparation de l'église).

40. — Mémoire pour M. J. F. Lottin, ci-devant curé de la paroisse de S. Médard du Hamel, et actuellement de S. Saturnin d'Hercelaines,

53.*

contre M. P. J. Delahaye, curé de la paroisse de S. Cyr et Sainte Julitte d'Acheux. (Affaire bénéficiale).

Amiens 1773. L. C. Caron.

41. — Arrest solemnel, qui juge que la cotte-morte ou succession d'un religieux curé appartient aux pauvres et à la fabrique de la paroisse dont il était curé. — Factum sur lequel l'arrest de règlement est intervenu pour les habitans et marguilliers de la paroisse de S. Léger, diocèse d'Amiens, contre les religieux, prieur et convent de l'abbaye de S. Pierre de Selincourt, 4 février 1710.

42. — Précis pour les prieur, religieux et chanoines réguliers de l'abbaye de Sainte-Larme, contre Fr. Ant. Leroux, prieur de S. Léger-le-Pauvre. (Droit de pêche dans les rivières de Bresle et Minette).

Amiens 1763. V.ᵉ Godart.

43. — Mémoire sur la question importante du relief à mercy ou au quint des rotures, réclamé en toutes mutations pour l'abbaye de S. Ricquier.

Amiens 1779. J. B. Caron.

44. — Extrait des registres de Parlement, du 5 février 1664, qui ordonne que l'évêque d'Amiens jouira de tous les droits épiscopaux sur les habitans et le clergé de S. Valery et les religieux de leur exemption dans l'enclos de leur monastère.

5815. — Pièces pour l'histoire de l'église d'Amiens.

Liasse in-fol.. — Contenant :

1. — Mémoire pour M. l'Evesque d'Amiens, contre M. l'Abbé de Prémontré et frère L. Débonnaire. (1710. Cure de S. Firmin).

Paris 1710. Huguier.

2. — Mémoire pour M. l'Evêque d'Amiens, contre M. Al. du Fay, comte de Vis, de Guillaucourt et autres lieux. (Bois de l'Evêque à Rouvroy sous la mouvance de l'Evêque d'Amiens. 1723).

3. — Mémoire pour M. J. deBacq, contre M. Fr. Portier et M. J. Jorom. (Maintenue dans la possession d'un canonicat de l'église d'Amiens.)

Amiens 1729. Godart.

4. — Mémoire pour M. N. Le Tourneur, contre M. J. Debacq et M. N. Le Mercier. (Canonicat de la cathédrale d'Amiens).

Amiens 1729. Godart.

5. — Mémoire en réplique pour M. P. L'Escourcheut, abbé de l'abbaye d'Arroaize, ancien chef d'ordre de l'abbaye de Clerfay, contre M. P. Sabbatier, évêque d'Amiens. Sur la question de savoir : laquelle des deux nominations du prieur claustral de la dite abbaye de Clairfay doit prévaloir ? Si ce sera celle de M. l'Evêque d'Amiens, ou celle de l'Abbé d'Arroaize.

Douay 1731. Willerval.

6. — Manifeste sur les droits de joyeux avènement, apartenans au seigneur de Rivery lès-Amiens, à chaque mutation et entrée des seigneurs évêques d'Amiens dans cette ville capitale. 25 avril 1733.

7. — Lettre circulaire du syndic du clergé d'Amiens. (Droit d'amortissement et francs fiefs. 20 décembre 1738).

8. — Lettre du même. (Droit de contrôle d'estimation. 1739).

9. — Arrests du Conseil d'Etat du Roy, et mémoire, imprimés par ordre de Mgr. l'Evêque d'Amiens, pour être envoyés à tous les bénéficiers, et autres corps et communautés ecclésiastiques de son diocèse. (Droit de contrôle).
   Amiens 1740. Ch. Caron-Hubault.

10. — Circulaire des doyen, chanoines et chapitre de l'église cathédrale d'Amiens. (Protestation contre un bref de l'évêque, relatif à la translation de la fête de S. Marc.) 1649.

11. — Circulaire des mêmes. (Convocation au synode.) 1655.

12. — Arrests... (qui maintient le chapitre d'Amiens en possession des dixmes de Plachy et de Buyon. 1657-1662).

13. — Arrests... (en faveur du chapitre d'Amiens, qui maintient les champarts de Doumeliers. 1669-1676-1678-1736).

14. — Factum pour les doyen, chanoines et chapitre de l'église cathédrale d'Amiens, et les religieux, prieur et convent de l'abbaye de S. Fussien-aux-Bois. Contre M. P. Ogier de Casvoye, abbé (prieur) commandataire de S. Marc. (Dimes de Laucourt. 1700).

15. — Mémoire pour les mêmes contre M. P. Sabatier, évêque d'Amiens, et le sieur Vilman (« l'évêque peut-il obliger son aumônier qu'il a fait chanoine, à quitter sa place d'installation, pour s'asseoir dans les chaires basses ? »)

16. — Mémoire pour M. P. Sabatier, contre les doyen, chanoines et chapitre de sa cathédrale. 1720. — Précis du mémoire.

17. — Mémoire pour les doyens, chanoines et chapitre de la cathédrale d'Amiens, contre M. J. Daire, curé de Ferrières. (1731. Portion congrue).

18. — Mémoire pour les mêmes, contre le S. Picquet de Noyancourt, diacre et chanoine (Service des chanoines à l'autel).
   Paris 1741. Paulus du Mesnil.

19. — Arrest de la Cour du Parlement, qui homologue l'avis des sieurs Pizot et Pourchot sur l'administration des biens du collège des Cholets, et la discipline qui doit y être observée. Du 19 janvier 1706.
   Paris 1706. F. et H. Muguet.

20. — Réponse signifiée pour les doyen, chanoines et chapitre de l'église cathédrale d'Amiens, supérieurs et grands-maîtres du collège des Cholets, contre les doyen, chanoines et chapitre de l'église cathé-

drale de Beauvais, aussi supérieurs et grands maîtres du même collége. (Boursiers).

Paris 1706. Gissey.

21. — Très-humbles et très-respectueuses représentations des chapîtres de Beauvais et d'Amiens, administrateurs spirituels et temporels de la maison de Cholet, réunie au collége de Louis-le-Grand.

Paris 1769. Desprez.

22. — Arrest du Conseil d'Etat qui maintient le chapitre et les Célestins d'Amiens dans le droit de péage par terre, à Longueau. 1751. 17 juil.

23. — Mémoire signifié pour le chapitre de l'église cathédrale d'Amiens, contre les habitans de Longuau. (Haute justice).

Paris 1750. Paulus Du Mesnil.

24. — Mémoires signifiés pour les mêmes. (Même cause).

Paris 1759. Chenault.

25. — Mémoire pour les vénérables doyen, chanoines et chapitre de l'église cathédrale d'Amiens, contre M. F. F. Desfriches Doria. (Seigneurie de Vauvillers).

Amiens 1751. V.ᵉ Godart.

26. — Mémoire pour les mêmes, contre le sieur E. Jollier, maître de musique de l'église, pourvu en cette qualité de la chapelle de S. Quentin. (Privation de la chapelle vicariale).

Paris 1758. P. Du Mesnil.

27. — Factum pour la communauté des curez de la ville d'Amiens, contre M. Ph. de Bery, seigneur d'Essertaux. (Fief de Dernancourt). 1679.

28. — Arrest du Parlement pour les mêmes, contre le même. (Pour raison du revenu d'année dû par le vassal au seigneur dominant, 1679).

29. — Mémoire pour les sieurs prévôt, corps et communauté des curez de la ville d'Amiens, contre le S. N. Lucet, titulaire d'une chapelle fondée en l'église de S. Laurent de la dite ville.

Amiens 1750. V.ᵉ Godart.

30. — Moyens des lettres de rescision obtenues par M. A. Glachant, curé de S. Jacques de la ville d'Amiens, contre les consentements par lui donnés à la convocation des marguilliers pour la nomination des diacre et sous-diacre, en son église.

31. — Mémoire pour les pauvres de la paroisse de S. Michel de cette ville d'Amiens, contre les sieurs commissaires et administrateurs de l'hôpital général et du bureau des pauvres.

32. — Mémoire pour M. P. de Buigne, curé de la paroisse de S. Michel, contre F. H. Dassouval et sa femme, héritiers en partie de la demoiselle Ringard. (Fondations de services, legs pieux).

Paris 1760. Chenault.

33. — Mémoire pour M. L. Du Castel, curé de la paroisse S. Martin d'A-miens, contre M. L. Collar, prêtre. (Préférence entre 2 gradués. 1743).

34. — Mémoire pour les sieurs curé et marguilliers de la paroisse de S. Remy d'Amiens, contre les prieur et religieux de la chartreuse de Saint Honoré-les-Abbeville. (Règlement).

35. — Mémoire pour J. B. De Sachy, et les curé et marguilliers de l'église de S. Remy d'Amiens, contre M. Baron, sieur de la Maronde. 1741.

5816.—Recueil de pièces concernant les débats entre les jésuites, l'évesque et les curés d'Amiens.

Liasse in-4°. — Contenant :

1. — Bref de N. S. Père le Pape Innocent X, en faveur des Recteur et Jésuites du collége d'Amiens, sur l'appel comme juge incompétent des procédures faites pardevant l'official de Mgr. l'Evêque d'Amiens, contre les nommez Antoine Feuquières et Christophle Le Juge, jé-suites, appellans, accusez de schisme et scandale public causé dans le dit diocèse d'Amiens; et d'estre fauteurs, complices et distributeurs du libelle diffamatoire intitulé : *Déclaration des faussetez, etc.* Avec les lettres de relief d'appel comme d'abus, de l'exécution dudit bref, et de ce qui s'en est ensuivy ; ensemble les lettres-patentes, édicts, arrests et autres actes. — Pour servir en la cause d'appel comme d'a-bus, interjetté par Me. Louis Pécoul, promoteur en l'officialité d'A-miens, et faire voir que les jésuites ne sont establis et restablis en France, qu'à la charge que l'Evesque diocésain, conformément à leur déclaration, aura toute surintendance, jurisdiction et correction sur la Société : et que les Frères d'icelle ne feront au spirituel ny au temporel aucune chose au préjudice des Evesques, ains seront tenus se conformer entièrement à la disposition du droict commun.

Paris 1614, in-4°.

2. — Suitte des pièces et actes servant en la cause de l'appel comme d'a-bus, interjetté par Me. L. Pecoul. Pour montrer que ledit seigneur Evesque d'Amiens est en possession d'exercer jurisdiction sur les jésuites du collége d'Amiens, conformément à l'establissement et resta-blissement de leur Société au royaume de France, et en la dite ville.

Paris 1645.

3. — Récit véritable du procédé tenu par Mgr. l'illustrissime évesque d'A-miens, sur quelques sermons du P. le Juge, jésuite, avec les procez verbaux et autres pièces justificatives, pour servir de défenses aux sieurs De Labie, prestre chanoine en l'église de S. Nicolas d'Amiens, et Me. Dabillon prestre et docteur en théologie. 1664.

4. — Plainte de la ville d'Amiens, contre une entreprise des jésuites de la mesme ville. 8 mars 1664.

5. — Requeste des curez de la ville d'Amiens, à M. Joyeux, prévost de l'église cathédrale et vicaire-général de Mgr. l'illustrissime évêque d'Amiens; présentée le vendredi 7 décembre 1674. (Contre le P. Martin, jésuite, qui avait publié un bref d'indulgence sans permission).

6. — Autre requête pour le même sujet, du 2 septembre 1676.

7. — Factum des curés d'Amiens, demandeurs sur requêtes, des 7 déc. 1674 et 11 octobre 1675, contre le P. Martin, recteur du collége dudit Amiens, et les autres jésuites y demeurans. 11 janvier 1676. (Ils demandent que la congrégation dite de la bonne mort, érigée en l'église des jésuites, soit interdite, et que le bref d'indulgences qui y est accordé, soit déclaré subreptice.

8. — Recueil des actes faits en justice au sujet de l'appel que Mgr. l'E-vêque d'Amiens a été obligé d'interjetter, d'une ordonnance de Mgr. l'Archevêque de Reims, du 26 septembre 1686. (Différend entre les curés et les jésuites d'Amiens, au sujet des confessions paschales).

9. — Décision catholique, conformément aux conciles, touchant la confession de Pâques, du 22 mars 1687. (Rendu par l'archevêque de Reims, au sujet des débats entre les curés et les jésuites d'Amiens).

10. — Même pièce sous le titre de Jugement conformément aux conciles, etc.

11. — Jugement de Mgr. l'Archevêque duc de Reims, sur un appel inter-jetté devant luy par tous les curez de la ville d'Amiens, d'une or-donnance rendue par M. l'Evêque d'Amiens, le dernier jour de mai 1686, sur une contestation survenue entre les dits curez et frére Jacques Desmottes, prédicateur du collège des jésuites de la dite ville d'Amiens, à l'occasion de la confession paschale. 22 mars 1687.

12. — Dénonciation à Mgr. l'illustriss. et révérendiss. évêque d'Amiens de plusieurs propositions pernicieuses, soutenues et enseignées au col-lége des RR. PP. Jésuites. 8 septembre. 1719. — Seconde dénon-ciation, du 17 octobre 1719. — Troisième dénonciation. Du 9 no-vembre 1719.

Ces 3 pièces sont signées MASCLEF, chanoine d'Amiens.

3817. — Procès entre le doyen de Roye et l'Evêque d'Amiens.

1 vol. in-4°. — Contenant :

1. — Procès-verbal fait à Roye par Mgr. l'illustrissime et révérendissime Evesque d'Amiens, le 27 janvier 1669. — Sentence d'excommuni-cation contre M. Faron Le Clerc, doyen et théologal de l'église St.-Florent de Roye. 15 mars 1669. (Honneurs refusés à l'évêque).

2. — Mémoire à Messeig. l'Archevesque de Paris, Poncet, de Contes, et de Fieubet, nommez par sa Majesté pour prendre connoissance et luy faire le rapport des différends qui sont entre Messire François Faure, évesque d'Amiens, et M. Faron Le Clerc, doyen de l'église royale de Roye. 12 décembre 1672.

3. — Requeste présentée à la Cour de Parlement par M. Le Clerc, doyen de l'église royale de Roye, appelant comme d'abus d'une prétendue censure publiée par M.' François Faure, évesque d'Amiens; contre un sermon presché par ledit sieur Le Clerc, le dimanche de la septuagésime de cette année 1671, dans ladite église de Roye. Ensemble l'arrest de la Cour recevant appelant comme d'abus ledit sieur Le Clerc et faisant défense à l'official d'Amiens, et tous autres, de connoistre dudit sermon, et d'exécuter l'ordonnance de ladite censure.

4. — Requeste présentée au Roy par Messire François Faure evesque d'Amiens, contre M. Le Clerc, doyen de l'église royale de Roye.

5. — Requeste présentée au Roy par M. Le Clerc, doyen de l'église royale de Roye, pour répondre à celle de Mgr. l'Evesque d'Amiens.

6. — A Messeigneurs les Archevesques de Paris et de Rouen, Poncet, de Contes, et de Fieubet, commissaires nommez par Sa Majesté. (Requeste du doyen de Roye). 12 septembre 1673.

7. — Requeste présentée au Roy par l'Evesque d'Amiens, pour répondre à celles que M. Faron Le Clerc, doyen de l'église collégiale de Roye, a présentées contre lui au Parlement et au Roy.
Paris 1672.

8. — Requeste présentée au Roy par le doyen de l'église royale de Roye, pour répondre à celle de M.e François Faure, évesque d'Amiens.

9. — L'Estat de l'église collégiale de Saint Florent de Roie.

10. — Réflexions pour les doyen, chanoines et chapitre de l'église royale de Roye, sur un imprimé qui a pour titre : L'Estat de l'église collégiale de S. Florent de Roye. 25 janvier 1672.

11. — Mémoire de M. Faron Le Clerc, pour Messeigneurs l'Archevesque de Paris, l'Archev. de Rheims, de Morangis et Poncet, nommez par sa Majesté par arrest du Conseil d'Estat du 28 juillet 1671, pour prendre connoissance de toutes les contestations survenues entre Mgr. l'Evesque d'Amiens et ledit doyen de Roye.

12. — Lettre à un amy touchant un sermon fait par M. Le Clerc, doyen de l'église royale de Roye. 28 février 1671.

13. — Censure d'un discours imprimé qui porte pour titre : Lettre à un amy, etc. Faite par M. l'Evesque d'Amiens dans son synode, le 15 avril 1671, avec la déduction des motifs qui l'ont obligé à le faire.

14. — Réflections sur les articles proposez à Monsieur l'Evesque d'Amiens par les sieurs Papelart, Bucquet et consors, chanoines de Roye, contre Messieurs les doyen, chanoines et chapitre de ladite ville.

15. — Procès-verbal d'une excommunication majeure, fulminée par M. F. Faure, évesque d'Amiens, contre M. Le Clerc, pour n'avoir pas voulu quitter l'estole en sa présence.

Ordonnance de Mgr. l'Evesque d'Amiens, qu'il a fait publier aux églises d'Amiens, de Roye et de son diocèse, au sujet de ladite excommunication.

Arrest notable du Parlement, par lequel cette excommunication a été déclarée nulle et abusive, le doyen de Roye maintenu dans le droit de garder son estolle, et Mgr. l'Evesque d'Amiens condamné aux dépens; et en outre ledit doyen et le chapitre de Roye maintenus dans les droits de leur jurisdiction.

Paris 1670. Bouillerot.

16. — Même pièce.

Paris 1671. Bouillerot.

17. — Factum pour les doyen, chanoines et chapitre de l'église royale de Roye, contre M. Fr. Faure, évesque d'Amiens, appelant comme d'abus des jugemens des officiaux de Rheims, et M. P. Papelart, Fr. Bucquet, Ant. Hennicque, et Martin Paillet, particuliers chanoines de ladite église, intervenans avec ledit sieur Evesque.

18. — Requeste présentée au Roy par l'Evesque d'Amiens, pour répondre aux discours du doien de Roye, imprimez sous les différens titres de Lettres, de Mémoires, de Réflexions, de Requestes, etc.

Paris 1672.

19. — Réflexions sur un imprimé qui contient la déduction des motifs qui ont obligé Messire François Faure, évesque d'Amiens, à censurer un sermon de M. Le Clerc, doyen de l'église royale de Roye, le 15 avril 1671.

20. — Requeste présentée au Roy, par le doyen de Roye, pour répondre à la troisième de Mgr. l'Evesque d'Amiens, du 9 janvier 1673.

3818.—Procès entre le doyen et le chapitre de l'église cathédrale d'Amiens.

1 vol. in-4°. — Contenant :

1. — Arrest concernant les droits et prérogatives de la dignité de doyen de l'église cathédrale d'Amiens. 1672.

2. — Arrest concernant la dignité de préchantre de l'église cathédrale d'Amiens. 1673.

3. — Arrest concernant la dignité de doyen d'une église cathédrale. 1675.

4. — Extemporalis oratio in Senatu Parisiensi habita die 17 januarii 1673, cùm Decanus Amb. dignitatis suæ jura et πρεσβεία vindicaret.

5. — Extraits dont les originaux sont dans le thrésor littéral du chapitre de la cathédrale d'Amiens, concernans les droits et fonctions du doyen de ladite église.

6. — Raisons et pièces pour justifier la conduite du chapitre de l'église d'Amiens dans les affaires qu'il a contre Maistre François de Hodenc, doyen de la même église.

7. — Lettre d'un chanoine à un de ses confères, sur le sujet du procès d'entre le chapitre de l'église d'Amiens et le Sieur de Hodenc, doyen de la mesme église. 18 jauvier 1673.

8. — Lettre d'un avocat à un chanoine d'Amiens, contenant quelques réflexions sur un imprimé ayant pour titre : Lettre d'un chanoine, etc.

9. — Seconde lettre d'un chanoine à un de ses confères, servant de réponse à un imprimé qui a pour titre: Lettre d'un avocat, etc.

10. — Défense ou exposition du droit du doyen d'Amiens contre deux imprimez, l'un datté du 18 jauvier 1673, qui a pour titre: Lettre d'un chanoine, etc., et l'autre, datté du 15 décembre 1673, qui est intitulé : Seconde lettre d'un chanoine, etc.

11. — Troisième lettre d'un chanoine à un de ses confrères, servant de réponse à un imprimé qui a pour titre: Deffense ou exposition du droit du doyen d'Amiens, contre deux imprimez, etc. 24 août 1674.

5819. — Différent entre Guy de Bar, gouverneur de la ville et citadelle d'Amiens, et Mgr. l'Evêque d'Amiens.

Recueil de pièces in-4°. et in-fol. — Contenant :

1. — Requeste présentée au Roy par le sieur de Bar, gouverneur d'Amiens. (En son nom et celui des officiers du bailliage, premier et eschevins de la ville. 24 nov. 1667).

2. — Arrêt du Conseil d'Etat, (du 28 janvier 1678) qui ordonne que M. de Bar soit encensé après l'évêque.

3. — Requête du sieur de Bar, contre le sieur évesque, clergé et chapitre. — Réplique à la requeste du sieur de Bar.

4. — Procez verbal du scandale arrivé le jour de Pâques 1678, dans le chœur de l'église d'Amiens.

5. — Requêtes au Roy du duc Ch. de Lorraine, gouverneur et lieutenant-général de Picardie. (Du droit et de la forme des encensements dus au sieur de Bar).

6. — Réquête du sieur de Bar.

7. — Requêtes au Roy de l'évêque, du clergé, du chapitre et des chanoines de l'église d'Amiens. (Six pièces).

8. — Réponce de l'évesque d'Amiens à la réplique du sieur de Bar, sur la manière dont cet évesque est accompagné dans les grandes céré-monies de son église. — Réplique du sieur de Bar.

9. — Réponse de l'évesque d'Amiens à la remonstrance faite au Roy par le sieur de Bar.

10. — Au Roy, 3 requêtes de Francois de Hodenc, doyen de l'église ca-thédrale, contre l'évêque et le chapitre, (attendu qu'il n'ont pas empêché l'exécution de l'arrêt du 28 janv. 1678).

11. — Au Roy... L'évêque, le clergé, le chapitre, contre Fr. de Hodenc.

12. — Extraits concernans des honneurs extérieurs de l'église déférez aux Rois de France.

13. — Réponse des officiers du Roy en la ville d'Amiens, au second factum injurieux, qu'a fait contr'eux le sieur évesque.

14. — Réplique des gouverneur, officiers du bailliage et siège présidial, premier et échevins de la ville d'Amiens, à la réponse du sieur évesque d'Amiens.

5820. — L'église St. Germain d'Amiens, par l'*Abbé Jules* Corblet. **Amiens 1854. Yvert. 1 vol. in-8°.**

5821. — Factum en forme de paidoyer, sur la cotte-morte des re-ligieux bénéficiers. Pour les prieur et chanoines de l'ab-baye de S. Jean de la ville d'Amiens, ordre de Pré-montré. Contre les marguilliers de la paroisse de S. Firmin-au-Val, dit à la porte de ladite ville. Et contre les curé et marguilliers de la paroisse de S. Germain, aussi de la dite ville. Prononcé au bailliage d'Amiens, durant les audiences des 14 et 19 novembre 1703, par M.° *Jacques* d'Esmery. **S. n. n. l. n. d. (1703). 1 vol. in-12.**

5822. — Pièces pour l'histoire de l'abbaye de Saint Martin-aux-Jumeaux.

Liasse in-fol. — Contenant les pièces in-4°. et in-fol. suivantes:

1. — Concordat entre M. le cardinal de Crequy, et les chanoines régu-liers de l'abbaye de S. Martin-aux-Jumeaux, au sujet du partage des biens de ladite abbaye. 17 août 1572.

2. — Arrest de la Cour de Parlement, donné au profit des Pères Cé-lestins de la ville d'Amiens, contre les religieux anciens et nouveaux

de S. Martin-aux-Jumeaux de ladite ville. 14 mai 1639. (Translation des Célestins dans l'abbaye S. Martin).

3. — Requeste de M. L. Langlois, receveur du domaine de sa Majesté en la généralité de Picardie, à Amiens, contre M. Fr. Faure, évesque d'Amiens, abbé de l'abbaye de S. Martin-aux-Jumeaux. (1660. Taxe).

4. — Fait sommaire du procès entre M. Faure, contre Langlois.

5. — Factum pour les prieur et religieux chanoines réguliers de l'abbaye de S. Martin-aux-Jumeaux, contre M. Fr. Faure, évesque d'Amiens. (1673. Partage). — Justification de leur demande.

6. — Extrait des registres du privé Conseil du Roy (du 19 avril 1673, qui casse la transaction de 1637 entre l'abbaye et l'évesque d'Amiens, et ordonne l'exécution du concordat de 1572).

7. — Extrait du même registre (du 10 mai 1673 qui met l'abbaye en possession de la maison abbatiale).

8. — Factum pour M. l'Evesque d'Amiens, abbé de S. Martin-aux-Jumeaux, contre les religieux de ladite abbaye. (1673).

9. — Justification de la demande des religieux contre M. l'Evesque d'Amiens, abbé de la même abbaye. 1675.

10. — Factum pour M. l'Evesque d'Amiens, et remarques pour servir de réponses au factum. 1673.

11. — Trois requestes des religieux au lieutenant-général au bailliage, pour répondre au sieur Castelet, curé d'Epecamp. (1675. Droit sur le bois d'Epecamp).

12. — Factum pour l'évesque d'Amiens, abbé de l'abbaye de S. Martin, contre les religieux. (1680. Partage).

13. — Trois factum pour les religieux de l'abbaye de S. Martin-aux-Jumeaux, contre M. Fr. Castelet, curé d'Epecamps. (Si le prieuré d'Epecamps avec tous ses biens appartient à l'abbaye de S. Martin).

14. — Arrest du parlement, concernant les droits des canonicats et prébendes sacerdotales de l'église cathédrale d'Amiens, appartenantes aux abbayes de S. Acheul et S. Martin-aux-Jumeaux. 2 avril 1700.

15. — Arrest du Parlement, confirmatif du précédent. 30 août 1700.

16. — Arrest du Parlement sur le même fait. 16 mars 1701.

17. — Arrest du Parlement qui homologue la transaction passée le 21 aoust 1705, entre les abbayes de S. Acheul et de S. Martin-aux-Jumeaux d'Amiens, et les sieurs doyen et chanoines de l'église cathédrale, et qui règle tous les chefs de contestations formez par les dits sieurs doyen et chanoines sur l'exécution de l'arrêt du 2 avril 1700, concernant les droits des deux canonicats et prébendes de ladite église cathédrale. 12 mai 1706.

18. — Mémoire pour les prieur et chanoines réguliers de l'abbaye de S. Martin-aux-Jumeaux, contre L. F. G. d'Orléans de la Mothe, évesque d'Amiens, abbé de ladite abbaye, se disant cessionnaire des administrateurs de l'hôpital général d'Amiens, légataires universels du feu sieur Sabatier, évesque d'Amiens et abbé de S. Martin. 1738.

19. — Addition au mémoire.

20. — Mémoire pour Mess. L. F. G. d'Orléans de la Mothe, contre les prieur et religieux de l'abbaye de S. Martin.

21. — Mémoire signifié pour les prieur et chanoines de l'abbaye S. Martin-aux-Jumeaux, contre M. Fr. Gabry, prieur curé de Warlus, contre les religieux Prémontrez de Selincourt, et encore contre les dames religieuses de Bertaucourt. (Dixme de Warlus et desserte de Montagne. 1745).

22. — Union de l'abbaye de S. Martin-aux-Jumeaux à celle de S. Acheul. 1740. (Cette union n'a pas eu lieu).

23. — Second mémoire pour répondre à celui de MM. les chanoines réguliers de l'abbaye de S. Martin-aux-Jumeaux, au sujet de leur union à celle de S. Acheul. 1745.

24. — Mémoire pour les chanoines réguliers de l'abbaye de S. Martin-aux-Jumeaux de la ville d'Amiens. 1746.

25. — Réponse à un écrit intitulé: Union de l'abbaye de S. Martin-aux-Jumeaux à celle de S. Acheul. 1746.

26. — Mémoire des chanoines réguliers de l'abbaye de S. Martin-aux-Jumeaux, contre M. Thierry de Genonville, seigneur du grand et du petit Cagny. (1750. Fief du Cauroy).

27. — Consultation sur la prébende de l'église d'Amiens, affectée à l'abbaye de S. Martin-aux-Jumeaux. 1758.

28. — Réponse à cette consultation. 1758.

29. — Consultation et réponse 1758.

Paris 1756. Le Mercier.

5823.—Pièces concernant l'abbaye de S. Acheul.

Liasse in-fol. — Contenant:

1. — Ordonnance de M. le bailly de l'abbaye de St.-Acheul. (Défendant les jeux de hasard dans l'étendue de la seigneurie). 21 nov. 1710. Plac.

2. — Factum pour M. A. de Francine, chanoine régulier commis à la desserte de la prébende sacerdotale de l'église cathédrale d'Amiens appartenante à l'abbaye de S. Acheul; et les chanoines réguliers, abbé, prieur et chapitre de ladite abbaye. Et Fr. Héron, commis à la desserte de la prébende sacerdotale appartenante à l'abbaye de S. Martin-aux-Jumeaux, et les chanoines réguliers, prieur et chapitre

de ladite abbaye, contre les doyen, chanoines et chapitre de l'église cathédrale d'Amiens, prenans les fait et cause de deux de leurs bedeaux, nommez P. François et A. Biberel. (1699. Droits honorifiques).

3. — Arrest du Parlement, concernant les droits des canonicats et prébendes sacerdotales de l'église cathédrale d'Amiens, appartenant aux abbayes de S. Acheul et de S. Martin-aux-Jumeaux. 1708.

4. — Factum pour les abbés et chanoines de l'abbaye de S. Acheul, contre les sous-fermiers des aides de l'élection d'Amiens. (1700. Si S. Acheul est ou n'est pas banlieue).

5. — Mémoire en forme de factum, pour les mêmes, contre la dame de Querieu. (1709. Censive dans le terroir de Querieu).

6. — Mémoire pour M. l'Evêque d'Amiens, contre M. Pierre de Poussemothe de l'Etoille, abbé de S. Acheul, et les religieux de la même abbaye. (1716. Reliques de S. Firmin).

7. — Mémoire pour M. P. de Ponssemothe de Lestoille, contre M. P. Sabatier, évêque d'Amiens. (1716. Même objet).

8. — Mémoire pour les prieurs et chanoines réguliers de l'abbaye de S. Acheul, contre les curé, syndic, marguilliers et habitans de la paroisse d'Ecclainvilliers. (1737. Dixmes).

9. — Mémoire pour les mêmes, contre M. Ch. T. de Sericourt, seigneur d'Ecclainvilliers et contre M. J. Daullé, curé. 1737.

10. — Mémoire signifié pour départager, pour les prieur et chanoines de l'abbaye de S. Acheul, contre les curé, syndic, marguilliers et habitans d'Ecclainvilliers. 1738.

11. — Second mémoire pour départager. 1757.

12. — Addition au mémoire signifié. 1737.

13. — Observation pour les mêmes. 1737.

14. — Mémoire signifié pour les mêmes, contre J. Blondel, curé de la paroisse de Teufle. (1739. Dixme de lainage et charnage).

15. — Mémoire signifié pour les mêmes, contre le même. 1739.

16. — Addition au mémoire.

17. — Second mémoire signifié.

18. — Mémoire signifié pour les mêmes, contre M. Agr. de Blant de Brantes, abbé commendataire. (1739. Dilapidation du domaine).

19. — Mémoire pour les mêmes, contre M. L. Brun, curé de la paroisse d'Argœuve, et encore contre les prieur et chanoines réguliers de l'abbaye de S. Jean d'Amiens. (1739. Dixmes d'Argœuve).

20. — Second mémoire pour les mêmes. 1739.

21. — Mémoire signifié pour les mêmes, contre les nommés Evrard et Luce, et encore contre les manans et habitans du faubourg d'A-

miens, dit le faubourg de Noyon, et les maire et eschevins d'Amiens. (1739. Droit de Pâture).

22. — Mémoire signifié pour les mêmes , contre le sieur Fontaine. (1741. Rachat d'une redevance).

23. — Observations pour M. Ph. B. de Bauldry , abbé commendataire de l'abbaye de S. Fuscien ; et les prieur et chanoines réguliers de S. Acheul, contre M. L. J. Guerard , curé de la paroisse N. D. de Doullens et chapelain de la chapelle de S. Augustin ; et encore contre le sieur P. F. Dincourt, seigneur d'Hangard et du fief de Metz. (1749. Dixmes de Domart-sur-la-Luce. — Fief de Mons).

24. — Contredit pour les mêmes, contre les mêmes. 1739.

25. — Contredits... qui met P. F. Dincourt (contre ses adversaires. 1750).

26. — Mémoire pour M. L. J. Guerard , contre les sieurs prieur et chanoine de l'abbaye de S. Acheul et contre M. L. B. de Bauldry. 1749.

27. — Mémoire signifié pour Ph. B. de Baudry, contre L. J. Guérard et P. Fr. Dincourt.

28. — Mémoire signifié pour les prieur et chanoines de l'abbaye de S. Acheul, contre L. J. Guérard, curé de N. D. de Doullens, gros décimateur de Domart-sur-la-Luce, J. Levasseur, curé de Hangard, P. F. Dincourt, seigneur du lieu, P. B. de Baudry , abbé de S. Fuscien. 1752.

29. — Nouvelles observations pour M. Ph. de Bauldry. 1750.

30. — Mémoire signifié pour les prieur et religieux de S. Acheul et autres décimateurs de la paroisse de Domart, contre le sieur Pourchel, curé de Domart. 1762.

31. — Mémoire pour les chanoines reg. de l'abbaye de S. Acheul , contre M. N. de l'Estocq, abbé commendataire de la dite abbaye, et le sieur Martin Le Sot, entrepreneur de bâtimens. (1752. Réparations et reconstruction de l'église et des lieux réguliers).

32. — Mémoire signifié pour M. N. de Lestocq, abbé commendataire, contre les prieur et chanoines de l'abbaye de S. Acheul et M. Le Sot.

5824. — Pièces d'un procès entre les Carmélites d'Amiens et le chapitre de S. Quentin , au sujet des moulins Béquerel.

Liasse in-4°. — Contenant :

1. — Mémoire pour les doyen , chanoines et chapitre de l'église royale de S. Quentin ; contre les dames prieure et religieuses Carmélites de la ville d'Amiens.

Paris 1778. Demonville.

2. — Mémoire signifié pour les prieure et religieuses Carmélites de la ville d'Amiens, contre les doyen, chanoines et chapitre de l'église collégiale de S. Quentin.

3. — Réponses aux observations pour les prieure et religieuses Carmélites, contre le chapitre de S. Quentin.

4. — Résumé pour les Carmélites d'Amiens.
  Paris 1779. Simon.

5. — Dernier mémoire pour les prieure et religieuses Carmélites, etc.
  Paris 1786. Prault.

6. — Tableau succinct pour les dames Carmélites d'Amiens.

7. — Aperçu pour les Carmélites d'Amiens.

8. — Point de vue bien simple, sous lequel on peut considérer l'affaire des Carmélites d'Amiens, contre le chapitre de S. Quentin.

9. — Résumé général pour les doyen, chanoines et chapitre de l'église royale de S. Quentin.

10. — Réponse au résumé général, pour les dames prieure et religieuses Carmélites.

11. — Remarques décisives pour le chapitre de S. Quentin, sur l'Apperçu et le Tableau succinct des dames Carmélites d'Amiens.
  Paris 1787. Demonville.

5825.—Pièces pour l'histoire du séminaire d'Amiens...
  1 vol. in-4º. — Contenant :

1 — Factum pour justifier l'opposition formée par les bénéficiers du diocèse d'Amiens, à la levée de trois mil livres par chacun an, que prétendent faire sur ledit diocèze les directeurs du séminaire.

2. — Estat des revenus du séminaire d'Amiens que le sieur Tillot, supérieur, a produit devant M. de Chauvelin, intendant. — Réflexions des bénéficiers du diocèse d'Amiens sur l'estat des revenus et des prétendues charges du séminaire, aussi produites devant le sieur Chauvelin, intendant.

3. — Premières lettres-patentes du Roy, en faveur des pauvres clercs du séminaire d'Amiens, sur la levée de 3,000 livres sur les bénéficiers dudit diocèse. Sept. 1684.—Secondes lettres-patentes du mois d'août 1785. — Bail du prieuré de Lucheux, passé le 27 novembre 1674.— Donation entre vifs, au profit du séminaire, du 12 juin 1666.

4. — Factum pour la chambre ecclésiastique du diocèse d'Amiens ou la taxe des trois mil livres qu'elle a faite sur les bénéficiers du diocèse, pour l'entretien des pauvres écoliers du séminaire deffendue, et la conduite de l'Evêque d'Amiens et des députez du clergé, touchant les impositions, les levées et l'employ des deniers de la recepte justifiée.

54.

** — La confrérie de N. D. du Puy d'Amiens , par M. A. Breuil. — N.° 3576-13.

** — Notice sur l'ancienne communauté des Augustins d'Amiens, par M. Guerard (1). — N.° 3576-1.

** — Notice sur la commune de Corbie, par M. Bouthors. (1).— 3576 2.

5826.—Historiæ regalis abbatiæ Corbeiensis compendium. Auctore Dom. *Benedicto* Cocquelin, ejusdem abbatiæ officiali , seu fori ecclesiastici contentiosi præfecto , ab an. 1672 ad 1678. Edidit et adnotavit J. Garnier.

Amiens 1846. Duval et Herment. 1 vol. in-8°.

5827.—Obsidio Corbeiensis dicata regi. Ab *Antonio* de Ville. Cum figuris à *Michaele* Van Lochom ænearum tabularum sculptore regio cælatis et excusis.

Parisiis 1637. N. Buon. 1 vol. in-fol. Pl.

3.—Pièces pour servir à l'histoire de Corbie.

Liasse in-fol. — Contenant :

Ordonnance du Roy du 3 août et arrest du Conseil du 20 septembre 1652 , qui dispose que le cardinal Mazarin , abbé de Corbie, etc. ne sera justiciable , pour tout ce qui concerne l'abbaye de Corbie... que du Conseil du Roy.

— Arrest du Conseil qui donne main-levée des saisies faites par le chapitre d'Amiens des revenus de l'abbaye de Corbie, entre les mains des fermiers, pour de prétendues redevances de 1642-43-44-45-46. — 25 mai 1647.

— Arrest du Conseil privé, qui ordonne aux fermiers de l'abbaye de payer ès-mains de Gervaizot, économe, le reste du prix de leurs baux, nonobstant les oppositions des créanciers de l'abbé Mazarin. 13 décembre 1661.

— Arrest... qui ordonne l'exécution des lettres d'économat de Gervaizot. 7 décembre 1661.

- Arrest... qui ordonne aux sous-fermiers de payer aux fermiers-généraux , qui demeureront dépositaires des deniers jusqu'à ce qu'il ait été statué , pour les créanciers du cardinal Mazarin et de l'économe. 23 mars 1662.

---

ard (*François*) , né à Amiens le 29 octobre 1795.

ors (*Jean-Louis-Alexandre*) , né au Valvion , dépendance de Beauquesne, le 1797.

6. — Arrest du grand Conseil , pour la terre et seigneurie de Mesnières. Du 20 mars 1668.

7. — Arrest du Conseil d'Etat qui maintient les quatre échevins nommés par l'abbé de Corbie. 16 février 1671.

8. — Requeste à la Cour de Parlement de Paris de C. de Bertin, promoteur de Corbie, contre A. Gressier, curé de la paroisse S. Jean. 1675.

9. — Factum pour M. J. Le Marchant, pourvu de la cure de S. Thomas de Corbie, contre M. Peltiez, curé de Bresle et caritable de Corbie, se disant pourvu de la même cure.

10. — Factum pour les religieux, prieur et convent de l'abbaye de Corbie, les mayeur, eschevins et communauté de Bray, les communautez de Proyart et autres, contre M. le duc de Luynes comme seigneur de Bray. (1682. Seigneurie des marais).

11. — Arrest du Parlement pour l'abbaye de Corbie, contre les habitans de Fescamp, Buz, et Boulogne-la-Grasse. 16 mars 1690.

12. — Factum pour les religieux, prieur et convent de l'abbaye royale de S. Pierre de Corbie, seigneurs en partie d'Aubigny, contre damoiselle Marguerite de Bainsi. (1700. Fondation de messe).

13. — Mémoires pour les religieux, prieur et convent de l'abbaye royale de Corbie, contre M. L. de Gomer, seigneur d'Inneville et de Dours, la dame marquise de Saveuse, M. le duc de Chevreuse, le S. de la Simonne et M. J. Paliart, acquéreur de la terre d'Aubigny. (1706. Mouvances).

14. — Factum pour damoiselle M. de Bainsy , contre les religieux de l'abbaye de Corbie. (Redevances).

15. — Factum pour J. Palyart, seigneur d'Aubigny , contre M. L. de Gomer, seigneur de Dours, G. de la Simonne, seigneur du Hamel, le duc de Chevreuse, seigneur de Picquigny, dame F. d'Estournelle, veuve de Fr. de Saveuse, seigneur de Fouilloy , et contre damoiselle M. de Bainzy et les religieux de l'abbaye de Corbie. (Droits féodaux).

16. — Les religieux, prieur et convent de l'abbaye de Corbie, contre Marg. Le Mercier, veuve de J. Baye. (Redevances).

17. — Pour les religieux de l'abbaye de Corbie, contre les Dauvilliers.

18. — Factum pour les religieux, prieur et convent de S. Pierre de Corbie, contre les chanoines et chapitre de S. Nicolas au cloistre d'Amiens. (Rente de bled et d'avoine).

19. — Factum pour M. J. Mazarini, abbé et comte de Corbie, et les religieux, contre M.e Joly , prévost royal de la prévosté de Fouilloy, et J. Hébert , officier de ladite prévosté. (Police et préséance).

54.*

20. — Factum pour les religieux, prieur et convent... contre C. Linart, seigneur d'Aveluy. (Fief de Hochecocq).

21. — Factum pour Christ. Linard.

22. — Factum pour les religieux, prieur et convent de l'abbaye royale de Corbie, contre J. de Sachy. (Terre de Cachy).

23. — Factum pour les mêmes, contre M. de Royon, Cat. de Flers, P. Cauvrel, R. Ponthieu, habitans du village de Coullemelle. (Cense, dixme et terrage).

24. — Mémoire pour M. le cardinal de Janson Forbin, abbé commendataire de l'abbaye royale de S. Pierre de Corbie, contre T. Boulanger et F. Caron, sa femme, ci-devant fermiers du domaine de Popincourt. (Dessolement de la terre de Popincourt).

25. — Mémoire pour le même, contre M. le Procureur général et M. le cardinal d'Estrées, abbé, et les religieux, prieur et convent de l'abbaye de S. Sauveur d'Anchin.

26. — Factum pour le même, contre les mêmes, et D. B. Carpentier. (Prieuré de S. Sulpice-les-Doullens et domaines en dépendans).

27. — Factum pour M. le cardinal d'Estrées, et D. B. Carpentier, contre M. le cardinal de Forbin de Janson, les religieux, prieur et convent de l'abbaye de Corbie, et contre J. de Guiselin, seigneur de Chipilly. (Seigneurie de Nouvion-le-Vineux).

28. — Contredits de production nouvelle que met et baille par devant le grand Conseil M. J. de Guiselin, contre les abbé et religieux d'Anchin.

29. — Arrest du grand Conseil du Roy à Paris, qui déboutte les abbé et religieux d'Anchin de la requeste civile par eux prise contre l'arrest du 19 septembre 1707. — Du 26 mars 1709.

30. — Mémoire pour M. le cardinal de Janson, contre M. le cardinal d'Estrées. — Sommaire des titres et des faits antérieurs au procès. — Mémoire signifié le 23 août 1709.

31. — Mémoire pour M. le cardinal d'Estrées, contre M. le cardinal de Forbin de Janson et contre J. Guiselin, tuteur de ses enfans mineurs, et de feu dame G. d'Ully, son épouse.

32. — Arrest du grand Conseil au profit de M. le cardinal de Janson et de M. J. de Guiselin, contre M. le cardinal d'Estrées. 26 août 1709.

33. — Factum pour J. de Guiselin, contre les abbé, religieux et convent de l'abbaye d'Anchin.

34. — Arrest qui condamne les abbé et religieux d'Anchin en tous dépens envers Guiselin de Chipilly.

35. — Moyens d'opposition à la réception de M. Ph. H. Eudel, prevost royal de Fouilloy et maire de Corbie, en la charge de bailly du comté

de Corbie, que donnent pardevant M. le lieutenant-général au bailliage d'Amiens, les religieux, prieur et convent de l'abbaye royale de S. Pierre de Corbie.

36. — Mémoire signifié pour les religieux, prieur et convent de l'abbaye royale de Corbie, contre M. Eudel et J. Desprez.

37. — Mémoire pour M. le Procureur du Roy d'Amiens, poursuite et diligence des religieux, prieur et convent de l'abbaye de S. Pierre de Corbie, contre M. Eudel.

38. — Arrest de la Chambre des vacations contre M. Eudel. Du 8 oct. 1715.

39. — Mémoire sur le référé, pour les abbé et religieux de Corbie, contre les habitans de Cachy et consors. (Terrage et champart).

40. — Mémoire signifié pour J. Malfroid, contre L. Marié. (Bail de la ferme et de la masse abbatiale de Corbie).

41. — Mémoire pour L. Marié, contre J. Le Sénéchal et J. Malfroid.

42. — Mémoire signifié pour le sieur J. Le Sénéchal, contre L. Marié.

43. — Mémoire signifié pour M. le cardinal de Polignac, abbé, et les religieux de Corbie, contre les sœurs rebelles de l'hôpital de Corbie.

44. — Mémoire signifié pour les grand-prieur et religieux de l'abbaye de S. Pierre de Corbie, contre dame Eléonore de Hannery (Laucry), dame du fief de Vaux. (Carrière de Vaux). 1740.

45. — Mémoire pour M. de Polignac, abbé et comte de Corbie, et les prieur et religieux de la même abbaye, contre les prevôt, eschevins et communauté des habitants des ville, fauxbourgs et banlieue de Corbie. (Droit d'usage, chauffage et pâturage. 1749).

46. — Mémoire signifié pour les prevôt, échevins et la communauté des habitants de la ville de Corbie, contre les abbés, prieur et religieux de Corbie, en présence de l'inspecteur des domaines. (Même cause).

47. — Addition au mémoire de M. de Polignac. — Sommaire signifié.

48. — Récapitulation générale pour le même.

49. — Extrait de mémoires signifiés, servant de réponse à l'addition du précis des habitans de Corbie, pour les mêmes. — Précis signifié.

50. — Consultation pour les abbé, prieur et religieux de l'abbaye de Corbie, et M. l'abbé de Modène, abbé commendataire de l'abbaye d'Anchin, et les prieur et religieux, contre M. le Prince de Ligne. 1749.

51. — Requête au Conseil des habitans de Corbie, Bonnay et Méricourt, portant opposition à la navigation proposée, et demande afin de suppression du moulin de Ribemont. — Réponse du marquis de Gouffier.

52. — Arrêt du Conseil d'Etat, qui ordonne que la requête de l'abbé au sujet de la décharge de l'entretien du pont-à-limage de Corbie, sera présentée aux maire et échevins de la dite ville. 14 août 1753.

53. — Réponse à la requête de M. le marquis de Gouffier, à fin d'établissement d'un canal au lieu d'Heilly, pour l'abbé, les prieur et religieux de l'abbaye de Corbie.—Réplique pour le marquis de Gouffier.

54. — Mémoire pour M. le cardinal de Luynes, abbé et comte de Corbie, contre le sieur de Varennes, héritier bénéficiaire de feu M. l'ancien abbé de Corbie. (Curage de la rivière de la boulangerie). 1759.

55. — Mémoire pour le même, contre M. le marquis de Gouffier. (Réparation de digues). — Addition sur délibéré au mémoire.

56. — Arrêt du grand Conseil, qui maintient les prieur et religieux de l'abbaye de Corbie, dans les droits et possession de percevoir le champart seigneurial, sur toutes les terres de la ferme de Bus-Ozerain, à raison de 9 gerbes du cent. Du 10 sept. 1760.

57. — Sommaire pour les prieur et religieux de l'abbaye de S. Pierre de Corbie, contre la veuve Loquet et consorts, habitans du village de Coullemelle, et les prieur et religieux Célestins de la ville d'Amiens. (Champart sur la ferme de Bus-Ozerain).

58. — Mémoire pour M. le cardinal de Luynes, abbé et comte de Corbie, contre MM. Scribe, A. Goubet, N. Ruin, A. Thibault, J. Vignon, F. Ancelin, en présence du sieur de La Chenet, seigneur d'Hédouville. (1761. 9e. partie de la seigneurie d'Hédouville).

** — Eglise S. Pierre de Corbie. Par H. Dusevel. N.° 3570.

3829.—Recueil de pièces pour l'histoire de Corbie.

1 vol. in-4°. — Contenant :

1. — Arrest du Parlement concernant le payement de la pension des religieux de l'abbaye de Corbie. 25 mars 1651.

2. — Arrest du grand Conseil qui permet au cardinal Mazarin d'évoquer de tous ses procès au Conseil et de faire saisie es mains des débiteurs de l'abbaye des deniers qu'ils ont entre les mains, nonobstant les oppositions. 28 fév. 1652.

3. — Factum pour les religieux, prieur et convent de l'abbaye de Corbie, contre Nic. Le Page, légataire de J. Angier, et le duc de Guise, ci-devant abbé de Corbie. (Transport de 1545 liv. à prendre sur la censerie de Corbie).

4. — Réponse des religieux, prieur et convent de l'abbaye de Corbie, aux requestes présentées au Roy sous le nom de Ph. de Savoye, leur abbé. 1671. (Nomination des prevot et échevins de Corbie).

5. — Factum pour les abbés et religieux de l'abbaye de Corbie, contre M. le Bon, sieur de la Motte d'Aronde et de Guisy. (Redevance. 1638).

6. — Factum pour les mêmes, contre Ph. de Savoye, abbé commendataire. (1672. Partage de biens).

7. — Factum pour M. Ogier de Cavois et dame Gaude, son épouse, par avant veuve de M. L. de Bains, seigneur d'Aubigny, Lauchères et autres lieux, contre M. H. Graillet, receveur de l'abbaye de Corbie, et les abbé et religieux. (1673. Arrérages).

8. — Factum pour les religieux, prieur et convent de l'abbaye de Corbie, contre M. Fr. de Gaudechart, marquis de Querrieu. (1682. Seigneurie de Rocquencourt).

9. — Arrest du grand Conseil au sujet du partage, des réparations, dettes à payer, etc., pour les religieux, grand prieur et convent de l'abbaye de S. Sauveur d'Anchin, contre le card. d'Estrées, abbé commendataire de la dite abbaye. 30 sept. 1688.

10. — Déclaration du Roy, donnée à l'occasion des biens d'église aliénez ou usurpez. Du 18 juillet 1702.

11. — Mémoire des abbés commendataires de S. Pierre de Corbie et de S. Sauveur d'Anchin, à l'Impératrice Reine de Hongrie et Bohéme, Souveraine des Pays-Bas. (Revendication de propriétés). 1750.

12. — Sommaire pour les abbés de Corbie et d'Anchin. Contre le Prince de Ligne. 1750.

13. — Résumé des moyens tendans à faire débouter M. le Prince de Ligne de son opposition à l'arrêt du 16 avril 1746, qui a déclarés nuls et incompétens, la procédure faite et les jugemens rendus au Conseil de Malines contre l'abbaye de Corbie. Pour M. le cardinal de Luynes, abbé de Corbie, les prieur et religieux. Contre M. le Prince de Ligne.

14. — Précis du procès qui subsiste depuis 200 ans entre les abbé, prieur et religieux de Corbie, et les héritiers du sieur Grevembrock, aujourd'hui représentés par le Prince de Ligne.

15. — Arrêt du Conseil d'Etat du Roi, du 16 avril 1746, (qui renvoie la cause devant le Parlement de Douai).

16. — Requête d'intervention de M. le marquis de Gouflier, dans l'instance au Conseil, entre la ville de Corbie et les abbés et religieux dudit Corbie, relativement à un projet de navigation. 1754.

17. — Au Roy et à son Conseil, le marquis de Gouffier. 1754.

18. — Requête présentée au Roy par M. Boyer, abbé et comte de Corbie, et les prieur et religieux de l'abbaye, en réponse à la seconde requête de M. le marquis de Gouffier, concernant le projet d'établissement d'un canal à Heilly. 1754.

19. — Requête présentée au Roy, par les prevôt, maire, échevins et habitans de la ville de Corbie, corps et communautés des village de Bonnay et de Méricourt-l'Abbé. En réponse à la seconde requête de M. le marquis de Gouffier.

20. — Certificats et observations faisant partie des pièces justificatives. Mémoire d'observations que les habitans, corps et communauté du village de Bonnay, ont l'honneur de présenter à M. le marquis de Gouffier, pour dissiper tous les fantômes qu'il a plu à M. l'Evêque de Mirepoix, abbé de Corbie, et aux religieux de la même abbaye, de grossir leur dernière requête imprimée en 1754, contre la légitimité du canal dont M. le Marquis demande l'établissement.

21. — Au Roy et au Conseil, les prevot, maire, habitans et communauté de Corbie. (Curement et rétablissement du canal de la barette. 1758).

22. — Au Roy et à son Conseil, les mêmes. Même cause.

23. — A Mgr. d'Invau, intendant de Picardie, les syndic, habitans et communauté du village d'Heilli. (Destruction de digues. 1759).

24. — Arrêt qui maintient l'abbaye dans son droit de justice et condamne la ville de Corbie à cent livres de dommages-intérêts. 24 oct. 1761.

25. — Mémoire pour M. de Luynes, abbé et comte de Corbie, contre les habitans de la ville de Corbie. (Droit de nommer les échevins). 1766.

26. — Précis pour les officiers municipaux, ville, habitans et communauté de Corbie, contre M. le card. de Luynes, abbé commendataire.

27. — Précis pour les prieur et religieux de l'abbaye de Corbie, contre les sieurs et demoiselles de Caumont. (Cense de Beauvoir).

28. — Sommaire pour les mêmes.

29. — Sommaire pour la communauté du village de Hamel, près Corbie, contre les habitans d'Abancourt et de Warfusée; en présence de MM. les abbé, prieur et religieux de Corbie. (Délaissement du marais. 1781).

30. — Requête au Roy, pour M. le card. de Luynes, abbé commendataire de l'abbaye royale de Corbie, et les prieur et religieux de la même abbaye, contre M. le Prince de Ligne. Signifiée le 19 déc. 1772.

Paris 1776. Guillau.

×× — Château de Querrieux, par A. Goze. — N.º 3570.

×× — Château de Bertangles, par A. Goze. — N.º 3570.

×× — Château, église, et hôtel-de-ville de Picquigny, par A. Goze. — *Ib.*

3850. — Picquigny. — Procès concernant la mouvance.

1 vol. in-4°. — Contenant :

1. — Consultation pour le sr. Calmer, seigneur de la baronie de Picquigny et du Vidamé d'Amiens, sur la question de savoir s'il est dû un droit de quint et requint à M. l'Evêque d'Amiens, pour la vente faite au prix de 1,500,500 liv. de la baronie de Picquigny, du Vidamé d'Amiens et dépendances, tenus en fief de son évêché. — 14 avril 1776.

Paris 1776. Clousier.

2. — Réponse à une consultation du 14 avril 1776, sur les questions de savoir, s'il est dû des droits de quint et requint à l'abbaye de Corbie et à l'évêché d'Amiens, pour les vente et revente de la terre de Picquigny et Vidamé d'Amiens. — 29 mars 1779.
    Amiens 1779. L. C. Caron.

3. — Dénombrement de la terre de Picquigny et Vidamé d'Amiens, servi au comté de Corbie le 14 novembre 1500.

4. — Version de la transaction passée au mois de janvier 1302, entre l'Evêque et le chapitre d'Amiens, et le seigneur de Picquigny, Vidame d'Amiens. — Version françoise. Texte gaulois (sic).
    Paris 1779. Stoupe.

5. — Mémoire et consultation pour le sieur Poulet, prêtre, pourvu par M. l'Evêque d'Amiens, d'un canonicat de l'église collégiale de Pecquigny, tiers-opposant à l'Arrêt qui a maintenu dans la même prébende le sieur de Roncière, collataire du sieur Calmer. 10 juil. 1777.
    Paris 1777. Cellot.

6. — Précis sur partage pour le sieur Calmer, seigneur de Picquigny, Vidame d'Amiens. Contre le sieur Hecquet. 1778.
    Paris 1778. Clousier.

7. — Résumé pour le sieur Hecquet, pourvu de la trésorerie de la collégiale de Pecquigny par M. l'Evêque d'Amiens, contre le sieur Liefman-Calmer, juil. 1778.
    Paris 1778. Cellot.

8. — Mémoire pour M. l'Evêque d'Amiens, contre le sieur Liefman-Calmer, grand bourgeois de la ville de La Haye, acquéreur des vidamé d'Amiens, baronie de Picquigny et dépendances.
    Paris 1778. Stoupe.

9. — Observations pour M. l'Evêque d'Amiens, sur le mémoire du sieur Calmer, second acquéreur des vidamé d'Amiens et baronie de Picquigny. 1778.

10. — Découverte singulière au procès contre le sieur Calmer, second acquéreur de la terre de Picquigny. 1779.

11. — Eclaircissemens sur quelques faits importans pour M. l'Evêque d'Amiens. Contre le sieur Calmer. 1779.

12. — Observations très-importantes pour M. l'Evêque d'Amiens, sur le dernier mémoire du sieur Calmer. 1779.

13. — Précis pour M. le cardinal de Luynes, abbé, comte de Corbie, contre le sieur Calmer, en présence de M. l'Evêque d'Amiens. 1778.
    Paris 1778. Knapen.

14. — Mémoire pour S. E. M. le cardinal de Luynes, abbé comte de Corbie, contre M. l'Evêque d'Amiens. 1779.

15. — Résumé pour M. le cardinal de Luynes, contre le sieur Calmer ; en présence de M. l'Evêque d'Amiens. 1779. 10 mars.
> **Paris 1779. Stoupe.**

16. — Réponse au résumé de M. le cardinal de Luynes, pour le sieur Calmer.
> **Paris 1779. Clousier.**

17. — Réponse au mémoire du sieur Liefman-Calmer, pour M. le cardinal de Luynes, contre ledit sieur Calmer ; en présence de M. l'Evêque d'Amiens.
> **Paris 1779. Stoupe.**

18. — Précis pour le sieur Calmer, contre M. l'Evêque d'Amiens, et contre M. le cardinal de Luynes, abbé de Corbie. 13 mars 1779.
> **Paris 1779. Clousier.**

19. — Cahier des pièces qui contiennent la loi particulière du fief de Picquigny, pour le sieur Liefman-Calmer, contre M. l'Evêque d'Amiens, et contre M. le cardinal de Luynes. 13 mars 1779.

20. — Dernier mémoire contenant le développement d'un principe de M. d'Aguesseau, sur les fiefs propres et impropres, qui a été employé sommairement dans la consultation du 14 avril 1776, p. 27, et l'application de ce principe à la loi particulière du fief impropre de la baronie de Picquigny, contenue dans les actes passés en 1500 et 1302 entre Guillaume de Macon, évêque d'Amiens, Garnier, abbé de Corbie et Jean de Picquigny. 3 mars 1779.

21. — Mémoire que présente à MM. les Arbitres amiablement choisis, M. le card. de Luynes, pour parvenir avec M. l'Evêque d'Amiens, au règlement définitif des mouvances de la baronie de Picquigny. 1780.
> **Paris 1780. Simon.**

22. — Observations pour le sieur Calmer, contre M. le cardinal de Luines et M. l'Evêque d'Amiens. 1780.
> **Paris 1780. Valade.**

23. — Notice des titres de la mouvance de l'évêché d'Amiens sur la seigneurie de Picquigny, avec la distinction de ceux dont l'authenticité ne peut être contestée, de ceux dont les originaux sont produits, de ceux dont les originaux existent, mais qui ne sont pas dans les archives de l'évêché, et enfin de ceux dont les originaux n'existent plus, mais dont la vérité n'en est pas moins constante. 1782.
> **Paris 1782. Stoupe.**

24. — Mémoire pour M. de Machault, évêque d'Amiens, contre Mgr. comte d'Artois. 1782.

25. — Autre mémoire pour le même, contre le même.

26. — Affaire de Picquigny. Pièce importante nouvellement découverte. 1783.

27. — Observations pour M. l'Evêque d'Amiens, contre Mgr. d'Artois. 1783.

28. — Défense de M. l'Evêque d'Amiens, à la requête et à la production nouvelle de Mgr. comte d'Artois, du 21 mai 1783.

29. — Réponse pour M. l'Evêque d'Amiens, au mémoire de Mgr. comte d'Artois. 1783.

30. — Réponse sommaire de M. l'Evêque d'Amiens et des abbé, grand prieur et religieux de Corbie, aux mémoires distribués sous le nom de Mgr. comte d'Artois, dans l'affaire de Picquigny. 1783.
     Paris 1783. Simon et Nyon.

31. — Précis suivi d'une notice des titres, monumens et preuves de la mouvance féodale du comté de Corbie sur une partie considérable de la terre de Picquigny ; pour M. le cardinal de Luynes, abbé et comte de Corbie, et les grand prieur et religieux de cette abbaye, contre Mgr. comte d'Artois, acquéreur de la terre et baronie de Picquigny et cessionnaire du Roi pour le droit éventuel de prélation, en présence de M. l'Evêque d'Amiens. 1783.

32. — Notice des titres de la mouvance de l'évêché d'Amiens sur les fiefs et seigneurie de Picquigny. 1783.
     Paris 1783. Stoupe.

33 — Mémoire pour prouver la mouvance du Roi sur la terre de Picquigny, contre les églises d'Amiens et de Corbie. 1.re et 2.e partie. 1783. (Mémoire pour Mgr. comte d'Artois, cessionnaire du droit de prélation du Roi sur la baronie de Picquigny, contre M. l'Evêque d'Amiens, et les abbé, prieur et religieux de Corbie, prétendans droit à la mouvance de ladite baronie ; le sieur Briez de Bernapré et les sieur et dame Calmer, acquéreurs de Picquigny).
     Paris 1783 Ballard.

34. — Arrest de la Cour de Parlement du 21 mai 1784, relative à la mouvance de l'abbaye de Corbie, sur la terre de Picquigny. 1784.
     Paris 1784. Stoupe.

35. — Requête de L. Ch. de Machault, évêque d'Amiens, au Parlement, contre l'abbaye de Corbie, dans l'affaire de Picquigny.

36. — Mémoire pour L. Ch. de Machault, évêque d'Amiens, contre Ch. Ph. de France, frère du Roi, comte d'Artois, seigneur de Picquigny ; contre les veuve et enfans héritiers de Liefman Calmer, et contre Pierre-Marie De la Haye, écuyer, et autres particuliers, acquéreurs de domaines et fiefs faisant partie de la seigneurie de Picquigny. 1786.
     Paris 1786. Stoupe.

** — Extrait d'un mémoire sur le Hamel-lès-Corbie, par M. le Cte. DU HAMEL. No. 3576-2.

** — Château et église de Poix, par A. GOZE. — N.o 3570.

3851. — Ephémérides pohières ou tablettes historiques du canton de Poix, contenant pour chaque jour un fait mémorable pour cette partie de la Picardie. Recueillies par M. G. POUILLET (1).

Amiens 1856. Duval et Herment. 1 vol. in-8°.

** — Château, terre et seigneurie de Thoix par M. REMBAULT.—N.°3570.

** — Eglise, château et seigneurie de Conty. Par M. REMBAULT. — *Ibid.*

3852. — Notice sur l'église de Namps-au-Val, (canton de Conty, arrondissement d'Amiens). Par J. GARNIER.

Amiens 1842. Duval et Herment. Pièce in-8°. 4 Pl.

3853. — Notice encyclographique sur Airaines, par A. MACHY (2).

Amiens 1852. Alf. Caron. 1 vol. in-8°.

3854. — Château de Hénencourt. Par A. GOZE.

Amiens 1850. Alf. Caron. 1 vol. in-8°. 2 pl.

3855. — Almanach du Ponthieu, villes et bourgs voisins. 1776-1777-1778-1779-1783-1786.

Abbeville 1776-1786. Devérité. 6 en 1 vol. in-32.

Il manque à ce volume, pour comprendre la collection complète des almanachs du Ponthieu, celui de l'année 1765.

3856. — Almanach d'Abbeville, annuaire de l'arrondissement, pour l'année 1840, contenant un traité des poids et mesures. Première année.

Abbeville 1840. C. Paillart. 1 vol. in-18.

3857. — Rapport fait au Conseil d'arrondissement d'Abbeville par M. *Albert* DUTENS, sous-préfet de cet arrondissement. Session ordinaire de 1835. 1.ʳᵉ partie. 30 juill.1835.

Abbeville 1835. A. Boulanger. 1 vol. in-4°.

3858. — Rapport fait au Conseil d'arrondissement d'Abbeville par M. A. DUTENS, sous-préfet de cet arrondissement. Session ordinaire de 1839. 1.ʳᵉ partie.

Abbeville 1839. C. Paillart. 1 vol. in-4°.

3859. — L'histoire ecclésiastique de la ville d'Abbeville, et de

---

(1) POUILLET *(Gustave-Jean)*, né à Amiens, le 12 janvier 1818.

(2) MACHY *(Auguste-Joseph-Elie)*, né à Airaines, le 19 mai 1814.

l'archidiaconé de Pontieu au diocèse d'Amiens. Par le R. P. *Ignace-Joseph de Jesus-Maria.* (*Jacques* Sanson) (1).

Paris 1646. F. Pelican. 1 vol. in-4°. Pl.

5840.—Histoire généalogique des Comtes de Pontieu, et Maieurs d'Abbeville. Où sont rapportez les privilèges que les Roys leurs ont donnez, leurs actions heroyques, et leurs armoiries, et ce qui s'est passé de plus remarquable dans le pays de Pontieu et de Vimeu, au diocèse d'Amiens, tant en l'estat ecclésiastique, qu'en l'estat politique, depuis l'an mil cent quatre-vingt-trois jusques à l'année mil six cent cinquante-sept. Avec un recueil des hommes illustres qui y ont pris naissance, ou y ont fini leur vie. (Par *Jacques* Sanson).

Paris 1657. Clouzier. 1 vol. in-fol. Fig.

5841.—Histoire du comté de Ponthieu, de Montreuil, et de la ville d'Abbeville, sa capitale. Avec la notice de leurs hommes dignes de mémoire. (Par L. A. Devérité).

Londres 1765. Jean Nourse. 2 vol. in-12.

5842.—Histoire ancienne et moderne d'Abbeville et de son arrondissement, par F. C. Louandre (2).

Abbeville 1834. Boulanger. 1 vol. in-8°.

5843.—Histoire d'Abbeville et du comté de Ponthieu jusqu'en 1789. Par F. C. Louandre.

Abbeville 1844. Jeunet. 2 en 1 vol. in-8°.

5844.—Notices historiques, topographiques et archéologiques sur l'arrondissement d'Abbeville, par *Ernest* Prarond (3).

Abbeville 1854. Jeunet. 1 vol. in-18.

5845.—Les mayeurs et les maires d'Abbeville. 1184-1847. (Par F. C. Louandre).

Abbeville 1851. Jeunet. 1 vol. in-8°.

---

(1) Sanson *(Jacques)*, né à Abbeville, le 10 février 1596, mourut dans le couvent des Carmes, à Charenton, le 19 août 1664.

(2) Louandre *(François-César)*, né à Abbeville, le 10 janvier 1787.

(3) Prarond *(Philippe-Constant-Ernest)* né à Abbeville, le 4 mai 1821.

3846. — Notice sur les rues d'Abbeville et sur les faubourgs, par *Ernest* Prarond. 2.ᵉ édit.

Abbeville 1850. Jeunet. 1 vol. in-18.

** — Saint-Vulfran d'Abbeville, par H. Dusevel. — N.° 3570.

** — Description de l'église St.-Vulfran, par Gilbert. — N.° 3864.

3847. — Britannia, ou recherche de l'antiquité d'Abbeville. Par N. Sanson.

Paris 1636. Rob. Mansion. 1 vol. in-8°.

3848. — Chartes d'affranchissement des communes du Ponthieu, recueillies par MM. Labitte et *Charles* Louandre (1).

Abbeville 1836. Boulanger. 1 vol. in-8°.

Le faux titre porte : Essai sur le mouvement communal dans le comté de Ponthieu.

3849. — Département de la Somme. — Ville d'Abbeville. — Origine et histoire des recettes et dépenses de la ville d'Abbeville, présentées au Conseil municipal, par M. E. Pannier (2), Maire, à l'occasion du budget primitif de 1854.

Abbeville 1853. P. Briez. 1 vol. in-8°.

3850. — Notice sur le commerce de mer d'Abbeville, sur ses forces navales au 14.ᵉ siècle, sur le combat naval de l'Ecluse, et comparaison des forces navales de France et d'Angleterre à la même époque, par M. Traulé (*sic*).

Abbeville 1809. Boulanger-Vion. Pièce in-8°.

3851. — Abrégé des annales du commerce de mer d'Abbeville, par M. Traullé.

Abbeville 1819. Boulanger-Vion. Pièce in-4°.

3852. — Port d'Abbeville. — Organisation d'un service de navigation directe entre Abbeville et les ports de Bordeaux et de la Rochelle.

Abbeville (1845). C. Paillart. Pièce in-8°.

3853. — Tribunal de commerce de terre et de mer de l'arrondissement d'Abbeville. — Lettre adressée à M. le Ministre

---

(1) Louandre (*Charles-Léopold*), né à Abbeville le 15 mai 1812.

(2) Pannier (*Louis-Alexandre-Edmond*), né à Abbeville le 1 déc. 1805.

de la marine, sur la question du pilotage dans la baie
de Somme. Octobre 1849.

Abbeville 1849. C. Paillart. Pièce in-8º.

5854.—Tribunal de commerce de l'arrondissement d'Abbeville. —
Note complémentaire adressée à M. le Ministre de la ma-
rine, sur la question du pilotage dans la baie de Somme.
Février 1850.

Abbeville 1850. C. Paillart. Pièce in-8º.

5855.—Chambre de commerce de l'arrondissement d'Abbeville.
—Lettre sur la situation industrielle et commerciale de
l'arrondissement, adressée à M. le Ministre de l'agriculture et du commerce, en réponse à sa circulaire du 20
octobre. — 17 novembre 1850.

Abbeville 1850. C. Paillart. Pièce in-8º.

5856.— Ville d'Abbeville. — Délibération du Conseil municipal,
concernant le chemin de fer d'Amiens à Boulogne. Sta-
tion définitive et traversée de la Somme à Abbeville. 14
novembre 1850.

Abbeville 1851. C. Paillart. Pièce in-8º.

5857.—Adresse des habitans d'Abbeville, au Président de la
République, sur l'embranchement de Noyelles à St.-Va-
lery, par la baie de Somme.

Abbeville. Avril 1852. P. Briez. Pièce in-8º.

5858.—Conseil municipal d'Abbeville. — Délibération relative à
un projet d'embranchement de Noyelles sur Saint-Valery,
à travers la baie de Somme.

Abbeville. Mars 1853. P. Briez. Pièce in-8º.

5859.—Lettres-patentes et règlemens de l'hôpital général d'Abbeville. (5 avril 1727).

Paris 1728. P. N. Lottin. 1 vol. in-4º.

5860.—Règlemens pour le cimetière de Notre-Dame de la chapelle (d'Abbeville). (19 mai 1838).

Abbeville 1838. Devérité. Pièce in-4º.

5861.—Institution de la confrairie de la Charité, érigée en l'é-
glise de S. Georges à Abbeville, sous l'invocation et titre
du tres-sainct et tres-auguste sacremēt de l'autel, hon-

neur et révérence de la glorieuse V. Marie, de S. Roch, S. Sébastien, et S. Antoine. L'approbation de Mgr. le révérendiss. évesque d'Amiens, des statuts, promesses et ordonnances à observer pour les confrères de ladite Compagnie, avec les annotations pour l'intelligence desdits statuts, etc. Ensemble les bulles obtenuës, tant pour ladite Confrairie, que pour l'aggrégation d'icelle à l'Archiconfrairie de la très-saincte Trinité de Rome. Plus un recueil de prières pour servir aux Confrères et Consœurs, etc. Par M. A. POTTIER. 2.ᵉ édit.

Paris 1640. Edme Martin. 1 vol. in-12.

3862. — Recueil intéressant sur l'affaire de la mutilation du Crucifix d'Abbeville, arrivée le 9 août 1765, et sur la mort du Chevalier de la Barre. Pour servir de supplément aux causes célèbres. (Par L. A. DEVÉRITÉ).

Londres 1776. 1 vol. in-12.

3863. — Notice historique sur l'abbaye de Saint-Riquier, présentée à Mgr. de Chabons, évêque d'Amiens, etc., le jour de la distribution des prix. (Par M. l'*Abbé* PADÉ) (1).

Amiens 1826. Ledien-Canda. 1 vol. in-8°. Pl.

3864. — Description historique de l'église de l'ancienne abbaye royale de Saint-Riquier en Ponthieu ; suivie d'une notice historique et descriptive de l'église de Saint-Vulfran d'Abbeville ; par A. P. M. GILBERT.

Amiens 1846. Caron-Vitet. 1 vol. in-8°. Pl.

** — Eglise de Saint-Riquier, par A. GOZE. — N.° 3570.

** — Château et église de Pont-Remy, par H. DUSEVEL. — N ° 3570.

3865. — Relation de la fête donnée à St.-Valery, le 23 septembre 1817, à l'occasion de la pose de la première pierre du barrage-éclusé.

Amiens 1817. Caron-Vitet. Pièce in-4°.

Même pièce.

Amiens 1817. Caron-Vitet. in-8°.

On y a joint un fac similé de l'inscription de la première pierre.

---

(1) GILLE dit PADÉ (*Côme-Louis-André*), né à Amiens le 27 sept. 1787.

3866.— Recherches archéologiques sur le Crotoy, par A. LABOURT. 2.ᵉ partie. (Extrait des Mémoires de la Société royale d'Emulation d'Abbeville. 1841-1842).

Abbeville 1842. Paillart. 1 vol. in-8°.

3867.—Gamaches et ses seigneurs, par M. F. I. DARSY (1).

Amiens 1854-56. Duval et Herment. 1 vol. in-8°. Pl.

** Notice sur l'abbaye de Lieu-Dieu, par l'*Abbé* COCUET. — N.° 3576-9.

3868.—Bourg d'Ault. Par A. GUILMETH.

Amiens 1851. Alf. Caron. Pièce in-8°.

Fragment d'un ouvrage commencé sous le titre de : *Histoire cantonale de la Picardie par une Société d'Antiquaires et d'Artistes sous la direction de M. A. Guilmeth* ; lequel devait comprendre autant de sections que le département comprend d'arrondissements. Un autre titre porte : *Notices sur diverses localités du département de la Somme*, par A. GUILMETH. Cette publication, dont M. Guilmeth seul est l'auteur, n'a point été continuée.

3869.—1846. Almanach de l'Authie, annuaire indicateur général de tous les renseignements utiles dans la circonscription topographique des cantons de Doullens, Acheux, Bernaville, Domart, Auxi-le-Château, Avesnes-le-Comte et Pas. 1.ʳᵉ et 2.ᵉ année. (Par M. M. VION).

Doullens 1846-1847. M. Vion. 2 vol. in-12.

La 2.ᵉ année a pour titre : 1847. Almanach de l'Authie, annuaire indicateur de l'arrondissement de Doullens et des cantons voisins. — 2.ᵉ année.

3870.—Histoire civile, ecclésiastique et littéraire de la ville et du doyenné de Doullens, par M. l'*Abbé* DAIRE.

Amiens 1784. J. Caron l'aîné. 1 vol. in-12.

3871.—Mémoire sur les anciens monumens de l'arrondissement de Doullens, couronné par l'Académie des sciences, belles-lettres et arts du département de la Somme, dans la séance publique du 28 août 1831 ; par *Eugène* DUSEVEL.

Amiens 1831. R. Machart. 1 vol. in-8°. Pl.

---

(1) DARSY (*François-Isidore*), né à Gamaches le 3 mai 1811.

3872.—Eglise S. Martin de Doullens. Par *Eugène* Dusevel.

Amiens 1844. Alf. Caron. Pièce in-8⁰. Pl.

** — Château de Lucheux, par H. Dusevel. — N.⁰ 3570.

3873.—Lettres archéologiques sur le château de Lucheux, adressées à M. le duc de Luynes par M. A. Labourt.

Amiens 1854. Duval et Herment. 1 vol. in-8⁰.

3874.—Délibération et mémoire adressés à Monsieur le Préfet du département de la Somme par le Conseil municipal et le bureau de bienfaisance de Lucheux, contre l'hospice de Doullens, pour la désunion des biens de l'ancienne maladrerie de Lucheux. 10 mai 1850. (Par *Alf.* Duchatel) (1).

Amiens 1850. Alf. Caron. Pièce in-4⁰.

** — Eglise de Berteaucourt, par H. Dusevel. — N.⁰ 3570.

** — Eglise de Mailly, par M. *l'abbé* Decagny (2). — N.⁰ 3570.

3875.—L'arrondissement de Péronne, ou Recherches sur les villes, bourgs, villages et hameaux qui le composent, par M. *Paul* Decagny (3).

Péronne 1844. J. Quentin. 1 vol. in-8⁰.

** — Beffroi de Péronne, par A. de la Fons. — N.⁰ 3570.

** — Déclaration du Roi sur ce qui s'est passé en la ville de Péronne. — N.⁰ 2705-3.

3876. — Règlement et ordonnance de Sa Majesté, au sujet de la garde bourgeoise de Péronne.

Saint-Quentin 1728. P. Boscher. Pièce in-4⁰.

3877.—Statuts et ordonnances pour les maistres égards, corps et communauté des marchands merciers, épiciers, graissiers, chandeliers, ciriers, droguistes, quincailliers et feroniers de la ville de Péronne.

Paris 1708. J. Vincent. 1 vol. in-4⁰.

3878.—Département de la Somme. — Comité d'instruction pri-

---

(1) Duchatel *(Louis-Augustin-Alfred)*, né à Amiens, le 14 août 1824.

(2) Decagny *(François-Simon)*, né à Nesle, le 12 mai 1793.

(3) Decagny *(Paul-Urbain)*, né à Nesle, le 25 mai 1804.

maire de l'arrondissement de Péronne. Séance publique du 29 octobre 1835. — 5.ᵉ année.

S. n. n. l. n. d. Pièce in-4°.

Séance solennelle du 5 octobre 1841. — 11.ᵉ année.

S. n. n. l. n. d. Pièce in-8°.

5879.—Histoire civile, ecclésiastique et littéraire de la ville et du doyenné d'Encre, aujourd'hui Albert. Par M. l'*Abbé* DAIRE.

Amiens 1784. J. B. Caron. 1 vol. in-12. — N.° 3870.

** — Notice sur la ville et le château de Ham, par M. DE LA FONS.—3576-2.

5880.—Le château de Ham. Notice historique par C. DE LIOUX.

Noyon 1840. Soulas Amoudry. Pièce in-8°.

** — Château de Ham, par A. DE LA FONS. — N.° 3570.

5881.—Le château de Ham et ses prisonniers, notice par *Ch.* GOMART.

Saint-Quentin 1852. Deloy et Teauzein. Pièce. in-4°. Pl.

5882.—Notice sur l'origine du château de Ham (Somme); par M. *Ch.* GOMART. (Extrait du Bulletin monumental).

Paris 1853. Derache. 1 vol. in-8°. Pl.

5883.—Li-Huns en Sang-Ters, ou discours de l'antiquité, privilèges, et prérogatives, du monastère de Li-Huns, vulgairement Li-Hons, en Sang-Ters : situé près Roye, en Picardie. Originairement de l'ordre de S. Benoist. Depuis incorporé soubs tiltre de doyenné-prieuré, en l'ordre de Cluny. Par M.ᵉ *Sébastian* ROULLIARD, de Melun.

Paris 1627. Barbote. 1 vol. in-4°.

5884.—Histoire civile, ecclésiastique et littéraire de la ville et du doyenné de Mondidier, avec les pièces justificatives, par le P. DAIRE, *Célestin.*

Amiens 1765. François. 1 vol. in-8°. Pl.

** — Eglises de Montdidier, par A. GOZE. — N.° 3570.

5885.—Inauguration du monument d'Antoine Galland. Simple notice publiée au nom de la Commission, par M. GALOPPE D'ONQUAIRE (1), et distribuée gratis aux souscripteurs.

Montdidier 1851. Radenez. 1 vol. in-8°.

Le buste de Galland fut inauguré à Rollot le 29 juin 1851.

_____

(1) GALOPPE (*Jean-Hyacinthe-Adonis*), naquit à Mondidier, le 16 avril 1805.

5886.—Histoire de la ville de Roye, département de la Somme, avec des notes historiques et statistiques sur les communes environnantes; par M. Grégoire d'Essigny, fils.
Noyon 1818. Devin. 1 vol. in-8°.

** — Eglise de Roye, par De la Fons et H. Dusevel. N.° 3570.

5887.—Description des églises de Roye, par l'*Abbé* J. Corblet.
Amiens 1844. Duval et Herment. Pièce in-8°.

5888.—Notice sur le prétendu temple romain de Saint-Georges-lez-Roye. Par l'*Abbé* J. Corblet.
Amiens 1842. Duval et Herment. Pièce in-8°.

** — Eglise et château de Tilloloy, par H. Dusevel. — N.° 3570.

5889.—Description historique de l'église et des ruines du château de Folleville (Somme), par M. *Charles* Bazin.
Amiens 1849. Duval et Herment. 1 vol. in-8°. Pl.

5890.—Notice sur l'église, la commune, et les seigneurs d'Harbonnières, par A. Goze.
Amiens (1855). Alf. Caron. 1 vol. in-8°.

** — Notice sur l'ancienne seigneurie et l'église de Caix-en-Santerre. (Par M. le Baron Oswald de Caix de Saint-Aymour). — N.° 3570. (2)

** — Château et église de Moreuil, par A. Goze. — N.° 3570.

** — Evêché de Beauvais et Senlis. Carte par N. Sanson. — N.° 187.

5891.—Voyage dans les départemens de la France, enrichi de tableaux géographiques et d'estampes; par les cit. J. Lavallée, L. Brion et L. Brion père. Départ. de l'Oise.
Paris 1792. Brion. 1 vol. in-8°. Pl.

** — Voyage fait par le premier Consul dans le département de l'Oise. — N.° 2955.

5892.—Description du département de l'Oise, par le cit. Cambry.
Paris (1803) an XI. Didot l'aîné. 2 v. in-8°. Atlas in-fol.

5893.—Notice archéologique sur le département de l'Oise, comprenant la liste des monumens de l'époque celtique, de l'époque gallo-romaine et du moyen-âge, qui subsistent dans l'étendue du pays, et l'indication de ceux dont on retrouve encore les vestiges. (Par M. Graves).
Beauvais 1839. A. Desjardins. 1 vol. in-8°.

(2) De Caix *(Louis-Marie-Oswald)*, né à Amiens, le 25 avril 1812.

3894.—Almanach pour le Beauvaisis, année 1765. Contenant la combinaison chronologique de l'histoire du pays, avec les années du règne des Rois de France, du pontificat des papes, de l'épiscopat des évêques de Beauvais, et de l'administration des maires de la ville. —Etat ecclésiastique et civil de la ville, etc.

Beauvais 1765. Desjardins et Desaint. 1 vol. in-18.

3895.—Annuaire statistique et administratif du département de l'Oise et du diocèse de Beauvais; publié par ordre de M. le Préfet. 1828. (3.ᵉ année).

Beauvais 1828. Moisand. 1 vol. in-8°.

Ce volume contient le Précis statistique sur le canton de Creil (arrondissement de Senlis), par M. **Graves**.

3896.—Mémoires des pays, villes, comté et comtes, évesché et évesques, pairrie, commune, et personnes de renom de Beauvais et Beauvaisis. Par M. *Antoine* l'Oisel.

Paris 1617. Jean Thiboust. 1 vol. in-4.°

3897.—Histoire et antiquitez du pays de Beauvaisis. (Par *Pierre* Louvet).

Beauvais 1631-1635. V.ᵉ Valet. 2 vol. in-8°.

Le second volume a pour titre : Histoire des antiquitez du diocèse de Beauvais.

3898.—*Petri* Louvet J. C. *Bellovaci* nomenclatura et chronologia rerum ecclesiasticarum diœcesis Belvacensis.

Parisiis 1613. Dio. Langlæus. 1 vol. in-8°.

3899.—Histoire du diocèse de Beauvais, depuis son établissement, au 3.ᵉ siècle, jusqu'au 2 septembre 1792. Par l'*Abbé* Delettre.

Beauvais 1842-1843. Ach. Desjardins. 3 vol. in-8°.

3900.—Histoire politique, morale et religieuse de Beauvais, publiée sous les auspices de MM. Dance, le marquis de Mornay, le comte Henri de l'Aigle, Legrand et Lemaire, députés de l'Oise, par M. *Edouard* De la Fontaine.

Beauvais 1840. Moisand. 2 vol. in-8°. Tom. 1.ᵉʳ

3901.—Histoire de la ville de Beauvais, depuis le 14.ᵉ siècle, par C. L. Doyen, pour faire suite à l'histoire politique, morale et religieuse par M. *E. De la Fontaine.*

Beauvais 1842. Moisand. 2 vol. in-8°. Pl.

3902.—Histoire du siège de Beauvais en l'an 1472. (Par *Pierre* Louvet). Description du Beauvaisis, par *Jacques* Grevin.

Beauvais 1762. Desjardins. Pièce in-8°.

Un second titre, qui souvent existe seul, porte :

Discours du siège de Beauvais par Charles, duc de Bourgogne, en l'an 1472. (Par *Pierre* Louvet).

Beauvais 1622. G. Valet.

** — Le siège de Beauvais, en 1472. Manuscrit publié par M. Danjou. — N.° 3576-5.

3903.—Histoire du siège de Beauvais en 1472, par *Constant* Moisand.

Beauvais 1847. Moisand. 1 vol. in-12. Fig.

3904.—Le siège de Beauvais. (1472). Par M. Dupont-White.

Beauvais 1848. Achille Desjardins. 1 vol. in-8°.

3905.—La Ligue à Beauvais, par M. Dupont-White, ouvrage couronné par la Société des Antiquaires de Picardie, et précédé d'une introduction.

Paris 1846. Dumoulin. 1 vol. in-8°.

3906.—Notice historique et descriptive sur l'église Saint-Etienne de Beauvais, par *Stanislas* de Saint-Germain.

Beauvais 1843. A. Desjardins. 1 vol. in-8°.

3907.—Notice sur les fortifications de Beauvais, extraite d'un manuscrit moderne intitulé la ville de Beauvais avant 1789. (Par M. le doct. Daniel).

Beauvais 1851. Desjardins. Pièce in-12.

** — Notice historique sur l'abbaye de S. Lucien de Beauvais, par M. le D.ʳ Daniel. — N.° 3576-8.

** — Notice sur l'église de la Basse-œuvre, par M. *Em.* Woillez. 3576-1.

** — Description de la chapelle de S. Germer, par M. Corblet.—3576-5.

3908.—Recueil de ce qui s'est fait pour l'établissement du bureau des pauvres de Beauvais, de ce qui s'y est passé depuis, et s'y observe à présent.

Beauvais 1732. P. Desjardins. Pièce in-8°.

5909.—Recueil des réglements faits en différens temps pour le bon ordre et la discipline de l'hôpital général de Beauvais.
Beauvais 1733. P. Desjardins. 1 vol. in-8°.

5910.—Rapport de M. Houbigant au Conseil général de l'Oise, pour la cession de l'ancienne cour d'assises à la ville de Beauvais. (Pour l'établissement d'un musée).
Beauvais 1845. Ach. Desjardins. Pièce in-8°.

5911.—Annales de l'église cathédrale de Noyon, jadis dite de Vermand. Avec une description et notice sommaire de l'une et l'autre ville, pour avant-œuvre. Le tout parsemé des plus rares recherches tant des vies des Evesques, qu'autres monumens du diocèse, et lieux circonvoisins. OEuvre pour ses variétez, applications, rapports, et conformitez avec d'autres villes, exemples, histoires et moralitez, profitable aux pieux et dévots; et à tout curieux d'antiquité. Par M. *Jacques* Le Vasseur.
Paris 1633. Robert Sara. 2 vol in-4°.

5912.—Une cité picarde au moyen-âge, ou Noyon et le Noyonnais aux xiv.ᵉ et xv.ᵉ siècles, par *Al.* de la Fons, Baron de Melicocq.
Noyon 1841. Soulas-Amoudry. 1 vol. in-8°.

** — Monographie de l'église N. D. de Noyon. — N.° 2352.

5913.—Histoire de la Rosière de Salancy, ou recueil de pièces tant en prose qu'en vers sur la Rosière, dont quelques-unes n'ont point encore parues.
Paris 1777. Mérigot jeune. 1 vol. in-8°.

5914.—Plaidoyer en faveur de la Rosière. Pour les syndic et habitans du village de Salancy. Contre le sieur Danré, seigneur dudit Salancy. (Par Delacroix).
Paris 1774. Knapen. 1 vol. in-4°.

** — Eglise et abbaye d'Ourscamps. Par A. de la Fons. — N.° 3570.

5915.—Séjour royal de Compiègne, depuis Clovis premier Roy chrestien, jusques à Louis Dieu-donné à present regnant. (Par *Antoine* Charpentier).
Paris 1647. Sim. Piget. 1 vol. in-4°.

** — Souvenirs des résidences royales.— Château de Compiègne.— **2188.**

3916.—Description du château royal de Compiègne.

Compiègne 1829. Escuyer. 1 vol. in-8º.

3917.—Les huit barons ou fieffez de l'abbaye royalle Saint Corneille de Compiègne : leur institution, leur noblesse et
leur antiquité : par *Louis* DE GAYA, sieur de TREVILLE.

Noyon 1686. Mauroy. 1 vol. in-12.

3918.—Etat de la forest de Cuise, dite de Compiègne, avec les
carrefours qui sont dans ladite forest, faits pour donner
les rendez-vous de chasse ; divisez par gardes et triages ;
avec les noms des routes qui tombent dans lesdits carrefours, et celles qu'il faut suivre pour aller ausdits carrefours, en partant de la plaine de Compiègne, soit à
cheval ou en calèche. (Par le Sieur MANS).

Paris 1736. Collombat. 1 vol. in-8º. Carte.

3919.—Description ou abrégé historique de Compiègne, avec le
Guide de la forest.

S. n. n. l. 1765. 1 vol. in-12. Carte.

** — Relation du voyage du Roi à Compiègne (1832). — N.º 2998.

** — Discours touchant la prise du château de Pierrefonds.—N.º 2705-4.

3920—Précis historique sur le château de Pierrefonds.

Compiègne 1827. Escuyer. 1 vol. in-8º. Pl.

3921.—Une visite aux ruines de Pierrefonds, par *Amédée* DU
LEYRIS ; précédée d'une étude littéraire, par M. *Henry*
DOTTIN. 3.e édition.

Beauvais 1844. Balthazar. Pièce in-8º.

** — Eglise d'Autrèches, par A. GOZE. — N.º 3570.

3922.—Histoire du château et de la ville de Gerberoy, de siècle
en siècle. Par M. *Jean* PILLET.

Rouen 1689. Eust. Viret. 1 vol. in-4º.

** — Notice sur Clermont en Beauvoisis, par LE MOINE. 3576-1.

3923.—Recherches historiques sur la ville de Clermont (Oise).
Clermont pendant les troubles de la ligue (1568 à 1598).
Par P. S. E. FERET.

Clermont (Oise) 1853. A. Daix. Pièce in-8º.

5924.—Recherches historiques sur la ville de Clermont (Oise).
Une fête au commencement du xvii.ᵉ siècle (5 juillet
1615), pendant le séjour d'Henri II, prince de Condé,
seigneur et comte de Clermont (Père du grand Condé).
Publié par M. Feret.
> **Amiens 1851. Duval et Herment. Pièce in-8°.**

** — Recherches historiques et critiques sur les anciens comtes de Beaumont-sur-Oise, par L. Douet-d'Arcq. — N.° 3577-4.

5925.—Histoire civile, ecclésiastique et littéraire du doyenné
de Granviller. Par M. l'*Abbé* Daire.
> **Amiens 1784. J. B. Caron. 1 vol. in-12. N.° 3870.**

** — Eglise N.-D. du Hamel, par MM. Rembault et A. Goze. — 3570.

5926.—Dissertation et notice sur une ancienne ville gauloise du
Beauvaisis, nommée par César, dans ses Commentaires,
Bratuspantium, par M. l'*Abbé* D... (Devic).
> **Paris 1843. A. René. 1 vol. in-8°. Cart.**

** — Evêché de Laon. Carte par N. Sanson. — N.° 187.

5927.—Manuel historique du département de l'Aisne, par J. F.
L. Devisme.
> **Laon 1826. Le Blan-Courtois. 1 vol. in 8°.**

5928.—Voyage dans les départemens de la France, par une société d'artistes et de gens de lettres ; enrichi de tableaux
géographiques et d'estampes. (Par J. Lavallée, L. Brion
et L. Brion père. Département de l'Aisne).
> **Paris 1792. Brion. 1 vol. in-8°. Pl.**

5929.—Monumens, établissemens et sites les plus remarquables
du département de l'Aisne ; lithographiés par M. *Edouard*
Pingret ; avec des notices explicatives rédigées par M.
Brayer.
> **Paris 1821. Engelmann. 1 vol. in-fol. obl.**

5930.—Statistique du département de l'Aisne, publiée sous les
auspices de M. le Comte de Floirac, préfet, et de MM.
les membres du Conseil général ; par J. B. L. Brayer.
> **Laon 1824. Melleville. 2 en 1 vol. in-4°.**

5931. — Histoire nationale ou dictionnaire géographique de toutes les communes du département de l'Aisne, ouvrage orné de cartes, de gravures, de portraits et de vignettes; par GIRAULT, de Saint-Fargeau.
Troyes 1830. Cardon. 1 vol. in-8°. Pl.

5932. — Annuaire du département de l'Aisne, pour l'année 1835, présenté à M. Ch. Renauldon, préfet, par *Alex.* LECOINTE. 25.ᵉ année.
Laon 1835. Lecointe. 1 vol. in-8°.

5933. — Abregé de l'histoire de Laon, fait par le sieur LAURENT.
Paris 1645. Bechet. Pièce in-4.°.

5934. — Histoire ecclésiastique et civile du diocèse de Laon, et de tout le pays contenu entre l'Oise et la Meuse, l'Aisne et la Sambre, lequel comprend le Laonnois et la Thiérache, partie de la Champagne, de l'Isle de France, de la Picardie, du Hainaut, du Comté de Namur et de l'Eveché de Liège, sur une étendue de plus de quarante lieues, tant en longueur qu'en largeur, depuis Verdun, S.ᵉ Menehould, Châlons, Reims, Soissons et Compiègne, jusqu'à Namur, Maubeuge et Bavay inclusivement. Par D. *Nicolas* LE LONG.
Châlons 1783. Seneuze. 1 vol. in-4°.

5935. — Histoire de la ville de Laon, par J. F. L. DEVISME.
Laon 1822. Le Blan-Courtois. 2 vol. in-8°. Pl.

5936. — Histoire de la ville de Laon et de ses institutions civiles, judiciaires, féodales, militaires, financières et religieuses; monuments, antiquités, mœurs, usages, impôts, finances, commerce, population, etc.; par M. MELLEVILLE.
Laon 1846. Fleury. Paris. Dumoulin 2 vol. in-8°. Pl.

5937. — Histoire de la ville et des seigneurs de Coucy; avec des notes ou dissertations, et les pièces justificatives. Par Dom *Toussaints* DU PLESSIS.
Paris 1728. F. Babuty. 1 vol. in-4°. Pl.

5938. — Histoire du duché de Valois, ornée de cartes et de gravures; contenant ce qui est arrivé dans ce pays depuis le temps des Gaulois, et depuis l'origine de la monarchie françoise, jusqu'en 1705. (Par l'*Abbé Cl.* CARLIER).

Paris 1764. Guillyn. 3 vol. in-4°. Cartes.

5939.—Mémoires pour servir à l'histoire ecclésiastique, civile et militaire, de la province du Vermandois, par M. *Louis-Paul* COLLIETTE.

Cambrai 1771.-1772. C. Berthoud. 3 vol. in-4°.

5940.—Augusta Viromanduorum vindicata et illustrata duobus libris. Quibus antiquitates urbis, et ecclesiæ S. Quintini, Viromandensiumque Comitum series explicantur. Adjectum est Regestum veterum chartarum. Opera *Claudii* HEMERÆI.

Parisiis 1643. J. Bessin. 1 vol. in-4°.

5941.—Histoire des droits anciens, et des prérogatives et franchises de la ville de Saint-Quentin, capitale du Vermandois, en Picardie. Par M.ᵉ *Louis* HORDRET, sieur DE FLECHIN.

Paris 1781. Dessain. S. Quentin. Hautoy. 1 vol. in-8°.

5942.—Extraits originaux d'un manuscrit de *Quentin* DE LA FONS, intitulé : Histoire particulière de l'église et de la ville de Saint-Quentin publiés, pour la première fois, par *Ch.* GOMART.

Saint-Quentin 1854-1856. Doloy. 3 vol. in-8°. Pl.

5943.—St.-Quentin ancien et moderne, ou notice historique sur la ville de Saint-Quentin. Par M. FOUQUIER-CHOLET.

St.-Quentin 1822. Tilloy. 1 vol. in-8°.

—Des mœurs, des opinions, des habitudes et des usages, dans la ville de Saint-Quentin, depuis le 7.ᵉ siècle jusqu'à nos jours. Par M. FOUQUIER-CHOLET.

St.-Quentin 1823. Tilloy. 1 vol. in-8°.

—Précis historique des occupations militaires de la ville de Saint-Quentin, en 1814 et 1815. Par M. FOUQUIER-CHOLET.

Saint-Quentin 1824. Tilloy. 1 vol. in-8°:

— Siège de St.-Quentin, par COLIGNY. — Voyez *Panthéon littéraire.*

3944.—Etudes Saint-Quentinoises par *Ch.* Gomart.

Saint-Quentin 1851. Ad. Moureau. 1 vol. in-8°. Tom 1ᵉʳ.

3945.—Notice sur la fête de l'arquebuse à Saint-Quentin, en 1774, par *Ch.* Gomart.

Amiens 1856. Duval et Herment. Pièce in-8°. Pl.

3946.—Carte topographique du canal souterrein de Picardie, commencé par ordre du Roy en 1768, sous le Ministère de M. le Duc de Choiseul, d'après les plans de feu M. Laurent, pour joindre la Somme à l'Escaut ; et continué ensuite sur les mêmes plans par M. Laurent de Lionne son neveu. (Gravée par M. Chalmandrièr en 1781).

S. n. n. l. 1 feuille in-fol.

3947.—Réglement du bureau de la charité établi dans la ville de Saint-Quentin, pour le soulagement des pauvres malades honteux de la même ville.

Noyon 1722. V.ᵉ Cabut. Pièce in-8°.

3948.—Institution de l'aumône commune de la ville de Saint-Quentin. Ensemble l'œconomie et les réglemens qui s'observent dans la distribution des biens des pauvres communs, et autres unis à la direction de cette aumône commune. 2.ᵉ édit.

Saint-Quentin 1731. V.ᵉ Cl. Le Queux. Pièce in-8°.

3949.—La Sorcière de Ribemont. Episode historique de 1579. Par *Ch.* Gomart.

Saint-Quentin. S. d. Doloy et Teauzein. Pièce in-8°.

※※ — Evêché de Soissons. Par *Nic.* Sanson. — N.° 187.

※※ — Dissertation sur le Soissonnois. — N.° 2402.

3950.—Procès-verbaux des séances de l'Assemblée provinciale du Soissonnois, tenue à Soissons en 1787.

Soissons 1787. Waroquier. 1 vol. in-4°.

3951.—Histoire de la ville de Soissons, et de ses Rois, Ducs, Comtes, et Gouverneurs. Avec une suitte des Evesques, et un abbrégé de leurs actions : diverses remarques sur le clergé et particulièrement sur l'église cathédrale ; et plusieurs recherches sur les vicomtez et les maisons illustres du Soissonnois. Par M. *Claude* Dormay.

Soissons 1663-1664. Asseline. 2 en 1 vol. in-4º.

952.—Histoire des antiquités de la ville de Soissons; par M. Le Moine.

Paris 1771. Vente. 2 vol. in-12.

953.—Histoire de Soissons, depuis les temps les plus reculés jusqu'à nos jours. D'après les sources originales, par *Henry* Martin, et *Paul* L. (Lacroix) Jacob, (bibliophile).

Soissons 1837. Arnould. 2 vol. in-8.º

954.—Chronicon abbatialis canonicæ S. Ioannis apud vineas Suessionens. A *Petro* Grisio.

Parisiis 1619. Sevestre. 1 vol. in-8º.

955.—Histoire de l'abbaye royale de Saint Jean des Vignes de Soissons. Par M.º *Charles-Antoine* de Louen.

Paris 1710. De Nully. 1 vol. in-12.

956.—Histoire de l'abbaye royale de Notre-Dame de Soissons, de l'ordre de Saint Benoit. Divisée en quatre livres. Avec les preuves, et plusieurs titres, tirez des Archives de cette abbaye. Composée par un religieux Bénédictin de la Congrégation de S. Maur. (Dom *Michel* Germain).

Paris 1675. Coignard. 1 vol. in-4º.

957.—Privilegium S. Medardi Suessionensis propugnatum, auctore D. *Roberto* Quatremaires.

Lut. Paris. 1659. Dion. 1 vol. in-8º.

58.—*Joannis* Launoii assertio inquisitionis in monasterii S. Medardi Suession. privilegium.

Lut. Paris. 1661. Ed. Martinus. 1 vol. in-4º.

9.—Compendiosum abbatiæ Longipontis Suessionensis chronicon. In tres partes distinctum. Collectore F. *Antonio* Muldrac, ejusdem monasterii suppriore.

Parisiis 1652. Joa. Bessin. 1 vol. in 8.º

0.—La Thiérache, recueil de documents concernant l'histoire, les beaux-arts, les sciences naturelles et l'industrie de cette ancienne subdivision de la Picardie. (Publié par L. et Th. F. PAPILLON frères).

Vervins 1849. Papillon. 1 vol. in-4°.

5961.— Recueil concernant les désordres qui se sont passés dans le comté de Marle, pendant la guerre (1635 à 1655). (Par *Nicolas* LEHAULT, publié par *Léandre* PAPILLON).

Vervins 1851. Papillon. 1 vol. in-8°. Pl.

5962.— Lettre sur l'histoire de Guise, par le D.ʳ C. (CHÉRUBIN).

Vervins 1846. Papillon Fr. 1 vol. in-8°.

5963.— Histoire de la ville de Guise et de ses environs; de ses seigneurs, comtes, ducs, etc., par M. l'*Abbé* PÉCHEUR.

Vervins 1851. Papillon. 2 vol. in-8°. Pl.

** — Le triomphe de la ville de Guise. — N.° 2773.

5964.— Notice sur le camp de Maquenoise. Rapport présenté à la Commission des Antiquités du département de l'Aisne, par *Ed.* PIETTE.

Vervins 1841. Papillon. 1 vol. in-8°.

5965.— Histoire de l'abbaye de Foigny, ordre de Citeaux, filiation de Clervaux, par *Amédée* PIETTE.

Vervins 1847. Papillon Fr. 1 vol. in-8°. Pl.

5966.— Sommaire de l'histoire de Nostre Dame de Liesse.

Troyes 1618. P. Sourdet. 1 vol. in-8°.

5967.— Histoire de l'image miraculeuse de Notre-Dame de Liesse, par M. VILLETTE.

Laon. S. n. n. d. Calvet. Pièce in-12.

5968.— Histoire de Nôtre-Dame de Liesse. Par M. VILLETTE.

Laon 1708. Fr. Meunier. 1 vol. in-8°. Fig.

5969.— Essai historique, topographique et statistique, sur l'arrondissement communal de Boulogne-sur-Mer; par J.F. HENRY.

Boulogne 1810. Leroy-Berger. 1 vol. in-4°. Pl.

5970.— Conducteur dans Boulogne et ses environs. Par M. P. BARTHÉLEMY.

Boulogne 1826. Griset. 1 vol. in-18. Pl.

5971.— Précis de l'histoire physique, civile et politique, de la ville de Boulogne-sur-Mer et de ses environs, depuis

les Morins jusqu'en 1814 ; suivi de la topographie médicale, de considérations sur l'hygiène publique, d'une
analyse de l'histoire naturelle du Boulonnais, d'un traité
sur les bains de mer, et d'une biographie des hommes
distingués nés dans ce pays. Par P. J. B. BERTRAND.

Boulogne 1828-29. Le Roy. 2 vol. in-8°. Pl.

5972.—Histoire de Nostre-Dame de Boulogne, par M. *Antoine*
LE ROY. Nouv. édit.

Paris 1682. J. Couterot. 1 vol. in-8°.

5973.—Bénédiction et pose de la première pierre de la nouvelle
église Notre-Dame de Boulogne, édifiée sur les ruines
de l'ancienne cathédrale par les soins et sur les plans
de M. l'abbé A. Haffreingue, à l'aide d'une souscription
volontaire, et destinée à devenir l'église paroissiale de
la haute-ville de Boulogne-sur-Mer. — Suivi d'un Appel
en faveur de la souscription, par M. le *Baron* D'ORDRE ;
et d'un Appendice renfermant le procès-verbal de cette
pose, le discours prononcé par M. l'Abbé SERGEANT, et
des notes archéologiques et historiques sur la crypte ou
chapelle souterraine de l'ancienne cathédrale récemment
découverte.

Boulogne-sur-Mer 1839. Birlé. in-8°. Pl.

" — Prise de Calais. Par LA CHATRE. — Voyez *Panthéon littéraire*.

" — Histoire et procès des naufragés de Calais. — N°. 2919.

5974.—Histoire et description du château d'Etaples, par G.
SOUQUET.

Amiens 1855. Duval et Herment. Pièce in-8°. Pl.

5975.—Histoire et description des églises d'Etaples, par G.
SOUQUET.

Amiens 1855. Duval et Herment. Pièce in-8°. Pl.

5976.—Notice sur l'échevinage et sur le bailliage de la ville
d'Etaples, depuis leur origine jusqu'à leur suppression,
par G. SOUQUET.

Montreuil 1856. Duval. Pièce in-8°.

3977.—Acta Monstroliensis interdicti. Ad Urbanum VIII, Pontif. Max.

Lutetiæ 1636. A. Vitray. 1 vol. in-4°.

3978.—Histoire des comtes de Poictou, et des ducs de Guyenne. Contenant ce qui s'est passé de plus memorable en France depuis l'an 811, jusques au Roy Louis le Jeune. Vérifiée par tiltres, et par anciens historiens. Ensemble divers traictez historiques. Par feu M. *Jean* BESLY.

Paris 1647. Robert Bertault. 1 vol. in-fol.

3979.—Sacrarum Aediū Petri, et Hilarii apud Pictavos encomium, in quo varia, ad fidem veteris historiæ, præsulis Hilarii et Pictaviensiū Episcoporū gesta, et utriusque ædis ædificatio, cum pretiosissima Pictaviensium corona. Per *Joannē* QUINTINUM *Hœduum*.

S. n. n. l. 1523. Pièce in-8°.

⁎⁎ — De l'Université de la ville de Poictiers. — N.° 3342.

3980.—Histoire du terrorisme dans le département de la Vienne. Par A. C. THIBEAUDEAU.

Paris 1795. Maret. 1 vol. in-8°.

⁎⁎ — Statistique du département des Deux-Sèvres, par DUPIN.—N.° 2212.

⁎⁎ — Voyage dans la Vendée, par E. de GUERNOUDE. — N.° 2203.

⁎⁎ — La prinse de Sainct-Maixant, par le duc de Joyeuse. — N.° 2613.

⁎⁎ — Peintures de l'église de St.-Savin. — N.° 2352.

⁎⁎ — Voyez aussi n.° 2925 à 2929.

3981.—L'histoire et chronique de Provence, de *Caesar* DE NOSTRADAMUS où passent de temps en temps et en bel ordre, les anciens poetes, personnages et familles illustres qui ont fleuri depuis vc ans, oultre plusieurs races de France, d'Italie, Hespagne, Languedoc, Daufhiné et Piémont y rencontrées avec celles qui depuis se sont diversement annoblies, comme aussi les plus signallés combats et remarquables faicts d'armes qui s'y sont passez de temps en temps jusques à la paix de Vervins.

Lyon 1624. Pierre Rigaud. 1 vol. in-fol.

3982. — La chorographie ou description de Provence, et l'histoire chronologique du mesme pays. Par le sieur *Honoré* BOUCHE.

Aix 1664. Ch. David. 2 vol. in-fol.

3983. — Histoire de Provence, par *Louis* MÉRY.

Marseille 1830-1837. Barile et Boulouch. 4 vol. in-8°.

** — Histoire critique de la Gaule Narbonnoise. — N.° 2155.

3984. — Les curiositez les plus remarquables de la ville d'Aix, par *Pierre-Joseph* DE HAITZE.

Aix 1679. Charles David. 1 vol. in-8°.

** — Mémoire historique des évènemens-arrivés à Aix, le 12 décembre 1790. — N.° 2924-6.

3985. — Les antiquitez d'Arles, traitées en maniere d'entretien et d'itineraire, où sont décrites plusieurs nouvelles découvertes qui n'ont pas encore vû le jour. Par M. J. SEGUIN.

Arles 1687. Mesnier. 1 vol. in-4°.

3986. — Provinciæ Massiliensis ac reliquæ Phocensis annales, sive Massilia gentilis et christiana, libri tres; quibus res à Phocensibus gestæ usque ad nos ab urbis Massiliæ conditu, servato temporum ordine digeruntur. Authore R. P. *Joan. Bap.* GUESNAY.

Lugduni 1657. Cellier. 1 vol. in-fol.

A la suite, on trouve, du même auteur, sous des pseudonymes :

— Le triomphe de la Magdeleine, en la créance et vénération de ses sainctes reliques en Provence, suivie et embrassée par toutes les nations du monde. Response à une lettre intitulée : les sentiments de M.° Jean Launoy, etc. sur le livre que le P. Guesnay a fait imprimer à Lyon, sous le nom de Pierre Henry, et intitulé : *Auctuarium historicum de Magdalena Massiliensi advena.* Par M. *Denys* DE LA SAINCTÉ-BAUME. 2.° édit.

Lyon 1657. Cellier. Pièce in-fol.

— Auctuarium historicum de Magdalena Massiliensi advena : sive decretum supremi Senatus Aquensis, et almæ Universitatis censura : in libellum qui inscribitur : *Disquisitio disquisitionis de Magdalena Massiliensi advena*, à *R. P. J. B. Guesnay conscriptæ.* Cum scholiis et observationibus adversus libelli autorem Joannem Launoyum, Lipsanomastigem, Antidico-Magdalenitam, et disquisitæ disquisitionis exquisitum criminatorem. Opera et studio *Petri* HENRY. 2.ª edit.

Lugduni 1657. Cellier. Pièce in-fol.

ˇˣ — Discours véritable des particularitez qui se sont passées en la réduction de la ville de Marseille. 1616. — N.º 2705-3.

3987. — Journal abrégé de ce qui s'est passé en la ville de Marseille, depuis qu'elle est affligée de la contagion ; tiré du Mémorial de la chambre du Conseil de l'hôtel-de-ville ; tenu par le sieur PICHATTY DE CROISSAINTE.

Marseille 1720. J. B. Boy. 1 vol. in-4º.

3988. — Notitia ecclesiæ Diniensis. Auctore *Petro* GASSENDO. Accessit concilium Avenionense, anni MCCCXXVI ex manuscripto codice statutorum ejusdem ecclesiæ.

Parisiis 1654. Dupuis. 1 vol. in-4º.

ˇˣ — Description du département du Var, par FAUCHET. — N.º 2211.

3989. — Mémoires pour servir à l'histoire de la ville de Toulon, en 1793, rédigés par M. Z. PONS.

Paris 1825. Trouvé. 1 vol. in-8º. Port.

3990. — Révolution de Toulon, en 1793, pour le rétablissement de la monarchie. Manuscrit rédigé en 1795, et laissé à Londres en 1802 par le baron GAUTHIER DE BRÉCY. 4.ᵉ édit. augmentée du portrait moral de S. M. Charles X, et du 24 août 1793.

Paris 1828. Trouvé. 1 vol. in-8º. Port.

3991. — L'Ermite Toulonnais, faisant suite à l'Ermite en province de M. *de Jouy.* Contenant 1.º L'histoire de Toulon ; le siége que cette ville a essuyé en 1793, écrit par le général GOURGAUD, sous la dictée de NAPOLÉON. 2.º Description de la ville et des environs, divisée en neuf promenades par terre et par mer ; suivie de la statistique. 3.º La description détaillée de l'arsenal, de l'histoire des bagnes et de quelques condamnés célèbres. 4.º L'indicateur toulonnais, indispensable au voyageur, etc. Par M. B. (BELLUE).

Paris 1828. Roret. 1 vol. in-12.

5992.—Notice sur la Société des co-propriétaires de l'Ile-du-Levant, traitant de l'objet, de l'administration, du capital et de la forme de cette Société, avec un aperçu historique de l'Ile-du-Levant, de sa topographie, de ses moyens particuliers d'exploitation, et de la valeur de ses produits agricoles, vinicoles, horticoles, industriels et maritimes.

Paris 1852. Bureau et Cie. 1 vol. in-8º.

Roussillon. — Voyez Comté de Foix et Languedoc.

Saintonge. — Voyez Angoumois.

Touraine.

5993.—Procès-verbal des séances de l'assemblée générale des trois provinces de la généralité de Tours, tenue à Tours, par ordre du Roi, le 12 novembre 1787.

Tours 1787. Vauquer. 1 vol. in-4º.

** — Souvenirs des résidences royales. Château d'Amboise. — N.º 2188.

5994.—Le château de Chenonceaux dessiné et lithographié par G. MALSÉ, architecte. — Notice par CHABOUILLET.

Paris 1833. Everat. 1 vol. in-fol.

5995.—Verrières du chœur de l'église métropolitaine de Tours, dessinées et publiées par J. MARCHAND. Texte par MM. BOURASSÉ et MANCEAU.

Paris 1849. V. Didron. 1 vol. in-fol. 17 Pl.

5996.—Recueil de pièces pour servir à l'histoire de l'église de Tours.

1 vol. in-fol. — Contenant :

1. — A nosseigneurs de Parlement. Supplique de M. Ysoré d'Hervault,

archevêque de Tours. (Au sujet de la prétention du chapitre de S. Gatien de Tours de se soustraire à sa juridiction).

Paris (1720). P. Ballard.

2. — Mémoire pour le même, contre les doyen, chanoines et chapitre de l'église métropolitaine de Tours.

3. — Pièces pour le même.

4. — Mémoire des pièces et actes servant à faire voir que le chapitre de S. Gacien de Tours n'avoit aucune prétention d'immédiation au S. Siège avant l'élection de l'archevêque Pierre en 1336, et qu'il n'en a esté en aucune possession avant le Schisme.

5. — Mémoire et pièces concernant l'exemption de l'église cathédrale et Métropolitaine de Tours.

Paris 1697. H. Muguet.

6. — Mémoire pour M. l'Archevêque de Tours, fondateur de la collégiale de S. Martin, droits et juridiction de son siège. Contre le chapitre de ladite collégiale, privilèges et prétentions de diocèse, dans la même ville.

7. — Salvations servants de réponse aux écritures signifiées le 2 de janvier 1709. Pour M. l'Archevêque de Tours, appelant comme d'abus des privilèges du chapitre de S. Martin de Tours. Contre ledit chapitre.

8. — Récapitulation des principaux moyens de M. l'Archevêque de Tours, Contre le chapitre de S. Martin.

9. — Sommaire pour le même.

10. — Deffense des privilèges de la noble et insigne église de S. Martin de Tours, sujète sans moyen au S. Siège apostolique. Contre l'appel comme d'abus interjeté par l'archevêque de Tours.

Paris 1708.

11. — Additions de réponses à causes et moyens d'appel comme d'abus, que mettent et baillent les doyen, trésorier, chanoines et chapitre de S. Martin de Tours. Contre M. l'Archevêque.

12. — Supplique des mêmes au Parlement. 1708.

13. — Titres et pièces justificatives produites au procès.

14. — Secondes additions de réponses. — Suite de la seconde addition.

Paris 1709. F. Le Breton.

15. — Abrégé de la deffense des privilèges de la noble et insigne église de S. Martin de Tours, sujète sans moyen au S. Siège apostolique. Contre l'appel comme d'abus interjeté par M. l'Archevêque.

Paris 1709.

16. — Arrêt de la Cour de Parlement, concernant la jurisdiction de M. l'Archevêque de Tours, sur le chapitre de S. Martin. 13 avril 1709.

Paris 1709. V.' Vaucon.

5997.— La sainteté de l'état monastique, où l'on fait l'histoire de l'abbaye de Marmoutier et de l'église royale de S. Martin de Tours. Depuis leur fondation jusqu'à nôtre tems. Pour servir de réponse à la vie de S. Martin, composée par M. l'*Abbé Gervaise*. Par D. E. B. P. E. M. B. D. L. C. D. S. M. (Dom *Etienne* BADIER).

Tours 1700. J. Barthe et M. Duval. 1 vol. in-12.

5998.—Recueil de pièces pour l'histoire de la Touraine.

1 vol. in-fol. — Contenant :

1. — Arrest de Parlement, portant règlement pour la discipline ecclésiastique, et portant suppression d'injures et calomnies dans un factum signifié, et distribué au public, avec réparation, en faveur des doyen, chanoines et chapitre de l'église métropolitaine de Tours, contre M.ᵉ J. Dubois, sieur de Monmoreau, chanoine vétéran de la même église, maire perpétuel de la ville de Tours. Du 24 juill. 1700.

2. — Arrest de la Cour de Parlement, qui condamne Ph. N. Duval, religieux, prieur de Cinq Marcs en Touraine, de comparoir en la Chambre de la Tournelle, les grandes Chambre et Tournelle assemblées, et là, nüe tête et à genoux, dire et déclarer que méchamment il a composé un libelle contenant plusieurs faits injurieux et calomnieux contre les personnes y dénommées et contraire au respect par luy dû à M. l'Archevêque de Tours, etc. Du 22 fév. 1716.

3. — Mémoire pour les doyen, chanoines et chapitre de la sainte église métropolitaine de Tours, à l'occasion des contestations qu'ils ont avec M. de Rastignac, pourvu de l'archevêché, touchant la prise de possession irrégulière de ce Prélat, et ce qui s'en est ensuivi.

4. — Arrest du Grand Conseil, pour la visite des prieurez dépendans de l'abbaye de Marmoutier-les-Tours, etc. 22 novembre 1680.

5. — Factum pour les religieux, prieur et convent de l'abbaye de Marmoutier, contre M.ᵉ P. Petit, procureur au bailliage, et encore contre les maire et eschevins de la ville de Tours. (Mesure de Marmoutier).

6. — Sommaire pour les religieux de Marmoutier, contre les mêmes.

7. — Mémoire pour les mêmes, contre M.ᵉ A. S. Lescuyer, prieur du prieuré social de Boire. (Droit de cloître).

8. — Factum pour les mêmes, contre le même, demandeur en lettres de rescision.

9. — Factum pour M.ᵉ Cl. Le Vaillant, prieur commendataire du prieuré de Maintenay, membre dépendant de l'abbaye de Marmoutier,

contre les abbé, prieur et religieux de S. Josse-aux-Bois, dit Dommartin. (Redevance de blé).

10. — Instruction sommaire pour les religieux de l'abbaye de Marmoutier, contre la damoiselle de Castagnolle et les héritiers Saccardy. (Arrérages de rentes).

11. — Factum pour M.ᵉ J. P. de Lyonne, abbé commendataire de l'abbaye de Marmoutier, contre J. Paris, prêtre, se disant pourvu de la cure de S. Martin Jauzé.

12. — Factum pour les religieux, prieur et convent de Marmoutier, contre M. A. Enouf, soy-disant supérieur du séminaire de Rennes. (Distraction des prieurs pour les unir à des séminaires).

13. — Mémoire pour les mêmes, contre le même.

14. — Réponse des mêmes à l'addition au factum du sieur Enouf.

15. — Factum pour les mêmes, contre M.ᵉ P. Vineau, curé de Chédigny, et F. Auger, métayer. (Dixmes).

16. — Mémoire pour les mêmes, contre M. le Procureur-général en la maîtrise des eaux et forests de Tours, et contre les sieurs Trésoriers de France et Procureurs du Roy au bureau des finances de la généralité de Tours. (Bois abattu sans autorisation).

17. — Ordonnance du Roy, du 22 juillet 1704, en faveur de l'abbaye de Marmoutier, contre les communes de Meslan et Monteaux. (Arrérages dûs à l'abbaye).

18. — Mémoire pour les religieux de l'abbaye de Marmoutier, contr M. J. A. Fumée, abbé des Roches S. Quentin. (Dixmes).

19. — Rapport des experts dans l'inscription en faux formée par le sieur Coutel et suivie par M.ᵉ Orillard, contre les abbé et religieux de Marmoutier. (Transaction entre les religieux et les habitans de Meslan et Monteaux).

20. — Mémoire signifié pour les prieur et religieux de S. Hyppolite de Vivoin, membre dépendant de l'abbaye royale de Marmoutier, gros décimateurs de la paroisse de Murcé, diocèse du Mans, contre F. Poslin, curé de cette paroisse. 1736.

21. — Mémoire pour les religieux, grand prieur et convent de Marmoutier, pour parvenir à l'enregistrement des lettres-patentes et autres pièces concernant l'union de la manse abbatiale de Marmoutier à l'archevéché de Tours. 1740.

22. — Mémoire signifié servant de salvation pour les mêmes, contre M. J. Brunet, prieur commendataire de S. Saturnin de Sigournay et de S. Germain de Princay. (Redevance). 1752.

23. — Factum pour les religieux, prieur et convent de S. Julien de Tours

contre M.ᵉ F. Godefroy, chanoine de S. Pierre le Puellier. (Baillée de Vaugodelin).

24. — Supplément de factum, pour les religieux du Calvaire de la ville de Tours, les maire et eschevins, les habitans des paroisses de S. Simphorien, des Ponts de Tours, S. Cir sur Loire, Ste. Radegonde, Eparsay, etc., contre les religieux de Marmoutier. (Mesure de Marmoutier). — Addition au supplément du Factum

25. — Mémoire pour les religieux, prieur et couvent de Cormery, contre M. N. Bautru de Vaubrun, abbé de Cormery. (Partage).

26. — Factum pour les mêmes, contre l'abbé de Vaubrun.

27. — Mémoire instructif du procès pour les mêmes, contre les héritiers L. Andrault. (Rente foncière).

28 — Mémoire instructif pour M. A. Gousmer, curé de Pouzay, contre M. J. Bernard d'Armagnac. (Dixme de Pouzay). 1703.

29. — Mémoire sur la possession des dixmes du sieur Regnouard, prieur de Fouteaux, contre le sieur Lefort, curé de Bouffry.

30. — Mémoire pour les religieux de l'abbaye de Noyers, contre Catherine Massonneau et P. P. Dieulefit de Pillard. (Dixme de Prontière).

31. — Mémoire pour les prieur et religieux de l'abbaye royale de S. Leonard de Corbigny, contre M. L. Mascrany, seigneur de Chateauchinon. (Refus de foy et hommage).

32. — Factum pour frère R. Lasneau, résignataire de Dom P. Aubry, prieur de S. André de Nouzillé, contre M.ᵉ L. Dubois de Fiennes, Marquis de Givry. (Rente et banalité de moulin).

CHAPITRE IV.

HISTOIRE D'ASIE, D'AFRIQUE, D'AMÉRIQUE ET D'OCÉANIE.

Asie, Afrique et Amérique.

3999.—Introduction à l'histoire de l'Asie, de l'Afrique et de l'Amérique. Pour servir de suite à l'Introduction à l'histoire du Baron de Pufendorff. Par M. BRUZEN LA MARTINIÈRE. Amsterdam 1735. Chatelain. 2 vol. in-12.

4000.—Histoire générale de l'Asie, de l'Afrique et de l'Amérique, contenant des discours sur l'histoire ancienne des peuples de ces contrées, leur histoire moderne et la description des lieux, avec des remarques sur leur histoire naturelle, et des observations sur les religions, les gouvernemens, les sciences, les arts, le commerce, les coutumes, les mœurs, les caractères, etc., des nations. Par M. L. A. R. (l'*Abbé* P. J. A. ROUBAUD).

Paris 1770-1772. Desventes. 5 vol. in-4°. Le 5.ᵉ manque.

4001.—Même ouvrage.

Paris 1770-1775. Desventes de la Doué. 15 vol. in-12.

** — Histoire moderne des Chinois, des Japonois, etc. — N.° 1134.

4002.---Histoire des découvertes et conquestes des Portugais dans le nouveau monde. Par le R. P. *Jos.-Franç.* LAFITAU.

Paris 1734. Saugrain et Coignard. 4 vol. in-12. Fig.

4003.—Recueil d'observations curieuses, sur les mœurs, les coutumes, les usages, les différentes langues, le gouvernement, la mythologie, la chronologie, la géographie ancienne et moderne, les cérémonies, la religion, les méchaniques, l'astronomie, la médecine, la physique particulière, l'histoire naturelle, le commerce, la navigation, les arts et les sciences de différens peuples de l'Asie, de l'Afrique, et de l'Amérique. (Par *Cl. Fr.* LAMBERT).

Paris 1749. Prault. 4 vol. in-12.

4004.—Revue de l'Orient, de l'Algérie et des Colonies. Bulletin et actes de la Société orientale, algérienne et coloniale de France.

Paris 1843-1856. Just. Rouvier. 25 vol. in-8.°

** — Consultez aussi les n.ᵉˢ 246 à 254.

Asie et Afrique.

** — Voyage en Syrie et en Egypte, par VOLNEY.—Voyez *OEuvres.* 2-3.

4005.—La Syrie, l'Egypte, la Palestine et la Judée, considérées sous leur aspect historique, archéologique, descriptif et

pittoresque, par MM. le Baron Taylor et *Louis* Reybaud.
Ouvrage orné de deux cents gravures sur acier, dessinées par MM. *Dauzats, Mayer, Cicéri* fils, et gravées
par MM. *Finden.*

Paris 1839. Bourgogne et Martinet. 2 vol. in-4°.

4006. — Voyage dans la Péninsule arabique du Sinaï et l'Egypte
moyenne. Histoire, géographie, épigraphie. Par M. Lottin
de Laval

Paris 1855. Gide et Baudry. 1 vol. in-4°. Atlas in-fol.

** — Voyez aussi les n.ᵒˢ 258, 263, 264, 314, 315, 316, 317 et 1494.

Asie et Amérique.

4007. — Histoire naturelle et morale des Indes, tant Orientalles
qu'Occidentalles. Où il est traitté des choses remarquables
du ciel, des élémens, métaux, plantes et animaux qui
sont propres de ce païs. Ensemble des mœurs, cérémonies, loix, gouvernemens, et guerres des mesmes Indiens.
Composée en castillan par *Joseph* Acosta, et traduite en
françois par *Robert* Regnault. Dernière édition.

Paris 1606. Orry. 1 vol. in-8°.

4008. — Curiositez de la nature et de l'art, aportées dans deux
voyages des Indes; l'un aux Indes d'Occident en 1698 et
1699 et l'autre aux Indes d'Orient en 1701 et 1702. Avec
une Relation abrégée de ces deux voyages. (Par C. C.
Biron).

Paris 1703. J. Moreau. 1 vol. in-12.

4009. — Histoire philosophique et politique des établissemens et
du commerce des Européens dans les deux Indes. (Par
l'*Abbé G. Th.* Raynal). Nouv. édit.

Amsterdam 1773. 6 vol. in-12.

4010. — Même ouvrage.

La Haye 1774-1781.. Gosse fils. 11 vol. in-8°.

Les quatre derniers volumes, publiés plus tard, ont pour titre:

— Suppléments à l'histoire philosophique et politique

des établissements et du commerce des Européens dans les deux Indes. (Par *G. Th.* RAYNAL).

La Haye 1781. 4 vol. in-8°.

4011. — Même ouvrage. Nouv. édit. corr. et augm. d'après les manuscrits autographes de l'auteur ; précédée d'une notice biographique et de considérations sur les écrits de Raynal, par M. A. JAY ; et terminée par un volume supplémentaire contenant la situation actuelle des colonies, par M. PEUCHET.

Paris 1820-1821. A. Costes. 12 vol. in-8°. et Atlas in-4°.

Les tomes 11 et 12 de cet ouvrage ont pour titre :

— État des colonies et du commerce des Européens dans les deux Indes, depuis 1785 jusqu'en 1821, pour faire suite à l'histoire philosophique et politique des établissements et du commerce des Européens dans les deux Indes, de Raynal ; par M. PEUCHET.

Paris 1821. A. Costes. 2 vol. in-8°.

CHAPITRE V.

HISTOIRE DES PEUPLES D'ASIE.

a — *Histoire générale.*

4012. — Asiæ nova descriptio, in qua præter provinciarum situs, et populorum mores, mira deteguntur, et hactenus inedita. Opus recens exit in lucem, cura L. M. S. (Auctore *Georgio* FOURNIER).

Lutetiæ-Paris. 1656. Seb. Cramoisy. 1 vol. in-fol.

** — Voyez n.os 296, 297 et 298.

4013 — Asia, sive historia universalis Asiaticarum gentium et rerum domi forisque gestarum, à cujusque origine ad hæc tempora mixti passim sacri profanique ritus, auctore *Jo. Baptista* GRAMAYE.

Antuerpiæ 1604. Bellerus. 1 vol. in 4.°

** — Recherches historiques sur les anciens peuples de l'Asie, par Frérrt. Voyez *OEuvres.* III.

** — Histoire générale des Huns, des Turcs, des Mogols, etc.—N.º 1109.

4014.—Révolutions des peuples de l'Asie moyenne, influence de leurs migrations sur l'état social de l'Europe, avec carte et tableau synoptique; par A. JARDOT.
Paris 1839. Desessart. 2 en 1 vol. in-8º. Cart.

4015.—Bibliothèque orientale, ou dictionnaire universel contenant généralement tout ce qui regarde la connoissance des peuples de l'Orient. Leurs histoires et traditions véritables ou fabuleuses; leurs religions, sectes et politique; leurs gouvernement, loix, coutumes, mœurs, guerres, et les révolutions de leurs empires; leurs sciences et leurs arts; leurs théologie, mythologie, magie, physique, morale, médecine, mathématiques, histoire naturelle, chronologie, géographie, observations astronomiques, grammaire et réthorique; les vies et actions remarquables de tous leurs saints, docteurs, philosophes, historiens, poëtes, capitaines, et de tous ceux qui se sont rendus illustres parmi eux, par leur vertu, ou par leur savoir; des jugements critiques, et des extraits de tous leurs ouvrages. Par M. D'HERBELOT.
Paris 1697. La compagnie des libraires. 1 vol. in-fol.

4016.—Même ouvrage, (augmenté de la Bibliothèque orientale de Messieurs A. VISDELOU et C. GALAND, contenant les observations sur ce que les historiens arabes et persiens rapportent de la Chine et de la Tartarie, dans la Bibliothèque orientale de M. d'Herbelot).
Maestricht 1776. Dufour et Roux. 1 vol. in-fol.

4017.—Recherches asiatiques, ou mémoires de la Société établie au Bengale pour faire des recherches sur l'histoire et les antiquités, les arts, les sciences et la littérature de l'Asie; traduits de l'anglois par A. LABAUME: revus et augmentés de notes, pour la partie orientale, philologique et historique, par M. LANGLÈS; et pour la partie

des sciences exactes et naturelles, par MM. CUVIER, DE-
LAMBRE, LAMARCK et OLIVIER.

Paris 1805. Impr. impér. 2 vol. in-4°. Pl.

4018.—Journal asiatique ou recueil de mémoires, d'extraits et
de notices relatifs à l'histoire, à la philosophie, aux
langues et à la littérature des peuples orientaux, publié
par la Société Asiatique.

Paris 1822-1855. Imp. roy. et impér. 26 v. in-8°. Incomp.

4019.— Anecdotes orientales. (Par *Edme* MENTELLE).

Paris 1773. Vincent 2 vol. in-8.°

---

b — Histoire des Arabes et des Sarrasins.

4020.—Voyage de l'Arabie heureuse, par l'océan Oriental, et le
détroit de la mer Rouge. Fait par les François pour la
première fois, dans les années 1708, 1709 et 1710. Avec
la Relation particulière d'un voyage du port de Moka à
la cour du Roi d'Yemen, dans la seconde expédition des
années 1711, 1712 et 1713. Un mémoire concernant
l'arbre et le fruit du café, etc. (Par J. DE LA ROQUE).

Amsterdam 1716. Steenhouwer. 1 vol. in-12. Fig.

4021.—Description de l'Arabie d'après les observations et recherches faites dans le pays même. Par M. NIEBUHR.
(Traduit de l'allemand par F. L. MOURIER).

Copenhague 1773. N. Möller. 1 vol. in-4°. Pl.

4022.—Voyage de l'Arabie-Pétrée, par *Léon* DE LABORDE et LI-
NANT, publié par *Léon* DE LABORDE.

Paris 1830. Giart. 1 vol. in-fol.

** — Arabie par M. *Noel* DESVERGERS, avec une carte de l'Arabie et notes
sur cette carte, par M. JOMART.

Paris 1847. F. Didot fr. 1 vol. in-8°. — *Univ.* 652.

4023.—Historia Saracenica, qua res gestæ Muslimorum inde à
Muhammede Arabe, usque ad initium imperii Atabacaei
per XLIX imperatorum successionem fidelissimè explicantur. Insertis etiam passim Christianorum rebus, in

Orientis ecclesiis eodem tempore potissimum gestis. Arabicè olim exarata à *Georgio* ELMACINO fil.: *Abuljaseri*, *Elamidi*, f. *Abulmacaremi*, f. *Abultibi*. Et latinè reddita opera et studio *Thomæ* ERPENII. Accessit et *Roderici* XIMENEZ, *Archiep. Toletani* historia Arabum. (Arabicè et latinè).

    Lugd.-Batav. 1625. Typ. Erpeniana. 1 vol. in-fol.

4024.—Idem opus. (Latinè).

    Lugduni-Batav. 1625. Typ. Erpeniana. 1 vol. in-4°.

4025.—Arabia, seu Arabum vicinarumque gentium orientalium leges, ritus sacri et profani, mores, instituta et historia. Accedunt præterea varia per Arabiam itinera in quibus multa notatu digna enarrantur. (Auctoribus *Gabriele* SIONITA, *Joanne* HEFRONITA et aliis).

    Amsterdami 1635. G. et J. Blaeu. 1 vol. in-24.

** — Vie de Mahomet. — Voyez *Biographies*.

4026.—Histoire africaine, de la division de l'empire des Arabes, de l'origine et du progrez de la monarchie des Mahométans dans l'Affrique et dans l'Espagne. Escrite en italien, par J. B. BIRAGO AVOGADRO. Et mise en françois, par M. M. D. P. (*Michel* DE PURE).

    Paris 1666. De Luyne. 2 en 1 vol. in-12.

4027.—Histoire des Sarrasins, contenant leurs premières conquêtes, et ce qu'ils ont fait de plus remarquable sous les onze premiers Khalifes ou successeurs de Mahomet. Traduit de l'anglois de *Simon* OCKLEY (par A. F. JAULT).

    Paris 1748. Nyon. 2 vol. in-12.

4028.—Histoire des Arabes sous le gouvernement des Califes. Par M. l'*Abbé* DE MARIGNY. (Rédigée par l'*Abbé* PÉRAU).

    Paris 1750. V.e Estienne. 4 vol. in-12.

4029.—Histoire des révolutions de l'empire des Arabes, par M. l'*Abbé* DE MARIGNY.

    Paris 1750. Gissey. 2 vol. in-12.

4030.—La vie du roy Almansor, écrite par le vertueux capitaine

ALY ABENÇUFIAN, vice roy, et gouverneur des provinces de Deuque en Arabie. (Traduite de l'espagnol par F. D'OBEILH).

Amsterdam 1671. D. Elsevier. 1 vol. in-16.

4031.— Anecdotes arabes et musulmanes, depuis l'an de J. C. 614, époque de l'établissement du Mahométisme en Arabie, par le faux prophète Mahomet; jusqu'à l'extinction totale du califat, en 1558. (Par *J. Fr.* DE LACROIX, marquis de CASTRIES).

Paris 1772. Vincent. 1 vol. in-8°.

4032.— Les Bédouins ou Arabes du Désert. Ouvrage publié d'après les notes inédites de Dom RAPHAEL, sur les mœurs, usages, coutumes civiles et religieuses de ces peuples; par F. S. MAYEUX.

Paris 1816. Ferra. 3 vol. in-18. Fig.

c. — *Perse.*

** — Persia, seu regni Persici status, variaque itinera in atque per Persiam; cum aliquot iconibus incolarum. (Auctore J. DE LAET).

Lugd.-Bat. 1633. Off. Elzeviriana. 1 vol. in-24. — N.º 651-24.

4033.— De regio Persarum principatu libri tres : ex adversariis V. Cl. *Barnabæ* BRISSONII. Editio altera ; in qua quid sit præstitum, SYLBURGII notis ad finem additis exponitur.

Parisiis 1595. Commelinus. 1 vol. in-8°.

4034.— Résumé de l'histoire de la Perse, depuis l'origine de l'empire des Perses jusqu'à ce jour, par T. D. RAFFENEL.

Paris 1825. Lecointe et Durey. 1 vol. in-18.

** — La Perse, par M. L. DUBEUX.

Paris 1841. F. Didot fr. 1 vol. in-8°. — *Univ.* 652.

4035.— Relation nouvelle du Levant, ou traités de la religion, du gouvernement et des coutumes des Perses, des Arméniens, et des Gaures. Avec une description particulière de l'établissement, et des progrez qui y font les Missionnaires, et diverses disputes qu'ils ont eu avec les

Orientaux. Composez par le P. G. D. C. (*Gabriel* DE CHINON), et donnés au public par le sieur L. M. P. D. E. T. (*Louis* MORÉRI).

Lyon 1671. Thioly. 1 vol. in-12.

4036.—Voyages de TEXEIRA , ou l'histoire des Rois de Perse traduite d'espagnol en françois (par C. COTOLENDI).

Paris 1681. Cl. Barbin. 2 en 1 vol. in-12.

4037.—Histoire des révolutions de Perse, depuis le commencement de ce siècle. (Par LA MAMYE-CLAIRAC).

Paris 1750. Jombert. 3 vol. in-12.

4038.—Relation des grandes guerres et victoires obtenues par le Roy de Perse Cha Abbas contre les empereurs de Turquie Mahomet et Achmet son fils. En suite du voyage de quelques religieux de l'ordre des Hermites de S. Augustin envoyez en Perse par le Roy D. Philippe, second Roy de Portugal. Par le P. de GOVVEA.

Rouen 1646. Loyselet. 1 vol. in-4º.

4039.—Le couronnement de Soleïmaan troisième roy de Perse, et ce qui s'est passé de plus mémorable dans les deux premières années de son règne. (Par J. CHARDIN).

Paris 1671. Barbin. 1 vol. in-12.

4040.—Histoire de Thamas Kouli-Kan, sophi de Perse. (Par le P. DU CERCEAU).

Amsterdam-Leipzig 1740. Arkstée et Merkus. 2 en 1 v. in-12.

4041.—Histoire de Thamas Kouli-Kan, roi de Perse. Nouvelle édition. (Par l'*Abbé* DE CLAUSTRE).

Paris 1743. Briasson. 1 vol. in-12. Fig.

4042.—Essai sur les troubles actuels de Perse, et de Géorgie. Par M. de P*** (PEYSSONNEL).

Paris 1754. Desaint et Saillant. 1 vol. in-8º.

*₊ — Voyez aussi : n.ᵒˢ 265 à 268 , 277 , 343 à 348 et 354.

d. — *Syrie et Arménie.*

** — Consultez les voyages en Orient et les voyages dans la Terre Sainte N.ᵒˢ 289 à 325.

** — Voyez aussi : Iles de l'Archipel. — N.° 1567. à 1573.

** — Syrie ancienne et moderne, par M. *Jean* YANOSKI et par M. *Jules* DAVID.

> Paris 1848. F. Didot fr. 1 vol. in-8°. — *Univ.* 652.

4043. — Estat present de l'Arménie, tant pour le temporel que pour le spirituel. Avec une description du pays et des mœurs de ceux qui l'habitent. (Par J. C. FLEURIAU. Et un traité de S. NICON sur la religion des Arméniens).

> Paris 1694. V.ᵉ Langlois. 1 vol. in-12.

4044. — Mémoires historiques et géographiques sur l'Arménie, suivis du texte arménien de l'Histoire des Princes Orpélians, par *Etienne* ORPÉLIAN, archevêque de Siounie, et de celui des Géographies attribuées à MOYSE de *Khoren* et au docteur VARTAN, avec plusieurs autres pièces relatives à l'histoire d'Arménie ; le tout accompagné d'une traduction françoise et de notes explicatives, par M. J. SAINT-MARTIN.

> Paris 1818. Imp. roy. 2 vol. in-8°.

4045. — Histoire d'Arménie par le patriarche JEAN VI dit JEAN CATHOLICOS, traduite de l'arménien en français par M. J. SAINT-MARTIN ; ouvrage posthume publié par M. *Lajard.*

> Paris 1841. Imp. royale. 1 vol. in-8°.

e. — *Inde.*

4046. — Conformité des coutumes des Indiens orientaux, avec celles des Juifs et des autres peuples de l'antiquité, par M. de la C. (CRÉQUINIÈRE).

> Brusselles 1704. G. de Backer. 1 vol. in-12. Fig.

4047. — Tableau historique de l'Inde, contenant un abrégé de la mithologie et des mœurs indiennes, avec une description de leur politique, de leur religion, etc.

> Bouillon 1771. La Société typog. 1 vol. in-12. Fig.

4048. — Mœurs, institutions et cérémonies des peuples de l'Inde ; par M. l'*Abbé* J. A. DUBOIS.

> Paris 1825. Imp. roy. 2 vol. in-8°.

** — Recherches historiques sur l'Inde ancienne, par ROBRRTSON.

Voyez *OEuvres*. 1.

4049.—Histoire de la vie de Hiouen-Thsang et de ses voyages dans l'Inde, depuis l'an 629 jusqu'en 645, par HOEÏ-LI et YEN-THSONG ; suivie de documents et d'éclaircissements géographiques tirés de la relation originale de HIOUEN-THSANG ; traduite du chinois par *Stanislas* JULIEN.

Paris 1853. Imprim. imp. 1 vol. in-8°.

** — Voyez n.ᵒˢ 361 à 384.

4050.—*Joannis Petri* MAFFEII *Bergomatis* historiarum Indicarum libri XVI. Selectarum item ex India Epistolarum eodem interprete libri IIII. Accessit Ignatii Loiolæ vita.

Lugduni 1589. Off. Junctarum. 1 vol. in-4°.

4051.—Idem opus.

Coloniæ-Agripp. 1593. Birckmann. 1 vol. in-fol.

4052.—*Joan. Petri* MAFFEII historiarum Indicarum libri XVI. Omnia ab auctore recognita et emendata.

Cadomi 1614. Cavelier. 1 vol. in-8°.

4053.—Histoire des Indes, de *Jean-Pierre* MAFFÉE. Où il est traicté de leur descouverte, navigation et conqueste faicte tant par les Portugais que Castillans. Ensemble de leurs mœurs, cérémonies, loix, gouvernemens et réduction à la Foy catholique. Traduict par F.A.D.L.B. (*Fr.* ARNAULT DE LA BOIRIE) chanoine et archidiacre de Périgueux.

Lyon 1604. Pillehotte. 1 vol. in-8°.

4054.—Histoire des Indes orientales et occidentales du R. P. *Jean-Pierre* MAFFÉE, traduite de latin en françois par M. M. D. P. (*Michel* DE PURE).

Paris 1665. Robert de Ninville. 1 vol. in 4°.

4055.—Histoire des choses plus memorables advenues tant ez Indes orientales, que autres païs de la descouverte des Portugais, en l'establissement et progrez de la foy chrestienne, et catholique : et principalement de ce que les religieux de la Compagnie de Jésus y ont faict, et enduré pour la mesme fin ; depuis qu'ils y sont entrez jusques à l'an 1600. Le tout recueilly des lettres, et autres histoires, qui en ont esté escrites cy devant, et mis en ordre par le P. *Pierre* DU JARRIC.

Bourdeaus 1608. Millanges. 1 vol. in-4°.

4056.—Même ouvrage, continué jusques à 1610.

Bourdeaus 1610-1614. Millanges. 3 vol. in-4°.

4057.—Mémoires pour servir à l'histoire des Indes orientales. Par M. S. D. R. (SOUCHU DE RENNEFORT).

Paris 1688. A. Seneuze. 1 vol. in-4°.

4058.—Histoire des Indes orientales, par M. SOUCHU DE RENE-FORT. 2.ᵉ édit.

Lahaye 1701. Moetjens. 1 vol. in-12.

4059.—Histoire des Indes orientales, anciennes et modernes; par M. l'*Abbé* GUYON.

Paris 1744. Desaint et Saillant. 3 vol. in-12.

4060.—Histoire générale de l'Inde ancienne et moderne, depuis l'an 2000 avant J. C. jusqu'à nos jours; précédée d'une notice géographique et de traités spéciaux sur la chronologie, la religion, la philosophie, la législation, la littérature, les sciences, les arts et le commerce des Hindous. Par M. DE MARLÈS.

Paris 1828. Emler. 6 vol. in-8.° Cart.

** — Inde, par M. DUBOIS DE JANCIGNY et par M. X. RAYMOND.

Paris 1845. F. Didot fr. 1 vol. in-8°. — *Univ.* 652.

4061.—Beautés de l'histoire de l'Inde, ouvrage contenant les traits les plus remarquables de l'histoire des peuples de cette partie du monde, etc. Avec un précis de la vie d'Haïder-Aly-Khan, et de son fils Tippoo-Saeb. Par M. F. S. V. GIRAUD.

Paris 1821. Eymery. 2 vol. in-12. Pl.

4062.—Mémoires du colonel LAWRENCE, contenant l'histoire de la guerre dans l'Inde, entre les Anglois et les François, sur la côte de Coromandel, depuis 1750, jusqu'en 1761. Avec une relation de ce qui s'est passé de remarquable sur

la côte de Malabar, et des expéditions à Golconde et à Su-
rate. Donnés sur les papiers originaux par *Richard* OWEN
CAMBRIDGE; traduits de l'anglois par M.*** (A. EIDOUS).
> **Paris 1766. Desaint. 2 vol. in-12.**

4063.—L'Inde anglaise en 1843, par le Cte *Edouard* DE WARREN.
> **Paris 1844. Jules Renouard. 2 en 1 vol. in-8º.**

4064.—Etat civil, politique et commerçant du Bengale, ou histoire des conquêtes et de l'administration de la Compagnie angloise dans ce pays; pour servir de suite à l'histoire philosophique et politique. (Traduit de l'anglois
de *Williams* BOLTS, par J. N. DÉMEUNIER).
> **Maestricht 1775. Dufour. 2 en 1 vol. in-8º. Fig.**

4065.—Résumé de l'histoire des établissements européens dans
les Indes orientales, depuis la découverte du cap de
Bonne-Espérance jusqu'à nos jours; par A. S. MERAULT.
> **Paris 1825. Lecointe et Durey. 1 vol. in-18.**

f. — *Tartarie et Mogol.*

" — De imperio Magni Mogolis sive India vera commentarius è variis
auctoribus congestus. (Auctore J. DE LAET).
> **Lugd. Batav. 1631. Off. Elzeviriana. 1 vol. in-24. — N.º 651.**

4066.—Histoire des Mongols de la Perse, écrite en persan par
RASCHID-ELDIN, publiée, traduite en français accompagnée de notes et d'un mémoire sur la vie et les ouvrages
de l'auteur, par M. QUATREMÈRE.
> **Paris 1836. Imp. royale. 1 vol. in-fol.**
>
> Cet ouvrage fait partie de la Collection orientale.

4067.—Histoire générale de l'empire du Mogol depuis sa fondation. Sur les mémoires portugais de M. MANOUCHI, *Vénitien*. Par le P. *François* CATROU.
> **Paris 1705. De Nully. 1 vol. in-4º.**
>
> A la suite, une seconde partie, sous le titre de:

—Histoire générale de l'empire du Mogol depuis sa fondation jusqu'à présent. Sur les mémoires portugais de
M. MANOUCHI, *Vénitien*, par le R. P. *Fr.* CATROU.
> **Paris 1715. J. De Nully. in-4º.**

4068.—Même ouvrage.

Paris 1705. J. de Nully. 2 vol. in-12.

** — Voyage aux états du grand Mogol, par BERNIER. — N.° 357.

4069.—Histoire de la dernière révolution des états du grand Mogol, par le sieur F. BERNIER.

Paris 1670-1671. Cl. Barbin. 4 vol. in-12.

Ce titre est celui du premier volume; le tome 2.e porte :

—Evènemens particuliers, ou ce qui s'est passé de plus considérable après la guerre pendant cinq ans, ou environ, dans les Etats du grand Mogol. Avec une lettre de l'étendue de l'Hindoustan, circulation de l'or et de l'argent pour venir s'y abimer, richesses, forces, justice et cause principale de la décadence des Etats d'Asie.

Les tom. 3 et 4 :

—Suite des mémoires du S.r BERNIER, sur l'empire du grand Mogol.

4070.—Histoire des conquêtes des Tartares. Traduit de l'espagnol de M. de PALEFOR, évêque d'Osma, (par COLLÉ).

Amsterdam 1726. Bernard. 1 vol. in-12.

4071.— Histoire du grand Genghizcan premier empereur des anciens Mogols et Tartares. Divisée en quatre livres. Traduite et compilée de plusieurs auteurs orientaux et de voyageurs européens. Par feu M. PÉTIS DE LA CROIX.

Paris 1710. V.e Jombert. 1 vol. in-12.

4072.—Histoire de Gentchiscan et de toute la dinastie des Mongous ses successeurs, conquérans de la Chine; tirée de l'histoire chinoise, et traduite par le R. P. GAUBIL.

Paris 1739. Briasson. 1 vol. in-4°.

4073.—Histoire du Grand Tamerlan, tirée d'un excellent manuscrit, et de quelques autres originaux. Très-propre à former un grand capitaine. Par le Sieur DE SAINCTYON.

Lyon 1691. Baritel. 1 vol. in-12.

4074.—Histoire de Tamerlan, Empereur des Mogols et conquérant de l'Asie.(Par le P. MARGAT, publiée par le P. BRUMOY).

Paris 1739. J. Guérin. 2 vol. in-12.

» — Tartarie, Beloutchistan, Boutan et Népal, par M. Dubeux et M. Valmont. — Afghanistan, par M. *Xavier* Raymond.
Paris. 1848. F. Didot fr. 1 vol. in-8°. — *Univ.* 652.

g. — *Chine.*

4075.—Novus atlas Sinensis a *Martino* Martinio descriptus.
Amstelodami 1655. Blaeu. 1 vol. in-fol.

» — Regni Chinensis descriptio ex variis authoribus.
Lugduni-Batav. 1639. Off. Elzevir. 1 vol in-24. — N.° 651.

4076.—D. D. Dissertatio academica sistens iter in Chinam, publico examini submissa ab *Andrea* Sparrman.
Upsaliæ 1768. J. Edman. Pièce in-4°.

4077.—*Athanasii* Kircheri China monumentis, quà sacris quà profanis, necnon variis naturæ et artis spectaculis, aliarumque rerum memorabilium argumentis illustrata.
Amstelodami 1667. J. à Meurs. 1 vol. in-fol. Fig.

4078.—Recherches philosophiques sur les Egyptiens et les Chinois. Par l'Auteur des Recherches sur les Américains. (*Cornelius* de Paw).
Berlin 1773. Decker. 2 vol. in-12.

4079.—Nouvelle relation de la Chine, contenant la description des particularitez les plus considérables de ce grand empire. Composée en l'année 1668 par le R. P. *Gabriel* de Magaillans, et traduite du portugais en françois par le S.ʳ B. (*Claude* Bernou).
Paris 1688. Cl. Barbin. 1 vol. in-4°.

4080.—Description géographique, historique, chronologique, politique, et physique de l'empire de la Chine et de la Tartarie chinoise. Par le P. J. B. du Halde.
Paris 1735. Le Mercier. 4 vol. in-fol. Cart.

4081.—Histoire du grand royaume de la Chine, situé aux Indes orientales, divisée en deux parties. Contenant en la première, la situation, antiquité, fertilité, religion, cérémonies, sacrifices, rois, magistrats, mœurs, us, loix, et autres choses mémorables dudit royaume. Et en la seconde, trois voyages faits vers iceluy en l'an 1577, 1579 et 1581, avec les singularitez plus remarquables y veües et entendües : ensemble un itinéraire du nouveau monde, et le descouvrement du nouveau Mexique en l'an 1583. Faite en espagnol par R. P. *Ivan* GONÇALÉS DE MENDOCE : et mise en françois avec des additions en marge, et deux indices, par *Luc* DE LA PORTE.

Paris 1589. J. Périer. 1 vol. in-8°.

4082. — Même ouvrage. En ceste nouvelle édition a esté adjoustée une ample, exacte et belle description du royaume de la Chine, et de toutes ses singularitez : nouvellement traduite de latin en françois.

Rouen 1614. N. Angot. 1 vol. in-8°

4083. — Histoire universelle du grand royaume de la Chine. Composée en italien par le P. *Alvarez* SEMEDO, portugais, et traduite en nostre langue par *Louis* COULON.

Paris 1645. Seb. et Gab. Cramoisy. 1 vol. in-4°.

4084. — Histoire de la Chine, traduite du latin du Père *Martin* MARTINI. Par l'*Abbé* LE PELETIER.

Paris 1692. Cl. Barbin. 2 vol. in-12. Fig.

4085. — Histoire moderne ou l'état présent de tous les peuples du monde. Traduit de l'anglois de M. SALMON. Tome premier, première partie, contenant une description de l'état présent de la Chine.

Amsterdam 1738. I. Tirion. 1 vol. in-8°. Fig.

4086. — Histoire générale de la Chine, ou annales de cet empire; traduites du Tong-Kien-Kang-Mou, par le feu P. J. A. M. DE MOYRIAC DE MAILLA : publiées par M. l'*Abbé* GROSIER, et dirigées par M. *Le Roux des Hautesrayes.*

Paris 1776-1783. D. Pierres. 12 vol. in-4°. Fig.

4087. — Résumé de l'histoire de la Chine, par M. de S. (E. P. DE SENANCOURT). 2.e édit.

Paris 1825. Lecointe et Durey. 1 vol. in 18.

** — Chine ou description historique, géographique et littéraire de ce vaste empire, d'après des documents chinois. Par M. G. Pauthier et par M. Bazin.

Paris 1838-1853. F. Didot. fr. — Voyez *Univ.* n.º 652.

4088.—Anecdotes chinoises, japonoises, siamoises, tonquinoises, etc.; dans lesquelles on s'est attaché principalement aux mœurs, usages, coutumes et religions de ces différens peuples de l'Asie. (Par J. Castillon).

Paris 1775. Vincent. 1 vol. in-12.

4089.—Histoire de la guerre des Tartares, contre la Chine. Contenant les révolutions étranges qui sont arrivées dans ce grand royaume, depuis quarante ans. Traduit du latin du P. Martini.

Paris 1654. Henault. 1 vol. in-8º. Cart.

4090.—Histoire de la cour du Roy de la Chine, par le S.ʳ *Michel* Baudier.

Paris 1631. Cramoisy. 1 vol. in-4º. — Voyez n.º 1552.

4091.—Même ouvrage.

Paris 1668. Est. Limoysin. 1 vol. in-16.

4092.—Nouvelle histoire de la Chine, ou la mort de la Reyne mère du Roy de la Chine lequel est aujourd'huy, les cérémonies qui se firent à ses funérailles, et les dernières guerres que les Chinois ont eües contre les Tartares sont fidèlement racontées. Avec le progrez que depuis peu de temps les Pères de la Compagnie de Jésus ont fait faire à la religion chrestienne en ces quartiers là. Traduite d'espagnol en françois (de Dom *Fr.* de Herrera Maldonado) par I. I. Bellefleur, *Percheron*.

Paris 1622. Chastelain. 1 vol. in8-º.

4093.—Nouveaux mémoires sur l'état présent de la Chine. Par le P. *Louis* Le Comte (et le P. *Ch.* Le Gobien). 3.ᵉ édit.

Paris 1697-1698. Anisson. 3 vol. in-12. Fig.

4094.—Histoire de la ville de Khotan, tirée des annales de la Chine, et traduite du chinois; suivie de recherches sur la substance minérale appellée par les Chinois *Pierre de Iu*, et sur le jaspe des anciens. Par M. *Abel* REMUSAT.

Paris 1820. Doublet. 1 vol. in-8°.

4095. — Histoire du royaume de Tunquin, et des grands progrez que la prédication de l'Evangile y a faits en la conversion des Infidelles. Depuis l'année 1627 jusques à l'année 1646. Composée en latin par le R. P. ALEXANDRE DE RHODES, et traduite en françois par le R. P. *Henry* ALBI.

Lyon 1651. Devenet. 1 vol. in-4°.

4096. — Histoire nouvelle et curieuse des royaumes de Tunquin et de Lao. Contenant une description exacte de leur origine, grandeur et estendue; de leurs richesses et de leurs forces; des mœurs et du naturel de leurs habitans; de la fertilité de ces contrées, et des rivières qui les arrosent de tous costez, etc. Ensemble la magnificence de la cour des Roys de Tunquin, et des cérémonies qu'on observe à leurs enterremens. Traduite de l'italien du P. DE MARINI (par *Fr.* LE COMTE).

Paris 1666. Clouzier. 1 vol. in-4°.

✱✱ — Voyez aussi les n.ᵒˢ 243, 369, 385, 393, 394, 395.

h. — *Japon.*

✱✱ — Descriptio Regni Japoniæ. Cum quibusdam affinis materiæ, ex variis authoribus collecta et in ordinem redacta per *Bernhardum* VARENIUM.

Amstelodami 1644. Off. Elzeviriana. 1 vol. in-24. — N.° 651.

4097. — Histoire naturelle, civile, et ecclésiastique de l'empire du Japon: composée en allemand par *Engelbert* KÆMPFER, et traduite en françois sur la version angloise de *Jean-Gaspar* SCHEUCHZER (par NAUDÉ).

La Haye 1732. Gosse et Neaulme. 3 vol. in-12. Fig.

4098. — Histoire et description générale du Japon; où l'on trouvera tout ce qu'on a pu apprendre de la nature et des productions du pays, du caractère et des coutumes des habitans, du gouvernement et du commerce, des révolutions arrivées dans l'empire et dans la religion; et l'examen de tous les auteurs qui ont écrit sur le même sujet. Avec les fastes chronologiques de la découverte du nouveau monde. Par le P. DE CHARLEVOIX.

Paris 1736. Gandouin. 2 vol. in-4°. Fig.

٭٭ — Japon, Indo-Chine, empire Birman (ou Ava), Siam, Annam (ou Cochinchine), péninsule malaise, etc. Ceylan, par M. DUBOIS DE JANCIGNY.

Paris 1850. F. Didot. fr. 1 vol in-8°.— Voyez *Univ.* N.° 652.

٭٭ — Voyez n.ᵒˢ 386 et 396.

i. — *Siam.*

4099.— Histoire naturelle et politique du royaume de Siam. Divisée en quatre parties. (Par *Nicolas* GERVAISE).

Paris 1689. Ducastin. 1 vol. in-4°.

4100.— Du royaume de Siam, par M. DE LA LOUBÈRE, envoyé extraordinaire du Roy auprès du Roy de Siam en 1687 et 1688.

Paris 1691. Coignard. 2 vol. in-12. Fig.

4101.— Histoire civile et naturelle du royaume de Siam, et des révolutions qui ont bouleversé cet empire jusqu'en 1770; publiée par M. TURPIN, sur des manuscrits qui lui ont été communiqués par M. l'Evêque de Tabraca.

Paris 1771. Costard. 2 vol. in-12.

4102.— Histoire de M. Constance, premier ministre du Roy de Siam, et de la dernière révolution de cet Estat. Par le Père D'ORLÉANS.

Paris 1670. Hortemels. 1 vol. in-12.

٭٭ — Voyez les n.ᵒˢ 387, 388, 389, 390, 391, 392.

j. — *Archipel Indien et Isles d'Asie.*

4103.— Histoire de l'Islé de Ceylan, écrite par le capitaine *Jean* RIBEYRO, et présentée au Roy de Portugal en 1685. Traduite du portugais en françois (par l'*Abbé* J. LE GRAND).

Paris 1701. J. Boudot. 1 vol. in-12. Cart.

4104. — Description de l'isle Formosa en Asie. Du gouvernement, des loix, des mœurs et de la religion des habitans :
dressée sur les mémoires du sieur *George* PSALMANAAZAAR:
avec une ample et exacte relation de ses voiages dans
plusieurs endroits de l'Europe, etc. Par le S.ʳ N.F.D.B.R.

Amsterdam 1705. Et. Roger. 1 vol. in-12. Fig.

4105. — Histoire de la conquête des isles Molusques par les Espagnols, par les Portugais, et par les Hollandois. Traduite de l'espagnol D'ARGENSOLA (par *Jacq.* DESBORDES).

Amsterdam 1707. Desbordes. 3 vol. in-12.

4106. — Requête au Roy, pour Balthazard-Pascal Celse, fils aîné
du Roy, et héritier présomptif des royaumes de Timor
et de Solor dans les Moluques. (Par LETHINOIS, avocat).

Paris 1768. Knapen. Pièce in-4°.

** — Voyez les n.ᵒˢ 359 et 368.

4107. — Description historique du royaume de Macaçar. Divisée
en trois livres. (Par *Nicolas* GERVAISE).

Paris 1688. Foucault. 1 vol. in-12..

4108. — Description géographique, historique et commerciale d
Java et des autres villes de l'Archipel Indien, par MM.
RAFFLES et *John* CRAWFURD ; contenant des détails sur
les mœurs, les arts, les langues, les religions, les usages
des habitans de cette partie du monde, ouvrage traduit
de l'anglais, par M. MARCHAL.

Bruxelles 1824. Tarlier. 1 vol. in-4°. Grav.

** — Les lettres édifiantes et les voyages des Missionnaires ayant un but
tout spécial, l'établissement de la religion chrétienne dans les pays
qu'ils ont parcourus, nous avons cru devoir en faire un chapitre
particulier de l'histoire des religions.

Cette remarque ne s'applique point seulement aux relations des
missionnaires en Asie, mais aussi à celles des missionnaires qui ont
visité les différentes parties de l'Afrique et de l'Amérique.

CHAPITRE VI.
HISTOIRE DE L'AFRIQUE.

a. — *Histoire générale.*

** — *Joannis* Leonis *Africani* Africæ descriptio IX lib. absoluta.
  Lugd.-Batav. 1632. Off. Elzeviriana. 1 vol. in-24. — N.° 651.

** — De l'Afrique, par Leon l'*Africain.* Traduction de J. Temporal. —
  N.° 398.

4109. — L'Afrique de Marmol, de la traduction de *Nicolas* Perrot
  sieur d'Ablancourt. Divisée en trois volumes, et enrichie des cartes géographiques de M. Sanson. Avec l'histoire des Chérifs, traduite de l'espagnol de *Diego* Torrés,
  par le Duc d'Angoulesme le père. Reveuë et retouchée par
  P. R. A. (*Pierre* Richelet). (Publiée par Fremont d'A-
  blancourt).
    Paris 1667. Billaine. 3 vol. in-4".

4110. — Description de l'Afrique, contenant les noms, la situation et les confins de toutes ses parties, leurs rivières,
  leurs villes et leurs habitations, leurs plantes et leurs
  animaux ; les mœurs, les coutumes, la langue, les
  richesses, la religion et le gouvernement de ses peuples.
  Traduite du flamand d'O. Dapper.
    Amsterdam 1686. Wolfgang. 1 vol. in-fol. Fig.

4111. — Relation universelle de l'Afrique ancienne et moderne,
  où l'on voit ce qu'il y a de remarquable, tant dans la terre
  ferme que dans les îles, avec ce que le Roy a fait de mémorable contre les corsaires de Barbarie, etc. En quatre
  parties. Par le S.ʳ de la Croix.
    Lyon 1688. Amaulry. 4 vol. in-12. Fig.

4112. — Histoire de l'Afrique et de l'Espagne, sous la domination
  des Arabes ; composée sur différens manuscrits arabes de
  la bibliothèque du Roy. Par M. Cardonne.
    Paris 1765. Saillant. 3 vol. in-12.

** — Afrique. Esquisse générale de l'Afrique et Afrique ancienne, par
  M. d'Avezac. — Carthage, par M. Dureau de la Malle et par M. J.

Yanoski.—Numidie et Mauritanie, par M. L. Lacroix.— L'Afrique chrétienne et domination des Vandales en Afrique, par M.J.Yanoski. **Paris 1844. F. Didot fr. 1 vol. in-8.º**— Voyez *Univ.* n.º 652.

4113.—Anecdotes africaines, depuis l'origine ou la découverte des différents royaumes qui composent l'Afrique, jusqu'à nos jours. (Par M. Dubois-Fontanelle). **Paris 1775. Vincent. 1 vol. in--8º.**

b — *Histoire des gouvernements du nord de l'Afrique.*

4114.—Histoire de Barbarie, et de ses corsaires, divisée en six livres où il est traitté de leur gouvernement, de leurs mœurs, de leurs cruautez, de leurs brigandages, de leurs sortiléges et de plusieurs autres particularitez remarquables. Ensemble des grandes misères et des cruels tourmens qu'endurent les chrétiens captifs parmi ces infidèles. Par le R. P. Fr. *Pierre* Dan. **Paris 1647. Rocolet. 1 vol. in-4º. Fig.**

4115.—Histoire de Barbarie, et de ses corsaires, des royaumes et des villes d'Alger, de Tunis, de Salé, et de Tripoly. Divisée en six livres. Par le R. P. *Pierre* Dan. 2.ᵉ édit. **Paris 1649. Rocolet. 1 vol. in-fol.**

4116.—Histoire du royaume d'Alger, avec l'état présent de son gouvernement, de ses forces de terre et de mer, de ses revenus, police, justice, politique et commerce. Par M. Laugier de Tassy. **Amsterdam 1727. H. Du Sauzet. 1 vol. in-12. Cart.**

4117.—Histoire des états barbaresques qui exercent la piraterie, contenant l'origine, les révolutions, et l'état présent des royaumes d'Alger, de Tunis, de Tripoli et de Maroc, avec leurs forces, leurs revenus, leur politique et leur commerce. Par un auteur qui y a résidé plusieurs années avec caractère public. Traduite de l'anglois. (Par Boyer de Prébandier, sur une version de l'ouvrage précédent). **Paris 1757. Chaubert. 2 vol. in-12.**

** — Voyez les n.ᵒˢ 106 à 415.

4118.—Histoire de l'Algérie, depuis les temps anciens, jusqu'à nos jours. Publiée d'après les écrits et les documents les plus officiels ; par M. H. Fisquet.

Paris 1842. Baudouin. 1 vol. in-8°. Pl.

» — Algérie, par MM. Carette et Rozet. — Etats Tripolitains , par M. le d.^r F. Hoefer. — Tunis , par le d.^r L. Frank ; revue et accompagnée d'un précis historique , par M. J. Marcel.

Paris 1850. F. Didot fr. 1 vol. in-8°. — Voyez Univ. 652.

4119.—Exploration scientifique de l'Algérie pendant les années 1840-1841-1842 , publiée par ordre du gouvernement et avec le concours d'une Commission académique. —

Paris 1846. et suiv. Imp. roy. et imp. 0 v. in-4°. et in-fol.

Ce magnifique ouvrage, dont la publication se continue, comprend les parties suivantes :

—Sciences historiques et géographiques, par MM. Carette et Renou.

Paris 1844. Imp. royale. 2 vol. in-8°. Cart.

— Archéologie, par M. Delamare.

Paris 1848. Imp. nat. in-4°.

— Beaux-arts , architecture et sculpture par *Amable* Ravoisié.

Paris 1846 et suiv. Firm. Didot fr. in-fol.

—Sciences physiques. — Zoologie. — Histoire naturelle des reptiles et des poissons, par A. Guichenou.

Paris 1846 et suiv. Imp. roy. in-4°.

— Sciences physiques.— Zoologie. — Histoire naturelle des mollusques par M. Deshayes.

Paris 1845 et suiv. Imp. roy. in-4°.

— Sciences physiques.— Zoologie. — Histoire naturelle des animaux articulés, par H. Lucas.

Paris 1846 et suiv. Imp. roy. in-4°.

— Sciences physique. — Botanique, par MM. Bory de St.-Vincent et Durieu de Maisonneuve.

Paris 1846 et suiv. Imp roy. in-4°.

—Sciences physiques.— Géologie et minéralogie.—Géologie de l'Algérie, par M. E. Renou. —Notice minéralogique sur le massif d'Alger par M. RAVERGIÉ. — Description des coquilles fossiles par M. DESHAYES.

Paris 1848, Imp. nat. in-4°.

—Sciences médicales. — De l'hygiène en Algérie, par J. A. N. PERIER. Suivi d'un mémoire sur la peste en Algérie, par A. BERBRUGGER.

Paris 1847. Imp. roy. 2 vol. in-8°.

4120. — Procès-verbaux et rapports de la Commission d'Afrique instituée par ordonnance du Roi du 12 décembre 1833.

Paris 1834. Imp. royale. 1 vol. in-4°.

4121. — Assemblée nationale. (Réimpression.) — Rapport fait à la chambre des députés, au nom de la Commission chargée d'examiner le projet de loi relatif aux crédits extraordinaires demandés pour l'Algérie, par M. DE TOCQUEVILLE. (Séance du 4 mai 1847).

Paris 1848. H et Ch. Noblet. Pièce in-8°.

4122. — Assemblée nationale législative. — Rapport fait au nom de la Commission chargée d'examiner le projet de loi tendant à assurer l'emploi du crédit des 5,000,000 de francs alloué, pour les colonies agricoles de l'Algérie, par la loi des finances du 19 mai 1849, par M. *Louis* REYBAUD. (Séance du 6 avril 1850).

Paris 1850. H et Ch. Noblet. Pièce in-8°.

4123. — Assemblée nationale législative. — Rapport fait au nom de la Commission chargée de présenter les principales lois particulières à l'Algérie, sur un projet de loi qui doit régler le commerce de l'Algérie avec la France et l'étranger, par M. *Ch.* DUPIN. (Séance du 18 fév. 1850).

Paris 1850. H. et Ch. Noblet. Pièce in-8°.

4124 — A l'Assemblée nationale. — Pétition et projet de colonisation en Algérie par associations temporaires, présentés au nom de 20,000 familles. Août 1848.

Paris 1848. Appert. Pièce in-8°.

4125. — Pétition à l'Assemblée nationale. — Projet de colonisa-

tion de l'Algérie par l'association. (Par MM. E. DE
SOLMS et E. DE BASSANO).

Paris 1848. E. Proux et Cⁱᵉ. Pièce in-4°.

4126.—Ministère de la guerre. — Rapport présenté au Ministre
de la Guerre, par la Commission d'inspection des colonies agricoles de l'Algérie, le 16 novembre 1849. (Par
M. *Louis* REYBAUD).

Paris 1849. Imp. nat. 1 vol. in-4°.

4127.— Assemblée nationale législative. — Rapport fait au nom
de la Commission chargée de proposer les lois organiques
de l'Algérie sur le Projet de loi présenté par le Gouvernement, pour régler le régime commercial de l'Algérie, par M. *Ch.* DUPIN. (Séance du 9 décembre 1850).

Paris 1850. H. et Ch. Noblet. Pièce in-4°.

4128.—Ministère de la guerre. — Rapport adressé à M. le Président de la République par le Ministre de la guerre sur
le gouvernement et l'administration des tribus arabes de
l'Algérie.

Paris 1851. Imp. nat. 1 vol. in-8°.

4129.— Rapport adressé à M. le Président de la République par
le Ministre de la guerre sur les opérations militaires qui
ont eu lieu en Algérie au printemps 1851.—16 août 1851.

Paris 1851. Imp. nat. 1 vol. in-8°.

4130.— Ministère de la guerre.—Rapport présenté à l'Empereur
sur la situation de l'Algérie en 1853, par M. le Maréchal
VAILLANT, ministre de la guerre.

Paris 1854. Imprimerie impériale. 1 vol. in-8°.

4131.— De l'établissement des François dans la régence d'Alger,
et des moyens d'en assurer la prospérité, suivi d'un
grand nombre de pièces justificatives. Par M. P. GENTY
DE BUSSY.

Paris 1835. Didot. 2 vol. in-8°.

4132.— Province de Constantine. Recueil de renseignemens pour
l'expédition ou l'établissement des Français dans cette

partie de l'Afrique septentrionale. Par M. Dureau de
la Malle.

Paris 1837. Gide. 1 vol. in-8°. Cart.

4133. — Almanach de l'Algérie. 1856. Guide du colon, publié d'a-
près les documents fournis par le ministère de la guerre.

Paris 1855. Hachette et Cⁱᵉ. 1 vol. in-18.

4134. — Annales de la colonisation algérienne. Bulletin mensuel
de colonisation française et étrangère. Publié sous la direction de M. *Hippolyte* Peut.

Paris 1852 et suiv. Rue Jacob. 00 vol. in-8°. Incomplet.

4135. — Relation de l'origine et succez des chérifs, et de l'estat
des royaumes de Marroc, Fez, et Tarudant, et autres provinces qu'ils usurperent. Faicte et escrite en espagnol
par Diego de Torrés. Mise en françois par M. C. D. V.
D. D. A. (*Charles* de Valois duc d'Angoulême).

Paris 1636. J. Camusat. 1 vol. in-4°.

c. — *Egypte.*

** — Voyez n.ᵒˢ 307, 312, 314, 315, 320, 399, 400, 401, 402, 407.

4136 — L'Egypte de Murtadi fils du *Gaphiphe*, ou il est traité
des pyramides, du débordement du Nil, et des autres
merveilles de cette province, selon les opinions et traditions des Arabes. De la traduction de M. *Pierre* Vattier.

Paris 1666. L. Billaine. 1 vol. in-12.

4137. — Relazione dello stato presente dell'Egitto, nella quale si
dà esattissimo ragguaglio delle cose naturali del paese:
del governo politico, che vi è: della religione de' Copti,
dell' economia delli Egizii, e delle magnifiche fabrique
che ancor' hoggidi vi si ci veggono. Scritta dal Signore
Gio. Michele Vanslebio.

In Parigi 1671. And. Cramoisy. 1 vol. in-8°.

4138. — Description de l'Egypte, contenant plusieurs remarques
curieuses sur la géographie ancienne et moderne de ce
païs, sur les monumens anciens, sur les mœurs, les

coutumes et la religion des habitans, sur le gouvernement et le commerce, sur les animaux, les arbres, les
plantes, etc. Composée sur les mémoires de M. DE MAILLET,
par M. l'*Abbé* LE MASCRIER.

Paris 1735. Genneau et Rollin. 1 vol. in-4°. Fig.

4139.—Idée du gouvernement ancien et moderne de l'Egypte;
avec la description d'une nouvelle pyramide, et de nouvelles remarques sur les mœurs et les usages des habitans de ce pays. Par M. L. L. M. (l'*Abbé* LE MASCRIER).

Paris 1743. V.ᶜ Ganeau. 2 en 1 vol. in-12. Fig.

4140.—Résumé de l'histoire d'Egypte, depuis les temps fabu-
leux jusqu'à nos jours, par M. REY-DUSSUEIL.

Paris 1826. Lecointe et Durey. 1 vol. in-18.

  — Egypte, depuis la conquête des Arabes jusqu'à la domination fran-
çaise, par **M. J. J. MARCEL. —** Sous la domination française, par
M. *Amédée* RYME. — Sous la domination de Méhémet Aly, par
MM. P. et H.

Paris 1848. J. Didot fr. 1 vol. in-8°. — Voy. *Univ.* 652.

4141.—Description de l'Egypte, ou recueil des observations et
des recherches qui ont été faites en Egypte pendant l'expédition de l'armée française, publié par les ordres de
Sa Majesté l'Empereur Napoléon.

Paris 1809-1813. Imp. impér. 23 vol. in-fol. Pl.

Ce célèbre ouvrage, publié sous la direction de M. JOMARD, se
compose de 9 vol. format in-folio ordinaire, 11 format Jésus et 3 format grand-aigle ou grand-monde, et se divise en : Préfaces.— Antiquités. Descriptions. — Antiquités. Mémoires. — État moderne.
Histoire naturelle.

4142.—Histoire scientifique et militaire de l'expédition française en Egypte, précédée d'une introduction présentant
le tableau de l'Egypte ancienne et moderne, depuis les
Pharaons jusqu'aux successeurs d'Aly-Bey; et suivie du
récit des évènemens survenus en ce pays depuis le départ des Français et sous le règne de Mohammed Aly.
(Rédigé par M. L. REYBAUD).

Paris 1830-36. Dénain. 10 vol. in-8°. Port. et At. in-4".

Voyez sur cet ouvrage la *France littéraire* de M. QUÉRARD, art.
L. REYBAUD, tom. 7, pag. 562.

4143. —Panorama d'Egypte et de Nubie, avec un portrait de Méhémet Ali et un texte orné de vignettes par *Hector* Horeau.

>Paris 1841. Bouchard-Huzard. 1 vol. in-fol.

d. — *Afrique Orientale, Intérieure, Occidentale et Australe.*

4144. —Documents sur l'histoire, la géographie et le commerce de l'Afrique orientale, recueillis et rédigés par M. Guillain; publiés par ordre du Gouvernement.

>Paris 1856. Arth. Bertrand. 1 vol. in-8°. Atl.
>
>L'atlas a pour titre :

— Voyage à la côte orientale d'Afrique, exécuté pendant les années 1846, 1847 et 1848 par le brick le *Ducouëdic* sous le commandement de M. Guillain. Atlas lithographié par MM. *Bayot, E. Ciceri, J. Jacottet, Sabatier* et *Vogt*, d'après les épreuves daguériennes et les dessins de MM. *Caraguel* et *Bridet*.

4145. —De Abassinorum rebus, deque Æthiopiæ patriarchis Joanne Nonio Barreto, et Andrea Oviedo, libri tres: P. *Nicolao* Godigno auctore.

>Lugduni 1615. Hor. Cardon. 1 vol. in-8°.

4146. — Les estranges evenemens du voyage de Son Altesse, le Serenissime prince Zaga-Christ d'Ethiopie, du Grand Empire des Abyssins, issu de la lignée de David et de Salomon, fils de l'empereur Jacob, appelé communément le Preste-Jan. — Avec la défaicte de l'Empereur Jacob, et la fuitte de ses deux enfans, Cosme et Zaga-Christ. Escrits par le sieur de Rechac.

>Paris 1635. L. Sevestre. 1 vol. in-4°.

** — Voyez n.os 418, 419 et 420.

4147. —Le grand désert ou itinéraire d'une caravane du Sahara au pays des nègres (royaume de Haoussa), par *Eugène* Daumas et *Ausone* de Chancel.

>Paris 1848. Napoléon Chaix. 1 vol. in-8°. Cart.

4148. —Histoire de Loango, Kakongo, et autres royaumes d'A-

frique; rédigée d'après les mémoires des Préfets aposto-
liques de là mission françoise. Par M. l'*Abbé* PROYART.

Paris 1776. Crapart. 1 vol. in-12.

4149.—Legatio David Æthiopiæ Regis, ad sanctissimum D. N.
Clementem Papam VII, unà cum obedientia, eidem
sanctis. D. N. præstita.—Ejusdem David Æthiopiæ Regis
legatio, ad Emanuelem Portugalliæ Regem. — Item alia
legatio ejusdem David ad Joannem Portugalliæ Regem.
—De regno Æthiopiæ ac populo, deque moribus ejusdem
populi, nonnulla.

Antuerpiæ 1534. G. Vorstermann. Pièce in-8°.

4150.—Nouvelle relation de quelques endroits de Guinée, et
du commerce d'esclaves qu'on y fait. Traduit de l'anglais
du capitaine *Guillaume* SNELGRAVE, par M. *A. Fr. D.* DE
COULANGE.

Amsterdam 1735. La Compagnie. 1 vol. in-12. Fig.

** — Sénégambie et Guinée, par M. *Amédée* TARDIEU. — Nubie, par M.
S. CHÉRUBINI. — Abyssinie, par M. *Noel* DESNOYERS.
Paris 1847. J. Didot fr. 1 vol. in-8°. — *Voy. Univ.* 652.

4151.—Esquisses sénégalaises. — Physionomie du pays — Peu-
plades — Commerce — Religions — Passé et avenir —
Récits et légendes, par l'*Abbé* P. D. BOILAT.

Paris 1853. P. Bertrand. 1 vol. in-8°.

4152.—Campagne aux côtes occidentales d'Afrique, par M. E.
BOUËT-WILLAUMEZ.

Paris 1850. Paul Dupont. Broch. in-8°.

** — Voyez les n.ᵒˢ 421 à 432.

4153—Description du cap de Bonne-Espérance, où l'on trouve
tout ce qui concerne l'histoire naturelle du pays; la religion, les mœurs et les usages des Hottentots; et l'établissement des Hollandois. Tirée des mémoires de M.
Pierre KOLBE. (Par *Jean* BERTRAND).

Amsterdam 1742. Catuffe. 3 vol. in-12. Cart.

** — Voyez n.° 428.

** — Afrique australe, cap de Bonne-Espérance, Congo, etc. — Afrique
orientale, Mozambique, Monomotapa, Zanguabar, Gallas, Kor-
dofan, etc. — Afrique centrale, Darfour, Soudan, Bornou, Tom-

bouctou, grand désert de Sahra.—Empire de Maroc, par M.F. Hoefer, **Paris 1848. F. Didot fr. 1 vol. in-8°.** — Voy *Univ.* — N.° 652.

e. — *Iles d'Afrique.*

** — Voyez n.ᵒˢ 432, 434, 435, 436.

** — Iles de l'Afrique, par M. d'Avezac, avec la collaboration de MM. de Froberville, *F.* Lacroix, F. Hoefer, Mac Carty, V. Charlier. **Paris 1848. F. Didot fr. 1 vol. in-8°.** — Voy. *Univ.* 652.

4154. — Histoire de la grande isle de Madagascar, composée par le Sieur de Flacourt. Avec une relation de ce qui s'est passé és années 1655, 1656 et 1657, non encore veuë par la première impression.
Paris 1661. P. L'Amy. 1 vol. in-4°.

CHAPITRE VII.
HISTOIRE DE L'AMÉRIQUE.

Histoire générale.

4155. — Variæ in Indiam occidentalem peregrinationes. Omnia recens evulgata et iconibus in æs incisis ad vivum expressis illustrata, studio et diligentia *Theodori* De Bry.
Francofurti ad Mœnum 1591-1596. Dé Bry. 1 vol. in-fol.

Le volume que nous donnons sous ce titre et qui fait partie de la Collection des grands voyages, contient les 6 ouvrages suivants:

—Admiranda narratio fida tamen, de commodis et incolarum ritibus Virginiæ, nuper admodum ab Anglis, quià Dn. *Richardo Greinvile* eò in coloniam anno MDLXXXV deducti sunt inventæ, sumtus faciente Dn. *Waltero Raleigh* ex auctoritate serenissimæ reginæ Angliæ. Anglico scripta sermone à *Thoma* Hariot, nunc autem primum latio donata à C. C. A.
Francofurti ad Mœnum. 1590. De Bry. 1 vol. in-fol.

—Brevis narratio eorum quæ in Florida Americæ provincia Gallis acciderunt, secunda in illam navigatione, duce Renato de Laudōniere classis præfecto, anno MDLXIIII, quæ est secunda pars Americæ. Additæ figuræ et incolarum eicones ibidem ad vivum expressæ; brevis item de-

claratio religionis, rituum , vivendique ratione ipsorum.
Auctore *Jacobo* LE MOYNE , cui cognomen DE MORGUES ,
Laudōnierum in ea navigatione sequuto. Nunc primùm
gallico sermone à *Theodoro* DE BRY in lucem edita : latio
verò donata à C. C. A.

Francofurti ad Mœnum. 1591. Th. De Bry. in-fol.

—Americæ tertia pars memorabilē provinciæ Brasiliæ historiam continēs, germanico primùm sermone scriptam
à *Joāne* STADIO, nunc autem latinitate donata à *Teucrio*
ANNÆO. Addita est narratio profectionis *Joannis* LERII
in eamdem provinciam, quā ille initio gallicè conscripsit,
postea verò latinam fecit. His accessit descriptio morum
et ferocitatis incolarum illius regionis, atque colloquium
ipsorum idiomate conscriptum.

Francof. ad Mœn. 1592. Th. De Bry. in-fol.

—Americæ pars quarta, sive insignis et admiranda historia de reperta primùm occidentali India à Christophoro
Columbo anno MCCCCXCII, scripta ab *Hieronymo* BEZONO,
qui istic ānis XIII versatus , diligēter omnia observavit.
Addita ad singula ferè capita, non contemnenda scholia,
in quibus agitur de earum etiam gentium idolatria.

Francof. ad Mœn. 1594. Th. de Bry. in-fol.

—Americæ pars quinta nobilis et admiratione plena *Hieronymi* BEZONI secundæ sectionis Hispanorum, tum in Ni-
grittas servos suos, tum in Indos crudelitatem, Gallorum-
que piratarū de Hispanis toties reportata spolia; adventū
item Hispanorū in novam Indiæ continentis Hispaniam ,
corumque contra incolas ejus regionis sævitiam explicans.

Francof. ad Mœn. 1595. De Bry. in-fol.

—Americæ pars sexta, sive historiæ ab *Hieronymo* BEZONO
scriptæ, sectio tertia, res non minus nobiles et admiratione plenas continens, quam præcedentes duæ. In hac
etiam reperies, qua ratione Hispani opulentissimas illas
Peruäni regni provincias occuparint , capto rege Ataba-
liba ; deinde orta inter ipsos Hispanos in eo regno civi-

lia bella. Additus est brevis de Fortunatis insulis com-
mentariolus in duo capita distinctus.

Francof. ad Mœn. 1596. De Bry. in-fol.

4156.—*GeorgI* HornI de originibus Americanis libri quatuor.

Hagæ Comitis 1652. Ad. Vlacq. 1 vol. in-8°.

4157.—L'histoire du Nouveau-Monde ou description des Indes
Occidentales, contenant dix-huict livres, par le sieur
Jean DE LAET, d'Anvers. — Enrichi de nouvelles tables
géographiques et figures des animaux, plantes et fruits.

Leyde 1640. B. et A. Elseviers. 1 vol. in-fol. Fig.

4158.—Beautés de l'histoire d'Amérique, d'après les plus célèbres voyageurs et géographes qui ont écrit sur cette
partie du monde. Par G.

Paris 1816. Eymery. 2 vol. in-12. Fig.

4159.—Essai sur cette question: quand et comment l'Amérique
a-t-elle été peuplée d'hommes et d'animaux ? Par E. B.
d'E. (Le *Bailli* D'ENGEL).

Amsterdam 1767. M. Rey. 5 vol. in-12.

4160.—Défense des recherches philosophiques sur les Américains, par M. de P. (*Cornelius* DE PAW).

Berlin 1771. 1 vol. in-12.

4161.—Mœurs des sauvages amériquains, comparées aux mœurs
des premiers temps. Par le P. LAFITAU.

Paris 1724. Saugrain. 4 vol. in-12.

4162.—De orbe novo, *Petri* MARTYRIS ANGLERII decades octo,
diligenti temporum observatione, et utilissimis annotationibus illustratæ, suoque nitori restitutæ, labore et
industria *Richardi* HAKLVYTI.

Parisiis 1587. Guil. Auvray. 1 vol. in-8°.

4163.— La découverte des Indes occidentales, par les Espagnols.
Ecrite par Dom *Balthazar* DE LAS CASAS, évêq. de Chiapa.

Paris 1697. Pralard. 1 vol. in-12.

4164.—Tyrannies et cruautez des Espagnols, commises ès Indes
occidentales, qu'on dit le Nouveau-Monde. Briefvement
descrite en espagnol, par Dom Fr. *Barthelemy* DE LAS CASAS.
Traduitte fidellement en françois par *Jacques* DE MIGGRODE.

Rouen 1630. Jacq. Cailloué 1 vol. in-4°.

4165.—OEuvres de Dom *Barthélemi* DE LAS CASAS, evêque de Chiapa, précédées de sa vie, et accompagnées de notes historiques, additions, développemens, etc.; avec portrait; par J. A. LLORENTE.

 Paris 1822. Eymery. 2 vol. in-8°.

4166.—Novus orbis, sive descriptio Indiæ occidentalis, auctore *Antonio* DE HERRERA. Metaphraste C. BARLÆO. Accesserunt et aliorum Indiæ occidentalis descriptiones, et navigationis nuperæ Australis *Jacobi* LE MAIRE historia, uti et navigationum omnium per fretum Magellanicum succincta narratio.

 Amstelodami 1622. M. Colinius. 1 vol. in-fol.

** — Voyez n.° 437.

4167.—Histoire des aventuriers flibustiers qui se sont signalés dans les Indes; contenant ce qu'ils y ont fait de remarquable, avec la vie, les mœurs et les coutumes des Boucaniers, et des habitans de St.-Domingue et de la Tortue; avec une description exacte de ces lieux, et un état des offices, tant ecclésiastiques que séculiers, et ce que les grands princes de l'Europe y possèdent. Par *Alexandre-Olivier* OEXMELIN. (Rédigée par DE FRONTIGNIÈRE). N.ᵉ éd.

 Lyon 1774. B. et J. Duplain. 4 vol. in-12.

 Le tome 3 contient le Journal du voyage fait à la mer du sud par le sieur RAVENEAU DE LUSSAN.—Le 4.ᵉ, l'Histoire des pirates anglois depuis leur établissement dans l'isle de la Providence jusqu'à présent. Avec la vie et les aventures de deux femmes pirates, Marie Read et Anne Bonny. Traduite de l'anglois, du capitaine *Charles* JOHNSON.

4168.—Histoire générale de l'Amérique depuis sa découverte. Qui comprend l'histoire naturelle, ecclésiastique, militaire, morale et civile des contrées de cette grande partie du monde. Par le R. P. TOURON.

 Paris 1769-1770. Hérissant. 14 vol. in-12.

4169.—Noticias Americanas: entretenimientos phisicos-historicos, sobre la America meridional, y la septentrianal oriental. Comparacion general de los territorios, climas, y produciones en las tres especies, vegetales, animales, y minerales : con relation particular de las petrificaciones de cuerpos marinos de los Indios naturales de aquellos Paises, sus costumbres, y usos : de las antiguedades : discorso sobre la lengua , y sobre el modo en que pasaron los primeros Pobladores. Su autor Don *Ant*. DE ULLOA.

Madrid 1772. Manuel de Mena. 1 vol. in-4°.

4170.—L'Amérique septentrionale et méridionale ou description de cette grande partie du monde. Tiré ou traduit des historiens et des voyageurs français et étrangers les plus célèbres jusqu'à nos jours , et mis en ordre par une Société de géographes et d'hommes de lettres.

Paris 1835. E. Ledoux. 1 vol. gr. in-8°. Pl.

4171.—Abrégé de l'histoire des découvertes et conquêtes de l'Amérique. Par M. H. DE SPINOLA.

Limoges 1838. Barbou. 1 vol. in-12. Fig.

4172.—Histoire de l'Amérique , par *Guillaume* ROBERTSON. Traduite de l'anglois, par M. E... (EIDOUS).

Maestricht 1777. Dufour. 4 vol. in-12.

4173.—Histoire de l'Amérique par W. ROBERTSON; traduite de l'anglais par MM. SUARD et MORELLET. 4.° édit. rev. et corr. sur la dernière édition anglaise et accompagnée de notes puisées dans les ouvrages de MM. *de Humboldt, Bulloch, Warden, Clavigero, Jefferson* , etc. Par M. DE LA ROQUETTE.

Paris 1828. Janet et Cotelle. 3 vol. in-8°. Cart.

4174.—Relation de ce qui s'est passé dans les Isles et Terre-ferme de l'Amérique , pendant la dernière guerre avec l'Angleterre, et depuis en exécution du traitté de Bréda. Avec un journal du dernier voyage du S.ʳ DE LA BARRE en la Terre-ferme, et Isle de Cayenne accompagné d'une exacte description du pays , mœurs et naturel des habitans. Le tout recueilly des mémoires des principaux officiers qui ont commandé en ces pays par J. C. S. D. V. (J. CLODORÉ, secrétaire de vaisseau).

Paris 1671. Clouzier. 2 vol. in-12.

4175.—Lettres américaines, dans lesquelles on examine l'origine, l'état civil, politique, militaire et religieux, les arts, l'industrie; les sciences, les mœurs, les usages des anciens habitans de l'Amérique, les grandes époques de la nature, l'ancienne communication des deux hémisphères, et la dernière révolution qui a fait disparoître l'Atlantide: pour servir de suite aux mémoires de D. Ulloa. Par M. le Comte J. R. CARLI Avec des observations et additions du traducteur (LE FEBVRE DE VILLEBRUNE).

Paris 1788. Buisson. 2 vol. in-8°.

4176.—Histoire des colonies européennes dans l'Amerique. En six parties. Traduite de l'anglois de M. *William* BURCK par M. E... (EIDOUS).

Paris 1767. Merlin. 2 vol. in-12.

** — De l'influence de la révolution d'Amérique sur l'Europe. 1786. Par CONDORCET. Voyez *OEuvres*. VIII.

** — Concordat de l'Amérique avec Rome. Par M. DE PRADT.—*OEuv*. 24.

Amérique Septentrionale.

** — Voyez n.os 438, 439, 442.

4177.—Histoire de l'Amérique septentrionale. Par M. DE BACQUEVILLE DE LA POTHERIE.

Paris 1722. Nyon et Didot. 4 vol. in-12. Fig.

4178.—Résumé de l'histoire des révolutions de l'Amérique septentrionale, depuis les premières découvertes jusqu'au voyage du général Lafayette, en 1824 et 1825. Suivi de l'état statistique des colonies. — Leur organisation politique ancienne et moderne.—Guerres de l'indépendance des Etats-Unis. —Pacte fédéral de 1787. —Constitution particulière des anciens et nouveaux états.—Leurs lois. Usages. — Population, etc. Par P. S. J. DUFEY (de l'Yonne).

Paris 1826. Lecointe et Durey. 2 vol. in-18.

4179.—Remarques sur les erreurs de l'histoire philosophique et politique de M. Guillaume-Thomas Raynal, par rapport aux affaires de l'Amérique-Septentrionale, etc. Par M. *Thomas* PAINE. Traduites de l'anglais et augmentées d'une Préface et de quelques notes, par M. A. CERISIER.

Bruxelles 1783. Le Francq. 1 vol. in-8.°

4180.—Mémoires de *John* Tanner, ou trente années dans les déserts de l'Amérique du Nord, (rédigés par *Edwin* James), traduits sur l'édition originale publiée à New-York; par M. *Ernest* de Blosseville.
Paris 1835. A. Bertrand. 2 vol. in-8º.

4181.—Histoire et commerce des colonies angloises, dans l'Amérique septentrionale. Où l'on trouve l'état actuel de leur population, et des détails curieux sur la constitution de leur gouvernement, principalement sur celui de la Nouvelle-Angleterre, de la Pensilvanie, de la Caroline et de la Georgie. (Par G. M. Butel-Dumont).
Paris 1754. Desaint. 1 vol. in-12.

4182.—Le destin de l'Amérique ou dialogues pittoresques, dans lesquels on développe la cause des évènemens actuels, la politique et les intérêts des puissances de l'Europe, relativement à cette guerre, et les suites qu'elle devroit avoir pour le bonheur de l'humanité. Traduit de l'anglois. (Composé par A. M. Cerisier).
Londres 1780. Pièce in-8º.

** — Mémoires des Commissaires du Roi et de ceux de Sa Majesté Britannique sur les possessions et les droits respectifs des deux couronnes en Amérique. — N.º 3069.

4183.—Lettres sur l'Amérique du Nord, par *Michel* Chevalier. Avec une carte des Etats-Unis d'Amérique. 3.ᵉ édit.
Paris 1838. Ch. Gosselin et C.ᵉ 2 vol. in-8º. Cart.

4184.—De la démocratie en Amérique par *Alexis* de Tocqueville. 12.ᵉ édit. rev., corrig. et augmentée d'un avertissement et d'un examen comparatif de la démocratie aux Etats-Unis et en Suisse.
Paris 1848. Pagnerre. 4 vol. in-8º.

4185.— Histoire de la Floride, ou relation de ce qui s'est passé au voyage de Ferdinand de Soto, pour la conqueste de ce pays; composée en espagnol par l'Inca Garcilasso de la Vega, et traduite en françois par P. Richelet.
Paris 1670. Clouzier. 2 vol. in-12.

4186.—Histoire de la conqueste de la Floride, par les Espagnols, sous Ferdinand de Soto. Ecrite en portugais par un gentil-homme de la ville d'Elvas. Par M. D. C. (Par Citri de la Guette).

Paris 1685. Thierry. 1 vol. in-12.

4187.—Histoire de la Nouvelle-France, contenant les naviga-
tions, découvertes, et habitations faites par les François
ès Indes occidentales et Nouvelle-France, souz l'avœu et
authorité de nos Roys tres chrestiens, et les diverses
fortunes d'iceux en l'exécution de ces choses, depuis
cent ans jusques à hui. En quoy est comprise l'histoire
morale, naturele, et geographique de la dite province.
Par *Marc* Lescarbot.

Paris 1612. Jean Millot. 1 vol. in-8º. Cart.

** — Voy. n.º 443 et 444.

4188.—Histoire et description générale de la Nouvelle France, avec
le Journal historique d'un voyage fait par ordre du Roi
dans l'Amérique septentrionnale. Par le P. de Charlevoix.

Paris 1744. Giffart. 3 vol. in-4º. Fig.

4189.—Mémoires historiques sur la Louisiane, contenant ce qui
y est arrivé de plus mémorable depuis l'année 1687 jusqu'à présent; avec l'établissement de la colonie françoise
dans cette province de l'Amérique septentrionale sous la
direction de la Compagnie des Indes; le climat, la nature et les productions de ce pays; l'origine et la religion
des sauvages qui l'habitent, leurs mœurs et leurs coutumes, etc. Composés sur les mémoires de M. Dumont
par M. L. L. M. (l'*Abbé* Le Mascrier).

Paris 1753. Bauche. 2 en 1 vol. in-12. Fig.

4190.—Lettres d'un cultivateur américain, écrites à W. S.,
ecuyer, depuis l'année 1770 jusqu'à 1781. Traduites de
l'anglois par *** (l'auteur J. H. *Saint-John* de Crevecœur
et publiées par Lacretelle aîné).

Paris 1784. Cuchet. 2 vol. in-8º.

4191.—Historiæ Canadensis, seu Novæ-Franciæ libri decem, ad
annum usque Christi MDCLVI. Auct. P. *Francisco* Creuxio.

Parisiis 1664. Seb. Cramoisy. 1 vol. in-4º. Fig.

4192.— Histoire du Canada, et voyages que les frères mineurs Recollects y ont faicts pour la conversion des infidelles. Divisez en quatre livres. Où est amplement traicté des choses principales arrivées dans ce pays depuis l'an 1615 jusques à la prise qui en a esté faicte par les Anglois, etc. Faict et composé par le F. *Gabriel* Sagard.

Paris 1636. Sonnius. 1 vol. in-8°.

** — Cinq années de séjour au Canada. — N.° 445.

4193.— Le Canada. Essai auquel le premier prix a été adjugé par le Comité canadien de l'exposition de Paris. Par J. Sheridan Hogan.

Montréal 1855. J. Lovell. 1 vol. in-8°. Cart.

4194.— Nouvelle relation de la Gaspésie, qui contient les mœurs et la religion des Sauvages Gaspésiens Porte-Croix, adorateurs du Soleil, et d'autres peuples de l'Amérique septentrionale, dite le Canada. Par le P. *Chrestien* Le Clercq.

Paris 1691. Auroy. 1 vol. in-12.

4195.— Résumé de l'histoire des Etat-Unis d'Amérique, par C. O. Barbaroux.

Paris 1824. Lecointe et Durey. 1 vol. in-18.

** — Etats-Unis d'Amérique, par M. Roux de Rochelle.
Paris 1837. F. Didot fr. 1 vol in-8°. — Voyez *Univ.* 552.

** — Observations sur le gouvernement et les lois des Etats-Unis d'Amérique, par Mably. Voyez *OEuvres*. VIII.

4196.— Les hommes et les mœurs aux Etats-Unis d'Amérique, par le colonel Hamilton. Traduit de l'anglais sur la 5.ᵉ édit. par le Comte D. L. C.

Paris 1834. Fournier jeune. 2 vol. in-8°.

** — Tableau du climat et du sol des Etats-Unis d'Amérique; suivi d'éclaircissements sur la Floride, sur la colonie française à Scioto, sur quelques colonies françaises et sur les sauvages. Par C. F. Volney.
Voyez *OEuvres*. IV.

** — Correspondance inédite et secrète de B. Franklin. *Belles-Let.* 3009.

** — Vie, correspondance et écrits de Washington.—Voyez *Biographies*.

** — Voyez n.ᵒˢ 446, 447, 448, 449.

4197.—Histoire des pêches, des découvertes et des établissemens des Hollandois dans les mers du Nord; ouvrage traduit du Hollandois (de Van der Plaats), par les soins du Gouvernement , enrichi de notes , et orné de cartes et de figures à l'usage des navigateurs et des amateurs de l'histoire naturelle : par M. BERNARD DE RESTE.

Paris 1791. Nyon 3 vol. in-8°. Pl.

»» — Voyez 440, 441, 446, 447, 451.

Amérique méridionale.

a. — Mexique.

4198.—Historia de la conquista de Mexico, poblacion , y progresos de la America septentrional , conocida por el nombre de nueva España. Escribiala Don *Ant.* DE SOLIS.

Barcelona 1770. F. Olivier. 3 vol. in-12.

4199.—Histoire de la conquête du Mexique, ou de la Nouvelle Espagne, par Fernand Cortez. Traduite de l'Espagnol de Dom *Antoine* DE SOLIS, par l'Auteur du Triumvirat. (CITRI DE LA GUETTE).

Paris 1704. H. Charpentier. 2 vol. in-12.

4200.—Histoire de la conquête du Mexique , avec un tableau préliminaire de l'ancienne civilisation mexicaine et la vie de Fernand Cortès, par *William H.* PRESCOTT. Publiée en français par *Amédée* PICHOT.

Paris 1846. F. Didot. fr. 3 vol. in-8°.

»» — Mexique et Guatemala, par M. DE LA RENAUDIÈRE. — Pérou, par M. LACROIX.

Paris 1847. F. Didot fr. 1 vol in-8°. — Voyez *Univ.* 652.

4201.—Résumé de l'histoire du Mexique, par *Eugène* DE MONGLAVE.

Paris 1826. Lecointe et Durey. 1 vol. in-18.

4202.—Le Mexique en 1823 , ou relation d'un voyage dans la Nouvelle-Espagne , contenant des notices exactes et peu connues sur la situation physique , morale et politique de ce pays; par M. BEULLOCH ; ouvrage traduit de l'anglais par M.*** Précédé d'une introduction, et enrichi de pièces justificatives et de notes ; par Sir *John* BYERLEY.

Paris 1824. Eymery. 2 vol. in-8°. Atlas in-4°.

4203.—Carte routière de Vera-Cruz à Mexico (90 lieues) conte-

nant toutes les villes, fermes (haciendas) et auberges (mesones ventas, fondas) et tous les villages (pueblos) qui se trouvent sur les deux routes par Jalapa et par Orizaba. (Plan levé en 1846). Dressé et publié par Bertault.
Mexico 1846. Bertault. Pièce in-4°.

4204 —San Juan de Ulùa, ou relation de l'expédition française au Mexique, sous les ordres de M. le contre-amiral Baudin; par MM. P. Blanchard et A. Dauzats. Suivi de notes et documents, et d'un aperçu général sur l'état actuel du Texas, par M. E. Maissin. Publié par ordre du Roi.
Paris 1839. Gide. 1 vol. in-8°. Pl.

4205.—Histoire naturelle et civile de la Californie, contenant une description exacte de ce pays, de son sol, de ses montagnes, lacs, rivières et mers, de ses animaux, végétaux, minéraux, et de sa fameuse pêcherie des perles; les mœurs de ses habitans, etc. Traduite de l'anglois (de *André-Marc* Burriel, rédacteur des mémoires du P. *Michel* Venegas). Par M. E... (A. Eidous).
Paris 1767. Durand. 3 vol. in-12.

b. — *Antilles.*

4206 —Histoire naturelle et morale des isles Antilles de l'Amérique. Enrichie de plusieurs belles figures des raretez les plus considérables qui y sont décrites. (Par *César* de Rochefort). (Avec un vocabulaire caraïbe. Par *Louis* de Poincy).
Paris 1658. Cellier. 1 vol. in-4°.

4207.—Histoire générale des Antilles habitées par les François. Divisée en deux tomes, et enrichie de cartes et de figures. Par le R. P. Du Tertre.
Paris 1667-1771. Th. Jolly. 4 en 3 vol. in-4°.

** — Histoire des Antilles et des colonies françaises, espagnoles, anglaises, danoises et suédoises, par M. *Elias* Regnault. — Suite des Etats-Unis, depuis 1812 jusqu'à nos jours; par MM. *Elias* Regnault et *Jules* Labaume. — Possessions anglaises dans l'Amérique du Nord, Canada, Nouveau-Brunswick, Nouvelle-Ecosse, Acadie;

Par M. F. Lacroix. — Les Californies, l'Orégon, et les possessions russes en Amérique. Les iles Noutka et de la Reine Charlotte; par par M. *Ferd.* Denis.

Paris 1849. F. Didot fr. 1 vol. in-8°. — Voyez *Univ.*

4208. — Un hyver aux Antilles, en 1859-40, ou lettres sur les résultats de l'abolition de l'esclavage, dans les colonies anglaises des Indes-occidentales, adressées à Henri Clay, du Kentucki, par *Joseph-John* Gurney, et traduites de l'anglais sur la 5.ᵉ édit., par J. J. Pacaud.

Paris 1842. F. Didot fr. 1 vol. in-8°.

4209. — Rapport sur les questions coloniales adressé à M. le duc de Broglie, président de la Commission coloniale, à la suite d'un voyage fait aux Antilles et aux Guyanes pendant les années 1858 et 1859, par M. *Jules* Lechevalier, publié par ordre de S. E. l'amiral baron de Mackau, ministre de la marine et des colonies.

Paris 1843-1844. Imp. royale. 2 vol. in-fol.

4210. — Histoire de l'isle espagnole ou de S. Domingue. Ecrite particulièrement sur des mémoires manuscrits du P. *Jean-Baptiste* Le Pers. Par le P. P. *François-Xavier* de Charlevoix.

Paris 1730. J. Guerin. 2 vol. in-4°. Fig.

4211. — Esquisse historique des principaux évènemens arrivés à Saint-Domingue depuis l'incendie du Cap jusqu'à l'expulsion de Sonthonax; leurs causes, leurs effets. Situation actuelle de cette colonie, et moyens d'y rétablir la la tranquillité. Par *François-Frédéric* Cotterel.

Paris an VI. Gelé. 1 vol. in-8°.

4212. — Histoire de l'ile de Saint-Domingue, depuis l'époque de sa découverte par Christophe Colomb jusqu'à l'année 1818. Publiée sur des documents authentiques, et suivie de pièces justificatives. (Par *Charles* Malo).

Paris 1819. Delaunay. 1 vol. in-8°.

4213. — Mémoires pour servir à l'histoire de la révolution de Saint-Domingue. Par le lieutenant-général Baron *Pamphyle* de Lacroix.

Paris 1819. Pillet. 2 vol. in-8°. Cart.

** — Pièces relatives à Saint-Domingue et à l'Amérique. — Congrès de Panama. Par M. DE PRADT.   Voyez *OEuvres.* 20.

4214.—Relation de l'establissement des François depuis l'an 1655, en l'isle de la Martinique, l'une des antilles de l'Amérique. Des mœurs des sauvages, de la situation, et des autres singularitez de l'isle. Par le P. *Jacques* BOUTON.
Paris 1640. S. Cramoisy. 1 vol. in-8°.

4215.—Précis topographique et géologique sur l'ile de la Martinique, par *Alex.* MOREAU DE JONNÈS.
S. n. n. l. n. d. (1817). Pièce in-8°.

4216.—Histoire de la Jamaïque, traduite de l'anglois (de *Hans* SLOANE). Par M.** (ROULIN), ancien officier de dragons.
Londres 1751. Nourse. 2 en 1 vol. in-12.

4217.—Relation de l'isle de Tabago, ou de la nouvelle Oüalcre, l'une des isles Antilles de l'Amérique. Par le Sieur DE ROCHEFORT.
Paris 1666. L. Billaine. 1 vol. in-16.

c. — *Cayenne, Colombie, Brésil, Pérou, Amérique centrale.*

4218.—Vues des Cordillières, et monumens des peuples indigènes de l'Amérique; par *Al.* DE HUMBOLDT.
Paris 1816. Lib. gr. lat. all. 2 vol. in-8°. Pl.

4219.— Voyage aux régions équinoxiales du nouveau continent, fait en 1799, 1800, 1801, 1802, 1803 et 1804, par *Al.* DE HUMBOLDT et A. BONPLAND, rédigé par *Alexandre* DE HUMBOLDT.
Paris 1816. Lib. gr. lat. all. 2 vol. in-8°.

** — Les trois derniers mois de l'Amérique méridionale et du Brésil. Examen du plan présenté aux Cortès pour la reconnaissance de l'indépendance de l'Amérique espagnole. Par M. DE PRADT.
     Voyez *OEuvres polit.* 16.

4220.—Tableau de Cayenne ou de la Guyane française, contenant des renseignemens exacts sur son climat, ses productions, les naturels du pays, les différentes ressources que l'on y trouve, et le degré de prospérité dont cette colonie est susceptible. (Par le Vicomte DE GALLARD DE TERRAUBE).
Paris an 7. Tilliard. 1 vol. in-8°.

** — Voyez le n.º 452.

4221. — Notice historique sur la Guyane française, par II. Ternaux-Compans.

Paris 1843. F. Didot fr. 1 vol. in-8°.

4222. — Catalogue bibliographique de la Guyane, par ordre alphabétique de noms d'auteurs; par *Victor* de Nouvion.

Paris 1844. Béthune et Plon. Pièce in-8°.

4223. — Notice statistique sur la Guyane française. Extrait des
notices statistiques sur les colonies françaises, imprimées
en 1838, par ordre de M. le Ministre de la marine et des
colonies. (Par Ternaux-Compans, *Jules* Lechevalier,
Joly de Lotbinière.)

Paris 1843. F. Didot fr. 1 vol. in-8°.

4224. — Note sur la fondation d'une nouvelle colonie dans la
Guyane française, ou premier aperçu d'un nouveau mode
de population et de culture pour l'exploitation des régions
tropicales, suivi de plusieurs pièces et documents, etc.
(Par *Jules* Lechevalier.)

Paris 1844. Firmin Didot fr. 1 vol. in-8°.

4225. — Extraits des auteurs et voyageurs qui ont écrit sur la
Guyane, suivis du catalogue bibliographique de la
Guyane, par *Victor* de Nouvion.

Paris 1845. Béthune et Plon. 1 vol. in-8°.

4226. — Compagnie des Colons de la Guyane française. Pièces diverses. — Première série. — N.º 1 à 6.

Paris 1844. Lambert. 1 vol. in-8°.

Ce volume contient les propositions et projets d'organisation de la
Guyane par MM. H. Sauvage, A. de Saint-Quantin, J. Leche-
valier et Favard, membres du Conseil colonial et délégués de la
Guyane:

Les six ouvrages ci-dessus font partie des publications de la Société d'études pour la colonisation de la Guyane française.

** — Journal de Ramel et anecdotes secrètes. N.º 2899.

** — Brésil, par M. *Ferdinand* Denis. — Colombie et Guyanes, par M.
C. Famin.

Paris 1837. F. Didot fr. 1 vol. in-8°. — Voyez *Univ.* 652.

4227.—Histoire des derniers troubles du Brésil entre les Hollandois et les Portugais. Par *Pierre* MOREAU.

Paris 1651. Courbé. 1 vol. in-4°. — N.° 248.

** — Chili, Paraguay, Uruguay, Buénos-Ayres, par *César* FAMIN. — Patagonie, Terre-du-feu et Archipel des Malouines, par M. *Fréd.* LACROIX. — Iles diverses des trois océans et régions circompolaires, par M. BORY DE SAINT-VINCENT et par M. *Fréd.* LACROIX.

Paris 1840. F. Didot fr. 1 vol. in-8°. — Voyez *Univ.* 652.

4228.—Résumé de l'histoire de Buénos-Ayres, du Paraguay et des provinces de la Plata, suivi du résumé de l'histoire du Chili, avec des notes, par *Ferdinand* DENIS.

Paris 1827. Lecointe et Durey. 1 vol. in-18.

4229.—Histoire du Paraguay. Par le R. P. *Pierre François-Xavier* DE CHARLEVOIX.

Paris 1756. Desaint et Saillant. 3 vol. in-4°.

4230.—Même ouvrage.

Paris 1757. Desaint. 6 vol. in-12.

4231.—Le commentaire royal, ou l'histoire des Yncas, Roys du Peru; contenant leur origine, depuis le premier Ynca Manco Capac, leur establissement, leur idolatrie, leurs sacrifices, leurs vies, leurs loix, leur gouvernement en paix et en guerre, leurs conquestes; les merveilles du temple du soleil; ses incroyables richesses, et tout l'estat de ce grand empire, avant que les Espagnols s'en fissent maistres, au temps de Huascar, et d'Atahuallpa, etc. Escritte en langue peruvienne, par l'Ynca GARCILLASSO DE LA VEGA; et fidellement traduitte sur la version espagnolle, par J. BAUDOIN.

Paris 1633. Courbé. 1 vol. in-4°.

4232.—Histoire des Incas, rois du Pérou. Traduite de l'espagnol de l'Ynca GARCILLASSO DE LA VEGA, par *Jean* BAUDOIN.

Amsterdam 1715. Desbordes. 2 vol. in-12. Fig.

4233.—Histoire des Incas rois du Pérou. Par GARCILLASSO DE LA VEGA. (Traduction de J. BAUDOIN).

Paris 1830. Aux frais du gouvernement. 3 vol. in-8°.

4234.—Histoire des guerres civiles des Espagnols dans les Indes;
causées par les souslèvemens des Picarres, et des Al-
magres ; suivis de plusieurs désolations, à peine croya-
bles; arrivées au Peru par l'ambition, et par l'avarice des
conquerans de ce grand Empire. Escritte en espagnol
par l'Ynca GARCILASSO DE LA VEGA ; et mise en françois,
par J. BAUDOIN.
>**Paris 1658. S. Piget. 2 vol. in-4°.**

4235.—Histoire des guerres civiles des Espagnols dans les Indes,
par GARCILLASSO DE LA VEGA. (Traduction de J. BAUDOIN,
revue par *Gérard* KUIPER).
>**Paris 1830. Aux frais du gouvernement. 4 vol. in-8°.**

4236.—Histoire de la découverte et de la conquête du Pérou,
traduite de l'espagnol d'*Augustin* DE ZARATE. Par S. D.
C. (SEIGNEUX DE CORREVON).
>**Paris 1830. Aux frais du gouvernement. 2 vol. in-8°.**

4237.—Les Incas, ou la destruction de l'empire du Pérou, par
MARMONTEL.
>**Paris 1834. Depélafol. 1 vol. in-8°.**

4238.—Histoire de la conquête et des révolutions du Pérou,
par *Alphonse* DE BEAUCHAMP.
>**Paris 1835. Camuzeaux. 2 vol. in-8°.**

4239.—Beautés de l'histoire du Pérou, ou tableau des évènemens qui se sont passés dans ce grand empire; etc. Par
M. le Chevalier de PROPIAC.
>**Paris 1825. Vernarel et Tenon. 1 vol. in-12. Fig.**

4240.—Histoire des tremblemens de terre arrivés à Lima, capitale du Pérou, et autres lieux; avec la description du
Pérou, et des recherches sur les causes phisiques des
tremblemens de terre, par M. HALES et autres phisiciens.
Traduite de l'anglois.
>**La Haye 1752. 2 en 1 vol. in-12. Fig.**

—. Voyez les n.ᵒˢ 225 , 248, 368, 455 à 460.

— Relation de l'expédition de Carthagène. — N.° 2806.

4241.—Argyropolis, ou la capitale des états confédérésdu Rio de la Plata, solution des difficultés qui empêchent la pacification définitive des provinces du Rio de la Plata, au moyen de la convocation d'un congrès national et de la création d'une capitale dans l'ile de Martin-Garcia, aujourd'hui en possession de la France; possession de laquelle dépendent la libre navigation des rivières du Parana, du Paraguay, de l'Uruguay et de leurs affluents, et l'indépendance, le développement et la liberté des républiques du Paraguay et de l'Uruguay, et des provinces argentines du littoral; publié à Santiago du Chili, par M. *Domingo* F. SARMIENTO, traduit de l'espagnol par J. M. B. LENOIR (de Lyon). 2.ᵉ édit revue et complétée par *Ange* CHAMPGOBERT.

Paris 1851. Belin. 1 vol. in-8°. Cart.

CHAPITRE VIII.

OCÉANIE.

** — Voyez les n.ᵒˢ 222-245-568-461 à 467.

** — Océanie ou cinquième partie du monde. Revue géographique et ethnographique de la Malaisie, de la Micronésie, de la Polynésie et de la Mélanésie; offrant les résultats des voyages et des découvertes de l'auteur et de ses devanciers, ainsi que ses nouvelles classifications et divisions de ces contrées, par M. G. L. DOMENY DE RIENZI.

Paris 1836-1838. F. Didot fr. 3 vol. in-8°.—Voyez *Univ.* 652.

4242.—Histoire des isles Marianes, nouvellement converties à la religion chrestienne; et de la mort glorieuse des premiers missionnaires qui y ont prêché la Foy. Par le P. *Charles* LE GOBIEN,

Paris 1700. Pepie. 1 vol. in-12.

CHAPITRE IX.

HISTOIRE DES NATIONS OU TRIBUS RÉPANDUES DANS LES DIVERSES PARTIES DU MONDE.

4243.—Histoire des Juifs depuis la destruction de Jérusalem jusqu'à ce jour, offrant le tableau de la dispersion, des malheurs et persécutions, de l'existence morale, religieuse et politique de cette nation, chez les divers peuples de la terre, depuis le commencement de l'ère chrétienne jusqu'au dix-neuvième siècle; publiée, pour la première fois, en France par M. *Charles* MALO.

Paris 1826. Leroux. 1 vol. in-8°.

** — Histoire des Juifs par le comte de Ségur. — N.° 746.

** — Histoire des Juifs depuis J. C. jusqu'à présent. — N.° 747.

4244. — Notice sur l'état des Israélites en France, en réponse à des questions proposées par un savant étranger. (Par E. COQUEBERT DE MONTBRET).

Paris 1821. Pillet. 1 vol. in-8°.

CHAPITRE X.

HISTOIRE DES ORDRES DE CHEVALERIE QUI ONT TENU UNE PLACE ET JOUÉ UN ROLE DANS L'HISTOIRE.

4245. — Le théatre d'honneur et de chevalerie, ou l'histoire des ordres militaires des Roys, et Princes de la Chrestienté, et leur généalogie: de l'institution des armes, et blasons; roys, héraulds, et poursuivants d'armes; duels, joustes, et tournois; et de tout ce qui concerne le faict du chevalier de l'ordre. Avec les figures en taille douce naïvement représentées et deux tables. Par *André* FAVYN.

Paris 1620. Rob. Fouet. 2 vol. in-4°.

4246. — Abrégé chronologique de tous les ordres militaires, et de chevalerie du monde chrétien. Où l'on pourra voir l'excellence de celuy de Malthe au-dessus des autres. Par C. FLORIOT, sieur de BOISFEY.

Marseille 1685. Cl. Garcin. 1 vol. in-12.

** — Histoire des ordres monastiques, religieux et militaires, etc. Par HÉLYOT. *Voyez Histoire ecclésiastique.*

4247. — Histoire des religions ou ordres militaires de l'église, et des ordres de chevalerie. Par Monsieur HERMANT.

Rouen 1698. Besongne. 1 vol. in-12. Fig.

4248. — Deliciæ equestrium sive militarium ordinum, et eorundem origines, statuta, symbola et insignia, iconibus additis genuinis. Hac editione, multorum ordinum, et quotquot exstitêre, accessione locupletata, seriequetemporum distributa. Studio et industria *Francisci* MENNENII.

> Coloniæ Agripp. 1613. Joan. Kinchius. 1 vol. in-8°.

4249. — Idem opus.

> Coloniæ Agripp. 1638. J. Kinchius. 1 vol. in-8°.

> A la suite :

— Origines equestrium sive militarium ordinum libri duo. *Aubertus* MIRÆUS scrutando publicabat. Editio altera auctior et correctior.

> Coloniæ Agripp. 1638. J. Kinchius. in-8°.

4250. — Dissertations historiques et critiques sur la chevalerie ancienne et moderne, séculière et régulière, avec des notes. Par le R. P. *Honoré* DE SAINTE MARIE, carme déchaussé. (*Blaise* VANZELLE.)

> Paris 1718. Giffart. 1 vol. in-4°.

4251. — Mémoires sur l'ancienne chevalerie ; considérée comme un établissement politique et militaire. Par M. DE LA CURNE DE SAINTE-PALAYE.

> Paris 1759. Duchesne. 2 vol. in-12.

4252. — Histoire des chevaliers de l'ordre de S. Jean de Hierusalem; contenant leur admirable institution et police ; la suite des guerres de la Terre Saincte, où ils se sont trouvez, et leurs continuels voyages, entreprises, batailles, assauts et rencontres. Cy-devant escrite par le feu S. D. B. S. D. L. (*Pierre* DE BOISSAT). Divisée par chapitres, et augmentée de sommaires sur chaque livre, et d'annotations à la marge; ensemble d'une traduction des establissemens et des statuts de la Religion, par J. BAUDOIN. Derniere édition. Où l'on a joinct les ordonnances du Chapitre général, tenu en l'an 1632. Avec l'éloge de l'Eminentissime Grand-Maistre d'à présent. Œuvre enrichie d'un grand nombre de figures;

et illustrée d'une ample chronologie; des vies des Seren.
Grands-Maitres; d'un abrégé des privilèges de l'Ordre;
de quelques arrests, et autres traittez fort remarquables,
par F. A. DE NABERAT.

> **Paris 1643. D'Allin. 1 vol. in-fol.**

4253.—Même ouvrage.

> **Paris 1659. D'Allin. 1 vol. in-fol.**

4254.—Le martyrologe des chevaliers de S. Jean de Hierusalem,
dits de Malte, contenant leurs éloges, armes, blasons,
preuves de chevalerie, et descente généalogique de la pluspart des maisons illustres de l'Europe. Avec la suitte des
Grands-Maistres, cardinaux, archevesques, evesques,
grands-prieurs, baillifs et généraux des galères de cet
ordre, ensemble leurs armes et blasons. Et le catalogue
de toutes les commanderies du mesme ordre, tant des
hommes que des filles. Dédié au Roy. Par F. *Mathieu* DE
GOUSSANCOURT. Et gravé par *Michel* VAN-LOCHOM.

> **Paris 1643. F, Noel et G. Le Noir. 2 en 1 vol. in-fol.**

4255.—Histoire des chevaliers hospitaliers de S. Jean de Jerusalem, appellez depuis chevaliers de Rhodes, et aujour-
d'hui chevaliers de Malthe. Par M. l'*Abbé* DE VERTOT.
Nouvelle édition augmentée des statuts de l'ordre, et des
noms des chevaliers. 3.e édition.

> **Paris 1737. Rolin fils. 5 vol. in-12.**

4256.—Même ouvrage.

> **Amsterdam 1772. La Compagnie. 5 vol. in-12.**

4257.—Monumens des Grands-Maîtres de l'ordre de Saint-Jean de
Jérusalem, ou vues des tombeaux élevés à Jérusalem, à
Ptolémaïs, à Rhodes, à Malte, etc., accompagnés de notices historiques sur chacun des Grands-maitres, des inscriptions gravées sur leurs tombeaux, de leurs armoiries, etc., publiés par M. le vicomte L. F. DE VILLENEUVE-
BARGEMONT.

> **Paris 1829. J. J. Blaise. 2 vol. in-8.° Pl.**

4258.—Priviléges des papes, empereurs, rois et princes de la chrétienté, accordez à l'ordre Saint Jean de Hierusalem, avec les arrests notables rendus par les Cours souveraines du royaume de France, sur diverses matieres, et confirmations desdits privileges, cy-devant recueillis par le sieur Commandeur d'ESCLUSEAULX ; et présentement de beaucoup augmentez par le sieur Commandeur d'ESCLUSEAULX, son neveu.

Paris 1700. Le Mercier. 1 vol. in-fol.

4259 — Volume che contiene gli statuti della sacra religione Gerosolimitana. Le ordinazioni dell' ultimo capitolo generale, che sono le sole, che sussistono ; il nuovo ceremoniale prescritto dalla Santità di N. Sig. Papa Urbano VIII sopra l'elezione de' Gran Maestri ; il modo, o sia instruzione di far i processi de' meglioramenti delle commende, che serve ancora per i priorati, e baliaggi, e come devono farsené li cabrei ; l'ordine, che si tiene nel dar l'abito, a chi professa nella religione ; e per ultimo i privilegi concessi da' Sommi Pontefici alla religione, e suoi dependenti.

In Borgo nuovo. 1719. A. Scionico. 1 vol. in-fol.

4260.—Histoire critique et apologétique de l'ordre des chevaliers du Temple de Jérusalem, dits Templiers. Par feu le R. P. M. J. (MANSUET *jeune*) chan. rég. de l'ordre de Prémontré, prieur de l'abbaye d'Etival.

Paris 1789. Guillot. 2 vol. in-4°. Fig.

4261.—Règle et statuts secrets des Templiers, précédés de l'histoire de l'établissement, de la destruction et de la continuation moderne de l'ordre du Temple, publiés sur les manuscrits inédits des archives de Dijon, de la bibliothèque Corsini à Rome, de la bibliothèque royale à Paris, et des archives de l'ordre. Par C. H. MAILLARD DE CHAMBURE.

Paris 1840. Brockaus et Avenarius. 1 vol. in-8°.

** — Histoire de la condamnation des Templiers. — N.° 2546.

** — Mémoires historiques sur les Templiers. — N° 2547.

** — Procès des Templiers. — N.° 2352-22.

4262.—Histoire des ordres royaux, hospitaliers-militaires de Notre-Dame du Mont-Carmel et de Saint-Lazare de Jérusalem. Par M. GAUTIER DE SIBERT.

Paris 1772. Imp. royale. 2 vol. in-12.

4263.—Abregé de l'histoire des F. Hospitaliers de l'ordre du S. Esprit. Qui fait voir par la considération de ses trois differens estats, combien son rétablissement, agreé de Leurs Majestez, est important à l'Église, et à la France. Avec la petite Apologie désignée contre un livre curieux, qui en traittant *De capite ordinis S.Spiritus*, fait une injustice aux François, pour favoriser les Estrangers. (Par *F. Nicolas* GAULTIER.)

Paris 1653. Chamhoudry. 1 vol. in-12.

4264.—Breviarium historicum inclyti ordinis Velleris aurei : auctore *Julio* CHIFLETIO.

Antuerpiæ 1652. Off. Plantiniana. 1 vol. in-4°.

4265.—Insignia gentilitia equitum ordinis Velleris aurei, fecialium verbis enuntiata : a *Joanne Jacobo* CHIFFLETIO latine et gallice producta. — Le blason des armoiries de tous les chevaliers de l'ordre de la Toison d'or, depuis la première institution, jusques à présent.

Antuerpiæ 1632. Off. Plantiniana. 1 vol. in-4°.

4266.—Statuts de l'ordre de S. Michel.

Paris 1725. Imp. roy. 1 vol. in-4°. Fig.

4267.—Histoire de l'ordre du Saint Esprit, par M. DE SAINTFOIX. Nouv. édit. rev., cor. et aug.

Paris 1775. Pissot. 2 vol. in-12.

4268.—Catalogue des chevaliers, commandeurs et officiers de l'ordre du Saint Esprit, avec leurs noms et qualités, depuis l'institution jusqu'à présent. (Par M. POULLAIN DE SAINT-FOIX.)

Paris 1760. Ballard. 1 vol. in-fol. Pl.

4269.—Recueil memorable de tout ce qui c'est faict et passé depuis la reception des chevaliers de l'ordre du S. Sprit, en l'année 1620 jusques à présent.

Paris 1620. s. n. 1 vol. in-8.°

—L'ordre et description generale de tout ce qui s'est faict et passé aux Augustins à la ceremonie des chevaliers, depuis les premieres vespres du mardy jusques aux secondes vespres du mercredy premier jour de l'an 1620. — Ensemble le nombre des princes et seigneurs qui ont receu l'ordre, et qui ne l'ont receu, assistans à la dite ceremonie.

Paris s. d. Moreau. Pièce in-8°.

— Recit veritable de ce qui s'est fait et passé aux ceremonies observées à la reception des chevaliers de l'ordre du S. Esprit, en l'eglise des Augustins à Paris, avec l'ordre et rang que chacun d'eux a tenu, tant dedans que dehors icelle église. Commençant la veille du jour de l'an 1620 et finissant le lendemain d'iceluy après vespres.

Paris 1620. Fleury Bourriquant. Pièce in-8°.

4270.—Relation des cérémonies observées à la réception des commandeurs et des chevaliers de l'ordre du Saint Esprit, faite à Versailles le 3 juin 1724.

Paris 1724. Bureau d'Adresse. Pièce in-4°.

CHAPITRE XI.

HISTOIRE DES SOCIÉTÉS SECRÈTES QUI ONT JOUÉ UN ROLE DANS L'HISTOIRE.

4271.—L'Etoile flamboyante, ou la Société des Francs-Maçons, considérée sous tous les aspects. (Par *Th. H.* DE TSCHUDI.)

Francfort. Paris. 1766. Boudet. 1 vol. in-12. Tom. I.

4272.—Le vrai franc-maçon, qui donne l'origine et le but de la franc-maçonnerie, les réponses aux principales objections contre cette Société, et les réceptions, cérémonies, ouvrages et usages de tous les grades francs-maconniques. Par *Frère* Enoch, membre dignitaire de la loge des *Vrais-Maçons.*

> **Liège 1783. La Compagnie. 1 vol. in-12.**

4273. — Les plus secrets mystères des hauts grades de la maçonnerie dévoilés, ou le vrai Rose-Croix, traduit de l'anglois; suivi du Noachite, traduit de l'allemand. (Composé par M. Bérage.)

> **A Jérusalem 1666. 1 vol. in-8º.**

4274. — Même ouvrage.

> **A Jerusalem 1774. 1 vol. in-8º.**

4275. — Même ouvrage.

> **A Jérusalem, sur une haute montagne, aux dépens de la loge de Saint Jean. s. d. 1 vol. in-8º.**

4276. — L'ordre des Francs-Maçons trahi, et le secret des Mopses révélé. (Par l'*Abbé* Larudan.)

> **Amsterdam 1771. 1 vol. in-12.**

4277. — Même ouvrage.

> **Amsterdam 1778. 1 vol. in-12.**

4278. — Les moyens de monter au plus haut grade de la marine sans servir sur mer. Ou les secrets des chevaliers de l'ordre de la Félicité. Dédiés à l'Auteur du Catéchisme des Francs-Maçons. Par Madame Pirate. 2.ᵉ édit.

> **A fond de cale, chez Marin Borée, à l'Ancre d'or. Et chez la V.ᵉ Matelote, aux Dieux Lares. Pièce in-12.**

— Lettre critique de M. le Chevalier*** à l'auteur du catéchisme des Francs-Maçons, avec un brevet de calotte, accordé en faveur de tous les zélés membres de leur Société.

> **A Tyr, chez Marcel Louveteau, rue de l'Échelle, à l'Étoille flamboyante. Pièce in-12.**

— Lettre de Marie *Bon-Bec*, harangère de la halle, à l'Auteur des Réflexions occasionnées par la conférence d'un franc-maçon et d'un profane.

> **S. l. n. n. d. Pièce in-12.**

4279. — Recueil précieux de la maçonnerie adhoniramite, contenant le grade de V₃₂rg₂ M₂r₂. Dédié aux M₁ç4ns ₅n₃t₅₂s aux sublimes mystéres du quatrième ciel.

> **Amsterdam 5802. De la V∴ L∴ M∴ Pièce in-18.**

4280.—Premier grade d'apprenti maçon. (Catéchisme).

Amiens. S. d. Imprimerie des Associés. Pièce in-18.

4281.—Instructions pour les trois premiers grades de la Franc-Maçonnerie.

S. n. n. l. n. d. Pièce in-18.

4282.—Règlement de la loge de la Paix et Parfaite-Union , à l'O.·. de Toulon.

S. n. n. l. n. d. 1 vol. in-8°.

4283.—Statuts et règlemens de la R.·. ⊡ de S.ᵗ Jean , sous le titre distinctif de la Constance couronnée , O.·. de Paris.

Paris (1808). Ogier. Pièce in-18.

CINQUIÈME DIVISION.

HISTOIRE DES FAMILLES.

a. — Histoire de la Noblesse.

4284.— Traité de l'origine des noms et surnoms. De leur diversité , de leurs propriétez , de leurs changemens , tant chez les anciens peuples , que chez les François, les Espagnols , les Anglois , les Allemans , les Polonois , les Suédois , les Danois , les Italiens et autres nations. Avec les noms des fondateurs de grand nombre de communautez, soit séculieres ou régulieres, de France, et des pays étrangers , le temps de leurs fondations. Et plusieurs questions importantes sur les noms et sur les armoiries. Par Messire *Gilles-André* DE LA ROQUE.

Paris 1681. Michallet. 1 vol. in-12.

4285.— Essai historique et philosophique sur les noms d'hommes, de peuples et de lieux , considérés principalement dans leurs rapports avec la civilisation , par *Eusèbe* SALVERTE.

Paris 1824. Bossange père. 2 vol. in-8°.

4286.— Traité des nobles et des vertus dont ils sont formés:

leur charge, vocation, rang et degré : des marques , genealogies et diverses especes d'iceus : de l'origine des
fiefs et des armoiries. Avec une histoire et description
genealogique de la tres-illustre et tres-ancienne maison
de Couci , et de ses alliances. Le tout distribué en quatre
livres. Par *François* DE L'ALOUETE.

Paris 1777. R. Le Manier. 1 vol. in-4°.

4287.— Le Gentil-homme parfaict, ou tableau des excellences de
la vraye noblesse. Avec l'institution des jeunes gentils-
hommes à la vertu. Un traicté des armes, armoiries, leur
origine, et à qui elles appartiennent. Ensemble les alliances de plusieurs familles de France non encor imprimées. Par L. P. M. (Le P. F. C. MAROIS.)

Paris 1631. Cardin Besongne. 1 vol. in-8°.

4288.— Observationes eugenialogicæ et heroicæ, sive materiem
nobilitatis gentilitiæ , jus insignium et heraldicum com-
plectentes. Rerum in supremâ Brabantiæ curiâ aliisque
summis conciliis judicatarum exemplis, edictis regiis et
interpretationibus confirmatæ.

Colon. Agrip. 1678. Bal. ab Egmont. 1 vol. in-4°.

4289.— Traité de la noblesse , de ses différentes espèces , de son
origine, du gentilhomme de nom et d'armes, des bannerets,
des bacheliers, des écuyers, et de leurs différences, etc. Par
Messire *Gilles-André* DE LA ROQUE. Nouv. édit.

Rouen 1710. Le Boucher. 1 vol. in-4°.

4290.— Traité de la noblesse, et de toutes ses différences espèces.
Nouv. édit. augm. des Traitez de blason des armoiries
de France: de l'Origine des noms, sur-noms : et du ban
et arrière-ban. Par M. DE LA ROQUE.

Rouen 1735. Le Boucher. 1 vol. in 4°.

4291.— Essais sur la noblesse de France , contenans une dissertation sur son origine et abaissement, par feu M. le C. de
BOULLAINVILLIERS ; avec des Notes historiques, critiques
et politiques (par J. F. DE TABARY); un projet de disser-

tation sur les premiers François et leurs colonies; et un
Supplément aux notes par forme de Dictionnaire pour la
Noblesse.

Amsterdam (Rouen.) 1732. 1 vol. in-8°.

4292.— Les familles françaises considérées sous le rapport de leurs
prérogatives honorifiques héréditaires, ou recherches historiques sur l'origine de la noblesse, les divers moyens
dont elle pouvoit être acquise en France, l'institution
des majorats, et l'établissement des ordres de chevalerie,
de la légion d'honneur, et des noms et armoiries. Par A.
L. DE LAIGUE.

Paris 1815. Imp. roy. 1 vol. in-8°.

4293.— Dictionnaire des ennoblissemens, ou recueil des lettres
de noblesse, depuis leur origine, tiré des registres de la
Chambre des comptes et de la Cour des aides de Paris.

Paris 1788. Au Palais marchand. 2 en 1 vol. in-8.°

4294 — Liste des noms des ci-devant nobles, nobles de race,
robins, financiers, intrigans, et de tous les aspirans à
la noblesse, ou escrocs d'icelle; avec des notes sur leurs
familles. (Par J. A. DULAURE.)

Paris an 2 de la Rép. Garnery. 1 vol. in-8.°

---

b. — *Art héraldique ou du blason.*

4295.— Le blason des couleurs en armes: livrées et devises: tres
utile et subtil pour scavoir et congnoistre dune et chas-
cune couleur la vertu et propriété. — Item pour apprendre la maniere de blasonner lesdictes couleurs en
plusieurs choses. — Et pour faire livrées: devises: et
leur blason. (Par SICILLE, hérault d'Alph. d'Arragon.)

Lyon 1527. Claude Nourry dit le Prince. 1 vol. in-12.

4296.— Le tableau des armoiries de France. Auquel sont représentées les origines et raisons des armoiries, hérauts
d'armes, et des marques de noblesse. Par *Ph.* MOREAU.

Paris 1609. Rob. Fouet. 1 vol. in-8°.

4297.—Le roy d'armes ou l'art de bien former, charger, briser, timbrer, et par conséquent blasonner toutes les sortes d'armoiries. Selon les maximes les plus asseurées, et les termes les plus genéralement receus. Le tout enrichi de discours, d'antiquitez, et d'une grande quantité de blasons des armes de la pluspart des illustres maisons de l'Europe, et specialement de beaucoup de personnes de condition qui sont en France. Par le R. P. *Marc-Gilbert* DE VARENNES.

Paris 1635. Billaine. 1 vol. in-fol.

4298 —Même ouvrage. 2.ᵉ édit. rev. et augm.

Paris 1640. N. Buon. 1 vol. in-fol.

4299.— Indice armorial, ou sommaire explication des mots usitez au blason des armoiries, par *Louvan* GELIOT.

Paris 1635. Billaine. 1 vol. in-fol. Fig.

4300.— La vraye et parfaite science des armoiries, ou l'indice armorial de feu maistre *Louvan* GELIOT, apprenant, et expliquant sommairement les mots et figures dont on se sert au blason des armoiries, et l'origine d'icelles. Augmenté de nombre de termes, et enrichy de grande multitude d'exemples des armes des familles tant françoises qu'estrangeres, des institutions des ordres et de leurs colliers, des marques des dignités et charges, des ornemens des escus; de l'office des roys, des herauds, et des poursuivans d'armes, et autres curiosités dependantes des armoiries. Par *Pierre* PALLIOT.

Paris 1660. J. Guignard. 1 vol. in-fol.

4301.—La science héroïque, traitant de la noblesse, de l'origine des armes, de leurs blasons, des tymbres, bourlets, couronnes, cimiers, lambrequins, supports, et tenans, et autres ornements de l'escu; de la devise, et du cry de guerre, de l'escu pendant et des pas et emprises des anciens chevaliers, des formes differentes de leurs tombeaux; et des marques exterieures de l'escu de nos Roys, des Reynes et Enfans de France, et des Officiers de la Couronne, et de la maison du Roy. Avec la généalogie succincte de la maison de Rosmadec en Bretagne. Par *Marc* DE VULSON, sieur DE LA COLOMBIÈRE.

Paris 1644. S. et G. Cramoisy. 1 vol. in-fol. Fig.

4502.—Mercure armorial enseignant les principes et élémens du blazon des armoiries, selon l'ordre et les termes qui se practiquent en cette science. Enrichy et augmenté d'un grand nombre de figures enluminées de couleurs propres pour l'intelligence du livre. Par C. SEGOING. 2.e édit.

Paris 1652. F. Clousier. 1 vol. in-4°.

4503.—Trésor héraldique, ou mercure armorial. Où sont démonstrées toutes les choses nécessaires pour acquérir une parfaite connoissance de l'art de blazonner. Enrichy de figures et du blazon des maisons nobles et considérables de France, et autres royaumes et estáts de l'Europe. Par M.e *Charles* SEGOING.

Paris 1657. Clouzier. 1 vol. in-fol. Fig.

4504.—Promptuaire armorial et général, divisé en quatre parties. Le tout dressé et recueilly par *Jean* BOISSEAU.

Paris 1657. Clousier. 1 vol. in-fol. Fig.

4505.—L'origine et vraye pratique de l'art du blason, avec le dictionnaire armorial; ou explication des termes latins de l'art. Par L. R. P. P. M. D. L. C. D. I. (Par le R. P. *Philibert* MONET.) Nouv. édit.

Lyon 1659. Devenet. 1 vol. in-4°. Pl.

4506.—Le véritable art du blason, ou les regles des armoiries sont traitées d'une nouvelle méthode, plus aisée que les précédentes : les origines expliquées et establies par de solides raisons, et de fortes authoritez : les erreurs de plusieurs autheurs corrigées, la pratique de chaque nation examinée ; et les causes de leur diversité fidellement raportées.

Lyon 1659. B. Coral. 1 vol. in-16. Fig. col.

4507.—Jeu d'armoiries de l'Europe; pour apprendre le blason, la geographie, et l'histoire curieuse. Par C. F. DE BRIAN-VILLE MONT-DAUPHIN. Dédié à M. d'Hozier.

    Lyon 1659. B. Coral. 1 vol. in-32.

4508.—Le véritable art du blason, et l'origine des armoiries. Par le R. P. *Cl. François* MENESTRIER.

    Lyon 1671. Ben. Coral. 1 vol. in-12.

4509.—La nouvelle méthode raisonnée du blason, pour l'apprendre d'une manière aisée; réduite en leçons, par par demandes et par réponses. Par le P. C. F. MENESTRIER. Nouv. édit.

    Lyon 1750. Les frères Bruyset. 1 vol. in-12. Pl.

4510.—L'art héraldique, contenant la manière d'apprendre facilement le blason. Enrichy des figures nécessaires pour l'intelligence des termes. Par M. BARON.

    Paris 1682. Osmont. 1 vol. in-12. Fig.

4511.—Nouveau traité de la science-pratique du blason, avec l'explication des armoiries des princes, ducs et pairs, maréchaux de France, et autres grands seigneurs et principaux officiers de la Couronne. Par S. TRUDON.

    Paris 1689. Le Gras. 1 vol. in-12. Fig.

4512.—Méthode nouvelle pour apprendre l'art du blason, ou la science des nobles par dialogues. Avec un discours sur les devises, supports, cimiers, lambrequins, et tombeaux. Enrichis des pavillons et des enseignes que chaque nation porte en mer, et des figures nécessaires pour leurs explications, en françois et en flamand. (Par *Daniel* DE LA FEUILLE.)

    Amsterdam 1695. D. de La Feuille. 1 vol. in-4°. Pl.

4513.—Le blason de France, ou notes curieuses sur l'édit concernant la police des armoiries. Dédié au Roy. (Par *Thibault* CADOT.)

    Paris 1697. De Sercy. 1 vol. in-8°. Fig.

4514.—Traité des marques nationales, tant de celles qui servent à la distinction d'une nation en général, que de celles qui distinguent les différents rangs des personnes dont cette nation est composée, et qui les unes et les autres ont donné origine aux armoiries, aux habits d'ordonnance des militaires, et aux livrées des domestiques. Par M. BENETON DE MORANGE DE PEYRINS.

Paris 1739. Le Mercier. 1 vol. in-12.

4315.— Traité des devises héraldiques, de leur origine et de leur usage, avec un recueil des armes de toutes les maisons qui en portent, ensemble un précis sur leur origine, et un recueil des faits qui leur sont particuliers, et qui ne sont point encore connus ; le tout pour servir d'Introduction à l'État de la France. Par M. DE COMBLES.

Paris 1783. V.e Duchesne. 1 vol. in-12.

c. — *Armoriaux ou recueils d'armoiries.*

4316.—Cesar armorial, recueil des noms, armes et blasons de toutes les illustres, principales et nobles maisons de France : ou les gentils-hommes trouveront promptement leurs noms et leurs armes. Par C. D. G. P. (*César* DE GRANDPRÉ). 2.e édit.

Paris 1654. Hen. Le Gras. 1 vol. in-8º.

4317.—Le nouveau armorial universel ; contenant les armes et blazons des maisons nobles et illustres de France, et autres royaumes et estats de l'Europe. Avec une parfaite connoissance de l'art du blazon. Rev. cor. et aug. d'un discours fort ample, pour trouver et expliquer le nom de chaque famille. (Par *Claude* LE CELLYER).

Paris 1663. Bessin. 1 vol. in-fol. Fig.

4318.—Armorial national de France, recueil complet des armes des villes et provinces du territoire français réuni pour la première fois, dessiné et gravé par H. TRAVERSIER. Avec des notes descriptives et historiques par L. VAÏSSE.

Paris 1842. Challamel. 1 vol. in-fol.

4319. — Armorial de Flandre, du Hainaut et du Combraisis,

recueil officiel dressé par les ordres de Louis XIV, 1696-1710, publié d'après les manuscrits de la bibliothèque impériale par M. BOREL D'HAUTERIVE. Tom. 1.er de l'Armorial général de France.

Paris 1856. Dumoulin. 1 vol. gr. in-8°. Pl.

4520. — Nobiliaire de Normandie, ou catalogue de la province de Normandie, disposé par ordre alphabétique, contenant les noms, qualitez, armes et blazons de tous les nobles de cette province. Fait et dressé, sur la recherche de M.rs les Intendants depuis l'année 1666 et exécuté par *Jacques-Louis* CHEVILLARD fils.

Paris 1666. L'Auteur. 1 vol. in-fol.

4521. — Armorial de Bourgogne et de Bresse. Dédié à S. A. S. Monseigneur le duc de Bourbon, par J. CHEVILLARD.

Paris 1726. L'Auteur. 1 vol. in-fol.

4522. — Nobiliaire de Picardie ou catalogue des nobles de la généralité d'Amiens maintenus par les jugemens rendus par M.rs Bignon et de Bernage Intendans de justice, police et finances en Picardie, Artois, Bolonois, Pays conquis et reconquis, et ce en conséquence des déclarations du Roy, des 4 septembre 1696, 30 may 1702, 30 janvier 1703 et 16 janvier 1714. (Par J. CHEVILLARD).

Paris 1720. Chevillard. 1 feuille in-fol. collée sur toile.

" — Armes et blasons des ducs et pairs de France. — N.° 3075.

" — Des grands sénéchaux et connétables. — N.° 3083.

" — Des maréchaux. — N.° 3084.

" — Des grands amiraux et généraux des galères. — N.° 3085.

" — Des chanceliers et gardes-des-sceaux. — N.° 3088.

" — De la cour des monnoies. N.° 3093.

" — De la cour du Parlement. — N.° 3113.

Voy. aussi n.° 3078-5079.

4523. — La guyvre mystérieuse, ou l'explication des armes de la tres-illustre famille de Colbert. Par M.e B. BAUDERON.

Mascon 1680. S. Bonard. 1 vol. in-8°.

---

d. — *Des Hérauts et Roys d'armes.*

" — Órigines des chevaliers, armoiries et heraux. Recueillies par Cl. FAUCHET. — N.° 3070.

4524. — De la primitive institution des Roys, Herauldz, et Poursuivans d'armes, composé par M.° *Jehan* Le Feron.

Paris 1555. M. Menier. 1 vol. in-4°.

A la suite :

— Le Simbol armorial des armoiries de France, et d'Escoce, et de Lorraine, Composé par maistre *Jehan* Le Feron.

Paris 1555. Menier. in-4°.

4525. — De l'office des roys, des herauds et des poursuivans d'armes, de leur antiquité, de leurs privileges, et des principales cérémonies où ils sont employés par les Roys et par les Princes; avec les noms, les armes et les blazons des Roys et des Princes souverains de la chrestienté et de la plus grande partie des provinces qui relèvent d'eux. Par *Marc* de Vulson, sieur de La Colombière.

Paris 1645. Lamy. 1 vol. in-4°. Sans titre.

e. — *Histoires généalogiques générales.*

4526. — Le Palais de l'honneur, ou la science héraldique du blazon, contenant l'origine et l'explication des armoiries, l'institution des ordres de chevalerie, avec les armes gravées en taille-douce, pour en donner l'intelligence. Ensemble les généalogies historiques des illustres maisons de France, et autres nobles familles de l'Europe, les cérémonies observées en France, aux sacres des Roys et des Reynes, leurs entrées solemnelles, les baptesmes des fils et des filles de France, et autres choses très-curieuses pour l'histoire. (Par le *Père* Anselme.)

Paris 1686. Loyson. 1 vol. in-4°.

** — Voyez aussi les n.°s 3006 à 3016, et surtout n.° 3011.

** — Alliances généalogiques des rois et princes de Gaule. — N.° 2373.

** — Description des généalogies des rois de Jérusalem. — N.° 1571.

4527. — Les genealogies de soixante et sept tres-nobles et tres-illustres maisons, partie de France, partie estrangeres, yssues de Meroüée, fils de Theodoric 2, Roy d'Austrasie, Bourgongne, etc. Avec le blason et declaration des armoyries que chacune maison porte. Par R. P. *Estienne* DE CYPRE, de la royale maison de LUSIGNAN.

Paris 1587. Le Noir. 1 vol. in-4°.

4528.—Principum christianorum stemmata ab *Antonio* ALBIZIO *Florentino* collecta : cum brevibus ejusdem notationibus ex archivis Principum descript? : nunc adjecto stemmate Othomanico, consentiente Dn. Autore ex optimis autoribus locupletata et emendatiora reddita.

Argentorati. 1627. Christ. ab Heyden. 1 vol. in-fol.

4529.—Die durchlauchtige Welt oder kurtzgefaszte genealogische, historische und politische Beschreibung meist aller jetztlebenden durchlaughtigen hohen Personen sonderlich in Europa, etc. (Le monde aristocratique ou description abrégée généalogique, historique et politique de tous les hauts personnages actuellement existants, particulièrement en Europe.)

Hamburg 1699. B. Schillern. 3 vol. in-8°.

4530.—Les souverains du monde. Ouvrage qui fait connoistre la généalogie de leurs maisons, l'étenduë et le gouvernement de leurs états, leur religion, leurs revenus, leurs forces, leurs titres, les lieux de leurs résidences, leurs prétentions, leurs armoiries, et l'origine historique des pièces ou des quartiers qui les composent. Avec un catalogue des auteurs qui en ont le mieux écrit. Nouv. édit. corr. augm. et conduite jusques à la fin de l'année 1733. (Traduit de l'allemand de F. L. BRESLER.)

Paris 1734. Cavelier. 5 vol. in-12. Fig.

4531.—Neues genealogisch - schematisches Reichs und Staats Handbuch vor das Jahr MDCCLV. (Nouveau manuel généalogique des empires et des états pour l'année 1755.) (Von *Fr.* WARRENTRAPP.)

Francfurt 1755. Warrentrapp. 1 vol. in-8°.

4532.—Tablettes historiques, généalogiques et chronologiques. (Par CHASOT DE NANTIGNY.) 8 parties.

Paris 1749-1757. Giffart. 8 vol. in-16.

4333.—Calendrier des princes et de la noblesse de France, contenant leur état actuel, par ordre alphabétique. Par l'Auteur du Dictionnaire généalogique, héraldique, historique et chronologique. (F. A. DE LA CHENAYE DES BOIS.) Pour les années 1763-1764-1766-1767-1768.

Paris 1763-1768. Duchesne. 5 vol. in-12.

4334.—Etrennes à la noblesse; contenant l'état actuel des maisons des princes souverains de l'Europe, et des familles nobles de France, etc. Pour servir de suite au Calendrier des princes et de la noblesse de France, interrompu en 1769, inclusivement, et aux Étrennes de la noblesse commencées en 1770. Par M. DE LA CHENAYE DESBOIS. Pour l'année 1780.

Paris 1780. Valade. 1 vol. in-12.

4335.—Trésor généalogique, ou extraits des titres anciens qui concernent les maisons et familles de France et des environs, connues en 1400 ou auparavant ; dans un ordre alphabétique, chronologique et généalogique. Par Dom CAFFIAUX. Tom. I.

Paris 1777. Ph. Den. Pierres. 1 vol. in-4°.
Le tome premier a seul été publié.

4336.—Archives généalogiques et historiques de la noblesse de France, ou recueil de preuves, mémoires et notices généalogiques, servant à constater l'origine, la filiation, les alliances et les illustrations religieuses, civiles et militaires des anciennes maisons et familles nobles du royaume, avec la collection des nobiliaires généraux des provinces de France; publiées par M. LAINÉ.

Paris 1828-1850. L'Auteur. 11 vol. in-8°. Fig.

** — Eloges et généalogies des premiers présidens du Parlement de Paris. — N.° 3112.

4337.—Tablettes de Thémis. I. Contenant la succession chronologique avec le blason des armes des chanceliers et gardes des sceaux, secrétaires d'Etat, sur-intendans, contrôleurs généraux, directeurs et intendans des finances. Les intendans des provinces depuis 1700, les maîtres des requêtes , dès leur origine , les présidens , avocats et procureurs généraux du grand conseil. II. Les présidens, chevaliers d'honneur , avocats et procureurs généraux des parlemens et des conseils supérieurs , et la liste des lieutenans civils au châtelet de Paris. III. La chronologie des présidens, chevaliers d'honneur, avocats et procureurs généraux des chambres des comptes de France et de Lorraine , des cours des aides , et de celles des monnoies, les prevôts des marchands de Paris et de Lyon , et la liste des bureaux des finances, présidiaux, bailliages, sénéchaussées et prevôtés, et une table alphabétique des noms de famille. — (Par CHASOT DE NANTIGNY.)

Paris 1755. Legras. 3 vol. in-16.

4558.—Mélanges généalogiques.

1 vol. in-fol. — Contenant :

1. — Requeste des Pairs de France , présentée au Roy le 22 février 1717.

Paris 1717. N. Coustellier. in-fol.

Cette requête a pour objet de faire annuler la déclaration du 5 mai 1694 et l'édit de mai 1711 qui donne au duc du Maine et au comte de Toulouse le droit de représenter les anciens Pairs aux sacres des Rois au défaut des Princes du sang, et la séance au Parlement à l'âge de 20 ans.

2. — Mémoire des princes du sang, pour répondre au mémoire instructif des princes légitimez, du 15 novembre 1716 et à celui du 9 décembre suivant.

S. n, n. l. n. d. (Paris 1717.) in-fol.

3. — Mémoires touchant la comté souveraine d'Aspremont, pour justifier: I. Qu'elle appartient à M. Charles comte d'Aspremont, et de Dun, comme aisné, et chef du nom , et armes de sa maison ; et qu'en ceste qualité , elle luy a esté adjugée , par plusieurs bulles des Empereurs , jugemens de la Chambre impériale, et arrests du Parlement de Paris. II. Que diverses considérations semblent devoir porter sa Majesté, à unir cette souveraineté, à la couronne de France. III. Que tout ce qui peut estre allégué au contraire, par M. le duc de Lorraine, usurpateur de cette seigneurie, n'est aucunement soustenable ; pour les raisons déduites, dans les responses données aux objections qu'il veut faire.

S. l. 1662. Remy Soubret. in-fol

4. — Carte genealogique de la maison de Bourbon, avec les eloges des des princes et des princesses. Par *Charles* BERNARD.
> Paris 1644. in-fol. Sans titre.

5. — Defence apologétique, ou déduction de fait, pour Monseigneur Alexandre sire, duc et prince de Bournonville, comte de Hennin. Contre Monseigneur Ambroise de Bournonville son frère second, nommé duc, et pair de France, chevalier d'honneur de la Reyne, et gouverneur de Paris. Sur le différent qui peut estre entr'eux pour le duché de Bournonville en France, et la viscomté, et baronie de Barlin et autres terres en Artois, délaissées par feu Monseigneur Alexandre premier du nom, sire, et duc de Bournonville, comte de Hennin, chevalier de la Toyson, etc. leur père.
> S. n. n. l. n. d.

6. — Additions en forme de preuves à la déduction de faict, raportée cy-devant pour la juste defence de Monseigneur le duc et prince de Bournonville, fondé en la coustume, contre Monseigneur son frère second, se fondant sur une prétendüe donation de feu Monseigneur le duc leur père.
> S. n, n. l. n. d.

7. — Généalogie de la maison de Cardaillac. Contenant les seigneurs, barons et marquis de Cardaillac, comtes de Bioule, de S. Cirq, de la Cappelle-Marival, de Themines, de Varayre, de Brengues, et autres lieux. Justifiée par chartes, titres, histoires, et autres bonnes preuves. (Par le marquis DE LA CAPPELLE.)
> Paris 1664. E. Martin.

8. — Requeste au Roi, pour M. le duc de Valentinois. Contre M. le comte de Creuïlly. Sur la question de sçavoir si le duché d'Estouteville est éteint, ou s'il subsiste, et à qui, dans ce cas, il doit appartenir. (Par M.e GIRODAT).
> Paris 1744. C. F. Simon.

9. — Remarques sommaires sur la maison de Gondi: par le sieur D'HOZIER.
> Paris 1652. s. n.

10. — Factum pour Mademoiselle, héritière sous bénéfice d'inventaire de feuë madame de Guise, son ayeule maternelle, demanderesse. Contre M. le duc de Guise, les sieurs tuteurs de M. le prince de Joinville, et mademoiselle de Guise, défendeurs.
> S. n. n. l. n. d. (1654).

11. — Sommaire de la défense des princesses Marie et Anne filles et héritières de Charles I du nom, duc de Mantoue et de Montferrat leur père. Contre la prétention de Charles II, duc de Mantoue et de Montferrat leur neveu, petit-fils du defunct. Sur les biens de sa succession en France.
> S. n. n. l. 1640.

12. — Même ouvrage. Sommairement apostillé des moyens à déduire au contraire, pour le soustenement de la cause du mesme Duc.
    Sedan 1643. H. Raoult.

13. — Arrest de la Cour de Parlement, prononcé par M. Matthieu Molé ; au profit de M. le duc de Mantoue, contre la Reyne de Pologne et Madame la Princesse Palatine. Ensemble les plaidoyers de M. l'advocat général Bignon et des advocats des parties. Avec l'extrait des clauses du testament de defunct M. le Duc de Mantoue. L'arrest du Conseil d'Estat prononcé par le Roy, au rapport de M. le Chancelier. Et les lettres de déclarations des Roys Henry II, Henry IV, et Louys XIII, données en faveur de M. le duc de Mantoue et de madame la princesse Eleonor, à present Impératrice, leurs enfans descendans et ascendans, avec dispense de l'habitation dans le Royaume.
    Paris 1652. V.ᵉ Guillemot.

14. — Généalogie et brieve explication des droicts de la dame comtesse de Rochefort, és instances renvoyées en la 2 chambre des enquestes, par arrests de la grand'chambre et du Conseil privé du Roy des 27 juillet et 19 décembre 1656. Contre messire Gaspar Raguier, baron de Poussé, et dame Claire de La Roüere de Guédon sa femme : Marie Visinier, vefve de defunct maistre Remy Choiselat advocat à Sezanne, et le curateur à sa succession vacante.
    S. n. n. l. n. d. (1656).

15. — Généalogie pour monstrer la consanguinité et parentage de messire Jean de Belleforiere, chevalier seigneur dudit lieu avec madame Anne de Colligny en son temps femme de Messire Jacques Chabot, marquis de Mirebeau, dame de Sailly et Courcelles au bois.
    S. n. n. l. 1629.

16. — Factum pour messire Leonor de Remefort, escuyer, seigneur de La Grelière, Denys de Remefort, Pierre de Sazilly, sieur de Villeneufve, et damoiselle Philippes de Remefort sa femme, et damoiselle Marguerite de Remefort, veufve de Charles de Cherité, sieur de la Touche, tant en son nom, que comme mère et tutrice naturelle des enfans dudit deffunct et d'elle. Contre Jacques de Cherité, sieur de Beauvais, et damoiselle Jeanne de Remefort sa femme.
    S. n. n. l. n. d.

17. — Histoire généalogique de la maison de S.ᵗ Aulaire du nom de Beaupoil en Limosin, venue de Bretaigne, depuis l'an de nostre Seigneur 1340 jusques à présent. Par messire *Antoine* DE SAINCT-AULAIRE, chevallier seigneur dudit lieu.
    Paris 1652. L. Sevestre.

18. — Table généalogique pour faire voir que la maison de S. Simon descend par femmes de la royale maison de France. Justifiée par preuves. Par le sieur d'Hozier.

Paris 1631.

19. — Salvations de madame la duchesse de Vantadour héritière de Tournon, où sont traittez tous les poincts et questions du procez, pour raison des biens de cette succession. Ensemble l'extrait des principales clauses des testamens et contracts de mariage de la maison de Tournon. Par maistre *Jacques* Champion.

Paris 1655. Pepingué.

20. — Moyens dont se sert messire *Louis* Desbordes, prieur d'Acquigny, pour justifier la nullité des preuves de la prétendue noblesse de Louis Vedeau, pour estre receu Frere chevalier de justice en l'ordre de Malthe, la fausseté de la pluspart de ses titres, et que les huit quartiers sont tous défectueux. — (Par Le Roide des Bordes, prieur d'Aquigny.)

S. n. n. l. 1684.

4559. — Mélanges généalogiques.

1 vol. in-4°. — Contenant :

1. — Requeste de la noblesse, contre les fausses prétentions de Messieurs les Ducs et Pairs.

S. n. n. l. n. d. (1715.)

2. — Déclaration du Roy Charles IX (Décembre 1571). Sur la préseance et le rang que doivent tenir les princes de la maison de Longueville, insérée dans le premier tome du Théâtre d'honneur et de chevalerie d'André Favin, page 761 et 762.

S. n. n. l. n. d. (1717.)

3. — Mémoire pour Jean-Louis Marquis de Saluces, la comtesse de Polignac, et les Abbés de Saluces, l'un chanoine de Soissons, l'autre vicaire-général de Meaux. Et encore pour Pierre marquis de Saluces, François comte de Saluces et l'abbé de Saluces, abbé commendataire de l'abbaye de Saint-Amand de Boix, branche cadette établie en Angoumois. Contre les marquis et comtes de Lur maréchaux des camps et armées du Roy. (Par Courtin, avocat.)

Paris 1775. V.ᶜ Ballard.

4. — Réponse pour Pierre de Lur, marquis de Saluces, maréchal des camps et armées du Roi, contre Jean-Louis de Saluces; Marie-Jeanne-Louise de Saluces, comtesse de Polignac; François de Saluces, et Jean-Claude de Saluces. Et encore contre Pierre de Saluces, et François-André de Saluces. (Par Treilhard, avocat).

Paris 1775. L. Cellot.

5. — Mémoire à consulter, et consultation pour Charles-Marie de Créquy, marquis de Créquy, chef du nom et des armes de Créquy, qui sont d'or au créquier de gueules; contre François-Louis-Marin Le Jeune de La Furjonnière, soi-disant comte de Créquy; et contre les sieurs Le Jeune, ses frères. — (Par TREILHARD.)
Paris 1780- Cellot.

6. — Précis pour la maison des Montesquiou, contre les sieurs La Boulbene. (Par TREILHARD.)
Paris 1783. Valade.

7. — Titres des sieurs de La Boulbene, ou pièces justificatives de leur véritable généalogie.
Paris 1783. Valade.

8. — Pièces qui démontrent la fausseté de la généalogie que les sieurs de La Boulbenne ont fait en 1781, et qu'ils présentent aujourd'hui pour établir qu'ils sont issus par mâles de la maison de Montesquiou.
Paris 1783. Valade.

9. — Exposition des faits pour les sieurs de Montesquiou Laboulbenne; contre le marquis de Montesquiou, premier écuyer de Monsieur.
Paris 1783. Simon.

10. — Plaidoyer pour les sieurs de Montesquiou La Boulbenne. Contre le marquis de Montesquiou, premier écuyer de Monsieur. L'abbé de Montesquiou Poilebon, abbé de S. Martial de Limoges. L'abbé de Montesquiou Xaintrailles, curé d'Amade. Le sieur de Montesquiou Marsan, et autres parties intervenantes. Généalogie. —(Par HENRY.)
Paris 1783. G. Simon.

11. — Réplique pour les sieurs de Montesquiou La Boulbenne; contre le marquis de Montesquiou, les sieurs d'Artagnan, de Marsan, de Poylebon et de Xaintrailles.
Paris 1783. Simon et Nyon.

12. — Duplique pour les sieurs de Montesquiou La Boulbenne; contre le marquis de Montesquiou, les sieurs d'Artagnan, de Marsan, de Poylebon et de Xaintrailles.
Paris 1783. Simon et Nyon.

13. — Tiltres justificatifs du droict appartenant au duc de La Tremoille, en Issuccession universelle de Frideric d'Aragon, Roy de Sycile, Naples, Hiérusalem, etc.
Paris 1654. P. Des Hayes.

14. — Titres justificatifs du droit de Madame Charlotte-Christine de Lorraine marquise d'Assy, à la succession de Guise.
S. n. n. l. n. d. (1688).

** — Le nobiliaire. — Le nécrologe. — Les alliances. — Les ducs et duchesses de Berry. Par *Nic.* CATHERINOT. — Voy. n.° 3236.

** — Histoire généalogique des ducs de Bourgogne. — N.º 3251.

** — Généalogie des ducs, comtes, évéques, etc. de Cambray, par Le CARPENTIER. — N.º 3322.

** — Stemmata Lotharingiæ ac Barri ducum. — N.º 3451.

f. — Histoire généalogique des provinces- de France.

4340. — Histoire générale des maisons nobles de la province de Normandie par le sieur DE LA ROQUE.

    Caen 1654. Marin Yvon. 1 vol. in-fol.

    Ce volume contient 3 familles, celles de Fay, Brossard et Touchet qui seules, selon le P. Lelong, ont été imprimées. — Il n'y a point de titre, mais la tête de chapitre ci-dessus, qui en tient lieu, et au-dessous : — Premier volume, lettre F. Fay. (148 pag.) — Second volume, lettre B. Brossard. (12 pag.) — Second volume, lettre T. Touchet. (164 pages.)

4341. — Noblesse et chevalerie du comté de Flandre, d'Artois et de Picardie. Publié par P. ROGER.

    Amiens 1843. Duval et Herment. 1 vol. in-8º. Pl.

4342. — Recueil de plusieurs nobles et illustres maisons vivantes et esteintes, en l'estenduë du diocese d'Amiens, et à l'environ, des alliances et vertueux actes des seigneurs, et des abbayes, prieurez et églises collegiales par eux fondées. En suite des Antiquitez d'Amiens. Par M. *Adrian* DE LA MORLIÈRE.

    Amiens 1630. J. Hubault. 1 vol. in-4º.

** — Histoire généalogique des comtes de Pontieu. — N.º 3840.

4343. — Nobiliaire de Picardie, contenant les généralitez d'Amiens, de Soissons, Pays reconquis, et partie de l'élection de Beauvais. Le tout justifié conformément aux jugemens rendus en faveur des Nobles de la province; tant par les arrests du Conseil et de la Cour des aydes, que par les ordonnances de Messieurs les Intendans. Ensemble l'estat ecclesiastique, gouverneurs de provinces, païs, villes et citadelles, lieutenans généraux, et lieutenans de Roy des mêmes lieux; intendans, et officiers de judicature de la province. Dressé sur les mêmes jugemens, et sur plusieurs chartes d'églises, histoires, chroniques, titres et autres monumens publics. Par M. HAUDICQUER DE BLANCOURT.

Paris 1695. Jombert. 1 vol. in-4°.

M. Brunet (Manuel du libraire, II, p.523) dit, d'après De Bure (Bibliographie n.os 693), qu'il est difficile de se procurer des exemplaires où ne manquent point les 11 familles comprises entre les familles Faguet et Le Féron, nous croyons qu'il faudrait dire le contraire.

Un arrêt du Parlement de 1701, sans supprimer ce livre, condamne l'auteur aux galères, pour avoir contrefait et fabriqué d'anciens titres de noblesse, peine commuée depuis en une prison perpétuelle.

4344. — Nobiliaire de Picardie, généralité d'Amiens, contenant l'extrait des titres et des généalogies produits devant M. Bignon, Intendant de cette généralité, avec les jugements par lui rendus en exécution de la déclaration du mois de septembre 1696.

Amiens (1708-1717). 1 vol. gr. in-fol.

Ce nobiliaire, imprimé aux frais des familles et par les soins de Nicolas de VILLERS, sieur de ROUSSEVILLE (1), se compose de 451 feuilles, celle de Wauzans n'étant point numérotée. — On y trouve toutes les feuilles indiquées par Van Praët (Cat. des liv. impr. sur vélin de la Bibl. du Roi, tom. V, n.° 150), et en plus les familles Bouzier, élection de St.-Quentin, et Testart, sénéchaussée de Boulogne; mais il y manque, Hanique, élection de Doullens, et une feuille aux familles de Monsure, Picquet, Roussel, Truffier et Villers.

** — Consultez aussi les histoires des provinces.

g. — Généalogies particulières de familles françaises.

4345. — Histoire généalogique des familles de Bonne, de Crequy, de Blanchefort, d'Agout, de Vesc, de Montlor, de Maubec, et de Montauban. Par M. *Guy* ALLARD.

Grenoble 1672. Gilibert. 1 vol. in-4°.

C'est le 1.er volume de l'Histoire généalogique des maisons du Dauphiné publiée par Guy-Allard en 4 vol. in-4.° de 1678 à 1682.

4346. — Histoire généalogique de la maison royale de Dreux, et

(1) DE VILLERS (*Nicolas*) sieur de ROUSSEVILLE, né à Amiens le 19 juin 1660, y mourut le 2 décembre 1726.

de quelques autres familles illustres, qui en sont descenduës par les femmes. Le tout justifié par chartes de diverses églises, tiltres, arrests, histoires, et autres bonnes preuves. Par *André* Du Chesne.

Paris 1631. Seb. Cramoisy. 1 vol. in-fol.

Le faux titre porte :

Histoire des maisons de Dreux, de Bar-le-Duc, de Luxembourg et de Limbourg, du Plessis de Richelieu, de Broyes et de Chasteauvillain.

4547. — Histoire généalogique des maisons de Guines, d'Ardres, de Gand, et de Coucy, et de quelques autres familles illustres, qui y ont esté alliées. Le tout justifié par chartes de diverses églises, tiltres, histoires anciennes, et autres bonnes preuves. Par *André* du Chesne.

Paris 1631. Cramoisy. 1 vol. in-fol. Fig.

4548. — Histoire généalogique de la maison d'Auvergne, justifiée par chartes, titres, et histoires anciennes, et autres preuves authentiques. Enrichie de plusieurs seaux et armoiries, et divisée en sept livres. Par *Christofle* Justel.

Paris 1645. M. Du Puy. 1 vol. in-fol.

4549. — Histoire généalogique de la maison d'Auvergne, justifiée par chartes, titres, histoires anciennes, et autres preuves authentiques. Par M. Baluze

Paris 1708. Dezallier. 2 vol. in-fol.

4550. — Généalogie de la maison de Belloy, dressée sur titres originaux, sur d'anciennes montres, acquits ou quittances de services militaires, rôles des compagnies des ordonnances et comptes anciens des trésoriers des guerres de nos Rois; sur des manuscrits de la bibliothèque du Roy, et autres ; sur des arrêts du Conseil d'État de Sa Majesté, et des jugemens d'Intendans rendus lors de la recherche de la noblesse du Royaume en 1666, et depuis; et sur divers auteurs de l'histoire de France, etc. (Par *Claude-François-Marie*, Marquis titulaire de Belloy.)

Paris 1747. Thiboust. 1 vol. in-4°.

4351 — Histoire généalogique de la maison de Béthune. Justifiée par chartes de diverses églises et abbayes, arrests du Parlement, titres particuliers, épitaphes, chroniques, et autres bonnes preuves. Par *André* DU CHESNE.

Paris 1639. S. Cramoisy. 1 vol. in-fol.

4352.—Notice sur la maison de Boubers-Abbeville-Tunc (Ponthieu.) Extraite *de l'Armorial de la noblesse de France* et de plusieurs autres ouvrages héraldiques. (Par M. le Cte *Am. Ch.* M. DE BOUBERS-ABBEVILLE-TUNCIT.

Paris 1844. Schneider et Langrand. 1 vol. in-8°.

4353.—Histoire généalogique de la maison des Briçonnets. Contenant la vie et actions plus mémorables de plusieurs illustres personnages sortis de cet estoc, cardinaux, evesques, ambassadeurs, et officiers de la couronne, qui ont jadis heureusement gouverné l'Etat souz l'autorité de nos Roys, et ont été par eux employez avec pareil succez, au maniement de leurs affaires plus importantes. Par *Guy* BRETONNEAU, *Pontoisien*.

Paris 1620. Daumalle. 1 vol. in-4°.

'* — Histoire généalogique de la maison de Castelnau. — N.° 2464.

4354.—Histoire généalogique de la maison des Chasteigners; seigneurs de la Chasteigneraye, de la Rochepozay, de Saint Georges de Rexe, de Lindoys, de la Rochefaton, et autres lieux. Justifiée par chartes de diverses églises, arrests de la Cour de Parlement, tiltres domestiques, et autres bonnes preuves. Par *André* DU CHESNE.

Paris 1634. S. Cramoisy, 1 vol. in--fol. Fig.

4355.—Histoire de la maison de Chastillon sur Marne. Avec les genealogies et armes des illustres familles de France et des Pays-bas, lesquelles y ont esté alliées. Le tout divisé en XII livres, et justifié par chartes, tiltres, arrests et auctoritez des plus fidelles historiens. Par A. DU CHESNE.

Paris 1621. S. Cramoisy. 1 vol. in-fol. Fig.

4556. — Table genealogique des seigneurs de la maison de Clermont en Dauphiné, comtes de Tonnerre. Par R. Levvyt.

Troye 1.... D. Febvre. 1 vol. in-8°.

4557. — De stirpe et origine domus de Courtenay, quæ cœpit a Ludovico Crasso hujus nominis sexto Francorum rege sermocinatio. Cui inserti sunt supplices libelli Regi ad hanc rem oblati, unà cum repræsentatione juris et meritorum præsentis instantiæ. Addita sunt responsa celeberrimorum Europæ jurisconsultorum.

Parisiis 1607. 1 vol. in-8°.

4558. — Representation du procedé tenu en l'instance faite devant le Roy par Messieurs de Courtenay pour la conservation de l'honneur et dignité de leur maison issue du Roy Louys le Gros sixiesme de ce nom Roy de France. Ensemble les noms des docteurs et jurisconsultes qui ont esté consultez sur ce subject avec un résultat abregé des advis qu'ils en ont donné. (Par *André* du Chesne.)

Paris 1609. 1 vol. in-8.°

4559. — Histoire genealogique de la maison royale de Courtenay. Justifiée par plusieurs chartes de diverses églises, arrests du Parlement, titres du trésor du Roy et de la Chambre des comptes, histoires imprimées et manuscriptes, et autres preuves dignes de foy. Par M. du Bouchet.

Paris 1661. Preuveray. 1 vol. in-fol. Fig.

On y a joint :

— Extraction de M. le Prince de Courtenay.

— Protestation de M. le Prince de Courtenay et de Messieurs ses enfans, faite entre les mains du Roy, pour la conservation des droits de leur naissance. Le 11 février 1662.

— Mémoire présenté au Roy par M. le Prince de Courtenay, en suite de sa protestation. Le 13 février 1662.

— Requeste présentée au Roy par M. le Prince de Courtenay. Le 23 mars 1666.

4560. — Mémoire pour la famille Dunot, où l'on voit ses preuves de noblesse , ses services et ses alliances. Par M. *Jean-Alexandre* Dunot-de-Saint-Macloux.

S . n. n. l. 1776. 1 vol. in-8°.

4361.—Généalogie de la maison de Fay en Sangterre. Dressé au mois de février de l'an 1695 sur les titres représentez à M. Ch. d'Hozier.

S. n. n. l. n. d. (1721). 1 vol. in-4°.

4362.—Généalogie de la maison de Flavigny-Renansart. (Extrait de l'Armorial général d'Hozier , xi et xii vol. 1845-46.)

Paris 1846. Duverger. 1 vol. in-8°. 2 Pl.

On y a joint 25 pages de notes et additions manuscrites.

4363.—Même ouvrage. —

Paris 1846. Duverger. 1 vol. in-8°. 2 Pl.

On y a joint de nouvelles pièces imprimées et manuscrites.

4364.—Histoire généalogique de la maison de Gondi. Par M. de Corbinelli.

Paris 1705. Coignard. 2 vol. in-4°. Fig.

4365.—Généalogie de la maison du Hamel, dressée sur titres originaux et monuments historiques, d'après les recherches de dom Caffiaux, dom Malause, dom Quinsert, dom Villevieille , religieux bénédictins de la Congrégation de Saint-Maur ; par M. de Saint-Pons ; achevée et rédigée par M. Lainé.

La seconde partie a pour titre :

—Pièces principales, additions, corrections, pour faire suite à l'histoire généalogique de la maison du Hamel, etc.

Paris 1834-1838. Béthune, Belin et Plon. 2 vol. in-8°.

4366.—Histoire généalogique de la maison de La Tremoille. Justifiée par chartes d'églises , arrests du Parlement, titres du trésor des chartes, de la Chambre des Comptes, histoires imprimées, manuscrites et autres bonnes preuves. Tirée d'un MS. de Messieurs de Sainte Marthe, et mise en abbrégé. Par M. de S. Marthe.

Paris 1668. Piget. 1 vol. in-12.

4367.—Genealogie et alliances de la maison des sieurs de Larbour, dits depuis de Combauld, sortie autres fois puisnée de la première race de Bourbon non royale, dés devant l'an mil deux cens : en après renduë aisnée d'icelle par la cheute en femmes des deux branches aisnées : et aujour-d'huy par l'extinction de toutes les autres, seule restée de la ligne masculine. Justifiée par histoires manuscrites et imprimées, etc. Par le sieur D'HOZIER.

Paris 1629. M. Henault. 1 vol. in-4º.

4368.—Considérations historiques sur la généalogie de la mai-son de Lorraine. Première partie des mémoires rédigez par *Louis* CHANTEREAU LE FEBVRE.

Paris 1642. Bessin. 1 vol. in-fol.

4369.—Extrait de la généalogie de la maison de Mailly, suivi de l'histoire de la branche des comtes de Mailly mar-quis d'Haucourt et de celle des marquis du Quesnoy. Dressé sur les titres originaux sous les yeux de M. de Clairambaut généalogiste des ordres du Roy, et pour l'histoire par M. (Le *Père* SIMPLICIEN). Imprimé d'après le manuscrit présenté au Roy et déposé par son ordre à la bibliothèque de Sa Majesté.

Paris 1757. Ballard. 1 vol. in-4º. Pl.

4370.—Pièces pour l'histoire généalogique de la maison de Mailly.

1 vol. in-4.º. Contenant :

—Requeste présentée au Roi, en son conseil, par *Joseph-Augustin*, comte DE MAILLY (pour la vérification de ses titres généalogiques).

—Mémoire sur la requeste présentée au Roy, en son Con-seil, par Joseph-Augustin de Mailly, comte de Mailly, lieutenant-général des armées du Roy et du Roussillon. Avec les pièces qui y ont rapport.

— Extrait des titres originaux de la branche des comtes de Mailly, seigneurs d'Haucourt, et des marquis du Quesnoy en Flandre, qui en sont issus ; pour servir aux

preuves de ces deux branches , et être joints à la requête présentée au Conseil du Roy.

S. n. n. l. n. d. in-4.°

— Création d'une première chanoinie d'honneur héréditaire pour Mgr. le Comté de Mailly, marquis d'Haucourt,
ses hoirs et successeurs chefs de sa maison , dans l'église
cathédrale de Perpignan, à perpétuité.

Perpignan 1758. Le Comte. in-4°.

—Recueil de différentes pièces concernant l'histoire généalogique de la branche des comtes de Mailly , marquis
d'Haucourt, et des marquis du Quesnoy, en Flandres, qui
en sont issus. Imprimé en 1757.

S. n. n. l. 1763. in-4°.

— Notice abrégée sur la maison de Mailly.

Paris 1835. Lacour. 1 feuille gr. in-fol.

4571.—Histoire généalogique de la maison de Montmorency et
de Laval. Justifiée par chartes, tiltres, arrests, et autres
bonnes et certaines preuves. Enrichie de plusieurs figures
et divisée en xii livres. Par *André* du Chesne.

Paris 1624. S. Cramoisy. 1 vol. in-fol. Fig. col.

4572.—Histoire généalogique de la maison de Turene. Justifiée
par chartes, titres et histoires anciennes, et autres preuves
authentiques. Enrichie de plusieurs seaux, et armoiries,
et divisée en deux livres. Par *Christofle* Justel.

Paris 1645. M. Du Puy. 1 vol. in-fol. N.° 4348.

4573.—Histoire généalogique de la maison de Vergy. Justifiée
par chartes, tiltres, et arrests, et autres bonnes et certaines preuves. Enrichie de plusieurs figures, et divisée
en dix livres. Par *André* du Chesne.

Paris 1625. S. Cramoisy. 1 vol. in-fol. Fig. col.

4574.—Abrégé généalogique et historique de la maison de Vincent d'Hautecourt et des seigneurs de Tournon.

S. n. n. l. n. d. 1 vol. in-4°.

61.*

h. — *Généalogies de familles italiennes.*

4375.—Della origine, et de' fatti delle famiglie illustri d'Italia, di *Francesco* Sansovino.

Vinegia 1582. Salicato. 1 vol. in-4°.

** — Généalogie de la maison de Médicis. — N.° 2640.
** — Histoire généalogique de la maison de Savoye. — N.° 1395.
** — A. Possevini Gonzaga. — N.° 1398.

4376.—L'histoire de la tres-ancienne et illustre maison de Saint François de Sales, evesque et prince de Genève. Par *Nicolas* de Hauteville.

Paris 1669. Josse. 1 vol. in-4°.

Une note manuscrite de l'auteur nous apprend qu'il a offert cet exemplaire à M. de la Massonière, à cause de la grande amitié qu'il a toujours eue pour lui.

i. — *Généalogies de familles d'Allemagne et de Flandre.*

** — *Fr.* Guillimanni Habsburgiaca. — N.° 1667.
** — Histoire généalogique de la maison d'Autriche. — N.° 1668.
** — Généalogies des comtes de Flandre. — N.° 1805 à 1810.
** — Trophées de la duché de Brabant, par Butkens. — N.° 1820.

4377.—Mémoire historique et généalogique sur la très-ancienne noble maison de Kerckhove; traitant spécialement de la branche de Kerckhove dite Van der Varent; rédigée d'après d'anciens manuscrits et d'autres documens authentiques, par P. E. de Borcht. Nouv. édit. corr. compl. et augmentée des autres branches de la maison de Kerckhove; par un descendant de cette maison. (*Joseph-Romain-Louis* de Kerckhove.)

Anvers 1839. Janssens. 1 vol. in-8°.

SIXIÈME DIVISION.

BIOGRAPHIE.

a. — *Biographie générale ancienne et moderne. — Dictionnaires biographiques.*

** — Le grand dictionnaire historique, par Moréri. — N.° 30.
** — Dictionnaire d'histoire et de géographie, par M. N. Bouillet. N.° 32.

** — Consultez aussi les numéros 25 à 29.

4378.—Dictionnaire historique et critique, par M.ᵣ *Pierre* BAYLE. 5.ᵉ édition, revue, corrigée et augmentée. Avec la vie de l'auteur; par M.ᵣ DES MAIZEAUX.

Basle 1738. Brandmüller. 4 vol. in-fol.

4379.—Nouveau dictionnaire historique et critique, pour servir de supplément ou de continuation au Dictionnaire historique et critique de M.ᵣ *Pierre* BAYLE. Par *Jaques-George* DE CHAUFEPIÉ.

Amsterdam 1750-1756. Chatelain. 4 vol. in-fol.

4580.—Extrait du Dictionnaire historique et critique de BAYLE, divisé en deux volumes, avec une préface. (Par FRÉDÉRIC II, roi de Prusse, publié par D. THIÉBAULT.)

Berlin 1767. Ch. F. Voss. 2 vol. in-8º. Port.

4581.—Dictionnaire historique et critique, ou recherches sur la vie, le caractère, les mœurs, et les opinions de plusieurs hommes célebres, tirées des Dictionnaires de M.ʳˢ *Bayle* et *Chaufepié*: ouvrage dans lequel on a recueilli les morceaux les plus agréables et les plus utiles de ces deux Auteurs; avec un grand nombre d'articles nouveaux et de remarques d'histoire, de critique et de littérature; pour servir de supplément aux différents Dictionnaires historiques. Par M. DE BONNEGARDE.

Lyon 1771. Barret. 4 vol. in-8º.

4582.—Dictionnaire historique-portatif, contenant l'histoire des patriarches, des princes hébreux, des empereurs, des rois, et des grands capitaines; des dieux et des héros de l'antiquité payenne; des papes, des saints pères, des évêques et des cardinaux célèbres; des historiens, poètes, orateurs, théologiens, jurisconsultes, médecins, etc.; avec leurs principaux ouvrages et leurs meilleures éditions; des femmes savantes, des peintres, etc., et généralement de toutes les personnes illustres ou fameuses de tous les siècles et de toutes les nations du monde. Par M. l'*Abbé* LADVOCAT. Nouv. édit.

Paris 1760. V.° Didot. 2 vol. in-8°.

4383.—Même ouvrage. Nouv. édit. corr. et augm. (par *Ch. G.* LE CLERC).

Paris 1777. Le Clerc. 3 vol. in-8°.

4384.—Supplément au Dictionnaire historique et bibliographique portatif, contenant l'histoire de tous les hommes célébres, avec l'indication des bonnes éditions et des meilleurs ouvrages des savans. Par M. l'*Abbé* LADVOCAT. (Par *Ch. G.* LE CLERC).

Paris 1789. Le Clerc. 1 vol. in-8°.

4385.—Dictionnaire historique et bibliographique. Contenant l'histoire abrégée de toutes les personnes de l'un et de l'autre sexe qui se sont fait un nom par leurs talens, leurs vertus ou leurs crimes, depuis le commencement du monde ; avec l'histoire des dieux de toutes les mythologies, et dans lequel on rapporte les jugemens des meilleurs écrivains sur le caractère, les mœurs et les ouvrages de ces mêmes personnes, et des considérations sur l'accroissement, la décadence et la chûte des empires. Par M. LADVOCAT. Nouv. édit. corr. et augm. et où l'on a fondu le Supplément de LE CLERC.

Paris 1822. Ledoux. 5 vol. in-8°.

4386.— Dictionnaire des portraits historiques, anecdotes et traits remarquables des hommes illustres. (Par *H.* LACOMBE DE PREZEL.

Paris 1769. Lacombe. 3 vol. in-12.

4387.— Nouveau Dictionnaire historique, ou histoire abrégée de tous les hommes qui se sont fait un nom par le génie, les talens, les vertus, les erreurs même, etc., depuis le commencement du monde jusqu'à nos jours; avec des Tables chronologiques pour réduire en corps d'histoire les articles répandus dans ce dictionnaire. Par une Société de gens de lettres. (Par *L. M.* Chaudon.)

Paris 1772. Le Jay. 5 en 6 vol. in-8º.

4388.—Supplément aux différentes éditions du nouveau dictionnaire historique, ou histoire abrégée de tous les hommes qui se sont fait un nom par des talens, des vertus, des forfaits, des erreurs, etc. depuis le commencement du monde jusqu'à nos jours. Et dans laquelle on expose avec impartialité ce que les écrivains les plus judicieux ont pensé sur le caractère, les mœurs et les ouvrages des hommes célèbres dans tous les genres. Par une Société de gens de lettres. (Par *L. M.* Chaudon). Extrait de la *cinquième édition.* Rev. corr. et augm. de deux volumes.

Caen 1784. Le Roy. 2 vol. in-8º.

4389.—Nouveau dictionnaire historique, ou histoire abrégée de tous les hommes qui se sont fait un nom par des talens, des vertus, des forfaits, des erreurs, etc., depuis le commencement du monde jusqu'à nos jours ; dans laquelle on expose avec impartialité ce que les écrivains les plus judicieux ont pensé sur le caractère, les mœurs et les ouvrages des hommes célèbres dans tous les genres; avec des Tables chronologiques, pour réduire en corps d'histoire les articles répandus dans ce Dictionnaire. Par L. M. Chaudon et F. A. Delandine. 8.ᵉ édit.

Lyon 1804. Bruyset. 13 vol. in-8º.

4390.—Dictionnaire universel, historique, critique et bibliographique, ou histoire abrégée et impartiale des hommes de toutes les nations qui se sont rendus célèbres, illustres ou fameux par des vertus, des talens, de grandes actions, des opinions singulières, des inventions, des découvertes, des monumens, ou par des erreurs, des crimes, des forfaits, etc., depuis la plus haute antiquité jusqu'à nos jours ; avec les dieux et les héros de toutes les mythologies ; enrichie des notes et additions des abbés Brotier et

Mercier de Saint-Léger, etc. D'après la 8.ᵉ édit. publiée par MM. Chaudon et Delandine. 9.ᵉ édit. rev. cor. et aug. de 20,000 articles environ; par une Société de savants français et étrangers. Suivie de Tables chronologiques, pour réduire en corps d'histoire les articles répandus dans ce dictionnaire. (Par *L.* Prudhomme.)

Paris 1810-1812. Mame et Prudhomme. 20 vol. in-8º.

4591. — Dictionnaire historique, ou histoire abrégée des hommes qui se sont fait un nom par le génie, les talens, les vertus, les erreurs, depuis le commencement du monde jusqu'à nos jours. Par l'*Abbé F. X.* de Feller. 2.ᵉ édit.

Liège 1797. Lemarié. 8 vol. in-8º.

4592. — Dictionnaire historique ou biographie universelle des hommes qui se sont fait un nom par leur génie, leurs talents, leurs vertus, leurs erreurs ou leurs crimes, depuis le commencement du monde jusqu'à nos jours, par *F. X.* de Feller; revu, complété et continué jusqu'en 1857 par M. Henrion. 9.ᵉ édit.

Paris 1837. P. Dupont. 4 vol. in-8º.

4595. — Biographie universelle, ancienne et moderne, ou histoire, par ordre alphabétique, de la vie publique et privée de tous les hommes qui se sont fait remarquer par leurs écrits, leurs actions, leurs talents, leurs vertus et leurs crimes. Ouvrage entierement neuf, rédigé par une Société de gens de lettres et de savants. (Sous la direction de *L. G.* Michaud.)

Paris 1811-1853. Michaud frères. 83 vol. in-8º.

Les tomes 53-54-55 comprennent la partie mythologique, ou Histoire, par ordre alphabétique, des personnages des temps héroïques et des divinités grecques, italiques, égyptiennes, hindoues, japonaises, scandinaves, celtes, méxicaines, etc. (1832-1833.)

Les tomes 56 à 83 (1834 à 1853) forment le supplément, qui s'arrête au mot Teyssieu, et doit se continuer.

b. — *Biographie moderne. — Dictionnaires biographiques.*

4594. — Biographie des hommes vivants, ou histoire par ordre alphabétique de la vie publique de tous les hommes qui se sont fait remarquer par leurs actions ou leurs écrits. Ouvrage entièrement neuf, rédigé par une Société de gens de lettres et de savants.

Paris 1816-1819. Michaud. 5 vol. in-8°.

4595.—Biographie nouvelle des contemporains, ou dictionnaire historique et raisonné de tous les hommes qui, depuis la révolution française, ont acquis de la célébrité par leurs actions, leurs écrits, leurs erreurs ou leurs crimes, soit en France, soit dans les pays étrangers ; précédée d'un tableau par ordre chronologique des époques célèbres et des évenemens remarquables, tant en France qu'à l'étranger, depuis 1787 jusqu'à ce jour, et d'une Table alphabétique des Assemblées législatives, à partir de l'Assemblée constituante jusqu'aux dernières Chambres des Pairs et des Députés. Par MM. A. V. ARNAULT, A. JAY, E. JOUY, J. NORVINS et autres hommes de lettres, magistrats et militaires.

Paris 1827. Dufour et C.ie 20 vol. in-8.° Port.

c. — Biographie ancienne collective.

4596.—PLUTARCHI *Cheronei* Græcorum Romanorumque illustrium vitæ.

Basileæ 1554. M. Isingrinius. 1 vol. in-fol.

4597.—Plutarchi vitae parallelae. Ad optimorum librorum fidem accurate editae. Editio stereotypa. (Græcè). (Edidit et recognovit G. H. SCHŒFER.)

Lipsiae 1829. Tauchnitius. 9 vol. in-18.

** — ΠΛΟΥΤΑΡΧΟΥ *Ϭίοι.* PLUTARCHI vitæ. Secundum codices parisinos recognovit *Théod.* DOEHNER. Græcè et latinè.

Parisiis 1846-1855. F. Didot fr. 2 vol. in-8°.

Vide : *Script. Græc. Bibl.*

Voyez aussi les œuvres de Plutarque.

4598.—PLUTARCHI *Chæronei* historici ac philosophi gravissimi, Græcorum, Romanorumque illustrium vitæ, ab authore primùm græcè conscriptæ: postea verò à doctissimis hominibus latinæ factæ : nunc tandem ab eruditissimis aliquot viris summa cura atque diligentia ab innumeris mendis, quibus æquè et græcum exemplar, et latina translatio scatebant, recognitæ et collatæ.

Lutetiæ Paris. 1558. M. Vascosanus. 1 vol. in-fol.

4399.—Les vies des hommes illustres Grecs et Romains, comparées l'une avec l'autre par PLUTARQUE de Chæronée, translatées de grec en françois. (Par *Jacques* AMYOT.)

Paris 1559. Michel de Vascosan. 1 vol. in-fol.

4400.—Les vies des hommes illustres, Grecs et Romains, comparées l'une avec l'autre par PLUTARQUE de Chæronée, translatées premièrement de grec en françois par maistre *Iaques* AMYOT lors Abbé de Bellozane, et depuis en ceste seconde edition reveuës et corrigees en infinis passages par le mesme translateur, maintenant Abbé de saincte-Corneille de Compiegne, à l'aide de plusieurs exemplaires vieux, escripts à la main, et aussi du jugement de quelques personnages excellents en sçavoir.

Paris 1565. Michel de Vascosan. 1 vol. in-fol.

4401.—Les hommes illustres Grecs et Romains, comparez l'un à l'autre par PLUTARQUE de Cheronée. De la version de grec en françois, par M.e *Jacques* AMYOT. Avec addition en cette édition dernière, d'amples sommaires sur chaque vie, d'annotations et de tables. Plus ont esté adjoustées en ceste dernière edition, les vies d'Annibal, de Scipion l'Africain, de Seneque, et des douze illustres Empereurs d'EMILIUS PROBUS. (Traduites du latin, par *Charles* DE L'ESCLUSE, et corrigées en ceste dernière impression par le sieur DU PELLETIER.) Avec leurs figures en taille-douce tirées des médailles antiques : ensemble une Chronologie marquant les temps de leurs vies.

Paris 1645. Robinot. 2 vol. in-fol.

4402.—Les vies des hommes illustres de Plutarque, nouvelle-

ment traduites de grec en françois. Par M. l'*Abbé* TAL-
LEMANT.
> **Paris 1671-1672. De Sercy. 7 vol. in-12.**

4403.—Les vies des hommes illustres de PLUTARQUE, traduites
en françois, avec des remarques historiques et critiques.
Nouv. édit., rev. corr. et augm. de plusieurs notes. Par
M. DACIER. (Avec les vies des hommes illustres omises
par Plutarque, traduites de l'anglois de *Thomas* ROWE,
par M. l'*Abbé* BELLENGER.)
> **Paris 1734. Paulus du Mesnil. 9 vol. in-4º. Le 1.ᵉʳ manq.**

4404.—Même ouvrage. Nouv. édit. rev. et corr.
> **Paris 1762. La Comp. des libr. 14 vol. in-12.**

4405.—Même ouvrage. — Nouv. édit.
> **Lyon 1803. Leroy. 14 vol. in-12.**

4406.—Les vies des hommes illustres, traduites du grec de PLU-
TARQUE, avec notes, par D. RICARD.
> **Paris 1830. Guiraudet. 10 vol. in-8º.**

4407.—Selecta loca e vitis illustrium Romanorum à PLUTARCHO
scriptis. Ad usum scholarum. Accuratè ad meliorum codicum fidem emendata.
> **Lutetiæ 1740. Thiboust. 1 vol. in-12.**

4408.—Abrégé des hommes illustres de PLUTARQUE, à l'usage
de la jeunesse, par le citoyen ACHER.
> **Beauvais (Oise). An iv-ix. Desjardins. 2 vol. in-12.**

4409.—Tables géographiques pour les vies des hommes illustres
de Plutarque, dressées par le R. P. LUBIN, sur la nouvelle traduction du grec, faite par M. l'*Abbé* TALLEMANT.
> **Paris 1671. 1 vol. in-fol.**

4410.—ΔΙΟΓΕΝΟΥΣ ΛΑΕΡΤΙΟΥ περὶ βίων, δογμάτων καὶ ἀποφθεγμάτων τῶν ἐν φιλοσοφίᾳ εὐδοκιμησάντων, βιβλία ι̅. DIOGENIS
LAERTII de vitis, dogmatis et apophthegmatis eorum qui
in philosophia claruerunt, libri X. (Interprete P. *Ambrosio* TRAVERSARI.) In quibus plurimi loci integritati suæ
ex multis vetustis codicibus restituuntur, et ii quibus
aliqua deerant, explentur. Cum annotationibus *Henr.*

STEPHANI. Pythag. philosophorum fragmenta. Cum latina interpretatione (*Gulielmi* CANTERI.)

Parisiis 1570. H. Stephanus. 1 vol. in-8°.

4411.—ΔΙΟΓΕΝΟΥΣ ΛΑΕΡΤΙΟΥ περὶ βίων, δογμάτων καὶ ἀποφθεγμάτων τῶν ἐν φιλοσοφίᾳ εὐδοκιμησάντων, βιβλία ῑ. DIOGENES LAERTIUS, de vitis, dogmat. et apopht. clarorum philosophorum, libri X. (Interprete P. *Ambrosio* TRAVERSARI.)

HESYCHII Ill. de iisdem philos. et de aliis scriptoribus liber (*Hadriano* JUNIO interprete). Pythagor. philosophorum fragmenta. Omnia græcè et lat. ex editione postrema. (Interprete *Gul.* CANTERO). *Is.* CASAUBONI notæ ad lib. Diogenis, multo auctiores et emendatiores.

Coloniæ Allobrogum 1615. P. et J. Chouët. 1 vol. in-8°.

** — DIOGENIS LAERTII de clarorum philosophorum vitis, dogmatibus et apophthegmatibus libri decem. Ex italicis codicibus nunc primum excussis recensuit C. *Gab.* COBET.

Accedunt OLYMPIODORI, AMMONII, IAMBLICHI, PORPHYRII et aliorum vitæ Platonis, Aristotelis, Pythagoræ, Plotini et Isidori, *Ant.* WESTERMANNO et MARINI vita Procli J. *F.* BOISSONADIO edentibus. Græce et latine cum indicibus.

Parisiis 1850. Am. F. Didot. in-8°.

Vide : *Script. Grœc. Bibl.*

4412.—LAERTII DIOGENIS vitae et sententiae eorum qui in philosophia probati fuerunt. (P. *Amb.* TRAVERSARI interprete.)

Brixiæ 1485. J. Britannicus. 1 vol. in-fol.

Les initiales de ce volume sont manuscrites, peintes en rouge, blanc et or.

4413.—DIOGENIS LAERTII de vita et moribus philosophorum libri X. (Eodem interprete).

Lugduni 1559. Hær. S. Gryphii. 1 vol. in-8°.

4414.— La vie des plus illustres philosophes de l'antiquité, avec leurs dogmes, leurs systêmes, leur morale, et leurs sentences les plus remarquables. Traduite du grec de DIOGÈNE LAERCE. Auxquelles on a ajouté la vie de l'Auteur, celles d'Epictète, de Confucius, et leur morale; et un Abrégé historique de la vie des femmes philosophes

de l'antiquité. Nouv. édit. (Par *J. H.* Schneider ou *J.
G.* de Chaufépié.)

Amsterdam 1761. J. H. Schneider. 3 vol. in-12. Fig.

4415.—Même ouvrage. Nouv. édit.

Paris 1796. Richard. 2 vol. in-8°.

4416.—ΕΥΝΑΠΙΟΥ τοῦ Σαρδιανοῦ βίοι φιλοσόφων καὶ σοφιστῶν. Eu-
napius *Sardianus* de vitis philosophorum et sophista-
rum, *Hadriano* Junio *Hornano* interprete. Græca cum
mss palatinis comparata, aucta, et emendata *Hieronymi*
Commelini opera. Nunc recens accedunt ejusdem auctoris legationes, è bibliotheca *Andreæ* Schotti *Antuerp.*

Genevæ 1616. P. Stephanus. 1 vol. in-8°.

4417.—Aemilii Probi, seu Cornelii Nepotis liber de vita excellentium imperatorum, a *Dionysio* Lambino *Monstroliensi*,
compluribus locis emendatus, et commentariis plenissi-
mis, atque utilissimis explicatus : nunc primùm in lucem editus.

Lutetiæ 1569. Joannes Bene natus. 1 vol. in-4°.

4418.—Cornelius Nepos de vita excellentium imperatorum. Interpretatione et notis illustravit *Nicolaus* Courtin, in
usum serenissimi Delphini.

Parisiis 1675. Leonard. 1 vol. in-4°.

** — Cornelius Nepos, ex libris scriptis editisque recensitus, selectis in-
terpretum commentariis novisque auctus curante *J. B. G.* Descuret.
Aliquot notas addidit et excursus variorum concinnavit *J. V.* Le
Clerc.

Parisiis 1820. Didot. 1 vol. in-8°.

Vide : *Lemaire. Bibl. class. lat.*

4419.—Cornelius Nepos, latin et francois, traduction nouvelle,
avec des notes geographiques, historiques et critiques.
(Par *L. A.* de Préfontaine.)

Paris 1744. V.e Brocas. 1 vol. in-12.

** — Les vies de Cornelius Nepos, nouvelle traduction par *P. F.* de Calonne et *Amédée* Pommier.

Paris 1827. Panckouke. 1 vol. in-8°.

Voyez *Bibl. lat. franç.*

4420.—Cornelius Nepos (Aurelius Victor) (qui contra fidem

veteris inscriptionis PLINIUS aut SUETONIUS appellatur, accuratius et examinatius emaculatus ac cum *Dominici* MACHANEI commentariis disserentibus figuris insignitus.

Parisiis 1512 ? Joa. Gormont. 1 vol. in-4°.

4421.—CORNELIUS NEPOS (AURELIUS VICTOR) qui contra fidem veteris inscriptionis PLINIUS aut SUETONIUS appellabatur.

Parrhisiis (s. d.) Bernard Aubri. 1 vol. in-4.°

4422.—PLINIUS (AURELIUS VICTOR) de viris illustribus una cum annotaciunculis minime vulgaribus in margine passim adjectis : noviter correctus et emendatus.

Parisiis. s. d. Jehan Petit. 1 vol. in-4°.

4423.—C. PLINII SECUNDI *Novocomensis* (AURELII VICTORIS) de viris illustribus liber, *Philippi* praepositi PONCHERII commentariis illustratus.

Parisiis 1542. Tiletanus. 1 vol. in-4°.

4424.—(AURELII VICTORIS.) De viris illustribus urbis Romæ liber falsò hactenus CORN. NEPOTI, vel C. PLINIO CAECILIO inscriptus : nunc recens ex vett. et manu scr. codicum comparatione factus auctior, et emendatior ab *Andrea* SCHOTTO *Antuerpiano*. Ejusdem notæ quibus partim emendationum ratio explicatur; partim obscura et antiquitates illustrantur : ut vice commentarii esse possint.

Duaci 1577. Bogardus. 1 vol. in-4°.

✶✶ — SUETONII TRANQUILLI de illustribus Grammaticis liber. Ejusdem de claris Rhetoribus liber.   Vide SUETONII *opera.*

d. — *Biographie collective moderne.*

✶✶ — ISIDORI *Hispalensis* de viris illustribus liber. *Vide* ISIDORI *opera.*

4425.—*Jehan* BOCACE de Certald son livre intitulé de la Ruyne des nobles hommes et femmes. (De la traduction de *Pierre* FAVRE, curé d'Aubervillers).

Bruges 1476. Colard Mansion. 1 vol. in-fol.

4426.—PAULI JOVII *Novocomensis* Episcopi Nucerini illustrium virorum vitæ.

Florentiæ 1551. Laur. Torrentinus. 1 vol. in-fol.

4427.—Elogia doctorum virorum ab avorum memoria publicatis ingenii monumentis illustrium. Authore PAULO JOVIO *Novocomense*. Præter nova *Joan.* LATOMI *Bergani* in singulos epigrammata, adjecimus ad priora italicæ editionis, illustrium aliquot Poëtarum alia.

Autuerpiæ 1557. J. Bellerus. 1 vol. in-8°.

4428.—PAULI JOVII *Novocomensis* illustrium virorum vitæ. Accessit ad posteriorem hanc editionem Alphonsi Atestini Ducis Ferrariæ vita, cum gemino indice regionum scilicet, civitatum, fluviorum et portuum antiquis et novis nominibus, et rerum memorabilium.

Basileæ 1559. Henricus Petrus. 2 en 1 vol. in-8°.

4429. — PAULI JOVII *Novocomensis* Elogia virorum bellica virtute illustrium, veris imaginibus supposita, quæ apud Musæum spectantur, in libros septem digesta.

Basileæ 1571. Henricus Petrus. 1 vol. in-8°.

A la suite :

Elogia doctorum virorum. (N.° 4427.)

Basileæ 1571. Henricus Petrus. in-8.°

4430.—Musæum historicum et physicum *Joannis* IMPERIALIS, *Vicentini*. In primo illustrium literis virorum imagines ad vivum expressæ continentur, additis elogiis eorundem vitas et mores notantibus. In secundo animorum imagines, sive ingeniorum naturæ, differentiæ, causæ, ac signa physicè perpendentur; adeo ut artis exactissimæ loco possit esse, dignoscendi ad quam quisque artem ac scientiam sit habilis.

Venetiis 1640. Apud Juntas. 1 vol. in-4°. Fig.

4431.— Prosographie, ou description des personnes illustres, tant chrestiennes que prophanes. Contenant, outre la suitte de l'histoire, plusieurs belles remarques des choses advenuës en chacune partie du monde, avec une ample et véritable chronologie, depuis N. S. Jésus-Christ jusques à présent que regne nostre très-grand et très-victorieux

Roy Henri IIII. Enrichie de figures et médailles pour l'embellissement de l'œuvre. Par *Antoine* Du Verdier, sieur de Vauprivas.

Lyon 1604. Frelon. 3 vol. in-fol. Fig.

4432.—Histoire des plus illustres et scavans hommes de leurs siècles. Tant de l'Europe que de l'Asie, Afrique et Amérique. Avec leurs portraits en tailles-douces, tirez sur les veritables originaux. Par A. Thevet.

Paris 1670. Mauger. 8 vol. in-12. Le 7.e manque.

4433.—Les vies des hommes illustres comparés les uns avec les autres. A commencer depuis la chûte de l'Empire romain, jusqu'à nos jours. (Par *Adrien* Richer.)

Paris 1756. Prault. 2 vol. in-12.

4434.— Biographie des hommes du jour, industriels, conseillers-d'État, artistes, chambellans, députés, prêtres, militaires, écrivains, rois, diplomates, pairs, gens de justice, princes, espions fameux , savans. Par *Germain* Sarrut et B. Saint-Edme.

Paris 1835-1837. Krabe. 9 vol. in-4°. Port.

4435.—Le nécrologe universel du xix.e siècle, annales nécrologiques et biographiques et éloges funèbres des notabilités contemporaines de la France et de l'étranger ; Revue historique, nobiliaire, généalogique, politique, parlementaire, diplomatique, militaire, maritime, administrative, judiciaire, juridique, universitaire, religieuse, scientifique, commerciale, agronomique, industrielle, manufacturière , artistique, dramatique et littéraire; par une Société de gens de lettres , d'historiens et de savants français et étrangers , sous la direction de *E.* de Saint-Maurice Cabany.

Paris 1845-1854. Bureau de rédaction. 9 vol. in-8°. Por.

e. — *Biographie spéciale.*

4436.—Ritratti et elogii di Capitani illustri che ne' secoli moderni hanno gloriosamente guerreggiato. Descritti da *Giulio* Roscio, *Mons. Agostino* Mascardi, *Fabio* Leonida, *Ottavio* Tronsarelli, et Altri.

In Roma 1646. F. de' Rossi. 1 vol. in-4°. Port.

4437.— Vies des hommes illustres et grands capitaines, français et étrangers, du seizième siècle; par Brantome. Augmentées de notes et d'observations historiques et anecdotiques des éditeurs. (Par *Antoine* Perrin.)

Paris 1810. Desmarest. 3 vol. in-8°.

** — Voyez aussi *OEuvres de* Brantome.

4438.— Portraits et histoire des hommes utiles, hommes et femmes de tous pays et de toutes conditions, qui ont acquis des droits à la reconnaissance publique par des traits de dévoument, de charité; par des fondations philanthropiques; par des travaux, des tentatives, des perfectionnemens, des découvertes utiles à l'humanité, etc. Publiés et propagés pour et par la société Montyon et Franklin.

Paris 1833-1836. J. Renouard. 3 vol. in-8°. Port.

4439.— Histoire des princes illustres, qui par leur piété et leurs belles actions, ont mérité le surnom de Grand. Par G. de Bezanson, P. D. C. D. R.

Paris 1699. M. David. 1 vol. in-12.

4440.— Biographie des rois, des empereurs et des papes, par Laponneraye.

Paris 1837. Dépôt central. 2 vol. in 8°.

4441.— Les imposteurs insignes ou histoires de plusieurs hommes de néant, de toutes nations, qui ont usurpé la qualité d'Empereurs, Roys et Princes : des guerres qu'ils ont causé, accompagnées de plusieurs curieuses circonstances. Par *Jean-Baptiste* de Rocoles.

Amsterdam 1683. Ab. Wolfgang. 1 vol. in-12. Port.

4442.— Biographie universelle et chronologique des souverains qui ont péri de mort violente, ou histoire abrégée de leur règne, et des causes et circonstances de leur mort.

62.

Nouv. édit. rev. corr. et augm. du Précis sommaire de
la Vie de Monseigneur le Duc de Berry et de celle de
Napoléon.

Paris 1826. Mongie ainé. 2 vol. in 12. Fig.

4443.—Histoire des plus illustres favoris anciens et modernes,
recueillie par feu Monsieur P. D. P. (*Pierre* Du Puy).
Avec un Journal de ce qui s'est passé à la mort du Mareschal d'Ancre.

Leide 1659. J. Elsevier. 1 vol. in-4°.

4444.—Même ouvrage.

Leyde 1660. J. Elsevier. 1 vol. in-12.

4445.—Recueil des morts funestes des impies les plus célébres,
depuis le commencement du monde jusqu'à nos jours.

Paris 1829. Gaume fr. 1 vol. in-18.

** — Les martyrs de la foi pendant la Révolution française. — N.° 2918.

4446.—Vie des enfans célèbres, ou modèles du jeune âge. Par
A. F. J. Fréville. 4.° édit. rev. corr. et augm. d'une
nouvelle vie de Louis XVII.

Paris 1818. Genets. 2 vol. in-12. Fig.

4447.—Les nains célèbres depuis l'antiquité jusques et y compris
Tom-Pouce. Par A. d'Albanès et *Georges* Fath. Illustrés
par *Ed.* de Beaumont.

Paris 1846. G. Havard. 1 vol. in-8°. Fig.

---

f. — *Biographie individuelle de Grecs et de Romains.*

4448.—Abrégé des vies des anciens philosophes, avec un recueil
de leurs plus belles maximes. Par M. D. F. (de Fénélon.)

Paris 1740. Estienne. 1 vol. in-12.

Les vies de Socrate et de Platon ne sont point de Fénélon, mais
du P. Du Cerceau. Voyez *Niceron.* xxxviii. 364.

4449.—Histoire des sept Sages, par M. de Larrey.

Rotterdam 1714-16. Fritsch et Böhm. 2 vol. in-12.

4450.—ΙΑΜΒΛΙΧΟΥ χαλκιδέως τῆς κοιλῆς Συρίας λόγοι δύο. Iamblichi *Chalcidensis* ex Syria cœle de vita Pythagoræ, et pro-

trepticæ orationes ad philosophiam lib. II, nunquam hactenus visi : nunc verò græcè et latinè primùm editi cum
necessariis castigationibus et notis, additæ sunt in fine
THEANUS , MYIÆ, MELISSÆ et PYTHAGORÆ aliquot episto-
lia gr. et lat. *Johanne* ARCERIO THEODORETO authore et
interprete.

> **Genevæ 1598. In Bibliopolio Commeliniano. 1 vol. in-4°**

4451.—La vie de Socrate , par M. CHARPENTIER. 2.ᵉ édit.

> **Paris 1657. De Sommaville. 1 vol in-12.**

> On trouve à la suite :

—Les choses memorables de Socrate, ouvrage de XÉNO-
PHON , traduit de grec en françois. Par M. CHARPENTIER.

> **Paris 1657. A de Sommaville. in-12.**

4452.—Vie de Xénophon , suivie d'un extrait historique et raisonné de ses ouvrages (par le *Marquis* DE FORTIA D'UR-
BAN) : où se trouve la traduction de plusieurs opuscules
de cet Auteur, qui n'ont point encore paru en français,
tels que l'apologie de Socrates ; (par *J. B.* GAIL). Terminé
par la traduction complette et nouvelle du banquet de
Xénophon. (Par P. DE LA MONTAGNE).

> **Paris An III. Gail et Nyon. 1 vol. in-8°.**

4453.—De vita et moribus Epicuri libri octo. Authore *Petro*
GASSENDO.

> **Lugduni 1647. G. Barbier. 1 vol. in-4°.**

4454.—La vie de Marcellus. Nouvellement traduite du grec de
PLUTARQUE en françois. (Par l'*Abbé* TALLEMANT.)

> **Paris 1662. Jolly. 1 vol. in-12.**

4455.—M. Tullii Ciceronis historia per consules descripta et in
annos LXIIII distincta , per *Franc.* FABRICIUM *Marcodu-
ranum.*

> **Coloniæ 1564. Cholinus. 1 vol. in-8°.**

4456.—Histoire de Cicéron , tirée de ses écrits et des monumens
de son siècle ; avec les preuves et des éclaircissemens.

62.*

(Traduite de l'anglais de *Conyers* MIDDLETON, par l'*Abbé* PRÉVOST.)

Paris 1743-1744. Didot. 5 vol. in-12.

Le cinquième volume a pour titre :

— Lettres de CICÉRON à M. Brutus et de M. BRUTUS à Cicéron, avec une préface critique, des notes, et diverses pièces choisies. Pour servir de supplément à l'histoire et au caractère de Cicéron. (Traduites par l'*Abbé* PRÉVOST).

Paris 1744. Didot. 1 vol. in-12.

4457.—Histoire de l'exil de Ciceron. Par M. MORABIN.

Paris 1725. Lamb. Coffin. 1 vol. in-12.

4458.— La vie d'Epictete et sa philosophie. 2.e édit. rev. corr- et augm. (Par l'*Abbé G.* BOILEAU.)

Paris 1657. Guill. De Luyne. 1 vol. in-12. Fig.

On trouve à la suite :

Le tableau de CÉBÉS, ou l'image de la vie humaine. 5e éd.

4459.— La mort et les dernières paroles de Senèque. (Par *Pierre-Antoine* MASCARON.

Lyon 1647. Cl. la Rivière. 1 vol. in-12.

4460.—Même ouvrage. 2.e édit.

Paris 1639. Camusat. 1 vol. in 12.

** — Vie de Senèque ou essai sur les règnes de Claude et de Néron, par DIDEROT. Voyez : *OEuvres de* DIDEROT. 8. 9.

4461.— PHILOSTRATI *Lemnii* senioris de vita Apollonii libri VIII. *Alemano* RHINUCCINO *Florentino* interprete. EUSEBII *Cæsariensis* adversus Hieroclem, qui ex Philostrati historia Apollonium Christo æquiparare contendebat, confutatio, sive apologia. *Zenobio* ACCIOLO *Florentino* interprete. Omnia hæc ad græcam veritatem diligenter castigata, et restitutá, adjectis ubi opus esse videbatur, annotationibus per *Gybertum* LONGOLIUM.

Coloniæ 1532. Gymnicus. 1 vol. in-8°.

4462.— PHILOSTRATI *Lemnii* senioris historiæ de vita Apollonii Tyanei libri octo. *Alemano* RHINUCCINO *Florentino* interprete. EUSEBIUS contra Hieroclem, qui Tyaneum Christo

conferre conatus est. *Zenobio* Acciolo *Florentino* interprete. Omnia hæc ad græcam veritatem diligenter castigata, et restituta, adjectis ubi opus esse videbatur, an-
notatiunculis.

Lutetiæ 1555. Egid. Gourbinus. 1 vol. in-16.

4463.—Philostrate de la vie d'Apollonius Thyaneen en VIII
livres. De la traduction de B. de Vigenere, *Bourbonnois.*
Reveuë et corrigée sur l'original grec par *Fed.* Morel. Et
enrichie d'amples commentaires par *Artus* Thomas, sieur
d'Embry.

Paris 1611. A. L' Angelier. 1 vol. in-4°.

4464.—L'histoire d'Apollone de Tyane, convaincue de fausseté
et d'imposture. (Par de Clairval.)

Paris 1705. P. Giffart. 1 vol. in-12.

4465.—Vita, gesti, costumi, discorsi, et lettere di Marco Aure-
lio Imperatore, sapientissimo filósofo, et oratore eloquen-
tissimo. Con la giunta di molte cose, che nello spagnuolo
non erano, et delle cose spagnuole, che mancavano nella
traduttione italiana. (Tradotto d'*Ant.* de Guevara da
Fausto da Longiano.)

Venetia 1593. Fiorina. 1 vol. in-8°.

4466.—L'orloge des princes, œuvre de très-excellente et admirable doctrine, pour les graves sentences et rares hystoires
qui y sont contenues, composé en espaignol, par très-
illustre seigneur Don *Anthonio* de Guevera, evesque de
Mondognetto, conseiller et cronicqueur de l'Empereur
Charles cinquiesme. Traduit en françois, et dédié au Roy
très-chrestien Henri deuxiesme de ce nom. (Par *Rene*
Bertaut de la Grise et *Nic.* d'Herberay des Essars.)

Paris 1550. Cl. L'Angelier. 1 vol. in-8°.

** — Eloge de Marc Aurèle, par Thomas. — *Bell. lett.* 943.

4467.—Histoire de Boëce, sénateur romain. Avec l'analyse de
tous ses ouvrages, des notes et des dissertations histo-

riques et théologiques. Divisée en deux parties. (Par Dom Gervaise.)

Paris 1715. Mariette. 1 vol. in-12.

4468. — La vie de Cassiodore, chancelier et premier ministre de Théodoric le Grand et de plusieurs autres Rois d'Italie : ensuite abbé de Viviers. Avec un Abrégé de l'histoire des Princes qu'il a servis, et des remarques sur ses ouvrages. (Par F. D. de Sainte-Marthe.)

Paris 1695. Coignard. 1 vol. in-12.

** — Bélisaire, par Marmontel. Voy. *Bell. lett.* 2449.

4469. —Histoire de Photius, patriarche schismatique de Constantinople, suivie d'observations sur le fanatisme. Par le P. *Ch. F.* (Faucher.)

Paris 1772. Edme. 1 vol. in-12.

g. — *Biographie étrangère, collective.*

4470. —Biographie étrangère, ou galerie universelle, historique, civile, militaire, politique et littéraire ; contenant les portraits politiques de plus de trois mille personnages célèbres, étrangers à la France, parmi lesquels on distingue surtout les indépendans espagnols de l'Amérique méridionale, etc. Par une Société de gens de lettres.

Paris 1819. Eymery. 2 vol. in-8°.

h. — *Biographie arabe.*

4471. —Kitab Wafayat al-Aiyan. Vies des personnes illustres de l'Islamisme en arabe, par Ibn Khallikan, publiées le B.ᵒⁿ Mac Guckin de Slane. (En arabe).

Paris 1838-40. Firm. Didot. 5 livr. in-4°.

4472. —La vie de l'imposteur Mahomet ; recueillie des auteurs Arabes, Persans, Hébreux, Caldaïques, Grecs et Latins : avec un Abrégé chronologique qui marque le tems où ils ont vécu, l'origine et le caractère de leurs écrits.

(Traduit de l'anglois de Jean PRIDEAUX, par *Daniel* DE LARROQUE.)

Paris 1699. Musier. 1 vol. in-12.

4475.— La vie de Mahomet, traduite et compilée de l'Alcoran, des traditions authentiques de la Sonna, et des meilleurs auteurs arabes. Par M. *Jean* GAGNIER.

Amsterdam 1748. Wetsteins et Smith. 3 vol. in-12.

** — Voyez *Bibliothèque orientale*, par M. D'HERBELOT. N.º 4015.

i. — *Biographie italienne.*

4474.— Advocatorum sacri consistorii syllabum *Carolus* CARTHARIUS, ex urbe veteri eorumdem decanus, exarabat.

Alma in urbe. 1656. Z. Masottus. 1 vol. in-fol.

4475.— Essai sur la vie de Pétrarque. Par M. *Achille* DU LAURENS.

Paris 1839. Jacquet et Joudou. 1 vol. in-8º.

4476.— Vita R. P. Fr. Hieronymi Savonarolæ Ferrariensis, ord. Prædicatorum, authore Ill. D. *Joan. Franc.* PICO *Mirandulæ Concordiæque Principe*, notis accurata, variisque Principum et Dynastarum, de quibus in ea, stemmatibus ære incisis, tabulisque genealogicis ad hæc usque tempora deductis. Adjecto ceu mantissa Revelationum ejusdem F. Hieronymi compendio. Additionibus insuper, actis, diplomatibus, epistolis, scriptorumque monimentis aucta et illustrata.

Parisiis 1674. Billaine. 3 vol. in-12.

4477.— Histoire de Christophe Colomb, suivie de sa correspondance, d'éclaircissemens et de pièces curieuses et inédites, traduites de l'italien de BOSSI, (par M. *C. M.* URANO). Ornée du portrait de Colomb et de plusieurs gravures dessinées par lui-même.

Paris 1824. Carnevillier. 1 vol. in-8º. Port.

4478.— La vie de César Borgia, appellé depuis le Duc de Valentinois, décrite par *Thomas* THOMASI.

Monte chiaro 1671. J. B. Vero. 1 vol. in-16.

4479.— *Hieronymi* CARDANI *Mediolanensis*, de propriâ vita liber. Ex Bibliotheca *Gab. Naudæi.*

Parisiis 1643. Villery. 1 vol. in-8°.

4480.— Galeacii Caraccioli Vici Marchionis vita : qua constantiæ vere christianæ exemplar rarum proponitur. Ex italico latina.

S. n. n. 1. Anno 1596. Pièce in-8°.

4481.— La vie du Tasse. (Par l'*Abbé J. Ant.* DE CHARNES.)

Paris 1690. Michallet. 1 vol. in-12.

4482.— La vie du Pere Antoine Possevin de la Compagnie de Jésus. Où l'on voit l'histoire des importantes négociations auxquelles il a été employé en qualité de Nonce de Sa Sainteté, en Suède, en Pologne, et en Moscovie, etc. (Par le P. *Jean* D'ORIGNY.)

Paris 1712. Ganeau. 1 vol. in-12.

4483.— Vita del Padre Paolo, dell' ordine de' Servi ; e theologo della serenissima Republica di Venetia. (Da *Fra Fulgentio* MICANZIO).

Venetia 1658. 1 vol. in-12.

4484.— La vie du Pere Paul de l'ordre des Serviteurs de la Vierge, et theologien de la Serenissime Republique de Venize. Traduite de l'Italien (de Fra FULGENTIO.) Par F. G. C. A. P. D. B. (*François* DE GRAVEROL.)

Leyde 1661. Elzevier. 1 vol. in-18.

On trouve à la suite :

— Historia inquisitionis, P. PAULI *Veneti.* Cui adjuncta est Confessio fidei, quam ex italicâ linguâ latinam fecit *Andreas* COLVIUS.

Roterodami 1651. Arn. Leers. in-18.

4485.— La vie du Pere Paul, de l'ordre des serfs de la Vierge, et theologien de la serenissime Republique de Venize. Traduite de l'italien. Edition reveuë et déchargée d'un grand nombre de fautes en la traduction, qui étoient aux precédentes.

Venize 1665. 1 vol. in-12.

** — Vie du cardinal Alberoni. N.º 1461.

4486.—Vie et mémoires de Scipion de Ricci, évêque de Pistoie et Prato, réformateur du catholicisme en Toscane, sous le règne de Léopold ; composés sur les manuscrits autographes de ce prélat et d'autres personnages célèbres du siècle dernier, et suivis de pièces justificatives, tirées des archives de M. le commandeur Lapo de Ricci, à Florence. Par DE POTTER.

Paris 1826-1828. Tastu. 4 vol. in-8º. Port.

Contrefaçon incomplète de l'ouvrage publié en 1825 par De Potter, à Bruxelles. (QUÉRARD. *La France litt.* XII. 298.)

k. — *Biographie espagnole.*

4487.—Historia Michaelis Serveti quam præside, Jo. Laur. Moshemio A. O. R. MDCC XXVII. D. XIX. decembris placido doctorum examini publice exponit auctor *Henricus* AB ALLOWOERDEN *Stadensis.*

Helmstadii 1738. Stanno Bucholtziano. 1 vol. in-4". Por.

** — Histoire de Consalve de Cordoue. N.º 1442.

** — Gonsalve de Cordoue, par FLORIAN. Voyez OEuvres. *Bell. let.* 5096.

** — Histoire du cardinal Ximenès. N.º 1445.

** — Vie de Dom P. Giron, duc d'Ossone. N.º 1336.

l. — *Biographie allemande, flamande, hollandaise, etc.*

4488.—Commentaire historique de la vie et de la mort de Messire Christofle vicomte de Dhona. (Par *Frédéric* SPANHEIM, le père).

Genève 1639. Chouet. 1 vol. in-4".

4489.—La vie et les actions memorables de Christofle Bernard van Galen, évêque de Munster. Par M. G. Nouvelle édition, revuë sur des mémoires très-fidèles, augmentée de plusieurs évènemens considérables, et purgée de plusieurs erreurs, faussetez et calomnies, dont les éditions faites à Leide et ailleurs, par les Hérétiques, étoient remplies. Par *Monsieur* LE LORRAIN, Prêtre.

Paris 1679. Vaultier. 1 vol. in-12. Port.

4490.— Voyages et mémoires de *Maurice-Auguste*, comte de
BENYOWSKY, Magnat des royaumes d'Hongrie et de Pologne, etc. Contenant ses opérations militaires en Pologne, son exil au Kamchatka, son évasion et son voyage
à travers l'Océan pacifique, au Japon, à Formose, à
Canton en Chine, et les détails de l'établissement qu'il
fut chargé par le ministère françois de former à Madagascar. (Rédigés par *J. H.* MAGELLAN, et publiés par *Fr.*
Jos. NOEL.)

    Paris 1791. F. Buisson 2 vol. in-8°.
  ** — Histoire d'Eméric, comte de Tekeli. N.° 1704.
  ** — Vie de Charles V, duc de Lorraine et de Bar. N.° 3459.

4491.— *Beati* RHENANI *Selestadiensis*, ad Imperatorem Cæs. Ca-
rolum V. Pium, Felicem, Augustum, epistola : vitam
Des. Erasmi Roterodami describens.

    Antuerpiæ 1540. J. Steelsius. Pièce in-8°.

4492.— Vie d'Erasme, dans laquelle on trouvera l'histoire de
plusieurs hommes célèbres avec lesquels il a été en liai-
son, l'analyse critique de ses ouvrages, et l'examen impartial de ses sentimens en matière de religion : par
M. DE BURIGNI.

    Paris 1657. De Bure. 2 vol. in-12.

4493.— Vie de Grotius, avec l'histoire de ses ouvrages, et des négociations auxquelles il fut employé : par M DE BURIGNY.

    Paris 1752. Debure. 2 vol. in-12.

4494.— Notice sur M. le baron de Stassart, par *A.* D'HÉRICOURT.

    Arras 1855. A Courtin. Pièce in-8°.

4495.— Histoire de Corneille Tromp, lieutenant-amiral-général
des États de Hollande, de Martin Harpetsz Tromp, son
père, et des plus célèbres amiraux et officiers généraux
de la marine hollandaise de leur temps. Par COSTARD.

    Paris 1824. Masson. 1 vol. in 12. Port.

4496.— Autobiographie de SWEDENBORG. Sous ce titre : Réponse
à une lettre qu'un ami m'a écrite. Traduite du latin par

J. F. E. Le Boys des Guays, sur l'édition princeps (Londres 1769).

St.-Amand (Cher) 1851. Nouvelle Jérusalem. 1v. in-18.

m. — *Biographie angloise.*

4497. — Vies des hommes illustres d'Angleterre, d'Écosse et d'Irlande, ou le Plutarque anglois ; contenant l'histoire publique et secrette des ministres , guerriers, navigateurs, hommes d'État et d'Église, citoyens, philosophes, poëtes, historiens et artistes, depuis le règne de Henri VIII jusqu'à nos jours ; traduit de l'anglois (de *Thomas* Mortimer) par M. *D.* Vasse, (M.ᶜ *Cornelie* Wouters.) Nouv. édit. rev. corr. et augm. de la vie de William Pitt, comte Chatham ; d'un Précis historique sur la vie et le caractère politique de William Pitt, actuellement chancelier de l'Echiquier ; et de Charles Fox, membre de la Chambre des communes

Paris an VIII. Mongie aîné. 12 vol. in-8°.

4498. — La vie de Pélage , contenant l'histoire des ouvrages de saint Jérosme et de saint Augustin contre les Pélagiens. (Par le P. *Louis* Patouillet.)

S. n. n. l. 1751. 1 vol. in-12.

** — Vie du général Monck. Par *Th.* Gumble. N.º 2095.

4499. — Vie du capitaine Cook, traduite de l'anglois du docteur Kippis. Par M. Castera.

Paris 1789. Bernuset. 2 vol. in-8°.

4500. — Recueil de pièces pour l'histoire de Thomas Egerton.

1 vol. in-4°. Contenant :

—The life of Thomas Egerton, lord chancellor of England. (By *Francis* Egerton.)

S. n. n. l. n. d. (Paris 1810. Didot.) in-4.

— Francis Egerton third duke of Bridgewater.

S. n. n. l. n. d. (1810). in-4.

— Aperçu historique et généalogique (sur la famille Egerton.)

S. n. n. l. 21 mai 1807. in-4°.

— Extrait, avec additions, du n.° 44 (volume xi), du Monthley repertory, du mois de novembre 1810, publié par M. Gagliani. (Notice sur la famille Egerton.)

Paris 1810. Belin. in-8°.

4501. — A compilation of various authentick evidences, and historical authorities tending to illustrate the life and character of Thomas Egerton, lord Ellesmere, viscount Brackley, lord high chancellor of England, etc., etc., and the nature of the times, in which he was lord keeper, and lord high chancellor : also a sketch of the lives of John Egerton, lord bishop of Durham, and of Francis Egerton, third duke of Bridgewater. By *Francis Henry* EGERTON, etc.

Paris 1812. Didot. 1 vol. in-fol.

On y trouve les mêmes pièces que dans le numéro précédent.

n. — *Biographie américaine.*

4502 — Vie, correspondance et écrits de WASHINGTON publiés d'après l'édition américaine, et précédés d'une introduction sur l'influence et le caractère de Washington dans la révolution des États-Unis d'Amérique ; par M. GUIZOT.

Paris 1840. Ch. Gosselin. 4 vol. in-8°.

4503. — Eloge civique de Benjamin Franklin, prononcé, le 21 juillet 1790, dans la Rotonde, au nom de la Commune de Paris, par M. l'*Abbé* FAUCHET. Avec une note de M. LE ROY.

Paris 1790. Lottin. Pièce in-8°.

o. — *Biographie française.* — *Biographie collective.*

4504. — La vie des hommes illustres et grands capitaines françois, qui sont peints dans la gallerie du Palais-Royal. Avec leurs principales actions, armes et devises. En-

semble les abregez historiques de leurs vies, composez
par M. DE VULSON, sieur DE LA COLOMBIÈRE.
Paris 1690. Le Gras. 1 vol. in-12. Fig.

4505.— Les Portraits des hommes illustres francois qui sont
peints dans la gallerie du palais Cardinal de Richelieu :
avec leurs principales actions, armes, devises, et éloges
latins ; desseignez et gravez par les sieurs HEINCE et
BIGNON. Ensemble les abrégez historiques de leurs vies,
composez par M. DE WLSON, sieur DE LA COLOMBIÈRE.
Paris 1650. Sara. 1 vol. in-fol. Gr.

4506.— Le nécrologe des hommes célèbres de France, par une
Société de gens de lettres. (POINSINET DE SIVRY, PALIS-
SOT, CASTILLON, LALANDE, FRANÇOIS, *de Neufchateau*,
MARET et autres.)
Maestricht. 1764-1779. Dufour. 8 vol. in-12. Incomplet.
Cette collection comprend les tom. 1 et 7, pour les années 1764-
1768-1770-1771-1773-1775-1777 et le tom. 14.e imprimé en 1779 à
Paris, chez Knapen.

4507.— Le Plutarque français, vies des hommes et des femmes
illustres de la France, depuis le cinquième siècle jusqu'à
nos jours, avec leurs portraits en pied gravés sur acier;
ouvrage fondé par M. *Ed.* MENNECHET. 2.e édit. publiée sous la direction de M. *T.* HADOT.
Paris 1844-1846. Langlois et Leclercq. 6 vol. in-8⁰. Pl.

4508.— Derniers momens des plus illustres personnages français, condamnés à mort pour délits politiques, depuis le
commencement de la monarchie jusqu'à nos jours ; avec
les lettres qu'ils ont écrites dans leurs prisons, recueillis et rédigés d'après les chroniques et journaux du
temps. (Par M. *Léon* THIESSÉ.)
Paris 1818. Eymery. 1 vol. in-8⁰.

4509.— Histoire de la détention des philosophes et des gens de
lettres à la Bastille et à Vincennes, précédée de celle de
Foucquet, de Pellisson et de Lauzun, avec tous les documents authentiques et inédits. Par *J.* DELORT.
Paris 1829. F. Didot. 3 vol. in-8⁰. Fig.

4510.—Biographie des Députés. Sessions de 1858-59.

Paris 1839. Pagnerre. 1 vol. in-18.

4511.—Galerie nationale des notabilités contemporaines, Annales biographiques des principaux fonctionnaires, des représentants, conseillers d'État, diplomates, magistrats; des membres du clergé, de l'administration et des finances ; des officiers supérieurs de l'armée et de la marine, et des savants, littérateurs, artistes et industriels distingués de la France, par une Société de gens de lettres et d'historiens, sous la direction de E. SAINT-MAURICE-CABANY, rédacteur en chef.

Paris 1850-1851. Rue Ste.-Avoye. 3 vol. in-8°.

** — Consultez : Orationum funebrium collectanea. *Bell. lett.* 905.

Recueil de discours, harangues, éloges. *Bell. lett.* 918.

p. — *Biographie locale, française.*

4512.—Esssai sur les grands hommes d'une partie de la Champagne. (Par HÉDOUIN DE PONSLUDON.)

Paris 1768. Gogué. 1 vol. in 8°. incompl.

** — Bibliothèque Lorraine, par Dom CALMET. *Voyez n.°* 3453 3454.

4513.—Notices biographiques sur quelques écrivains et personnages remarquables nés dans le département de la Lozère, ancien Gévaudan. Par. M. *J. J. M.* IGNON. (Extrait des Mémoires de la Société d'agriculture, commerce, sciences et arts de la ville de Mende.)

Mende 1833. Ignon. 1 vol in-8°.

4514.—Biographie des hommes remarquables de Seine-et-Oise, depuis le commencement de la monarchie jusqu'à ce jour; précédée d'un Aperçu historique, et suivie d'écrits relatifs à ce département. Par *Hippolyte-Daniel* DE ST.-ANTHOINE.

Paris 1837. Angé. 1 vol. in-8°.

4515 —Recherches historiques sur la ville de Clermont (Oise). Notice biographique sur le président Ledicte-Duflos et les abbés Griselle et Thierry, curés de Saint-Samson , Rendu et Brochot, chanoines de l'ancienne collégiale. Par *P. S. E.* FERET.

Clermont (Oise) 1856. A. Daix. Pièce in-8°.

4516.—Biographie des hommes célèbres , des savans, des artistes et des littérateurs du département de la Somme.

Amiens 1835-38. Machart. 2 vol. in-8°, et supplément.

4517.—Biographie d'Abbeville et de ses environs. (Par M. *F. C.* LOUANDRE)

Abbeville 1829. Devérité. 1 vol. in-8°.

4518.—Galerie dieppoise ou notices biographiques sur les hommes célèbres de Dieppe.

Dieppe 1846. Delevoye. 1 vol. in-8°.

Les 26 notices contenues dans ce volume, qui forme la première série de la galerie dieppoise, sont dues à MM. l'*Abbé* COCHET, D'AMBOURNAY, Em. COQUATRIX, GRAILLON , J. GIRARDIN , l'*Abbé* LECOMTE, P. LEMARCIS, P. LAMOTTE, L. VITET et pour la plupart, dix-sept, à M. l'*Abbé* COCHET.

q.—*Biographie de français célèbres dans les sciences et les lettres.*

4519.—Virorum doctrina illustrium, qui hoc seculo in Gallia floruerunt, elogia. Authore *Scævola* SAMMARTHANO.

Augustoriti Pictonum 1598. J. Blancet. 1 vol. in-8°.

4520.—Gallorum doctrina illustrium, qui nostra patrumque memoriá floruerunt, elogia. Recens aucta et in duos divisa libros quorum alter nunc primùm editur. Auctore *Scævola* SAMMARTHANO.

Augustoriti Pictonum 1602. Blancet. 1 vol. in-8°.

4521.—Eloges des hommes illustres, qui depuis un siècle ont fleury en France dans la profession des lettres. Composez en latin, par *Scevole* DE SAINTE-MARTHE. Et mis en françois, par G. COLLETET.

Paris 1644. A. de Sommaville. 1 vol. in-4°.

4522.—La vie de Pierre Abeillard, abbé de S. Gildas de Ruis, ordre de S. Benoist ; et celle d'Héloïse son épouse,

première abbesse du Paraclet. (Par *Fr. Arm.* GERVAISE).
Paris 1728. Barois. 2 vol. in-12.

4523. — Histoire critique de Nicolas Flamel et de Pernelle sa femme, recueillie d'actes anciens qui justifient l'origine et la médiocrité de leur fortune contre les imputations des Alchimistes. On y a joint le testament de Pernelle et plusieurs autres pièces intéressantes. Par M. L. V... (l'*Abbé Etienne-François* VILLAIN.)
Paris 1761. Desprez. 1 vol. in-12. Fig.

4524. — Petri Castellani magni Franciæ eleemosynarii vita, auctore *Petro* GALLANDIO. *Stephanus* BALUZIUS *Tutelensis* nunc primùm edidit et notis illustravit. Accedunt Petri CASTELLANI orationes duæ habitæ in funere Francisci primi Regis Francorum.
Parisiis 1674. Muguet. 1 vol. in-8°.

4525. — Notice sur Antoine de Caulincourt, official de Corbie (1521-1540). Par *J.* GARNIER.
Amiens 1856. Duval et Herment. Pièce in-8°.

4526. — La vie, mort et doctrine de Jean Calvin, autrefois ministre de Geneve, escrite par M. *Hierosme* HERMES BOLSEC, et imprimée à Lyon l'an 1577. Ensemble la vie de Jean Labadie, à present ministre à Geneve.
Lyon 1664. Ant. Offray. 1 vol. in-8°.

La seconde partie a pour titre :

— Advis charitable à Messieurs de Geneve, touchant la vie du sieur Jean Labadie, cy-devant jesuite dans la province de Guyenne; et après chanoine à Amiens, puis Janseniste à Paris : de plus illuminé et adamite à Thôlose, et ensuite carme et hermite à la Graville au diocèse de Bazas, et à présent ministre audit Geneve. (Par *François* MAUDUICT.)
Lyon 1664. Ant. Offray. in-8°.

4527. — La vie de Maistre Charles Du Molin, advocat au Parlement de Paris, tirée des titres de sa maison, de ses propres escrits, de l'histoire du temps, des registres de la cour, et autres monuments publics. Et sa mort chrestienne et catholique. Par M.º *Julien* Brodeau.

> **Paris 1654. D. Bechet. 1 vol. in-4º. Port.**

4528.—Vidi Fabricii Pibrachii vita scriptore *Carolo* Paschalio. Ad clariss. et ornatiss. virum Petrum Forgetum.

> **Parisiis 1584. Columbellus. (Aldus). 1 vol. in-12.**

4529.—La vie et mœurs de messire Guy du Faur, Seigneur de Pybrac. Faite par Messire *Charles* Paschal cy-devant ambassadeur aux Grisons. Adressée à M. de Fresnes. Traduicte du latin, par *Guy* du Faur Seigneur d'Hermay.

> **Paris 1617. Thibault Du Val. 1 vol. in-12.**

4530.—Eloge analytique et historique de Michel Montagne, suivi de notes; d'observations sur le caractère de son style et le génie de notre langue; et d'un Dialogue entre Montagne, Bayle et J. J. Rousseau. Par M. de la Dix-merie.

> **Amsterdam. Paris 1781. Valleyre. 1 vol. in-8º.**

4531.—De vita, moribus ac ingenio J. Amyoti hanc commentationem adornare tentavit, doctoris gradum adepturus, A. Philibert-Soupé, aggregatus litterarum professor Ambianensi gymnasio addictus.

> **Ambiani 1851. Lenoel-Herouart. 1 vol. in-8º.**

4532.—Petri Pithœi vita, elogia, operum catalogus, bibliotheca. Accesserunt excerpta, notæ, aliæque appendices. Accurante *Joan.* Boivin.

> **Parisiis 1716. Fr. Joüenne. 1 vol. in-4º. Port.**

4533.—Vie de Pierre Pithou; avec quelques mémoires sur son père, et ses frères. (Par P. J. Grosley.)

> **Paris 1756. G. Cavelier. 2 vol. in-12.**

4534.—De vita et moribus Theodori Bezæ, omnium hæreticorum nostri temporis facilè principis, et aliorum hæreticorum brevis recitatio. Cui adjectus est libellus, de morte Patris Edmundi Campionis, et aliorum quorumdam Ca-

63.

tholicorum, qui in Anglia pro fide catholica interfecti fuerunt primo die decembris. Anno domini 1581. Authore *Jacobo* LAINGÆO.

Parisiis 1585. Mich. de Roigny. 1 vol. in-8°.

On trouve à la suite :

— De vita et moribus atque rebus gestis Hæreticorum nostri temporis, etc., traductis ex sermone gallico in latinum, quibus multa addita sunt quæ in priori editione quorumdam negligentia omissa fuere. Authore *Jacobo* LAINGÆO, *Scoto*.

Parisiis 1581. M. de Roigny. in-8°.

4535. — La vie d'Edmond Richer, docteur de Sorbonne. Divisée en quatre livres. Par feu *Adrien* BAILLET.

Liége 1714. 1 vol. in-12.

4536. — La vie de M. Des Cartes. Par *Adr.* BAILLET.

Paris 1691. D'horthemels. 2 vol. en 1 vol. in-4°. Port.

Une suscription de l'auteur nous apprend que cet exemplaire a été par lui offert au R. P. Dom Mabillon.

4537. — La vie de M.ʳ Des Cartes, réduite en abrégé. (Par *Adrien* BAILLET.)

Paris 1692. J. Musier. 1 vol. in-12.

4538. — Reflexions d'un académicien sur la vie de M.ʳ Des Cartes, envoyées à un de ses amis en Hollande. (Par le P. A. BOSCHET).

La Haye 1692. Arnout Leers. 1 vol. in-12.

** — Eloge de René Des Cartes, par l'*Abbé* DE GOURCY. *Bel. let.* 994.

4539. — Viri eximii Petri Puteani, regi christianissimo à consiliis et bibliothecis vita. Cura *Nicolai* RIGALTII.

Lutetiæ 1652. Off. Cramosiana. 1 vol. in 4°. Port.

4540. — Religiossimi doctissimique viri Iohannis Frontonis canonici regularis Congregat. Gallicanæ; Sanctæ Genovefæ, et Universitatis Parisiensis cancellarii memoria, disertis per amicos, virosque clarissimos Encomiis celebrata.

Parisiis 1663. Typ. Cramosiana. 1 vol. in-4°.

4541. — Discours sur la vie et les ouvrages de Pascal. (Par l'*Abbé* Bossut.)

>   **La Haye. Paris 1781. Nyon. 1 vol. in-8°.**

4542. — La vie de M. de Molière. (Par *J. L.* Le Gallois, sieur de Grimarest.)

>   **Paris 1705. Le Febvre. 1 vol. in-12.**

** — Oraison funèbre de Nicolas Cornet. *Bell. lett.* 953.

** — Eloge de D. Luc d'Achery, par M. Maugendre. *Bell. lett.* 994.

4543. — Mémoire historique sur la personne et les ouvrages imprimés et manuscrits de M. Du Cange. (Par *Jean-Charles* Du Fresne d'Aubigny.)

>   **S. n. n. l. n. d. (Paris 1766.) Pièce in-8°.**

4544. — Notice sur la vie et les travaux de Charles Du Cange, par M. Cotelle.

>   **Amiens 1849. Alfred Caron. Pièce in-8°.**

** — Consultez aussi n.ᵒˢ 3741-3742.

4545. — La vie de Godefroy Hermant, docteur de la maison et société de Sorbonne, chanoine de l'église de Beauvais. Par feu *Adrien* Baillet.

>   **Amsterdam 1717. Mortier. 1 vol. in-12.**

4546. — La vie de Pierre Du Bosc, ministre du saint Evangile; enrichie de lettres, harangues, dissertations et autres pièces importantes, qui regardent ou la théologie, ou les affaires des églises réformées de France, dont il avoit été long-tems chargé. (Par *P.* Le Gendre.)

>   **Rotterdam 1694. Reinier Leers, 1 vol. in 8°.**

4547. — Histoire abrégée de la vie et des ouvrages de Monsieur Arnauld, ci-devant imprimée sous le titre de *Question curieuse* etc. (Par *Pasquier* Quesnel.)

>   **Cologne 1695. N. Schouten. 1 vol. in-12.**
>
>   On trouve à la suite :

— Testament spirituel de M. Arnauld.

>   **S. n. n. l. n. d. in-12.**

— Lettre aux religieuses de la Visitation de Paris, sur la R. Mere Loüise Eugénie de Fontaine, religieuse du

Monastère de la Visitation de Paris, ruë S. Antoine, morte le 29 septembre 1694. (Par P. Quesnel.)

S. n. n. l. 1695. in-12.

—Histoire de Monsieur Duhamel, docteur de Sorbonne et curé de Saint Merry. (Par S. M. Treuvé).

S. n. n. l. n. d. in-12.

— Lettre de M*** contenant une relation de la mort du R. P. Du Breuil, prestre de l'Oratoire, décédé au chasteau d'Alais, lieu de son exil, le... de septembre 1696.

Cologne. 1697. in-12.

— Instruction sur la mort de Don Muce, religieux de l'abbaye de la Trappe.

Paris 1690. F. Muguet.

4548.—Histoire de la vie et des ouvrages de Monsieur Arnauld, docteur de Sorbonne. (Par P. Quesnel),

Cologne 1697. Nicolas Schouten. 1 vol. in-12.

4549.—Histoire de la vie et des ouvrages de M. Arnauld. Augmentée en cette édition d'un grand nombre de pièces sur le même sujet. (Par P. Quesnel.)

Liège 1697. Massot. 1 vol. in-12.

4550.—Vie de M. Lenain de Tillemont. Avec des réflexions sur divers sujets de morale, et quelques lettres de piété. (Par M. l'*Abbé Michel* Tronchay).

Cologne 1711. 1 vol. in-12. Port.

4551.—Idée de la vie et de l'esprit de M. Lenain de Tillemont. (Par l'*Abbé Michel* Tronchay).

Nancy 1706. 1 vol. in-12. Port.

4552.—La vie de Mre Charles de Saint-Denis, sieur de St.-Evremond ; maréchal de camp des armées du Roi très-chrétien. Avec sa Lettre sur la paix des Pyrenées, qui fut le sujet de sa disgrace en France. Par M. Des Maizeaux. Nouv. édit.

La Haye 1711. Ab. Troyel. 1 vol. in-12.

4553.— Vie de M. Bossuet, évêque de Meaux. Par M. de Burigny.

Paris 1762. Debure l'ainé. 1 vol. in-12.

4554.—Histoire de J.-B. Bossuet, évèque de Meaux, composée sur les manuscrits originaux; par M. L.-Fr. DE BAUSSET.
Versailles 1814. Lebel. 4 vol. in-8°. Port.

4555.—Histoire de Bossuet, évêque de Meaux, composée sur les manuscrits originaux, par le Cardinal DE BAUSSET. 5.ᵉ édit. augm. d'une notice historique sur la vie et les ouvrages de l'auteur.
Paris 1830. Gauthier fr. 4 vol. in-8°. Port.

4556.—Même ouvrage.
Paris 1837. Gauthier fr. 4 vol. in-12.

4557.—La vie de M.ʳ Bayle : par M. DES MAIZEAUX. Nouv. édit.
La Haye 1732. Gosse et Neaulme. 2 vol. in-12.

4558.— Abrégé de la vie de Dom Jean Mabillon, Prêtre et Religieux Bénédictin de la Congrégation de Saint Maur. Par Dom *Thierri* RUINART.
Paris 1709. V.ᵉ Fr. Muguet. 1 vol. in-12. Port.

4559.—La vie de Monsieur Boileau Despreaux, par M.ʳ DES MAIZEAUX.
Amsterdam 1712. H. Schelte. 1 vol. in-12.

On trouve à la suite :

—OEuvres posthumes de M. BOILEAU DESPREAUX, de l'Academie françoise, et historiographe du Roi Louis XIV, enlevées du cabinet de l'Auteur après sa mort.
Amsterdam 1711. in-12.

Deux pièces seulement des sept qui composent ce recueil, l'épitaphe d'Arnauld et la satyre xii, sont de BOILEAU ; les autres pièces sont du P. SANLECQUE.

— Boileau aux prises avec les Jesuites. Et des éclaircissements sur les œuvres de ce Poëte.
Cologne 1706. P. Marteau. in-12.

4560.—Vie de Thomas Langevin de Pontaumont, de Carentan, conseiller du Roi au présidial du Cotentin, écrivain latin du xvii.ᵉ siècle, par A. REGNAULT.
Paris 1854. (Cherbourg. Monchel). Pièce in-8°.

4561.—Histoire de la vie de messire François de Salignac de la

Motte - Fenelon , Archevesque Duc de Cambray. (Par *André-Michel* DE RAMSAY).

Bruxelles 1724. Friox. 1 vol. in-8°.

On trouve à la suite :

— Discours philosophique sur l'amour de Dieu. Par *A. M.* DE RAMSAY

4562.—Histoire de la vie et des ouvrages de messire François de Salignac de la Mothe-Fenelon , archevêque duc de Cambray. (Par M. DE RAMSAY.)

Amsterdam 1729. L'Honoré. 1 vol. in-12.

4563.—Histoire de Fénelon par le cardinal DE BAUSSET , édition reproduisant intégralement le texte et accompagnée de notes qui ont pour objet : 1.° la réfutation des opinions gallicanes de l'auteur ; 2.° des additions et des rectifications historiques , par *Ch.* BERTON.

Paris 1854. L. Vives. 2 vol. in-8°.

4564.—Recueil des principales vertus de feu messire François de Salignac la Motte-Fenelon, archevesque duc de Cambray, comte du Cambresis, prince du Saint Empire. Par un ecclésiastique. (Par *l'Abbé Jacques* GALLET).

Nancy 1725. J. B. Cusson. 1 vol. in-12.

4565.—Vie et ouvrages de M. Lazare André Bocquillot, prêtre, licentié ès-loix , chanoine de l'église royalle et collégialle Notre-Dame et Saint-Lazare d'Avallon. (Par *Henri-Hubert* LE TORS.

S. n. n. l. 1745. 1 vol. in-12.

4566.—Vie de M. de Caylus, évêque d'Auxerre. (Par *l'Abbé* DETTEY).

Amsterdam 1765. Arkstée et Merkus. 2 vol. in-12.

** — Eloge de Capperonnier, par LEFEBVRE DE SAINT-MARC. *Bel. let.*994.

** — Eloge de M. Fontenelle, par M. LECAT. *Bell. lett.* 994.

4567.—Mémoires historiques et littéraires de M. *l'Abbé* GOUGET, dans lesquels on trouve une liste exacte de ses ouvrages. (Publiés par *l'Abbé P.* BARRAL).

La Haye 1767. Du Sauzet. 1 vol. in-12.

4568. — L'Abbé Nollet, de Pimprez. Par M. l'*Abbé V.* Lecot.
Noyon 1856. Cottu Harlay. 1 vol. in-8°.

4569. — Essai historique sur la vie et les ouvrages de Gresset, par *L. N. J. J.* de Cayrol.
Amiens 1844. Caron-Vitet. 2 vol. in-8°. Port.

4570. — Académie des sciences, agriculture, commerce, belles-lettres et arts du département de la Somme. — Notice biographique sur Gresset, suivie du programme des fêtes qui seront célébrées à Amiens les 20 et 21 juillet 1851, pour l'inauguration de sa statue. (Par M. *Aug.* Machart). (1)
Amiens 1851. Alfred-Caron. Br. in-8°.

4571. — La vie de Voltaire, par M*** (Le Marquis de Luchet.)
Genève 1787. S. n. 1 vol. in-8°. Port.

** — Vie de Voltaire, par M. de Condorcet. Voyez *OEuvres.*

4572. — Histoire de la vie et des ouvrages de Voltaire, suivie des jugemens qu'ont portés de cet homme célèbre divers auteurs estimés ; par L. Paillet de Warcy.
Paris 1824. Dufriche. 2 vol. in-8°. Port.

4573. — Voltaire étrangement défiguré par l'auteur des souvenirs de M.ᵉ de Créquy. (Par *L. N J. J.* de Cayrol).
Compiègne 1836. Escuyer. Pièce in-8°.

** — Consultez : *Bell. lett.* N.° 3290-3291.

** — Eloge de J. J. Rousseau, par M. Thierry. *Bell. lett.* 994.

4574. — Essai sur la vie et les ouvrages du P. Daire, ancien bibliothécaire des Célestins ; par M. de Cayrol. Avec les épîtres farcies telles qu'on les chantait dans les églises d'Amiens au xiii.ᵉ siècle ; publiées pour la première fois, d'après le manuscrit original, par M. *M. J. R.* (Rigollot.)
Amiens 1838. Caron-Vitet. 1 vol. in 8°.

4575. — Mémoire sur la vie et les ouvrages de J. H. Bernardin de Saint-Pierre ; par L. *Aimé* Martin. Accompagné de

---

(1) Machart (*Edme-Firmin-Auguste*), né à Amiens le 27 septembre 1776, y mourut le 6 août 1853.

lettres du maréchal MUNICH, de DUVAL, TAUBENHEIM, RULHIÈRE, D'ALEMBERT, J. J. ROUSSEAU, Baron DE BRETEUIL, GUYS, l'Abbé FAUCHET, DE FONTANES, Madame la Baronne KRUDNER, DUPONT DE NEMOURS, M. MARET, DUCIS, BERNARDIN DE ST.-PIERRE, *Louis*, *Joseph et Napoléon* BONAPARTE.

Paris 1826. Ladvocat. 1 vol. in-8°.

4576.— Notice nécrologique sur Edme-Jean-Antoine DUPUGET, associé de l'Institut national ; par A. F. SILVESTRE.

Paris. An ix. M.ᵉ Huzard. Pièce in-8°.

4577.— Essais de mémoires, ou lettres sur la vie, le caractère et les écrits de J.-F. Ducis, adressées à M. Odogharty de la Tour par M. CAMPENON.

Paris 1824. Nepveu. 1 vol. in-8°. Fig.

4578.— Etudes morales et littéraires sur la personne et les écrits de J.-F. Ducis ; par *Onésime* LEROY.

Paris 1832. Dufey et Vézard. 1 vol. in-8°.

4579.— Eloge historique de M. Delambre, qui a obtenu l'accessit et une médaille d'or au concours de l'Académie d'Amiens; Par *Vulfran* WARMÉ. (1)

Amiens 1824. Caron-Duquesne. 1 vol. in-8°.

4580.— Notices sur Nicolas-Eloi Lemaire, éditeur des Classiques latins, extraites de divers journaux, réunies et publiées par A. LEMAIRE.

Paris 1832. F. Didot. Pièce in-8°.

4581.— Notice historique sur M. Andrieux. Par *St.* A. BERVILLE (2).

Paris 1833. Everat. Pièce in-8°.

4582.— Vie, travaux et doctrine scientifique d'Etienne Geoffroy

---

(1) WARMÉ (*Vulfran-Joseph-Florimond*), né à Amiens le 13 juillet 1797 y mourut le 12 mars 1835.

(2) BERVILLE (*Albin*), naquit à Amiens le 22 mai 1788

Saint-Hilaire; par son fils M. *Isidore* Geoffroy Saint-Hilaire.

Paris 1847. P. Bertrand. in-8. Port.

4583.—Notice sur la vie et les travaux scientifiques de J. C. A. Peltier. (Par F. A. Peltier, son fils.)

Paris 1847. Bautruche. 1 vol. in-8°. Port.

4584.—Notice sur la vie et les ouvrages de M. Lenglet, président à la Cour royale de Douai, ex-législateur. (Par M. *E.* Tailliar).

Douai 1835. V. Adam. 1 vol. in-8°.

4585.—Histoire de la vie et des travaux scientifiques et littéraires de J.-D. Cassini IV, ancien directeur de l'Observatoire, etc. Par M. *J. F. S.* Devic.

Clermont (Oise). 1851. A. Daix. 1 vol. in-8°.

4586.—Le dernier des Cassini, par M. *Ch.* Delacour. (Extrait des Mémoires de la Société académique de l'Oise.)

Beauvais 1853. A. Desjardins. Pièce in-8°.

4587.—Notice biographique sur M. J. J. Duboys (d'Angers); par *Amédée* de Cesena.

Angers 1846. Cosnier et Lachèse. 1 vol. in-8°.

4588.—Eloge de M. le docteur Le Merchier, ancien maire d'Amiens, membre de la Société des Antiquaires de Picardie, prononcé, en séance publique, le 10 juillet 1853, par M. *J. E.* Billoré. (1)

Amiens 1853. Duval et Herment. Pièce in-8°.

4589.—Notices sur *Jean-Félix* Bélu, inspecteur divisionnaire des ponts-et-chaussées, ancien directeur du canal de la Somme. Par lui-même. Avec portrait par *Ch. Borély.*

Amiens 1846. E. Yvert. 1 vol. in-fol. Port.

4590.—Notice biographique sur Antoine Bertier, de Roville, par M. Viox.

St.-Nicolas (Meurthe) 1855. Trenel. Pièce in-8°.

(1) Billoré (*Joseph-Eugène*), né à Amiens, le 16 novembre 1815.

4591.—Obsèques du docteur Rigollot, décédé à Amiens, le 29 décembre 1854.

Amiens 1855. Challier. Pièce in-8°.

Cette pièce contient les notices et discours de MM. TAVERNIER,(1) DUFOUR père, (2) ALEXANDRE, (3) BOUTHORS, COURTILLIER (4) et G. REMBAULT.

4592.—Notice sur M. le docteur Rigollot. Par *J.* GARNIER, (Extrait de la Revue de la numismatique belge. T. v. 2.° série.)

Bruxelles 1855. Devroye. Pièce in-8°.

4593.—Notice biographique sur M. Dupin, (André-Marie-Jean-Jacques), par M. ORTOLAN.

Paris 1840. Joubert. 1 vol. in-8°. Port.

4594.— Notice biographique sur M. le comte du Hamel, (Victor-Auguste), Préfet de la Somme, etc. Extrait du biographe et l'historien. (Par H. DE LESTRÉES.)

Paris 1855. M.ᶜ de Lacombe. Pièce in-8°. Br.

m. — *Biographie médicale.*

Voyez : Catalogue. — Médecine. N.ᵒˢ 27 à 36 et aussi n.ᵒˢ 2524-2528-2531.

** — Eloge d'Alb. de Haller, par TSCHARNER, *Bell. lett.* 994.

4595.—Recherches historiques sur la ville de Clermont (Oise). Un mot sur Fernel et sur le lieu de sa naissance, par *P. S. E.* FERET.

Clermont (Oise) 1851. C. Huet. Pièce in-8°.

n. — *Biographie d'hommes d'État.*

** — Histoire de Suger, par Dom GERVAISE. N.° 2530.

4596.—La vie du cardinal d'Amboise. Ensuite de laquelle sont

---

(1) TAVERNIER (*Jean-Baptiste-Flavien*), né à Jumel (Somme), le 18 février 1797.

(2) DUFOUR (*Marie Médard-Stanislas*), né à Ercheu (Somme), le mars 1779.

(3) ALEXANDRE (*François-Dominique-Amand*), né à Amiens, le 4 août 1797.

(4) COURTILLIER (*Auguste-Maurice*), né à Amiens, le 23 septembre 1805.

traictez quelques poincts sur les affaires presentes. Par le Sieur DES MONTAGNES.

Paris 1631. Est. Richer. 1 vol. in-8⁰.

4597.—Vie du cardinal d'Amboise, premier ministre de Louis XII, Père du peuple. Avec un parallèle des cardinaux célèbres qui ont gouverné des Estats. Par M. L. L. L. G. (l'*Abbé Louis* LE GENDRE).

Amsterdam 1726. Jacq. le Sincere. 1 vol. in-4⁰. Port.

4598.—Vie de Michel de l'Hôpital, chancelier de France. (Par J. *Simon* L'EVESQUE DE POUILLY).

Londres-Paris 1764. Debure. 1 vol in-12. Port.

** — Eloge historique de Michel de l'Hopital, par DE GUIBERT. *Bell. lett.* 983.

** — Eloge de Sully, par THOMAS. *Bell. lett.* 987.

4599.—Histoire de la vie de messire Philippes de Mornay, seigneur Du plessis-Marly, etc. Contenant outre la relation de plusieurs evenemens notables en l'Estat, en l'Eglise, ès Cours, és Armées, divers advis politiqs, ecclésiastiqs et militaires sur beaucoup de mouvemens importans de l'Europe ; soubs Henri III, Henri IIII, et Louys XIII, (Par *David* DE LIQUES et deux secretaires de Ph. de Mornay.)

Leyde 1647. B. et Ab. Elsevier. 1 vol. in-4⁰.

4600.—Histoire de la vie du R. Pere Joseph Le Clerc du Tremblay, capucin, instituteur de la congrégation des filles du Calvaire, réformateur de l'ordre de Fontevrault, employé par le Roi Loüis XIII dans les plus importantes affaires de l'État : nommé au Cardinalat. Par M. l'*Abbé* RICHARD.

Paris 1702. Jacq. Le Febvre. 2 vol. in-12.

4601.—Le véritable Pere Josef, capucin, nommé au Cardinalat, contenant l'histoire anecdote du cardinal de Richelieu. (Par l'*Abbé* RICHARD).

Saint-Jean de Maurienne. 1704. G. Butler. 1 vol. in-12.

4602.— Le véritable Pere Joseph.—Même ouvr. Nouv. édit. aug.
Saint-Jean de Mauriene 1750. G. Butler. 2 vol. in-12.

4603.—L'histoire du cardinal duc de Richelieu. Par le *Sieur*
AUBERY.
Paris 1660. Ant. Bertier. 1 vol. in-fol.

4604.—Mémoires pour l'histoire du cardinal duc de Richelieu.
Recueillis par le sieur AUBERY
Paris 1660. A. Bertier. 2 vol. in-fol.
** — Panegyrique du cardinal de Richelieu. Par le P. Du Bosc. N.º 2783.
** — Voyez aussi n.º 2670 à 2676.

4605.—La vie d'Armand Jean, cardinal duc de Richelieu, principal ministre d'État, sous Louis XIII , Roi de France et
de Navarre. 3.e édit. rev. et augm. Par M. Le CLERC.
Amsterdam 1714. La Comgagnie. 2 vol. in-12. Port.

4606.— Même ouvrage. — 3.e édit.
Amsterdam 1724. La Compagnie. 3 vol. in-12. Port.

4607.—L'histoire du cardinal Mazarin. Par M. AUBERY.
Paris 1688. Denis-Thierry. 2 vol. in-12.

4608.— Histoire du cardinal Mazarin. Par M. AUBERY. N.IIe édit.
Amsterdam 1751. Le Cone. 4 vol. in-12.
** — Consultez encore n.º 2711, 2712.

4609.—La vie de Jean-Baptiste Colbert, ministre d'Etat sous
Louis XIV, Roi de France. (Par SANDRAS DE COURTILZ.)
Cologne 1695. 1 vol. in-12.

4610.—Claudii Peleterii regni administri vita, Petri Pithœi ejus
proavi vitæ adjuncta. Accesserunt elogia, opuscula selecta, notæ, aliæque appendices. Accurante *Joan.* BOIVIN.
Parisiis 1716. Fr. Joüenne. 1 vol. in-4º. Port. N.º 4532.

4611.—Vie de Monsieur Turgot. (Par M. DE CONDORCET).
Berne 1787. Kirchberger et Hatter. 1 vol. in-8º.

4612.—Notice sur la vie de Sieyes, membre de la première
Assemblée nationale et de la Convention ; écrite à Paris,
en messidor , deuxième année de l'ère républicaine.
(Vieux style, juin 1798). (Par SIEYES *ou* ÆLSNER.)
En Suisse. Paris. an III. Maradan. Pièce in-8º.

** — Eloge de Lamoignon-Malesherbes, par M. Dupin. *Bell. lett.* 991.

** — Histoire des Ministres d'État. N.º 3089.

** — Histoire des Chanceliers et Gardes des Sceaux. N. 3087.

n. — *Hommes de guerre.*

** — Consultez les n.ºˢ 3078 à 3086.

4613.—Dictionnaire historique et biographique des généraux français, depuis le onzième siècle jusqu'en 1823. Par M. *le Chevalier* DE COURCELLES.

Paris 1820-1823. A. Bertrand. 9 vol. in-8º.

4614.— Projet d'élever une statue à Godefroy de Bouillon, sur la place de l'Hôtel-de-Ville, à la haute ville de Boulogne-sur-Mer, par M. *Amédée* DE POUCQUES D'HÉRBINGHEM.

Amiens 1856. Duval et Herment. Pièce in-8º.

4615.—Histoire de Tancrède, l'un des chefs de la première croisade. Par *Th.* DELBARE.

Paris 1822. Janet. 1 vol. in-8º. Port.

** — Chronique de Bertrand Du Guesclin, par CUVELIER. N º 2352.

4616.—Chronique de Du Guesclin, collationnée sur l'édition originale du xv.ᵉ siècle, et sur tous les manuscrits, avec une notice bibliographique et des notes, par M. *Fr.* MICHEL.

Paris 1830. Mequignon-Havard. 1 vol. in-18.

4617.—Histoire de Messire Bertrand Du Guesclin connestable de France, duc de Molines, comte de Longueville, et de Burgos. Contenant les guerres, batailles, et conquestes faites sur les Anglois, Espagnols, et autres, durant les règnes des Rois Jean et Charles V. Escrite en prose l'an MCCC LXXX VII à la requeste de messire Jean d'Estouteville, capitaine de Vernon-sur-Seine. Et nouvellement mise en lumière, par M.ᵉ *Claude* MENARD.

Paris 1618. Cramoisy. 1 vol. in-4º.

4618.—Histoire de Bertrand Du Guesclin connestable de France et des royaumes de Leon, de Castille, de Cordouë, et de Seville, etc. Composée nouvellement, et donnée au public

avec plusieurs pièces originales touchant la presente histoire, celle de France et d'Espagne de ce temps-là, et
particulièrement de Bretagne. Par messire P. H. Seigneur D C. (*Paul* HAY, Seigneur DU CHASTELLET.

Paris 1666. Jean Guignard. 1 vol. in-fol.

4619.—Histoire de Bertrand Du Guesclin, comte de Longueville, connétable de France, par M. GUYARD DE BERVILLE.
Nouv. édit.

Paris 1772. De Hansy. 2 vol. in-12.

4620.— Histoire d'Olivier de Clisson, connétable de France. Par
A. D. DE LA FONTENELLE DE VAUDORÉ.

Paris 1826. Firmin Didot. 2 vol. in-8°.

4621.—Histoire de la vie, faicts heroïques, et voyages, de très-
valleureux Prince Louys III. Duc de Bourbon, arrière
fils de Robert Comte de Clermont en Beauvoisis, Baron
de Bourbon, fils de Sainct-Louys. En laquelle est com-
prins le discours des guerres des François contre les
Anglois, Flamans, Affricains, et autres nations, sous la
conduite dudict Duc, pendant les regnes de Jean, Charles
cinquiesme, et Charles sixiesme Roys de France. Imprimée sur le M. S. trouvé en la bibliothèque de feu
M. *Papirius Masson.* (Par *Jean* DORRONVILLE, Picard,
nommé CABARET, et publié par J. MASSON.)

Paris 1612. Huby. 1 vol. in-8°.

4622.—Histoire de M.ʳᵉ Jean de Boucicaut mareschal de France,
gouverneur de Gennes, et de ses memorables faicts en
France, Italie, et autres lieux, du Regne des Roys Charles V, et Charles VI, jusques en l'an 1408. Escripte du
vivant du dict mareschal et nouvellement mise en lumière par *Theodore* GODEFROY.

Paris 1620. Ab. Pacard. 1 vol. in-4°.

4623.—Histoire du bon chevalier, messire Jacques De Lalain, frère
et compagnon de l'ordre de la Toison d'or. Escrite par

messire *George* Chastellain. Mise nouvellement en lumière (par *Jules* Chifflet.)

Bruxelles 1634. Hub. Velpius. 1 vol. in-4°. Port.

4624.—Enguerrand de Bournonville, par M. *Am.* Piette.

Vervins 1855. Papillon. Pièce in-8°.

4625.—Histoire d'Artus III, duc de Bretaigne, et connestable de France. Contenant ses memorables faicts depuis l'an 1413 jusques à l'an 1457. (Composée par *Guillaume* Gruel). De nouveau mise en lumiere par *Theodore* Godefroy.

Paris 1622. Ab. Pacard. 1 vol. in-4°. Voir n.° 2564.

4626.—Histoire de Pierre d'Aubusson, grand-maistre de Rhodes. 2.e édit. (Par le P. *Dominique* Bouhours.)

Paris 1677. Seb. Mabre Cramoisy. 1 vol. in-12.

4627.—La vie de François de Lorraine, duc de Guise. (Par *J. B.* de Valincour.)

Paris 1681. Cramoisy. 1 vol. in-12.

** — Chronique de Bayard, par le *Loyal serviteur*. 2346-15-16.

4628.—Histoire du chevalier Bayard, lieutenant-general pour le Roy au gouvernement de Daulphiné, et de plusieurs choses memorables advenues en France, Italie, Espagne, et és Pays bas, du regne des Roys Charles VIII, Louys XII, et François I, depuis l'an 1489, jusques à 1524. (Par *Theodore* Godefroy.)

Paris 1616. A. Pacard. 1 vol. in-4°.

4629.—Même ouvrage. 2.e édit.

Paris 1619 A. Pacard. 1 vol. in-4°.

4630.—Histoire de Pierre Terrail dit le chevalier Bayard sans peur et sans reproche. Par M. Guyard de Berville. Nouv. édit.

Paris 1828. Garnery. 1 vol. in-12. Port.

** — Vie du connétable de Bourbon, par Marillac. *Panthéon litt*

4631.—Mémoires de Messire *Gaspar* de Colligny, seigneur de Chastillon, admiral de France.

Paris 1665. Cl. Barbin. 1 vol. in-12.

4632.—La vie de *Gaspard* de Coligny, seigneur de Chastillon sur Loin, Gouverneur pour le Roi de l'Isle-de-France et de Picardie, Colonel général de l'Infanterie françoise, et Amiral de France. (Par Sandras de Courtilz.)

Cologne 1686. Marteau. 1 vol. in-12.

4633.—Mémoire historique et critique sur les principales circonstances de la vie de Roger de St. Lary de Bellegarde, maréchal de France : et principalement sur l'entreprise qu'il forma pour se rendre indépendant de l'autorité royale dans le marquisat de Saluces, et sur les suites qu'eut sa révolte après sa mort. Par M. Secousse.

Paris 1764. 1 vol. in-12.

4634.—Histoire de la vie et faits de Louis de Bourbon surnommé le Bon, premier duc de Montpensier, pair de France, souverain de Dombes, etc. Contenant ce qui s'est passé de remarquable de son vivant, sous le règne des Roys Henry II, François II, Charles IX et Henry III. Par M.re *Nicolas* Coustureau, seigneur de la Jaille. Mise au jour et augmentée de quelques additions, et de plusieurs lettres et autres pièces servans à l'histoire. Par le sieur du Bouchet.

Rouen 1645. Cailloué. 1 vol. in-4°.

4635.—Discours de la vie et faits heroiques de Monsieur de de La Vallette Admiral de France, Gouverneur et Lieutenant general pour le Roy en Provence; et de ce qui s'est passé dans ledit pays durant qu'il y a commandé. Comme aussi de ce qui avoit esté par luy faict auparavant en Piedmont et Dauphiné cependant que ledict Seigneur a eu la charge et Gouvernement desdittes Provinces, sous les regnes des deux Rois Henri III et Henry IIII. Par le sieur de Mauroy, S.r de *Verriere sur Seyne.*

Metz 1624. Brecquin. 1 vol. in-4.

4636.—Histoire du Mareschal de Matignon, gouverneur et lieutenant general pour le Roy en Guyenne. Avec tout ce qui s'est passé de plus memorable depuis la mort du Roy

François I, jusqu'à la fin des guerres civiles. Par M. DE CAILLIÈRE.

Paris 1661. Aug. Courbé. 1. vol. in-fol. Port.

4637. — Histoire de Henry de la Tour d'Auvergne, duc de Bouillon; où l'on trouve ce qui s'est passé de plus remarquable sous les règnes de François II, Charles IX, Henry III, Henry IV, la minorité et les premières années du règne de Louis XIII. Par M. MARSOLLIER.

Paris 1719. Barois. 3 vol. in-12.

4638. — Histoire de la vie du Connestable de Lesdiguieres, contenant toutes ses actions, depuis sa naissance, jusques à sa mort. Avec plusieurs choses memorables, servant à l'intelligence de l'histoire generale. Le tout fidellement recueilli par *Louis* VIDEL.

Paris 1638. Pierre Rocolet. 1 vol. in-fol.

4639. — Memoires de Henry dernier duc de Mont-Morency. Contenant tout ce qu'il y a de plus remarquable depuis sa naissance jusqu'à sa mort. (Par *Simon* DU CROS.)

Paris 1666. Mauger. 1 vol. in-12.

4640. — Histoire du Mareschal de Toiras, ou se voyent les effets de la valeur et de la fidélité, avec ceux de l'envie et de la jalousie de la cour, ennemies de la vertu des grands hommes. Ensemble une bonne partie du regne du Roy Louis XIII. Le pourtraict du Mareschal de Toiras, celuy des monnoyes de cuivre, les plans de Ré, et de Cazal, et plusieurs autres figures sont dans ce volume. Par le sieur *Michel* BAUDIER. (Avec la harangue funèbre, par le sieur DU LAURENS).

Paris 1644. Seb. Cramoisy. 1 vol. in-fol.

4641. — Histoire du Mareschal de Toiras; sous le regne de Louis XIII, Roy de France. (Par *M.* BAUDIER.)

Paris 1666. Fr. Mauger. 2 vol. in-12.

4642. — Histoire du Mareschal de Guebriant, dressée, tant sur ses mémoires, que sur les instructions de la cour, et sur les lettres du Roy et des Ministres, et autres pièces d'État. Contenant le récit de ce qui s'est passé en Allemagne dans la guerre des couronnes de France et de Suède, et des États alliez contre la maison d'Austriche. Par *Jean* LE LABOUREUR. Avec l'histoire genealogique de la maison du mesme Mareschal, et de plusieurs autres des principales de Bretagne, qui y sont alliées, ou qui en sont décenduës ; justifiée par titres, histoires, et autres preuves authentiques.

Paris 1656. Rob. De Nain. 1 vol. in-fol.

On trouve à la suite :

— Histoire genealogique de la maison de Budes. Avec les eloges de tous ceux qui en sont yssus. Où sont traitées par occasion beaucoup de familles illustres qui y ont été alliées, ou qui en sont décenduës par les femmes. Curieusement recherchée et justifiée par titres, histoires et autres preuves authentiques. Par *J.* LE LABOUREUR.

Paris 1656. S. n. in-fol.

— Oraison funèbre prononcée dans l'église Nostre-Dame de Paris, au service solennel fait par l'ordre du Roy, le 8 de juin 1644, pour l'enterrement de Monsieur le Maréchal de Guebriant, Général des armées de Sa Majesté en Allemagne. Par Messire *Nicolas* GRILLIÉ.

Paris 1656. S. n. in-fol.

4643.— Mémoires de la vie de Frédéric-Maurice de la Tour d'Auvergne, duc de Bouillon. Avec quelques particularitez de la vie et des mœurs de Henri de la Tour d'Auvergne, vicomte de Turenne, Maréchal de France. (Par *Jacques* DE LANGLADE, baron de SAUMIÈRES.)

Paris 1707. A. Brunet. 1 vol. in-12.

4644.— Vie de Monsieur le marquis de Fabert, Maréchal de France. Par le P. BARRE. (Le chev. DE SAINT-JORRY.)

Paris 1752. Hérissant. 2 vol. in-12. Port.

4645.— Mémoires des divers emplois, et des principales actions

du maréchal Du Plessy. (Rédigées par *Gilbert* DE CHOI-
SEUL , évêque de Comminges, son frère).
Paris 1676. Cl. Barbin. 1 vol. in-12.

4646.—Panegyrique de très-haut et très-puissant prince Monseigneur Henri de la Tour d'Auvergne , vicomte de Turenne, et generallissime des armées de Sa Majesté.
Paris 1676. Cl. Barbin. 1 vol. in-12.

4647.—La vie du vicomte de Turenne, Maréchal général des
camps et armées du Roi, Colonel général de la cavalerie
legère de France , et Gouverneur du haut et bas Limosin. Par M.ʳ DU BUISSON (SANDRAS DE COURTILZ). N. éd.
Amsterdam 1712. Bernard. 1 vol. in-12. Port.

4648.—Histoire du vicomte de Turenne, Maréchal général des
armées du Roi. (Par M. DE RAMSAY.)
Paris 1736. V. Mazières. 2 vol. in-8º.

4649.—Histoire de la vie de Louis de Bourbon, prince de Condé.
(Par *Pierre* COSTE.)
Cologne 1693. Lenclume. 2 vol. in-12.

4650.—Histoire des campagnes de Monseigneur le Duc de Ven-
dosme. (Par le ch. DE BELLERIVE.)
Paris 1715. Prault. 1 vol in-12. Port.
** — Eloge du maréchal de Catinat. *Bell. lett.* 994.
** — Histoire du prince Eugène de Savoye. N.ᵒˢ 1657-1658-1659.

4651.—Histoire de Maurice , comte de Saxe, maréchal-général
des camps et armées de Sa Majesté très-chrétienne, duc
élu de Curlande et de Sémigalle, chevalier des ordres de
Pologne et de Saxe. Contenant toutes les particularités
de sa vie, depuis sa naissance jusqu'a sa mort, avec des
anecdotes curieuses et intéressantes; enrichie des plans
des batailles de Fontenoy et de Lawfeldt. (Par *Louis-
Balthasar* NÉEL.)
Dresde 1770. Walther. 2 vol. in-12. Port.

4652.—Histoire de Maurice, comte de Saxe, duc de Courlande et
de Sémigalle, Maréchal-général des camps et armées de
Sa Majesté très-chrétienne. Par M. le Baron D'ESPAGNAC.
Paris 1773. V.º Duchesne. 2 vol. in-12.

4653.—Même ouvrage. Nouv. édit.

Paris 1775. Pierres. 3 vol. in-4°. Fig.

4654.—Vie privée du maréchal de Richelieu, contenant ses amours et intrigues, et tout ce qui a rapport aux divers rôles qu'a joués cet homme célèbre pendant plus de quatre-vingts ans. (Rédigée par FAUR). Nouv. édit.

Paris. Maestricht 1791. Roux et C.ie 2 vol. in-8°.

4655.—Vie de Jacques Cathelineau, premier généralissime des armées catholiques et royales de la Vendée. 2.e édit.

Paris 1821. Le Normant. 1 vol. in-8°.

4656.—Vie du général Charette, commandant en chef les armées catholiques et royales dans la Vendée et dans tous les pays insurgés. Nouv. édit. Par M. LE BOUVIER-DES-MORTIERS.

Nantes 1823. Mellinet-Malassis. 1 vol. in-8°.

4657.—Précis de la vie, éloge funèbre du général Désaix. Par *Simien* DESPRÉAUX.

Paris. An ix. Pièce in-8°.

4658.—Histoire de Joachim Murat. Par M. *Léonard* GALLOIS.

Paris 1828. Schubart et Heideloff. 1 vol. in-8°. Port.

4659.—Vie et aventures de Joachim Murat, depuis sa naissance jusqu'à sa mort. Par M. *L.* (*A. L. S.* GODIN). 2.e édit.

Paris 1817. Ménard et Desenne. 1 vol. in-12. Port.

---

p. — *Biographie d'hommes célèbres par les évènements auxquels ils prirent part, ou par leurs aventures.*

4660.—La vie du venerable Pierre l'Hermite, autheur de la première Croisade et conqueste de Jerusalem, père et fondateur de l'Abbaie de Neuf-Moustier, et de la maison des l'Hermites. Avec un brief recueil des Croisades suivantes, qui contient un abrégé de l'Histoire de Iérusalem jusques à la perte de ce Royaume. Par le P. *Pierre* D'OULTREMAN.

Paris 1645. L. Boulanger. 1 vol. in-12.

La seconde partie a pour titre :

— Brief recueil des croisades et entreprises genérales des Chrestiens, pour la delivrance de la Terre saincte. Qui contient un abregé de l'Histoire du Royaume de Ierusalem, depuis la mort de Godefroy de Bouillon, jusques à la perte dudit Royaume. Par le P. *Pierre* d'Oul-TREMAN.

4661.—Notice sur Pierre l'Hermite, par un membre de la Société des Antiquaires de Picardie. (*M. A.* Dutilleux.)
Amiens 1854. Lenoel-Herouart. Pièce in-12.

4662.—Vie de Pierre l'Ermite, par M. *E.* d'Ault-Dumesnil. (1)
Abbeville 1854. P. Briez. Pièce in-12.

4663.—Dissertation sur la naissance de Pierre l'Hermite, par *Léon* Paulet.
Namur 1854. Rouvroy. Pièce in-8°.

4664.—Pierre l'Ermite, picard ou liégois, par *M. L.* Polain. (Extrait du tome xxi, n.° 8 des Bulletins de l'Académie royale de Belgique.)
Bruxelles 1854. Hayez. Pièce in-8°.

4665.—Un dernier mot sur le lieu de naissance de Pierre l'Hermite, adressé à MM. J. Grandgagnage, président à la cour de Liège, B. Du Mortier, ancien ministre, membre de la chambre des représentants et de l'Académie de Belgique, et Ch. De Thier, avocat à Liège, par *Michel* Vion. (*Extrait de la Revue du Nord de la France.*)
Lille 1854. Lefebvre Ducroc. Pièce in-8°.

** — Voyez aussi n.° 1125-1126.

4666.—Histoire de la vie du duc d'Espernon, divisée en trois parties. Par M. Girard.
Rouen. Paris 1663. Billaine. 3 vol. in-12.

4667.—Même ouvrage.
Paris 1730. Montalant. 1 vol. in-4°. Port.

---

(1) Dault-Dumesnil (*Georges-Edouard*), naquit à Oisemont (Somme), le 23 avril 1796.

4668.—Même ouvrage.

> **Paris 1730. Montalant. 4 vol. in-12.**

4669.—Vie privée ou apologie de très-sérénissime Prince Monseigneur le duc de Chartres, contre un Libel diffamatoire écrit en mil sept cent quatre-vingt-un ; mais qui n'a point parut à cause des ménaces que nous avons faites à l'auteur de le décéler. Par une Société d'amis du Prince.

> **A cent lieues de la Bastille. 1784. 1 vol. in-8°.**

** — Histoire de L. Ph. J. Duc d'Orléans. N.° 2868.

4670.—Mémoires de Henri Masers de Latude , prisonnier pendant trente-cinq ans à la Bastille, à Vincennes, à Charenton et à Bicêtre. (Par THIERRY, *avocat.*)

> **Paris 1835. Al. Ledoux. 2 vol. in-8°. Port.**

4671.—La vie militaire, politique et privée de demoiselle Charles-Geneviève-Louise-Auguste-Andrée-Timothée Eon ou d'Eon de Beaumont etc., connue jusqu'en 1777, sous le nom de chevalier d'Eon. Par M. DE LA FORTELLE.

> **Paris 1779. Lambert. 1 vol. in-8°. Port.**

> Le portrait de cette édition est un médaillon suspendu à un faisceau, et composé par *J. B.* BRADEL; il représente une tête de jeune femme casquée.

4672.—Même ouvrage. Nouv. édit. Précédée d'une Epître de M.ʳ DOBAT à l'Héroïne et suivie des pièces relatives à ses démêlés avec M.ʳ de Beaumarchais.

> **Paris 1779. Lambert. 1 vol. in-8°. Port.**

> Le portrait est ici celui d'une femme coiffée d'un bonnet; il ne ressemble en rien au précédent.

4673.—Mémoires du chevalier d'Eon, publiés pour la première fois sur les papiers fournis par sa famille, et d'après les matériaux authentiques déposés aux archives des affaires étrangères ; par *Frédéric* GAILLARDET.

> **Paris 1836. Ladvocat. 2 vol. in-8°.**

4674.—Mémoire historique de la naissance et de la fortune de *Jean-Pierre* MARION , fils naturel du sieur feu Jean-Denis Marion, seigneur de Saint Cyr, de Salins ; et de demoiselle Anne-Françoise Coste, de Besançon.

Mémoire, pour le sieur Jean-Pierre Marion, dit Le-
vasseur. Contre le sieur Louis Marion, de Saint Cyr, de
Salins. Et demoiselle Anne-Françoise Coste.
Besançon 1766. S. n. 1 vol. in-4.

4675.—Vie de L. J. de Bourbon-Condé, prince du sang, grand-
maitre de la maison du roi, colonel général de l'infanterie, et gouverneur du duché de Bourgogne ; dédiée à
l'armée française. Par *Claude-Antoine* Chambellan
Paris 1819-1820. Dentu. 3 vol. in-8.º

4676.—Vie du duc de La Rochefoucauld Liancourt (François-
Alexandre - Frédéric), par *Frédéric-Gaëtan*, comte de
La Rochefoucauld, son fils.
Paris 1827. Delaforest. 1 vol. in-8º. Port.

4677.—Mémoires posthumes, et lettres authentiques touchant la
vie et la mort de Charles-François duc de Rivière, gouverneur de S. A. R. Mgr. le duc de Bordeaux.
Paris 1829. Ladvocat. 1 vol in-8º.

4678.—Mémoires de L. V. Flamand Grétry, suivis de l'histoire
complète du procès relatif au cœur de Grétry. Le tout
ornée de portraits, vues et fac-similé.
Paris 1828. Delloye. 2 vol. in-8º. Port.

q. — *Criminels célèbres.*

4679.—Inventaire général de l'histoire des larrons. Où sont
contenus leurs stratagemes, tromperies, souplesses,
vols, assasinats, et généralement ce qu'ils ont fait de
plus memorable en France. Par *F. D. C. Lyonnois.*
Paris 1624-25. Rolin-Baragnes. 2 en 1 vol. in-8º.
Le second volume ou suite a pour titre :
— Suitte de l'inventaire et histoire générale des larrons. Contenant les subtilitez et stratagemmes des Fi-
lous, ruses et finesses des coupeurs de bourses, cruautez
et meschancetez des volleurs. OEuvre qui enseigne de
fuyr le mal et s'adonner au bien.
Paris 1625. Rolin Baragnes. in-8º.

4680. — LACENAIRE après sa condamnation. Ses conversations intimes, ses poésies, sa correspondance, un drame en trois actes. (Publié et composé par *Hip.* BONNELIER ?)
Paris 1836. Marchant. 1 vol. in-8°.

r. — *Biographie d'artistes célèbres, peintres, sculpteurs, architectes, musiciens, de toutes nations.*

4681. — Entretiens sur les vies et sur les ouvrages des plus excellens peintres anciens et modernes. (Par *And.* FÉLIBIEN.)
Paris 1696. Mariette. 2 vol. in-4°.

4682. — Vies des premiers peintres du Roi, depuis M. Le Brun, jusqu'à présent. (Par DESPORTES fils, comte DE CAYLUS, *Ch.* COYPEL fils et *Cl. H.* WATELET.)
Paris 1752. Durand. 2 en 1 vol. in-8°.

4683. — Recherches sur la vie et les ouvrages de quelques peintres provinciaux de l'ancienne France, par *Ph.* DE CHENNE-VIÈRES-POINTEL.
Paris 1847-1850. Dumoulin. 2 vol. in-8°. Pl.

4684. — Dictionnaire des peintres espagnols, par *F.* QUILLIET.
Paris 1816. Fain. 1 vol. in-8°.

4685. — Dictionnaire historico-artistique du Portugal, pour faire suite à l'ouvrage ayant pour titre : Les arts en Portugal, lettres adressées à la Société artistique et scientifique de Berlin et accompagnées de documens; par le Comte *A.* RACZYNSKI.
Paris 1847. J. Renouard et C.ie 1 vol. in-8°. Pl.

4686. — La vie des peintres flamands, allemands et hollandois, avec des portraits gravés en taille-douce, une indication de leurs principaux ouvrages, et des réflexions sur leurs différentes manières. Par M. *J. B.* DESCAMPS.
Paris 1753-1764. Jombert, Desaint et Saillant. 4 v. in-8.

4687. — Histoire de la vie et des ouvrages de Raphaël, ornée d'un portrait; par M. QUATREMÈRE DE QUINCY. 5.e édit.
Paris 1835. F. Didot. 1 vol. in-8°. Port.

4688.—Canova et ses ouvrages, ou mémoires historiques sur la vie et les travaux de ce célèbre artiste, par M. QUA-TREMÈRE DE QUINCY.

Paris 1834. Ad. Le Clere. 1 vol. in-8º. Port.

4689.—Eloge de M.ʳ Le Clerc, chevalier romain, dessinateur et graveur ordinaire du cabinet du Roi : avec le catalogue de ses ouvrages ; et des réflexions sur quelques-uns des principaux. Par M.ʳ l'*Abbé* DE VALLEMONT.

Paris 1715. Caillou. 1 vol. in-12.

4690.— Recherches historiques, biographiques et littéraires sur le peintre Lantara, avec la liste de ses ouvrages, son portrait et une lettre apologétique de M. COUDER. Par *Emile B.* DE LA CHAVIGNERIE.

Paris 1852. Dumoulin. 1 vol. in-8º Fig.

4691.—Nouvelles recherches sur la vie et les ouvrages d'Eustache Le Sueur par *L.* DUSSIEUX, avec un catalogue des dessins de Le Sueur par *A.* DE MONTAIGLON.

Paris 1852. Dumoulin. 1 vol. in-8º.

4692.—Louis David, son école et son temps, souvenirs par M. *E. J.* DELÉCLUZE.

Paris 1855. Didier. 1 vol. in-8º.

4693.—Histoire des plus célèbres amateurs italiens et de leurs relations avec les artistes ; par M. *J.* DUMESNIL.

Paris 1853. J. Renouard. 1 vol. in-8º.

4694.—Histoire des plus célèbres amateurs français et de leurs relations avec les artistes, faisant suite à celle des plus célèbres amateurs italiens, par M. *J.* DUMESNIL. — *Jean-Pierre Mariette.* 1694-1774.

Paris 1856. Dentu. 1 vol. in-8".

4695.—Recueil historique de la vie et des ouvrages des plus célèbres architectes. 2.ᵉ édit. Par *J. Fr.* FÉLIBIEN.

Paris 1696. Benard. 1 vol. in-4º.

4696.— Notice sur la vie et les ouvrages de Nicolas Piccinni. Par *P. L.* GINGUENÉ.

> **Paris. An ix. V.ᵉ Panckoucke. 1 vol. in-8°.**

s. — *Biographie des femmes célèbres.*

4697.— Les éloges et les vies des reynes, des princesses, et des dames illustres en piété, en courage et en doctrine, qui ont fleury de nostre temps, et du temps de nos Pères. Avec l'explication de leurs devises, emblémes, hieroglyphes, et symboles. Divisez en deux tomes et dédiez à la Reyne régente. Par *F. Hilarion* DE COSTE.

> **Paris 1647. Seb. et Gabr. Cramoisy. 2. vol. in-4°.**

** — Mémoires historiques et anecdotiques des reines et régentes de France. Par DREUX DE RADIER. N.° 2331.

4698.— La femme héroique, ou les héroines comparées avec les héros en toute sorte de vertus. Et plusieurs réflexions morales à la fin de chaque comparaison. Par le R. P. DU BOSC.

> **Paris 1645. De Sommaville. 1. vol. in-4. Tom. 2.ᵉ**

4699.— La gallerie des femmes fortes. 6.ᵉ édit. Par le Père LE MOYNE.

> **Paris 1668. F. Mauger. 1 vol. in-12. Fig.**

4700.— Mémoires de Messire *Pierre* DE BOURDEILLE, seigneur de BRANTOME, contenant les vies des Dames galantes de son temps.

> **Leyde 1669. J. Sambik. 1 vol. in-12. Tom. 2ᵉ.**

** — Voyez aussi : *OEuvres de* BRANTOME.

4701.— Jeanne Darc, sa mission et son martyre, avec le plan du siège d'Orléans et la photographie de la statue équestre de M. Foyatier ; par M. *A.* RENZI.

> **Orléans 1855. Gatineau. 1 vol. in-8°. Pl.**

** — Heroinæ nobiliss. Joannæ Darc historia N.° 2557.

** — Histoire de Jeanne d'Arc, par LANGLET DU FRESNOY. N.° 2558.

** — *Val.* VARANII de gestis Joannæ. *Bell. lett.* 1454.

4702.—La comtesse d'Isembourg. (Par *Antoinette* SALVAN, comtesse DE SALIEZ).

Paris 1678. Barbin. 1 vol. in-12.

4703.—Abrégé de la vie de très-auguste et très-vertueuse princesse Marie-Thérèse d'Austriche, Reyne de France et de Navarre. Par le R. P. *Bonaventure* DE SORIA.

Paris 1683. Lamb. Roulland. 1 vol. in-12.

4704.—La véritable vie d'Anne Geneviève de Bourbon, duchesse de Longueville. Par l'Auteur des *Anecdotes de la constitution Unigenitus*. (*Fr.* BOURGOING DE VILLEFORE.)

Amsterdam 1739. J. F. Jolly. 2 en 1 vol. in-8º.

4705.—Vie de la reine de France Marie Lecksinska, princesse de Pologne, par M. l'*Abbé* PROYART.

Paris 1826. Boiste. 1 vol. in-12. Fig.

** — Mémoires de Madame ROLLAND. N.º 2901.

4706.— Vie de *Jeanne* DE SAINT-REMY DE VALOIS, ci-devant *Comtesse* DE LA MOTTE, contenant un récit détaillé et exact des événemens extraordinaires auxquels cette dame infortunée a eu part depuis sa naissance, et qui ont contribué à l'élever à la dignité de *confidente et favorite* de la Reine de France; avec plusieurs particularités ultérieures, propres à éclaircir les transactions mystérieuses relatives au *collier de diamans*, à son emprisonnement, et à son évasion presque miraculeuse, etc.; et sa Requête à l'Assemblée nationale, à l'effet d'obtenir une révision de son procès. Ecrite par elle-même.

Paris. An 1.ᵉʳ Garnery. 2 vol. in-8º.

t. — *Mélanges biographiques.*

4707.—Autographes de savants et d'artistes, de connus et d'inconnus, de vivants et de morts, mis aux vents, par *François* GRILLE, avec annotations, gloses, commentaires.

Paris 1853. Ledoyen. 2 vol. in-18.

4708.—Miettes littéraires, biographiques et morales, livrées au au public avec des explications par *François* Grille.

Paris 1853. Ledoyen. 3 vol. in-18.

4709.—Le bric-à-brac, avec son catalogue raisonné, par *Fr.* Grille.

Paris 1853. Ledoyen. 2 vol. in-18.

4710.—Les fleurs de pois, Carnot et Robespierre, amis et ennemis, capilotade historique, poétique, drolatique, dédiée aux bouquinistes, par *François* Grille.

Paris 1853. Ledoyen. 1 vol. in-18.

SEPTIÈME DIVISION.

ARCHÉOLOGIE,

On ne trouvera point dans cette division les usages religieux de l'antiquité, les institutions judiciaires, l'art militaire, la marine, l'agriculture; nous avons cru devoir ranger les ouvrages qui traitent de ces matières dans la théologie, la jurisprudence, les sciences et les arts.

Les ouvrages dans lesquels sont décrits ou etudiés les monuments d'architecture, de sculpture, de peinture, de céramique, de glyptique, etc., au point de vue de la théorie, de l'histoire et de l'esthétique, n'ont point place non plus dans cette division ; il faudra les chercher dans la section des beaux-arts.

Nous ne considérons donc ici les monuments qu'en tant qu'ils font connaître des faits et des usages.

Introduction. — Dictionnaires. — Traités généraux.

4711—Introduction à l'étude des monumens antiques, par *A. L.* Millin.

Paris 1796. Magasin encyclopédique. 1 vol. in-8°.

4712.—Dictionarium antiquitatum romanarum et græcarum, in usum Serenissimi Delphini et Serenissimorum Principum Burgundiæ, Andium, Biturigum, collegit, digessit, et sermone gallico reddidit jussu Regis christianissimi M. *Petrus* Danetius.

Amstelodami 1701. Roger. 1 vol. in-4°.

4713.—Lexicon antiquitatum romanarum : in quo ritus et antiquitates cum Græcis ac Romanis communes, tum Romanis peculiares, sacræ et profanæ, publicæ et privatæ, civiles ac militares exponuntur. Accedit his auctorum notatorum, emendatorum et explicatorum index copiosissimus. Auctore *Samuele* Pitisco.

Venetiis 1719. Typ. Balleoniana. 3 vol. in-fol. Pl.

4714.—Dictionnaire des antiquités romaines, ou explication abrégée des cérémonies, des coutumes et des antiquités, sacrées et profanes, publiques et particulières, civiles et militaires, communes aux Grecs et aux Romains, ouvrage traduit et abrégé du grand Dictionnaire de *Samuel* Pitiscus, et enrichi de Remarques curieuses et intéressantes. (Par l'*Abbé P.* Barral.)

Paris 1766. Delalain. 3 vol. in-8°.

4715.—Dictionnaire abrégé d'antiquités, pour servir à l'intelligence de l'histoire ancienne, tant sacrée que profane, et à celle des auteurs grecs et latins : par *E. J.* Monchablon.

Paris 1760. Desaint et Saillant. 1 vol. in-12.

** — Antiquités, mythologie, diplomatique des chartes et chronologie (Par *Ant.* Mongez, Sainte-Croix, Rabaut Saint-Etienne, Dupuis et Volney.

Paris 1786-1824. Panckoucke et Agasse. 7 vol. in-4°. Pl.

Voyez *Encyclopédie méthodique*.

4716.—Cours d'antiquités monumentales, professé à Caen, en 1830, par M. de Caumont.

Paris 1830-41. Lance et Derache. 6 vol. in-8°. At. in-4°.

4717.—Manuel élémentaire d'archéologie nationale, par l'*Abbé Jules* Corblet. Dessins de M. *E.* Breton.

Paris 1851. Périsse fr. 1 vol. in-8°. Pl.

Cet ouvrage fait partie de la Collection des livres classiques publiée sous la direction de M. l'*Abbé P. M.* Cruice.

CHAPITRE I.
ETHNOLOGIE.

a. — *Ethnologie générale, ancienne et moderne.*

4718.—Omnium gentium mores, leges, et ritus ex multis clarissimis rerum scriptoribus, a *Joanne* Boemo Aubano, nuper collecti, et novissime recogniti. Tribus libris absolutum opus, Aphricam, Asiam, et Europam describentibus.

Parisiis 1539. Challonneau. 1 vol. in-8º.

4719.—Mores, leges, et ritus omnium gentium, per J. Boemum Aubanum, ex multis clarissimis rerum scriptoribus collecti. — Ex *Nicol.* Damasceni historia excerpta quædam ejusdem argumenti. — Itidem et ex Brasiliana *J.* Lerii historia. — Fides, religio, et mores Æthiopum, ac deploratio Lappianæ gentis, Damiano *à Goes* auctore. — De Æthiopibus etiam nonnulla ex *Jos.* Scaligeri lib. vii de Emendatione temporum.

Genevæ 1620. Tornæsius. 1 vol. in-18.

4720.—Les mœurs, coutumes et usages des anciens peuples, pour servir à l'éducation de la jeunesse, de l'un et de l'autre sexe. Par M. Sabbathier.

Paris 1770. Delalain. 1 vol. in-4º.

4721.—L'esprit des usages et des coutumes des différens peuples. Ouvrage dans lequel on a réuni en corps d'histoire tout ce qu'ont imaginé les hommes sur les alimens et les repas, les femmes, le mariage, la naissance et l'éducation des enfans, les chefs et les souverains, la guerre, la distribution des rangs, la servitude et l'esclavage, la pudeur, la parure, les modes, la société, et les usages domestiques, les lois pénales, les supplices, la médecine, la mort, les funérailles, les sépultures, etc. (Par M. Démeunier.)

Londres, Paris 1776-1785. Pissot, Laporte. 3 vol. in-8º.

4722.—Origine des postes chez les anciens et chez les modernes. Par M. Lequien de la Neufville.

Paris 1708. Giffart. 1 vol. in-12.

b. — *Ethnologie ancienne, générale.*

** — Diodori *Siculi* bibliothecæ historicæ libri xv. N.° 671.

4723.—L'Antiquité expliquée, et représentée en figures. Par Dom
BERNARD DE MONTFAUCON.

Paris 1719. Delaulne. 5 en 10 vol. in-fol. Pl.

4724.—Supplément au livre de l'Antiquité expliquée et représentée en figures. Par Dom BERNARD DE MONTFAUCON.

Paris 1724. Delaulne. 5 vol. in-fol.

** — L'antiquité dévoilée par ses usages, par BOULANGER. Voy. *OEuvres.*

4725.—Contenta in hoc opusculo *Raphaelis* VOLATERANI de more
ludorum : et sacrorum. De Romanorum : Græcorumque
magistratibus. De ritu antiquæ militiæ postremo. De tem-
plis et locis urbis Romæ. Quæ omnia ad historiæ cognitionem apprime sunt utilia.

Paris (s. d.) Gilles de Gourmont. 1 vol in-4°.

4726.—Explication de divers monumens singuliers, qui ont rapport à la religion des plus anciens peuples. Avec l'examen de la dernière édition des ouvrages de S. Jerôme,
et un traité sur l'astrologie judiciaire. Par le R. P. Dom.***
religieux bénédictin de la congrégation de S. Maur.
(Dom *Jacques* MARTIN).

Paris 1739. Lambert et Durant. 1 vol. in-4°. Fig.

c. — *Ethnologie des Hébreux.*

** — *Caroli* SIGONII de republica Hebræorum. Vide n.° 749.
Voyez aussi n.° 750 à 762.

d. — *Ethnologie grecque.*

** — *Nic.* CRAGII de republica Lacedemoniorum. Vide n.° 802.

4727.—Les mœurs et les usages des Grecs. Par M. MENARD.

Lyon 1743. V.ᵉ Delaroche et fils. 1 vol. in-12.

4728.—Antiquités de la Grèce en général, et d'Athènes en particulier; par M. *Lambert* Bos : avec les notes de M. *Frideric* LEISNER, ouvrage traduit du latin par M. LA GRANGE.

Paris 1769. Bleuet. 1 vol. in-12.

ʸˣ — Voyage du jeune Anacharsis. Voyez n.º 803.

ʸˣ — Voyage d'Antenor en Grèce. Voyez n.º 806.

ˣˣ — Lettres athéniennes ou correspondance d'un agent du roi de Perse, résidant à Athènes, pendant la guerre de Péloponèse.

Voyez *Bell. lett.* 2970.

4729. — Fêtes et courtisanes de la Grèce. Supplément aux voyages d'Anacharsis et d'Antenor; contenant : 1.º la chronique religieuse des anciens Grecs, tableau de leurs mœurs publiques; 2.º la chronique qu'aucuns nommeront scandaléuse, tableau de leurs mœurs privées; 3.º un almanach athénien; 4.º la description des danses grecques, etc. 4.ᵉ édit. rev., corrigée avec soin; présentée sous une forme dramatique; augmentée de notes piquantes sur la *Mythologie comparée;* enrichie de *nouveaux chants anacréontiques*, musique de MÉHUL; ornée de *nouvelles gravures*, dans plusieurs desquelles on a réuni, pour la première fois, avec explication, d'après l'autorité antique, et sur les dessins de GARNERY, élève de David, tous les détails relatifs au *costume et à la toilette des courtisanes.* (Par *P. J. B. P.* CHAUSSARD).

Paris 1821. Les princip. libraires. 4 vol. in-8º. Pl.

4730. — De magistratibus Atheniensibus liber, ad Gulielmum Poyetum totius Galliæ cancellarium, *Gulielmo* POSTELLO *Barentonio* authore.

Parisiis 1541. M. Vascosanus. 1 vol. in-4º.

e. — *Ethnologie romaine.*

4731. — Antiquités romaines, ou tableau des mœurs, usages et institutions des Romains; dans lequel on expose tout ce qui a rapport à leurs religion, gouvernement, lois, magistratures, procédures judiciaires, tactique, discipline militaires, marine, fêtes, jeux publics et particuliers, repas, spectacles, exercices, mariages, funérailles, habillements, poids et mesures, monnaies,

édifices publics, maisons, jardins, agriculture, etc., etc.
Ouvrage principalement destiné à faciliter l'intelligence
des auteurs classiques latins; par *Alex.* Adam; traduit
de l'anglais sur la 7.ᵉ édition (par le C.ᵗᵉ de Laubespin),
avec des notes du traducteur français, et quelques-unes
du traducteur allemand (*J. L.* Meyer.) 2.ᵉ édit. rev.
corr. et augm. de la vie de l'auteur.

Paris 1826. Verdière. 2 vol. in-12.

4752.—Blondi *Flavii Forliviensis*, de Roma triumphante libri
decem, priscorum scriptorum lectoribus utilissimi, ad
totiusque Romanæ antiquitatis cognitionem pernecessarii. Omnia magis quam antè castigata.

Parisiis 1533. S. Colinæus. 1 vol. in-8°.

** — Idem opus. N.º 1300.

4753.—Discours sur la castrametation et discipline militaire
des Romains, escript par noble Seigneur *Guillaume* Du
Choul. Des bains et antiques exercitations grecques et
romaines. De la religion des anciens Romains.

Lyon 1556. Guil. Roville. 1 vol. in-fol.

4754.—Discours de la religion des anciens Romains, de la castrametation et discipline militaire d'iceux. Des bains
et antiques exercitations Grecques et Romaines, escript
par noble S. *Guillaume* Du Choul. Illustré de medailles
et figures retirées des marbres antiques, qui se treuvent
à Rome, et par nostre Gaule.

Lyon 1567. G. Roville. 1 vol. in-4°. Fig.

4755.—Même ouvrage.

Lyon 1581. G. Roville. 1 vol. in-4°. Fig.

** — De quæsitis per epistolam lib. iii. Aldi Manutii.

Venetiis 1576. Aldi. 1 vol. in-8°.

Vide *Belles lettres.* 2946.

4756.—Romanarum antiquitatum libri decem ex variis scriptoribus summa fide singularique diligentia collecti a
Joanne Rosino *Bartholomaei. F. Isennacensi.*

Basileæ 1583. Hær. P. Pernæ. 1 vol. in-fol.

4737.—Idem opus. Secunda editio.

Lugduni 1585. 1 vol. in-fol.

4738.—Antiquitatum Romanarum corpus absolutissimum in quo præter ea quæ *Joannes* Rosinus delineaverat, infinita supplentur, mutantur, adduntur. Ex criticis, et omnibus utriusque linguæ auctoribus collectum : poetis, oratoribus, historicis, jurisconsultis, qui laudati, explicati, correctique. *Thoma* Dempstero à *Muresck* auctore.

Lutetiæ Paris. 1613. J. Le Bouc. 1 vol. in-fol.

4739.—Idem opus. Editio nova.

Genevæ 1620. P. et J. Chouet. 1 vol. in-4°.

4740.—Idem opus. Editio postrema, emendatior.

Genevæ 1632. P. et J. Chouet. 1 vol. in-4°.

** — *Justi* Lipsii admiranda, sive de magnitudine Romana libri quatuor.

Vide n.° 1024.

4741.—*Justi* Lipsii tractatus peculiares octo; ad cognoscendam historiam Romanam apprime utiles. Adjecimus Lipsii epistolam deliberativam, bellum, pax, an induciæ, Hispano in Belgia, etc. præstent. Et *Alexandri* Sardi librum, de nummis.

Francofurti. 1609. Emmelius. 1 vol. in-18.

4742 —*Julii-Cæsaris* Bulengeri de Imperatore et Imperio Romano libri xii. Quorum tres priores de insignibus Imperii, purpura, diademate, corona, igne, fortuna aurea, imaginibus, infulis, etc. Novem verò posteriores, de dignitatibus et officiis utriusque imperii, occidentis et orientis, servato Imperatorum, a quibus officia quæque instituta sunt, ordine, tractant. Adjectæ sunt pro cumulo, de officiis regni Galliæ, tum magnæ ecclesiæ Constantinopoleos, appendices duæ, non illaudabiles.

Lugduni 1618. Gul. Rovillius. 1 vol. in-fol.

4743.—*Julii Cæsaris* Bulengeri opusculorum systema, duobus tomis digestum. Prior continet libros tres de instrumento templorum, in quorum primo agitur de veste pontificum., -episcorum , et sacerdotum : in secundo de donariis : in tertio de forma templorum, in quibus diffi-cillima quæque Anastasii Bibliothecarii libro de vitis Pontificum explicantur ; opus a nemine adhuc tentatum. Præterea alios de tota ratione divinationis : de oraculis , sortibus , auguriis et auspiciis; de ominibus , et prodi-giis : de terræmotu , et fulminibus : de magia licità, et vetita ; qui omnes antehac lucem non viderunt. Poste-rior complectitur libros de triumpho : de circo Romano, ludisque circensibus : de theatro, et de venatione circi.

Lugduni 1621. Pillehotte. 2 en 1 vol. in-fol.

4744.—De urbis ac Romani olim imperii splendore opus erudi-tionibus, historiis , ac animadversionibus, tam sacris quam profanis illustratum. In quo etiam nonnulla ex occasione tanguntur,. tam circa Romanæ ecclesiæ prin-cipatum , quam circa alias reliquarum orbis regionum res memoratu dignas. Auctore *Joanne Baptista* CASALIO.

Romæ 1650. Alberti Tani. 1 vol. in-fol.

4745.—*Josephi* LAURENTII *Lucensis* Polymathia : sive variæ an-tiquæ eruditionis libri sex. In quibus ritus antiqui , romani , externi , quà sacri , quà profani, quà publici , quà privati; sacrificiorum , nuptiarum , comitiorum , conviviorum, fori , theatri , militiæ, triumphi , funeris, explicantur : iique è philosophiæ, politiæ , philologiæ adytis eruuntur ; proverbiis, historiis, rebusque criticis illustrati, enucleantur.

Lugduni 1666. Anisson. 1 vol. in-fol.

** — *Joannis* MEURSII de luxu Romanorum liber singularis.

Voyez *Valerius Maximus. Bibl. class. lat.* 3.

4746.—Novus thesaurus antiquitatum Romanarum , congestus ab *Alberto Henrico* DE SALLENGRE. Cum figuris æneis.

Hagæ Com. 1716-24. Du Sauzet et Gosse. 3 v. in-fol. Pl.

4747.—Explication abregée des coutumes et cérémonies obser-vées chez les Romains. Pour faciliter l'intelligence des

65.*

anciens Auteurs. Ouvrage écrit en latin par M. Nieupoort; et traduit par M. l'*Abbé* *** (*P. Fr.* Guyot Desfontaines.

Paris 1741. Desaint. 1 vol. in-12.

4748. — Même ouvrage.

Paris 1770. Brocas. 1 vol. in-12.

4749. — L'antique Rome ou description historique et pittoresque
de tout ce qui concerne le peuple romain, dans ses costumes civiles, militaires et religieux, dans ses mœurs publiques et privées, depuis Romulus jusqu'à Augustule.
Par J. Grasset Saint-Sauveur.

Paris 1796. Deroy. 1 vol. in-4°. Fig.

** — Rome au siècle d'Auguste, par Dezobry.　Voyez n.° 1032
Voyez les n.ᵒˢ 1022, 1023, 1025, 1028, 1029, 1030.
Voyez aussi n.ᵒˢ 1069, 1094, 1095, 1096, et 1301 à 1310.

4750. — Censorini ad Q. Cærellium de die natali nova editio.
Lud. Carrione recensente, augente, et pristino ordini
suo restituente. Ejusdem argumenti fragmentum incerti
scriptoris antea cum eodem Censorini de die natali libro
continenter impressum, nunc vero ab eodem *Lud.* Carrione separatum, correctiusque, et capitibus aliquot ex
veteri libro additis auctius editum.

Lutetiæ 1583. Ægid. Beysius. 1 vol. in-8°.

** — Livre de Censorinus sur le jour natal, traduit pour la première
fois en français par M. J. Mangeart.

Paris 1843. Panckoucke. 1 vol. in-8°.

Voyez *Bibl. lat. fr.*

4751. — *Joannes* Lydus (*Joannes* Laurentius) ex recognitione *Im-
manuelis* Bekkeri.

Bonnæ 1837. Impensis Ed. Weberi. 1 vol. in-8°.

Ce volume a été publié dans le *Corpus scriptorum historiæ By-
zantinæ. Editio emendatior et copiosior, consilio B. G.* Nie-
buhrii *instituta, auctoritate Acad. litt. reg. Borussicæ conti-
nuata.*

4752. — Pomponii Laeti libellus de Romanorum magistratibus.

— Ejusdem de sacerdotiis Ro. — Ejusdem de diversis legibus Ro.

S. n. n. l. n. d. 1 vol. in-4°.

° — Notitia utraque dignitatum cum orientis, tum occidentis. N.° 1096.

° — J. Gutherii de officiis domus Augustæ. N.° 1095.

° — *Onuphrii* Panvinii fasti et triumphi Romanorum. V. n.°°·598-599.

° — *Onuphrii* Panvinii reipublicæ romanæ commentaria. V. n.° 1023.

° — J. Cuspiniani de consulibus rom. commentarii. Vide n.° 972.

° — *Wolfg.* Lazii commentarii reipublicæ romanæ. Vide n.° 1022.

4753. — *L.* Fenestellæ de magistratibus, sacerdotiisque Romanorum libellus, jam primùm nitori suo restitutus. — Pomponii Læti itidem de magistratibus et sacerdotiis, et præterea de diversis legibus Romanorum.

Lugduni 1568. Th. Paganus. 1 vol. in-16.

4754. — *Andreæ Dominici* Flocci vulgo L. Fenestellæ de magistratibus, sacerdotiisque Romanorum libellus. Cum notis ex doctissimis, auctoribus collectis et castigationibus accessit huic novæ editioni brevis et perspicua vasorum quorum apùd Romanorum, in sacrificiis usus explicatio. Et Ponponii Laeti itidem de magistratibus et sacerdotiis et præterea dè diversis legibus Romanorum.

Parisiis 1606. Pillou. 1 vol. in-12.

° — J. Lipsii de magistratibus vet. pop. romani.   Vide Lipsii opera.

° — Traité du senat romain.   Voyez n.° 1027.

4755. — *Lazari* Bayfii annotationes in l. ii. de captivis; et postliminio reversis, in quibus tractatur de re navali. Ejusdem annotationes in tractatum de auro et argento leg. quibus, vestimentorum, et vasculorum genera explicantur.

Antonii Thylesii de coloribus libellus, à coloribus vestium non alienus.

Parisiis 1536. Rob. Stephanus. 1 vol. in-4°. Fig.

4756. — *Lazari* Bayfii annotationes in legem ii de captivis et postliminio reversis, in quibus tractatur de re navali, per authorem recognitæ. — Ejusdem annotationes in

tractatum de auro et argento legato, quibus vestimentorum et vasculorum genera explicantur. His omnibus,
imagines ab antiquissimis monumentis desumptas, ad
argumenti declarationem subjunximus. — Item *Antonii*
THYLESII de coloribus libellus, à coloribus vestium non
alienus.

Basileæ 1541. Froben. 1 vol. in-4°. Fig.

4757. — *Julii Cæsaris* BULENGERI de tributis ac vectigalibus populi Romani liber, in quo vectigalium regni Galliæ, et
eorum qui vectigalibus præsunt, origo illustratur.

Tolosæ 1612. Vid. Jac. Colomerii. 1 vol. in-8°.

4758. — Histoire des grands chemins de l'empire romain., contenant l'origine, progrès et étendue quasi incroyable des
chemins militaires, pavez depuis la ville de Rome jusques aux extremitez de son empire. Où se voit la grandeur et la puissance incroyable des Romains; ensemble
l'éclaircissement de l'Itinéraire d'Antonin et de la Carte
de Peutinger. Par *Nicolas* BERGIER. Nouv. édit.

Bruxelles 1736. Leonard. 2 vol. in-4°. Fig.

4759. — Des journaux chez les Romains, recherches précédées
d'un mémoire sur les annales des pontifes, et suivies de
fragments des journaux de l'ancienne Rome; par *J.
Vict.* LE CLERC.

Paris 1838. Firm. Didot. 1 vol. in-8°.

f. — *Ethnologie gauloise.*

** — *Petri* RAMI liber de moribus veterum Gallorum. Vid. n.° 2372.
Voyez aussi n.ᵒˢ 2374, 2379, 2383, 2384, 2390, 2392, 2393.

4760. — Précis d'archéologie celtique; par l'*Abbé* J. CORBLET.

Saint-Germain 1850. Beau. Pièce in-8°.

4761. — Antiquités celtiques et antédiluviennes. Mémoire sur
l'industrie primitive et les arts à leur origine. Par M.
BOUCHER de PERTHES.

Paris 1847. Treuttel et Wurtz. 1 vol. in-8°. Pl.

4762.—Mémoire sur des instruments en silex trouvés à St.-Acheul, près d'Amiens, et considérés sous les rapports géologique et archéologique, par le D.ʳ RIGOLLOT

Amiens 1855. Duval et Herment. 1 vol. in-8°. Pl.

✱✱ — Mémoires sur les Druides, par DUCLOS.

Voyez *OEuvres de* DUCLOS. tom. v.

4763.—Mémoires de l'Académie celtique, ou recherches sur les antiquités celtiques, gauloises et françoises ; publiés par l'Académie celtique.

Paris 1807-1812. 16 livraisons en 5 vol. in-8°. Fig.

g. — *Ethnologie des nations du Nord.*

✱✱ — *Cornelii* TACITI Germania. Vide n.° 918 et seq.

✱✱ — *Ph.* CLUVERII Germania. Vide n.° 1604.

✱✱ — *Olai* MAGNI de gentibus septentrionalibus. Vide n.° 1895.

h. — *Ethnologie spéciale. — Des mariages.*

4764.—De veteri ritu nuptiarum et jure connubiorum : *Barnabas* BRISSONIUS, *Antonius* et *Franciscus* HOTMANUS.

Lugd. Bat. 1641. F. Hackius. 1 vol. in-16.

4765.—Ceremonies nuptiales de toutes les nations ; par le Sʳ DE GAYA.

La Haye 1681. Moetjens. 1 vol. in-16.

i. — *Des funérailles.*

4766.—*Iacobi* GUTHERII de jure manium, seu de ritu, more, et legibus prisci funeris, libri III.

Parisiis 1615. Buon. 1 vol. in-4°.

On trouve à la suite :

— *Iacobi* GUTHERII Choartius major, vel de orbitate toleranda. Ad Annam Robertum I. C. præfatio.

4767.—*Johannis* KIRCHMANNI *Lubecensis* de funeribus Romanorum libri quatuor.

Hamburgi 1605. Froben. 1 vol. in-8°.

4768.—Le réveil de Chyndonax Prince des Vacies Druides Cel-

tiques Dijonois, avec la saincteté, religion, et diversité
des cérémonies observées aux anciennes sepultures. Par
I. G. D. M. D. (I. Guenebauld).

Dijon 1621. Guyot. 1 vol. in 4º. Fig.

4769.—Ceremonies funebres de toutes les nations. Par le S.ʳ
Muret.

Paris 1679. Michallet. 1 vol. in-16. N.º 4765.

4770.—Funerali antichi di diversi popoli, et nationi ; forma,
ordine, et pompa di sepolture, di essequie, di consecra-
tioni antiche et d' altro, descritti in dialogo da *Thomaso*
Porcacchi. Con le figure in rame di *Girolamo* Porro.

Venetia 1574. 8. Calignani. 1 vol. in-4º. Fig.

4771.—Pompe funebri di tutte le nationi del mondo. Raccolte
dalle storie sagre, e profane dall' excellentiss. sig. dottor:
Francesco Perucci. 2.ª impressione.

Verona 1646. F. Rossi. 1 vol. in-4º. oblong. Fig.

4772.—Des décorations funèbres. Où il est amplement traité des
tentures, des lumières, des mausolées, catafalques, inscriptions et autres ornemens funèbres ; avec tout ce qui
s'est fait de plus considérable depuis plus d'un siècle,
pour les papes, empereurs, rois, reines, cardinaux, princes, prélats, sçavans et personnes illustres en naissance,
vertu et dignité, etc. Enrichies de figures. Par le *P. C.
F.* Menestrier.

Paris 1684. Robert de la Caille. 1 vol. in-8º.

4773.—De l'origine de la crémation, ou de l'usage de bruler les
corps ; disssertation traduite de l'anglais de M. Jamieson;
par *A. M. H. B***.* (*Ant. Mar. Henr.* Boulard.)

Paris 1821. Pélicier. 1 vol. in-8º.

4774.—Roma sotterranea, opera postuma di *Antonio* Bosio, com-
pita, disposta, et accresciuta dal *M. P. R. Giovanni* Se-
verani da S. Severino. Nella quale si tratta de' sacri ci-
meterii di Roma, del sito, forma, et uso antiquo di essi,
de' cubicoli, oratorii, imagini, ieroglifici, inscrittioni et

epitaffi, che vi sono. Nuovamente visitati, et riconosciuti dal Sig. *Ottavio* Pico. Del significato delle dette imagine, e ieroglifici. De' riti funerali in sepellirvi i defonti. De' martiri in essi riposti, o martirizati nelle vie circonvicine. Delle cose memorabili, sacre, e profane, ch'erano nelle medesime vie : e d'altre notabili, che rappresentano l'imagine della primitiva chiesa, l'angustia, che pati nel tempo delle persecutioni, il fervore de' primi christiani, e li veri, et inestimabili tesori, che Roma tiene rinchiusi sotto le sue campagne. Publicate dal Commendatore *Fr. Carlo* ALDOBRANDINO.

Roma 1632. Gugl. Facciotti. 1 vol. gr. in-fol. Fig.

4775. — Roma subterranea novissima, in qua post *Antonium* Bosium, *Jo.* SEVERANUM, et celebres alios scriptores antiqua Christianorum et præcipue Martyrum cœmeteria, tituli, monimenta, epitaphia, inscriptiones, ac nobiliora sanctorum sepulchra sex libris distincta illustrantur et quam plurimæ res ecclesiasticæ iconibus graphice describuntur, ac multiplici tum sacra, tum profana eruditione declarantur. Opera et studio *Pauli* ARINGHI.

Romæ 1651. Bl. Diversini et Z. Masotti. 2 vol. in-fol. Fig.

4776. — Idem opus.

Coloniæ. Lutetiæ-Paris. 1659. 2 en vol. in-fol. Fig.

4777. — Catacombes de Rome, architecture, peintures murales, lampes, vases, pierres précieuses gravées, instruments, objets divers, fragments de vases en verre doré, inscriptions, figures et symboles gravés sur pierre, par *Louis* PERRET. Ouvrage publié par ordre et aux frais du gouvernement sous la direction d'une commission composée de MM. AMPERE, INGRES, MÉRIMÉE, VITET, membres de l'institut.

Paris 1851. Gide et Baudry. 5 vol. in-fol.

4778. — La Normandie souterraine ou notice sur des cimetières

romains et des cimetières francs explorés en Normandie,
par M. l'*Abbé* Cochet.

Rouen 1854. Lebrument. 1 vol. in-8°. Pl.

4779.—Notice sur un cimetière romain découvert en Normandie en 1849 par M. l'*Abbé* Cochet.

Rouen 1849. A. Peron. Pièce in-8°. Pl.

k. — *Des habitations.*

4780.—Le palais de Scaurus , ou description d'une maison romaine, fragment d'un voyage fait à Rome , vers la fin
de la république, par Mérovir, prince des Suèves. 2.ᵉ
édit. (Par *François* Mazois.)

Paris 1822. Firm. Didot. 1 vol. in-8°. Fig.

4781.— *Casparis* Sagittarii de januis veterum liber singularis,
cum dissertatione epistolica et analectis in eundem.

Jenæ 1694. Croker. 1 vol. in-8°.

l. — *Des habillements.*

4782.—Omnium fere gentium, nostræque ætatis nationum ha-
bitus, et effigies. *Jacobi* Sluperii *Herzelensis* in eosdem
epigrammata ; adjecta ad singulas icones gallica tetras-
tica.

Antuerpiæ 1572. Bellerus. 1 vol. in-8°.

4783.—De gli habiti antichi, et moderni di diverse parti del
mondo libri due, fatti da *Cesare* Vecellio, et con discorsi
da lui dichiarati.

Venetia 1590. D. Zenaro. 1 vol. in-8°. Fig.

4784.— *Q. Sept. Florentis* Tertulliani liber de Pallio. *Claudius*
Salmasius recensuit, explicavit, notis illustravit.

Lutetiæ Par. 1622. H. Drouart. 1 vol. in-8°.

4785.— Tertullien du manteau. Dédié à Monseigneur de Cinq-
Mars , grand Escuyer de France. Par le sieur De Titre-
ville.

Paris 1640. G. Josse. 1 vol. in-8°.

** — *Q. Sept. Flor.* Tertulliani de habitu mulierum liber. — Ejusdem de cultu fœminarum.   Vide Tertulliani opera.

4786.—*Lazari* Bayfii annotationum in L. Vestis, ff. de auro et argenteo leg., seu de re vestiaria, liber nunc primum typis excusus, cum indice haudquaquam pœnitendo. Subjecta est et præfationi lex ipsa, quo facilius intelligatur, quid in toto libro tractetur.

Basileæ 1526. Joa. Bebelius. 1 vol. in-4°.

4787 —*Lazari* Bayfii commentarius de vestium generibus et vocabulis, in L vestis, ff. de auro et argento, seu re vestiaria.

Basileæ 1530. 1 vol. in-8°.

4788.—De re vestiaria libellus, ex Bayfio excerptus (à *Carolo* Stephano). Addita vulgaris linguæ interpretatione, in adolescentulorum gratiam atque utilitatem.

Lugduni 1536. Gryphius. 1 vol. in-8°.

4789.—Idem opus. Secunda editio.

Parisiis 1536. Rob. Stephanus. 1 vol. in-8°.

4790.—Idem opus. Secunda editio.

Parisiis 1541. R. Stephanus. 1 vol. in-8°.

** — Histoire des modes françaises. Voyez n.° 3181.

** — Costumes français depuis Clovis jusqu'à nos jours. N.° 3182.

4791.—*Caroli* Paschalii coronæ. Opus quod nunc primùm in lucem editur distinctum x. libris; quibus res omnis coronaria è priscorum eruta et collecta monumentis continetur.

Parisiis 1610. H. Perier. 1 vol. in-4°.

4792.—De coronis et tonsuris Paganorum, Iudæorum, Christianorum, libri tres, ad lucem historiæ sacræ et profanæ. Auctore *P. F. Prospero* Stellartio.

Duaci 1625. Bellerus. 1 vol. in-8°.

** — *Q. Sept. Flor.* Tertulliani de corona militis liber.
       Vide Tertulliani opera.

4793.—*Anselmus* Solerius de pileo, cæterisque capitis tegminibus tam sacris, quam profanis. Edit. noviss.

Amstelodami 1671. A. Frisius. 1 vol. in-16. Fig.

4794.— Histoire des perruques. Où l'on fait voir leur origine, leur usage, leur forme, l'abus et l'irrégularité de celles des ecclésiastiques. Par M. *Jean-Baptiste* THIERS.

Paris 1690. L'Auteur. 1 vol. in-12.

4795.— *Benedicti* BALDUINI (1) calceus antiquus et mysticus. Ad reverendiss. in Christo Patrem Dominum D. Geoffridum de la Martonie, insignis ecclesiæ Ambianensis episcopum.

Parisiis 1615. Langlæus. 1 vol. in-8°. Fig.

4796.— *B.* BALDUINI calceus antiquus et mysticus, et *Jul.* NI-GRONUS de caliga veterum. Accesserunt ex *Cl.* SALMASII notis ad librum *Tertulliani de pallio* et *Alb. Rubenii* libris *de re vestiaria* excerpta ejusdem argumenti. Omnia figuris aucta et illustrata observationibus *Joh. Frederici* NILANT.

Lugduni. Bat. 1711 Haak. 1 vol. in-8°. Fig.

4797.— *Jull* NIGRONI *Genuensis* de caliga veterum dissertatio subseciva. Qua declaratur, quid ea sit latinis scriptoribus, in Sacra Scriptura, jure civili, ac lapidibus vetustis. Editio ultima.

Lugd. Bat. 1711. Haak. 1 vol. in-8°. Fig.

m. — *Des festins.*

4798.— Antiquitatum convivialium libri III. In quibus Hebræorum, Græcorum, Romanorum aliarumque nationum antiqua conviviorum genera, nec non mores, consuetudines, ritus ceremoniæque conviviales, atque etiam aliæ explicantur, et cum iis, quæ hodiè cùm apud Christianos, tùm apud alias gentes à Christiano nomine alienas in usu sunt, conferuntur : multa grammatica, physica, medica, ethica, œconomica, politica, denique atque historica cognitu jucunda simul et utilia tractantur : plu-

---

(1) BAUDOUIN (*Benoist*), né à Amiens vers la fin du 15.ᵉ siècle, y mourut le 27 novembre 1652.

rima sacrorum prophanorumque auctorum veterum loca obscura illustrantur, corrupta emendantur; denique desperatus deploratusque nostrorum temporum luxus atque luxuria gravi censura damnatur. Auçtore *Jo. Guilielmo* Stuckio *Tigurino.*

Tiguri 1582. Ch. Froschoverus. 1 vol. in-fol.

4799.—Antiquitatum convivialium libri III. Editio secunda.

Tiguri 1597. J. Wolphius. I vol. in-fol.

4800.—De conviviis libri quatuor. Auctore *Julio Cæsare* Bu-lengero.

Lugduni 1627. Prost. 1 vol. in 8°.

On trouve à la suite :

— De pictura, plastice, statuaria libri duo. Auctore *Julio Cæsare* Bulengero.

Lugduni 1627. Prost. 1n-8°,

— De ludis privatis ac domesticis veterum liber unicus. Auctore *Julio Cæsare* Bulengero.

Lugduni. 1627. Prost. In-8°.

n. — *Des théâtres et des jeux.*

4801.—*Justi* Lipsi de amphihteatro liber. In quo forma ipsa loci expressa, et ratio spectandi. Cum æneis figuris.

Antuerpiæ 1585. Ch. Plantinus. 1 vol. in-4°.

Une seconde partie a pour titre :

— *Justi* Lipsi de amphitheatris quæ extra Romam libellus. In quo formæ eorum aliquot et typi.

On trouve à la suite :

—I. Lipsi saturnalium sermonum libri duo, qui de gladiatoribus.

Antuerpiæ 1582. Ch. Plantinus. 1 vol. in-4°.

— Idem opus. Editio ultima, auctior et ornatior.

Lugd. Bat. 1590. Off. Plantiniana. 1 vol. in-4°.

4802.—*I.* Lipsi saturnalium sermonum libri duo, qui de gladiatoribus. Noviter correcti, aucti, et formis æneis illustrati.

Autuerpiæ 1585. Ch. Plantinus. 1 vol. in-4°. Fig.

A la suite :

— *Justi* LipsI de amphitheatro liber. N.º 4801.

4803.— *Justi* LipsI de amphitheatro liber. In quo forma ipsa loci expressa, et ratio spectandi. Cum æneis figuris. Omnia auctiora vel meliora.

Antuerpiæ 1598. Off. Plantiniana. 1 vol. in-4º.

** — *Hier.* Mercurialis de arte gymnastica. Voy. *Médecine.* 759.

4804.— Agonisticon *Petri* Fabri, sive de re athletica ludisque veterum gymnicis, musicis, atque circensibus spicilegiorum tractatus, tribus libris comprehensi. Opus tessellatum. Elucubratum denuò, amplificatum, etc.

Lugduni 1595. Soubron. 1 vol. in-4º.

4805.— *Onuphrii* Panvinii libri tres. i De ludis sæcularibus. ii De sibyllis et carminibus sibyllinis. iii De antiquis Romanorum nominibus.

1588. Officina Sanctandreana. 1 vol. in-fol. N.º 599.

4806.— *Onuphrii* Panvinii *Veronensis* de ludis circensibus, libri ii. De triumphis liber unus. Quibus universa ferè Romanorum veterum sacra ritusque declarantur. Cui accessit Tertulliani liber de spectaculis.

Parisiis 1601. B. Macæus. 1 vol. in-8º.

** — Mémoires sur les jeux scéniques des Romains, par Duclos.

Voyez *OEuvres,* t. v.

4807.— *Danielis* SouteRI Palamedes; sive de tabulá lusoria, aleá, et variis ludis, libri tres. Quorum i, philologicus; ii, historicus; iii, ethicus; seu moralis.

Lugd. Bat. 1622. Is. Elzevirius. 1 vol. in-8º.

A la suite se trouve :

— *Joannis* Meursi de ludis Græcorum liber singularis. Ad V. Cl. Petrum Scriverium.

Lugduni Batav. 1622. Is. Elzevirius. 1 vol. in-8º.

o. — *Des poids, des mesures et des monnaies.*

4808.— *Joannis* Marianæ *Hispani,* de ponderibus et mensuris.

Toleti 1599. T. Gusmanius. 1 vol. in-4º.

A la suite on trouve :

—De antiquis mensuris Hebræorum ; quarum S. Biblia meminerunt , libri III *Caspari* Waseri, *Tigurini*. Interspersæ sunt mensuræ Ægyptiorum , Arabum, Syrorum , Persarum , Græcorum et Romanorum ; quæ cum ipsæ per se explicantur, tum per has Hebraïcæ.

Heidelbergæ 1610. Gott. Voegelinus. in-4°.

4809.—Traité des finances et de la fausse monnoie des Romains, (par De Chassipol), auquel on a joint une dissertation sur la manière de discerner les médailles antiques d'avec les contrefaites..(Par *Guill.* Beauvais)

Paris 1740. Briasson. 1 vol. in-12.

4810.— Production de l'or, de l'argent et du cuivre chez les anciens, et hôtels monétaires des empires romain et byzantin. Par *J.* et *L.* Sabatier.

Saint-Pétersbourg. 1850. Bellizard et C.ie 1 vol. in-8°.

4811.—Considérations générales sur l'évaluation des monnaies grecques et romaines, et sur la valeur de l'or et de l'argent avant la découverte de l'Amérique. Par M. Letronne.

Paris 1817. Firm. Didot. 1 vol. in-4°.

4812.—*Gulielmi* Budaei de Asse et partibus ejus libri quinque, ab ipso authore novissime et recogniti et locupletati.

Parisiis 1541. M. Vascosanus. 1 vol. in-fol.

A la suite :

— *Gulielmi* Budaei forensia.

Lutetiæ 1544. Rob. Stephanus. in-fol.

4813.—Idem opus.

Parisiis 1542. M. Vascosanus. 1 vol. in-fol.

4814—Summaire ou epitome du livre de Asse fait par le commandement du Roy, par maistre *Guillaume* Bude et par luy presenté audict seigneur.

Paris 1532. Galliot Du Pré. 1 vol. in-8°.

4815.—Summaire ou epitome du livre de Asse, fait par le com-

mandement du roy par maistre *Guillaume* Bude, reveu
et additionne oultre les precedentes impressions.

Paris 1538. Jehan Longis. 1 vol. in-8°.

4816.—Dissertation sur l'hémine de vin, et sur la livre de pain
de S. Benoist, et des autres anciens Religieux. Où l'on
fait voir que cette hémine n'étoit que le demi-setier, et
que cette livre n'étoit que de douze onces. L'on repré-
sente l'esprit des Pères et des anciens fondateurs d'ordres,
touchant le jeûne et la tempérance. L'on éclaircit quelques points remarquables de l'antiquité : et l'on recherche la juste proportion des poids et des mesures des anciens avec les nôtres. 2.ᵉ édit. rev. corr. et augm. Avec
la Réponse aux nouvelles difficultez qui avoient été faites
sur ce sujet. Et une disquisitiou de l'année, du jour et
de l'heure où est mort le glorieux patriarche S. Benoît.
(Par *Claude* Lancelot.)

Paris 1698. G. Desprez. 1 vol. in-8°.

p. — *Meubles, ustensiles et joyaux.*

4817.—De vasculis libellus, adulescentulorum causa ex Bayfio
decerptus (à *Carolo* Stephano), addita vulgari latinarum vocum interpretatione.

Lugduni 1536. Gryphius. 1 vol. in-8°.

4818.—Idem opus.

Parisiis 1536. Rob. Stephanus. 1 vol. in-8°.

4819.—De anulis antiquis librum singularem : in quo diligenter explicantur eorum nomina multa, primæva origo,
materia multiplex, figuræ complures, causa efficiens,
fines, ususve plurimi, differentiæ, virtutes admirabiles,
magnitudines, pretia, multitudo, gestatio, locus, con-
servatio, deperditorum inventio, solemnisque restitu-
tio dominis, ablatio violenta, depositio spontanea, traditio charis, legatio, fractura, et contumulatio cum

cadavere priscis temporibus. Autor *Fortunius* LICETUS.

Utini 1645. Schiratti. 1 vol. in-4°. Fig.

** — Recueil général de bas-reliefs et d'ornements : ivoires, meubles, armes, bijoux. Voyez *Trésor de numismatique et de glyptique.*

q. — *Des supplices.*

4820.—*Justi* LIPSI de cruce libri tres ad sacram profanamque historiam utiles. Unà cum notis. Editio tertia, seriò castigata.

Antuerpiæ 1597. Off. Plantiniana. 1 vol. in-8°. Fig.

4821.—Idem opus. Editio ultima, seriò castigata.

Amstelodami 1670. A Frisius. 1 vol. in-18. Fig.

On trouve à la suite :

— *F. CornelI* CURTI de clavis dominicis liber. Curæ secundæ. Editio novissima aucta, emendata, et figuris æneis exornata.

Autuerpiæ 1670. A. Frisius. 1 vol. in-18.

CHAPITRE II.
PALÉOGRAPHIE ET DIPLOMATIQUE.

a. — *Paléographie égyptienne.*

4822.—ORI APOLLINIS *Niliaci* Hierogliphica. ΩΡΟΥ ΑΠΟΛΛΩΝΟΣ Νειλώου ιερογλύφικα. — OKUS (*sic*) APOLLO de notis hieroglyphicis per *Bernardinum* TREBATIUM *Vincentinum* latinitate donatus.

Basileæ 1511. P. Vidovæus. 1 vol. in-8°.

4823.— *Joannis* PIERII VALERIANI *Bellunensis* Hieroglyphica, seu de sacris Ægyptiorum aliarumque gentium literis commentarii : summa cum industria exarati, et in libros quinquaginta octo redacti : quibus etiam duo alii ab eruditissimo viro (*Aug. Cæl.* CURIONE) sunt annexi. Nunc primùm verò his sexaginta libris Auctuarii loco subjuncta sunt Hieroglyphicorum Collectanea, ex veteribus

66.

et noetericis auctoribus descripta , atque in sex libros digesta. Accessere perutiles ad marginem Annotationes nunquam hactenus excusæ, unà cum Declamatiuncula pro barbis, ac ejusdem Poëmatibus media parte auctioribus, etc.

Lugduni 1610. P. Frellon. 1 vol. in-fol. Fig.

4824.—*Joannis* PIERII VALERIANI *Bellunensis* Hieroglyphica, sive de sacris Ægyptiorum aliarumque gentium literis, commentariorum libri LVIII, cum duobus aliis ab eruditissimo viro annexis. Accesserunt loco Auctuarii, Hieroglyphicorum collectanea, ex veteribus et recentioribus auctoribus descripta, et in sex libros digesta. HORAPOLLINIS item hieroglyphicorum libri duo , ex postrema *Davidis* HŒSCHELII correctione. Præterea ejusdem PIERII declamatiuncula pro barbis sacerdotum, et reliqua opuscula sive poemata omnia. Editio novissima.

Francofurti ad Mœnum 1614. Kempferr. 1 vol. in-4°.

4825.—*Joannis* PIERII VALERIANI *Bellunensis* Hieroglyphica, seu de sacris Ægyptiorum aliarumque gentium literis commentarii , libris quinquaginta octo digesti ; quibus additi sunt duo Hieroglyphicorum libri *Cœlii Augustini* CURIONIS : ejusdem PIERII pro sacerdotum barbis Declamatio , et Poëmata varia, cum diversis hieroglyphicis collectaneis, in sex libros dispositis, et nunc diligenter expurgatis. Accesserunt in hac postrema editione HORI APOLLINIS hieroglyphicorum libri duo : Item hieroglyphicorum, emblematumque medicorum Δωδεκακρουνος : authore *Ludovico* a CASANOVA med.

Lugduni 1626. P. Frellon. 1 vol. in-fol. Fig.

4826.—Commentaires hieroglyphiques ou images des choses de *Jan* PIERIUS VALERIAN , esquels comme en un vif tableau est ingenieusement depeinct et representé l'estat de plusieurs choses antiques : comme de monnoyes, medales, armes , inscriptions et devises , obelisques, py-

ramides, et autres monumens : outre une infinité de
diverses et profitables histoires, proverbes et lieux communs : avec la parfaite interpretation des mysteres
d'Ægypte, et de plusieurs passages de l'escriture saincte
conformes à iceux ; plus deux livres de *Cælius* Curio,
touchant ce qui est signifié par les diverses images et
pourtraits des Dieux et des hommes, mis en françois par
Gabriel Chappuys.

Lyon 1576. B. Honorat. 2 en 1 vol. in-fol.

4827. — Les hieroglyphiques de *Jan-Pierre* Valerian, vulgairement nommé Pierius. Autrement commentaires des lettres
et figures sacrées des Ægyptiens et autres nations.
Œuvre réduite en cinquante-huict livres, ausquels sont
adjoincts deux autres de *Cælius* Curio, touchant ce qui
est signifié par les diverses effigies, et pourtraicts des
Dieux, et des Hommes. Nouvellement donnez aux François, par *J.* de Montlyart.

Lyon 1615. P. Frellon. 1 vol. in-fol. Fig.

4828. — Discours des hieroglyphes ægyptiens, emblêmes, devises, et armoiries. Ensemble liiii tableaux hieroglyphiques pour exprimer toutes conceptions, à la façon des
Ægyptiens, par figures, et images des choses, au lieu de
lettres. Avecques plusieurs interprétations des songes et
prodiges. Le tout par *Pierre* l'Anglois, escuyer, sieur de
Bel-Estat.

Paris 1683. L'Angelier. 1 vol. in-4º.

** — *Athan.* Kircheri Prodomus coptus sive ægyptiacus.
Voyez *Bell. lett.* N.º 137.

** — *P. Ern.* Jablonski voces Ægyptiacæ. Vide Jablonski opera.

4829. — Essai sur les hiéroglyphes des Égyptiens, où l'on voit
l'origine et le progrès du langage et de l'écriture, l'antiquité des sciences en Égypte, et l'origine du culte des
animaux. Traduit de l'anglois de M. Warburthon (par
Léonard Des Malpeines). Avec des Observations sur

66.*

l'antiquité des hiéroglyphes scientifiques, et des Remarques sur la chronologie et sur la première écriture des
Chinois (par *Nicolas* Fréret).

Paris 1744. Louis Guérin. 2 vol. in-12.

** — Description de l'Égypte. Antiquités. Voyez n.º 4141.

4850.—Précis du système hiéroglyphique des anciens Égyptiens, ou recherches sur les élémens premiers de cette
écriture sacrée, sur leurs diverses combinaisons, et sur
les rapports de ce système avec les autres méthodes gra-
phiques égyptiennes. Par M. Champollion *le jeune.*

Paris 1824. Treuttel et Wurtz. 1 vol. in-8º. Pl.

4851.—Nouvel essai sur les hiéroglyphes égyptiens. D'après la
critique de M. Klaproth, sur les travaux de M. Champollion jeune. Par M. l'*Abbé* Affre.

Paris 1834. Le Clere et Cie. 1 vol. in-8º.

4852.—Grammaire égyptienne, ou principes généraux de l'é-
criture sacrée égyptienne appliquée à la représentation
de la langue parlée, par Champollion *le jeune;* publiée
sur le manuscrit autographe, (par M. Champollion Figeac).

Paris 1836-1841. F. Didot frères. 1 vol. in-fol.

4853.—Dictionnaire égyptien en écriture hiéroglyphique, par
J. F. Champollion *le jeune;* publié d'après les manuscrits autographes, par M. Champollion Figeac.

Paris 1841-43. Firmin Didot fr.. 1 vol. in-fol.

Cet ouvrage, lithographié par *J. A. Clouet,* a été dessiné et écrit
par *Jules Feuquières.*

4854.—Fac simile d'un papyrus égyptien en caractères hiéra-
tiques, trouvé à Thèbes, donné à la Bibliothèque royale
de Paris et publié par *E.* Prisse d'Avennes.

Paris 1847. Lith. Lemercier. 1 vol. in-fol.

** — Monuments de l'Égypte et de la Nubie. Voyez *Beaux arts.*

b. — *Paléographie grecque, latine,* etc.

4855.—Palæographia græca, sive de ortu et progressu litera-

rum græcarum, et de variis omnium sæculorum scrip-
tionis græcæ generibus : itemque de abbreviationibus,
et de notis variarum artium ac disciplinarum. Additis
figuris et schematibus ad fidem manuscriptorum codicum. Opera et studio D. *Bernardi* DE MONFAUCON.

Parisiis 1708. Guerin. 1 vol. in-fol. Pl.

** — De Fœnicum literis, seu de prisco latine et grece lingue caractere,
Guillielmo POSTELLO authore. Voyez *Belles lettres*. N.º 139.

** — *P. Ern.* JABLONSKI lingua Lycaonica. Vide JABLONSKI opera.

** — De literis et lingua Getarum sive Gothorum. Item de notis Lom-
bardicis. Quibus accesserunt specimina variarum linguarum. Editore B. VULCANIO. N.º 1100.

c. — *Epigraphie*.

4856.—Mémoire sur deux inscriptions cunéiformes trouvées près
d'Hamadan et qui font maintenant partie des papiers du
D.ᵣ Schulz, par M. *Eugène* BURNOUF.

Paris. 1836. Imp. Royale. 1 vol. in-4ⁿ.

** — Monument de Ninive, découvert et décrit par *P. E.* BOTTA, dessiné et mesuré par *E.* FLANDIN. Tom. 4. Voyez *Beaux arts*.

4857.—Inscriptiones græcæ Palmyrenorum, cum scholiis et annotationibus *Edwardi* BERNARDI et *Thomæ* SMITHI.

Trajecti ad Rhenum 1698. Halma. 1 vol. in-8º.

4858.—Antiquités grecques du Bosphore-Cimmérien, publiées et
expliquées par M. *Raoul* ROCHETTE.

Paris 1822. Firm. Didot. 1 vol. in 8º. Pl.

4859.—Antiquæ tabulæ marmoreæ solis effigie, symbolisque ex-
culptæ accurata explicatio qua priscæ quædam mytho-
logiæ, ac nonnulla præterea vetera monumenta marmo-
rum, gemmarum, nomismatum illustrantur. Auctore
Hier. ALEANDRO Juniore. — Accessit non absimilis argumenti expositio sigillorum zonæ veterem statuam mar-
moream cingentis. Editio II ab eodem aucta et recognita.

Lutetiæ 1617. Seb. Cramoysi. 1 vol. in-4ⁿ. Fig.

4840.—Inscriptio vetus græca, nuper ad urbem in via Appia effossá : dedicationem fundi continens, ab Herode Rege factam. *Isaacus* Casaubonus recensuit, et notis illustravit.

8. n. n. l. n. d. 1 vol. in-fol.

4841.—Recueil des inscriptions grecques et latines de l'Égypte étudiées dans leurs rapports avec l'histoire politique, l'administration intérieure, les institutions civiles et religieuses de ce pays depuis la conquête d'Alexandre jusqu'à celle des Arabes, par M. Letronne.

Paris 1842-1848. Imp. royale. 2 vol. in-4°. Atl. in-fol.

4842.—Inscriptions grecques, romaines, byzantines et arméniennes, de la Cilicie, recueillies par *Victor* Langlois.— Inscriptions antiques restituées et traduites par *Louis* Delatre. — Inscriptions arméniennes traduites et commentées par *Victor* Langlois.

Paris 1854. A Leleux. 1 vol. in-4°.

** — Voyage dans la Péninsule arabique du Sinaï et l'Éygpte moyenne. Par Lottin de Laval. N.° 4006.

** — Expédition scientifique de l'Algérie. Archéologie. N.° 4119.

4843.—Lexicon epigraphicum Morellianum. Edidit *Ph.* Schiassi.

Bononiæ. 1835-38. Off. Ann. Nobilii et soc. 3 v. in-4°.

4844.—*Steph. AntonI* Morcelli operum epigraphicorum volumina v.

Patavii 1818-1823. Typis seminarii. 5 vol. in-fol.

Cet ouvrage comprend les suivants, qui ont été publiés séparément :

— Vol. i, ii, iii. De stilo inscriptionum latinarum lib. iii. Editio altera auctior et emendatior. 1819-22.

— Vol. iv. Inscriptiones, commentariis subjectis. Accedunt in hac editione appendix inscriptionum novissimarum, Agapea, Michaelia et tesseræ paschales. 1823.

— Vol v. Πάρεργον inscriptionum novissimarum ab anno mdcclxxxiiii *Andreae* Andreii rhetoris cura editum. 1818.

4845.—Mélanges d'épigraphie par *Léon* Renier.

Paris 1854. F. Didot fr. 1 vol. in-8°.

4846.—Inscriptiones antiquæ totius orbis romani in absolutis-

simum corpus redactae olim auspiciis *Josephi* Scaligeri
et *Marci* Velseri, industria autem et diligentia *Jani* Gruteri : nunc curis secundis ejusdem Gruteri et notis *Mar-*
quardi Gudii emendatae, et tabulis aeneis à Boissardo
confectis illustratae; denuo cura viri summi *Joannis*
Georgii Graevii recensitae. Accedunt adnotationum appendix et indices xxv emendati et locupletati, ut et Ti-
ronis Ciceronis lib. et Senecae notae. (Cum præfatione
P. Burmanni).

Amstelaedami 1707. Fr. Halma. 4 vol. in-fol.

4847.—Inscriptionum latinarum selectarum amplissima collectio ad illustrandam romanæ antiquitatis disciplinam
acommodata ac magnarum collectionum supplementa
complura emendationesque exhibens.—Cum ineditis *Jo.*
Casp. Hagenbuchii suisque adnotationibus edidit *Jo.*
Casp. Orellius. — Insunt lapides Helvetiæ omnes. —
Accedunt præter Fogginii Kalendaria antiqua, Hagenbu-
chi, Maffeii, Ernestii, Reiskii, Seguierii, Steinbrue-
chelii epistolæ aliquot epigraphicæ nunc primum editæ.

Turici 1828. Typ. Orellii, Fuesslini et soc. 2 vol. in-8°.

4848.—Inscriptions romaines de l'Algérie recueillies et publiées
par M. *Léon* Renier.

Paris 1855. Imp. Roy. 2 vol. in-4°. En publication.

4849.—Inscriptions antiques de Lyon reproduites d'après les
monuments ou recueillies dans les auteurs par *Alph.*
de Boissieu.

Lyon 1846-1854. L. Perrin. 1 vol. gr. in-4°.

4850.—Description du Musée lapidaire de la ville de Lyon. Epi-
graphie antique du département du Rhône, par le D.ᵣ
A. Comarmond.

Lyon 1846-1854. Dumoulin. 1 vol. in-4°. Pl.

4851.—Antiquæ inscriptionis explanatio in qua de locatoribus
scenicorum disceptatur. (Dabat *Dominicus* Georgius).

Montefalisco 1727. Typ. Seminarii. 1 vol. in-8°.

d. — *Diplomatique*.

4852.—De re diplomatica libri vi. In quibus quidquid ad veterum instrumentorum antiquitatem, materiam, scrip-
turam, et stilum ; quidquid ad sigilla, monogrammata,
subscriptiones, ac notas chronologicas; quidquid inde ad
antiquariam, historicam, forensemque disciplinam perti-
net, explicatur et illustratur. Accedunt Commentarius
de antiquis Regum Francorum palatiis. Veterum scriptu-
rarum varia specimina, tabulis lx comprehensa.— Nova
ducentorum, et amplius, monumentorum collectio. Operâ
et studio Domni *Johannis* Mabillon.

Lutetiæ 1681. Billaine. 1 vol. in-fol. Fig.

4853.—Librorum de re diplomatica supplementum. In quo ar-
chetypa in his libris pro regulis proposita, ipsæque re-
gulæ denuo confirmantur, novisque speciminibus et argumentis asseruntur et illustrantur. Operâ et studio
Domni *Johannis* Mabillon.

Lutetiæ-Paris. 1704. Robustel. 1 vol. in-fol. Fig.

4854.—Collection de planches de la Diplomatique de Mabillon
et du Supplément, imprimées sans le texte sur le verso,
et d'un grand nombre de planches d'écritures et de dessins d'objets antiques tirées de la Paléographie grecque
de Montfaucon et de l'Antiquité expliquée du même
auteur.

1 vol. in-fol. Pl.

4855.—Nouveau traité de diplomatique, où l'on examine les
fondemens de cet art : on établit des règles sur le discer-
nement des titres, et l'on expose historiquement les caractères des bulles pontificales et des diplomes donnés
en chaque siècle : avec des éclaircissemens sur un nombre considérable de points d'histoire, de chronologie,
de critique et de discipline ; et la réfutation de diverses
accusations intentées contre beaucoup d'archives cé-

lèbres, et sur tout contre celles des anciennes églises.
Par deux Religieux Bénédictins de la Congrégation de
S. Maur. (R. P. TASSIN et Ch. Fr. TOUSTAIN).
Paris 1750-1765. Desprez. 6 vol. in-4⁰. Fig.

4856.—Eléments de paléographie par M. *Natalis* DE WAILLY.
Paris 1838. Imp. Royale. 2 vol. in-fol. Pl.

4857.—Histoire des contestations sur la diplomatique (par le
P. *J. Ph*. LALLEMANT), avec l'Analyse de cet ouvrage,
composé par le R. P. Dom *Jean* MABILLON.
Paris 1708. Delaulne. 1 vol. in-12.

4858.—De veteribus Regum Francorum diplomatibus, et arte
secernendi antiqua diplomata vera à falsis, disceptatio.
Ad R. P. D. Johannem-Mabillonium Auctore P. *Bar-*
tholomæo GERMON.
Parisiis 1703. Anisson 1 vol. in-12.

4859.—*Justi* FONTANINI *Forojuliensis* vindiciæ antiquorum diplomatum adversus Bartholomaéi Germonii disceptatio-
nem de veteribus Regum Francorum diplomatibus et
arte secernendi antiqua diplomata vera à falsis. Libri
duo. Quibus accedit veterum actorum appendix.
Romæ 1705. F. Gonzaga. 1 vol. in-4⁰.

4860.—De veteribus Regum Francorum diplomatibus, etc., disceptatio II. Auctore P. *Bartholomæo* GERMON.
Parisiis 1706. Cl. Rigaud. 1 vol. in-12.

4861.—De veteribus Regum Francorum diplomatibus, etc., disceptationes adversus R. P. D. *Theodorici Ruinartii*, et
cl. V. *Justi Fontanini* vindicias, atque epistolas cl. Virorum *Dominici Lazzarini*, et M. *Antonini Gatti*. Auctore P. *Bartholomæo* GERMON.
Parisiis 1707. Cl. Rigaud. 1 vol. in-12.

4862.—Ecclesia Parisiensis vindicata adversus R. P. Bartholo-
mæi Germon duas disceptationes de antiquis Regum
Francorum diplomatibus. (Auctore *Th.* RUINART).
Parisiis 1706. Muguet. 1 vol. in-8⁰.

4863.—Vindiciæ manuscriptorum codicum à R. P. Bartholomæo

Germon impugnatorum. Cum appendice, in qua S. Hilarii quidam loci ab Anonymo obscurati et depravati illustrantur et explicantur. Auctore Domno *Petro* Coustant Ord. S. Benedicti.

Parisiis. 1706. Vidua. F. Muguet. 1 vol. in-8º.

4864. — *Dominici* Lazzarini ex nobilibus de Murro epistola ad amicum Parisiensem, pro vindiciis antiquorum Diplomatum Justi Fontanini Forojuliensis.

Romæ 1706. Fran. Gonzaga. 1 vol. in-12.

4865. — De veteribus hæreticis ecclesiasticorum codicum corruptoribus. Auctore *Bartholomæo* Germon.

Parisiis 1713. Le Comte et Montalant. 1 vol. in-8º.

4866. — Vindiciæ veterum codicum confirmatæ, in quibus plures Patrum atque Conciliorum illustrantur loci ; Ecclesiæ de trina Deitate dicenda traditio asseritur ; Ratramnus et Gothescalcus purgantur ab injectis suspicionibus ; et quædam Pyrrhonismi semina novissimè sparsa reteguntur et convelluntur : authore Domno *Petro* Coustant.

Lutetiæ Paris. 1715. J. B. Coignard. 1 vol. in-8º.

4867. — *Scipionis* Marantæ *Messanensis* expostulatio in Barthomæum Germonium pro antiquis diplomatibus, et codicibus manuscriptis.

Messanæ 1738. Tarinus. 1 vol. in-8º.

** — Serments prêtés à Strasbourg en 842 par Charles le Chauve, Louis le Germanique, et leurs armées respectives. N.º 2529.

** — Analyse d'un mémoire contenant l'examen critique d'une charte de 1174, attribuée à Louis VII, dit le Jeune. N.º 2531.

4868. — Diplomes et chartes sur papyrus et sur vélin, publiés pour l'École royale des chartes, par M. Champollion-Figeac.

Paris 1835-1841. F. Didot Fr. 1 vol. in-fol.

Les fascicules formant cette collection ont été publiés successivement, sous les titres suivants :

— Charte latine sur papyrus d'Egypte, de l'année 876, appartenant à la Bibliothèque royale ; publiée pour l'École royale des chartes , par l'ordre de M. Guizot , Ministre de l'instruction publique.

Paris 1835. Lithographie de Motte. In-fol.

— Chartes latines sur papyrus, du VIe siècle de l'ère chrétienne, appartenant à la Bibliothèque royale, et publiées pour l'École royale des chartes , d'après les ordres de M. le Ministre de l'instruction publique , par M. CHAMPOLLION FIGEAC. 2.e fascicule de la collection des chartes latines sur papyrus.

Paris 1837. F. Didot fr. in-fol.

— Chartes et manuscrits sur papyrus, de la Bibliothèque royale. Collection de fac-simile accompagnés de notices historiques et paléographiques et publiées pour l'École royale des chartes , d'après les ordres de M. le Ministre de l'instruction publique. Par M. CHAMPOLLION-FIGEAC. — 3.e fascicule.

Paris 1840. F. Didot fr. in-fol.

—Chartes latines; française, et en langue romane méridionale, publiées pour l'École royale des chartes, et pour faire suite à la collection des chartes et manuscrits sur papyrus. — 4.e et 5.e fascicule.

Paris 1841. F. Didot fr. in-fol.

4869.—Diplomata et chartæ merovingicæ ætatis in archivo Franciæ asservata delineanda curavit A LETRONNE.

Parisiis 1851. Koeppelin. 1 vol. in-8° et Atl. in-fol.

Cette publication parut en 5 livraisons sous le titre suivant :

— Diplomes et chartes de l'époque mérovingienne , sur papyrus et sur vélin, conservés aux archives du royaume, publiés sous les auspices de M. le Cte Duchatel , ministre de l'intérieur, et de M. Villemain , ministre de l'instruction publique, par M. LETRONNE.

Paris 1851. Kaeppelin. 1 vol. in-fol.

CHAPITRE III.

SIGILLOGRAPHIE.

***

** — Sceaux des rois et reines de France.

** — Sceaux des communes, communautés, évêques, abbés et barons.

** — Sceaux des grands feudataires de la couronne de France.

** — Sceaux des rois et reines d'Angleterre.

Voyez *Trésor de numismatique et de glyptique.*

** — Sigilla comitum Flandriæ cum expositione historica *Olivarii* Vre-DII. Vid. n.° 1808-1811.

** — De re diplomatica, N.° 4852.

** — Eléments de Paléographie, par *Nat.* De Wailly. N.° 4856.

4870.—Sigillographie du Ponthieu. Recueil de sceaux concernant Abbeville et les environs. Par *E. D. M.* (*Eugène* Demarsy) (4). Sceau de Rue.

Abbeville 1855. Grare. (Vervins. Papillon). Piè. in-8°. P.

4871.—Notice sur un sceau en bague, trouvé à Mont de Marsan. (Par *G. R.* Ainsworth). (Extrait du Bulletin universel des sciences et de l'industrie, publié par le B.°° de Férussac. vii.° section, décembre 1826).

Douai 1826. Wagrez aîné. Pièce in-8°. Pl.

***

CHAPITRE IV.

NUMISMATIQUE.

***

a. — *Introduction.* — *Traités généraux.*

***

4872.—Discours sur les medalles antiques, divisé en quatre parties, esquelles il est traicté si les medalles antiques estoient monnoyes : de leur matiere : de leur poids : de leur prix : de la valeur qu'elles peuvent avoir aujourd'huy, selon qu'elles sont rares ou communes, antiques et vrayes, ou bien modernes, contrefaites ou moulées :

---

(1) Demarsy (*Charles-Eugène*), né à Amiens le 30 octobre 1814.

quelles sont celles qui sont telles : par quels moyens et marques il les faut recognoistre : et de plusieurs autres choses peu cogneuës concernant les monnoyes , les metaux , les mineraux , les mesures et poids antiques. Par M. *Louis* SAVOT.

Paris 1627. S. Cramoisy. 1 vol. in-4°.

4873.—Histoire des medailles ou introduction à la connoissance de cette science. Par *Charles* PATIN.

Amsterdam 1695. Donati. 1 vol. in-12. Fig.

4874.—La science des médailles (par le P. *Louis* JOBERT). Nouv. édit. avec des remarques historiques et critiques (par *J.* BIMARD DE LA BASTIE).

Paris 1739. De Bure. 2 vol. in-12. Fig.

4875.—Recueil de monnoies tant anciennes que modernes , ou Dictionnaire historique des monnoies qui peuvent être connues dans les quatre parties du monde , avec leur poids, titre et valeur. Divisé en quatre parties , savoir : pour les Hébreux, pour les Grecs, pour les Romains, pour les François. Avec des tarifs à la suite du Dictionnaire, pour celles qui ont présentement cours en Europe. Par M. DE SALZADE.

Bruxelles 1767. Boucherie. 1 vol. in-4°.

4876.—Traité élémentaire de numismatique ancienne, grecque et romaine, composé d'après celui d'Eckhel, augmenté d'un grand nombre d'articles, de remarques et observations des meilleurs auteurs modernes, avec VII planches de médailles, contenant plus de 150 sujets gravés au trait, pour servir à l'intelligence du texte. Par *Gérard* JACOB K. (KOLB.)

Paris 1825. Aimé André. 2 vol. in-8°. Pl.

4877.—Manuel de numismatique ancienne, contenant les élémens de cette science et les nomenclatures, avec l'indication des divers degrés de rareté des monnaies et médailles antiques, et des tableaux de leurs valeurs actuelles. Par M. Hennin.

> **Paris 1830. Merlin. 2 vol. in-8°.**

4878.—Traité élémentaire de numismatique générale. Par J. Lefebvre (1).

> **Abbeville 1850. T. Jeunet. 1 vol. in-8°.**

** — Dissertation sur la manière de connaître les médailles antiques d'avec les contrefaites, par G. Beauvais. Voyez n.° 4809.

b. —. Recueils généraux.

4879.—La première et la seconde partie du Promptuaire des medalles des plus renommées personnes qui ont esté depuis le commencement du monde : avec brieve description de leurs vies et faicts, recueillie des bons auteurs.

> **Lyon 1553. G. Roville. 1 vol. in-4°. Fig.**

4880.—*Joannis* Harduini opera selecta, tum quæ jam pridem Parisiis edita nunc emendatiora et multo auctiora prodeunt, tum quæ nunc primum edita.

> **Amstelodami 1709. J. L. de Lorme. 1 vol. in-fol. Fig.**
>
> On y trouve :

** — Nummi antiqui populorum et urbium illustrati. — De nummis Herodiadum prolusio. — Numismata sæculi Constantiniani. — Numismata aliquot rariora Augustorum Tetrici, Diocletiani et Maxentii.— Historia augusta ex nummis antiquis græcis latinisque restituta.

4881.—Recueil de médailles de peuples et de villes, qui n'ont point encore été publiées, ou qui sont peu connues. (Par *Joseph* Pellerin).

> **Paris 1763. Guerin et Delatour. 3 vol. in-4°. Fig.**

4882.— Recueil de médailles de Rois, qui n'ont point encore été publiées ou qui sont peu connues. (Par *Jos.* Pellerin).

> **Paris 1762. Guerin et Delatour. 1 vol. in-4°. Fig.**

4883.—Mélanges de diverses médailles, pour servir de supplément aux recueils des médailles de Rois et de villes qui

---

(1) Lefebvre (Jules), né à Abbeville, le 15 octobre 1816.

ont été imprimés en MDCCLXII et MDCCLXIII. (Par *Joseph* PELLERIN.)

Paris 1765. Guerin et Délatour. 2 vol. in-4⁰. Fig.

4884. — Suppléments (1.ᵉʳ 2.ᵉ 3.ᵉ 4.ᵉ et dernier) aux six volumes de recueils des médailles de rois, de villes, etc. publiés en 1762, 1763 et 1765 : avec des corrections relatives aux mêmes volumes. (Par *Jos.* PELLERIN.)

Paris 1765-1767. Guerin et Delatour. 2 vol. in-4ⁿ. Fig.

4885. — Lettre de l'auteur des Recueils de médailles de rois, de peuples et de villes, imprimés en huit volumes *in-quarto*, chez H. L. Guerin et L. F. Delatour, depuis 1762 jusqu'en 1767. (Par *Jos.* PELLERIN).

Francfort Paris. 1770. Delatour. 1 vol. in-4⁰. Fig.

4886. — Additions aux neuf volumes de recueils de médailles de rois, de villes, etc. imprimés en 1762, 1763, 1765, 1767, 1768 et 1770; avec des Remarques sur quelques médailles déjà publiées. (Par *Jos.* PELLERIN.)

La Haye. Paris 1778. V.ᵉ Desaint. 1 vol. in-4⁰. Fig.

4887. — Observations sur quelques médailles du cabinet de M. Pellerin. Par M. l'*Abbé* LE BLOND.

La Haye. Paris 1771. V.ᵉ Desaint. 1 vol. in-4⁰. Fig.

4888. — Doctrina numorum veterum conscripta à *Josepho* ECKHEL.

Vindobonæ 1792-1798. J. V. Degen. 8 vol. in-4⁰.

4889. — Classes generales geographiæ numismaticæ seu monetæ urbium, populorum et regum ordine geographico et chronologico dispositæ secundum systema Eckhelianum et in duas partes divisæ quarum prior geographiam numariam certam, altera incertam, vel erroneam continet. (Auctore *Dominico* SESTINI).

Lipsiæ 1797. Lib. Gleditschia. 2 vol. in-4⁰.

4890. — Description de médailles antiques, grecques et romaines, avec leur degré de rareté et leur estimation, ouvrage servant de catalogue à une suite de plus de vingt

mille empreintes en soufre, prises sur les pièces originales ; par *T. E.* Mionnet.

Paris 1813-1837. Debure. 16 vol. in-8°. Le t. 2 manque.

L'ouvrage se compose de 7 volumes, dont un de planches. Les
suppléments forment 8 volumes, et la table, un volume.

c. — *Mélanges.*

4891.—Revue numismatique publiée par *E.* Cartier et *L.* De
la Saussaye.

Blois 1836-1855. Dézairs. 20 v. in-8°. Pl.

Les deux premiers volumes, publiés en 1836 et 1837, portent pour
titre : *Revue de la numismatique françoise.*

4892.—Mélanges de numismatique, par *Ad.* de Longpérier.

Blois 1841. Dézairs. 1 vol. in-8°. Fig.

d. —*Numismatique asiatique et grecque.*

4893.—*Caspari* Waseri de antiquis numis Hebraeorum, Chal-
daeorum et Syrorum ; quorum S. Biblia et Rabbinorum
scripta meminerunt libri ii. Quibus tum sacri, tum profani auctores, locis innumerabilibus, illustrantur. Additæ sunt figuræ numorum, ære eleganter expressæ, et
interpersa ad antiquitatis notitiam pertinentia.

Tiguri 1605. Off. Wolphiana. 1 vol. in-4°. Fig.

4894.—Recherches sur la numismatique judaïque, par *F.* de
Saulcy.

Paris 1854. F. Didot fr. 1 vol. in-4°. Pl.

4895.—*Joannis* Harduini chronologiæ ex nummis antiquis restitutæ prolusio de nummis Herodiadum.

Parisiis 1693. J. Anisson. 1 vol. in-4°.

4896.—Numismatique des nomes d'Egypte, sous l'administration romaine, par *Victor* Langlois.

Paris 1852. A. Leleux. 1 vol. in-4°. Pl.

4897.—Arsacidarum imperium, sive Regum Parthorum historia. Ad fidem numismatum accommodata. Per *J.* Foy-
Vaillant.

Parisiis 1725. Moette. 2 vol. in-4°. Fig.

Le second volume a pour titre :

— Achæmenidarum imperium, sive Regum Ponti, Bosphori et Bithyniæ historia. Ad fidem numismatum accommodata. Per *J.* Foy-Vaillant.

4898.—Essai sur les médailles des rois perses de la dynastie sassanide; par *Adrien* de Longpérier.

Paris 1840. F. Didot fr. 1 vol. in-4°. Pl.

4899.—Numismatique de la Géorgie au moyen-âge, par *Victor* Langlois.

Paris 1852. A. Leleux. 1 vol. in-4°. Pl.

** — Traité historique sur les Amazones. Par *P.* Petit. Voy. n.° 773.

** — Histoire des Amazones anciennes et modernes. Par M. l'*Abbé* Guyon. N.° 774.

4900.—Numismata Imperatorum, Augustarum et Cæsarum, à populis, romanæ ditionis, græcè loquentibus, ex omni modulo percussa : quibus urbium nomina, dignitates, prærogativæ, societates, epochæ, numina, illustres magistratus, festa, ludi, certamina, et alia plurima ad eas spectantia consignantur. Editio altera, ab ipso auctore recognita, emendata, septingentis nummis aucta; additis ad quemlibet Imperatorem iconibus. Cui accessit de notis græcorum numismatum literalibus, et altera de numeralibus explanatio. Per *Joan.* Vaillant.

Amstelædami 1700. G. Gallet. 1 vol. in-fol. Pl.

4901.— *Alexandri Xaverii* Panelii de cistophoris.

Lugduni 1734. Deville. 1 vol. in-4°. Pl.

4902.—Médaille inédite de Limyra, ville de la Lycie, appartenant à M. le chevalier Pétré, publiée par M. Du Mersan.

Paris 1833. Dezauche. Pièce in-8°. Pl.

** — Numismatique des rois grecs.

Voyez *Trésor de numismatique et de glyptique.*

e. — *Numismatique romaine.*

4903.—Epitome Thesauri antiquitatum, hoc est, Impp. Rom. orientalium et occidentalium iconum, ex antiquis numismatibus quàm fidelissimè deliniatarum. Ex musæo *Jacobi* DE STRADA *Mantuani.*

Lugduni 1553. J. de Strada. 1 vol. in-4º. Fig.

4904. — Idem opus.

Tiguri 1557. And. Gesnerus. 1 vol. in-8º. Fig.

4905. — Epitome du Thresor des antiquitez, c'est-à-dire, Pour-traits des vrayes medailles des Empp. tant d'Orient que d'Occident. De l'estude de *Jaques* DE STRADA. Traduit par *Jean* LOUVEAU d'Orléans,

Lyon 1553. J. De Strada. 1 vol. in-4º. Fig.

4906. — C. Julius Cæsar, sive historiæ Imperatorum Cæsarumque Romanorum ex antiquis numismatibus restitutæ liber primus. Accedit C. Julii Cæsaris vita et res gestæ, *Huberto* GOLTZ *Herbipolita* auctore et sculptore.

Brugis 1563. H. Goltzius. 1 vol. in-fol. Fig.

4907. — Impp. Romanorum numismata à Pompeio Magno ad He-raclium : quibus insuper additæ sunt inscriptiones quæ-dam veteres, arcus triumphales, et alia ad hanc rem ne-cessaria. Summa diligentia et magno labore collecta ab *Adolpho* OCCONE.

Antuerpiæ 1579. Ch. Plantinus. 1 vol. in-4º.

4908. — Ex libris XXIII commentariorum in vetera Imperatorum Romanorum numismata *Æneae* VICI liber primus, opus à *Jo. Baptista* DU VALLIO restitutum.

Parisiis 1619. (Macæus Ruette). 1 vol. in-4º. Fig.

On trouve à la suite :

— Augustarum imagines æreis formis expressæ : vitæ quoque earundem breviter enarratæ, signorum etiam quæ in posteriori parte numismatum efficta sunt, ratio explicata, ab *Ænea* VICO *Parmense.* Nunc a *Joanne Baptista* DU VALLIO restitutæ.

Lutet. Paris. 1619. Macæus Ruette. 1 vol. in-4º. Fig.

4909. — De vitis Imperatorum et Cæsarum Romanorum, tam oc-cidentalium quam orientalium, nec non uxorum et li-berorum eorum, item tyrannorum omnium, qui diversis

temporibus Romanorum Imperium attentare et occupare
conati sunt, inde à C. Julio Cæsare, primo monarcha,
usque ad D. N. Imperatorem, Cæsarem Matthiam, unà
cum eorum effigiebus et symbolis; illis quidem ex proba-
tissimis tam latinis quam græcis authoribus depromptis,
his verò ex antiquissimis numismatibus aureis, argen-
teis et æneis bonâ fide delineatis, et ad vivum, quoad
ejus fieri potuit, expressis, opus novum ac longe præ-
clarissimum, olim incredibili labore, sumptu magno,
peregrinationibus multis, iisque periculosis *Octavii* DE
STRADA à ROSBERG congestum et adornatum : nunc vero
publici juris factum cura et impensis *Octavii* DE STRADA
a ROSBERG, filii et hæredis.

Francofurti ad Mœn. 1615. J. Bringerus. 1 v. in-fol. F.

4910.— Imperatorum Romanorum numismata aurea à Julio Cæsare ad Heraclium continua serie collecta et ex arche-
typis expressa industria et manu *Jacobi* DE BIE. Accedit
brevis et historica eorundem explicatio.

Antuerpiæ 1615. Wolsschatius. 1 vol. in-4°.

4911.—Numismata Imperatorum Romanorum aurea, argentea,
aerea, à C. Julio Caesare usque ad Valentinianum Aug.
opera *Jacobi* BIAEI aeri graphice incisa.

Antuerpiæ 1617. 1 vol. in-fol. Pl.

La seconde partie de ce volume a pour titre :

— *Antonii* AUGUSTINI Archiep. Tarracon. antiquitatum
Romanarum Hispanarumque in nummis veterum dialogi XI latinè redditi ab *Andrea* SCHOTTO : cujus accesit
duodecimus, de prisca religione, diisque gentium. Seor-
sim editæ numismatum icones a *Jacobo* BIAEO æri gra-
phicè incisa.

Antuerpiæ 1617. Aertssius. in-fol.

** — Commentaires historiques, contenant l'histoire générale des Empereurs et Impératrices, Cæsars et Tyrans de l'Empire romain, par
J. TRISTAN. Voyez n.° 1001-1002.

67.*

4912.—Regum et Imperatorum Romanorum numismata aurea, argentea, ærea, à Romulo et C. Jul. Cæsare usque ad Justinianum Aug. curâ et impensis ill. et excell. Herois, Caroli, Ducis Croyiaci et Arschotani, olim congesta, ærique incisa (à *Jacobo* Biæo) : nunc insigni Auctuario locupletata, et brevi Commentario (*Alberti* Rubens) illustrata. (Editore *Caspare* Gevartio). Accessere *Antonii* Augustini antiquitatum Romanar. Hispanarumq. in nummis veterum, dialogi.

Antuerpiæ 1654. H. Aertssens. 1 vol. in-fol. Pl.

Cette seconde partie a pour titre :

— *Antonii* Augustini antiquitatum romanarum hispanarumque in nummis veterum dialogi xi. (*Ut supra*).

Antuerpiæ 1653. H. Aertssens. in-fol. Fig.

4913.—Familiæ Romanæ in antiquis numismatibus, ab urbe condita, ad tempora Divi Augusti. Ex bibliotheca *Fulvii Ursini*, cum adjunctis *Antonii* Augustini Epis. Ilerd. *Carolus* Patin restituit, recognovit, auxit.

Parisiis 1663. J. Du Bray. 1 vol. in-fol. Fig.

**   — Iconographie des empereurs romains et de leurs familles.

Voyez *Trésor de numismatique et de glyptique.*

4914.—Numismata Imperatorum Romanorum præstantiora, à Julio Cæsare ad Postumum et Tyrannos. Per *Joannem* Vaillant *Bellovacensem.*

Parisiis 1674. Rob. de Ninville. 2 en 1 vol. in-4°. Fig.

4915.—Selectiora numismata in ære maximi moduli e museo illust. *D. Francisci De Camps* abbatis S. Marcelli, concisis interpretationibus per *D.* Vaillant illustrata.

Parisiis 1695. Dezallier. 1 vol. in 4°. Fig.

4916.—Numismata ærea Imperatorum, Augustarum, et Cæsarum, in coloniis, municipiis, et urbibus jure latio donatis, ex omni modulo percussa. Auctore *Jo.* Foy-Vaillant *Bellovaco.*

Parisiis 1688. D. Horthemels. 1 vol. in-fol. Pl.

** — Discours de la religion des anciens Romains. Par Du Choul. N° 434.
** — Les Césars de l'Empereur Julien. Voyez n.° 961-962.

4917.—De la rareté et du prix des médailles romaines, ou recueil contenant les types rares et inédits des médailles
d'or, d'argent et de bronze, frappées pendant la durée
de la république et de l'empire romain ; Par *T. E.*
Mionnet. 2.° édit.
Paris 1827. De Bure fr. 2 vol. in-8°. Fig.

4918.—Nouvelle explication d'une médaille d'or du cabinet du
Roy, sur laquelle on voit la tête de l'Empereur Gallien,
et cette légende, *Gallienæ Augustæ*. Avec l'idée d'une
nouvelle Histoire de l'Empereur Gallien, par les médailles. 1.ʳᵉ et 2.ᵉ lettre. (Par *P. L. L.* DE Vallemont.)
Paris 1699. Anisson. 1 vol. in-12.

f. — *Numismatique du moyen-âge et numismatique moderne.*

4919.— Numismatique du moyen-âge, considérée sous le rapport
du type ; accompagnée d'un atlas, composé de tables
chronologiques, de cartes géographiques et de figures
de monnaies, gravées sur cuivre ; par *Joachim* Lelewel.
Ouvrage publié par *Joseph* Straszéwicz.
Paris 1835. L'éditeur. 3 en 2 vol. in-8°. et Atlas in-4°.

4920.— Sylloge numismatum elegantiorum quæ diversi Impp.
Reges, Principes, Comites, Respublicæ diversas ob cau-
sas ab anno 1500 ad annum usque 1600 cudi fecerunt
concinnata et historica narratione illustrata opera ac
studio *Joannis Jacobi* Luckii.
Argentinæ 1620. Typis Reppianis. 1 vol. in-fol. Pl.

4921.— Historia summorum Pontificum à Martino V ad Inno-
centium XI per eorum numismata, ab anno MCCCCXVII
ad ann. MDCLXXVIII, à *R. P. Claudio* Du Molinet.
Lutetiæ 1679. L. Billaine. 1 vol. in-fol. Pl.

4922.— Monnaies inconnues des évêques des innocens, des fous,
et de quelques autres associations singulières du même
temps, recueillies et décrites Par *M. M. J. R.* (Rigollot)

d'Amiens; avec des notes, et une introduction sur les espèces de plomb, le personnage de fou, et les rébus dans le moyen-âge, par *M. C. L.* (Leber).

Paris 1827. Merlin. 1 vol. in-8°. Pl.

4923.—Recueil général des pièces obsidionales et de nécessité, gravées dans l'ordre chronologique des événemens: avec l'explication, dans l'ordre alphabétique, des faits historiques qui ont donné lieu à leur fabrication : à la suite desquelles se trouvent plusieurs pièces curieuses et intéressantes, sous le titre de *Récréations numismatiques*. Par feu Tobiésen Duby. (Publié par Michelet d'Ennery).

Paris 1726. Debure. 1 vol. in-4°. Pl.

** — Histoire par les monuments de l'art monétaire chez les modernes.

Voyez *Trésor de numismatique et de glyptique.*

g. — *Numismatique française.*

4924.—Des monnoyes, augment et diminution du pris d'icelles, livre unique, par *François* Grimaudet.

Paris 1586. H. De Marnef. 1 vol. in-8°.

4925.—Edict et règlement fait par le Roy sur le cours et prix des monnoyes, tant de France qu'estrangères.

Paris 1636. S. Cramoisy. 1 vol. in-8°. Fig.

4926.—Les figures des espèces d'or et d'argent, lesquelles sont évaluées par la nouvelle ordonnance du Roy sur le reglement de ses monnoyes, publié le 26 de mars 1652.

Bruxelles 1652. Verdussen. 1 vol. in-4°. Fig.

4927.—Prix des monoies de France, depuis l'édit du mois de décembre 1689.

Nantes 1732. Verger. 1 vol. in-4°. Fig.

On trouve à la suite :

— Extrait de tous les édits et déclarations de Sa Majesté, et arrêts de son conseil; concernant les fabrications, diminutions et augmentations du prix des monoïes de France, depuis l'édit du mois de décembre 1689.

Avec les empreintes et figures de toutes les espèces de
monoïes, frapées depuis ledit édit jusqu'à présent.

Amsterdam 1732. Changuyon. in-4°. Fig.

4928.—Extrait des édits concernant les fabrications des espèces
d'or et d'argent, depuis l'édit du mois de septembre
1640, et des arrêts du Conseil qui ont ordonné des augmentations ou diminutions sur lesdites espèces, depuis
1689 jusqu'au mois de juin 1727, avec les empreintes
de chacune desdites espèces.

Amiens 1727. J. B. Morgan. 1 vol. in-4°. Fig.

4929.—Extrait des édits, déclarations et arrests du conseil, concernant les monnoyes de France. A commencer en l'année mil six cens quarante. Avec les empreintes de toutes
les espèces d'or et d'argent, et les augmentations ou diminutions ordonnées sur icelles depuis mil six cens
quatre-vingt-neuf, jusqu'en mil sept cens trente-un.

Paris 1731. V.e Saugrain. 1 vol. in-4°. Fig.

4930.—Prix des monoyes de France et des matières d'or et
d'argent, depuis la déclaration du Roy du 31 mars 1640.
Par M.***

Rouen. Paris 1736. Giffart. 1 vol. in-4°. Fig.

4931.—Recueil de pièces concernant l'organisation des nouvelles
monnoies de France.

1 vol. in-8°. — Contenant :

1. — Observations sur la rareté du numéraire, et moyen d'y remédier.
(Par Besnier, essayeur général des monnoies de France).
S. n. n. l. n. d.

2. — Rapport fait à l'Assemblée nationale, au nom du Comité des finances, par M. Naurissart. (Monnoie de billon. 16 janvier 1790).
Paris 1790. Baudouin.

3. — Opinion de M. de Cussy, sur la fabrication de la monnoie de billon,
prononcé à la séance du 29 août 1790.
Paris 1790. Imp. nat.

4. — Premier rapport fait au nom du Comité des monnoies ; par *Gabriel*
de Cussy. (5 novembre 1790).
Paris 1790. Imp. nat.

5. — Second rapport du Comité des monnoies. Du 11 novembre 1790.
Paris 1790. Imp. nat.

6. — Rapport fait à l'Assemblée nationale au nom du Comité des monnoies, sur les monnoies basses, par *Gabriel* DE CUSSY, le 9 déc. 1790.
Paris 1790. Imp. nat.

7. — Opinion de M. l'évêque d'Autun (*Ch. M.* DE TALLEYRAND-PÉRIGORD)
sur la fabrication des petites monnoies. (12 décembre 1790).
Paris 1790. Imp. nat.

8. — Rapport du Comité des monnoies fait à l'Assemblée nationale. Sur
l'organisation des monnoies. (12 décembre 1790).
Paris 1790. Imp. nat.

9. — Résumé des rapports du Comité des monnoies. (12 décembre 1790).
Paris 1790. Imp. nat.

10. — Décret sur l'empreinte et la légende que doivent porter les monnoies
de France, précédé du rapport fait le 9 avril 1791, au nom du Comité
des monnoies, par M. BRIZAIS-COURMENIL.
Paris 1791. Imp. nat.

11. — Opinion de M. MILET DE MUREAU sur la fabrication d'une monnoie
faite avec le métal des cloches; prononcée dans la séance du 20 juin
1791.
Paris 1791. Imp. nat.

4932. — Mémoire de la Commission générale des monnoies. Sur
la refonte des monnoies et les nouvelles empreintes;
présenté par le Ministre des contributions publiques,
dans la séance du mardi 30 octobre 1792, l'an premier
de la République. Imprimé par ordre de la Convention
nationale.
Paris 1792. Rainville. 1 vol. in-4.° 3 Pl.

4933. — Traité historique des monnoyes de France, avec leurs
figures, depuis le commencement de la monarchie jusqu'à présent. Augmenté d'une Dissertation historique
sur quelques monnoyes de Charlemagne, de Louïs le
Debonnaire, de Lothaire, et de leurs successeurs, frapées dans Rome. Par M. LE BLANC.
Amsterdam 1692. P. Mortier. 1 vol. in-4°. Fig.

4934. — Traité des monnoies des barons, ou représentation et
explication de toutes les monnoies d'or, d'argent, de
billon et de cuivre, qu'ont fait frapper les possesseurs

de grands fiefs , pairs, évêques, abbés , chapitres ,
villes et autres seigneurs de France ; pour servir de complément aux Monumens historiques de la France en général , et de chacune de ses provinces en particulier.
Par feu *Pierre-Ancher* TOBIÉSEN DUBY.

> Paris 1790. Imp. royale. 3 vol. in-fol. Pl.

4935.— La France métallique, contenant les actions célèbres ,
tant publiques que privées, des Rois et Reynes, remar-
quées en leurs médailles d'or, argent et bronze, tirées
des plus curieux cabinetz. Par *Jacques* DE BIE.

> Paris 1636. Camusat. 1 vol. in-fol. Fig.

> La seconde partie a pour titre :

— Explication ou description sommaire des medailles
contenuës en l'œuvre de la France métallique. Par *Jacques* DE BIE, (*J. B.* DU VAL et *Wenceslaus* COBERGER).

> Paris 1636. Camusat. in-fol.

4936.—Les familles de la France illustrées par les monumens
des médailles anciennes et modernes, tirées des plus
rares et curieux cabinetz du Royaume, sur les metaux
d'or, d'argent et de bronze. Par *Jacques* DE BIE.

> Paris 1636. Camusat. 1 vol. in-fol. Fig.

** — Choix des plus belles médailles françaises, depuis Charles VII jusqu'en 1789.   Voyez *Trésor de numismatique et de glyptique.*

4937.—Catalogue raisonné des monnaies nationales de France.
Par *G.* CONBROUSE.

> Paris 1839-1841. H. Fournier. 1 vol. gr. in-4°.

> Ce volume contient seulement la cinquième et la sixième caté-
gorie (monnaies duodécimales et monnaies décimales) de la
deuxième partie de cet ouvrage, sans les planches.

4938.— Description des monnaies royales de France par Dom
G. C. CATALOGUS. (*Guillaume* CONBROUSE). Specimen.

> Paris 1838. Fournier. 1 vol. gr. in-4°. Pl.

4939.—Décaméron numismatique. (Par *G.* CONBEROUSE).

> Paris 1844. Fournier. 1 vol. gr. in-4°.

4940.— Maison de France. Choix de monnaies et médailles des

rois Capétiens, Valois et Bourbons composant la suite iconographique de *M. G.* COMBROUSE.

Paris 1845. Fournier. 1 vol. gr. in-4º.

4941. — Dissertation historique sur quelques monnoyes de Charlemagne, de Louis le Débonnaire, de Lothaire, et de leurs successeurs, frapées dans Rome. Par lesquelles on refute l'opinion de ceux qui prétendent, que ces Princes n'ont jamais eu aucune autorité dans cette ville, que du consentement des Papes. (Par *François* LE BLANC).

Paris 1689. J. B. Coignard. 1 vol. in-4º.

4942. — Même ouvrage.

Amsterdam 1692. P. Mortier. 1 vol. in-4º. — N.º 4933.

4943. — Note sur cinq monnaies d'or trouvées dans le cimetière mérovingien de Lucy, près Neufchâtel, en 1851, par M. l'*Abbé* COCHET. (Extrait de la Revue de Rouen).

Rouen 1852. A. Peron. Pièce in-8º.

4944. — Histoire du règne de Louis le Grand par les médailles, emblêmes, devises, jettons, inscriptions, armoiries, et autres monumens publics. Recueillis et expliquez par le *Père Claude-François* MENESTRIER, 2.ᵉ édition augmentée d'un Discours sur la vie du Roy, et de plusieurs médailles et figures.

Paris 1693. R. Pepie. 1 vol. in-fol. Pl.

4945. — Médailles du règne de Louis XV. (Par GODDONESCHE et G. R. FLEURIMONT).

S. n. n. l. n. d. (Paris 1745). 1 vol. in-4º. Fig.

4946. — Tableaux des billets de confiance émis dans les 83 départements et qui ont eu cours de monnoie de 1790 à 1795, précédés d'une notice sur l'émission, la circulation et l'échange de ces billets ; par *Achille* COLSON.

Blois 1852. Dézairs. 1 vol. in-8º.

4947. — Catalogue des médailles relatives aux évènements des années 1789 à 1815, pendant la révolution, les gouvernements de la Convention nationale et du Directoire exécutif, le consulat et l'Empire, offrant principalement la série des campagnes et du règne de Napoléon, et les pièces qui le concernent de 1815 à 1833, qui sont frappées et se vendent à la monnaie de Paris.

Paris 1833. M.ᵉ Huzard. Pièce in-4°.

—Catalogue des médailles relatives aux événements des années 1789 à 1815.... de 1815 à 1842...

Paris 1842. M.ᵉ V.ᵉ Bouchard-Huzard. Pièce in-4°.

—Monnaie des médailles. — Collection des médailles des campagnes et du règne de l'Empereur Napoléon.

S. n. n. l. n. d. Pièce in-fol.

4948.—Histoire numismatique de la révolution française, ou description raisonnée des médailles, monnaies, et autres monumens numismatiques relatifs aux affaires de la France, depuis l'ouverture des États-généraux jusqu'à l'établissement du gouvernement consulaire; Par *M. H.* (*Michel* Hennin.)

Paris 1826. Merlin. 2 vol. in-4°. 1 de Pl.

4949.—Médailles de la révolution française, depuis l'ouverture des Etats-généraux (5 mai 1789) jusqu'à la proclamation de l'empire (18 mai 1804).

Paris 1836. Rittner et Goupil. 2 vol. in-fol. Pl.

4950.—Collection de médailles de l'Empire français et de l'Empereur Napoléon.

Paris 1848. Rittner et Goupil. 2 vol. in-fol. Pl.

Ces deux ouvrages sont des parties détachées du *Trésor de numismatique et de glyptique.*

4951.—Souvenirs numismatiques de la révolution de 1848. Recueil complet des médailles, monnaies et jetons qui ont paru en France depuis le 22 février jusqu'au 20 décembre 1848. (Par *F.* de Saulcy).

Paris 1849. Rousseau. 1 vol. in-4°. 60 pl.

4952.—Catalogue des poinçons, coins et médailles du musée monétaire de la Commission des monnaies et médailles.

Paris 1833. Pihan de la Forest. 1 vol. in-8°.

4953 — Monnaies françaises inédites du cabinet de M. *Dassy*, décrites par *Adrien* DE LONGPÉRIER.

Paris 1840. Techener. 1 vol. in-8°.

4954. — Catalogue des monnaies françaises de la collection de *J. B.* BOUILLET, de Clermont-Ferrand.

Clermont-Ferrand 1837. A. Veysset. 1 vol. in-8°.

4955. — Catalogue des monnaies françaises de la collection de M. *Rignault*, comprenant les monnaies royales et nationales d'argent, de billon et de cuivre, depuis le XII.ᵉ siècle jusqu'en 1848, avec les attributions de temps et de lieu, et le résumé des ordonnances qui intéressent leur fabrication, par DELOMBARDY.

Paris 1848. Lacrampe et Fertiaux. 1 vol. in-8°.

4956. — Histoire monétaire de la province d'Artois et des seigneuries qui en dépendaient, Béthune, Fauquembergues, Boulogne, Saint-Pol et Calais. Essai, par *Al.* HERMAND.

Saint-Omer 1843. Chanvin. 1 vol. in-8°. Pl.

4957. — Recherches sur les monnaies, médailles et jetons dont la ville de Saint-Omer a été l'objet, suivies de quelques observations sur l'origine et l'usage des méreaux, particulièrement dans les chapitres ou collégiales, lues à la Société des Antiquaires de la Morinie, dans la séance du 7 octobre 1854, par *A.* HERMAND.

St.-Omer 1834. Chanvin fils. 1 vol. in-8°. 9 pl.

Ce volume est extrait du tome 2 des Mémoires de la Société des Antiquaires de la Morinie, et n'a point de titre.

4958. — Mémoire sur les monnaies des comtes de Saint-Pol, par le D.ʳ RIGOLLOT. (Extrait de la Revue numismatique).

Blois 1858. Dezairs. Pièce in-8.°. 2 pl.

4959. — Recueil de monnaies, médailles et jetons, pour servir à l'histoire de Douai et de son arrondissement. Par *L.* DANCOISNE et le docteur *A.* DELANOY.

Douai 1836. Obez. 1 vol. in-8°. 22 pl.

4960 — Recherches sur les monnaies de la cité de Metz, par F. DE SAULCY.

Metz 1836. Lamort. 1 vol. in-8°. 2 pl.

4961. — Recherches sur les monnaies des évêques de Metz, par M. CAIGNART DE SAULCY.

Metz 1833. Lamort. 1 vol. in-8°. 3 pl. Sans titre.

— Supplément aux recherches sur les monnaies des évêques de Metz, par *F.* DE SAULCY.

Metz 1835. Lamort. in-8°. 6 pl.

4962. — Lettres sur l'histoire monétaire de la Normandie et du Perche, par M. LECOINTRE-DUPONT.

Paris 1846. Dumoulin. 1 vol. in-8°. Pl.

4963. — Notice sur une découverte de monnaies picardes du XIe siècle, recueillies et décrites par *Fernand* MALLET (1) et le Dr RIGOLLOT. (Extrait des Mémoires de la Société des Antiquaires de Picardie).

Amiens 1841. Alf. Caron. 1 vol. in-8°. Pl.

4964. — Notice sur quelques anciens coins monétaires qui existaient à l'échevinage d'Abbeville, suivie de l'indication des principales monnaies du Ponthieu, par *E.* DEMARSY.

Abbeville 1851. T. Jeunet. Pièce in-8°. Pl.

4965. — Monnaies des comtes de Provence. (Par FAURIS SAINT-VINCENS).

Aix. An IX. Henricy. 1 vol. in-4°. Pl.

On trouve dans ce même volume :

** — Notice sur Jules-François-Paul-Fauris Saint-Vincens. — Inscription grecque que Saint-Vincens avait recueillie parmi les débris de la maison qu'avoit habité Peiresc, interprétée par CHARDON DE LA ROCHETTE et D'ANSSE DE VILLOISON. — Inscription grecque placée dans la maison Saint-Vincens, à Aix, au-dessous de celle du jeune navigateur. — Médailles et monuments de Marseille. 8 pl. — Inscription en vers grecs, placée sur une urne sépulchrale, qui a été trouvée à Marseille, sous les débris de l'antique abbaye de St.-Victor (mai 1799). — Monument consacré à la mémoire de Peiresc.

Aix. An VIII-IX. H. Henricy. in-4°.

---

(1) MALLET (*Gustave-Fernand-Joseph*) né à Amiens, le 21 juin 1814.

h. — *Numismatique italienne.*

** — Médailles coulées et ciselées en Italie aux quinzième et seizième siècle. Voyez *Trésor de numismatique et de glyptique.*
** — Choix historique des médailles des Papes. Voyez *Ibid.*
** — Voyez aussi n° 4919.

i. — *Numismatique espagnole.*

4966.—Description des monnaies espagnoles et des monnaies étrangères qui ont eu cours en Espagne, depuis les temps les plus reculés jusqu'à nos jours, composant le cabinet monétaire de *Dom José Garcia de la Torre*. Par *Joseph* GAILLARD.

Madrid 1852. N. de Castro Palomino. 1 vol in-8°. Pl.

j. — *Numismatique hollandaise.*

4967.—Histoire métallique de la République de Hollande. Par M. BIZOT. Nouv. édit. augm. de 140 médailles.

Amsterdam 1688. Pierre Mortier. 2 vol. in-8°. Pl.

4968.—Supplément à l'histoire métallique de la République de Hollande, dans lequel, outre plusieurs médailles qu'on a ajoutées, depuis la naissance de la République jusqu'à la fin de l'année 1689, on verra toutes celles qui ont été frapées depuis l'expédition de S. A. le Prince d'Orange Roi d'Angleterre, et sur son couronnement. Et les tombeaux des personnages illustres qui ont sacrifié leur vie pour la Hollande leur patrie.

Amsterdam 1690. Pierre Mortier. 1 vol. in-8°.

4969.—Notice sur la médaille offerte au Bailli de Suffren par la Compagnie hollandaise des Indes-orientales. (Par *Jules* BAUDEUF.

Amiens 1853. Alf. Caron. Pièce in-8°.

Cette médaille d'or, renfermée dans une boîte d'or entourée de brillants, appartient aujourd'hui à M. le marquis de Clermont-Tonnerre, à Bertangle (Somme).

k. — *Numismatique allemande.*

** — Choix de médailles exécutées en Allemagne aux seizième et dix-
septième siècle. Voyez *Trésor de numismatique et de glyptique.*

4970.—Württembergische Müntz-und Medaillen-Kunde von
Christian BINDER. Ergänzt und herausgegeben von dem
Königl. statistisch-topographischen Bureau.

Stuttgard 1846. Kohler. 1 vol. in-8°.

l. — *Numismatique algérienne.*

4971.—Monnaies diverses ayant cours en Algérie, tant celles de
l'ancienne régence que de Tunis, Tripoli, Maroc, etc.
Avec texte descriptif des formes; analytique des écritures, signes et dates, de leurs faces et revers; historique de leur origine; indicatif de leur valeur nominale
et intrinsèque comparée avec les monnaies de France;
par *J.* MARCEL.

Paris 1843. Delahaye. 1 vol. gr. in-fol. Incomplet.

m. — *Variétés. — Catalogues de médailles.*

4972.—Description des médailles du Cabinet de M. *de Magnon-
cour,* par *Adrien* DE LONGPÉRIER.

Paris 1840. F. Didot fr. 1 vol. in-4°. Pl.

4973.—Catalogue de la collection Sabatier. Médailles romaines :
impériales et impériales grecques, depuis Jules César
jusqu'à Arcadius. (Par MM. ŠABATIER).

Saint-Pétersbourg 1852. Kesneville. 1 vol. in-8°.

4974.—Catalogue of the select collection of greek coins, in gold
silver and copper, forming the private cabinet of the
late M. *Rollin,* of Paris; to which are added some of his
choice and rare quinarii and aurei, also his very com-
plete collection of medal and jettons relating to the French
revolution, and to the history of Napoleon Buonaparte.

Which will be sold by auction, the 12.ᵗʰ july 1853. —
(By *Joseph* CURT).

London 1853. Davy and sons. 1 vol. in-8º.

4975.—Catalogues de médailles dont la vente a eu lieu de 1843 à
1851.—Alliance des arts. Collection de MM. *Linck*, — *J.
S. Harriot*, — B.ᵒⁿ *L...*, — *T.* de *G...*, — *Desains*, de
Saint-Quentin, — *D....* de Lille, — le colonel *P.*, —
J. d'*Egremont*, — *H...* d'Orleans, — *M...*, de Grenoble, — *Faudel*, de Colmar, — *M. Ch.;* — rédigés par
A. DE LONGPÉRIER. — Catalogue de monnaies françaises
et étrangères, rédigé par M. FOUGÈRES. — Catalogues de
médailles de M. de S., — de M. Ch. B. — de M. L... —
de M. le lieutenant général de *Gazan*).

1 vol. in-8º.

CHAPITRE V.
MÉLANGES ARCHÉOLOGIQUES.

* * — Description de l'Egypte. Antiquités. N.º 4141.
* * — Voyage pittoresque de la Grèce. N.º 1513.
* * — Expédition scientique de la Morée. N.º 1516.
* * — Voyages dans la Grèce, par O. BRONDSTED. N.º 815.
* * — Voyage archéologique en Grèce, par Ph. LE BAS. N.º 276.
  Consultez aussi n.ᵒˢ 207, 274, 284, 348, 459.

4976.—Ethruscarum Antiquitatum fragmenta, quibus urbis
Romæ, aliarumque gentium primordia, mores, et res
gestæ indicantur à *Curtio* INGHIRAMIO reperta Scornelli
propè Vulterram.

Francofurti 1637. 1 vol. in-fol. Pl.

4977.—*Leonis* ALLATII animadversiones in antiquitatum Etrusca-
rum fragmenta ad Inghiramio edita.

Parisiis 1640. Seb. Cramoisy. 1 vol. in-4º.

4978.—Voyage archéologique dans l'ancienne Etrurie, par M. le
docteur DOROW, avec seize planches, contenant une suite
d'antiquités trouvées par l'auteur ou conservées dans la

galerie de Florence, traduit de l'allemand, sur le manuscrit inédit de l'auteur, par M. Eyriès.

Paris 1827. Merlin. 1 vol. gr. in-4°, Pl.

4979.—Œuvres diverses de *J. J.* Barthélemy. Nouv. édit. augmentée de l'essai sur la vie de J. J. Barthélemy, par Nivernois.

Paris 1823. Gueffier. 2 vol. in-8°, Pl.

4980.—Observations sur les antiquités de la ville d'Herculanum. Avec quelques réflexions sur la peinture et la sculpture des anciens; et une courte description de quelques antiquités des environs de Naples. Par MM. Cochin fils et Bellicard.

Paris 1754. Jombert. 1 vol. in-12 Fig.

A la suite :

—Recueil général, historique et critique, de tout ce qui a été publié de plus rare sur la ville d'Herculane, depuis sa première découverte jusqu'à nos jours, tiré des auteurs les plus célèbres d'Italie, tels que Venuti, Maffei, Quirini, Belgrade, Gori, et autres. Par M. R.*** (*J. B.* Requier.)

Paris 1754. Duchesne. in-12.

** — Diarium italicum, à *D. B.* de Montfaucon.   Voy. n.° 1266.

4981.—Osservazioni di *Francesco* de' Ficoroni sopra l'antichità di Roma; descritte nel Diario italico publicato in Parigi l'anno 1702 dal M. Rev. Padre D. Bernardo de Montfaucon, nel fine delle quali s'aggiungono molte cose antiche singolari scoperte ultimamente tra le rovine dell' antichità.

Roma 1709. Ant. de' Rossi. 1 vol. in-4°.

On trouve à la suite :

—Apologia del Diario italico del molto R. P. D. Bernardo Montfaucon contra le osservazioni del signor Francesco Ficorini, composta dal Padre *D. Romualdo* Riccobaldi.

Venezia 1710. Bortoli. 1 vol. in-4°.

4982.—Recherches curieuses d'antiquité, contenues en plu-

sieurs dissertations, sur des médailles, bas-reliefs, statues, mosaïques, et inscriptions antiques ; enrichies
d'un grand nombre de figures. Par M. Spon.
Lyon 1683. Amaulry. 1 vol. in-4°. Fig.

4983.—Le cabinet de la Bibliothèque de Sainte-Geneviève. Divisé en deux parties. Contenant les antiquitez de la réli-
gion des Chrétiens, des Egyptiens, et des Romains ; des
tombeaux, des poids et des médailles ; des monnoyes,
des pierres antiques gravées, et des mineraux ; des talis-
mans, des lampes antiques, des animaux les plus rares
et les plus singuliers, des coquilles les plus considérables, des fruits étrangers, et quelques plantes exquises.
Par le R. P. *Claude* DU MOLINET.
Paris 1692. Dezallier. 1 vol. in-fol. Pl.

4984.—Antiquitez sacrées et profanes des Romains expliquéesou
discours historiques, mythologiques, et philologiques
sur divers monumens antiques, comme statues, autels,
tombeaux, inscriptions, etc. Ouvrage enrichi d'un grand
nombre de planches, tirées des plus célèbres antiquaires.
Par *M. A. V. N.* (VAN NIDECK). (En latin et en françois).
La Haye 1726. Alberts. 1 vol. in-fol. Fig.

4985.— Museum Cortonense in quo vetera monumenta compre-
henduntur, anaglypha, thoreumata, gemmæ inscalptæ,
insculptæque, quæ in Academia etrusca ceterisque nobilium virorum domibus adservantur, in plurimis tabulis
æreis distributum, atque à *Francisco* VALESIO *Romano,
Antonio Francisco* GORIO *Florentino,* et *Rodulphino* VE-
NUTI *Cortonense* notis illustratum.
Romæ 1750. Amidei. 1 vol. in-fol. Pl.

4986.— *Justi* FONTANINI discus argenteus votivus veterum Christianorum Perusiæ repertus, ex museo albano deprom-
tus et commentario illustratus, ubi formulæ quædam
et ritus præcipui donaria sacra Deo in Ecclesia offerendi
singulatim enucleantur. Cum figuris.
Romæ 1737. R. Barnabò. 1 vol. in-4°. Fig.

4987.— Lettre de Monsieur *** (*Ch. Ad.* Picard), à Monsieur ***
de l'Acad. royale des inscriptions et belles-lettres, sur
quelques monumens d'antiquités. Avec figures.
Paris 1758. Barrois. Pièce in-8°.

4988.— Recueil d'antiquités égyptiennes, étrusques, grecques,
romaines et gauloises. (Par le Comte de Caylus).
Paris 1761-1767. Desaint et Tilliard. 7 vol. in-4°. Pl.

4989.— Recueil d'antiquités dans les Gaules, enrichi de diverses
planches et figures, plans, vues, cartes topographiques
et autres dessins, pour servir à l'intelligence des inscriptions de ces antiquités. Ouvrage qui peut servir de
suite aux antiquités de feu M. le Comte de Caylus. Par
M. de la Sauvagere.
Paris 1770. Herissant. 1 vol. in-4°. Pl.

4990.— Monuments antiques, inédits ou nouvellement expliqués.
Collection de statues, bas-reliefs, bustes, peintures, mosaïques, gravures, vases, inscriptions, médailles, et ins-
trumens tirés des collections nationales et particulières,
et accompagnés d'un texte explicatif. Par *A. L.* Millin.
Paris 1802-1806. Didot jeune. 2 vol. in-4°. Pl.

4991.— Antiquités gauloises et romaines, recueillies dans les
jardins du palais du sénat, pendant les travaux d'embellissement qui y ont été exécutés depuis l'an ix jusqu'à
ce jour; pour servir à l'Histoire des antiquités de Paris;
précédées de Recherches sur cette grande capitale, sur le
palais du Sénat (ci-devant Luxembourg), ses dépendances et ses environs. Par *C. M.* Grivaud.
Paris 1807. Buisson. 1 vol. in-4°. Atl. in-fol.

4992.— Recueil de monumens antiques, la plupart inédits, et
découverts dans l'ancienne Gaule, ouvrage enrichi de
cartes et planches en taille-douce, *qui peut faire suite
aux Recueils du Comte de Caylus, et de la Sauvagère;*
par Grivaud de la Vincelle.
Paris 1817. Treuttel et Wurtz. 3 vol. in-4°. Pl.

68.*

4993.—Mémoire sur les antiquités du département du Loiret, par M. Jollois.

Paris 1836. P. Dupont. 1 vol. in-fol. Pl.

4994.—Mélanges d'archéologie, précédés d'une notice historique sur la Société royale des Antiquaires de France, et du cinquième rapport sur ses travaux. Publiés par *Séb.* Bottin.

Paris 1831. Delaunay. 1 vol. in-8°. Fig.

٭٭ — Consultez : Mémoires de la Société des Antiquaires de France.
٭٭ — Publications de la Société archéologique de Montpellier. N.° 3449.
٭٭ — Mémoires de la Société des Antiquaires de Normandie. N.° 3491.
٭٭ — Mémoires de la Société des Antiquaires de Picardie. N.° 3576.

4995.—Trésor de numismatique et de glyptique, ou Recueil général de médailles, monnaies, pierres gravées, bas-reliefs, etc., tant anciens que modernes, les plus intéressants sous le rapport de l'art et de l'histoire, gravé par les procédés de M. *Achille* Colas, sous la direction de M. *Paul* Delaroche, de M. Henriquel-Dupont, et de M. *Ch.* Lenormant.

Paris 1834-1850. V.° Lenormant. 20 en 39 vol. in-fol.

Cet ouvrage est divisé comme il suit :

I.—Monuments antiques. 1.° Numismatique des Rois grecs ; 2.° Iconographie des Empereurs romains et de leurs familles ; 3.° Nouvelle galerie mythologique ; 4.° Bas-reliefs du Parthénon et du temple de Phigalie.

II. — Monuments du moyen-âge et de l'histoire moderne. 1.° Histoire par les monuments de l'art monétaire chez les modernes ; 2.° Médailles coulées et ciselées en Italie aux xv.° et xvi.° siècles ; 3.° Choix de médailles éxécutées en Allemagne aux xvi.° et xvii.° siècles ; 4.° Choix historique des médailles des Papes ; 5.° Choix des plus belles médailles françaises depuis Charles VII jusqu'en 1789 ; 6.° Sceaux des Rois et Reines de France ; 7.° Sceaux des grands feudataires de la couronne de France ; 8.° Sceaux des communes, communautés, évêques, abbés et barons ; 9.º Sceaux des Rois et Reines d'Angleterre ; 10.º Recueil général de bas-reliefs et d'ornements : ivoire, meubles, armes, bijoux.

III. — Monuments de l'histoire contemporaine. — 1.º Médailles de la révolution française de 1789 ; 2.º Collection des médailles de l'Empire français et de l'Empereur Napoléon.

4996. — Mélanges archéologiques.

1 vol. in-8º. — Contenant :

1.º — Nouvelle découverte d'une des plus singulières et des plus curieuses antiquitez de la ville de Paris.

S. n. n. l. n. d. in-4º.

2.º — Analyse d'un mémoire lu à la 3.ᵉ classe de l'Institut, le 26 fructidor an 13 (13 sept. 1805) ; contenant l'explication d'un tombeau qui se trouve dans l'église ci-devant collégiale de N.-D. de Mante-sur-Seine; par M. Levrier, juge à la Cour d'appel d'Amiens.

Extrait du Magasin encyclopédique du mois d'aout 1806.

3.º — Mémoire sur une tombe qui se voyoit dans l'église de Saint-Martin de Pontoise ; lu à la 3.ᵉ classe de l'Institut impérial, le 5 mars 1813 ; par M Levrier.

Paris 1813. Sajou. Pièce in-8º.

4.º — Notice sur les tombes ou tombelles de l'arrondissement d'Abbeville. (Par M. Traullé.)

Abbeville 1823. Boulanger-Vion. Pièce in-8º.

5.º — Dissertation sur les portraits de François I et de Henri VIII, existant à l'hôtel de Bourgtheroulde, par M. de la Quérière.

Rouen 1828. F. Baudry. Pièce in-8º. Pl.

6.º — Notice sur une feuille de diptyque d'ivoire représentant le baptême de Clovis. Par M. *J. R.**** (*M. J.* Rigollot).

Amiens 1832. Boudon-Caron. Pièce in-8º. 1 pl.

7.º — Nouvelle description des obélisques de Luxor, augmentée des renseignemens les plus récens, et précédée d'un coup d'œil rapide sur l'Égypte ancienne.

Paris 1833. V.ᵉ Boissay. Pièce in-8°. Fig.

8.° — Nouvelle description de l'obélisque de Luxor, contenant les détails de tous les travaux qui ont eu lieu pour son élévation sur le piédestal, par le moyen des cabestans. Notice sur l'origine des obélisques et des Rois qui les ont fait élever. Explication des signes mystérieux représentés sur ce monument. Précédée du plan d'embellissement de la place de la Concorde.

Paris 1836. Gauthier. Pièce in-8°. Fig.

9.° — Notice sur sept tableaux peints sur cuir doré, anciennement appelé *or bazané*, ornée d'une planche dessinée et gravée par *E. H.* LANGLOIS.

Rouen 1840. Lefebvre. Pièce in-8°. 1 pl.

10 ° — Musée d'antiquités d'Amiens. — Description de la pierre tumulaire du chevalier Robert de Bouberch, par M. *Ch.* DUFOUR.

Amiens 1842. Duval et Herment. Pièce in-8°. 1 pl.

11 ° — Mémoire liturgique sur les ciboires du moyen-âge, par l'*Abbé J.* CORBLET.

Amiens 1842. Duval et Herment. Pièce in-8.° Pl.

12.° — De l'art chrétien au moyen-âge, discours prononcé au Congrès scientifique de Tours, par l'*Abbé J.* CORBLET).

Paris 1847. Lacour. Pièce in-8°.

13.° — De l'architecture civile au moyen-âge., par l'*Abbé Jules* CORBLET. (Extrait de l'Investigateur).

Saint-Germain 1851. Beau. Pièce in-8°.

14.° — Des progrès de l'archéologie religieuse en France et à l'étranger, depuis 1848. Discours de réception prononcé à la séance du 16 janvier 1855 de la Société des Antiquaires de Picardie, par M. l'*Abbé Jules* CORBLET.

Amiens 1855. Duval et Herment. Pièce in-8°.

4997.—Mélanges d'archéologie, d'histoire et de littérature, rédigés ou recueillis par les auteurs de la monographie de la cathédrale de Bourges (*Ch.* CAHIER et *Arthur* MARTIN.) Collection de mémoires sur l'orfévrerie ecclésiastique du moyen-âge, etc.; sur les miniatures et les anciens ivoires sculptés de Bamberg, Ratisbonne, Munich, Paris, Londres, etc.; sur des étoffes byzantines, arabes, etc.; sur des peintures et bas-reliefs mystérieux de l'époque carlovingienne, romane, etc.

Paris 1847-53. Vᶜ Poussielgue-Rusand. 3 vol. in-4º. Pl.

4998.— Annales archéologiques dirigées par DIDRON *aîné*.

Paris 1844-1856. Victor Didron. 16 vol. in-4º. Pl.

4999.— Revue archéologique, ou recueil de documents et de mémoires relatifs à l'etude des monuments, et à la philologie de l'antiquité et du moyen-âge, publiés par les principaux archéologues français et étrangers, et accompagnés de planches gravées d'après les monuments originaux.

Paris 1844-1857. A. Leleux. 13 en 15 vol in-8º. Pl.

5000.— Bulletin archéologique de l'Athenæum français, rédigé par MM. le *comte* BORGHESI, BRUNET DE PRESLES, *F.* DÜBNER, *E.* EGGER, le *P.* GARUCCI, le *D.*ʳ *A.* JUDAS, *P.* LAMPROS, *Ph.* LE BAS, *Edm.* LE BLANT, *Ch.* LENORMANT, le *duc* DE LUYNES, *Aug.* MARIETTE, *E.* MILLER, NOËL DES VERGERS, *J.* OPPERT, *F.* DE SAULCY, le *comte M.* DE VOGÜÉ, *W. H.* WADDINGTON et publié par les soins de MM. *Adr.* DE LONGPÉRIER et *J.* DE WITTE.

Paris 1855-1856. Thunot. 2 en 1 vol. in-4º. Pl.

TABLE ALPHABÉTIQUE

DES NOMS DES AUTEURS.

(Les chiffres indiquent les numéros d'ordre du Catalogue.)

A.

B.

Bilain, Ant., 1824-1825.

Billardon de Sauvigny, 2344.

Billaud Varenne, 2924.

Billecocq, L. J., 63.

Billoré, J. E. 4588.

Billy, 161-549.

Bimard de la Bastie, 4874.

Binder, Ch. 4970.

Bindo, N. J. 2766.

Binet, F. D. 3610-3611-3677.

Bing (l'Amiral), 2138.

Binville (de), 2699.

Birago Avogadro, 4026.

Biron, C. C. 4008.

Biscoe, 219.

Biseul, 3276.

Bissy (de), 2137.

Bivarius, Fr. 555-556.

Bizare P. 1377-1550.

Bizot, 4967.

Blackwell, Th. 1011.

Blaisot, 3361.

Blanc, 1676.

Blanc, Louis, 2993.

Blanc, Th. 1392.

Blanc Gilli, 2924.

Blanchard, Émile, 383-460.

Blanchard, Fr. 3112-3091.

Blanchard, J. Ph. 996-2310-2311.

Blanchard, P. 4204.

Blanchet, A. 3760.

Blanchini, Fr. 487.

Blaucourt (Haud. de), 4343.

Blancus, G. 954-955-957.

Blasco de Lanuza, 1482.

Bleranval (J. de), 1903.

Bleville (Du Bocage de), 3530.

Blignières (C. de), 170.

Blomberg (le baron de), 1949.

Blondel, F. 478.

Blondelle, D. 2779.

Blondus, Fl. 1300-4732.

Blosseville (Ernest de), 4180.

Blouet, Abel, 1516.

Blouin de la Piquetierre, 1507.

Bocace, Jean, 4425.

Boccalini, Traj. 1471.

Bochart, Sam. 97.

Bodin, Jean, 5-6.

Bodin, J. F. 2862.

Bodin, Félix. 1433-2048-2315.

Boece, H. 651-2111.

Boecler, J. H. 699.

Boeis, H. 651-2111.

Boemus Aubanus, 4718-4719.

Boethius, H. 651-2111.

Böhm, F. J. 3191.

Boilat, P. D. 4151.

Boileau, Etienne, 2352.

Boileau (L'abbé C.), 4458.

Boileau-Despréaux, J. B. 4559.

Bois-Dauphin, 2705.

Bois-Fey (C. F. de), 4246.

Bois-Guilbert, 2804-2805.

Boissard, 4846.

Boissart (Pierre de), 4252-4253.

Boisseau, G. F. 659.

Boisseau, Jean, 4304.

Boissieu (Alph. de), 4849.

Boissy d'Anglas, 2924.

Boistel-Duroyer, F. 3599-3729.

Boitel, sieur de Gaubertin, 1175.

Boivin, J. 1059-4532-4610.

Bolingbroke, 1237-2137.

Bolognigni, Lud. 2229.

Bolsec Hermes, 4526.

Bonacossi (le c.te de), 2946.

Bonair (de), 2287.

Bonaparte, Joseph, 4575.

Bonaparte, Louis, 1872-4575.

69.

C.

D.

F.

G.

H.

I.

J.

K.

L.

Luckius, J. J. 4920.
Ludlow, 2093.
Ludolf, Hiob, 1142.
Ludovicus, 208.
Luillier, 378.
Luitprand, 1106-1107.
Luna (Michel de), 1439.
Lunadoro, 1316.
Lundbland (J. F. de), 1972.

Lundorp, Mich. Gasp. 1649.
Lupold de Bamberg, 1613.
Lusignan (Et. de), 1570-1571-4327.
Lussan (Rav. de), 4467.
Luynes (Le duc L. Ch. de), 1464.
Luynes (Le duc de), 5000.
Lyall, 249.
Lydiat, Th. 537.
Lydus, J. 4751.

M.

Mabillon, J. 3466-4852-4853-4854-4857.
Mably (Bonnot de), 1036.
Macartney, 219-394.
Macault, Robert, 673.
Mac Carthy, 53-217-652.
Macedo, P. Fr. à S. Augustino, 1509.
Macedo (Souza de), 1505.
Mac Farlane, Ch. 1528.
Mac Guckin de Slane, 4471.
Machaneus, Dom. 4420.
Machart, Aug. 4570.
Machart, R. 3714.
Machault (Le P. J. de), 1163-3383.
Machiavel, Nic. 1352.
Machy, A. 3833.
Mackar, 415.
Maclot, 192.
Madrignano, 208.
Maffei (A. de), 1232.
Mafféi, J. P. 4050-4051-4052-4053-4054.
Maffei, Raph. 797-4725-4847.
Magaillans (Gab. de), 4079.
Magellan, F. 211-461.
Magellan, J. H. 4490.
Magino, 115-116.

Magnien, Ch. 2812.
Magnus, J. 1969.
Magnus, Olaus, 1895-1896-1897-1898.
Mahudel, 1425.
Maihows, 289.
Mailla (Moyriac de), 4086.
Maillard de Chambure, 4261.
Maillart, avoc. 3794.
Maillebois (Le C.te de), 2834.
Maillet (B. de), 4138.
Mailly, J. B. 2714.
Mailly (Le C.te de), 4370.
Maimbourg (Le P. L.), 1120-1121-1642-1642-2482.
Mairet (B. de), 706.
Mairobert (Pid. de), 2829.
Maisonfort (Le Marq. de), 2966.
Maisonneuve (D. de), 4419.
Maissin, 4204.
Majer, Tob. 1592.
Makintosh, 263.
Malassis (Le P.), 1953.
Malaterra, Gauf. 1480.
Malbrancq, Jac. 3196.
Malchus, Ph. 1044.
Maldonado, Herr. 4092.
Malherbe, 858.

Messenius, J. 1970.

Meteren (Em. de), 1751.

Meurisse (Le R. P.), 3464-3465.

Meursius, Jo. 1044-1054-1070-1744-4807.

Meyendorf (G. de), 360.

Meyer, Jac. 1733-1801.

Meyer, J. L. 4731.

Meyer de Knonau, 1750.

Meygret, L. 897.

Mezagues (Vivant de), 2139.

Mezeray (Fr. E. de), 1082-1083-2270-2271-2273-2274-2275-2276 – 2277-2366-2404-2405-2654.

Micanzio, Fulg. 4483-4484-4485.

Michael ab Isselt, 1170-1171.

Michaud, Jos. 322-1122-1123-2348-2953.

Michaud, L. G. 4393.

Michaux, A. 448.

Michel (Le Duc), 1058.

Michel, Francisque, 2352-2539-4616.

Michel (M. de), 449.

Michel (fils), 2163.

Michelet, J. 16-1133-2319-2352.

Michelet d'Ennery, 4923.

Michou (Mathias de), 208.

Middleton , Conv. 1027-4456.

Miège, G. 2007-2095-2098.

Mielle, 549.

Miggrode (Jacq. de), 4164.

Migneret, 3286.

Mignet, F. A. 2352-2516.

Mignot, Ch. 1093.

Mignot (L'abbé Et.), 2053.

Miller, E. 5000.

Millet, Germ. 3414.

Millet de St. Amour, 1073.

Milet de Mureau (M. L. Ant. baron de), 234-4931.

Millin , Aub. L. 1276-1277-2204-3186 -4711-4990.

Millon. 647.

Millot (L'abbé), 647-2037-2347-2348-2505.

Mills, J. 1011.

Milne-Edwards, 383-460.

Milton , John, 2081-2082 2083.

Minutio Minucci, 1388.

Minutoli, V. 308-471.

Mionnet, T. E. 4890-4917.

Miot, A. F. 675.

Mirabeau (Le C.te de), 465-1718.

Mirabeau (Le M.is), 2924-3044.

Miræus, Aubertus , 535-1105-1695-1696-1737-1741-1742-1743-4249.

Miraulmont (M. de) 3105.

Mirys, S. D. 993.

Misson, Max. 1263-1264-1991.

Mitchell, 202.

Mocquet , J. 249.

Modène (Le C.te de), 1339.

Modius, Fr. 849.

Moetjens, 1202.

Moisand , C. 3903.

Moisy, 3144.

Mokarty (C. de), 1038.

Molanus , Jean, 1819.

Molé , G. F. R. 3181.

Molesworth, Robert, 1963-1964-1965.

Molinet (Cl. du), 4921-4983.

Molitor, Osw, 651.

Mollet, Vulfran, 3652.

Molleville (Bert. de), 2038-2859-2862.

Mollien , G. 219-424.

Momachus , Rob. 1118.

Monanthueil (H. de), 2648.

Monchablon, J. 4715.

Monck, 211.

Monconys, 257.

N.

Nestesuranoi, Iwan , 1940-1941.

Nettement , Alp. 1528.

Neufville (N. de), 2469.

Neugevaberus à Cadano , 1910.

Neuve-Eglise (B. de), 3199.

Neuve-Eglise (J. de), 3675.

Neuville (Ch. de) , 2003-2004-2005-2006.

Neuwied (Max. de), 456.

Nevers (Le duc de), 2475-2705.

Neveu , Etienne, 2862.

Neyra (M. de), 461.

Nicéphore (Saint), 1044-1047-1074-1075.

Nicéphore de Brienne , 1045.

Nicéphore Grégoras , 1059 - 1067 - 1068.

Nicétas Acominate, 1057-1067-1071.

Nicolai , 1083.

Nicolai , Jean, 2778.

Nicolai , Nicolas, 2585.

Nicolai (Le R. P.), 2661.

Nicolas Damascène, 802-4719.

Nicolas de Bray, 2345.

Nicon, S. 4043.

Niebuhr, Casten, 4021.

Niebuhr, B. G. 995.

Nieuhoff, J. 211-385.

Nieupoort, 4747-4748.

Niger, Fr. Bassianate, 1529-1530.

Nigronus, J. 4796-4797.

Niklos (Le C.te Betlem), 1705-1706.

Nilant, J. F. 4796.

Nisard, Dés. 2947.

Nithard, 2345.

Nivernois, 4979.

Noailles (Le duc de), 2347-2348-2505.

Nodier, Ch. 2170-2359-2635.

Nodot, 1267-1321.

Noel, Fr. J. 167-658-860-936-4490.

Noël de Buzonnière, 3542.

Noël des Vergers, 5000.

Noire, F. 1530.

Nolin, J. B. 3355-3357.

Nonius, Fréd. 69.

Norden, F. L. 210-401.

Norvins (J. de), 659-2039-2935-2936-4395.

Nostradamus, Cæs. 3981.

Nostre Dame (Cés. de), 3981.

Nougaret, A. P. J. B. 1091-1497-1713.

Noulis (Pet. des), 1335.

Nouvelon l'Héritier, 1165.

Nouvion (Victor de), 3684-4222-4225.

O.

Obeilh (F. d'), 4030.

Obry, J. B. F. 3806.

Occone, Ad. 4907.

Ockley, Simon, 4027.

Odon de Deuil, 2345.

Oexmelin, Al. Ol. 4167.

Ogerius, Carolus, 1892.

Ogier, Ch. 1598.

Oihenart, Arn. 3343.

Oisel (Ant. l'), 2648-3896.

Olearius, Ad. 265-266.

Olivarius, J. 68-72.

Olivier, C. M. 812.

Olivier, G. A. 264-4017.

Olivier (L'abbé), 1231.

Olivier de la Marche, 1748-2346-2348.

Olszowski, André, 1922.

Olympiodore, 630-1044.

Omnibonus, 797.

Onquaire (Cl. Galoppe d'), 3885.

P.

S.

T.

Tschudi, Ægid. 1579.
Tschudi (Th. H. de), 4271.
Tudèle, Benj. 220-350.
Turenne, 2348.
Turgy (M. de), 2866.
Turner, Rob. 2118.
Turpin, F. R. 710-2032-4101.
Turpin, J. 1619-1620.

Turpin, Thomas, 3209.
Turpin de Longchamp, 1330.
Turquet, Mayerne, 1138-1426.
Tursellin, Hor. 617-618-619-620.
Twisden, Rog. 2013.
Tyndal, N. 2028.
Tyssot de Patot, 441.

T.

Udall, W. 2120.
Ulloa, Ant. 211-4169.
Ulloe (Alph. d'), 1755.
Urano, C. M. 4477.
Urban (A. de Fortia d'), 4452.

Ursinus, F. 909-953.
Urstisius, Chr. 1622.
Urtica della Porta, 916.
Usserius, 512-513.

V.

Vadianus, 66-67-84.
Vadier, 2924.
Vaffard, Fr. 3011-3057.
Vaillant, J. Foy, 4897-4900-4914-4915
  -4916.
Vaillant (Le maréchal) 3155-4130.
Vairy, Constant, 2947.
Vaïsse, L. 4318.
Vaissete, J. 157-3436.
Valbonnais (B. de), 3298.
Valcour, Aristide, 2924.
Valderedus, 556.
Valdor, J. 2661.
Valdory, G. 3515.
Valdory (M. de), 1454.
Valenciennes, Ach. 383-460.
Valenciennes (Henri de), 2348 2349.
Valerian, P. 4823-4824-4825-4826-
  4827.
Valerot (L'abbé), 2216.
Valery, 1275-1281.

Valesius, Fr. 4985.
Valesius, H. 968-969.
Valesius, Hadr. 969-1044-2148-2412.
Valincourt (J. B. de). 4627.
Valla, Laurent, 780-781-782-787-
  789-861-1485.
Valladier, André, 3463.
Vallart, J. 156.
Vallemont (L'abbé P. Lorrain de),
  641-642-1689-4489-4689-4918.
Vallet, 2885.
Valmont, V. 652.
Valois (Ch. de), 4135.
Valois (Had. de), 969-1044-2148-
  2412.
Valois, Henr. 968-969.
Valois (Jeanne de), 4706.
Valois (Marguerite de), 2346-2348-
  2471-2472-2473-2474.
Valory (Le C.ie de), 2890.
Valsingham, Th. 2055-2071.

Vosgien, 44-45-46-47 48.
Vossius, Isaac, 1-2-10-681.
Vossius, G. 868.
Vredius, Oliv. 1806-1807-1808-1809-
1810-1811.
Vrévin, L. 2705.
Vrigny (Lacombe de),1954.

Vuatiné, 3213.
Vulcanius, B. 813-814-1046-1100.
Vulcatius Gallicanus, 833-834-835-
836-837-838.
Vulson de la Colombière, 4301-4325-
4504-4505.

W.

Waddington, W. H. 5000.
Wafer, Lionel, 211-222.
Wailly (Flor. de), 3668.
Wailly (N. F. de), 914.
Wailly (Nat. de), 2243-4856.
Wairy, C. 2947.
Walckenaer, Ch. Ath. 218-549-2150
-2219.
Wallis, 228-229.
Walsh, 219.
Walsingham, Th. 2009.
Warburthon, 4829.
Warcy (Paillet de), 4572.
Warden, 549.
Warmé, Vulfran, 3662-4579.
Warnefridus, P. 554-834-838-875-
876-879-1101-1103.
Warren (Ed. de), 4063.
Warrentrapp, Fr. 4331.
Warwick, Ph. 2093.
Waser, C. 4808-4893.
Washington, 4502.
Wassenbergius, Everh. 1651.
Watelet, Cl. H. 4682.
Wats, W. 2020.
Watterson, 219.
Weber, 1953.
Weddell,219.
Weid, I. L. 1466.
Weiss, C. 2352.
Welles (B. d'), 3643.

Wendover, Rog. 2020.
Wesselingius, 65.
Wetstein, R. 2033.
Weyler de Navas, 3131.
Whatley, Th. 2028.
Wheler, G. 272-273-274.
White, 359.
Wiaert, J. B. 3258.
Wiart, H. 3129.
Wicquefort (A. de), 265-266-344-
354-1617-1618.
Wied-Neuwied, Max. 456.
Wilberg, 56.
Wilkins, Ch. 359.
Willems, J. F. 1736.
Willermus, Tyrensis, 1113-1114-1115
-1116-2345.
Willielmus, Malm. 2011-2012.
Wilson, H. 465.
Wimpfen (Le B.on de), 2827.
Winsemius, Pet. 1646.
Wippo, 1735.
Wische, P. 209
Wishart, 2073.
Wissocq, Em. 3599.
Wit (F. de), 1847.
Witichind, 1690.
Witte (J. de), 5000.
Wlson de la Colombière, 4301-4325-
4504-4505.
Wolfang, Ch. 85-1655.

X.

Y.

Z.

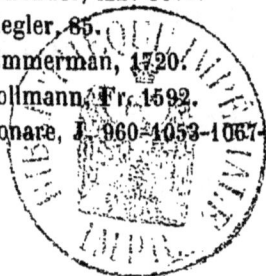

TABLE DES MATIÈRES.

HISTOIRE.

PROLÉGOMÈNES.

PREMIÈRE PARTIE.

GÉOGRAPHIE.

VOYAGES.

SECONDE PARTIE.

HISTOIRE.

INTRODUCTION. —— CHRONOLOGIE.

PREMIÈRE DIVISION.

HISTOIRE UNIVERSELLE.

Introduction à l'histoire universelle. 524-528.
Chronologie historique , ou histoire réduite en tables. 529-552.
Chroniques et histoires universelles. 553-652.
Traités particuliers relatifs à l'histoire universelle. 653-655.
Éphémérides. 656-659.

SECONDE DIVISION.

HISTOIRE ANCIENNE.

Origine des nations, de la civilisation, des gouvernements. 660-667.
Histoire ancienne générale ou de divers peuples. 668-715.

HISTOIRES PARTICULIÈRES.

Histoire des Juifs. 716-762.
Histoire des Égyptiens. 763-767.
Histoire des Perses et de quelques peuples anciens de l'Asie. 768-774.

Histoire des Grecs.

    a. — *Historiens anciens.* 775-799.
    b. — *Historiens modernes.* 800-811.
    c. — *Histoire particulière d'Alexandre et de la Macédoine.* 812-828.

Histoire Romaine.

    a. — *Collection d'auteurs de l'histoire romaine.* 829-838.
    b. — *Auteurs anciens.* 839-970.
    c. — *Auteurs modernes.* 971-1007.
    d. — *Histoire particulière de certaines époques.* 1008-1021.
    e. — *Mélanges d'histoire romaine.* 1022-1036.

TROISIÈME DIVISON.

HISTOIRE DU MOYEN-AGE.

Histoire générale. 1037-1043.

Histoire byzantine ou de l'empire d'Orient. **1044-1097.**

Histoire des peuples d'Occident qui ont disparu ou se sont mêlés à d'autres peuples. **1098-1111.**

Histoire des Croisades. **1112-1128.**

QUATRIÈME DIVISION.

HISTOIRE MODERNE.

CHAPITRE I.

HISTOIRE MODERNE UNIVERSELLE.

Traités généraux. **1129-1135.**

Histoire particulière de certaines époques. **1136-1137.**

CHAPITRE II.

HISTOIRE MODERNE DE L'EUROPE.

Géographie et statistique. **1138-1143.**

Histoire générale de l'Europe. **1144-1150.**

Histoire particulière de diverses périodes. **1151-1188.**

Histoire diplomatique, ou traités de paix et d'alliance. **1189-1207.**

Mélanges historiques. **1208-1247.**

CHAPITRE III.

HISTOIRE MODERNE DIVISÉE PAR NATIONS.

Italie.

    a. — *Géographie et statistique.* 1248–1259.

    b. — *Voyages en Italie et dans les Iles italiennes.* 1260-1281.

    c. — *Histoire générale et mélanges.* 1282-1297.

    d. — *Histoires particulières.* — *États de l'Église.* 1298–1328.

    c. — *Naples et Sicile.* 1329–1350.

    f. — *Toscane.* 1351–1358.

    g. — *Milanais.* 1359–1364.

    h. — *Venise.* 1365–1388.

    i. — *Savoie et Piémont.* 1389–1401.

    j. — *Gênes.* 1402–1406.

    k. — *Ferrare.* 1407.

    l. — *Bologne.* 1408.

Espagne et Portugal. **1409-1411.**

Espagne.

    a. — *Géographie.* 1412-1414.

    b. — *Voyages.* 1415-1422.

    c. — *Histoire générale.* 1423-1436.

    d. — *Histoire d'Espagne sous les Maures.* 1437-1442.

    e. — *Histoire particulière de certaines époques.* 1443-1465.

    f. — *Mélanges.* 1466-1479.

    g. — *Histoire des différents royaumes.* 1480-1491.

Portugal.

    a. — *Histoire générale.* 1492-1497.

    b. — *Mélanges.* 1498-1511.

Grèce moderne.

    a. — *Géographie et voyages.* 1512-1518.

    b. — *Histoire.* 1519-1526.

Empire Ottoman.

    a. — *Voyages et géographie.* 1527-1528.

    b. — *Histoire générale.* 1529-1542.

    c. — *Histoire de certaines époques.* 1543-1548.

    d. — *Mélanges.* 1549-1565.

    e. — *Moldavie.* 1566.

    f. — *Iles de l'Archipel.* 1567-1573.

Suisse.

    a. — *Géographie et voyages.* 1574-1578.

    b. — *Histoire générale.* 1579-1585.

    c. — *Mélanges.* 1586-1587.

    d. — *Histoire des villes.* 1588-1591.

Allemagne.

    a. — *Géographie.* 1592-1597.

    b. — *Voyages.* 1598-1600.

    c. — *Mœurs et institutions.* 1601-1618.

    d. — *Collections d'historiens.* 1619-1627.

    e. — *Histoire générale.* 1628-1643.

    f. — *Histoire particulière de certaines époques.* 1644-1665.

    g. — *Autriche.* 1666-1673.

    h. — *Bavière.* 1674-1676.

i. — *Souabe*. 1677-1678.

j. — *Cercles du Rhin*. 1679-1689.

k. — *Saxe*. 1690-1693.

l. — *Bohême*. 1694-1697.

m. — *Hongrie et Transylvanie*. 1698-1709.

n. — *Villes anséantiques*. **

o. — *Prusse*. 1710-1722.

Pays-Bas.

a. — *Géographie et voyages*. 1723-1732.

b. — *Collections d'historiens. — Documents*. 1733-1738.

c. — *Histoire générale*. 1739-1795.

d. — *Histoire particulière des provinces. — Belgique*. 1796-1799.

e. — *Flandre*. 1800-1813.

f. — *Haynaut*. 1814-1815.

g. — *Brabant*. 1816-1837.

h. — *Namur*. 1838-1839.

i. — *Luxembourg*. 1840-1841.

j. — *Liège*. 1842.

k. — *Provinces-Unies. — Hollande. — Géographie , topographie et statistique*. 1843-1848.

l. — *Histoire générale*. 1849-1873.

m. — *Histoire particulière des provinces*. 1874-1875.

n. — *Amsterdam*. 1876.

o. — *Leyde*. 1877-1878.

p. — *Zélande*. 1879-1880.

q. — *Utrecht*. 1881-1883.

r. — *Gueldre*. 1884.

s. — *Frise*. 1885-1888.

t. — *Mélanges*. 1889-1891.

Géographie et histoire des pays septentrionaux de l'Europe. 1892-1899.

Pologne.

a. — *Géographie et voyages*. 1900-1907.

b. — *Histoire*. 1908-1927.

Russie.

a. — *Géographie et voyages*. 1928-1932.

b. — *Histoire.* 1933-1953.

Danemarck. 1954-1968.

Suède. 1969-1987.

Angleterre.

a. — *Géographie, statistique et voyages.* 1988-2008.
b. — *Collections d'historiens.* 2009-2013.
c. — *Histoire générale.* 2014-2048.
d. — *Histoire particulière de certaines époques.* 2049-2110.
e. — *Écosse.* 2111-2120.
f. — *Irlande.* 2122-2123.
g. — *Mélanges historiques.* 2124-2141.

France.

a. — *Traités généraux de la France.* 2142-2144.
b. — *Géographie de la Gaule.* 2145-2153.
c. — *Géographie moderne de la France.* 2154-2171.
d. — *Dictionnaires géographiques.* 2172-2176.
e. — *Fleuves et rivières.* 2177-2178.
f. — *Villes et châteaux.* 2179-2188.
g. — *Routes, postes, chemins de fer.* 2189-2193.
h. — *Voyages généraux en France.* 2194-2201.
i. — *Voyages dans diverses régions de la France.* 2202-2210.
j. — *Statistique de la France.* 2211-2214.
k. — *Chronologie et tableaux chronologiques.* 2215-2220.
l. — *Philosophie de l'histoire de France.* 2221-2224.
m. — *Histoires générales.* 2225-2325.
n. — *Histoires en vers.* 2326.
o. — *Biographie et iconographie.* 2327-2333.
p. — *Collections. — Inventaires d'archives. — Recueil de chartes.* 2334-2339.
q. — *Collections de chroniques et de mémoires.* 2340-2362.
r. — *Recueil de dissertations et mélanges.* 2363-2369.
s. — *Histoires par époques.*

i. Histoire celtique et gauloise. 2370-2395.
ii. Histoire de la gaule sous la domination romaine. 2396.
iii Origine et histoire des Francs. 2397-2407.

CHAPITRE IV.

HISTOIRE D'ASIE, D'AFRIQUE, D'AMÉRIQUE ET D'OCÉANIE.

CHAPITRE V.

HISTOIRE DES PEUPLES D'ASIE.

CINQUIÈME DIVISION.

HISTOIRE DES FAMILLES.

a. — *Histoire de la noblesse.* 4284-4294.

b. — *Art héraldique ou du blason.* 4295-4315.

c. — *Armoriaux ou recueils d'armoiries.* 4316-4323.

d. — *Des hérauts et rois d'armes.* 4324-4325.

e. — *Histoires généalogiques générales.* 4326-4339.

f. — *Histoire généalogique des provinces de France.* 4340-4344.

g. — *Généalogies particulières de familles françaises.* 4345-4374.

h. — *Généalogies de familles italiennes.* 4375-4376.

i. — *Généalogies de familles d'Allemagne et de Flandre.* 4377.

SIXIÈME DIVISION.

BIOGRAPHIE.

a. — *Biographie générale, ancienne et moderne. — Dictionnaires biographiques.* 4378-4393.

b. — *Biographie moderne. — Dictionnaires biographiques.* 4394-4395.

c. — *Biographie ancienne collective.* 4396-4424.

d. — *Biographie moderne collective.* 4425-4435.

e. — *Biographie spéciale.* 4436-4447.

f. — *Biographie individuelle de Grecs et de Romains.* 4448-4469.

g. — *Biographie étrangère, collective.* 4470.

h. — *Biographie arabe.* 4471-4473.

i. — *Biographie italienne.* 4474-4486.

k. — *Biographie espagnole.* 4487.

l. — *Biographie allemande, flamande, hollandaise, etc.* 4488-4496.

m. — *Biographie anglaise.* 4497-4501.

n. — *Biographie américaine.* 4502-4503.

o. — *Biographie française. — Biographie collective.* 4504-4511.

p. — *Biographie locale, française.* 4512-4518.

q. — *Biographie de Français célèbres dans les sciences et dans les lettres.* 4519-4594.

r. — *Biographie médicale.* 4595.

s. — *Biographie d'hommes d'état.* 4596-4612.

t. — *Biographie d'hommes de guerre.* 4613-4659.

CHAPITRE III.

Sigillographie. 4870-4871.

CHAPITRE IV.

NUMISMATIQUE.

a. — *Introduction. — Traités généraux.* 4872-4878.

b. — *Recueils généraux.* 4879-4890.

c. — *Mélanges.* 4891-4892.

d. — *Numismatique asiatique et grecque.* 4893-4902.

e. — *Numismatique romaine.* 4903-4918.

f. — *Numismatique du moyen-âge et numismatique moderne.* 4919-4923.

g. — *Numismatique française.* 4924-4965.

h. — *Numismatique italienne.* ***

i. — *Numismatique espagnole.* 4966.

j. — *Numismatique hollandaise.* 4967-4969.

k. — *Numismatique allemande.* 4970.

l. — *Numismatique algérienne.* 4971.

m. — *Variétés. — Catalogues de médailles.* 4972-4975.

CHAPITRE V.

Mélanges archéologiques. 4976-5000.

FIN.

Amiens. — E. HERMENT, Imprimeur-Éditeur, place Périgord, 3.